청구야담
青邱野談

정환국 책임교열

교감表점
정본
한국야담전집
07

보고사

해제

  이 책은 조선 후기 야담집 총 20종의 원전을 교감하여 새로 정본을 구축한 전집이다. 원래 2016년도 한국학 분야 토대연구지원사업으로 선정된 〈조선 후기 야담집(野談集)의 교감 및 정본화〉의 결과물로 2021년에 1차로 간행한 바가 있었다. 이후 약 3년간 수정 보완을 거친 끝에 이번에 명실공히 조선 후기 야담집의 정본을 내놓게 되었다.
  잘 알려져 있듯이 조선 후기 야담집은 거개가 필사본으로 존재하고 있으며, 다종의 이본을 양산하면서 축적되어 왔다. 그러다 보니 그 자체가 하나의 활물(活物)처럼 유동적이고 적층적인 형태를 취하고 있다. 이는 동아시아 고전 자료 중에서도 유별난 사례이자, 조선 후기 이야기문학의 역사를 웅변한다. 한자를 공유했던 동아시아 어느 지역에서도 찾아볼 수 없는 이 필사본의 족출과 적층은 조선조 문예사에서 특별히 주목할 사안이지만, 한편으로는 이 때문에 해당 분야의 접근이 난망했던 것도 사실이다. 다양한 필사본과 이본들의 존재는 원본과 선본, 이본의 출현 시기 등 복잡한 문제를 던져주었을 뿐만 아니라 애초 원전 비평을 어렵게 하였다.
  하지만 야담에 대한 이해와 접근은 무엇보다 원전 비평이 선결되어야 했었다. 물론 이런 문제의식과 고민, 그리고 일부 성과가 없었던 것은 아니다. 그렇지만 특정 야담집에 한정한 데다 그 방법 또한 유익한 방향이 아니었다. 그리하여 조선 후기 야담은 동아시아에서 우리만의 서사 양식으로, 또 조선 후기 사회를 밀도 있게 반영한 대상으로 주목받으면서도 원전에 대한 정리는 상대적으로 미진하기 짝이 없었다. 그러니 우리의 야담 연구는 어쩌면 첫 단추를 아예 끼우지 않았거나 잘못 낀 채 진행해 왔다고 해도 과언이 아니다.

그런데 조선 후기 야담의 전체 양이나 이본 수로 볼 때 이 분야 연구는 일개인의 노력으로는 거의 불가능한 영역이라 하겠다. 더구나 우리의 학문생태계에서 교감학이 활성화된 적도 거의 전무했다. 자료의 상태와 양은 물론 정립할 학문적 토대가 취약한 터라 해당 연구의 출발 자체가 난망했던 터다. 그럼에도 우리는 이젠 더 이상 미룰 수 없다는 책임감으로 연구팀을 꾸려 지난한 과제를 수행하게 된 것이다. 본 연구팀은 한국 야담 원전의 전체상은 물론 조선 후기 이야기문학의 적층성과 그 계보를 일목요연하게 드러내고자 이본 간의 교감을 통한 정본 확정의 도정을 시작한 것이다. 일단 이 자체로 개별 야담의 온전한 자기모습을 복원할 수 있게 되었다고 자부한다. 앞으로 이 자료가 고전문학뿐만 아니라 전통시대 역사와 예술 등 한국학과 인문학 전 영역의 연구에서 보다 적극적으로 활용되리라 믿는다. 나아가 이 책은 동아시아 단편서사물의 집성 가운데 중요한 결과물의 하나가 될 것이며, 자연스레 한국 야담문학에 대한 관심도 제고될 것으로 기대된다.

다만 본 연구가 기획되던 시점부터 스스로 던지는 의문이 있었다. 다른 고전 텍스트의 존재 양태와는 달리 야담의 경우 이본마다 나름의 성격과 시대성을 담보하고 있다. 그런데 이를 싸잡아 정본이라며 특정해 버리면 개별 이본들의 성격과 특징이 소거되는 것은 아닌가, 그러면 이 정본은 결국 또 다른 이본이 되고 마는 것은 아닌가. 이런 점을 고민하지 않을 수 없었다. 고민 끝에 우리는 '동태적 정본화'를 추구하기로 하였다. 정본을 만들기는 하지만 개별 이본의 특징들이

사상되지 않도록 유의미한 용어나 문장, 그리고 표현 등을 살리는 방향이었다. 대개는 주석을 다양하게 활용하여 이를 해결하고자 하였다. 말하자면 닫힌 정본이 아닌 열린 정본의 형태를 추구한 것이다. 이런 방식은 지금까지 시도된 예가 없거니와, 야담의 존재적 특성을 잘 반영하면서 새로운 교감학의 실례가 됐으면 하는 바람도 있어서다. 그러다 보니 일반 교감이나 정본화보다는 품이 훨씬 더 많이 들어갔다. 이 과정을 소개하면 이렇다.

먼저 해당 야담집의 주요 이본을 모은 다음, 저본과 대조본을 선정하였다. 저본은 선본이자 완정본이면서 학계에서 이미 인정되고 있는 점 등을 감안하여 잡았다. 대조용 이본은 야담집에 따라 그 수가 일정하지 않은바 최대한 동원 가능한 이본을 활용하되, 이본 수가 많은 경우 중요도에 따라 선별하였다. 다음으로, 저본과 대조이본을 교감하되 저본의 오탈자와 오류는 이본을 통해 바로잡았다. 문제는 양자 사이에 용어나 표현 등에서 차이가 있지만 모두 가능한 경우였다. 이때는 주로 저본을 기준으로 하되 개별 이본의 정보를 주석을 통해 반영하였다.(이에 대한 구체적인 사례와 처리 방식은 〈일러두기〉 5번 항목 참조) 그러나 저본과 대조본 사이의 차이를 모두 반영한 것은 아니다. 분명한 오류이거나 불필요한 첨가 부분은 자체 판단으로 반영하지 않았다. 이는 본 연구팀의 교감 기준에 의거했다.

그러나 실로 난감한 지점도 없지 않았다. 이본 중에는 리라이팅에 가까울 만큼 다른 내용이 첨입되어 있거나 일부 이야기를 다소 엉뚱한 방향으로 끌고 가는 사례도 있었기 때문이다. 이런 경우 꼭 필요한 부분만 반영하여 주석에 밝혔다. 이런 교감 과정에서 예상치 못한 상황에 직면하기도 하였다. 일반적이라면 으레 오자나 오류로 보이는 한자나 단어가 의외로 빈번하게 등장하였다. 이를 무시하려고 했으나 노파심에 자의와 출처를 다시 확인해 보니 뜻밖에도 해당 문장에 합당한 사례가 적지 않았다. 독자로서 교감 부분을 따라가다 보면 왜 이런 것들을 반영했을까 싶은 부분이 있을 텐데, 대개 이런 이유이니 유의해 주었으면 한다.

위와 같은 사례나 문제들 때문에 최선의 정본을 확정하는 과정은 참으로 쉽지 않았다. 그렇지만 이를 최대한 반영하고자 노력하였다. 그 결과 해당 야담집의 개별 이본들의 성격이 정본으로 흡수되면서도 어느 정도 자기 색깔을 유지할 수 있게 되었다. 이 20종의 편제는 다음과 같다.

1책	어우야담(522)	6책	기문총화(638)
2책	천예록(62) 매옹한록(262) 이순록(249)	7책	청구야담(290)
3책	학산한언(100) 동패락송(78) 잡기고담(25)	8책	동야휘집(260)
4책	삽교만록[초](38) 파수록(63) 기리총화(146)	9책	몽유야담(532) 금계필담(140)
5책	계서잡록(235) 계서야담(312)	10책	청야담수(201) 동패(45) 양은천미(36)

* ( )는 화소 수

위 가운데 지금까지 원문 교감이 이루어진 사례로는 『어우야담』(신익철 외, 『어우야담』, 2006), 『천예록』(정환국, 『교감역주 천예록』, 2005), 『청구야담』(이강옥, 『청구야담 상·하』, 2019)과 『한국한문소설 교합구해』(박희병, 2005)의 일부 작품이 있었다. 당연히 이 결과물들의 원문은 본 연구의 참조가 되었다. 그러나 애초 교감의 방식이 다를뿐더러, 본서처럼 동태적 정본화를 구현한 것도 아니었다. 따라서 해당 야담집의 원전 교열은 더 종합화되고 정교해졌다. 이 외의 야담집은 그동안 몇몇 표점본과 번역본들이 나왔지만, 한 번도 이본 교감을 통한 정본화가 이루어진 사례는 없었다.

한편, 본서 10책의 구성은 대체로 성립 시기 순을 따랐다. 다만 『파수록』 등 일부 야담집은 성립 시기를 확정하기 어렵거나 불확실한 데다, 분량 등을 고려하다 보니 편제 순에 다소 차이가 있을 수 있다. 이 점 참작하여 봐주기를 바란다. 또한 「검녀(劍女)」로 유명한 『삽교만록(霅橋漫錄)』의 경우 개별 화소가 대개 필기류라서 전체를 실을 수 없었다. 그래서 불가피하게 야담에 해당하는 화소만 뽑아 초편(抄篇)하였다.

이렇게 해서 최종 수록된 야담집은 20종 10책이며, 총 화수는 4천 2백 여 항목이다. 화소 숫자로만 봐도 엄청나다. 그런데 이 숫자는 다소간 현실을 감추고 있다. 이 항목이 순전한 개별 이야기 숫자로 보기는 어렵기 때문이다. 이미 기존 연구에서 지적되었고 그 양상이 어느 정도 밝혀졌듯이 하나의 이야기가 여러 야담집에 전재(轉載)되는 경우가 많다. 실제 20종 안에 같은 이야기가 반복되는 화소의 빈도는 예상보다 높다. 그럼에도 독자성이 확인된 이야기는 대략 1,000편을 헤아리며, 그중에서도 좀 더 서사적 이야기, 즉 한문단편은 300편 안팎으로 잡힌다. 또 이 300편 안에서도 다종의 야담집에 빠짐없이 전재됨으로써 자기 계보를 획득한 작품은 150편 내외로 잡힌다. 다시 말해 이 150편을 잘 조각하면 조선 후기 사회현실과 인정세태의 퍼즐은 다 맞춰진다고 보면 될 듯하다.

물론 한 유형이 여러 야담집에 전재된다고 해서 이것을 '하나'로만 볼 수 없다는 점이 조선 후기 야담 역사의 중요한 특징이기도 하다. 한 유형의 다양한 전재는 고정된 것이 아니라 리트머스 종이마냥 번져 나갔기 때문이다. 단순한 용어나 표현의 차이뿐만 아니라 배경과 서사의 차이로 나가는가 하면, 복수(複數)의 화소가 뒤섞여 또 다른 형태를 구축하기도 하였다. 이런 변화상은 실로 버라이어티하다. 같은 화소가 반복된다고 해서 단순 수치화할 수 없는 이유이거니와 야담의 적층성과 관련해선 오히려 더 주목할 사안이다.

아무튼 이것으로 조선 후기 야담과 야담집의 전체상은 충분히 드러났다고 판단된다. 다만 조선 후기의 야담이라고 할 때 모두 이 야담집 20종 안에 들어있는 것은 아니다. 야담 중 완성도 높은 한문단편이 집약된 『이조한문단편집』에도 일부 수록되었듯이, 이외의 문집이나 선집류 서사자료, 기타 잔편류에도 흥미로운 야담 작품이 잔존하고 있기 때문이다. 하지만 해당 자료는 야담집이 아니어서 이 책에 반영할 수 없었다. 조만간 이들 잔존 자료들만 따로 수집, 정리하여 이 책의 부록편으로 간행할 예정이다.

사실 이 연구는 앞에서 언급했듯이 토대지원연구사업의 결과물이기는 하지만 그 준비는 그보다 훨씬 전이었다. 계기는 2007년으로 올라간다. 그해 동국대학교 대학원 고전문학 수업에서 처음 『청구야담』의 이본을 대조할 기회가 있었다. 그때 교토대 정선모 박사(현 남경대 교수)를 통해 그동안 학계에 알려지지 않은 교토대 소장 8책본 『청구야담』을 입수하였다. 이 책은 그동안 학계에 보고되지 않았던 『청구야담』 이본 가운데 하나였다. 검토해 보니 선본이었다. 실제로 어떤 차이가 있는지 궁금하여 기존에 알려진 주요 이본과의 교감을 시작한 것이다. 약 8편 정도를 진행했는데, 이 수업을 통해 『청구야담』 전체에 대한 교감이 절실함을 깨달았다. 그 후 이때 교감을 함께한 대학원생들을 중심으로 2013년 1월부터 『청구야담』의 이본 교감과 정본 확정, 그리고 이 정본에 의거하여 번역을 시작하였다. 우리는 약 3년을 매주 토요일을 반납한 채 이 교감과 번역에 매달렸다. 이 작업을 통해 야담 원전에 대한 장악력을 갖게 되었고, 『청구야담』에만 한정하지 말고 조선 후기 야담집 전체로 확대해야 한다는 점을 명확히 인식할 수 있었다.

그러니까 이 책은 대략 15년 이상의 시간과 대학원생부터 전문연구원, 관련 분야 전문가까지의 노고가 쌓인 결과물이다. 나름 엄정한 기준과 잣대로 정본의 원칙을 세우고 저본과 이본 설정, 이본 대조와 원문 교감 등을 진행하여 정본을 구축하려 했고, 이 과정에서의 오류를 최대한 줄이려고 했다. 그러나 한문 원전을 교감하는 데는 오류의 문제가 엄존한 법이다. 최선의 이본들이 선정된 것인가, 정본화의 방향에선 문제가 없는가, 향후 개별 야담집의 이본이 더 발굴될 여지도 있지 않은가? 활자화 과정 중에 발생하는 오탈자 여지와 표점의 완정성 문제도 여전히 불안을 부추긴다. 그렇긴 하지만 질정을 달리 받겠다는 다짐으로 상재한다. 독자 제현의 사정없는 도끼질을 바란다.

이 결과물이 나오기까지 많은 분들의 협업과 도움이 있었다. 은사이신 임형택 선생님과 고 정명기 교수는 좋은 이본 자료를 제공해주셨다. 감사한 마음을 이본의 명칭에 부여한 것으로 대신하였다. 본 연구팀의 공동연구원으로 이강옥 교수님과 오수창 교수님이 함께하였다. 각각 야담 문학 전문가와 역사학 전문가로 진행 과정에서 고견을 제시해 주셨다. 이채경, 심혜경, 하성란, 김일환 선생은 전임연구원으로 3년 동안 전체 연구를 도맡아 진행해 주었다. 이들의 노고는 이루 다 말할 수 없을 지경이다. 마지막으로 대학원 과정부터 함께한 동학들을 잊을 수 없다. 남궁윤, 홍진영, 곽미라, 정난영, 최진영, 한길로, 최진경, 정성인, 양승목, 이주영, 김미진, 오경양은 2013년 이후 『청구야담』 교감과 번역에 참여하였고, 일부는 본 연구팀의 연구보조원으로 참여하여 원문 입력과 이본 고찰에 기여하였다. 그리고 이들 모두 최종 교정 작업에 끝까지 함께 하였다. 특히 과정생인 이주현, 유양, 정민진은 교정 사항을 반영하는 일을 도맡아 주어 큰 힘이 되었다.

이들이 없었다면 이 책은 나올 수 없었다. 다행히 이 10여 년의 과정은 우리 모두에게 소중한 경험이자 학문적 자산으로 남게 되었다. 이들은 지금도 속집 작업을 함께 하는 중이다. 이래저래 이 책은 나와 나의 동학들이 동행하는 텍스트의 유토피아이다.

끝으로 3년여 전에도 그리고 이번에도 이 거질의 전집 출판을 흔쾌히 맡아 준 보고사 김흥국 사장님과 시종여일 책의 완성도를 높이기 위해 애써 준 이경민 대리를 비롯한 편집부 관계자 분들께 미안하고 감사하다는 마음을 전한다.

2025년 2월
연구팀을 대표하여 정환국 씀

차례

해제 … 3
일러두기 … 18

청구야담 靑邱野談

卷一 ———————— 23

1-1. 償宿恩歲送衣資 ——— 23
1-2. 撤淫祠火燒錦緞 ——— 24
1-3. 鎖陰囊西伯弄舊友 ——— 26
1-4. 裹蒸豚中夜訪神交 ——— 27
1-5. 義男臨水喚兪鐵 ——— 29
1-6. 老媼慮患納小室 ——— 32
1-7. 夢黃龍至誠發宵寐 ——— 35
1-8. 誦斯干雄講動天聽 ——— 36
1-9. 洪尙書受梃免刃 ——— 37
1-10. 呂繡衣移花接木 ——— 40
1-11. 訪名卜冤獄得伸 ——— 41
1-12. 誇丈夫西貨滿駄 ——— 43
1-13. 占吉地魚遊石函 ——— 44
1-14. 現宵夢龍滿裳幅 ——— 46
1-15. 復主讎忠婢托錦湖 ——— 49
1-16. 驗異夢西伯識前身 ——— 51
1-17. 料倭寇麻衣明見 ——— 52
1-18. 葬三屍湖武陰德 ——— 53
1-19. 立墓石工匠感孝婦 ——— 57
1-20. 定佳城地師聽癡僮 ——— 60
1-21. 諭義理群盜化良民 ——— 64
1-22. 語消長傔兒說富客 ——— 66
1-23. 過南漢預算虜兵 ——— 70
1-24. 宰錦城杖殺金漢 ——— 72
1-25. 窮儒詭計得科宦 ——— 73
1-26. 呂相托辭登大闡 ——— 75

卷二 ———————— 77

2-1. 楊承宣北關逢奇耦 ——— 77
2-2. 李尙書元宵結芳緣 ——— 79
2-3. 伽倻山孤雲聘孫婦 ——— 80
2-4. 大人島商客逃殘命 ——— 82
2-5. 鄭北窓望氣消災厄 ——— 83
2-6. 金貢生聚子授工業 ——— 84
2-7. 過東郊白衲認父 ——— 85
2-8. 聽驟雨藥商得子 ——— 86
2-9. 聽街語柳醫得名 ——— 87
2-10. 勸痘神李生種德 ——— 89

2-11. 捕獲賊具名唱權術 —— 91
2-12. 諷吝客吳物音善諧 —— 94
2-13. 憐樵童金生作月姥 —— 95
2-14. 識寶氣許生取銅爐 —— 98
2-15. 金衛將恤舊主盡誠 —— 100
2-16. 朴同知爲統帥散財 —— 102
2-17. 李節婦從容取義 —— 103
2-18. 朴南海慷慨樹功 —— 104
2-19. 彈琴臺忠僕收屍 —— 105
2-20. 練光亭錦南應變 —— 106
2-21. 避禍亂賢婦異識 —— 108
2-22. 策動名良妻明鑑 —— 111
2-23. 聽良妻惠吏保令名 —— 113
2-24. 得賢婦貧士成家業 —— 114
2-25. 林將軍山中遇綠林 —— 115
2-26. 李措大學峴訪地師 —— 118
2-27. 權斯文避雨逢奇緣 —— 119
2-28. 李東皐爲倅擇佳郞 —— 121
2-29. 施陰德南士延命 —— 124
2-30. 成家業朴奴盡忠 —— 125
2-31. 秋妓臨老說故事 —— 128
2-32. 節婦當難辨高義 —— 129

卷三 —— 131

3-1. 田統使微時識宰相 —— 131
3-2. 李節度窮途遇佳人 —— 133
3-3. 得美妻居士占穴 —— 138
3-4. 獲重寶慧婦擇夫 —— 142
3-5. 金丞相窮途遇義妓 —— 145
3-6. 趙豊原柴門訪舊友 —— 151
3-7. 宋班窮途遇舊僕 —— 152
3-8. 金生好施受後報 —— 156
3-9. 匿屍身海倅償恩 —— 157
3-10. 占名穴地師報德 —— 160
3-11. 憐窮儒神人貸櫃銀 —— 161
3-12. 擬腴邑宰相償舊恩 —— 162
3-13. 赴南省張生漂大洋 —— 164
3-14. 聽祝語宰相記往事 —— 171
3-15. 治墳墓諸星州現夢 —— 173
3-16. 說風情權井邑降巫 —— 174
3-17. 受刑杖措大風月 —— 176
3-18. 得陰粉窮鰥福緣 —— 176
3-19. 唱高歌樑上豪傑 —— 178
3-20. 拒强暴閨中貞烈 —— 178

卷四 —— 183

4-1. 責荊妻淸士化隣氓 —— 183
4-2. 治牛商貧僧逢明府 —— 184
4-3. 劫舊主叛奴受刑 —— 186
4-4. 逢丸商窮儒免死 —— 187
4-5. 信卜說湖儒探香 —— 190
4-6. 聽妓語悖子登第 —— 193

※ 동양문고본(2-6) ──── 195
4-7. 被室謫露眞齋折簡 ── 197
4-8. 訟夫寃錦城女擊鼓 ── 201
4-9. 肆舊習熊鬪江中 ── 202
4-10. 定名穴牛臥林間 ── 205
4-11. 老學究借胎生男 ── 207
4-12. 鄕先達替人送命 ── 210
4-13. 掘銀瓮老寡成家 ── 211
4-14. 倡義兵賢母勸子 ── 212
4-15. 致精誠課曉拜佛像 ── 214
4-16. 誦恩德每飯稱閔爺 ── 216
4-17. 班童倒撞藁草中 ── 217

4-18. 鄕弁自隨統帥後 ── 218
4-19. 逐官長知印打頰 ── 220
4-20. 憾宰相窮弁據胸 ── 222
4-21. 捉凶僧箕城伯話舊 ── 224
4-22. 雪神寃完山尹檢獄 ── 225
4-23. 崔崑崙登第背芳盟 ── 226
4-24. 車五山乘興題畵屛 ── 229
4-25. 武擧騁辭屈試官 ── 230
4-26. 鰥班弄計卜隣寡 ── 231
4-27. 騙鄕儒朴靈城登科 ── 232
4-28. 啣使命李尙書爭春 ── 234

卷五 ──── 238

5-1. 廉義士楓岳逢神僧 ── 238
5-2. 吳按使永湖逢薛生 ── 243
5-3. 廬墓側孝感泉虎 ── 244
5-4. 延父命誠動天神 ── 245
5-5. 得金缸兩夫人相讓 ── 246
5-6. 採山蔘二藥商幷命 ── 247
5-7. 捐千金洪象胥義氣 ── 248
5-8. 得二妾權上舍福緣 ── 249
5-9. 安貧窮十年讀易 ── 252
5-10. 善戱謔一時寓居 ── 253
5-11. 文有采出家辟穀 ── 254
5-12. 蔡士子發憤力學 ── 255
5-13. 退田野鄭知敦享福 ── 256
5-14. 識死期申舟村知音 ── 257

5-15. 毁淫祠邪鬼乞命 ── 258
5-16. 吠官庭義狗報主 ── 259
5-17. 關西伯駄騎馳妓 ── 261
5-18. 淸州倅權術捕盜 ── 262
5-19. 乞婚需朴道令呈表 ── 263
　付乞官表 ──── 265
5-20. 呈舊僚鄭司果戱墨 ── 266
5-21. 投良劑病有年運 ── 269
5-22. 失佳人數歎薄倖 ── 272
5-23. 托終身女俠捐生 ── 273
5-24. 擇夫婿慧婢識人 ── 275
5-25. 李後種力行孝義 ── 279
5-26. 德原令擅名棋局 ── 281
5-27. 澤風堂遇僧談易理 ── 282

차례 13

- 5-28. 李上舍因病悟道妙 —— 283
- 5-29. 車五山隔屛呼百韻 —— 284
- 5-30. 韓石峯乘興灑一障 —— 285
- 5-31. 峽氓誤讀他人祝 —— 286
- 5-32. 宰相戲掬梅花足 —— 287
- 5-33. 得僉使兒時有約 —— 288
- 5-34. 養壯元每科必夢 —— 289
- 5-35. 結芳緣二八娘子 —— 289
- 5-36. 成小會四六詩令 —— 298

卷六 —— 300

- 6-1. 守貞節崔孝婦感虎 —— 300
- 6-2. 鬪劍術李裨將斬僧 —— 301
- 6-3. 李武弁窮峽格猛獸 —— 302
- 6-4. 南師古東國選十勝 —— 305
- 6-5. 完山妓獨受布衣帖 —— 308
- 6-6. 朴尙書錯認傳呼聲 —— 309
- 6-7. 拯江屍李班受刑法 —— 310
- 6-8. 築土室捕校獲賊漢 —— 310
- 6-9. 饋飯卓見困鬼魅 —— 311
- 6-10. 成勳業不忘糟糠 —— 314
- 6-11. 乞父命忠婢完三節 —— 318
- 6-12. 訪舊主名馬走千里 —— 319
- 6-13. 善欺騙猾胥弄痴倅 —— 319
- 6-14. 假封塋山神護吉地 —— 323
- 6-15. 惜一扇措大咨癖 —— 324
- 6-16. 占名穴童婢慧識 —— 324
- 6-17. 憑崔夢古塚得全 —— 327
- 6-18. 逐邪鬼婦人獲生 —— 328
- 6-19. 兩驛吏各陳世閥 —— 329
- 6-20. 三知印競誇渠鄕 —— 329
- 6-21. 商山吏屢世忠節 —— 330
- 6-22. 聞韶人三代孝行 —— 334
- 6-23. 臨危境盦齋現夢 —— 334
- 6-24. 善諧謔白沙寓諷 —— 335
- 6-25. 活人病趙醫行針 —— 336
- 6-26. 救父命洪童撞鼓 —— 337
- 6-27. 張義士爲國捐生 —— 338
- 6-28. 李淸華守節遯世 —— 340
- 6-29. 進神方皮醫擅名 —— 341
- 6-30. 降房星文弁殉國 —— 341
- 6-31. 進忠言入祠哭辭 —— 342
- 6-32. 起死人臨江哀輓 —— 343

卷七 —— 345

- 7-1. 洪相國早窮晩達 —— 345
- 7-2. 柳上舍先貧後富 —— 346
- 7-3. 李副學海營省叔父 —— 349
- 7-4. 盧玉溪宣府逢佳妓 —— 350
- 7-5. 投三橘空中現靈 —— 352
- 7-6. 殲群蛇亭上逞勇 —— 354

7-7. 矗石樓繡衣藏跡 ── 355
7-8. 練光亭京校行令 ── 358
7-9. 憐孀女宰相囑窮弁 ── 360
7-10. 進祭需嶺吏欺李班 ── 361
7-11. 超屋角李兵使賈勇 ── 362
7-12. 得佳妓沈相國成名 ── 363
7-13. 贅柳匠李學士亡命 ── 368
7-14. 治産業許仲子成富 ── 371
7-15. 題神主眞書勝諺文 ── 374
7-16. 赴浿營婦人敉名妓 ── 375
7-17. 平壤妓姸醜兩不忘 ── 377

7-18. 金南谷生死皆有異 ── 379
7-19. 坐城樓南忠壯效節 ── 382
7-20. 憩店舍李貞翼識人 ── 383
7-21. 待科榜李郎摘苴 ── 385
7-22. 招神將郭生施術 ── 387
7-23. 江界妓爲李帥守節 ── 389
7-24. 倡義使賴良妻成名 ── 390
7-25. 鄕儒用計瞞竹泉 ── 393
7-26. 營妓佯狂隨谷倅 ── 394
7-27. 武擧廢舍逢項羽 ── 396
7-28. 新傔權術騙宰相 ── 397

卷八 ────────── 400

8-1. 貸營錢義城倅占風 ── 400
8-2. 得巨産濟州伯佯病 ── 401
8-3. 敎衙童海印僧爲師 ── 403
8-4. 敉窮儒柳統使受報 ── 406
8-5. 鬼物每夜索明珠 ── 409
8-6. 賊魁中宵擲長劍 ── 410
8-7. 洞仙館副价逢鬼 ── 412
8-8. 洪川邑繡衣露踪 ── 413
8-9. 老翁騎牛犯提督 ── 414
8-10. 新婦拚虎救丈夫 ── 415
8-11. 設別科少年高中 ── 416
8-12. 製錦袍夫人善相 ── 418
8-13. 傳書封千里訪父親 ── 419
8-14. 覘天星深峽逢異人 ── 420
8-15. 屈三弁善辯動宰相 ── 421

8-16. 問異形洛江逢圃隱 ── 424
8-17. 坐草堂三老禳星 ── 428
8-18. 會琳宮四儒問相 ── 430
8-19. 遊浿營風流盛事 ── 433
8-20. 過錦江急難高義 ── 436
8-21. 作善事繡衣繫紅繩 ── 438
8-22. 雪幽冤夫人識朱旂 ── 440
8-23. 營産業夫婦異房 ── 444
8-24. 獲生金父子同宮 ── 445
8-25. 捷幸洲權元帥奇功 ── 448
8-26. 劫倭僧柳居士明識 ── 449
8-27. 山海關都督鏖虜兵 ── 451
8-28. 靑石洞天將鬪劍客 ── 452
8-29. 報重恩雲南致美娥 ── 453
8-30. 餉山果渭城逢毛仙 ── 457

卷九 —————————— 460

- 9-1. 試神術土亭聽夫人 — 460
- 9-2. 惑妖妓冊室逐知印 — 461
- 9-3. 矜朴童靈城主婚 —— 463
- 9-4. 擇孫壻申宰善相 —— 465
- 9-5. 進米泔柳瑞聽街言 — 467
- 9-6. 度大厄朴曄授神方 — 469
- 9-7. 樂溪村李宰逢鄕儒 — 471
- 9-8. 鏡浦湖巡相認仙緣 — 472
- 9-9. 金醫視形投良劑 —— 474
- 9-10. 禹兵使赴防得賢女 — 475
- 9-11. 免大禍巫女賽神 —— 478
- 9-12. 訴輦路忠僕鳴寃 —— 479
- 9-13. 畏嚴舅悍婦出矢言 — 481
- 9-14. 入吏籍窮儒成家業 — 486
- 9-15. 江陽民共立淸白祠 — 488
- 9-16. 興元士從遊靑鶴洞 — 489
- 9-17. 率內行甕遷逢雷雨 — 490
- 9-18. 救處女花潭試神術 — 491
- 9-19. 隨京鄕靈鵲知恩 —— 492
- 9-20. 行胸臆尹弁背義 —— 493
- 9-21. 鄭謙齋中國擅畫名 — 495
- 9-22. 孟監司東岳聞奇事 — 496
- 9-23. 種陰德尹公食報 —— 499
- 9-24. 往南京鄭商行貨 —— 500
- 9-25. 問名卜中路遇舊僕 — 501
- 9-26. 還金橐強盜化良民 — 503
- 9-27. 報喜信櫪馬長鳴 —— 504
- 9-28. 聞科聲夢蝶可徵 —— 506
- 9-29. 闖官門痘兒昇堂 —— 507
- 9-30. 擅場屋秀才對策 —— 508
- 9-31. 輸官租富民買兩班 — 509
- 9-32. 逢奇緣貧士得二娘 — 511
- 9-33. 伏園中舊妻授計 —— 513
- 9-34. 尋古墓牧隱現夢 —— 514
- 9-35. 洪斯文東岳遊別界 — 515
- 9-36. 成虛白南路遇仙客 — 516

卷十 —————————— 518

- 10-1. 僞隣釀四儒詠詩 —— 518
- 10-2. 檢岩屍匹婦解寃 —— 519
- 10-3. 博川郡知印效忠 —— 520
- 10-4. 晉陽城義妓捨生 —— 521
- 10-5. 李節度麥場逢神僧 — 522
- 10-6. 金丞相瓜田見異人 — 523
- 10-7. 識丹邱劉郞漂海 —— 525
- 10-8. 訪桃源權生尋眞 —— 528
- 10-9. 據北山錦南成大功 — 531
- 10-10. 得至寶賈胡買奇病 — 532
- 10-11. 降大賢仙娥定産室 - 533
- 10-12. 感主恩奴僧占名穴 - 535
- 10-13. 饋酒石良醫奏功 —— 538
- 10-14. 還玉童宰相償債 —— 540

10-15. 矜草商高義讓財 —— 542
10-16. 隨使行薄相得貨 —— 543
10-17. 入虎穴老翁抱孫 —— 545
10-18. 墜龍淵異童拯人 —— 546
10-19. 白頭翁指教一書生 － 547
10-20. 綠林客誘致沈上舍 —— 551
10-21. 貸萬金許生行貨 —— 557
10-22. 送美酒沈相憐才 —— 562

일러두기

1. 이 자료집은 조선후기 야담집 총 20종을 활자화하여 표점하고, 이본을 교감하여 정본화한 것이다.
   - 해당 20종은 다음과 같다. 『於于野談』, 『天倪錄』, 『梅翁閑錄』, 『二旬錄』, 『鶴山閑言』, 『東稗洛誦』, 『雜記古談』, 『雪橋漫錄(抄)』, 『破睡錄』, 『綺里叢話』, 『溪西雜錄』, 『溪西野談』, 『紀聞叢話』, 『靑邱野談』, 『東野彙輯』, 『夢遊野談』, 『錦溪筆談』, 『靑野談藪』, 『東稗』, 『揚隱闡微』.
2. 저본과 이본(대조본) 설정 과정은 다음과 같다.
   - 개별 야담집마다 저본을 확정하고 주요 이본을 대조본으로 삼았다.
   - 저본의 기준은 야담집마다 상이한데, 기존의 이본 논의를 참조하여 본 연구팀에서 최종 확정하였다.
   - 이본의 경우, 야담집마다 존재하는 이본들을 최대한 수렴하되 모든 이본을 대조본으로 활용하지는 않고 교감에 도움이 되는 주요본을 각 야담집마다 2~6개 정도로 선정하였다. 이본이 없는 유일본의 경우 다른 자료를 대조로 활용하였다.
3. 활자화 과정은 다음과 같다.
   - 개별 야담집의 저본을 기준으로 활자화하였다.
   - 원자와 이체자가 혼용되었을 경우 일반적으로 활용되는 이체자는 그대로 반영하되, 잘 쓰지 않는 이체자는 원자로 대체하였다.
   - 필사상 혼용하는 한자의 경우 원자로 조정하거나 문맥에 맞게 적절하게 취사선택하였다. 대표적으로 혼용되는 글자들은 다음과 같다. 藉/籍, 屢/累, 炙/灸, 沓/畓, 咤/吒, 斂/歛, 押/狎, 係/繫, 褐/稠, 辨/卞, 別/另, 縛/縳 등
4. 활자화와 표점은 다음과 같은 기준에 의거하였다.
   - 개별 야담집의 권수에 따라 이야기를 나누고 이어지는 작품들은 임의로 넘버링을 통해 구분하였다. 권수가 없는 야담집의 경우 번호만 붙여 구분하였다.
   - 원문의 한자를 최대한 반영하였으나 최종적으로 판독이 불가능한 글자는 ■로, 공백으로 되어 있는 경우는 □로 표시해 두었다.

- 원문의 구두와 표점은 일반적인 기준에 의거하였다. 문장 구두는 인용문(" " ' '), 쉼표(,), 마침표(. ?!), 대구(;) 등을 활용하였다.
- 원문의 책명이나 작품명의 경우 『 』, 「 」 등으로 표기하였다.
- 원주로 되어 있는 부분은 【 】로 표기하여 구분하였다.

5. 정본화 과정은 다음과 같다.
    - 개별 야담집마다 저본과 대조 이본을 엄선하여 교감하되 모든 작품들의 정본을 구축하는 것으로 목표로 하였다. 각 야담집의 저본과 대조본은 해당 야담집의 서두에 밝혀두었다.
    - 저본과 이본은 입력과 이해의 편의를 위해 각 본의 개별 명칭을 쓰지 않고 저본으로 삼은 본은 '저본'으로, 이본으로 삼은 본은 중요도에 따라 '가본', '나본', '다본' 등으로 통일하여 대체하였다. 대조본 이외의 이본을 활용한 경우 '다른 이본'으로 구분하여 반영하였다.
    - 저본을 중심으로 교감하되 이본을 적극적으로 활용하여 가장 이상적인 형태를 구축하고자 했다. 이 과정은 오류를 바로잡은 것에서부터 상대적으로 나은 부분을 선택하는 방향으로 이루어졌다. 그 기준은 다음과 같다.
        ① 저본의 오류가 확실할 때: '~본에 의거하여 바로잡음'
        ② 저본이 완전한 오류는 아니나 이본이 더 적절할 때: '~본 등에 의거함'
        ③ 저본에 빠져있는데 이본을 통해 보완할 경우: '~본 등에 의거하여 보충함'
        ④ 저본도 문제는 없으나 이본 쪽이 더 나을 때: '~본 등을 따름'
        ⑤ 서로 통용되거나 참조할 만한 경우: '~본 등에는 ~로 되어 있음'
        ⑥ 저본을 그대로 반영하면서도 이본의 내용도 의미가 있을 때도 주석을 통해 밝혔음.
        ⑦ 익숙하지 않은 통용된 한자나 한자어가 이본에 있는 경우도 주석을 통해 반영하였음.
        ⑧ 저본과 이본으로도 해결되지 않는 오류는 다른 자료를 활용하여 조정하였음. 이 경우 상황에 따라 바로잡기도 하고, 그대로 두되 주석에서 오류 문제를 적시하기도 하였음.
        ⑨ 기타 조정 사항은 각주를 통해 밝혔음.

청구야담
青邱野談

저본 및 이본 현황

저본: 버클리대본
가본: 교토대본
나본: 동양문고본
다본: 국립중앙도서관본
라본: 성균관대본
마본: 가람문고본
바본: 동경대본
사본: 청구야설본

卷一

1-1. 償宿恩歲送衣資

李校理某, 弱冠時, 往留其外舅淸州任所, 觀華陽洞歸路, 將欲歷省其妹, 而家在數十里之外. 時適飢[1]乏, 而近處無酒店, 四顧彷徨, 見一庄之[2]戶, 在於前村相望之地. 欲爲暫憩療飢之計, 往叩其門, 有一妙少主人出應, 頗[3]有款洽之色, 下階迎上, 納頭便拜. 坐訖, 仍請曰: "家有老祖母在堂, 請謁行次矣." 某聞甚愀悅, 而心又自度曰: '彼是老人, 我則[4]少年, 似無所嫌. 且其請見者, 必是[5]非尋常事.' 故遂從少年而入, 其老人, 年可七八十. 李某遂拜見, 老人欣然迎接, 曰: "行次非苧洞李書房耶?" 對曰: "然矣!" 老人曰: "賤家於貴宅, 實有難忘之恩, 今日之事, 誠非偶然." 又招出其子婦, 與之相見, 仍悽然曰: "我乃此處土班也. 某年, 家長[6]以推奴事, 往大邱得送, 例托於本倅, 而本倅卽尊王考也. 俄而, 偶然嬰疾, 終至不救, 單身客館, 四顧無親. 尊王考躬檢襲斂, 衣衾棺槨, 全數辦備, 極其精美. 所用紬緞, 剪出一端, 各記入用之物, 以示家人.[7] 以至千里運柩, 出力全當, 世豈有如許罕絶之恩[8]乎? 雖親戚知舊之間, 猶不敢望其如此, 況素昧一鄕人乎? 幽明俱感, 存沒無憾[9], 受恩如天, 圖報無地, 此生此世, 鐫骨不忘. 自此以後, 姑婦同

---

1) 飢: 저본에는 '氣'로 나와 있으나 마본을 따름.
2) 之: 저본에는 빠져 있으나 마본에 의거하여 보충함.
3) 頗: 저본에는 '頗'으로 나와 있으나 나, 마본에 의거함.
4) 則: 마본에는 '是'로 되어 있음.
5) 是: 저본에는 빠져 있으나 라, 마본에 의거하여 보충함.
6) 家長: 나, 라, 마본에는 '家丈'으로 되어 있음.
7) 以示家人: 마본에는 '家人示之'로 되어 있음.
8) 之恩: 라본에는 '少恩'으로, 마본에는 '大恩'으로 되어 있음.

心, 躬勤蠶織, 絲枲綿布, 隨其所成, 一年一伻, 歲以爲常, 以表區區之誠矣. 間遭家兒之喪, 幹家無人, 通信路絶, 而寸誠耿結, 不能自已. 年例所送, 雖不得傳致, 亦不敢自廢, 別置箱篋, 逐年儲留[10]者, 亦已久矣. 曾聞宅之居苧洞, 故刻心不忘, 待孫兒之長成, 擬卽續信矣. 向聞本倅之甥苧洞李書房, 作華陽[11]之行, 心切傾聳. 俄者, 貴駕之來臨, 自然心動, 敢請邀見. 今日之拜, 有若皇天湊合而成者." 不勝感[12]愴, 泫然泣下. 仍苦挽一宿, 宰牛烹鷄, 朝夕之外, 佳味盛饌, 殆無虛時. 明日告歸, 出數箱以付之, 卽年年所儲苧布之屬也. 其切至之誠, 圖報之心, 有足以感人, 不敢辭焉, 滿載一駄而歸. 語其事於舅, 其舅亦嘉[13]其誠, 遂遣吏饋問, 成給座首帖, 以榮其少年. 其後, 歲必專伻一如前日, 其孫亦種種來訪云.

1-2. 撤淫祠火燒錦緞

完南家仍世富厚, 而長子早世, 孫曾仕宦顯達, 而俱未享年, 子孫[14]稀貴. 故其家自前, 媚鬼禱賽惟謹, 以內樓爲神舍, 春秋兩節, 備餚餌而祀之. 又製衣服而藏之, 布帛紬緞之入于門者, 亦必裂一幅而掛之神前. 累世爲常而不敢廢, 以是, 財産漸耗. 家中只有兩代老寡婦人, 時有孫兒, 漸長當婚, 擇配[15]於湖鄕, 娶權判書尙游之女. 于歸見姑, 纔過[16]三日, 姑夫人[17]捨中饋之勞, 悉以家務委之新

---

9) 愴: 라본에는 '憾'으로 되어 있음.
10) 留: 라, 마본에는 '有'로 되어 있음.
11) 華陽: 나본에는 '華陽洞'으로 되어 있음.
12) 感: 저본에는 '憾'으로 나와 있으나 나, 라, 마본에 의거함.
13) 嘉: 나, 라, 마본에는 '佳'로 되어 있음.
14) 子孫: 나, 다, 라, 마본에는 '子姓'으로 되어 있음.
15) 當婚擇配: 저본에는 '當擇婚配'로 나와 있으나 이본에 의거함.
16) 過: 이본에는 빠져 있음.

婦. 一日, 老婢入告權夫人曰: "某日卽家中賽神之日也. 應用物力, 預先上下, 可以措備矣." 權夫人曰: "此何神也, 而何事祈禱也?" 老婢曰: "此神之祈, 已自先代, 而春秋兩度, 備物行事. 祈之則家內平安, 否則災禍轉生, 不可廢也." 權夫人曰: "然則一番神祀, 諸般所入當用, 幾何?" 老婢意謂, 夫人新入, 未諳前例, 一一增數以對. 權夫人曰: "今年則另加優厚, 凡百所入, 三倍於前日, 可也." 遂依數出給, 老婢大喜而[18]去. 其老大姑夫人聞之, 大加憂歎, 曰: "吾家從前以賽神, 家力漸耗, 意謂鄕中婦女, 似或惜費節用, 故結婚於湖中. 今反三倍加之, 迂闊如此, 吾家之蕩敗, 無日矣." 及其日, 灑掃陳設, 飮食衣服, 極其豐備. 夫人澡潔盛服, 以諺書自製祭文, 頭辭則槩以人神不可雜糅爲主, 其下則以夫人新入舅家, 思變前規, 盛供厚幣, 行以終祭, 告以謝遣之意, 使他人讀之, 皆懼懾不敢讀. 夫人乃親自焚香, 跪讀畢, 其前後所藏置衣服錦緞之屬, 盡數撤出, 積于中庭, 謂婢輩曰: "此物盡爲燒火, 則暴殄天物, 不可爲也. 其中年未久而可以穿着者, 自吾先服之, 其餘汝輩亦皆衣之." 遂一一分給諸婢. 其最久而腐敗者, 幷將燒之, 使人取火以來, 擧皆懼懾, 面面[19]相顧, 無一聽令, 不得已自取火以來. 老夫人聞之, 大驚懼, 急使人挽之, 夫人不聽, 使婢子回告曰: "設有災禍, 吾可自當, 爲舅家永除此弊." 婢使絡繹奔來, 苦苦力挽, 而終不聽, 遂盡燒[20]之, 淨掃[21]其灰, 埋之屛處. 其錦緞之焚也, 臊羶之臭觸鼻, 婢僕輩

---

17) 夫人: 라본에는 '婦人'으로 되어 있음.
18) 而: 저본에는 '曰'로 나와 있으나 이본에 의거하여 바로잡음.
19) 擧皆懼懾面面: 가, 나, 다, 마본에는 '老夫人聞之'로, 라본에는 '老婢聞之'로 되어 있음.
20) 燒: 가, 나, 라, 마본에는 '焚'으로 되어 있음.
21) 掃: 저본에는 '燒'로 나와 있으나 이본에 의거함.

相顧駭諜曰:"鬼物盡燒矣!" 自是, 家中安貼[22], 亦無災患.

1-3. 鎖陰囊西伯弄舊友

昔有二士[23], 自少相善, 而一則早登科第, 歷揚名宦, 一則落拓不遇, 家計亦貧, 女婚定日, 而無財可辦. 適其友人, 方莅西藩, 其室人語其丈夫曰:"婚日漸迫, 而手無分錢, 何不往淇營, 求得婚需而來也?" 其士人依其言, 往見西伯, 言其將過女婚, 而苦無措手之策, 願有以扶助也. 監司命下人, 擇淨潔下處, 又定給事官童, 備盛饌而待之. 日日出來, 情談款洽. 其士人曰:"婚期漸迫, 可以速去矣!" 監司苦[24]挽之, 暗囑其[25]裨, 擇妓中有容色妖態者, 敎以如此如此. 士人多日淹留, 政爾無聊, 日開前窓, 以觀往來之人. 忽見對門家, 有年少素服之女, 小開門扇, 隱身而立, 半露其面, 出玉手而呼猫兒, 姿態嬌妙, 聲音嫩軟. 其士人一見奪魂, 招官童而問之曰:"此是何許人家?" 官童曰:"小人之妹家也." "汝之妹, 何時爲寡?" 官童曰:"上年爲寡矣[26]." 士人曰:"我一見, 神魂飛蕩, 汝於今夕, 可以招來否?" 厥童應諾而去, 其夕, 果然招來. 其士人大喜, 要與同宿, 而厥女百計謀避. 其士人直欲强逼, 厥女曰:"請先觀書房主下物." 士人慾火如熾, 他不暇顧, 惟妓言是聽, 解下袴衣, 出以[27]示之. 厥女以左手摩挲之, 以右手, 潛持小鎖, 挾陰囊而鎖之, 卽翻身逃去. 士人自思, 無計可脫, 來此多日, 婚需已不得, 又見欺於監

---

22) 貼: 저본에는 '帖'으로 나와 있으나 이본을 따름. 서로 통용됨.
23) 士: 가, 나본에는 '人'으로 되어 있음.
24) 苦: 가, 나, 라, 마본에는 '固'로 되어 있음.
25) 其: 저본에는 '一'로 나와 있으나 가, 나본에 의거함.
26) 矣: 저본에는 빠져 있으나 가, 나본에 의거하여 보충함.
27) 以: 가, 나본에는 '而'로 되어 있음.

司, 貽笑於一營. 不勝忿怒之氣, 坐待天明, 直發京行, 而陰囊牽痛, 艱辛匍匐而歸, 直入內舍. 其室內喜色滿面, 迎慰之曰: "千里跋涉, 何以往還?" 其士人忿怒之氣, 益加激發, 答曰: "吾恃舊日之情, 妄[28]作求乞之行, 婚需一無所得, 反得奇疾而來也[29]." 仍作呻吟之聲, 又大罵監司不已, 其室內曰: "君豈不知乎? 日前自浿營, 輸送數三駄封物, 細錄件記, 盛具婚需, 至於刷鐺微細之物, 無不畢具, 君豈不知乎? 其監司之恩德無比, 何故忿怒[30]罵如此?" 仍出示件記, 於是, 士人大喜過望, 回怒作笑, 又曰: "婚需則已備矣. 第有難處之事, 此將奈何?" 室內問其故, 士人携室內, 入挾房, 細述其委折, 仍出以示之. 其室內不覺拍掌大笑, 曰: "件記中有空開金一箇, 心竊[31]怪之, 而莫知其故, 果然爲此故也. 其監司之備送婚需, 不爲不感, 惟此事, 尤極感謝." 故[32]取來開金, 以啓其鎖.

1-4. 裹蒸豚中夜訪神交

古有一人, 父子同宮而居者. 其子喜結交, 日出門與友遊, 出必醉飽而返, 或經宿不還[33], 甚至留連數日. 或時不出, 則交朋四會, 履舃盈門, 杯盤狼藉, 嬉笑喧[34]聒. 一日, 其父問之曰: "是皆何如人乎?" 其子曰: "是皆切友也." 其父曰: "友者, 天下之至難, 而若是多乎? 且皆是汝知己知心之人乎?" 曰: "志同意合, 契托金蘭, 金財相通, 而禍亂[35]相資者也." 其父曰: "然乎? 我將試之." 一日, 其父宰

---

28) 妄: 저본에는 '忘'으로 나와 있으나 가, 나, 다, 라본에 의거함.
29) 也: 가, 나본에는 '耳'로 되어 있음.
30) 怒: 이본에는 빠져 있음.
31) 竊: 저본에는 '切'로 나와 있으나 가, 나본을 따름.
32) 故: 저본에는 빠져 있으나 다, 라, 마본에 의거하여 보충함.
33) 還: 가, 나본에는 '返'으로 되어 있음.
34) 喧: 저본에는 '誼'으로 나와 있으나 이본을 따름. 뜻은 서로 통함.

猪烹之, 刮其毛而白之, 裹以草席. 曉鍾纔罷, 使其子擔之, 謂其子
曰: "且往汝所最信友之家!" 至其家, 剝啄其門, 久之, 其人出來,
問曰: "汝以深夜緣何來訪?" 其子語曰: "吾不幸殺人, 勢甚窮急.
今負尸來此, 幸爲我善處之." 其友人, 外示驚動之狀嗟憐之色, 且
曰: "諾! 入且圖之." 立食頃, 仍不出來, 呼之不應, 顯有訑訑之意.
其父嘆曰: "汝之切友, 皆如是乎?" 去而之他, 又告其友曰: "吾今
晚[36]殺人, 勢急輒來, 與其謀汝.[37]" 其友辭以有故. 又去而之他, 告
其友如前, 其友咤之曰: "此何等大事, 而欲移禍於我耶? 勿復言速
去, 遲則將連累我!" 凡[38]擔而走之三四家, 率皆不見容接, 其父曰:
"汝友止此乎? 吾有相親一人[39], 居在某洞, 而不見已十年矣. 第往
觀之." 遂往叩其人之門, 而告其人, 如其子之告其友者之爲矣[40],
其人大驚, 曰: "且止天方向曙矣, 人跡將散." 急携入家中, 親取[41]
斧錘之屬, 欲毁臥室之堗而藏之, 顧謂[42]曰: "君亦助我幷力, 若遲
則人將見之." 其人笑曰: "毋用浪驚, 堗不必毁[43]也." 指席裹者曰:
"猪也, 非人也." 因將其事細述一場, 其友人亦投錘而笑, 相與携手
入房, 市酒數甁切其猪而啖之, 敍其積年阻隔[44]之懷. 少焉, 告別
曰: "不知何日更接淸範, 而兩地相通, 只有靈犀一點云云." 因率其
子歸家, 其子大慚悔, 不敢復交友云.

---

35) 亂: 나본에는 '難'으로 되어 있음.
36) 晚: 저본에는 '曉'로 나와 있으나 이본에 의거함.
37) 與其謀汝: 저본에는 '與汝謀'로 나와 있으나 가, 나본에 의거함.
38) 凡: 라본에는 '又'로 되어 있음.
39) 人: 다, 라, 마본에는 '友'로 되어 있음.
40) 爲矣: 가, 나본에는 '事'로 되어 있음.
41) 取: 가, 나본에는 '持'로 되어 있음.
42) 謂: 저본에는 빠져 있으나 라본에 의거하여 보충함.
43) 毁: 가, 나본에는 '壞'로 되어 있음.
44) 隔: 가, 나본에는 '閟'으로 되어 있음.

1-5. 義男臨水喚兪鐵

鐵山知印李義男, 隨其倅由行上京. 適值春和, 欲玩景江邊, 疎暢幽鬱[45], 告于其倅, 出遊龍山. 就高阜處, 玩帆檣上下之景, 忽覺困㥘思睡, 坐而假[46]寐, 夢一老人, 持一封書而來, 授之, 曰: "余離家已久[47], 家人不聞消息, 幸爲我傳此書于吾家." 義男曰: "翁家在何處?" 翁曰: "吾家在某山下大澤中, 往澤畔, 三呼兪鐵, 則自有人從水中出來, 以此書傳之." 義男許諾而覺, 忽見一封書在坐傍, 大驚異之, 遂藏囊中而歸. 不多日, 本倅還官, 陪來卽日, 告由而出, 不到渠家, 直往某山下澤邊. 呼兪鐵三聲, 忽見池水沸湧, 果有人從水中出來, 曰: "汝是何人, 何故喚我?" 厥童爲傳來意, 以封書給之, 其人曰: "少留以待發落." 遂翻身入水, 少頃, 復出來謂曰: "自水府見召, 請入去." 厥童曰: "吾何能入水?" 其人曰: "第瞑目而負於吾背, 則自無慮矣." 厥童遂從其言, 水波自開, 身不沾濕, 而兩耳只聞風水聲洶湧. 已而, 抵岸上, 其人卸負而請開目, 白沙岸上, 朱門屹然. 其人曰: "少待於此, 吾當先通矣." 旋卽復出, 曰: "請入矣!" 歷入數重門, 彩閣[48]魁傑. 升階而上, 有年少未笄之女, 欣然迎接, 曰: "吾父久離家鄉, 未聞消息, 傳通音信, 極爲感謝. 家父書中, 有與君結婚之敎, 未知君意, 如何?" 厥童喜而許之, 其女又曰: "我是龍女, 得無所嫌乎?" 厥童見其美色, 答曰: "何嫌之有?" 遂留三日, 所進飯飱[49], 無非奇珍. 又使沐浴製給衣服, 不知何名錦緞, 輝煌燦爛. 仍與之同寢三日, 欲爲出來, 厥女曰: "何遽歸也?" 厥童

---

45) 鬱: 라본에는 '蔚'로 되어 있음.
46) 假: 저본에는 '暇'로 나와 있으나 다, 라, 마본을 따름. 뜻은 서로 통함.
47) 已久: 가, 나본에는 '久矣'로 되어 있음.
48) 閣: 저본에는 '閤'으로 나와 있으나 이본에 의거함.
49) 飯飱: 라, 마본에는 '飯饌'으로 되어 있음.

曰: "受由⁵⁰⁾過限, 恐有罪責, 不得不出去矣." 厥女曰: "君在官家見帶何任?" 曰: "知印矣." 曰: "知印之服色何如?" 曰: "長衣之上服快子矣." 厥女卽披⁵¹⁾箱, 出一別錦緞, 裁縫以⁵²⁾衣之, 又囑之曰: "日後須頻頻入來也." 遂呼兪鐵, 使之負出. 義男自是本倅寵愛之知印也, 由限已過, 久不還現, 問於其家, 則告以上京還來, 初不歸家, 不知去處. 本倅大怒, 嚴囚其父, 日督還現. 其母不勝惶懼, 日出路上而訪問之, 第六日, 始自⁵³⁾某山下來. 其母迎謂曰: "官令嚴急, 汝往何處而遲滯若是? 汝父囚繫, 吾之等候亦多日矣, 汝必受重責, 速速入現!" 義男亦甚惶懼, 直入走伏於官庭, 官隷告曰: "李義男現身矣." 本倅大喜, 開戶下視, 則所着衣服, 極其華異, 決非人間之所製. 心甚疑怪, 未暇發怒責之, 遂令陞堂進前, 而問曰: "汝於受由之後, 直往何處, 所着衣服, 是從何處出?" 厥童不敢隱諱, 一一直告, 其倅亦異之, 竟不之責焉. 又曰: "汝妻旣是龍女, 則想必美麗可觀, 欲一見其面, 汝能使我見之否?" 厥童曰: "謹當往而議之." 又往澤畔呼兪鐵, 出又如前背負而入, 以主倅欲見之言⁵⁴⁾, 傳于龍女, 龍女初甚持難, 乃曰: "地主欲見, 何敢拒逆? 請於某日來臨澤邊." 厥童還告, 主倅大喜. 乃於其日, 大設帳幕於澤邊, 大張威儀而來, 邑中鄕人吏校奴令老少, 聞官家往看龍女, 一幷空邑而出, 漫⁵⁵⁾山遍野. 主倅到澤邊坐定, 送知印入水, 招龍女出來, 厥童入水, 請龍女出現, 龍女曰: "以平服乎? 以戎服乎?" 厥童來稟告主

---

50) 由: 다, 라, 마본에는 '留'로 되어 있음.
51) 披: 라본에는 '搜'로 되어 있음.
52) 以: 저본에는 '而'로 나와 있으나 이본을 따름.
53) 自: 저본에는 '出'로 나와 있으나 이본을 따름.
54) 言: 라, 마본에는 '意'로 되어 있음.
55) 漫: 라, 마본에는 '滿'으로 되어 있음.

倅, 主倅意謂美女⁵⁶⁾戎裝, 則姸態尤別, 以戎服出現分付之. 厥童還傳主倅之意, 龍女大段持難, 沈吟半晌⁵⁷⁾, 仍曰: "城主分付, 旣如此, 無可奈何?" 厥童還告, 自主倅⁵⁸⁾以下, 至於邑村百姓, 莫不注目波中, 擬睹絶代美色. 俄而, 水波沸盪, 頭角聳出, 卽一黃龍, 出水上數尺許, 眼目閃電, 鱗甲飛動. 主倅不意撞見, 不覺驚駭, 以雙手掩目而伏, 觀光諸人, 亦無不驚駭. 龍女見其景狀, 愁絶, 仍卽入水宮⁵⁹⁾, 官吏百姓擧皆, 無聊而歸. 其後, 厥童間間告由, 而主倅不之怪焉. 數月之後, 時當六月, 旱乾日甚. 主倅屢行祈禱, 不得點雨, 意謂龍能行雨, 若請於龍女, 則可以得雨, 使厥童往請之. 龍女曰: "行雨雖龍之所爲, 有上帝之命然後, 可以行焉. 今無帝命, 難矣." 厥童屢以民情之渴望, 官令之嚴峻, 力請之, 龍女曰: "然則不得不一往施法矣." 遂具戎裝, 手持一小瓶·一楊枝而出, 厥童曰: "欲觀其施法, 請與偕往." 龍女又辭曰: "龍則行于空中, 君則人間凡胎, 何以乘雲?" 厥童猶懇請不已, 龍女不得已, 乃曰: "然則緊着於吾腋下鱗甲中, 固執鱗, 愼勿放手也." 遂以腋挾之, 騰空而去, 興雲發雷⁶⁰⁾, 以楊枝, 點瓶中水三點而灑之, 厥童俯視雲下, 卽鐵山地也. 悶其禾稼焦焚, 田畓乾坼, 三點水太不足, 從腋下潛出手, 急掣龍女持瓶之手⁶¹⁾, 盡覆全瓶. 龍女大驚, 謂厥童曰: "速速出去! 大禍將至矣." 厥童茫然不知其故, 曰: "何故也?" 龍女曰: "吾始慮其然, 故拒君不隨來. 夫水府一點之水, 卽人間一寸⁶²⁾之雨, 三點水已

---

56) 美女: 라, 마본에는 '龍女'로 되어 있음.
57) 晌: 저본에는 '餉'으로 나와 있으나 이본을 따름. 서로 통용됨.
58) 主倅: 다, 라, 마본에는 '本倅'로 되어 있음.
59) 宮: 가, 나, 다, 라본에는 빠져 있음.
60) 雷: 가, 나본에는 '電'으로 되어 있음.
61) 手: 저본에는 '水'로 나와 있으나 이본에 의거함.
62) 寸: 라, 마본에는 '犁'로 되어 있음.

足. 今乃盡倒全瓶, 其害可勝言哉? 我得罪於天, 天罰將至, 速速出去! 如不忘今日之情, 明日須往白角山下, 收吾頭而埋之." 厥童不得已出來, 自出山, 目見茫然平沙一望無際, 至邑中一無田畓之形. 聞邑中之人言, '昨夜三更, 大雨暴注, 不啻飜盆, 有若河決, 霎時之頃, 平地水深丈餘, 山陵崩汰, 岸谷無辨云.' 始乃大悔懊焉. 明日, 尋往白角山下, 果有龍頭落下. 遂抱而歸, 淨洗沙土, 以單衫裹之, 以木函盛之, 埋之於白角山下, 痛哭而歸.

1-6. 老媼慮患納小室

昔有一宰相, 內外偕老, 而有一童婢, 年十七八[63], 容色不麤, 性又醇良. 夫人寵愛之. 宰相常欲近幸, 厥女不承從, 泣告夫人曰: "小人將死矣. 大監屢欲以小人薦枕, 若不從命, 則畢竟死於大監刑杖之下, 若從命, 則小人蒙夫人子育之恩, 何忍爲眼中釘乎? 一死之外, 更無他道, 將欲往投江水而死." 夫人憐[64]其志, 捐出白銀靑銅簪珥之屬, 幷與渠之衣服, 裹一袱[65]而與之, 曰: "今無以在此, 人生又何可空死? 持此物往投汝所欲去之處, 以此資生." 待曉鍾纔罷, 潛開門出送之. 厥婢養於宰相家內舍, 未省出門行路, 持此褓裹不知所向, 直從大路而行, 出南門, 漸近津頭, 時天色方曙. 聞有馬鈴聲, 從後而來, 見有丈夫, 近前而問曰: "汝是何處[66]女兒, 如此早晨, 獨往何處?" 厥女曰: "我有悲寃之事, 將欲投江而死." 其人曰: "汝[67]其浪死! 吾未娶妻, 與吾居生, 何如?" 厥女許之, 遂馱之

---

(63) 十七八: 가, 나본에는 '十七'로, 다, 라, 마본에는 '七八'로 되어 있음.
(64) 憐: 라본에는 '怜'로 되어 있음.
(65) 袱: 이본에는 '褓'로 되어 있음.
(66) 何處: 마본에는 '何許'로 되어 있음.
(67) 汝: 이본에는 '與'로 되어 있음.

馬上而去. 其後幾年, 宰相內外俱歿, 其子亦已死, 其孫已稍長矣. 家計剝落, 無以資生[68] 忽思, '先世奴婢, 散在各處者多, 若作推奴之行, 則可得要賴之資.' 遂單身發行, 先往某處, 招致諸漢, 示以戶籍, 曰: "汝輩皆吾先世之奴屬也. 吾今收貢次下來, 須從汝輩人口男女之數, 一一備出." 厥漢輩口雖應諾, 心懷不良, 定一房而居之, 備夕飯以待之. 將於其夜, 聚黨而謀殺之, 其班則不知而困眠矣. 忽於半夜[69], 聞窓外有多人聲跡, 心竊[70]疑之, 潛聽之, 則以開戶先入, 互相推諉. 始乃覺之, 大生驚怵, 潛身起來, 蹴倒北壁而出. 厥漢輩或持刀劍, 或持椎杖, 或從房中, 或從廚後而逐來. 其班無計逃生[71], 遂超越短籬, 忽有一虎, 突前捉去. 厥漢輩, 見其人爲虎所捉去, 相顧大喜, 曰: "不勞吾輩之犯手, 自爲虎狼所噉, 豈非天哉? 永無患矣!" 其虎雖捉其人而去, 只啣其衣後領, 而飜其體負背上, 半夜之間, 不知走幾里, 往投一處, 掀飜墜地. 其人肌膚, 則雖不傷, 而精神昏窒. 已而, 驚魂小甦, 開睫周視, 則乃一大村中井邊人家大門之前[72], 而其虎尙蹲坐其傍, 天色向曙矣. 井邊家人, 將欲汲水, 開門而出, 忽見何許人, 僵臥地上, 又有大虎守其傍, 大驚走入, 連呼聲有虎. 其家人老少, 一齊持杖而出, 虎見衆人齊來, 始起身欠伸, 徐徐而去. 始問僵臥之人曰[73]: "汝是何人, 緣何到此, 斑寅又何故, 相守而[74]不去也?" 其人始述顚末, 人皆嗟異之. 其家老母亦出來, 相見認其人容貌, 請其人入內舍, 語之曰: "子非兒名某

---

(68) 生: 이본에는 '活'로 되어 있음.
(69) 半夜: 다. 라. 마본에는 '夜半'으로 되어 있음.
(70) 竊: 라본에는 '切'로 되어 있음.
(71) 逃生: 라본에는 '圖生'으로 되어 있음.
(72) 前: 다. 라. 마본에는 '外'로 되어 있음.
(73) 曰: 저본에는 '口'로 나와 있으나 이본에 의거하여 바로잡음.
(74) 而: 저본에는 빠져 있으나 다. 라. 마본에 의거하여 보충함.

氏者耶?" 其人大驚, 曰: "吾果是也, 老媼何以知之?" 老媼遂細迹, "兒時爲某宅婢子, 受恩於夫人. 今日如此居生, 莫非夫人之德[75], 吾年今七十, 何日忘之? 但京鄕落落, 聲聞莫憑, 今日郞君意外到此, 此天使之報舊恩也." 遂遍呼諸子諸孫, 諭以, '此是吾上典, 汝輩一一現身.' 又拓北窓, 招諸子婦, 一幷現身, 備盛饌而進之, 製新服而衣之, 挽留數日. 老媼諸子, 皆是壯健傑驁有風力, 財産富饒, 行號令於一鄕者. 今忽不意, 其母以一介流乞之人, 稱之以'上典', 使渠輩, 盡爲其奴屬, 憤怒撑中. 又爲鄕中之羞恥, 然其母性嚴, 諸子莫敢違其志, 不得不黽勉從令. 其班謂老媼曰: "吾離家已久, 可以急歸, 須爲我俾得速還." 老媼曰: "姑留數日, 亦何妨耶?" 待夜深後, 見諸子輩睡熟, 屬耳而言曰: "郞君不見諸子輩氣色乎? 渠輩雖以吾命, 不得不外面順從, 其心不可測也. 若單身歸去, 則必致中路非常之禍, 我有一計, 郞君其能從之否?" 其班曰: "何計也?" 老媼曰: "我有一孫女, 年近二八, 亦頗有姿色. 尙末定婚, 欲以此女, 納于郞君, 則何如[76]?" 其班猝聞此言, 悄悅不能答, 老媼曰: "從吾言, 則可以生還, 不從吾言, 則必致非命之禍. 我不忘舊主之恩, 爲計至此, 郞君何不聽之?" 其班許之. 明日, 老媼召諸子輩, 言之曰: "吾以孫女某也, 納于某上典, 汝於今夜, 整辦婚具, 無敢違忤." 諸子輩不做一聲, 唯唯而退. 其夕, 修理一房, 爲新婚之房, 使其班入處, 艶粧其孫女入送, 遂成婚焉. 翌早[77], 老媼入見問安, 又召諸子輩, 語之曰: "上典主明將還宅, 孫女又當率去. 騎馬一匹, 轎馬一匹, 卜馬數匹, 斯速備待, 轎子亦爲借來. 汝輩某某, 陪行上京, 受

---

75) 德: 마본에는 '德澤'으로 되어 있음.
76) 何如: 이본에는 '如何'로 되어 있음.
77) 早: 라본에는 '朝'로 되어 있음.

上典主書札而來, 使吾知平安行次之奇." 諸子輩奔走應命, 一齊辦備, 遂治發上京. 衾枕衣服, 如干錢兩, 幷載一駄. 一路無事, 平安得達. 其班作書, 付其回便. 其後, 每年一伻, 限老媼終身.

1-7. 夢黃龍至誠發宵寐

李參判鎭恒, 少時, 必欲做科, 而聞夢龍則必得科. 乃修掃半間挾室, 入處其中, 家務不許相干, 賓客不許相通, 便旋之外, 終日不出, 朝夕之飯, 亦自穴窓中出納, 晝宵所思, 無非龍也. 思其形體, 思其頭角, 思其鱗甲, 思其爪牙, 以至於龍之所居, 龍之所嗜, 龍之所變化, 以心想像, 以心指劃, 無一息間斷. 至於第三日, 始得一夢, 拏一大黃龍, 纏于右臂. 龍體大而力壯, 大費氣力, 艱辛纏繞之, 忽然自覺, 乃一夢也. 勞力過多, 遍體[78]流汗. 李丈自是實才, 得此夢而大喜. 凡龍之文字, 可合科題者, 無論經史雜記[79], 無數做得. 忽然庭試有命, 科前數日, 親往紙廛, 命廛人出上等好品紙, 積置于前. 右手藏于袖間, 以左手一一飜閱, 擇其最好者, 乃出右手而拔出之. 又思, '兄弟卽一身, 弟之正草, 吾何不竝擇? 吾不登第, 而弟若登第, 則與吾登第何間焉?' 遂如前法, 左手飜之, 右手拔之, 携二張而歸, 遂與季氏, 同入場中. 少頃, 成均官員奉御題[80]而出來, 引儀唱四拜, 滿場之人, 皆屬目於臺上矣. 及展掛, 以'草龍珠帳'命題, 滿場[81]擧子, 都不識解題, 往來探問, 不勝其紛紜. 李丈適獨知其出處, 乃專意安坐, 以古賦體一筆揮成, 兄弟兩券, 次第

---

78) 遍體: 라. 마본에는 '遍身'으로 되어 있음.
79) 雜記: 이본에는 '雜說'로 되어 있음.
80) 御題: 라. 마본에는 '御製'로 되어 있음.
81) 場: 저본에는 '帳'으로 나와 있으나 이본에 의거하여 바로잡음.

投呈. 及其榜出, 院隸呼名, 四出爲首, 二三人已爲呼上, 自家名字, 尙不出來, 心甚燥悶. 少焉, 先呼其季氏名字, 自念, '已! 雖不得, 弟已登第, 亦何恨焉?' 俄而, 自家名字, 繼又出來. 一榜六人, 兄弟聯參, 竝登卿月之列. 老來乃向後生輩, 必勸[82] 其致誠龍夢[83]焉.

1-8. 誦斯干雄講動天聽

兪校理漢寓, 少時, 豪放不羈, 以學掌色, 觀日次殿講. 一夜夢, 遇斯干章占科, 而方覺之際, 洞任來告, 明日殿講有命矣. 兪校理大驚喜, 蹶然起坐, 蹴起在傍睡者, 曰: "速上大舍廊, 持冠帶紗帽來!" 其人曰: "大舍廊門已緊閉, 進賜[84]主已就枕矣." 兪校理曰: "雖然呼廳直, 速速持來." 其人遂持來, 又送人於其大家政丞家, 持賜花來. 於是, 衣章服, 以細繩縛賜花於帽, 而着之, 使二人挾腋, 中庭往來, 作進退狀. 其大人, 曉睡朦朧之中, 忽聞人喧聲, 呼傔人驚問曰: "今已夜深, 是何人聲[85]?" 其傔曰: "書房主作新恩之戲矣." 其大人曰: "此兒又作怪矣." 招其子大責之, 曰: "此何貌樣, 是何怪聲?" 兪校理, 乃以夢兆及明日科令, 對曰: "此科似可必做, 故喜不自勝, 果作呼新恩之戲矣." 其大人忿罵, 曰: "汝是沒[86]知覺, 近破落之人. 平生不曾對案看一字, 優遊虛浪, 謾度時日, 而何可望科乎? 然第誦斯干詩." 兪校理乃朗誦, 至末章不能成誦, 其大人又罵曰: "如此而乃曰做科乎? 須速脫帽帶, 還舍就睡, 明日亦勿赴擧也!" 兪校理唯唯而退. 翌曉, 乃潛身入場, 遂以夢中事, 語一二知

---

82) 勸: 라, 마본에는 '勤'으로 되어 있음.
83) 龍夢: 이본에는 '夢龍'으로 되어 있음.
84) 賜: 저본에는 '士'로 나와 있으나 이본에 의거하여 바로잡음.
85) 是何人聲: 다, 라, 마본에는 '是人聲何也'로 되어 있음.
86) 沒: 저본에는 '歿'로 나와 있으나 가, 나, 다, 마본에 의거함.

舊, 皆曰: "君果熟讀而入來否?" 兪校理曰: "末章吾未能盡誦矣."
其友曰: "胡不開卷一讀也?" 兪校理曰: "夢若無靈則已, 如不然,
雖不盡誦, 必有自曉之理, 焉用讀爲?" 諸友皆力勸, 而終不聽. 及
出講章, 乃斯干詩泰人占之句也. 兪校理尤心[87]獨喜自負, 遂突誦,
看看至末章, 上以御手拍案, 大加稱賞曰: "善哉善哉! 不必盡誦,
速爲收棋." 乃不誦末章, 而以純通賜第. 其大人朝來, 聞其赴科,
憂歎不已, 忽聞榜聲, 疑慮百端. 兪校理自闕出來, 望家而歸, 其門
客之屬, 方出門迎接. 兪校理自馬上, 以手面面指示, 曰: "吾雖不
知斯干末章, 而今乃占科云矣."

1-9. 洪尙書受梃免刃

洪尙書宇遠, 於未第時, 作東峽之行. 日勢已晚, 而店舍稍遠, 無
以趲程, 及站路傍, 偶有數家村, 言其事情而請留宿焉, 主人許之.
其家有老翁姑及一少婦, 夕食後, 老翁謂客曰: "爲看一家祥祭, 今
夜將往他處, 少婦獨在, 望須看檢守家, 而善爲安寢焉." 謂其子婦
曰: "吾輩出他, 汝獨在家, 必善待客主." 遂與老嫗出門而去, 少婦
應諾, 關門而入, 遂同寢一室. 其婦讓客主宿於下炕, 渠則坐於上
炕, 張燈而績絲, 洪見其婦, 雖是村女, 頗有姿色. 又値其舅姑不
在, 而與之同室, 意欲挑之, 假托睡困所爲, 轉就其婦之傍, 試以一
足, 加于其婦之膝. 其婦認以遠路行役眠困所致, 謹以兩手, 輕擧
而下之. 少間, 又以足復加婦膝, 其婦又如前下之. 洪則未悟其意,
意謂其婦不甚牢拒, 又以足加之, 其婦始覺其洪之有意於已也, 呼
客主而覺之. 洪佯以睡深樣, 屢呼而後, 始欠伸而微答. 其婦使之

---

87) 心: 저본에는 빠져 있으나 라본에 의거하여 보충함.

起坐, 而數之曰: "兩班讀書知義理, 豈不識男女之有別乎? 翁姑出去, 謂客主以兩班而信之, 無疑勤托守家, 乃於深夜之中, 暗懷不美之心, 兩班之行, 豈如是乎? 須出戶外, 覓得夏楚而來." 洪聞言, 不勝愧枢, 滿面通紅, 不得已出戶覓來. 其婦請褰袴而立, 洪又不得已唯令是從. 其婦乃撻十數, 戒之曰: "明日舅姑歸來, 當細陳委折, 更勿生妄念而安寢焉." 仍又績絲如前. 翌日, 老翁媼還來, 問客主安寢否, 洪無辭可答. 其婦乃以夜間事告之, 老翁曰: "吾知汝之貞烈, 故獨留接客, 而年少男子見色而動心者, 亦不是怪事. 委曲其辭, 開陳其不可之意, 固可也, 汝何敢撻楚兩班乎?" 遂取其楚, 撻其婦數十, 向洪而語曰: "村女無知, 使兩班受辱, 不勝惶悚." 洪不勝羞愧, 稱謝而去. 其日, 又行幾十里, 値日暮違站, 又尋一村舍而寄宿焉. 其家只有一夫一妻, 夕後, 其主人告曰: "小人適有緊關事, 將往十許里[88]地, 明早當還, 請客主善爲安寢焉." 又囑其妻, 以善待客主而出去. 其女閉門而入房, 其房卽上下間, 而間有障子, 其女宿於下間, 洪則宿於上房[89]. 洪懲於昨夜事, 更無邪念矣. 夜深後, 厥女呼客主曰: "上間甚疎冷, 客主得無寒乎? 須移處下間, 而與我同宿[90]如何?" 洪答以不寒,[91] 厥女數三次請入, 而終不聽. 觀其女所爲, 必有開戶出來之慮, 以背緊帖於門扇而鎭之, 俾不得推出. 果然厥女, 轉輾下至於門閾, 百般[92]誘說, 終欲推門而不得, 乃大怒譏罵, 曰: "年少男兒, 與女子同房, 而無一點情慾, 無乃宦者乎? 何其沒風味若是乎?" 狼藉醜辱, 喃喃不已, 曰: "雖非客

---

88) 十許里: 라본에는 '十里許'로 되어 있음.
89) 房: 마본에는 '間'으로 되어 있음.
90) 宿: 라, 마본에는 '寢'으로 되어 있음.
91) 洪答以不寒: 마본에는 '洪答曰不寒矣'로 되어 있음.
92) 百般: 다, 라, 마본에는 '百端'으로 되어 있음.

主, 豈無他人?" 遂擧足推擲[93]前窓而出去, 携何許總角而來, 爛熳行淫, 仍卽相抱而熟睡. 少頃, 其夫還來, 直入其房, 一刀幷殺其男女, 仍卽出來, 立於洪之寢房之外, 低聲呼曰: "客主就寢乎?" 洪曰: "汝是何人?" 厥漢曰: "小人卽此家之主人也, 請開門!" 洪見厥漢行凶之事, 心甚恐怖, 而又思身無所犯, 寧有他虞, 遂開門使入. 厥漢百拜稱讚, 曰: "行次誠大人也! 凡年少之人, 於深夜密室之中, 與少女隔壁伴宿, 而不爲情慾所動者, 能有幾人? 小人屢見厥女之行多有可疑, 而未捉[94]眞贓, 昨見行次儀表之出常, 厥女有欽慕之意, 故小人故托出他, 潛伏窓後[95], 以伺察焉. 果然厥女, 以淫情挑行次, 而行次堅執不應, 厥女不勝情慾, 乃招隣居總角[96], 與之同宿. 故小人憤其所爲, 一刀刺殺之, 若非行次之牢確不撓, 爲厥女所迷, 則必不免小人之刀[97]矣. 吾見多矣, 未有若行次之直[98]正大人也. 今不可在此, 迨天未明, 與小人急速逃走." 遂相隨而出門, 行至數步, 厥漢又曰: "小人有一忘却事, 請燒其家而出來, 請行次少留待之." 旋卽回身入去. 洪謂以待厥漢無義, 遂獨自先去, 行里[99]許, 回首視之, 則遠遠地火光亘天. 其後, 登科爲江原監司, 行部之路, 見一治道之民, 擁箒而立, 使召之前來, 駐車而問曰: "汝知我乎?" 厥漢對曰: "小人何以識得?" 曰: "汝記某年如是如是之事乎?" 厥漢始乃覺得, 曰: "小人果記之耳!" 洪使之還營後來待, 稱道不已, 厚遺而遣之.

---

93) 擲: 저본에는 '躑'으로 나와 있으나 이본에 의거함.
94) 捉: 저본에는 '促'으로 나와 있으나 이본에 의거하여 바로잡음.
95) 後: 저본에는 '外'로 나와 있으나 이본에 의거함.
96) 乃招隣居總角: 라, 마본에는 '乃招隣童健壯者'로 되어 있음.
97) 刀: 이본에는 '刃'으로 되어 있음.
98) 直: 저본에는 '眞'으로 나와 있으나 다, 라, 마본을 따름.
99) 里: 다, 라, 마본에는 '數里'로 되어 있음.

1-10. 呂繡衣移花接木

呂參判[100]東植, 爲嶺南右道御史, 行到晉州, 偶與從人相失, 且値日暮, 無可投宿處. 適有一茅屋在路傍者, 往叩之, 有人出應, 乃班族而未冠者. 告其寄宿之意, 厥童無難色而許之, 邀入房中而款待之, 回語其妹, 備夕飯而進之. 夜則與客同寢上間, 其妹則寢於下間, 觀其言語動作, 與之酬酢, 則爲人可愛, 男妹同室, 內外截嚴. 心異之, 問曰: "年旣長矣, 而何故未娶?" 對曰: "以家貧之故, 人皆不願. 前村富家, 曾有醮婿之議[101], 亦以貧寠之故, 今忽背約, 更結婚於他處富家, 將以明日過婚矣." 又問: "汝妹亦有定婚處否?" 答曰: "亦無定婚處矣." 御史旣憐此兒男妹之過時失婚, 又憤前村富漢之嫌貧退婚, 明日, 直往其家, 乞飯焉. 門閭高大, 堦庭廣闊, 高張遮日, 盛設鋪陳, 圍以彩屛. 方等待新郞之來, 而賓客滿堂, 奴僕盈庭, 羅列釜鼎盤床器皿之屬, 烹飪魚肉, 備設盛饌, 以次進於堂上. 此際, 忽聞乞客之聲, 主人喚奴子, 逐出之. 御史乍出旋入, 高聲大呼, "如此盛會, 飮食若流, 而何不使飢餓窮困者, 一飽腹乎?" 連聲而進于堦下, 主人甚苦之, 命奴子略備一床而給之. 奴子乃以殘盃冷酌, 草草數器, 盛一小盤而待[102]之. 於焉之頃[103], 俟上廳上, 側[104]身於諸客之末, 又以薄待兩班之意, 多少訾詈, 主人大怒, 又使奴子, 牽出之. 適於此時, 驛卒一漢, 尋御史所在, 來到門前. 御史瞥見, 以目瞬之, 驛卒遂高聲大呼曰: "御史道出道矣!" 一聲纔出, 滿座[105]驚散, 抱頭鼠竄, 塡門而逃. 所謂新郞適又來到, 見此風

---
100) 參判: 마본에는 '繡衣'로 되어 있음.
101) 議: 가, 나본에는 '儀'로 되어 있음.
102) 待: 다, 라, 마본에는 '進'으로 되어 있음
103) 頃: 다, 라, 마본에는 '間'으로 되어 있음.
104) 側: 가, 나본에는 '厠'으로 되어 있음. 뜻은 서로 통함.

色, 亦回馬而急遁[106]. 諸從人又次次來會, 御史遂據上座, 拿入家主, 跪于庭下, 數之曰: "汝以一邑之[107]巨富, 旣設大會, 一床盛饌, 何損於汝, 而汝令逐出之? 至於屢度懇乞, 而乃以衆人所食之餘, 草草薄待, 又至於上廳驅迫牽出, 安有如許道理, 如許人心乎[108]? 汝始議婚於越村某道令, 嫌其貧寒, 臨期背約, 更招他婿, 是豈嶺南敦厚之風耶? 今旣筮日, 醮席亦設, 速辦新郎服色白馬紗籠, 往迎越村道令, 速行醮禮. 又送一轎, 馱來其處子!" 又命家主, 備給華衣, 速招退去新郎, 又行醮禮於其家, 坐見兩婚禮畢而去. 一邑莫不快其家主之見辱, 而稱其道令男妹善爲區處焉.

1-11. 訪名卜冤獄得伸

全州邑內, 有一寡婦, 一夜之間, 不知何人[109]潛入其家, 斷寡婦之頭. 其隣人怪其日晏, 而寡婦之家寂無動靜, 入其家, 開戶見之, 則寡女果死, 而流血[110]滿地, 無其頭矣. 隣人輩大驚, 發狀告官, 本倅出來檢尸, 果如狀辭. 尋其頭去處, 見血痕點滴出於戶外, 從其血點而推尋之, 則至於西墻下而止焉. 乃入其西家, 遍搜之, 則其家西墻下, 寡婦之頭落焉. 蓋變出於深夜之中, 而地是幽僻之處, 其家主人亦未之覺焉. 於是, 謂以其家之所, 爲結縛家主, 嚴刑究問. 其人據理稱冤, 而主倅一不回聽, 累加毒訊, 閱月嚴囚, 將至死境. 其人有二子, 不勝其冤, 以爲此必有兇犯者, 而無路覓得, 相與

---

105) 滿座: 라본에는 '滿堂'으로 되어 있음.
106) 遁: 나, 다, 라, 마본에는 '逃'로 되어 있음.
107) 之: 이본에는 모두 빠져 있음.
108) 乎: 저본에는 빠져 있으나 다, 마본에 의거하여 보충함.
109) 何人: 다, 라, 마본에는 '何許人'으로 되어 있음.
110) 流血: 저본에는 '血流'로 나와 있으나 다, 라, 마본을 따름.

議曰:"吾聞鳳山劉雲泰, 國之名卜, 盍往問之?" 遂厚齎卜債及路費, 牽一匹馬, 尋往鳳山劉卜之家, 細陳情由, 請得正犯而雪其父冤. 遂進卜債, 劉卜曰: "今日已晚, 明曉當卜!" 其翌淸晨, 劉卜盥洗[111], 着道袍出, 坐廳上, 爇火於爐[112], 置一案於前. 又以大屛圍之, 處其中, 焚香告祝而占之, 旣得卦. 又良久解之, 乃出, 召謂二人曰: "汝以今時急歸本鄕, 勿入汝家, 直向西南間路七十里許, 左邊有分岐細路, 從此而去, 則其下有麻田數十畝, 其下數十步, 有數間草屋. 晝則隱身於麻田, 昏後, 潛伏於其家籬後, 則必有可知之事." 其人依其言, 急歸不入其家, 直向西南路上而走. 行七十里許, 路左果有微徑, 遂由此而行, 果有麻田, 麻田盡處, 果有孤村斗屋. 其人乃繫馬於遠遠山邊, 隱於麻中待[113], 黃昏後, 潛進其籬下, 自籬隙窺之, 則男漢在爐上, 明火而織屨, 其妻在房中, 懸燈而繰絲, 幷無所言. 二人一向屬耳籬邊, 聚精潛聽. 良久, 厥漢起身, 收拾[114]所業, 滅火而入房, 喜謂其妻曰: "今則無患矣! 某也替當屢經刑訊, 今將死矣." 二人聞此言, 撤籬踴躍而入, 曳出厥漢, 緊加結縛, 牽來其馬, 馱厥漢於馬背. 又屢回纏紲, 俾無墮落, 疾驅而還入, 訴官庭, "小人痛父非辜, 今捉兇身而來矣!" 主倅亦驚喜, 卽命捉入厥漢, 施威嚴問, 不下一杖, 箇箇承服, 曰: "小人卽其隣居皮匠也. 慕悅其寡婦, 屢次挑之, 寡婦不應, 故憤而殺之[115], 擲其頭於西家, 欲爲嫁禍之計, 今已綻露, 無辭可達矣." 於是, 獄案成矣, 遂放西隣之家主.

---

111) 洗: 다, 라, 마본에는 '手'로 되어 있음.
112) 爐: 라본에는 '壚'로 되어 있음.
113) 隱於麻中待: 마본에는 '隱身於麻田中待'로 되어 있음.
114) 拾: 저본에는 '恰'으로 나와 있으나 이본에 의거하여 바로잡음.
115) 之: 저본에는 '人'으로 나와 있으나 이본에 의거함.

1-12. 誇丈夫西貨滿馱

昔有一士人, 因科事入泮村, 則主人適出他, 獨有其妻在焉. 時適四顧無人, 陰慾發動, 挽執厥女, 懇求歡焉. 厥女以主客之誼, 不忍發聲拒之, 黽勉從之. 俄而, 其夫自門入來, 經陞廳上, 開戶欲入, 其生急以厥女之裳, 覆厥女之身, 回顧其夫, 點眼而揮之. 其夫會意, 遂閉門[116]而退, 曰: "我是老熟之人, 豈不察人之氣色乎?" 遂出大門而去. 於是, 更無所嫌, 盡意行樂而罷. 士人出居[117]外舍, 厥女往投隣家. 少焉, 其夫又來, 見其妻入來, 迎謂曰: "汝於其間往何處, 而今始歸家?" 其妻曰: "我以裁衣次, 欲倩[118]手於隣人而裁之, 其人適出他, 少待其歸, 所以遲滯矣." 其夫不以爲怪, 更無他言. 未幾, 士人登第, 又幾年爲平安監司. 厥漢大喜, 曰: "今將往營乞馱矣!" 厥女笑之, 曰: "如君下去, 何物得來?" 厥漢怒曰: "吾不能得來, 則汝往可得乎?" 其妻曰: "吾往則必可得矣." 厥漢不聽其言, 遂貰馬騎去. 到營現身, 監司見之, 別無喜色, 使營庫給飯, 明日出給路資[119], 使之速還. 厥漢大生忿怒, 又忿無面見其[120]妻, 遂不辭而走. 纔入家, 大聲呼罵, 忿氣勃勃, 厥妻迎謂曰: "得何物而來?" 厥漢備述其冷落無舊日顔面之意, 厥妻笑曰: "吾固不言之乎? 君則雖百番下去, 無所得, 吾必下去然後, 方可得來." 厥漢忿答曰: "汝言旣如此, 明日須下去." 厥女自治行具, 下浿營, 使門者入通, 卽時召入. 厥女陞堦上拜見, 巡相見之, 使之入房, 慰其遠來之意, 又入送內衙, 使之款待. 留幾日, 厥女請欲辭去, 巡相不忘舊日之

---

116) 門: 라본에는 '戶'로 되어 있음.
117) 居: 다, 마본에는 '去'로 되어 있음.
118) 倩: 라본에는 '借'로, 마본에는 '請'으로 되어 있음.
119) 資: 가, 나, 라, 마본에는 '費'로 되어 있음.
120) 其: 저본에는 빠져 있으나 라, 마본에 의거하여 보충함.

情, 自內舍召入寢室, 以續舊緣. 命納行下紙, 大筆手題錢文幾千兩, 其外綿紬·白木·民石魚[121]·油淸之屬, 凡係關西所産者, 無物不備. 命營庫神出, 雇馬輸送之, 馬凡幾駄. 前駄先到, 泮中前路, 問平安監司宅[122]泮主人家, 路人指示之. 遂直向其門而入, 從後諸駄, 陸[123]續盡來, 最後駄女人而來, 解卜滿地, 可謂塞破屋子. 厥漢刱[124]見之, 一以爲大駭, 一以爲大喜, 次第收拾諸物, 各各區處. 從容問其妻曰: "吾下去而不得一物, 汝下去而得貨財, 若是夥然, 是何故也?" 厥女笑曰: "君不記某年之時, 使道爲觀科, 入來於此內房, 作雲雨之會乎[125]?" 其夫尋[126]思良久, 怳然大覺, 曰: "是矣是矣! 第未知其時仰臥其下[127]者, 誰也?" 厥女笑曰: "故是我也." 厥漢又驚悟嘖嘖嗟歎[128], 曰: "若知其時汝在下, 則吾豈不百番瞬目, 而今日所得, 又豈但止於此耶?" 遂相與大笑.[129]

1-13. 占吉地魚遊石函

李判書鼎運之祖父某, 於少日讀書山寺, 時値大冬, 雪寒嚴酷. 有一雲遊之僧, 鶉衣鵠形, 乞食於寺僧. 寺僧饋之夕飯, 其翌欲逐之, 李班憐之, 謂寺僧曰: "當此嚴寒之時, 無衣飢餓之僧, 必有凍死之慮. 粮米則吾自備給, 須加留幾[130]日, 待日氣稍解, 送之爲可."

---

121) 民石魚: 라, 마본에는 '民魚石魚'로 되어 있음.
122) 宅: 가, 나본에는 빠져 있음.
123) 陸: 다, 라, 마본에는 '遂陸'으로 되어 있음.
124) 刱: 라본에는 '初'로 되어 있음.
125) 乎: 라, 마본에는 '矣'로 되어 있음.
126) 尋: 다, 라, 마본에는 '深'으로 되어 있음.
127) 其下: 저본에는 빠져 있으나 이본에 의거하여 보충함.
128) 嗟歎: 마본에는 '長歎'으로 되어 있음.
129) 遂相與大笑: 마본에는 '遂相與携手大笑'로 되어 있음.
130) 幾: 저본에는 '數'로 나와 있으나 이본을 따름.

李班適換授新衣, 其所脫衣服, 竝出而衣之. 待日寒稍弛, 使之下山, 其僧無數稱謝而去. 其後幾年, 李班遭故, 纔成服, 有一僧來請弔喪, 主人受弔而未知誰也.[131] 僧曰: "喪制主知小僧乎?" 曰: "不知也." 僧曰: "喪制主倘思某年某寺乞食僧事乎? 小僧卽其僧也. 伊時, 得蒙推食解衣之恩, 得免翳桑之餓鬼, 感恩如天, 銘在心肝, 必欲一次報效矣. 適聞喪制主遭艱之報, 想無山地之素定者, 小僧粗識風水之術, 欲擇極吉之地, 以爲一分報恩之地. 不必喪制主親行, 小僧當走一遭初占而來矣, 伊後與小僧偕往而完定, 如何?" 喪人聞其言[132], 怳然大覺, 以爲渠旣感恩, 必欲求報, 則似當盡誠求之, 依其言使往初占. 數日後, 其僧占一處而來, 要與同往. 喪人乃與僧俱往, 看審則乃平地田野之間, 局格亦似不合, 心竊疑之, 而旣不解堪輿, 又專恃此僧之言, 則不可以俗眼取舍也. 遂一從僧言, 擇日開基. 於是, 無論族戚隣里, 下及役軍, 擧皆訾毀, 以爲林樾荒亂, 山石犖确, 如此山地, 不可定窆云云. 喪人雖專恃僧言, 而衆毀叢集, 不無疑慮之意, 遂引僧靜[133]僻處, 問之曰: "吾雖恃師言, 決意用之, 而其奈衆口皆毀, 不勝喧聒. 吾旣乏明知的見, 實無以排衆議而用之, 此將奈何?" 其僧尋[134]思良久, 曰: "小僧之至誠, 豈或泛忽, 而人言旣如彼, 喪制主之如是爲言, 亦無怪矣. 雖然, 如明見吉地之明驗, 則可以用之乎?" 喪人曰: "可勝言哉!" 其時, 穿壙已畢, 將始築灰矣. 其僧遂與喪人, 入其壙內, 緊閉掩壙窓, 不使點風入內, 破其壙底小許, 則下有石函方正. 僧乃以手微擧其上蓋一

---

131) 未知誰也: 가, 나, 다본에는 '未之識也'로, 라, 마본에는 '未知識也'로 되어 있음.
132) 言: 라, 마본에는 '說'로 되어 있음.
133) 靜: 라본에는 '至靜'으로 되어 있음.
134) 尋: 다, 라, 마본에는 '深'으로 되어 있음.

隅, 以燭斜照而窺之, 則澄水滿函, 金鮒數三尾遊泳其中. 喪人見之大駭, 遂急閉之, 仍復依前堅[135]築其破土, 仍開掩壙窓而出來, 使之除雜談築灰. 諸人等見如此擧動, 遂不敢復言, 仍爲完窆[136]矣. 其僧辭去時, 謂喪人曰: "小僧感喪制主之恩德, 擇極吉地, 必欲於喪制主身發福, 見其榮達矣. 不幸吉氣少洩, 當於四十年後, 吉氣復完聚然後, 始可發福, 當出三科而崇顯矣." 其後四十餘年, 李之孫兄弟三人皆登科, 升運官至玉堂, 鼎運·益運皆至正卿.

1-14. 現宵夢龍滿裳幅

海豊君鄭孝俊, 年四十三, 貧窮無依, 喪妻者三, 而只有三女, 無一子. 以寧陽尉之曾孫, 本家奉先之外, 又奉魯陵及顯德王后權氏·魯陵王后宋氏三位神主, 而無以備香火. 在家愁亂, 每日從遊於隣居李兵使眞卿[137]家, 以賭博爲消遣之資. 李卽判書俊民之孫也, 時以堂下武弁, 日與海豊賭博矣. 一日, 海豊猝然而言曰: "吾有衷曲之言, 君其信聽否?" 李曰: "君與吾如是親熟, 則有何難從之請乎? 第言之!" 海豊囁嚅良久, 乃曰: "吾家非但累世奉祀, 且奉至尊之神位, 而吾今鰥居無子, 絶祀必矣, 豈不憐悶乎? 如非君, 則吾何可開口? 君其憐悶我情勢, 能以我爲女婿[138]乎!" 李乃勃然作色, 曰: "君言眞乎假乎? 吾女年今十五, 何可與近五十之君作配乎? 君言妄矣! 絶勿更發此沒知覺必不成之言, 可也." 海豊滿面羞愧, 無聊而退. 自此以後, 更不往其家矣. 其後十餘日之夜, 李兵使就寢矣,

---

135) 堅: 라본에는 '緊閉'로, 마본에는 '堅'로 되어 있음.
136) 窆: 다, 라, 마본에는 '築'으로 되어 있음.
137) 眞卿: 이본에는 '進慶'으로 되어 있음.
138) 婿: 이본에는 '壻'로 되어 있음.

昏夢中, 門庭喧撓, 遠遠有警蹕之聲. 一位官服者入來, 曰:"大駕幸于君家, 須卽出迎!"李慌忙下階, 俯伏于庭, 已而, 少年王者, 端冕珠旒, 來臨于大廳之上, 命李近前而敎曰:"鄭某欲與汝結親, 汝意如何?"起伏而對曰:"聖敎之下, 焉敢違咈? 而但臣之女, 年未及笄, 鄭是三十年長, 何可作配乎?"敎曰:"年齒多少, 不須較計, 必須成婚, 可也." 仍還宮. 李乃怳惚而覺, 卽起入內, 則其妻亦明燭而坐, 問曰:"夜未曉, 何爲入來?"李以夢中事言之, 其妻曰:"吾夢亦然, 大是怪事!"李曰:"此非偶然之事, 將何以爲之?"其妻曰: "夢是虛境, 何可信之云矣." 過十餘日後, 李又夢大駕又臨, 而玉色不豫, 曰:"前有所下敎者, 汝何尙今不奉行乎?"李惶蹙而謝曰: "謹當商量爲之矣." 覺而言于其妻曰:"此夢又如是, 此必是天意也. 若逆天, 則恐有大禍矣, 將若之何?"其妻曰:"夢雖如此, 事則不可成, 吾何忍以愛女作寒乞人四室乎? 此則無論天定與人定, 死不可從矣." 李自此之後, 心甚憂恐, 寢食不安矣. 過十餘日後, 大駕又現于夢, 曰:"向所下敎於汝者, 非但天定之緣, 此乃多福之人也, 於汝無害而有益者也. 余屢次下敎, 而終是拒逆[139], 此何道理? 將降大禍."李乃惶恐, 起伏而對曰:"謹奉聖敎矣." 又敎曰:"此非汝之所爲, 專由汝妻之[140]頑, 不奉命, 當治其罪." 仍下敎拿入, 霎時間大張刑具, 拿入其妻, 數之曰:"汝之家長, 欲從吾命矣, 汝獨持難而不奉命, 此何道理?" 乃命加刑, 至四五杖而止, 李妻惶恐而哀乞, 曰:"何敢違越? 謹當奉敎矣." 仍停刑而還宮. 李乃驚覺而入內, 則其妻以夢中事告[141]之, 捫膝而坐, 膝有刑杖痕. 李之夫妻, 大

---

139) 逆: 마본에는 '絶'로 되어 있음.
140) 汝妻之: 다, 라, 마본에는 '汝之妻'로 되어 있음.
141) 告: 라본에는 '言'으로 되어 있음.

驚恐, 相與議定,[142] 而翌日請海豊曰: "近日何久不來云?" 則海豊
卽來矣. 李迎謂曰: "君以向日事, 自外而不來乎? 吾近日千思萬
量, 非吾[143]則此世無濟君之窮困. 吾雖誤却吾女之平生, 斷當送歸
于君家矣. 吾意已決, 寧有他議? 柱單不必相請, 此席書之, 可也."
仍以一幅簡, 給而書之, 仍於座上, 披曆而涓吉, 丁寧相約而送之.
翌日之朝, 其女起寢, 而言于其母曰: "夜夢甚奇, 嚴君之博友鄭生,
忽化爲龍, 向余而言曰: '汝受吾子.' 吾乃開裳幅, 而受小龍五箇,
蜿蜿蜒蜒[144]於裳幅之上, 授受之際, 一小龍落于地, 折項而死, 豈
不可怪乎?" 父母聞其言而異之. 及入鄭門, 逐年生産, 産[145]純男子
五人. 皆長成, 次第登科, 一男[146]二男, 位至判書, 三男位至大司
諫, 四男五男, 俱是玉堂. 長孫又登第於海豊之生前, 其婿又登第.
海豊以五子登科, 加一資, 位至亞卿. 享年九十餘, 孫曾[147]滿前, 其
福祿之盛, 世所罕比. 其第五男, 以書狀赴燕, 回路未出柵而作故,
以其柩還, 時海豊尙在, 果符夢中之事. 其夫人, 先海豊三年而歿.
海豊窮時, 適於知舊之家, 逢一術士, 諸人皆問前程, 海豊獨不言.
主人曰: "此人相法神異, 何不一問?" 海豊曰: "貧窮之人, 相之何
益?" 術士熟視, 曰: "這位是誰? 今雖如是困窮, 其福祿無窮. 先窮
後通, 五福俱全之人, 座上之人, 皆不及云矣." 其後, 果符其言. 海
豊初娶時, 醮禮之夕, 夢入一人之家, 則堂上排設, 一如婚娶之儀,
但無新婦, 覺而訝之. 喪妻而再娶之夜, 夢又入其家, 則又如前夢,

---

142) 議定: 다, 라, 마본에는 '定議'로 되어 있음.
143) 吾: 마본에는 '吾門'으로 되어 있음.
144) 蜒蜒: 저본에는 '蛇蛇'로 나와 있으나 가, 나본에 의거함.
145) 産: 라본에는 빠져 있음.
146) 一男: 마본에는 '長男'으로 되어 있음.
147) 孫曾: 마본에는 '孫及曾孫'으로 되어 있음.

而所謂新婦, 未免襁褓. 又喪妻, 三娶之夕, 又夢入其家, 則一如前夢, 而稱以新婦襁褓之兒, 年近十餘歲而稍長矣. 又喪妻, 及四娶李氏門, 見新婦, 則卽向來[148]夢見之兒也. 凡事皆有前定而然也. 李兵使夢中下敎之君上[149], 乃是端廟云.

1-15. 復主讎忠婢托錦湖

錦湖林校理亨秀, 少時, 磊落有氣節, 豪爽不羈, 馳[150]馬習射, 好讀書能文章. 一日, 觀科上京, 與同接二人, 聯鑣而行, 中路見一素帳轎, 從後而來. 轎下[151]童婢, 年可十八九, 頗有容色, 編髮至踝, 標致裊娜, 隨轎冉冉而來. 突過馬前, 回顧見錦湖, 行過一馬場, 又一顧見. 二同伴相嘲, 曰: "吾輩三人同行, 君之容貌非獨表出, 而厥女偏於君, 屢次顧見, 何也?" 錦湖曰: "吾亦不知." 前當大村, 其轎子入於曲巷中. 錦湖謂二人曰: "君輩須先往前店以待之, 我則明曉當追及矣." 二人或笑或罵, 曰: "士大夫科行, 忽惑於一女子, 棄其同行, 中道改路, 寧有如許人事乎?" 錦湖笑而不答, 促奴子驅馬追到, 委進曲巷中, 見一高柱大門. 遂入門下馬, 繫馬於廊柱, 陞階而上, 則房門閉鎖, 塵埃滿廳. 姑爲入坐, 俄而, 厥童婢一手持一立席, 一手持火具, 自內而出, 鋪席于行廊房中, 置火具于前, 請錦湖入處房中. 錦湖笑曰: "汝安知我之必隨汝來, 而設此具也?" 厥女亦笑曰: "我三次顧見, 而豈有不[152]來之理乎?" 且曰: "先吸南草, 將備夕飯以來, 姑待之. 夕飯後, 盤器等屬, 洗滌收殺而出來矣."

---

148) 向來: 라본에는 '向日'로 되어 있음.
149) 君上: 마본에는 '君王'으로 되어 있음.
150) 馳: 저본에는 '駞'로 나와 있으나 이본을 따름.
151) 下: 마본에는 '前'으로 되어 있음.
152) 不: 저본에는 '未'로 나와 있으나 이본을 따름.

少焉, 果進夕飯, 持床而入. 少頃, 果出來, 坐房之一隅, 忽泫然泣下. 錦湖怪而問之, 厥女收淚, 對曰:"吾上典家勢孤單, 某年娶某宅婦女. 一日, 婦人覲行歸路, 忽然急風, 捲轎之帳, 適有一頑僧, 窺見娘子之美, 猥生淫慾, 隨轎而來, 以强力逼辱娘子, 遂殺上典. 此後頻數往來, 心切悲寃憤痛, 而自[153]量一女子無計可施, 陰求有力之士, 以圖復讎之擧[154], 而不逢其人, 潛求良弓勁矢, 待之久矣." 錦湖曰:"然則三人同行, 何故偏顧我也?" 厥女曰:"見行次形貌壯健, 足辦此事故也." 錦湖曰:"厥僧今安在?" 厥女曰:"見[155]在房中, 與娘子戲謔." 錦湖卽加矢于弦, 使厥婢前導指示, 隨而入門, 隱身於暗處, 而窺見之, 則明張燭火, 披衣露胸, 半醉依壁而坐. 錦湖彎弓滿彀, 極力射去, 正中厥僧之胸膛, 厥僧大叫一聲, 驀然仆地. 又欲更射其女人, 厥婢挽止, 曰:"所行雖如此, 亦吾之上典, 不可自吾手殺之. 且當自斃, 不如棄之而去." 錦湖遂止, 與厥婢出來, 厥婢謂錦湖曰:"小人願隨行次而去, 爲妾爲婢, 唯命是從." 忙收行裝, 急出門外, 與厥女[156]幷騎而行, 到半里許, 厥女曰:"我有所忘事, 更到其家, 放火而來." 遂下去, 錦湖駐馬而待之. 俄而, 見其家, 火光四起, 烟焰騰[157]天, 而厥女旋卽回來, 遂依前幷馬行[158]趕到前店. 二同行出迎, 見携一女子而來, 又相與嘲罵曰:"今爲觀科而行, 挾一女而來, 不祥莫大矣!" 錦湖笑而不答, 遂携與上京, 留於旅店, 留置厥婢[159]於內間, 整飭科具, 入場觀光, 遂擢嵬科. 遊街

---

153) 自: 저본에는 빠져 있으나 라본에 의거하여 보충함.
154) 擧: 라, 마본에는 '計'로 되어 있음.
155) 見: 라, 마본에는 '現'으로 되어 있음.
156) 女: 다, 라, 마본에는 '婢'로 되어 있음.
157) 騰: 마본에는 '漲'으로 되어 있음.
158) 行: 이본에는 빠져 있음.
159) 婢: 다, 라, 마본에는 '女'로 되어 있음.

三日後, 携厥女而還鄉, 與夫人相見, 夫人聞之, 大加稱嘆, 觀其爲人, 不似卑賤之人, 遂許與作妾. 厥女溫良恭遜, 性又聰慧, 夫人遂大愛之, 相與和樂, 以終平生.[160]

1-16. 驗異夢西伯識前身

昔有一重臣, 自兒時, 每以其生日之夜, 夢至於平生所未識何地何家. 而有白頭老夫妻, 沐髮浴身, 精着新衣, 以豊潔庶羞, 陳於床上. 傍有交椅, 有若祭廳之狀, 而自家輒坐椅上, 飽喫庶羞, 老人內外, 則達夜痛哭於床下. 每年如是, 雖夢中經歷, 行之旣久, 巷之深淺, 家之大小, 墻垣之周遭, 樹木之疎密, 至於門戶向背, 廳事闊狹, 堦砌屈曲, 歷歷森列於眼中. 雖未嘗向人說道, 而心常疑怪. 後爲平安監司, 到任之路, 未至[161]營少許, 適見部內一巷, 甚慣[162]於眼, 與年年夢往之地, 毫無差爽. 監司遂異之, 駐前陪敎諭書·節鉞[163]等屬於路上, 獨自單騎, 向其巷而入, 果有一家, 恰符夢中之見. 遂入其家, 工房持鋪陳設於廳上, 一洞駭散. 其家老夫妻, 莫曉其故, 奔竄不暇, 監司坐於廳上, 招主人老夫妻出來. 老夫妻不勝惶悚, 俯伏於庭下, 監司使之升廳擧顔, 果是夢中號哭之人也. 遂問: "年歲幾何, 有子與孫否?" 其翁[164]曰: "有一子, 夭已久矣." 問: "幾歲夭促耶?" 對曰: "十五歲亡, 而其兒生, 而穎悟聰明, 超出群輩, 埋沒於常業, 實爲可惜. 故送于學房, 使之受業, 則一覽輒記, 文理日進, 一鄕上下, 莫不稱贊. 一日, 見平安監司到任之行, 喟然

---

160) 以終平生: 라, 마본에는 '氤氳之氣融融, 以爲終平生'으로 되어 있음.
161) 至: 저본에는 '知'로 나와 있으나 이본에 의거함.
162) 慣: 다, 마본에는 '貫'으로 되어 있음. 서로 통함.
163) 鉞: 저본에는 '越'로 나와 있으나 이본에 의거하여 바로잡음.
164) 翁: 이본에는 '老翁'으로 되어 있음.

歎曰: '大丈夫當作平安監司矣!' 自是日, 病臥呻吟, 漸漸沈重, 於某年某月某日, 化去. 小人不勝悼惜, 每於是日, 略備小饌而祭之矣." 監司聽之, 其兒亡年月日, 卽自家生年月日也. 尤大異之, 謂老夫妻曰: "到任後, 當招汝, 須卽來現也." 仍爲到營. 三日後, 招其老夫妻, 厚饋之, 告夢中之事, 買一家舍於營門近處, 以處之, 又買畓以給之. 且以老夫妻之無子, 買一區祭位畓, 付之本府作廳, 以爲老夫妻身後祭祀之需, 而自作廳備行. 自此以後, 不復夢矣.

1-17. 料倭寇麻衣明見

金僉知潤身, 與術人南師古相親. 每往南家, 則有麻衣老人, 在座與南相對論術. 老人曰: "靑衣木履, 國事可知." 南思之良久, 曰: "然矣." 老人又曰: "不久, 必有兵禍, 鑾輿有離宮之厄, 至于西塞而後, 方可恢復舊都矣." 南又思良久, 曰: "然矣." 末又言, "再不渡漢江." 南沈思移時, 曰: "果然矣!" 僉正[165]在傍聽之, 而不能解得矣. 未久, 靑衣木履, 盛行于世. 蓋我國古無木履, 至壬辰前, 始有木履, 上下通着, 自箕子白衣東來之後, 我國皆着白衣, 至壬辰前, 禁白衣, 皆着靑衣故也. 至壬辰夏, 倭寇深入, 宣祖大王遂作去邠之行, 駐輦于灣上, 及平定, 駕還舊京, 麻衣老人之言, 果幷驗矣. 至丁酉, 倭兵再動鼓行北上, 京師大震. 時楊經理鎬, 來在我國, 宣祖大王與楊經理, 出御[166]南大門樓上, 與朝臣共議[167]禦賊之策. 僉正時以蔭仕微官, 隨駕在末班, 身困假睡, 似夢非夢, 遽大聲[168]呼曰:

---

165) 僉正: 저본에는 '僉知'로 나와 있으나 이본에 따름.
166) 御: 다, 라, 마본에는 '於'로 되어 있음.
167) 議: 이본에는 '論'으로 되어 있음.
168) 大聲: 다, 라, 마본에는 '聲大'로 되어 있음.

"再不渡漢江!" 舉朝皆驚怪, 上亦驚問曰: "是何聲也?" 遂命招其人, 近榻前, 問之曰: "俄者, 再不渡漢江之聲, 是何聲也?" 僉正遂將前日所聞於麻衣老人者, 詳細一一陳達, 仍曰: "老人之言, 以已過者觀之, 無毫髮差爽, 今者再不渡漢江之說, 亦必有驗矣." 上聞之, 以爲喜報, 卽超資拜僉知. 未久, 經理所遣麻將軍貴, 遇倭于忠淸道稷山素沙坪, 以鐵騎突擊, 破之, 追至于嶺南海邊, 再不渡漢江之說, 又果驗矣.

1-18. 葬三屍湖武陰德

嶺南一武弁, 少年登科, 家資稍饒, 謂初仕唾手可得, 每年旅遊京洛. 衣輕策肥, 又必滿駄輸來, 以爲結識豪貴, 納交權門之地. 見欺於奸騙之徒, 受詐於流浪之輩, 惟虛實[169]之是鑽, 無實效之可言. 一年二年, 家産漸耗, 斥賣莊[170]土, 四五年之後, 狼貝歸鄕, 方欲斷絶仕宦之念, 專意農作[171]之事. 家人誚之, 鄕里責之, 以爲空破千金之産, 不得一命之官, 群譏衆嘲, 不勝聒耳. 其武弁一邊羞愧, 一邊憤痛, 盡將所餘田畓, 賣作數百貫錢, 復駄錢上京, 更爲求仕之計, 而不得仕, 則寧老旅邸, 永不還家, 自誓於心. 行到忠淸道境, 日色垂暮, 前店尙遠, 而黑雲一片, 自何而起, 頃刻之間, 上天同雲, 暴雨大注, 雷震[172]交作. 政甚罔措之際, 遙見一村莊, 隱映於樹木之間, 遂驅馬尋路而往投, 直入舍廊, 與主人叙話. 仍請寓宿, 主人許之, 遂燎其衣服, 收其行李[173]. 夕飯之後, 仍與主人此談彼說,

---

169) 實: 저본에는 '實'로 나와 있으나 이본에 의거함.
170) 莊: 다, 라, 마본에는 '田'으로 되어 있음.
171) 農作: 가, 나본에는 '作農'으로 되어 있음.
172) 雷震: 라본에는 '雷雨'로 되어 있음.
173) 行李: 가, 나본에는 '行裝'으로 되어 있음.

不覺夜深, 忽聞遠遠地有婦人哭聲, 甚悽切[174], 驚問主曰: "此何哭聲耶?"主人曰: "此去一馬場地, 數年前, 有一班來寓, 只有老夫妻, 及未婚子女[175]在焉. 家計甚貧, 爲人傭賃, 以延性命, 忽於數日前, 其老夫妻皆死, 其子亦爲化去. 只餘一女, 旣無族戚, 且無資産[176], 三尸未殯, 此必是此女子之哭聲也." 武弁聞之, 不勝矜惻, 待天明, 委往其家而訪焉. 寂無人跡, 只有一女子, 在內應之, 曰: "如此窮巷, 誰人來訪?" 仍出來接待. 武弁見其女子, 雖飢餓所困, 重以哀慽, 蓬頭垢面, 衣不掩體, 其天生資質之秀麗閑雅有不得掩者. 因細探委折, 出自己行裝中錢兩, 使自家奴子, 貿布木, 買棺槨, 斂之襲之, 次第深埋於其家後園. 又問其女子曰: "無論同異姓, 或有族戚居在某地者乎?" 女子曰: "某之外族姓某名某者, 居在某鄉某坊, 而單身女子, 無以就身. 今幸賴大人之恩德, 得埋父母之體, 至恨畢矣, 更何所願? 只有一死之外, 更無他道云云." 武弁曰: "不然! 我當貰轎貰馬, 陪送于某家, 願勿慮焉." 遂使其奴, 買轎貰一馬, 治行具, 坐女子于轎中, 自作陪行, 訪某鄉某坊某家, 細說首尾, 付女子于其家. 仍檢其行資, 只餘十餘貫. 乃賣馬, 得錢五六十兩, 徒步跋涉間關上來, 留寓於旅店, 往尋向日親[177]知人. 見其貧窮之狀, 待之皆冷落無情, 誰肯出力周旋? 每當都目, 旣乏調弓之才, 取才非所可論, 又無蟠木之容, 檢擬又無可望. 只得隨衆, 納卿, 一次陳情於兵判而歸. 今年如是, 明年如是, 倏忽之頃, 掩過五六年. 如干盤纏, 已盡罄竭, 食則以多年主客之義, 姑[178]以外上得

---

174) 切: 저본에는 '絶'로 나와 있으나 라본을 따름.
175) 子女: 라본에는 '女子'로 되어 있음.
176) 資産: 다, 라, 마본에는 '資生'으로 되어 있음.
177) 親: 저본에는 '新'으로 나와 있으나 이본에 의거함.
178) 姑: 라, 마본에는 '始'로 되어 있음.

食, 而至於衣服, 無以得着. 欲爲下去, 而非但無面還鄉, 路費實亦難辦, 眞所謂'登樓去梯, 進退維谷', 計無所出. 方欲一番往見兵判, 洞陳情寃, 而兵判適有事, 故不見名啣, 客無路通謁之[179]. 際聞兵判之大人同知公, 年過八旬, 氣力尙旺, 方在後舍廊. 武弁窮無所歸, 又生納交於其老人之計, 而門禁至嚴, 蹤跡齟齬, 盡日彷徨, 亦無奈何. 遂遲待昏後, 門庭少[180]寂, 瞰其無人, 閃入大門之內, 隱身於虛廊之中. 而所謂同知公所處之廊[181], 尤爲深邃, 門逕亦難的知. 又瞰無人之隙窺視, 則有一垣新築, 不甚高峻, 自念以爲, '矢在弦頭, 不得不發.' 遂抈援而上, 踰越而入, 暗暗地窺覘, 則卽是舍廊, 而房中燭火明熒, 寂無人譁[182]. 少焉, 房門乍啓, 似有人跡聲. 時夜三更, 月色半庭, 厥弁隱身幽暗之處, 狙伏而探視, 則有一[183]老人, 韶顔白髮, 扶笻而下, 徘徊於庭砌之間. 厥弁以爲, '此必是同知公也.' 遂驀地突出, 俯伏於庭畔. 其老人撞見於不意之中, 喫了一驚, 問: "爾何人, 而何故至此? 必是穿窬之徒也!" 厥弁佯若不知, 曰: "小人卽全羅道某邑居出身某也. 登科幾年, 未霑[184]寸祿, 棲屑京鄕, 家産蕩敗, 仰事俯育, 不得如意. 離親棄鄕, 今且幾年, 切[185]欲還鄕, 而路需無辦備之道, 乞食旅店, 艱楚萬狀. 竊伏聞, 大監自莅任以來, 大恢公道, 寃屈浸[186]滯者, 擧皆振拔. 小人竊欲一次陳情, 而門禁至嚴, 通刺無路, 抱刺徊徨, 亦旣屢日矣. 情勢窮迫, 出萬死

---

179) 之: 저본에는 빠져 있으나 라본에 의거하여 보충함.
180) 少: 가, 나본에는 '小'로 되어 있음.
181) 廊: 라본에는 '舍廊'으로 되어 있음.
182) 譁: 라본에는 '聲'으로 되어 있음.
183) 有一: 저본에는 '一有'로 나와 있으나 이본을 따름.
184) 霑: 저본에는 '沾'으로 나와 있으나 이본을 따름.
185) 切: 라본에는 '竊'로 되어 있음.
186) 浸: 저본에는 '沈'으로 나와 있으나 이본을 따름.

之計, 敢作踰垣之行, 有此呈身之擧, 死罪死罪! 殺之活之, 唯命是 俟云云." 其老人啞然而笑, 曰: "君似欲見吾兒而來矣, 第今夜深無 以出去, 隨我上來也." 遂轉入房, 厥弁亦隨入. 老人自來無眠, 消 夜極難, 人皆就睡, 獨坐無聊之際, 意外見此弁, 遂問其來歷班閥, 話了一場, 饋以酒肴. 天將明, 方欲辭退, 且曰: "切欲種種來待, 而 出入極難, 將不得如誠云云." 其老人曰: "何必出去耶[187]? 吾僻在 後舍, 終日無人, 不勝寂寥. 此有挾房, 君須留連此若干日, 以爲消 遣之地, 如何?" 厥弁心竊[188]喜之, 而佯作不安非便之狀, 其老人苦 挽之. 自是, 厥弁宿於斯, 食於斯, 或博焉, 或棋焉. 兵判上來之時, 則使之避於挾房, 晝夜侍坐, 或說古談. 一日, 其老人問曰: "君奔 走京鄕, 必多經歷, 亦多有目睹耳聞者, 願一聞之." 厥弁遂將自己 決科以後, 求仕賣田之事, 一一細述. 且將中路, 埋三屍及救處女 之事, 從頭至尾說了一通. 其老人聽之, 甚娓娓, 頗有異[189]之之意. 自是, 朝夕饋食之節, 顯勝於前. 其翌, 兵判上來, 其老人招出武 弁, 使之除禮現謁. 後兵判又將埋屍之事, 詳細詰問, 又謂武弁曰: "近日, 因身微恙, 接應頗難. 故果不納刺, 致使許多武弁, 俟候門 庭, 有懷莫陳, 極爲不安矣. 君則可謂一面如舊, 從今以往, 以平服 來見我也." 厥弁自稱惶悚不敢. 其後數日, 其老人謂武弁曰: "第隨 我來!" 由軒而塏, 從複道回轉數次, 至一房坐定. 厥弁不曉其意, 倘荒[190]莫定, 忽女婢啓戶, 曰: "夫人抹樓主出來矣!" 厥弁尤不勝驚 惑, 倉黃起身, 逡巡欲退, 其老人曰: "勿爲驚動, 姑爲安坐." 厥弁

---

187) 耶: 저본에는 빠져 있으나 라, 마본에 의거하여 보충함.
188) 竊: 저본에는 '切'로 나와 있으나 가, 나본에 의거함.
189) 異: 라본에는 '義'로 되어 있음.
190) 倘荒: 나본에는 '惝慌'으로, 라본에는 '惝荒'으로 되어 있음.

轉益疑惶, 而逃遁不得, 只得拱手俯首, 惶蹙危坐. 其夫人盛粧入門, 向厥弁行拜禮, 厥弁尤極惶恐, 不知所爲, 皇[191]忙起答拜唯謹, 不敢游目仰視. 夫人曰: "大人不識小女乎? 大人不記某年某郡某事乎? 伊時, 得蒙大人之德, 父母身體, 將[192]得以安葬; 小女身世[193], 亦得善處. 恩深再生, 銘佩不忘, 而年淺心忙, 智慮未周, 未及記其居住姓名矣. 圖報一念, 寤寐如結, 而旣不知姓名居住, 報恩無階, 辜負實多. 何幸天神共佑, 事機湊會, 有此奇遇, 庶遂圖報之願, 自今以往, 死可以瞑目矣." 厥弁聞之, 始覺其夫人卽某郡之處女也. 蓋兵判喪配, 去年後, 娶於湖鄕, 卽其處女也. 于歸之後, 常對其家人說此事, 而不知其人, 欲報無路, 每以爲恨. 其同知公及兵判, 熟聞其言, 嗟嘆高義之際, 得聞厥弁之言, 如合符節. 遂以此事, 傳于夫人, 使之出拜, 待以恩人. 自是, 其供饋衣服之節, 極爲豊盛, 買一家舍於隔墻之地, 率來武弁之家屬於湖南, 使之入處. 家産及男奴女僕[194], 皆爲辦買, 遂拜厥弁爲宣傳官. 且兵判逢人輒說, 滿朝宰相, 莫不歎賞, 轉相吹噓, 次次升轉, 官至亞將云.[195]

1-19. 立墓石工匠感孝婦

尹氏夫人[196], 某官某之女, 而兪參判漢蕭之孫婦也. 歸兪氏, 未幾爲寡, 年纔二九, 無他同氣及諸侄, 只子子單身. 一日, 忽自度曰: "舅家兩代諸山, 墓表·床石俱不備, 而家事無主管之人, 吾若

---

191) 皇: 라, 마본에는 '惶'으로 되어 있음. 서로 통함.
192) 將: 저본에는 빠져 있으나 라, 마본에 의거하여 보충함.
193) 身世: 라본에는 '身勢'로 되어 있음.
194) 男奴女僕: 나본에는 '奴僕'으로, 마본에는 '男奴女婢'로 되어 있음.
195) 官至亞將云: 라, 마본에는 '官至亞將, 福祿並臻, 無窮亨壽矣'로 되어 있음.
196) 夫人: 가, 나, 마본에는 '婦人'으로 되어 있음.

一朝溘然, 則付托無處. 苟不能迨此不死而爲之, 則死亦目不瞑矣."
然家計剝落, 辦財無路, 遂刻意於針線·紡績之資, 孜孜勤勤, 一念
不懈. 垂四十年, 積累分錢, 聚貫成緡, 聚緡成陌, 至于今, 幾爲千
金, 而憂其幹事之無人. 一日, 其內從娚某官金某來見, 夫人遂語
以此事, 金曰: "有文與筆乎?" 夫人曰: "有之! 文則某黨某丈撰之,
筆則某親某叔書之, 受置以待亦多年月, 而吾無長子, 螟孫年幼未
解事. 我一婦人, 又無外人之可託者, 方以是茹恨. 君家門下, 想必
有人矣, 能爲我成此事否?" 金某欽感其誠, 曰: "姊氏誠孝, 令人感
激[197], 敢不極力助之? 吾家有一人焉, 稱某主簿者, 素嫺於此等事,
且爲人勤實, 可任此等事. 若使此人董役, 則少不減於吾之躬檢
也." 夫人曰: "然則甚好, 須爲我勤托也." 金某歸家, 卽地招來, 飮
以數盃酒, 細說曰: "吾有緊切事, 方欲仰煩於君, 君其肯從否?" 其
人曰: "如可聽者, 安敢逃辭?" 金某曰: "吾有早孀外從姊, 兪參判
某丈之孫婦也. 其舅家貧甚, 先山諸處床石·表碣, 皆未遑焉, 且無
子孫之可主張者. 夫人以是爲至恨, 積儲針線之資, 經營大事, 而
方嘆無可任事[198]者. 爲言於我, 我感其誠孝, 轉懇於君, 君[199]能視
以吾事, 着實董役, 以成其美否?" 其人聽訖, 噓唏數聲, 涕流[200]澘
澘. 金某怪問之, 其人卽收淚, 而對曰: "吾家於兪宅, 果有難忘之
恩. 兪參判之按節關北也, 吾之先親, 曾居幕任, 忽得染疾, 仍不復
起. 自始病之時, 兪參判不顧忌諱, 頻頻審視, 藥餌之節, 亦爲察
飭. 及至不救, 襲斂·衣衾, 以至入棺, 親自檢飭, 靡不用極. 畢竟轉

---

197) 感激: 이본에는 '激感'으로 되어 있음.
198) 事: 다, 라, 마본에는 빠져 있음.
199) 君: 저본에는 빠져 있으나 이본에 의거하여 보충함.
200) 流: 다, 라, 마본에는 '涙'로 되어 있음.

染[201], 至於捐館, 世豈有如此恩人乎? 感結幽明, 銘在心肝, 每欲 爲此家效力以圖萬一之報, 而其家子孫零替, 不知在何處. 今聞此 言, 悲感如新, 不覺涕零. 吾於此家事, 雖當水火, 亦固不避, 況如 此微細[202]事, 寧不盡力?" 金某曰: "事之輳合, 誠不偶然. 今則吾 姉, 可遂平生之願, 君亦得報恩之路, 此天使之然也. 須往其家, 以 吾言通於內間, 先世事亦詳言之, 極力看檢, 以成其事." 其人曰[203]: "諾." 卽往其家, 尋見兪兒, 言其受恩不忘之[204]事, 且傳金班之言. 夫人聞之, 亦爲欣然, 曰: "事甚奇異, 豈非天哉!" 遂以立石事, 一 以委之. 其人, 一以思報恩之重, 一以感誠孝之切, 認同渠事, 馬 貫·行資, 幷皆自辦, 往來留連, 殫竭誠力. 自初至終, 極意檢督, 且 語諸工匠等, 以夫人赤手經紀之誠, 曰: "如此孝婦, 前古罕睹, 苟 聞此言, 人孰不感? 汝等亦具彝心, 豈無激勸之意乎? 不可視同尋 常, 須以扶助之意, 諸般工價, 一幷折半, 可也." 工匠等亦無不動 容, 欽嘆曰: "所言誠是, 小人等於孝婦家事, 豈可論價文之多少 乎? 皆受半價[205]." 遂竪[206]表石於二墓, 設床石於三墓. 夫人乃曰: "五十年志願, 今朝始遂, 從此, 死可瞑目矣." 其後幾年, 其孫漸長, 少年登科, 卽兪鎭五也. 夫人尙無恙, 及見其榮華, 此由夫人誠孝, 感天以致吉慶也.

---

201) 轉染: 라본에는 '傳染'으로 되어 있음.
202) 微細: 가, 나본에는 '細微'로 되어 있음.
203) 曰: 라본에는 '應'으로 되어 있음.
204) 之: 저본에는 빠져 있으나 다, 라, 마본에 의거하여 보충함.
205) 半價: 라, 마본에는 '半額'으로 되어 있음.
206) 竪: 나본에는 '立'으로 되어 있음.

1-20. 定佳城地師聽癡僮

昔有某士, 有親知能風水, 而家甚貧窮, 資賴於某士也, 多年. 一日, 某士病將[207]死, 謂其子曰: "我死之後, 往見某也, 懇請求山, 則必爲我擇吉地." 言訖而死. 成服之日, 兄弟三人, 相與議曰: "父親遺托如此, 盍往求之?" 第一喪人, 遂具鞍馬, 往見某也, 傳其父言, 請往求山, 則某也, 說其平日情誼, 仍曰: "雖不來請, 旣聞汝父之喪, 吾豈不往求山地乎? 雖然今日, 則有故, 無以起身, 明當自往." 其喪人信之而還. 翌日, 自朝企待, 而至暮不來. 明日, 又使其弟, 鞴[208]馬而往, 某也之言, 一如前日, 謂於明日當往, 不得已虛還. 其翌待之, 又如前日, 而又不來. 其明, 又使季弟往請焉, 某也之言, 又如前日, 而竟不來. 於是, 兄弟三人, 憤嘆罵辱曰: "渠之骨, 雖渠父作之, 渠之肉, 吾家之所傅也, 天下安有如許無義無狀之人乎[209]? 今不可復請, 別求地師之外, 更無術矣." 酬酢之際, 家有一僮, 年纔十五六, 愚駿慵懶, 全不任事. 朝夕食主人之餘, 衣不以時, 而夜不許入房, 每就竈口而宿[210], 藍縷龍鍾, 不以人類數之. 適在堂下, 聞主人兄弟憤罵地師之言, 自請曰: "小人請往邀來矣!" 主人發怒大叱, 曰: "吾輩三人, 連往屢[211]請而不來者, 爾安得請來?" 使他奴逐出之, 厥僮[212]曰: "雖然, 小人往則當請來." 屢言懇請, 其季弟曰: "若使彼僮往請, 則於彼亦爲辱矣, 試送觀之, 亦何妨乎?" 其兄許之. 厥僮常磨一小鐵, 作一尖刀, 藏置囊中, 遂鞴馬牽去, 繫

---

207) 病將: 라본에는 '將病'으로 되어 있음.
208) 鞴: 라본에는 '備'로 되어 있음. 이하의 경우도 동일함.
209) 乎: 저본에는 빠져 있으나 라본에 의거하여 보충함.
210) 宿: 라본에는 '居'로 되어 있음.
211) 屢: 저본에는 '委'로 나와 있으나 이본을 따름.
212) 僮: 저본에는 '童'으로 나와 있으나 가, 나본을 따름. 서로 통함.

馬於某也之門, 入門呼之, 曰: "生員主在乎?" 某也問曰: "汝自何來?" 答曰: "自某宅來也!" 聞其言而觀其貌, 則卽前日某士家中熟見之僮也. 仍問曰: "何爲而[213]來也?" 曰: "請生員主而來矣." 某也大怒, 曰: "汝主不來而汝來請我乎? 吾不得往矣." 厥僮升階上, 請曰: "請往矣[214]!" 某也高聲大叱, 仍罵辱喪主, 厥僮聽若不聞, 又升廳上, 曰: "請生員主往矣!" 某也又加叱辱, 厥僮又再三請行, 仍又倏入房中, 又請行數三, 某也終不動. 厥僮突然前進, 踢倒某也, 據胸膛而坐, 左手扼某也之喉, 右手抽[215]囊中之刀, 擬刺而大罵, 曰: "汝之皮骨, 雖汝父母之所生; 汝之肌膚, 皆吾宅之所傅, 汝何忍背恩若是乎? 如此之漢, 殺之何惜?" 某也欲起, 而重如太山, 動他不得. 大生懼愶, 仍作強笑曰: "汝之情誠[216]如此, 吾安敢[217]不往? 往矣往矣." 厥僮乃起, 藏刀於囊中[218], 牽馬而來, 請速行. 某也不得已騎來, 路傍見有葬人者, 厥僮謂某也曰: "彼所葬山地何如?" 某也曰: "可用矣." 厥僮曰: "生員有何所知乎? 山地則雖好, 今則倒葬, 凶莫大焉, 何不往見而言之乎?" 某也曰: "汝何以知之?" 曰: "第往觀之, 則可知矣. 此人家大事, 速往救之, 不亦一善事乎?" 仍驅馬向山. 某也旣慴於厥僮, 遂不得已上去, 弔其喪主, 不忍發倒葬之說, 厥僮在傍, 連促發言. 其時, 築天灰已過半矣. 某也不得已言之, 喪主大驚, 將信將疑, 某也力言之, 遂偕往役處, 撤其天灰, 啓橫帶而見之, 則果然上下倒置. 卽敎以下一金井, 開新壙, 以葬

---

213) 而: 저본에는 빠져 있으나 라본에 의거하여 보충함.
214) 請往矣: 가, 나본에는 '請往來矣'로 되어 있음.
215) 抽: 라본에는 '把'로 되어 있음.
216) 情誠: 이본에는 '精誠'으로 되어 있음.
217) 敢: 저본에는 빠져 있으나 라본에 의거하여 보충함.
218) 中: 저본에는 빠져 있으나 이본에 의거하여 보충함.

而去. 其喪主大致感德, 苦挽之, 某也曰: "吾行甚忙, 不可留也." 遂下山來. 未至家十里許, 厥僮謂曰: "葬地欲定於何處乎?" 某也曰: "汝宅之後可用矣." 厥僮曰: "不可不可[219]! 家前有大陂池, 池中有小島, 以此爲定." 某師[220]曰: "有池水奈何?" 厥僮曰: "雖然, 必以此定之." 遂入吊哭, 依厥僮言, 定以池中島. 喪人輩大駭之, 某師心甚慌惻, 携厥僮就屛處, 謂曰: "雖從汝言, 定以池中, 池水如彼, 何以安葬乎?" 厥僮曰: "勿慮勿慮!" 遂擇吉[221]營葬, 葬日已迫矣. 夜半, 某也潛出往視, 則池忽枯[222]涸, 無一點水. 大驚異之, 遂划削池岸, 塡爲平地, 局勢果好, 乃行窆焉. 其夜, 厥僮謂某也曰: "主家必將厚幣[223], 一切勿受, 必以吾爲請率去, 可也." 明日, 主人果厚贈遺之, 皆不受, 唯曰: "以彼僮見遺." 主人方以彼僮之不事, 事爲難處, 樂聞而許之, 遂携厥僮而辭歸. 厥僮謂某也曰: "此後[224], 爲人求山之時, 必與我偕往, 以我立[225]馬筭頓脚處爲定穴, 可也." 遂從其言, 到處必依其[226]言用之, 不久皆大發福, 所得甚多, 行之十年, 遂致富焉. 一日, 厥僮忽辭去, 某師大驚曰: "汝來吾家十年, 情義甚篤, 今忽無端辭去, 何也?" 厥僮曰: "今有去處, 不可住矣. 生員主臨歿時, 吾當自來, 占獻山地矣." 仍卽辭去. 幾年後, 忽自來現, 曰: "今則生員主喪日不遠, 故欲擇生員主身後之地而來矣." 遂與某也, 往一不遠處, 指示四山, 曰: "此爲靑龍, 此爲白虎, 此爲案

---

219) 不可不可: 다, 라, 마본에는 '不可'로 되어 있음.
220) 某師: 라본에는 '某也'로 되어 있음. 이하의 경우도 동일함.
221) 吉: 다, 라, 마본에는 '日'로 되어 있음.
222) 枯: 저본에는 '沽'로 나와 있으나 이본에 의거하여 바로잡음.
223) 幣: 라본에는 '贈'으로 되어 있음.
224) 此後: 라, 마본에는 '從今以後'로 되어 있음.
225) 立: 저본에는 '主'로 나와 있으나 이본에 의거함.
226) 其: 저본에는 '言'으로 나와 있으나 이본에 의거함.

山, 以某方爲坐向." 某也曰: "用之則如何?" 曰: "生三子, 必大貴矣." 又占前山一處, 爲夫人葬地, 曰: "用於此, 則可捧賂遺而資生矣." 仍辭去. 某也家中, 有一童婢, 其母死而權厝, 屢[227]年營財, 將欲待厥僮之來而得吉地. 方其主與厥僮, 偕往看山之時, 携茱筐而潛隨, 隱身林木之間, 厥僮所指示處, 一一詳識. 招來他處所居親戚數三人, 出給所備錢五十兩, 急急貿灰辦糧, 掘[228]其母尸, 移葬于厥僮所占處, 仍卽亡去. 自度渠爲人私婢, 無以生貴子, 必欲擇配於班族, 遂往某處, 爲傭賃焉. 年旣長, 其主人欲嫁之, 厥女曰: "我今雖窮賤, 本是班族, 不可與常漢結婚[229], 願得班族而嫁之." 其隣適有鄕班洪總角, 年[230]三十而未娶者, 仍語之曰: "君欲娶妻乎? 我有收養女焉." 仍與厥女作配, 生三男. 厥女仍請洪, 上京居生, 洪曰: "白地京城, 何以生活?" 厥女曰: "雖然, 天不生無祿之人, 豈無生活之道乎?" 遂撤家上京, 多般拮据, 以之資生. 於焉數十載, 三子次第登科, 門戶富盛. 一日夜深後, 其母悉屛婢屬, 招其三子, 詳言家世[231]之顚末, 曰: "我本是某處某班之婢也, 汝輩雖貴, 須勿忘舊主之恩." 是夜, 盜入家中, 方待主人之睡, 屬耳窓外, 適聞此言, 自思曰: "與其偸去些少之物件, 毋寧往告其舊主之家, 使之推奴, 而分食其半!" 遂尋往某處某班之家, 一一詳細言之, 且曰: "直爲推奴之行, 則必當見殺, 今不可直發奴主之說, 須先以親戚之義[232]往見, 觀其動靜而言之." 其主遂從其言而往, 叩親戚之誼, 請

---

227) 屢: 저본에는 '累'로 나와 있으나 라본을 제외한 이본에 의거함.
228) 掘: 저본에는 '拙'로 나와 있으나 이본에 의거하여 바로잡음.
229) 婚: 다, 라, 마본에는 '嫁'로 되어 있음.
230) 年: 저본에는 빠져 있으나 라본에 의거하여 보충함.
231) 家世: 가, 나, 라, 마본에는 '家勢'로 되어 있음.
232) 義: 가, 나, 다본에는 '誼'로 되어 있음.

見主人之母. 厥女一見, 卽認其舊主之子, 佯喜而直呼之, 曰:"吾
娚兄從何處而來乎?"厚待之, 招諸子, 使拜見之, 留數日, 厚贈遺
而遣之. 當初某也死後, 其子欲葬厥僮所占處, 則不知何人已先葬
之, 墳形隆然, 不得已, 遂葬於其前山所占處. 其後, 其子仍依於其
富貴之家, 以終其平生云.

1-21. 諭義理群盜化良民

嶺南一進士, 以文章智謀, 爲一道所稱, 皆許以都元帥材目. 一
日初昏, 適獨坐, 有一人乘駿馬, 率健奴而來, 與主人敍話, 曰:"吾
在海島萬里之外, 其徒數千, 而天性不幸, 取人贏餘之物, 用人堆
積之財, 之食之衣, 皆資他人之物. 而指揮管領, 只有大元帥一員,
今遭喪變, 襄禮纔畢, 靑油遽空, 殆同龍亡而虎逝. 三千徒黨, 散無
紀律, 不農不商, 生涯無路. 及聞主人蘊不世之智, 有濟人之才, 今
吾來此, 非爲他也. 爲邀足下, 坐大元帥之位, 未知意下何如?[233)]
苟或咨且[234)], 則減口在於反手."遂拔長劍, 促膝而威劫之. 主人自
思曰:"吾以士族淸類, 投身盜賊之魁, 非不羞辱, 而與其[235)]滅性於
壯士之劍, 不若暫辱身名. 一以免目前之禍, 一以化凶徒之習, 不
亦權而得中者耶?"遂快諾之. 厥客卽稱小人, 於窓外分付來隸曰:
"牽來外繫之馬!"蓋有二馬之來, 而一則繫外矣. 請其人上馬, 聯轡
而出, 疾如飄風. 俄頃, 已到於海口, 有大紅船一隻備待矣. 下馬乘
船, 船疾如飛, 遂抵一島, 下舟陞陸, 城郭樓閣, 宛一[236)]監兵營樣

---

233) 何如: 이본에는 '如何'로 되어 있음.
234) 咨且: 이본에는 '趑趄'로 되어 있음. 서로 통용됨.
235) 與其: 라본에는 '寧其'로 되어 있음.
236) 宛一: 라본에는 '宛如'로 되어 있음.

矣. 自此, 坐之於肩輿, 前後擁護, 而入一大門之中. 坐於大廳中交椅上, 數千徒衆, 以次現謁, 禮畢, 進茶啖一大卓. 明日朝仕後, 初來者, 以行首軍官, 從容跪[237]告曰: "見今財力罄竭, 未知處分如何?" 主將遂分付如此如此. 其時, 全羅道有萬石君一人, 先塋在於三十里之地, 守護禁養, 無異卿相家. 一日, 一喪制行次, 入于山直家, 而後有服者二人・地官二人, 鞍馬僕從, 極其豪健, 必是巨室[238]求山之行也. 山直自下問之, 則京居某宅行次, 而喪制主已行校理, 服者亦皆名士云. 小憩後, 一行齊上墓後, 放鐵於最上塚腦後一金井地, 指點[239]評論, 置標而下來. 坐定後, 行匣中出大簡[240]四五張, 揮灑修書, 卽令一奴, 傳于某某邑及監營, 一一受答以來. 招山直, 謂曰: "宅新山定於俄坐之地, 非不知彼墓之爲某宅山所, 汝之爲某宅墓奴, 而禁山與否, 用山與否, 在於彼此之强弱, 非汝[241]所知. 葬日擇在某日, 而酒飯當爲預備, 先給三十金, 以此先爲貿米[242]釀酒而待之." 遂卽地馳去. 山直雖欲拒之, 無可奈何, 卽馳告緣由於山主宅. 山主笑曰: "彼雖勢家, 吾若禁斷, 則何敢用之? 當於彼葬之日, 如是如是, 汝輩勿爲出他以待之." 至是日早[243], 主人率家丁七百餘名, 方十里內民丁作者, 擧皆聞風而會者, 亦爲五六百[244]人矣. 各持一索一杖, 向山所而來, 滿山遍野, 便一白衣行軍. 領之於山上, 飮之以彼家所釀之酒, 結陣而待之, 終日無所見. 至

---

237) 跪: 다, 라, 마본에는 '詭'로 되어 있음.
238) 巨室: 나본에는 '巨家'로 되어 있음.
239) 指點: 가, 나본에는 '指揮'로 되어 있음.
240) 簡: 라, 마본에는 '簡紙'로 되어 있음.
241) 汝: 다, 라, 마본에는 '汝之'로 되어 있음.
242) 貿米: 마본에는 '貿來'로 되어 있음.
243) 早: 라본에는 '旦'으로 되어 있음.
244) 五六百: 라본에는 '五百'으로 되어 있음.

三更末, 遙見萬餘炬從大野陸續而來, 謳歌喧天, 勢若萬軍之驅來, 停柩於相望而不可見之地. 山上軍, 擧皆納履荷杖, 鼓勇奮臂以待. 一餉之後, 彼[245]喧嘩漸息, 火光亦減, 稍稍若無人. 山上軍大疑之, 急使覘之, 則果虛無一人, 而火則皆一枝四五頭炬也. 忙報是狀, 山主大悟, 曰: "吾家財穀, 盡爲見失矣!" 率大軍急急馳還, 則家內人命, 幸無所傷, 財物則蕩盡無餘, 此是元帥聲東擊西之謀也. 其財物盡爲劫來後, 明日釀酒殺牛, 大犒群徒. 幷今行所得及庫中財物, 積聚於前庭, 卽令掌籌者, 計其多寡, 分屬於三千人, 各名之下, 皆爲百餘金許矣. 將軍乃以一張傳令, 輪示曉諭之, 曰: "人之異於禽獸者, 以其有五倫·四端, 而汝輩以化外頑氓, 隱伏海島, 離親去國, 遊手衣食, 以劫掠爲生, 剽奪爲業. 嘯聚徒黨, 凡不知幾人; 搆災積孼, 亦不知幾年矣. 余之來此, 非爲助爾爲惡, 將欲化爾歸善. 人雖有過, 改之爲貴, 從今以往, 革面革心, 東西南北, 各歸故鄕, 父母焉養之, 墳墓焉守之. 浴於聖人之化, 歸於樂民之域, 則其與海上明火賊何如哉? 矧又所分之物, 足以當中人一家産, 則於農於商, 何患無資乎?" 於是, 衆徒一時叩頭稱謝, 曰: "誠如分付云云." 其中一二漢不遵令者, 卽以軍令斬之, 燒其城郭室屋, 領三千徒衆, 涉海出陸, 各送於其道其鄕. 自家則從容還家, 離家之久, 一朔半矣. 隣近之人來問者[246], 則答以間作京行云云.

1-22. 語消長偸兒說富客

嶺南一士族, 以世富有百餘萬金財, 所居基址, 三面皆石壁, 前則大江橫帶於洞門外, 所率廊下二百餘家矣. 此人雖積百萬之財,

---

245) 彼: 저본에는 빠져 있으나 다. 라. 마본에 의거하여 보충함.
246) 者: 저본에는 빠져 있으나 다. 라. 마본에 의거하여 보충함.

而以屢世鄕居, 連査姻親, 皆是鄕班, 京洛則初無一面之親, 欲結一有勢之家, 而實無其路. 適其時, 隣邑蔚山倅喪出, 其甥侄朴校理者, 來到邑府, 靷行諸節, 親自主張. 是日, 自江外沙場, 一行次以駿馬健奴, 招舟渡江. 旣渡之後, 下舟登陸, 輕揚飄沓, 瞥眼之頃, 已至於大門之外. 遂下馬陞堂, 主人整衣冠迎接, 仍問: "尊啣伊誰, 所來何幹?" 客對以蔚山倅之甥侄, 今遭喪變, 靷行在[247]三明, 較其宿站, 要不出此, 幸許借二三奴舍, 以容一夜喪行否? 主人久欲締結一勢家, 以爲緩急之交矣, 今當適會, 不費財力, 豈非所望? 遂快許之, 客感謝再三, 約日告別而去. 及是日, 主人分付首奴, 曠三四大屋子, 灑掃庭宇, 塗褙窓戶, 擔軍歇所, 兩班下處, 屛帳之設, 供饋之備, 無不畢具, 與諸子侄, 整衣冠以待之. 初昏, 喪行果入來, 方相氏先導, 隨柩行次, 太牢隣邑守令, 而監兵營護喪, 裨將以紗笠靑天翼, 乘白馬分立於左右, 人丁擁護, 鞍馬簇匝, 充塞於江上二十里. 木道已備十餘巨艦[248], 臨江卽渡, 停柩於排設之所, 卽聞哭聲動地. 已而[249], 朴校理者, 率五六從者, 馳馬入來, 高揖主人, 曰: "多蒙盛念, 利[250]稅柩行, 層雲義氣, 何以相酬?" 主人答曰: "不費之事, 何足曰勞?" 酬酢未了, 自內急邀生員主入來, 生員入去, 則內君跳足, 曰: "大事出矣! 卽聞婢僕之言, 所謂喪輿, 初不載柩, 皆是兵器云, 此將奈何?" 主人雖大悟, 事已到此, 誠無奈何. 遂寬慰之, 出來外堂, 客問之曰: "卽見主人眉宇, 滿帶憂懼之色, 無或有憂患耶?" 主人曰: "有小兒急病, 幸卽差安." 客微笑

---

247) 在: 라본에는 '第'로 되어 있음.
248) 十餘巨艦: 라, 마본에는 '船隻數十餘'로 되어 있음.
249) 已而: 저본에는 '而已'로 나와 있으나 이본을 따름.
250) 利: 다, 라, 마본에는 '安'으로 되어 있음.

曰:"主人量狹矣. 吾今²⁵¹⁾所欲, 不過財之輕便者, 土地·人畜·家舍·
粮穀自在. 今者所失, 雖云不些, 數年之內, 自當充滿, 何必深憂?
且財物, 天下公器, 有積之者, 則必有用之者; 有守之者, 則亦有取
之者. 如君可謂積之者守之者, 如我可謂用之者取之者. 消長之
理, 虛實之應, 卽造化之常, 主人翁亦造化中²⁵²⁾一寄生也, 豈欲長
而不消·實而不虛耶? 事已早覺, 不必以昏夜作鬧, 以至傷人害命.
幸主人先入內庭, 使婦女共集一房也." 主人已知沒可奈何, 依指揮
奉行, 出而告曰:"如敎矣!" 客更謂主人曰:"主人應有平生偏愛之
物, 此則早言之, 無使渾失也." 主人以七百金新買靑驢, 言之. 於
焉之頃, 守令·裨將·喪人·服人·行者·哭婢·擔軍·馬夫, 皆換着狹
袖軍服, 持軍物, 簇立於外庭, 已不知幾千丈夫, 而箇箇身手健壯,
人人氣力驍勇. 客乃下令曰:"汝輩須入內室, 諸房所在之物, 無論
銀錢·衣服·器皿·髢髻·釵釧·珠玉·錦繡之屬, 一幷搬出, 而但婦女
所聚²⁵³⁾之房, 雖有億萬金財, 愼勿近也. 財物雖重, 名分至嚴, 若有
違令者, 必用軍律!" 又誡以勿取靑驢之意, 且謂主人曰:"領率入
去, 毋致亂雜也!" 主人遂領入群徒, 爲先大室內所居房, 與其他長
婦房·介婦房·季婦房·孫婦房·小室房·弟婦房·庶婦房·大女房·小
女房·長狹房·短狹房·大壁欌·小壁欌·東狹樓·西狹樓·前庫舍·後
庫舍, 房房曲曲之物, ㅡㅡ搜出, 積之於外庭. 又出來外舍, 大舍
廊·中舍廊·下舍廊·後舍廊·中別堂·後別堂所在之²⁵⁴⁾物, 又皆無餘
盡取, 無慮爲億萬萬金, 以三百匹健馬駄之, 乃一時飛奔渡江. 領

---

251) 吾今: 이본에는 '今吾'로 되어 있음.
252) 中: 다, 라, 마본에는 '之'로 되어 있음.
253) 聚: 다, 라, 마본에는 '在'로 되어 있음.
254) 之: 저본에는 빠져 있으나 다, 라, 마본에 의거하여 보충함.

袖者則留, 與主人分席對坐, 慰之以塞翁之禍福, 譬之以陶朱之聚散, 長揖作別, 曰: "如我之客, 一見已極不幸, 再逢非所可願. 今此一別, 更會無期, 唯望主人達理順懷, 珍重多福, 愼勿復生結交京華士大夫[255]之念也. 今番所謂朴校理者, 有何所益乎?"及上馬, 又顧語[256]主人曰: "失物之人, 例有追踵之擧, 此則無一利益, 幸主人毋用俗套, 以致後悔."再三申申, 主人曰: "唯唯! 不敢不敢."遂越江飛馬而去, 不知去處. 少頃, 數百家奴僕畢集, 咻咻致慰, 咄咄起憤, 果以追踵之意, 爛熳相議, 交謁更進, 曰: "此必是海浪之徒, 宜無從陸之理. 此距[257]某海門爲幾里, 某海口爲幾里, 急步追之, 宜無不及. 吾儕六百餘名, 左右分隊, 飛赴於某浦某海之濱, 況某大村在某海口, 某大村在某浦邊, 彼雖累千徒衆, 吾豈有敗歸之理乎?"上典大禁之, 其中首奴知事者十餘漢, 交謁更白曰: "賊將之申托勿追者, 都[258]出於威脅也. 以小人六百壯丁, 公然見失億萬金財, 寧不大憤? 初頭不能接, 當以其不虞之遭, 而至若追踵, 則已有預備, 何畏之有? 況浦口不遠, 浦村甚大! 誠一追之, 宜無不獲, 萬一不獲, 必無見敗. 伏乞生員主, 一任小人輩周旋, 如何?"衆論蜂起, 上典亦不能禁止. 忽於家後松竹之林, 遽有千餘丈夫, 發喊而出, 飛集於外堂之庭, 蹴之擠[259]之, 踏之拳之, 扶髻焉, 打腦焉, 瞥眼之頃, 六百奴丁, 碎之如土犬瓦鷄, 拉之如枯鼠腐雛[260]. 勢若風雨之翻紛, 疾如雷霆之馳驟, 瞬息之間, 擠夷踏平, 一時渡江, 又

---

255) 士大夫: 마본을 제외한 이본에는 '士夫'로 되어 있음.
256) 語: 가, 나본에는 '謂'로 되어 있음.
257) 距: 저본에는 '拒'로 나와 있으나 이본을 따름. 서로 통용됨.
258) 都: 라본에는 '徒'로 되어 있음.
259) 擠: 다, 라, 마본에는 '躋'로 되어 있음.
260) 雛: 저본에는 '鄒'로 나와 있으나 이본에 의거하여 바로잡음.

不知去處. 卽見近千奴僕, 一一僵仆於地, 拔目者·折臂者·鼻血者·
坼腦者·折脅者·拉齒者·落耳者·浮頰者·碎頭者·塞脚者·違骨者·
裂皮者·氣急者·窒塞者·直視而喪魂者·僵臥而不起者, 形形色色,
無一人不傷, 而實無一箇物故之弊. 其翌, 收拾驚魂, 周攷失物, 則
無一存者, 而櫪上靑驢, 亦又見亡. 其再明之曉, 忽有驢鳴之聲, 出
於越江津頭, 而聲甚慣耳. 主人大驚, 急使往觀, 則所失靑驢, 以白
銀鞍·靑絲勒, 兀然獨立於江頭, 而鞍前以巨繩網, 盛一血淋漓頭,
掛於左邊. 且有一封書, 斜掛於馬勒之右, 皮封曰'江壁里普施案執
事'·'月出島候狀', 裏面曰: "日前再度趨晤²⁶¹⁾, 出於許久經營, 而勢
甚忙迫, 未能穩話. 謹²⁶²⁾未審動止不瑕, 有損於不虞之患耶? 財帛
之喪, 竊料以執事洪量, 宜無有介于懷, 而不有臨別贈言, 竟致奴
僕之傷, 滄浪自取²⁶³⁾, 誰尤²⁶⁴⁾誰咎? 所可銘感者. 以執事三百駄輕
寶, 輸之, 爲海島中一年之粮, 多謝多謝. 貴驢奉完, 而馬鞍所懸之
物, 卽犯令者也, 幸相考之如何? 不備. 年月日綠林客拜." 主人見
此, 失物之憤, 氷消雪融, 未或有胸中滯芥²⁶⁵⁾. 而人或以慰, 則未嘗
以逢賊答之, 輒曰: "今世見傑男子,²⁶⁶⁾而江山眉睫, 無由更睹." 尋
常眷戀, 頗有怊悵云.

1-23. 過南漢預算虜兵

朴宣傳震憲, 居在平邱村, 少時能文章, 又善武藝. 窮居奉母, 每

---

261) 晤: 가, 나본에는 '悟'로 되어 있음. 서로 통함.
262) 謹: 이본에는 '第'로 되어 있음.
263) 取: 마본에는 '就'로 되어 있음.
264) 尤: 라본에는 '怨'으로 되어 있음.
265) 芥: 저본에는 '介'로 나와 있으나 이본을 따름. 서로 통용됨.
266) 今世見傑男子: 라본에는 '今見豪傑男子'로 되어 있음.

朝持弓矢而出, 必射雉而歸, 以供親饌矣. 一日, 遇雉射之, 雉帶箭, 衝起飛落于叢薄[267]間, 朴往見之, 雉則不見, 矢着在于一部冊上. 朴異之, 披視之, 卽詳論河圖洛書數者. 遂歸家, 推究其理, 自是之後, 凡人之窮達, 事之吉凶, 無不前知如合符節. 當光海朝, 凶人李爾瞻, 卽朴之異姓五寸叔也. 專權用事, 勢焰熏天[268], 每招致朴, 使與其諸子同做科工, 朴笑諾而退, 終不往. 人[269]或問其故, 則曰: "李奸凶也, 未久, 必陷大戮, 若出入其門, 恐及於大禍." 其後, 爾瞻累誘之, 曰: "使汝登科, 文衡銓長, 是汝倘[270]來物!" 又以禍福之說, 恐喝之, 朴懼禍, 遂棄儒業登武科, 蓋不欲與爾瞻諸子同工也. 官至宣傳, 蹭蹬不顯. 李承旨枝茂, 未第時, 與友人尹參奉某, 做策工於光陵齋室. 一日, 朴歷訪李于齋所[271], 蓋李卽朴之族姪也. 見其至, 遽起下階, 曰: "宣傳叔主來矣?" 迎入升堂, 尹以朴是武人, 輕視之, 臥而不起. 朴待李如小兒, 問曰: "汝做策幾首?" 李曰: "僅五六首." 仍出以示之, 朴覽畢, 曰: "此是汝第一做, 此是汝第二做." 其餘第三第四第五第六, 無不歷歷言之. 仍推算李命, 曰: "汝必捷今秋[272]增廣科矣." 李曰: "以我叔主之才, 若任大將, 必建大勳業矣." 朴曰: "不可! 吾命道甚奇, 不可當大任. 若得一良將, 而使我爲佐幕贊畫, 則庶幾成功也." 尹聞之, 始瞿然大驚, 起而致敬, 謝其前過. 遂出示其策, 朴曰: "眞實才也! 非李姪所及." 又算其命, 曰: "登科則稍後於李姪矣." 是秋, 尹果見屈而李登第, 後三年, 尹

---

267) 叢薄: 라, 마본에는 '叢林'으로 되어 있음.
268) 熏天: 라본에는 '衝天'으로 되어 있음.
269) 人: 다, 라, 마본에는 빠져 있음.
270) 倘: 다, 라, 마본에는 '當'으로 되어 있음.
271) 齋所: 라, 마본에는 '齋室'로 되어 있음.
272) 必捷今秋: 다, 라, 마본에는 '今秋必捷'으로 되어 있음.

亦登第云. 其後, 甲戌乙亥間, 與人登南漢山, 大驚曰:"此出降城也, 未久, 國有大兵禍, 鑾輿必播遷到此." 仍言受圍出城事甚分明, 曰:"當其時, 使吾爲都元帥, 可以禦敵, 而吾死必在其前, 設使吾不死, 世無知我者." 嗟惋久之. 至丙子冬, 其言果驗, 而朴則先數月已死云.

1-24. 宰錦城杖殺金漢

燕山朝, 嬖妾之娚姓金者, 居在湖南之羅州. 恃其妹勢, 大張威福, 攘取人田畓, 橫奪人奴婢, 至若錢穀牛馬, 用若己物. 順之者生, 逆之者死, 一道惴惴, 人莫敢誰何. 道內守令之新到任者, 遠道則二十日內來謁, 其次十五日, 又其次十日五日, 而近邑則不出三日. 本倅則當日來謁. 延命則雖或遲滯, 而此期則不敢違越. 家畜如飛善步者三奴, 一日半能入京, 守令如有不如意者, 卽報于其妹, 或罪或罷. 朴訥齋祥, 不勝憤痛, 自求爲羅²⁷³⁾牧, 到任五日, 不往見. 金漢潑皮, 推捉三公兄及座首, 朴公聞之, 卽發將校·刑吏·官奴·使令及邑內壯健人, 幷百餘人, 使之圍繞其家, 分付曰:"若不捉致金漢, 則當死!" 良久, 縛以致之. 朴公一邊報于監營, 一邊以大杖打其膝, 未及十杖卽死, 卽舁出之. 監司見其報大驚, 急令都事往救之, 至則已無及矣. 朴公解其印綬, 急跨馬登程, 行踰蘆嶺至川院, 忽心動, 捨其大路, 遂取左路, 直向興德而行. 當初朴公之捉致金漢也, 其奴善步者一人, 一日²⁷⁴⁾半入京²⁷⁵⁾, 報于其妹. 其妹卽通于燕山, 燕山大怒, 卽發遣禁府都事, 持藥物, 使之賜死. 時

---

273) 羅: 다, 라, 마본에는 '羅州'로 되어 있음.
274) 一日: 나본에는 '一夜'로 되어 있음.
275) 京: 라본에는 '京城'으로 되어 있음.

朴公之侄在京者, 聞有是命, 急貿小斂諸具, 疾馳南下. 先於禁都之行, 行到川院, 逢羅州下人, 知朴公由興德路行, 卽往追之. 及於古阜邑內, 不忍直言賜藥事, 紿曰: "聞叔父重治金漢, 禍將不測, 故欲來救耳." 朴公怪其速知, 詳問, 其所聞日子, 果是金漢死後一日半也. 遂與同行上[276]京, 其侄自中路, 先馳入城, 見公之親友, 詳言曲折, 諸親友爭持酒, 出迎于江外, 潛爲引[277]置于漢江村舍, 日日歡[278]飮, 使之醉倒昏迷. 都事馳往羅州, 聞朴公已上京, 一邊馳啓, 急回馬追之, 未及. 至京, 中興諸公, 已謀擧義反正矣. 卽拜朴公爲副提學, 公宿醉未醒, 不知已爲反正矣. 入城謝恩, 上引見, 公仰瞻, 曰: "天顔與辭朝時, 不同矣." 左右告以反正事, 公出闕門, 卽於是日歸鄕云.

1-25. 窮儒詭計得科宦

昔有一班族, 不文不筆, 家且貧寠. 時或赴擧, 而不能自設一接, 只從親友之後, 得餘文餘筆而呈券矣. 僥倖得一監解, 會圍漸迫, 而旣無文筆, 無以觀光. 然難於坐停[279], 乃携一張正草, 單身入場, 四顧無親, 借述借筆, 亦無其路. 政爾彷徨, 忽見關西巨擘有名於國中者, 爲人借述, 冒入場屋, 曾有一面於他座[280]矣. 卽往其接, 敍寒喧畢, 卽曰: "莫重場屋, 無難冒入, 吾若一言, 事當不測." 其巨擘及主人, 滿面發赤, 惶㥘戰栗[281]. 其士乃曰: "詩一首, 盡意善做,

---

276) 上: 이본에는 '向'으로 되어 있음.
277) 引: 저본에는 '仍'으로 나와 있으나 이본을 따름.
278) 歡: 다, 라, 마본에는 '勸'으로 되어 있음.
279) 停: 다, 라, 마본에는 '定'으로 되어 있음.
280) 座: 저본에는 '坐'로 나와 있으나 가, 나본을 따름.
281) 戰栗: 나, 라본에는 '戰慄'로 되어 있음. 서로 통함.

爲先給我, 則我當不言矣." 其巨擘乃操紙[282]揮毫, 頃刻製出以給
之. 文則雖幸詭計得之, 又無以寫呈. 方抱券周回之際, 適有能筆
而短於文者, 與人相約換手, 而臨期狼貝[283], 操筆苦吟. 又乃就其
座, 先敍前日未一見之語, 次[284]慰同接狼狽之事, 且言自家有文無
筆, 要與換手, 仍示自家所持之詩. 其能筆者, 雖不能善文, 猶能知
科文體格[285], 取見其詩, 則果善做者也. 方甚罔措, 猶幸得此, 遂許
之. 仍展券磨墨, 揮毫[286]寫之, 頻頻回顧曰: "我則當致誠善寫, 須
於其間, 盡意做出一首詩以待也." 其人曰: "諾." 遂出草紙, 若出草
樣, 颯颯書之, 仍又墨圈, 使他人莫可辨識. 待寫券畢, 卽爲捲持,
仍投暗草一張於能書人, 曰: "呈券後, 吾當卽還, 姑待之." 遂抱券
直向臺上, 故爲躍入於網內, 試官及軍士輩見之, 以爲犯法, 使之
速速押出. 其士人, 以錢兩授軍人, 曰: "吾雖欲還入接中, 愼勿[287]
聽之, 只顧逐出, 俾不得一刻留連於場內." 軍人旣受其賂, 又試官
分付至嚴, 豈欲暫時徐緩? 前引後擁, 忙忙逐出. 其士人, 故作哀
乞樣於軍人, 曰: "吾有萬萬緊關事, 幸少緩俾吾還入吾接!" 軍人輩
那裡肯從? 四次五次無數懇求, 而一向牢拒. 遂過其接而出來之
際, 遙語能書人曰: "事旣到此, 無可奈何云云." 仍爲出場. 及其榜
出, 果得嵬捷. 某士旣得小科之後, 又生筮仕之意, 而無勢力無拚
援, 莫可奈何. 適其時, 吏判新喪其近三十獨子, 如癡如狂, 無意榮
途, 而黽勉行公. 某進士心生一計, 細探吏判之子, 年歲性稟, 才華

---

282) 紙: 다. 라. 마본에는 '紙筆'로 되어 있음.
283) 狼貝: 가. 나본에는 '狼狽'로 되어 있음. 이하의 경우도 동일함.
284) 次: 라본에는 '且'로 되어 있음.
285) 體格: 라. 마본에는 '格體'로 되어 있음.
286) 毫: 라. 마본에는 '筆'로 되어 있음.
287) 勿: 다. 라. 마본에는 '出'로 되어 있음.

文識, 及平日交遊之爲某某, 做工於何處, 遊覽於何處, 一一詳知.
往懇於南山下文章之士, 搆出祭文一通, 極其哀痛, 備言相識於某
處, 同做於某家, 伴讀於某寺, 年歲則差以幾年, 交分則厚似膠漆.
稱以世誼, 而備述渠家世德, 俾人之見之者, 一按可知爲年歲幾
何·誰之子孫. 仍備雞酒之奠, 瞰吏判之赴公, 躬往其家. 使奴儶
輩, 開几筵門[288], 設奠斟酒, 跪讀祭文, 而嗚咽[289]不成聲, 仍又放聲
大哭, 哀痛良久而去. 其夕, 吏判自公而退, 入內, 則其夫人曰: "俄
有一士, 稱以某洞某進士, 稱以亡兒之切友, 具奠爲文, 痛哭半
餉[290]而去云云." 吏判大異之, 取其祭文而見之, 則連篇[291]屢幅, 殆
過數百行, 而文筆俱極佳[292], 嘆曰: "吾兒有如此切友佳士, 而吾何
以不得知乎? 觀其世閥, 則乃是故家班族, 且年近四旬, 政合筮仕.
且瞰宰相之不在家, 而奠于其子之靈筵者, 其志操尤可尙." 遂於都
政, 排衆檢擬, 得以筮仕焉.

1-26. 呂相托辭登大闈

呂政丞聖齊, 治經及第也. 當會講之日, 入坐講席, 講紙自帳中
出來, 書七大文. 遂自周易, 至詩·書·論·孟·中庸, 幷皆純通, 爲十
四分. 次當大學, 大學例多請粗, 爲十四分半, 則卽爲及第也. 呂相
不欲隨衆請粗, 必欲純通而準十六分. 見其講章, 方張[293]周思而漠
然不記, 試所屢度催促, 而終不得開口. 不得已心生一計, 自稱後

---

288) 門: 다, 라, 마본에는 빠져 있음.
289) 嗚咽: 다, 라, 마본에는 '嗚呼'로 되어 있음.
290) 餉: 이본에는 '晌'으로 되어 있음. 서로 통함.
291) 篇: 라본에는 '編'으로 되어 있음.
292) 佳: 다, 라, 마본에는 '可'로 되어 있음.
293) 張: 다, 라, 마본에는 '將'으로 되어 있음.

急, 試官令衛軍一名, 眼[294]同率去, 以爲防奸之地. 呂相坐於[295]溷上, 强作放便之狀, 無數思念, 終不能通. 只與衛軍打閒話, 問衛軍曰: "汝是何[296]鄕之軍, 而何時上京耶?" 衛軍曰: "小人是某邑之人, 某月上番矣." 呂聞而喜之, 曰: "某邑有妓名某者, 汝知之乎?" 衛軍曰: "小人果知之! 小人上來時, 某妓裁書付托曰: '汝上京後, 須尋訪呂生員宅, 傳納此書.' 申勤付托, 而小人不知其宅在於某洞, 尙不得傳矣. 書房主或知呂書房宅乎?" 呂相又喜而問曰: "其書安在? 吾卽呂書房矣!" 衛軍曰: "尙在囊中." 搜出以呈. 蓋呂相大人, 宰其邑時, 呂以衙子弟, 眤一妓, 雖於年久之後, 尙未忘情, 欣然受書而見, 果厥妓書也. 遂坼封展開, 滿紙長書, 無非切切情談. 講章究思, 排却一邊, 遂[297]持妓札, 細細玩來, 殆過半晌. 試官怪其太遲, 又使他衛軍往察之, 衛軍見呂相手持滿紙細書者, 無意起身, 卽以實狀, 入告試官. 試官大疑之, 連使促來, 呂相不得已復入講席, 試官怒呵之, 曰: "假托便急而出去, 暗考囊中所記! 科場至嚴, 士習極駭, 前出講章, 今不可用, 當出他章." 使書吏還入講紙, 呂相伴爲悶迫之狀, 無數哀乞曰: "艱辛思繹, 僅僅記得, 而今欲應講之際, 忽換講章, 試所何爲此不忍爲之事乎?" 試官連加怒叱, 換出講章, 又連促講誦. 呂相自是雄講, 俄者, 一章偶未得記[298], 其餘他章, 豈有不通之理? 遂一口氣, 高聲突誦, 滿座稱善, 遂得純通而嵬捷. 其後, 官至議政.

---

294) 眼: 라본에는 '按'으로 되어 있음.
295) 於: 이본에는 '在'로 되어 있음.
296) 何: 저본에는 '他'로 나와 있으나 이본에 의거함.
297) 遂: 라본에는 '手'로 되어 있음.
298) 得記: 이본에는 '記得'으로 되어 있음.

卷二

2-1. 楊承宣北關逢奇耦[1)]

　楊承旨某, 有遊覽之癖, 一馬一僮, 遠遊北關, 登白頭山, 回路歷安邊. 向午, 將欲秣馬於店舍, 家家盡鎖門扉[2)], 彷徨回顧, 路邊數十[3)]步許, 溪巖窈窕中, 有一小庄, 鷄犬相聞. 遂至庄前, 有一小娘, 年可十五六, 應門而問: "客從何來?" 答曰: "遠行之人, 見店門盡鎖, 故將欲喂馬而去, 汝家主人, 何處去乎?" 娘曰: "與店人盡往後洞契[4)]會矣." 仍入廚下, 出馬粥一桶[5)]飼之. 楊公因天氣向熱, 解衣樹下, 娘鋪簟席於樹下, 還入廚下, 俄而, 備飯而來[6)], 山菜野蔬, 極其精楚. 楊公見其應對詳敏, 擧止溫淑, 心甚異之, 且猝辦接客, 皆有條理, 問娘曰: "吾但請喂馬, 而竝與人饋之, 何也?" 娘曰: "馬旣飽矣, 人何不飢? 豈可賤人而貴畜乎?" 仍問其年, 則十六; 問其父母, 則村人也. 臨發, 計給烟價, 則固辭不受, 曰: "接賓客, 人家應行之事, 若受價, 則非但風俗不美, 將未免父母之嚴責矣, 不敢受也." 楊公末乃給扇頭香一枚, 娘跪而受之, 曰: "此則長者所賜, 豈敢辭也?" 楊公尤爲嗟歎, 曰: "遐土村家何物老嫗, 生此寧馨兒乎?" 仍還家. 數年後, 有人來拜於階下, 曰: "小人安邊某村人也. 某年某時, 令監偶過陋室, 有贈香於小媳之事乎?" 楊公沉思良久, 曰:

---

1) 바본에는 '此一篇已在第一卷中, 今見此卷又在, 而其意略同, 可訝處'란 내용의 題注가 있다. 참고로 바본 권1에 '楊士彦'이란 제목의 이야기가 들어있는데, 이 작품과는 일정한 차이가 있다.
2) 扉: 저본에는 '扇'으로 나와 있으나 이본에 의거함.
3) 數十: 라, 마본에는 '十餘'로 되어 있음.
4) 契: 저본에는 '楔'로 나와 있으나 이본을 따름.
5) 桶: 저본에는 '筒'으로 나와 있으나 이본을 따름.
6) 而來: 나본에는 '米'로 되어 있음.

"果有是事!" 某[7]人曰: "小媳一自其後, 不欲適他, 願訪令監宅, 終老於箕箒之役, 自言, '女子之行, 受人贈物, 何可[8]他適云.' 故小人[9]不遠千里而來耳." 楊公笑曰: "吾白頭矣, 豈有意於小娘而然? 特愛其妍秀敏給, 且不受烟價, 故無物可贈, 解香而贈之. 假使歸吾家, 吾若朝暮逝, 則小娘之芳年, 豈不可惜乎? 汝歸喩吾意, 擇壻而嫁之, 更勿起妄念." 其人辭歸, 又復來現, 曰: "百般解諭, 而以死自誓, 故不得不率來, 惟令監諒處之." 楊公固辭之不得, 笑而受之. 楊公君子人也, 鰥居數十年, 不近女色, 琴書自娛, 遨遊山水. 小室入來後, 一次慰勞其遠來之意而已, 少無繾綣之色. 一日晨, 謁家廟, 入內室, 見戶庭房闥, 灑掃精潔, 飮食器皿, 井井有條理, 問其子婦曰: "前日吾家, 朝夕屢空, 凡百皆蕪穢不治, 近日則凡百頓改前觀, 且吾甘旨之供, 頗不乏焉, 何以致此?" 子婦答曰: "安邊小室入來後, 針線紡績[10], 猶是餘事, 治家幹辦, 決非凡人. 鷄鳴而起, 終日孜孜, 近日家樣之稍饒, 良以此也. 且其性行淳[11]謹, 有女士之風, 讚不容口." 楊公感其言, 當夕招小室酬酢, 則非但幽閒貞靜之態, 洞[12]出常品; 賢淑明敏之識, 無愧古人. 自此, 甚愛重之, 連生二[13]子, 形貌端正, 穎悟夙成. 二子年至八九歲時, 小室忽請築室各居, 且願治第于紫霞洞路傍高大門閭. 一日, 成廟幸紫霞洞賞花, 歸路遇暴雨, 雨脚如麻, 避入一家, 庭宇蕭灑, 花卉馨香. 上問誰家, 從官以實對. 俄而, 有兩小兒, 衣帽鮮明, 容貌妍秀, 進

---

7) 某: 라본에는 '其'로 되어 있음.
8) 可: 마본에는 '有'로 되어 있음.
9) 小人: 저본에는 빠져 있으나 다, 라, 마본에 의거하여 보충함.
10) 紡績: 다, 라, 마본에는 '紡織'으로 되어 있음.
11) 淳: 라본에는 '醇'으로 되어 있음.
12) 洞: 라본에는 '迥'으로 되어 있음. 서로 통함.
13) 二: 라본에는 '三'으로 되어 있음.

拜於前, 自上問之, 則楊某小室子也. 上一見, 稱仙風道骨, 叩其學業, 則無愧於古之神童. 筆翰如流, 皆有標格, 呼韻賦詩, 應口輒對, 上大喜之. 已而, 從官皆避雨簷廡下, 相顧囁嚅, 上問: "何爲而然也?" 對曰: "主家欲進饌而不敢云耳." 上遂命進之, 珍羞妙饌, 極其精備, 而竝與從官而接待之, 上甚訝其猝辦, 賞賜頗優. 仍率兩兒還宮, 喜謂東宮曰: "吾今行, 得二神童, 爲汝輔弼之臣也." 因除春坊假御使之職[14], 長在闕中, 蓋與東宮年相若也, 寵遇無比. 其後, 小室撤家, 還入大家, 以終老焉. 其長兒, 楊士彥, 號蓬[15]萊, 官至安邊府使. 其次兒, 楊士俊也.

2-2. 李尙書元宵結芳緣

東岳李公安訥, 新娶後上元夜, 聽鍾於雲從街, 醉過笠洞前路, 臥睡路傍. 俄而, 婢僕輩來, 譁曰: "新郎醉倒於此!" 仍扶入其家新房, 而公渾不省矣. 洞房花燭, 與新婦同寢, 翌曉睡覺, 則別人之室也, 非聘家也. 公問新婦, "此是誰家, 吾何以到此?" 新婦疑之, 反詰之, 相與錯愕. 蓋其家新行婚禮之三日也, 其新郎亦聽鍾夜遊, 仍爲不來. 東岳誤入此家, 而婢輩亦誤認其家新郎而扶入者也. 公問新婦曰: "何以處事則好也?" 新婦曰: "吾亦有夢兆之符合, 此亦緣分也. 以婦女之道言之, 吾辦一死, 可矣, 然吾以屢世譯官家無男獨女也. 吾死, 父母老, 無依托之所, 不忍於此, 不獲已從權事君. 願爲小室, 且奉養老親, 以終天年, 何如?" 公曰: "吾非故犯也, 君非亂奔也, 從權無妨, 而但家有老親, 庭訓甚嚴. 吾年未弱冠, 且未登第, 以草笠書生, 畜小室, 豈不難哉?" 新婦曰: "無難也. 君之

---

14) 御使之職: 저본에는 '啣使之'로 나와 있으나 라본에 의거함.
15) 蓬: 저본에는 '東'으로 나와 있으나 이본에 의거하여 바로잡음.

姨姑之家, 或有置我之所乎?" 曰: "有之!" 曰: "然則今急起, 與我偕行, 置我於其家, 使兩家莫知之. 君不久必登第, 未第前, 誓不相面, 登第後, 實告于兩家老親, 以爲團聚之地, 如何?" 公如其言, 區處於其寡居姨母家, 助其針線相依, 如母女焉. 新婦家朝起視之, 新郎新婦, 不知去處, 大驚怪, 往探新郎家, 始知與假郎偕遁. 遂秘其事, 假稱以新婦暴疾不起, 假斂虛葬矣. 東岳一自區處之後, 更不接面, 晝夜勤工, 文章大進, 不幾年, 登高科. 始告老親, 率來小室, 又欲通小室家, 則小室曰: "必不信也." 出給新婚時紅緞衾領, 曰: "以此爲信, 此錦在昔遠祖入燕時, 皇帝所賜也. 天下所無之異錦, 吾家有之, 以爲新婚時衾領, 見此則必信." 遂依其言, 老父母來見女, 悲喜交至, 且見李公宰相器也. 詳問[16] 其始終, 歎曰: "天也! 吾老夫妻, 後事有托矣." 無他子女, 以其家貲[17]·奴婢·田宅, 悉付之, 長安甲富也. 其小室, 賢而有智, 治産業, 奉巾櫛, 皆有閨範. 李公家, 至今以富稱, 其笠洞第宅, 乃醉入之室也. 小室子孫, 亦繁衍云.

2-3. 伽倻山孤雲聘孫婦

高靈有金生者, 平生不治家人産業, 居鄕未嘗與人交遊, 好出入浮遊四方, 無處不到. 歸家後, 輒與家人子弟語, "昨日, 與南赶老人, 相會於智異山; 今日, 與孤雲先生, 穩敍于伽倻山云." 雖子弟輩, 皆以爲虛誑, 不信之矣.[18] 一日, 忽曰: "再明日, 則孤雲娶孫婦, 速余預宴, 不可不往會矣." 其子曰: "孤雲之尙今在世, 固未可知, 第未知有何孫, 娶婦於誰家耶?" 父曰: "其新婦家, 卽星州李進士

---

16) 問: 가, 나본에는 '聞'으로 되어 있음.
17) 貲: 가, 나본에는 '貨'로 되어 있음.
18) 不信之矣: 이본에는 '不之信矣'로 되어 있음.

某孫女, 年今十六歲兒也." 其子心中, 尤以爲疑. 所謂李進士, 以 知識學行, 有名於道內之人, 渠亦親熟問也. 不勝惝慌, 欲驗其眞 否, 其翌, 稱有所幹, 往訪李進士家留宿, 觀其醮禮與否. 當其日, 李進士家, 寂無動靜, 食前, 主客坐堂酬酌, 忽者女婢急出, 通于李 進士之子, 曰: "書房主急入來!" 李進士曰: "緣何故也?" 婢曰: "小 阿只氏, 俄坐[19]紡績, 忽地昏倒不省矣." 李進士父子[20]大驚, 急起身 入內[21]. 金生[22]自外探之, 則其內間動靜, 極爲遑遑. 少頃, 李進士 出來, 曰: "金碩士或知氣塞之症乎?" 金曰: "年少未經歷, 不敢知 之, 而急用淸心丸, 則似好矣." 李進士乍入旋出, 曰: "君或入見氣 塞[23], 則有可回甦之方否? 今當死境, 男女之別, 何足言乎?" 金生 卽爲入見病, 則已無及矣. 詳見容貌之如何, 仍卽出來, 而主家悲 遑, 不可暫留, 卽爲回來. 其暮, 厥父果入來, 其子拜問曰: "今日, 孤雲先生宴會, 平安行次乎?" 曰: "果參宴, 飽食而歸矣." 其子曰: "其新婦如何云耶?" 曰: "孤雲滿面喜色, 對客誇張曰: '吾之孫婦, 善着棋, 吾可以消遣云云.'" 其子曰: "或見其新婦之面目乎?" 曰: "轎簾半捲, 入門之時瞥見, 則面有瘢痕, 眉間有黑痣矣." 其子聞 之, 果與李女[24], 恰恰符合矣. 其子益疑異之. 其外金生, 頗多虛浪 之事, 鄕中每以狂客待之. 及其病死, 依例入棺, 襄禮時運棺, 則輕 輕如小兒棺. 家人甚疑慮, 啓棺視之, 則只斂衣衾而已, 身體不知 去處. 遂以常時藝衣衾, 改斂虛葬云.

---

19) 俄坐: 바본에는 '俄者'로 되어 있음.
20) 李進士父子: 이본에는 '李父子'로 되어 있음.
21) 內: 바본에는 '來'로 되어 있음.
22) 金生: 이본에는 '金'으로 되어 있음.
23) 氣塞: 가, 바본에는 '氣色'으로 되어 있음.
24) 李女: 이본에는 '李進士之女'로 되어 있음.

2-4. 大人島商客逃殘命

淸州商人, 以貿藿事, 入於濟州. 有一人着地盤旋而來, 當船, 則以手躍把船閾而跳入, 白髮韶顏無脚男子也. 商人問曰: "翁胡然而無兩脚[25]乎?" 曰: "吾少日飄風時, 兩脚爲魚所食故也[26]." 曰: "請問[27]其詳." 曰: "漂泊於一島, 則岸上有高門大屋. 故船中二十餘人, 屢日漂流之餘, 腹空喉渴, 一齊下船, 入去厥家, 則家中有一人, 長過數十丈, 腰大十餘圍, 黧黑其面, 深環其目. 其言語似驢[28]子聲, 不可解曉, 吾等指口而請飮, 厥者無一言, 而直向大門, 牢閉之. 入後庭, 持柴木一負, 堆積場中蓺火. 火勢方熾, 忽突入, 吾輩叢中, 捉其最長一箇總角, 直投火中, 炙喫之. 吾等見之, 不勝驚心, 魂飛魄散, 毛髮凜悚, 只得面面相顧而待死. 厥者盡喫後, 又上軒, 開甕痛飮, 必是酒也. 飮後, 爲胡亂之聲, 少頃, 黑面盡赤, 仍醉臥軒上, 鼻息如雷. 吾等爲逃出計, 欲開大門, 則一隻之大, 幾爲三間, 而高且重厚, 盡力開之, 不可動搖. 墻垣高可三十丈, 亦難超越, 伊時身世[29], 如釜中魚俎上肉, 相與痛哭. 忽一人出計, 曰: '吾行中有刀子, 乘其爛醉, 刺其兩目, 從後刺喉, 如何?' 吾等曰: '然矣. 死則一也, 敗亦何妨?' 一齊上軒, 先刺其兩目, 厥者大聲而起, 揮手欲捉, 而渠旣失明, 東走西避, 無以捉得. 吾等盡散入後庭, 則一柵有羊豚五六十頭矣. 吾等盡逐羊豚, 遍散一家, 厥者下庭揮手, 四面追尋, 吾等終不得捉一焉. 蓋其時, 羊豚與吾等, 渾於一場, 厥者所捉[30], 非羊則豚也. 於是, 厥者向大門開之, 出送羊豚, 吾輩背負一

---

25) 脚: 저본에는 '股'로 나와 있으나 가, 나본을 따름.
26) 也: 이본에는 '耳'로 되어 있음.
27) 問: 가, 나본에는 '聞'으로 되어 있음.
28) 驢: 저본에는 '驫'로 나와 있으나 이본에 의거함.
29) 身世: 바본에는 '身勢'로 되어 있음.

箇羊豚而出, 則厥者以手摩之, 認以羊豚, 必出送之. 故盡得出來, 急急上船. 少頃, 厥者立于岸上, 忽作大叫. 俄而, 三箇大漢, 自一隅來, 一擧足, 幾五六間, 暫時來立船頭, 手着船闥. 吾等以斧盡力斫其指, 急急[31)]搖櫓而來中流. 畢竟又遇惡風, 船觸一岩, 盡爲破碎, 舟中之人皆淹死, 唯吾一人, 幸得船片而來. 游泳時, 又爲惡魚所嚙, 竟失兩脚, 幸至本家. 伊時光景, 至今思之, 餘悸尙存, 齒冷而骨顫. 都是八字之凶惡." 仍長吁發嘆云.

2-5. 鄭北窓望氣消災厄

鄭北窓磏, 與其弟古玉碏, 過一處, 至一家, 望氣, 曰: "惜哉彼家也!" 古玉曰: "兄主何其率爾也! 嘿而經過, 可也, 而今旣發言, 則豈忍虛過哉?" 北窓曰: "君言是矣." 遂與其弟入其家, 經宿後, 北窓語其主人曰: "吾輩之入來者, 有所除厄於主人, 主人能從吾言否?" 主人曰: "唯令是從." 北窓曰: "白炭五十石, 今日內收來也." 主人依敎, 北窓使之積于庭, 燃火, 其中置一大木櫃. 其時渾家, 與洞人咸聚, 而主人之子, 年方十餘歲, 亦在衆中觀光焉. 北窓卽捉其兒, 投擲木櫃中, 蓋之, 伊時主人擧家, 皆驚惶號慟, 光景慘絶. 北窓少不動色, 大叱奴子, 急急燒爐, 主人罔知所措, 已無及矣, 慘惜而已. 盡燒後, 北窓使開櫃視之, 乃一大蟒燒存性也. 北窓親毀燒蟒, 得一鎌數寸鐵, 示主人, 曰: "能知此物乎?" 主人曰: "知之! 吾十年前, 鑿池養魚, 魚畜漸消, 故怪而視之, 則有一大蟒吞噬, 吾爲之憤, 鑄大鎌揮之, 欲除厥蛇矣. 忽觸蛇, 折其端, 而蛇亦斃矣, 此鐵得非其鐵乎!" 仍呼奴子, 自庫中持鎌而來, 合之, 則無差焉. 北窓

---

30) 捉: 바본에는 '得'으로 되어 있음.
31) 急急: 바본에는 '忽忽'로 되어 있음.

曰: "主人之子, 乃厥蛇之種毒, 欲爲報讎. 若過數月, 則主人之家, 遭罔測之變, 而其惡氣先現, 故吾輩不忍虛過. 有此擧措, 此後更無慮矣." 仍爲作別而去云.

2-6. 金貢生聚子授工業

臨陂金某, 卽本邑貢生也. 早退吏役, 以行貨之商, 周遊近邑場市. 年頗妙少, 又多風流, 到處犯色, 犯則必娠, 生則必男. 以是之故, 雖一時所犯之女, 必呈官立旨而行, 計其前後所生之子, 合爲八十三人. 至二十餘年後, 或有成長[32]者, 或有未成長者,[33] 而其成長者, 亦未嘗有賴於厥父, 太半自其母所成就, 或渠自準備而娶婦. 及當甲乙之歉,[34] 金也依舊破落, 年且衰暮. 一日, 盡招集其所生子, 則或來或不來, 所會者爲七十餘人矣. 盡數會合後, 率往于金堤·萬頃二邑之間大坪, 作舍爲長行廊樣百餘間, 而每間隔間, 盡區處七十餘子. 各以長技, 耕且爲業, 有織席者, 有捆屨者, 以至陶冶工匠, 無不畢[35]具, 厥父夫妻, 安坐而食. 其坪乃御營廳屯田, 年久陳廢者也. 及其開春, 金也率其衆子, 勤力開墾, 先種蕎麥, 當夏收六七百石. 翌年, 或麥或豆太, 秋穫近千石, 又其翌年, 乃作畓種稻, 當秋所收, 尤倍於前. 如是三年, 家産漸饒. 金也乃親詣御營廳, 以陳田開墾事, 告于大將, 以歇數作賭, 永爲舍音立旨成出, 至今耕食. 後十有餘年, 生子生孫, 人口漸盛, 其金村爲數百戶大村, 來頭之繁, 又不知其幾許云[36].

---

32) 長: 저본에는 빠져 있으나 가, 나본에 의거하여 보충함.
33) 或有未成長者: 저본에는 빠져 있으나 가, 나본에 의거하여 보충함.
34) 歉: 저본에는 '斂'으로 나와 있으나 이본을 따름.
35) 畢: 저본에는 '必'로 나와 있으나 이본을 따름.
36) 云: 바본에는 '云云'으로 되어 있음.

2-7. 過東郊白衲認父

洛下有一書生, 推命于術家, 至於子宮, 題之曰: "日暮東門, 山僧隨後云云." 生詳問其解, 術者曰: "於訣若此, 吾亦不解其意也." 生有事於東郊歸路, 未至興仁門, 大雨暴注. 仍避入路傍閭舍, 獨立門側, 雨下不止, 日又暮, 彷徨罔措. 忽自內有言曰: "何許行次, 久留門外? 雨勢若此, 雖是無男丁之家, 一夜暫宿, 亦自不妨, 勿以爲嫌入來云云." 生勢旣困迫, 遂入其內, 只有一年少女人, 仍與之同宿, 問之, 則乃都監砲手之婦, 而其夫入直未歸云. 朝起剪爪, 爲刀所割, 求其洗血之資, 厥女以一弊襪子給之, 生拭血後, 挿其襪于簷間而歸矣. 伊後十五六年[37], 與友數三人, 做花柳之行于東郊, 歸路, 過年前所宿之家, 生指其家, 語其年前邂逅探花之事, 相與喧笑而來. 背後有一沙彌, 隨來聞之, 卽來急拜, 曰: "行次願暫止留!" 遂執裾引入, 同行諸客, 莫知其由, 遂皆先歸. 生爲厥僧所挽, 同入其家, 則下堂迎之之女, 乃昔日所眄者也. 久阻之餘, 雖是依俙相逢, 不覺欣倒. 厥女迎生上堂, 謂僧曰: "遇此兩班, 豈非天哉? 誠意所感, 竟得天倫也." 生怪之, 問曰: "主人之言, 是何說乎?" 女曰: "書房主向來一宿後, 因有娠生男, 吾則心知爲書房主之子, 而渠則認以砲手之子矣. 至十歲時, 吾爲渠梳頭時, 偶然撫頂, 曰: '兩班之水, 與他自別云.' 則其兒回頭問之, 曰: '吾非吾父之子, 而爲兩班之子乎? 願指所生之父焉.' 吾漫漶說之, 則彼涕泣不食, 每究其言根, 吾迫不得已詳說昔年之事矣. 渠自聞其語, 落髮爲僧, 出訪所生父云. 今焉得遇, 豈非天倫之莫逃而誠意之所感哉?" 又曰: "書房主向來剪爪時事, 能記之否?" 生曰: "知之矣. 吾

---

37) 十五六年: 이본에는 '十五六年後'로 되어 있음.

於伊時, 拭血于弊襪, 挿于檐間矣, 尙今在乎?" 仍起巡簷索之, 尤
無疑焉. 遂偕歸, 養髮成俗, 以至成就. 由是觀之, 術家之說, 亦不
可不信. 生之無子而有子, 僧之無父而得父, 已有天定於其間矣.

2-8. 聽驟雨藥商得子

壯洞藥僧, 老而鰥居, 無子無家, 輪廻藥肆而宿食. 時英廟方幸
毓祥宮, 時當四月, 驟雨注下, 溝渠漲流, 觀光諸人, 避雨於藥肆,
房室簷廡, 彌滿簇立. 藥僧時在房中, 忽言曰: "今日之雨, 若吾少
時踰鳥嶺時雨也!" 傍人曰: "雨豈有古今哉?" 曰: "其時有可笑事,
故尙今不忘." 傍人曰: "可得聞乎?" 曰: "某年夏, 倭黃連[38]乏絕[39],
吾以急步, 將貿於萊府. 日午, 越鳥嶺, 纔過鎭店無人之境, 驟雨急
注, 咫尺難分. 彷徨圖避之際, 見[40]山崖有一草幕, 直向入去, 有老
處女[41]在焉. 爲先脫衣澣之, 而處女在傍不避, 忽焉心動, 仍與狎
焉, 處女亦無難意. 少焉雨止, 故不問其女之居住而卽來矣. 今日
之雨, 政如其時之雨, 故偶爾思之矣." 俄而, 自檐外有一平頭兒,
直上軒, 問: "俄者言鳥嶺雨者, 是誰座也?" 傍人指之, 厥童卽拜,
曰: "今始得父, 天幸也." 許多傍觀, 無不疑怪, 藥僧亦異之, 曰:
"是何說也?" 厥童曰: "卽聞, 父親身上有標, 暫請脫衣也." 乃脫衣,
見腰下後, 厥童尤以爲無疑, 曰: "眞是吾父也!" 座中曰: "願聞其
由." 兒曰: "吾之母親, 兒時守幕, 一經雨中行人後, 因[42]有胎[43]以生

---

[38] 連: 라, 마본에는 빠져 있음.
[39] 乏絕: 바본에는 '絕乏'으로 되어 있음.
[40] 見: 저본에는 빠져 있으나 라본에 의거하여 보충함.
[41] 老處女: 라, 마본에는 '處女'로 되어 있음.
[42] 因: 바본에는 '仍'으로 되어 있음.
[43] 胎: 라, 마본에는 '胎氣'로 되어 있음.

吾. 吾漸長至學語, 隣兒則有父呼之, 吾則無父可呼, 故詳問于吾母親, 吾母親所言, 一如俄者父親之言. 且聞, 其時暫見左臀, 有一黑痣云矣. 吾一聞其言, 自十二歲, 離家尋父, 周廻八路, 三入京城. 今爲六年, 而幸而得父, 天之所使, 豈非萬幸?" 仍謂其父曰: "父主不必久在於京, 願與偕往, 吾當力穡奉養. 且母親方在守節, 而以其親家之不貧, 似無朝夕之憂矣." 一時觀者, 無不嘖嘖稱奇. 藥肆主人方在內, 聞而出來, 曰: "某也得子[44]云, 世間豈有如此稀貴慶賀[45]之事乎? 其在親知之心, 猶尙聳喜, 況當者之心, 尤如何哉!" 亦勸與子同去, 藥儈[46]喜則喜矣, 久留京中, 猝地離去, 不無怊悵之意, 又以盤纏爲憂, 其兒曰: "勿慮! 自有行中[47]如干錢矣." 衆人皆力勸隨去, 皆收囊中所有, 助給之, 爲五六兩, 主人亦給十餘兩. 雨晴後, 仍別諸人, 而與其子同行, 有家有妻, 有子有食, 優遊以終身云.

2-9. 聽街語柳醫得名

柳知事瑞[48], 少時,[49] 以醫術名於世, 頗有才, 而未得其妙境. 適隨嶺南伯, 以冊室下去, 屢朔留連, 無所事, 爲甚無聊. 請於巡相而告歸, 嶺伯許之, 卽以所騎騾子幷牽, 給之. 柳渡[50]琴湖江, 未及牛岩倉, 牽奴以放屎爲言, 授轡[51]於柳, 曰: "此騾甚驚突, 必操心堅坐

---

44) 子: 라본에는 '此'로 되어 있음.
45) 賀: 저본에는 빠져 있으나 이본에 의거하여 보충함.
46) 儈: 저본에는 '債'로 나와 있으나 이본에 의거하여 바로잡음.
47) 行中: 라본에는 '行槖中'으로 되어 있음.
48) 瑞: 이본에는 '相'으로 되어 있음. 이하의 경우도 동일함.
49) 少時: 라, 마본에는 '少事'로 되어 있음. 이 경우 '少事以醫術, 名於世'로 문맥이 끊어짐.
50) 渡: 바본에는 '到'로 되어 있음.

也." 柳偶然擧鞭一打, 厥騾果大驚奔馳, 騰山超溪, 勢不可遏. 柳
則牢着精神, 堅執鞍子, 幸不墜地. 厥騾少不停足, 終日馳突, 所向
盡是山溪崎嶇之路, 日將暮, 忽踰一嶺, 立於一家堂前. 堂中老人,
呼其子, 曰: "有客騎騾來矣, 牽[52]入善喂, 且備客子夕飯." 柳終日
昏眢之餘, 幸此騾子之駐[53]足, 收拾精神[54], 下騾升堂, 與主人敍寒
喧[55], 仍言騾子奔馳之狀. 少頃飯出, 療飢後, 仍困憊臥眠. 主人坐
於閾內, 柳則坐於閾外, 一燈耿耿, 主客相對嘿然. 俄有跫音於外,
主人拓[56]窓, 曰: "來乎?" 曰: "來矣." 主人携長劍而出, 曰: "無以主
人之無也, 長者書冊, 勿爲看之." 悠爾而去, 柳心甚疑怪. 柳更看
下房, 近壁垂帳, 迎風自開, 隱隱若有所可觀. 主人之言, 雖甚謹
嚴, 可不一次涉獵哉! 遂起立披帳, 則盈箱滿架, 盡是醫書. 柳亂抽
之[57], 繙閱之際, 自外有人跡聲, 卽還揷卷而退坐. 少頃, 主人入門,
回顧柳曰: "少年太無禮! 長者書籍, 唯意取見乎?" 柳曰: "知罪知
罪." 仍問其持劍出入之事, 主人曰: "適有友於江陵, 要我酬怨, 故
俄者暫出而來也." 仍與柳就寢, 鷄初鳴, 主人呼其子曰: "騾子喂之
乎?" 柳亦起坐, 須臾飯至, 喫了, 主人曰: "須速發, 勿爲逗[58]遛也."
柳起身騎騾, 則主人之子, 亦一鞭打了, 如昨超逸馳突. 當午, 至廣
州板橋, 掖隷十餘, 連絡路次, 呼聲曰: "柳書房來乎!" 柳是時, 連
日馬上橫馳, 且去夜不得接目, 精神昏迷, 如醉如呆, 騾子背上一

---

51) 縛: 이본에는 '縛'로 되어 있음. 서로 통용됨.
52) 牽: 바본에는 '駐'로 되어 있음.
53) 駐: 가, 나본에는 '住'로 되어 있음.
54) 精神: 이본에는 '精魂'으로 되어 있음.
55) 寒喧: 나본을 제외한 이본에는 '寒暄'으로 되어 있음. 서로 통함.
56) 拓: 바본에는 '推'로 되어 있음.
57) 之: 이본에는 '而'로 되어 있음.
58) 逗: 저본에는 '逼'으로 나와 있으나 이본에 의거하여 바로잡음.

箇泥塑人也. 一紅衣當驛前, 問曰: "行次非柳瑺書房主[59]乎?" 柳曰: "緣何問也?" 答曰: "上候極重, 方招柳書房主入診, 卽令小人等渡江而俟之矣." 蓋聖候中有一[60]神人現夢, 曰: "柳醫名瑺者, 方自嶺南, 騎騾上來, 須急送人于江邊而招來, 則聖候萬無一慮云." 故也. 柳曰: "吾是柳瑺也." 紅衣輩大喜, 相率扶護, 柳於馬上細問, 曰[61]: "大殿以痘患, 方在黑陷云云." 柳還家, 服公服, 入闕之路, 過銅峴, 有一嫗背負新經痘兒, 而立於街上. 在傍一人, 見而問曰: "此兒之痘, 所聞極重云, 何以無頉出場?" 嫗曰: "此兒以黑陷, 七竅盡爲一殼, 呼吸不通, 束手而待盡. 幸逢過去僧, 用枾蒂湯後, 七竅盡通, 今至快[62]蘇, 昨日送神矣." 柳駐馬聽之枾蒂湯云云, 昨夜山中所見書, 亦有之. 於是, 入侍診候, 則與俄者嫗所負兒痘同證[63]也, 遂出枾蒂湯. 時當四月, 枾蒂雖內局難得. 是時, 南村有一措大, 作一間房, 揭號以無棄堂, 天下無用之物, 雖弊箒破瓢, 俱收幷畜. 枾蒂一斗, 亦得來於無棄堂中, 進一貼奏效, 聖候平復, 柳瑺遂以名醫擅名. 由是觀之, 一翁一嫗, 皆是異人之類, 而騾子之超逸, 神人之感夢, 莫非天使之然也. 異乎異乎![64]

2-10. 勸痘神李生種德

瑞山銅巖李氏, 武弁大家. 其幾代祖, 有厚德君子一人, 秋日坐廳上, 看檢打稻, 有一張蓋好官員, 望門而來, 見之, 則乃是平日友

---

[59] 書房主: 저본에는 '柳書房主'로 나와 있으나 라본에 의거함.
[60] 一: 라, 마본에는 빠져 있음.
[61] 曰: 가, 나, 다, 라본에는 '則'으로 되어 있음.
[62] 快: 저본에는 '夬'로 나와 있으나 나, 바본에 의거함.
[63] 證: 나본에는 '症'으로 되어 있음. 뜻은 서로 통함.
[64] 異乎異乎: 바본에는 '異乎'로 되어 있음.

人作故者也. 入座敍寒喧, 李問曰: "兄某年已作泉下人, 今日大張威儀而來, 然則兄尙在於人間乎?" 彼官曰: "吾已謝人間, 久矣. 死後入仕於冥府, 今以西神差使, 將向湖南, 路適出於內浦, 憂過兄弟, 念平日情誼, 不可虛度, 故暫歷入矣." 李曰: "君旣爲痘疫之官, 以君平時寬厚之性, 似不爲齷齪之事, 而凡於人家[65]貴重子·孤寡子·穎悟子有長遠之兒, 雖有難赦之端, 曲恕圖生, 以爲種德之地, 至可至可!" 數語畢, 倏爾而去, 語李曰: "回路, 又當歷入矣." 滿場打稻之人, 俱不得見, 而唯李獨見而相語矣. 及當仲冬, 痘神果爲入來, 其卜馱輜重頗多. 李與語娓娓, 見有隨從人, 年可十二三歲男子, 骨格容貌, 頗有貴家兒, 樣子亦有長遠之相, 而背負重卜, 顯有苦楚之色. 李問曰: "彼兒誰家子, 而如彼辛苦乎?" 痘神曰: "彼兒卽湖南某邑金姓家兒, 情境雖甚矜憐, 事勢實涉無奈, 不得已捉去矣." 李曰: "願聞其由." 痘神曰: "彼兒無他兄弟, 只一箇身, 又是三世寡婦之子, 其家不貧. 吾亦矜之, 施以順類[66], 自始痛至落痂, 別無雜頉而善得出場矣. 及其送神, 賂物豊多, 地府之例[67], 不可不盡數輸去, 而行中無他空鬐, 又無可負者, 故不得已彼兒以負卜軍捉去矣." 李曰: "惜哉! 兄何爲如是不忍乎? 彼旣感神之無事出場, 欲報之心, 豊其賂遺, 旣受其賂, 而又捉此兒, 何其不仁[68]之甚耶? 吾家有馬一匹, 今將奉給可以替兒之負, 而還送于本家乎?" 神曰: "諾. 何難之有?" 李公於是, 牽一廐馬來, 少頃, 馬死矣. 痘神將彼兒所負之物, 移馱于馬, 而還送其兒, 仍爲辭去, 倏然不見. 過數朔

---

[65] 人家: 바본에는 '人間'으로 되어 있음.
[66] 類: 나본에는 '流'로 되어 있음.
[67] 例: 바본에는 '禮'로 되어 있음.
[68] 仁: 바본에는 '忍'으로 되어 있음.

後, 李生適閑坐, 忽一內行轎子, 入于其門. 李公驚怪, 問之, 答曰: "全羅道某邑金生家內行云." 叩其故, 曰: "家兒以主人宅德澤, 幸得回甦, 願爲托身於宅, 以爲同居, 故如是率來云." 李生曰: "何以明知其如是乎?" 對曰: "其兒無事經痘, 送神後, 忽然氣塞而死, 草殯矣. 過數日後, 自草殯有氣如烟, 往而掘之, 則斂束盡解, 兒忽起坐, 詳說痘神歷入瑞山銅巖李生員家酬酢之事, 及以馬替兒之事, 歷歷言之. 其母與祖母, 深感李公之德, 銘骨難忘, 率其兒全家搬移, 以爲依托之所云云." 李生主管其家安接于隔川一家, 其兒仍以李字爲姓. 其後, 裔繁盛, 今爲大族. 是以, 銅巖李氏, 有川左川右二族云.

2-11. 捕獷賊具名唱權術

具南陽紞, 少時, 驍勇過人, 有膽略, 善唱歌, 好飮酒, 風神俊秀美[69]男子也. 登武科, 爲尙衣[70]主簿, 忤時宰落仕, 潦倒十餘年, 鬱鬱不得志. 正廟朝, 襄陽獷賊李景來, 大有膂力, 亦有膽智. 嘯聚徒黨, 東西閃忽, 官軍不能捕, 有若海西林居正之變. 自上聞具紞之勇力, 卽除宣傳官, 授密旨, 使之往捕. 臨行, 戒之曰: "以汝兼帶金吾郞暗行繡衣, 捕賊之際, 便宜從事. 治行盤纏, 密諭軍門, 不計多少助給之, 若失捕而來, 則當施軍律!" 紞奉命而退, 家有八十老母, 情事茫然. 已而,[71] 嘆曰: "男兒生世, 豈能長事淪落哉? 今年得此賊, 取金印如斗大." 遂往見捕校卞時鎭, 與之同行, 卞是善譏捕者也. 又得京中破落戶總角林完石, 此則日行三四百里, 號稱'神行太

---

[69] 美: 저본에는 빠져 있으나 이본에 의거하여 보충함.
[70] 尙衣: 라본에는 '尙衣院'으로 되어 있음.
[71] 已而: 저본에는 '而已'로 나와 있으나 이본을 따름.

保'者也. 暗暗治行, 皆是倡優服色, 華麗之衣, 珍寶之物, 藏之槖中, 使完石負之, 步行至襄陽境. 時紞之叔父世績, 爲襄陽倅, 追後下來, 特旨也. 紞與其叔父密議, 藏蹤跡, 自稱冊客, 入處山亭. 日與吏鄕輩射帿, 酒肉淋漓, 用錢如水, 盡得吏鄕官屬之心, 察其動靜. 其中別監一人, 好風儀, 善談論, 頗有方略, 權鄕[72]也, 紞締結此人, 作爲心腹之交. 一日, 相與飮酒, 夜深酒酣, 紞忽左手把其袖, 右手拔劍, 欲揕其胸. 別監驚惶罔措, 面如土色, 曰: "是何事也, 是何事也?[73]" 紞曰: "吾無他, 奉命藏踪而來, 將譏捕景來賊矣. 始知汝是景來也, 汝勿多言, 受我劍!" 別監曰: "小人果非景來, 眞景來在於近處, 當指[74]示矣, 願活無辜之命." 紞曰: "然則賊安在?" 答曰: "日前來住[75]境內, 聞新官家下來, 見機[76]而去, 隱身於金剛[77]山中, 的知其去向矣." 曰: "何以的知? 汝非同謀者乎?" 答曰: "同謀則誠至寃, 而但親熟故, 的知其踪跡矣." 紞曰: "汝試聽之, 渠雖有勇力, 豈不見捕乎? 汝若從賊, 闔門被誅, 曷若從我設捕, 爲大功勞之人乎?" 曉諭順逆, 其人唯唯聽命. 又曰: "今放送汝, 汝若漏洩此機, 則當先捕汝." 又唯唯, 特放送之. 翌日, 與卞校・林童, 藏踪入金剛山, 自稱以京中倡優具名唱, 使卞時鎭擊鼓[78], 到處唱靈山調. 華其衣[79], 散其珍寶之物, 施於各寺僧及遊山人, 由是, 名動山中. 聞具名唱唱調, 人皆雲集, 紞遍察之, 終不見景來之面. 蓋因

---

72) 權鄕: 바본에는 '鄕官'으로 되어 있음.
73) 是何事也, 是何事也: 마본에는 '是何事也'로 되어 있음.
74) 指: 저본에는 '措'로 나와 있으나 이본을 따름.
75) 住: 나본에는 '往'으로 되어 있음.
76) 機: 저본에는 '幾'로 나와 있으나 가, 나, 라본을 따름.
77) 剛: 저본에는 '崗'으로 나와 있으나 나, 다, 마본에 의거함.
78) 擊鼓: 라, 마본에는 '鼓擊'으로 되어 있음.
79) 衣: 라본에는 '衣服'으로 되어 있음.

別監詳探景來之容貌疤記, 故遍踏內外山, 於衆中陰察之, 終不得焉. 登毗盧峰祝天, 仍痛哭而下, 宿長安寺. 夜深, 月色入窓, 耿耿不寐, 步出神仙樓, 見山底草幕中燈火微明. 心忽動, 遂往見之, 一僧獨坐, 見紞之入來, 急藏一物於膝底. 紞入坐, 與僧酬酢, 僧曰: "何其名唱也?" 紞欲觀其膝底物, 以手推僧, 曰: "僧何以知名唱乎?" 僧翻臥時, 見一大草鞋半造者, 紞遂結縛其僧, 曰: "此是李景來之鞋也! 汝知景來所在處, 從實直告." 蓋因別監聞景來足大之說, 故也. 僧驚服之, 紞曰: "若與我捕景來, 則賞賜大矣, 諱之, 則爲劍頭之魂, 於斯兩者, 何擇焉?" 僧曰: "唯令是從!" 紞曰: "吾乃奉命而來, 何以則捕此賊也?" 僧曰: "今夜逢小僧, 乃天也, 當告以捕賊之術. 景來嘗欲聽名唱之聲, 約以再明日來此草幕, 又請造草鞋, 故小僧造此鞋, 未及成矣. 景來若來, 則小僧請來唱調矣. 且景來是平生[80]嗜酒者也, 連勸酒, 待其沈醉後捕之, 無不濟矣." 遂解其結縛[81], 爲心腹, 卽夜送林童於襄陽, 使之罔夜發送猛悍之校卒四五十人. 再明日, 各自變服, 把守長安寺各處要害之地, 又持來峻味燒酒兩甁, 使林童賣酒於草幕. 再明日, 景來果來草幕, 僧招紞唱調, 紞初發聲, 卽唱勸酒歌·將進酒, 景來嘖嘖稱善. 紞買林童之酒, 一邊唱, 一邊勸, 景來喜其聲, 一盃一盃復一盃, 卽醺然而醉, 眼已朦朧, 連勸之, 不辭而飮. 俄而, 景來醉欲睡, 紞袖藏鐵椎, 奮擊之. 景來本是絶倫之勇也, 醉中跳出草幕外, 東奔西走. 時各處把守, 呼聲相應, 景來精神怳惚, 莫適所向. 紞急變服, 雜於觀光人中, 跟向景來奔走之處, 以鐵椎潛身狙擊之, 折其脚. 景來被縛,

---

80) 平生: 가, 다, 라, 마본에는 '生平'으로 되어 있음.
81) 結縛: 바본을 제외한 이본에는 '縛結'로 되어 있음. 이 경우 '遂解其縛, 結爲心腹'으로 문맥이 끊어짐.

呼把守校卒, 一齊來縛之際, 縛索屢絶, 又以鐵椎擊其兩臂然後,
始就縛. 多發官軍, 檻車送至[82]京城[83], 戮之, 賞其草幕僧及別監.
復命之日, 卽除堂上宣傳官, 善於傳命, 故長帶承傳之任, 屢歷州
郡. 上將大用之, 庚申正廟昇遐, 絃晝夜號慟[84]哀毁, 成病而死.

2-12. 諷吝客吳物音善諧

京中有吳姓人, 善古談, 名於世, 遍謁卿相家. 性嗜瓜熟茶, 故人
以吳物音呼之, 蓋物音者, 熟物之方言也, 吳者, 瓜之俗名, 音相似
也. 時有宗室, 年老而有四子, 積財致富, 而性吝, 秋毫不以與人,
亦不分賚於諸子. 親友勸之, 則答曰: "吾且有商量." 遷延歲月, 忍
不能與之. 一日, 招吳物音, 使之古談, 吳心生一計, 做出一古談,
談曰: "長安甲富有李同知者, 壽富貴[85]多男子, 人稱好八字. 但少
也傷於貧, 治産爲富家翁, 而吝癖根於心性, 雖子侄兄弟, 無一箇
物賜與. 及其臨死也, 世間萬事, 都是悠悠, 只有一財字, 眷戀不能
捨去. 病中思之, 無可奈何, 乃呼諸子遺言曰: '吾積苦聚財, 雖至
甲富, 今將發黃泉之行, 而百計思之, 無一箇持去之道, 前日吝財
之事, 悔之莫及. 丹旗一發, 輓歌凄凉, 空山落木, 夜雨荒阡, 雖欲
用一葉錢, 得乎? 吾死後棺斂也, 不施握手於兩手, 棺之兩傍, 各
穿一穴, 出其左右手, 以示路上人, 使知吾有財如山空手而歸.' 乃
奄然而逝. 死後, 諸子不敢違敎, 如其戒[86]. 小人俄遇其靷行於路
上, 見其兩手之出棺外, 怪而問之, 乃李同知之遺言也. 儘乎'人之

---

82) 至: 라. 마본에는 '之'로 되어 있음.
83) 京城: 바본에는 '京師'로 되어 있음.
84) 號慟: 바본에는 '呼痛'으로 되어 있음.
85) 貴: 바본에는 빠져 있음.
86) 戒: 저본에는 '戎'으로 나와 있으나 가, 바본에 의거하여 바로잡음.

將死, 其言也善.'"宗室老人聽其談, 隱然逼於己而有嘲弄之意, 然其言則達理也. 卽席頓悟, 厚賞吳. 翌朝, 遂分財於諸子, 盡散其寶貨於宗族故舊, 入處山亭, 琴酒自娛, 終身不言財利. 蓋老人之一言頓悟也, 自不易, 而吳乃滑稽之類也. 使出於淳于髡・優孟之世, 則何渠不若耶?

2-13. 憐樵童金生[87]作月姥

安東權某, 以經學行誼, 登道剡, 筮仕徽陵郎. 時年六十, 家富饒, 新喪配, 內無應門之童, 外無朞功之親. 時金相宇杭, 爲本陵別檢, 適有陵役, 與之合直齋所. 一日, 陵軍捉犯樵人以納, 權公據理責之, 將笞罰之. 樵人老總角也, 涕泣漣漣, 無辭可白. 權公察其氣色, 決非常漢也, 問: "汝何許人也?" 總角曰: "言之憨矣. 小生簪纓後裔, 早孤, 老母今年七十, 有一妹, 年至三十五, 尙未嫁, 小生年三十, 未有室. 娚妹樵汲以奉養, 家近火巢[88], 而今當極寒, 不能遠樵, 故有此犯樵, 知罪知罪." 仍又涕泣. 權公見其涕泣, 忽生惻隱之心, 顧謂金公曰: "可矜哉其情! 特赦之, 何如?" 金公笑曰: "無妨." 權公曰: "聞汝情理可矜, 故特放之, 更勿犯罪." 賜一斗米・一隻鷄, 曰: "以此, 歸養老親[89]." 總角感謝而去. 數日後, 又見捉於犯樵, 權公大責之, 總角大聲痛哭[90], 曰: "辜負盛德, 固知兩罪俱犯[91], 而不忍老慈之呼寒, 積雪之中, 且無樵採之路, 今則擧顏無地[92]."

---

87) 生: 나본에는 '相'으로 되어 있음.
88) 火巢: 라본에는 '火燒'로 되어 있음.
89) 老親: 라본에는 '老母'로 되어 있음.
90) 痛哭: 바본을 제외한 이본에는 '哭'으로 되어 있음.
91) 兩罪俱犯: 바본에는 '再犯'으로 되어 있음.
92) 擧顏無地: 라본에는 '無地可免'으로 되어 있음.

權公又生惻隱之心, 縮眉良久, 不忍答治. 金公在傍, 微哂[93]曰:"隻鷄斗米, 不能感化, 第有好樣道理, 果依我言否?" 權公[94]:"願聞其說." 金公曰:"老人喪配而無子, 總角之妹, 娶爲繼室, 何如?" 權公埒其白鬚, 曰:"吾雖老矣, 筋力尙可爲也." 金公揣其意, 遂招總角近前, 曰:"彼權參奉, 忠厚君子也, 家計饒足, 喪配而無子. 汝之妹氏, 過年未嫁, 未知凡節之如何, 而與之作配, 則汝家永有依托, 豈不好哉?" 總角曰:"家有老母, 不敢擅許, 當往議焉." 去而復[95]返, 曰:"往告老母, 則老母曰:'吾家世世閥閱, 今至[96]衰替之極, 雖前世未行之事, 不有愈於廢倫耶?' 泣而許之." 金公喜之, 遂力勸之, 涓吉辦需, 助力於兩家, 急急成禮, 果是名家後裔女中賢婦也. 一日, 權公來見金公, 曰:"賴君之力勸, 得此良配, 吾年已六十, 更何所求? 永歸故鄕, 故來別矣." 金公[97]問:"夫人旣率歸, 則其家眷何以區處乎?" 答曰:"幷率去矣." 金[98]公曰:"大善哉!" 仍酌酒相別. 後二十五年, 金公始得緋玉, 出宰安東. 到官翌日, 有一民納刺請謁[99], 乃前參奉權某也. 金公良久, 始記得徽陵伴僚事, 而計其年紀, 則八十五歲也. 急爲邀見, 童顔白髮, 不杖不扶, 飄然入座. 望之若神仙中人, 握手敍阻懷, 設酒饌款待, 飮啖如常. 權公曰:"民之得拜城主於今日[100], 天也. 民賴城主勸婚, 晚得良耦, 連生二子, 至今偕老, 而二子稍學詩文, 戰藝於南省, 聯擢司馬, 明日卽到門

---

93) 微哂: 라, 마본에는 '微笑'로 되어 있음.
94) 曰: 저본에는 빠져 있으나 라본에 의거하여 보충함.
95) 復: 저본에는 '後'로 나와 있으나 바본을 제외한 이본을 따름.
96) 今至: 나본에는 '至今'으로 되어 있음.
97) 公: 저본에는 빠져 있으나 라, 마본에 의거하여 보충함.
98) 金: 저본에는 빠져 있으나 바본을 제외한 이본에 의거하여 보충함.
99) 謁: 바본에는 '見'으로 되어 있음.
100) 拜城主於今日: 바본에는 '拜於城主'로 되어 있음.

日也. 城主適莅此府, 豈可無下臨之擧耶? 民之急急請謁者, 良以此也." 金公驚賀不已, 快許之, 權公謝去. 明日, 金公携妓樂備酒饌, 早往之, 見其居, 溪山秀麗, 花竹翳如, 樓榭隱暎, 眞山林好家居也. 主人下階迎之, 遠近風動, 賓客雲集. 俄而, 兩新恩來到, 幞頭黲衫, 風彩動人. 前後雙立白牌, 雙笛寥亮, 觀者如堵, 咸咨嗟[101] 權之福力. 金公聯呼新來, 問其年, 則伯二十四歲, 季二十三歲, 權公之續絃, 翌年又翌年, 連得雙玉也. 與之酬酢, 容貌則鸞鵠也, 文章則琬琰也, 可謂難兄難弟, 金公歆羨[102]不已, 老主人之喜色可掬. 座間, 權公指在傍一老人, 曰: "城主知此人乎? 此是昔年徽陵犯樵人也." 計其年, 則五十五也. 遂設樂以娛之, 主人仍請留宿, 曰: "民之今日之慶[103], 皆城主之賜也, 城主之適臨蓬蓽, 天與之, 非人力也." 遂止宿穩話. 翌朝, 權公進酒饌侍坐, 口欲言而囁嚅, 不敢發端, 金公問曰: "有所欲言乎?" 權公[104]乃言曰: "老妻平日爲城主有結草之願, 而幸臨陋地, 一拜尊顔, 則至願遂矣. 女子之不思體面, 只有感恩之心, 容或無怪, 願城主暫入內室受拜, 恐未知如何? 且城主之於老妻, 德如天地, 恩猶父母, 何嫌之有?" 金公不得已入內, 軒上設席迎坐, 老婦人出拜於前, 感極而悲, 涕淚汎瀾. 又見兩少婦, 凝粧盛飾, 隨後而出拜[105], 其子婦也. 三婦人皆默然侍坐, 其愛戴之意, 溢於顔色, 遂進滿盤珍饌. 權公又請城主於夾房, 前見年可六七歲稚兒, 髮漆黑鬅鬆, 手執窓闑而立[106], 方瞳瑩然, 黯黯

---

101) 咨嗟: 라본에는 '嗟歎'으로 되어 있음.
102) 歆羨: 바본에는 '歆歎'으로 되어 있음.
103) 今日之慶: 라본에는 '今日慶賀'로 되어 있음.
104) 公: 저본에는 빠져 있으나 바본에 의거하여 보충함.
105) 出拜: 라, 마본에는 '出拜於前'으로 되어 있음.
106) 立: 바본에는 '入'으로 되어 있음.

視人, 精神若存若無. 權公指之, 曰: "城主知此人乎? 此是犯樵人之慈親也. 今年九十五歲, 而其口中有聲, 城主試細聽之." 金聽之, 則非他聲也, 卽'金宇杭拜政承,'[107] 金宇杭拜政承'之語也. 二十五年祝願如一日, 尙今口不絶聲, 至誠安得不感天乎? 金公聽之, 犁然而笑, 遂辭諸人還衙. 其後, 金公拜相. 肅廟朝, 以藥院都提擧承命, 往視延礽君患候, 延礽英廟潛邸時封號也. 說其平生宦蹟, 語及權參奉事, 敍其顚末, 英廟聞甚奇之. 及登極後, 式年唱榜日, 偶見榜目中安東進士權某, 乃是權公之孫也. 自上特敎曰: "故相臣金宇杭語權某之事, 甚稀貴事也. 今其孫又擢[108]司馬, 事不偶然. 特除齋郞, 使之繩武其祖." 嶺人榮之, 蓋權·金[109]深仁厚德, 有以致此也.

2-14. 識寶氣許生取銅爐

許生者, 方外人也. 家貧落魄, 好讀書, 不事家人產業, 床頭只有『周易』一部, 雖簞瓢屢空, 不以爲意. 其妻紡績織絍, 以奉之. 一日入內, 妻斷髮裹頭而坐, 以供朝夕之具, 許生喟然嘆曰: "吾十年讀易, 將以有爲也, 今忍見斷髮之妻乎!" 遂約其妻, 曰: "吾出外一年而歸, 苟延縷命, 且長其髮." 彈冠而出, 往見松京甲富白姓者, 請貸千金, 白君一見, 知其爲非常人, 許之. 許生齎千金, 西遊箕城, 訪名妓楚雲家, 日辦酒肉, 與豪客少年, 專事遊蕩. 金盡, 復往見白生, 曰: "吾有大販, 復貸三千金乎?" 白君又許之. 又往雲娘家, 乃治第綠窓·朱樓·珠簾·錦席, 日置酒笙歌自娛. 金盡, 又往見白君, 曰: "復貸三千金乎?" 白君許之. 又往雲娘家, 盡買燕市名珠[110]寶

---

107) 金宇杭拜政承: 가, 나본에는 빠져 있음.
108) 擢: 이본에는 '捷'으로 되어 있음.
109) 權金: 라본에는 '權公'으로 되어 있음.

佩·奇錦異緞, 以媚雲娘. 金盡, 又往見白君, 曰:"今有三千金, 可以成事, 而恐君不信也." 白君曰:"惡是何言也? 雖更貸萬金, 吾不足惜也." 又許之. 又往雲娘家, 買一名駒, 置之櫪上, 造纏帶, 掛之壁上. 遂大會諸妓, 跌宕遊衍, 散金於纏頭之費, 以適雲娘之意. 金盡, 許生又[111]作寂莫凄凉之態, 以試娘. 娘水性也, 已生厭意, 日與少年, 謀所以去許生者. 許生猜得其意, 一日謂娘曰:"吾所以來此者, 販商也. 今萬金已盡, 張空拳而已, 吾將去矣, 能無眷戀乎?" 娘曰:"瓜熟蒂落, 花謝蝶稀, 何戀之有?" 許生曰:"吾之財, 盡入於銷[112]金巷矣, 今將永別, 汝以何物贈行乎?" 娘曰:"唯君所欲." 生指座上烏銅爐, 曰:"此吾所欲也." 娘笑曰:"何惜之有?" 生遂於席上片片碎之, 納于纏帶, 騎名駒. 一日, 馳至松京, 見白君曰:"事成矣!" 出示纏帶中物, 白君頷之. 許生携纏帶, 騎名駒, 馳至會寧開市, 列肆而坐, 有賈胡一人, 閱碎銅, 嘖嘖曰:"是也, 是也!" 請論價曰:"是無價寶也, 十萬金雖少, 願請交易." 許生睨視良久, 諾之. 遂交易而歸, 見白君, 以十萬金還之. 白君大驚, 問其所以然, 許生曰:"向者碎銅, 非銅也, 乃烏金也. 昔秦始皇, 使徐市採藥東海上, 出內帑中烏金爐, 以贐之, 煎藥於此爐, 則百病奏效. 後徐市失於海中, 倭人得之, 以爲國寶. 壬辰之亂, 倭酋平行長, 持來行中, 據平壤, 方其宵遁也, 失之亂兵中. 此物遺在名妓楚雲家, 故吾望氣而尋之, 以萬金易之. 賈胡乃西域人也, 其無價之論, 乃確論也." 白君曰:"取一爐, 雖非萬金, 亦且容易, 何其勤勞再三乎?" 許生曰:"此天下至寶也, 有神物助焉, 非重價, 則莫可取也." 白君曰:

---

110) 名珠: 이본에는 '明珠'로 되어 있음.
111) 又: 이본에는 '故'로 되어 있음.
112) 銷: 저본에는 '鎖'로 나와 있으나 이본을 따름.

"君神人也!" 盡以十萬金, 還付之, 許生大笑曰: "何其小覰我乎? 吾室如懸磬, 讀書樂志, 今此之行, 特一小試耳." 遂謝[113]去. 白君驚異之, 尾其跡, 其家乃紫閣峯下一草屋也, 屋中琅琅有讀書聲而已. 白君知其人, 每月初吉早晨, 以米包錢緡, 置之其門內, 僅繼一月之用, 許生笑而受之. 李相公浣, 爲元戎, 受託寄之重, 圖伐燕之計, 訪人材. 聞許生之賢, 一夕, 微服往見之, 論天下事, 願安承敎, 許生曰: "固知公之來也. 公欲擧大事, 依我三策否?" 李公曰: "敢問[114]其說." 許生曰: "今朝廷黨人用事, 萬事掣肘, 公能歸奏九重, 破黨論用人材乎?" 李公曰: "不能." 又曰: "簽軍收布, 爲一國生民之愁苦, 公能行戶布法, 雖卿相子弟, 不使謀避乎?" 李公曰: "此事亦難矣哉!" 又曰: "我國東濱于海, 雖有魚鹽之利, 蓄積不敷, 穀不支一年, 地不過三千里, 而拘於禮法, 專事外飾, 能使一國之人盡爲胡服乎?" 李公曰: "亦難矣哉!" 許生厲聲曰: "汝不知時宜, 妄張大計, 何事可做? 斯速退去!" 李公汗出沾背, 告以更來, 無聊而退. 翌朝視之, 蕭然一空宅而已.

2-15. 金衛將恤舊主盡誠

金衛將大甲, 礪山人也. 年十歲, 父母俱沒, 家有蠱變, 闔門淪歿. 大甲避禍走京城, 伶仃[115]無依, 行乞於市, 心語曰: '將入一大家, 得庇吾身.' 往見閔相公百祥於安國洞第, 自言, "身世之窮獨, 願依托焉." 閔公見其形貌雖憔悴, 言語頗詳敏[116], 憐而許之, 大甲

---

113) 謝: 이본에는 '辭'로 되어 있음.
114) 問: 나본에는 '聞'으로 되어 있음.
115) 伶仃: 가, 나본에는 '伶仔'로, 바본에는 '伶俜'으로 되어 있음. 뜻은 서로 통함.
116) 敏: 저본에는 '慜'으로 나와 있으나 이본을 따름.

不避廝役, 掃灑唯謹. 時從閔公家子侄學書, 必潛聽之, 一覽輒記誦, 又習翰墨, 模倣[117]妙法. 閔公奇其才, 使家客敎誨之, 甫成童, 穎悟夙成, 無適不宜. 後有一唐擧, 見之錯愕[118], 勸閔公使之出送, 公曰: "何謂也?" 其人曰: "其人已中蠱毒, 非久將有不吉之兆, 害及主家." 閔公曰: "彼窮而依我, 安忍逐之?" 後其人更來, 力勸之, 公終不聽. 其人曰: "公之厚德, 足以弭災而活人. 第試吾術, 備黃燭三十雙·白紙十束·香三十炷·粮米十斗, 使彼兒往深山僻寺, 焚香誦偈, 三十夜以禳之然後, 可以永無患矣." 公如其計, 大甲往山中, 凡三十日, 靜坐不交睫. 禳畢, 還見公, 公更邀相人以觀之, 其人曰: "無慮矣." 仍留公第, 同過二十年, 閔公爲箕伯, 以幕賓率去. 臨歸時, 營廩所餘, 爲萬餘金, 稟其區處, 公曰: "吾歸橐如洗, 君之所知, 豈以此物累之哉? 君自爲之." 大甲固辭不得, 退而思之, 曰: "吾頂踵毛髮, 皆公之賜也. 今又畀之以巨貨, 吾將有計." 臨發, 稱病告辭於江頭, 公頷之. 大甲乃貿燕市之物貨, 滿載船中, 浮海而南, 盡賣於江景[119]市, 得數三萬金. 遂訪石泉故宅, 蓬蒿滿目, 拓而起舍, 種樹鑿池. 買[120]良田數千頃於野前, 治陶朱·猗頓之術, 課至滿千包而後止, 人以'千石翁'稱之. 乃喟然歎曰: "吾以孤危之踪, 得免禍網, 以至居家致千石, 是誰之賜乎?" 西入長安, 閔公家已零替矣, 哭之慟. 凡閔公家婚喪之需·遷謫之費, 大小營辦, 無不繼給. 年至八十五, 而至死不替. 蓋閔公之知鑑, 金老之幹才, 可謂有是公有是客矣.

---

117) 倣: 저본에는 '放'으로 나와 있으나 가, 나본을 따름. 바본에는 '做'로 되어 있음.
118) 錯愕: 이본에는 '嗟愕'으로 되어 있음.
119) 江景: 가, 나본에는 '江鏡'으로 되어 있음.
120) 買: 저본에는 '賣'로 나와 있으나 가, 나본에 의거함.

2-16. 朴同知爲統帥散財

朴同知敏行, 早孤無依, 托於銅峴藥局, 奔走供役[121], 時年十五. 一日, 從簾間窺視, 則一少年騎驢而過, 朴君踵至其家, 乃李公章吾也. 願從之, 公一見許之, 不問其來歷, 每事委任焉. 又使之娶室於富家, 而[122]其妻乃富家鍾愛之女也, 家産粧奩太豊侈, 朴君猝富, 而不以爲泰, 視之如草芥. 自娶室之後, 日遊賭賽之場, 結交豪傑之士, 周遊海嶽, 放蕩無節. 李公家人積謗朋興, 公不問之, 待之如初, 家人莫不怪之. 居無何, 李公別薦, 驟至禁軍別將, 時英廟乙亥也. 統制使出於鞫招, 特於帳前, 除李公爲統制使, 當日促送前帥拿來. 李公卽出城, 報其家曰: "招[123]朴敏行, 速裝隨我!" 時李公賓客如雲, 皆咄咄曰: "今公受命於危疑之際, 將赴於不測之地, 而獨與破落戶一人偕去, 何其迂闊也?" 李公皆不聽, 竟爲率去赴統營, 械送舊使. 時營中洶洶, 人心自懼, 若不保朝夕, 而簿書雲委, 機務旁午, 朴君入替[124]密計, 出治庶事. 又勘舊使之簿, 櫛之得四五萬金, 入告主將曰: "此物何以區處乎?" 李公曰: "唯君便宜." 朴君唯唯而退, 卽夜設大宴於洗兵館, 搥牛[125]饗士, 盡散其金. 且詢各廳各里, 宿逋舊瘼, 盡爲釐革, 償之, 曰: "此是使家指敎也." 軍民胥悅, 歡聲如雷, 人心卽日安帖, 入告之, 李公領之而已. 遂轉危爲安, 威振三道, 滿瓜而歸, 朴君以名幕聞於世. 蓋李公之知鑑, 朴君之蘊抱, 可謂兩美匹合矣.

---

121) 役: 저본에는 '給'으로 나와 있으나 이본을 따름.
122) 而: 저본에는 빠져 있으나 바본에 의거하여 보충함.
123) 招: 라본에는 '使'로 되어 있음.
124) 替: 이본에는 '贊'으로 되어 있음.
125) 搥牛: 이본에는 '椎牛'로 되어 있음. 서로 통함.

2-17. 李節婦從容取義

李節婦, 忠武公後裔也. 嫁爲閔兵使孫婦, 纔過醮禮, 新郎還家不淑. 時節婦, 年纔勝笄, 依其祖母, 在溫陽, 而夫家在淸州. 赴來哭之, 水漿不入口, 父母憐而慰之, 左右防守甚嚴. 節婦一日, 請曰: "吾爲人婦, 而遭此崩城之痛, 生不如死, 以死自誓. 更思之, 媤家有祖父母舅姑, 無他奉養之人, 而余未新禮矣. 且家夫不幸早死, 而送終祭奠, 亦無人主管, 吾徒死, 則非爲人婦之道也. 吾將奔哭治喪後, 乞螟蛉於族人家, 使媤[126]家無絶嗣之歎. 吾之責, 顧不在此乎? 願速治行." 父母聞其言, 年雖幼少, 辭正理順, 將從之, 猶慮其自剄[127], 猶豫久之, 節婦曰: "無疑也! 吾已一定於心矣." 且泣且訴, 父母嘉其誠意, 遂治行, 往淸州. 以年少藐然之婦女, 入其家, 事舅姑以孝, 奉祭奠以誠, 治産業, 御婢僕[128], 綽有條理, 隣里親戚, 咸稱賢婦. 而過三年而後, 乞嗣於族人家, 躬行席藁哀懇, 始得來, 置師傅, 勤敎之, 娶婦入門. 其後十餘年, 其祖父母舅姑, 皆以天年終, 以禮葬之, 哀毁踰制, 治三代墳山於家後園, 備置石物. 一日, 製新衣服之, 與其子及婦, 同上墳山, 省掃, 回至家中, 謁家廟. 洒掃室宇, 回坐房中, 招其子內外, 區處家內事傳之, 曰: "汝內外, 年旣長成, 足以奉祭祀, 接賓客. 吾且衰矣, 汝其無辭, 節浮費, 尙儉素, 勉之勉之!" 夜深, 子及婦各退去, 婦人乃出奔哭時持來一小瓶毒藥, 飮數器, 須臾氣絶. 急報于子及婦, 蒼黃入見, 則傍有一小瓶盛藥, 藥汁淋漓, 舖衾褥, 正衣裳而臥, 已無及矣. 其子內外, 擗踊之際, 見一大紙軸, 在於褥前, 展視之, 乃遺言也. 先敍其早罹[129]

---

126) 媤: 저본에는 '緦'로 나와 있으나 이본에 의거하여 바로잡음.
127) 剄: 저본에는 '經'으로 나와 있으나 가, 나본을 따름.
128) 婢僕: 라, 마본에는 '僕婢'로 되어 있음.

凶毒之痛, 次敍家法古蹟, 次敍治家之規, 次錄臧獲·田畓文券所在, 纖悉無漏. 末乃言, "吾之不死於聞訃之日者, 不忍閔氏之絶嗣, 且念父母之無依. 今則吾責盡矣, 托付得人矣, 豈可一刻苟延縷命耶? 將歸, 見家君於地下矣." 其子治喪, 祔葬於先君之墓, 遵遺敎, 克修家道, 遠近士林, 發文相告, 上徹旌閭. 嗚呼! 烈女[130]之節死, 從古何限, 而其盡婦道, 孝父母, 繼絶存亡, 未有若此之烈烈也. 且區處家事, 從容就死, 眞節婦哉! 眞節婦哉!

2-18. 朴南海慷慨樹功

朴南海慶泰, 夷城人也. 自在編髮, 善騎射, 膂力過人, 喜任俠, 不拘[131]小節. 見人窮困, 必周之, 不義則必毆辱之, 鄕里以朱家郭解目之. 及長, 狀貌雄奇, 好飮酒, 善談論. 讀書通大義, 以忠貞自負, 聚邑中砲手, 而謂之曰: "若知夫天乎?" 曰: "知之." 曰: "知天之賜乎?" 曰: "非天, 何以生乎?" 曰: "人君者, 代天而天者也, 非君, 何以爲生? 人之所以異於禽獸者, 知忠與孝也, 人不知此, 何以爲人? 今北關, 外忘兵革之苦, 內無賦稅之繁[132], 父子兄弟, 粒食水飮, 皆君之賜也. 今虜隔一帶水, 若有一朝不虞之變, 若等能爲國效忠而死乎?" 衆皆激於公義, 踊躍曰: "唯令是從!" 乃陰署百人, 爲臨不虞, 當一面之計, 蓋天性然也. 登武科, 爲阿吾地萬戶, 將行, 人皆稱錦衣還鄕. 時值戊申逆變, 淸州賊報至, 道路喧播, 嶺南·關西又起兵, 上下奔竄震驚, 莫適所向. 朴公行到楊州, 聞報,

---

129) 羅: 저본에는 '羅'로 나와 있으나 이본에 의거함.
130) 烈女: 바본에는 '烈婦'로 되어 있음.
131) 拘: 가, 나본에는 '苟'로 되어 있음.
132) 繁: 라본에는 '弊'로 되어 있음.

直馳還京城, 謁於軍門, 皆不納之. 適巡撫使吳命恒出師, 卽大呼躍入馬前, 請解邊將, 願居先鋒, 得當一隊. 淚隨言下, 仍曲踊距踴, 將士環而視者, 莫不聳肩. 巡撫使壯而許之, 給一哨兵, 使爲前軍. 行到安城, 與賊對陣, 公策馬, 望賊軍未整, 而掩擊之, 中軍繼至[133]. 賊大潰, 走竹山, 遂乘勝追破之, 公前後所斬數百人, 血濺衣袍, 馬不能前, 而氣益壯. 麟佐勢窮, 爲人所擒, 方押赴京城, 而難其人, 軍中僉曰: "非公莫可!" 號稱'萬夫不當之勇'. 領俘到京, 上引見于仁政門, 敎曰: "爾以北鄙武弁, 能知向上之誠, 忠勇可尙." 命中貴人, 饋酒饌, 異數也. 亂定, 參原從一等勳, 歷官竺坡[134]·潼關·長鬐·南海, 其居官, 淸愼愛民, 禮儒修武, 褒忠旌孝, 境內肅然. 瓜歸鄕閭[135], 扁其堂曰'不顧', 以表其志. 遂斷踪風塵, 翛然有江湖之想, 若將終身. 後繡衣襃啓, 命加嘉善, 追榮三代. 年八十一而逝, 子孫皆繼其業, 詵詵焉, 爲關北大族焉.

2-19. 彈琴臺忠僕收屍

金公汝岉, 昇平金相埈之大人也. 家有一僕, 食量頗大, 諸僕皆給七合料米, 此僕則特給一升料米, 諸僕皆有怨言. 金公自義州任所, 逮械[136]金吾, 當壬辰倭亂, 特命白衣從事[137], 將功贖罪. 以巡邊使[138]申砬從事, 束裝將發, 招諸僕, 立庭下, 曰: "誰[139]從吾出戰?" 一升僕自請從行, 曰: "小人平居, 食一升料米, 臨亂安可在人後

---

133) 至: 저본에는 '之'로 나와 있으나 다, 라, 마본에 의거함.
134) 竺坡: 라본에는 '竺波'로 되어 있음.
135) 鄕閭: 이본에는 '鄕廬'로 되어 있음.
136) 械: 라본에는 '繫'로 되어 있음.
137) 白衣從事: 마본에는 '日從事'로 되어 있음.
138) 使: 저본에는 '事'로 나와 있으나 라본을 제외한 이본에 의거하여 바로잡음.
139) 誰: 저본에는 '諸'로 나와 있으나 이본에 의거함.

乎?"餘僕皆願從進士主避亂之行. 時[140]昇平小成故也. 遂策馬前驅, 如赴樂地. 及彈琴臺下背水陣, 倭兵如蟻屯如潮湧, 皆持一短杖, 青烟乍起, 人無不立死者. 官軍始知其鳥[141]銃. 巡邊使昔在北關, 討尼湯介, 以鐵騎蹴踏之, 如摧枯拉朽, 今忽見鳥銃一出, 英雄無用武之地, 遂敗衄焉. 時金公着軍服, 左臂掛決拾角弓, 佩劒負羽, 右手書狀啓, 不起草立寫之, 鳴毫颯颯, 詞理俱美. 卽地封發, 又書寄其胤昇平, 書曰: "三道徵兵, 無一人至者, 吾輩惟有死耳. 男兒死國, 固其所耳.[142] 但國恩未報, 壯心成灰, 只有仰天噓氣而已. 家事惟汝在, 吾不復言." 書畢, 馳馬奮劒, 竟死於亂陣中. 僕失公之處, 退走㺚川邊, 回頭[143]彈琴臺下, 飛丸如雨, 嘆曰: "吾愛死而負公恩, 非夫[144]也!" 持短槍, 披陣而入, 爲倭所逐, 三退三進, 身被數十創. 竟得公屍於臺下, 負而出, 收斂於山僻處, 畢竟返葬於先塋. 噫! 奴主之義何限, 而豈有若此僕之忠且勇哉? 士爲知己者死, 女爲悅己者容, 僕之視死, 如平地, 豈爲一升米哉? 激於義氣也. 夫御僕之道, 義以結之, 恩以感之, 平日得其死力然後, 緩急可恃, 金公得其道者也. 夫朝廷養士百年, 當其板蕩之時, 無奮忠敵愾之心者, 能不有愧於金公之僕哉?

2-20. 練光亭錦南應變

鄭錦南忠信, 初除宣沙浦僉使, 歷辭諸宰, 一老宰慇懃致款, 曰: "吾知君大器也, 其進不可量, 且知君尙無室家, 吾側室有女, 與君

---

140) 時: 마본에는 '特'으로 되어 있음.
141) 鳥: 저본에는 판독이 불가하나 이본에 의거하여 보충함.
142) 固其所耳: 라, 마본에는 '固所願也'로, 바본에는 '固其所矣'로 되어 있음.
143) 回頭: 바본을 제외한 이본에는 '回顧'로 되어 있음.
144) 夫: 라본에는 '人'으로, 바본에는 '丈夫'로 되어 있음.

爲小室, 使奉巾櫛, 何如?" 錦南感其意, 許之, 老宰曰: "然則不必煩人耳目, 發行之日, 待於弘濟橋頭." 治行啓發, 至橋頭, 見一轎馬, 行具鮮明, 翩翩而來, 問宣沙行次. 錦南遂迎見其婦人, 軀殼甚大, 言語無味. 錦南自歎其爲見欺, 然亦難排却, 黽勉同行到鎭, 主饋而已[145], 頓無顧念之意. 一夕, 營門秘關來到, 坼見之, 曰: "有軍務相議事, 星火馳進云云." 遂促飯而喫, 入別小室, 小室曰: "令監知今行有何事耶?" 曰: "不知." 小室曰: "丈夫當此亂世, 去就之際, 不能預料事機, 何以濟事必乎?" 錦南奇其言, 探問之, 小室曰: "必有如許事, 應變之節, 如是如是." 仍出紅錦緞天翼着之, 品製適中, 錦南甚驚異之. 馳到營下, 則巡使辟左右, 言曰: "今天使回路, 逗遛此城, 討白銀萬兩, 若不聽施, 則梟首道伯云. 事繫[146]罔措, 物亦難辦, 百爾思量, 非君則無以應變, 故請來矣." 聽其言, 果如小室之言.[147] 於是, 錦南出坐練光亭, 招營校之伶俐者, 附耳語良久, 旋卽選營妓慧艷者四五人, 使之隨廳, 或歌或琴, 杯酒狼藉. 又招營校, 附耳語曰: "今不出銀, 巡相被死, 滿城魚肉, 汝[148]等死耳. 汝出往城內, 家家揷火藥, 練光亭上放砲三聲, 衝火之." 營校奉令而退, 已而, 入告曰: "盡揷矣." 俄而, 放砲一聲, 諸妓在傍, 竊聽之大恐, 佯託小避, 稍稍出去, 各傳其家. 須臾, 滿城[149]皆知, 呼爺喚孃, 挈妻携子, 爭出城外, 喧聲動地. 天使初聞砲聲, 甚訝之, 及聞喧撓之聲, 驚起探問, 營校一人, 對曰: "宣沙浦僉使, 若此若此. 若又放砲, 則滿城將爲灰燼矣." 天使神魂慌錯, 忙不及履, 走到練光亭,

---

145) 而已: 저본에는 '已而'로 나와 있으나 이본에 의거함.
146) 繫: 이본에는 '係'로 되어 있음.
147) 聽其言, 果如小室之言: 저본에는 빠져 있으나 나본에 의거하여 보충함.
148) 汝: 저본에는 '夫'로 나와 있으나 가, 나본을 따름.
149) 滿城: 바본에는 '萬姓'으로 되어 있음.

握錦南手, 乞活殘命. 錦南據理責之, 曰: "上國父母之邦也, 使臣來宣詔命也. 沿路陪臣, 恪勤接待, 而責出無例之銀, 固是行不得之政, 一城之人, 死則死耳, 無寧共死於灰燼中也[150]?" 天使曰: "吾之命, 懸於大爺之手. 當立馬於階下, 上馬卽[151]行, 罔夜疾馳, 三日內當渡鴨綠江,[152] 願停一砲." 錦南曰: "天使無禮, 吾不之[153]信焉." 連呼砲手, 天使抱錦南腰, 千乞萬乞, 號哭隨之, 不得已遂許之, 使之促馬急發. 天使一行, 無限感謝, 一齊上馬, 風馳電[154]邁, 果於三日內渡江. 巡使大喜, 設宴以謝之. 由是, 錦南名振一世. 錦南辭歸本鎭, 每事輒問於小室, 待以神師焉.

2-21. 避禍亂賢婦異識

嶺南某郡有一士人, 年至四十餘, 有獨子遭慽, 心魂遁喪, 如癡如狂, 便一喪性人也. 一日, 坐於堂上, 有過客入來, 與之言. 客見主人, 氣色慘然, 擧止殊常, 問其故焉, 主人曰: "吾月前遭獨兒之慽, 慘怛之極, 不知爲懷也." 客曰: "君之先山, 在於何處?" 曰: "在家後也." 客曰: "某粗解山理, 願一見焉." 主人與之往看, 客曰: "此山之害也!" 主人曰: "吉地於何可得? 雖得之, 殆同失牛改牢, 何益於死者乎?" 客曰: "入洞口時, 見有一處, 可意者, 須急急行緬禮, 則可以生子矣." 主人曰: "吾夫妻, 年近五十, 斷産已久, 今雖移窆, 何望嗣續乎?" 客再三力勸, 主人動於客言, 遂行緬禮, 過數月後, 士人喪配. 其士人遭慽緬禮之後, 又當妻喪, 悲悼凄楚, 倍蓰於前.

---

150) 灰燼中也: 라본에는 '天使之乎'로 되어 있음.
151) 卽: 마본에는 '直'으로 되어 있음.
152) 三日內當渡鴨綠江: 바본에는 '三日當渡鴨綠'으로 되어 있음.
153) 之: 마, 바본에는 '知'로 되어 있음.
154) 電: 저본에는 '雷'로 나와 있으나 라본을 제외한 이본에 의거함.

鰥居而且無子, 家無主管之人, 過葬後, 卽爲繼娶. 向日, 過客又來, 問曰: "其間喪配, 再醮乎?" 主人曰: "然矣. 過聽君言, 輕行大事, 又當妻喪, 可謂狼狽非細矣, 以何面目, 又此來訪乎?" 客笑曰: "向之[155]緬禮, 專爲生子, 不有向日叩盆之哀, 豈有他時弄璋之慶乎?" 仍留數日, 語主人曰: "某夜內寢, 必生男子." 臨發留期, 曰: "某月生男, 伊時, 吾復來見矣." 主人聽其言, 果得生男, 客如期又來, 曰: "主人生男乎?" 曰: "然矣." 坐定, 先見新生兒四柱, 曰: "此兒必長壽無慼矣, 其婚處, 亦吾自居媒矣." 主人認以慰藉之言, 不之信也. 其兒稍長, 至十四五歲, 其客積年不來, 忽自來到, 曰: "子弟善養否?" 主人卽呼[156]出見之, 客曰: "定婚否?" 主人曰: "尙未有定耳." 臨發, 卽請柱單, 曰: "年前居媒之約, 尙能記得否?" 主人以客言, 多有所中, 遂書給柱單. 不久, 客又傳涓單, 主人旣信其客之始終誠實, 少無疑慮, 不問門閥之如何, 閨秀之如何, 遂治婚具, 與客同行. 行一日, 漸入深谷中, 主人顧客曰: "君何欺之甚也?" 客曰: "與君有何嫌怨而欺之乎?" 竟至一家, 則山回路轉, 高峯上數間茅屋而已. 其日卽成婚日, 而場中果有鋪席, 有一箇老人, 出來接待, 乃所謂査頓者也. 主人心甚不快, 悔其來, 而客則在座酬酌, 少無歉愧[157]之色. 主人不得已納幣醮禮後, 見新婦之樣, 容貌凡百, 孤陋鄕闇, 萬不成樣. 少頃, 其老人及客, 言於新郞之父曰: "大事幸而順成, 女息旣已有家, 則不必在於親庭. 且吾家貧, 實無遠路治送之望, 尊須於今日率去也." 新郞之父, 無計防遮, 以客所騎馬, 載其新婦而來. 渾家[158]上下, 見其新婦之樣, 無不駭嘆, 皆有蔑視

---

155) 向之: 나본에는 '向日'로 되어 있음.
156) 呼: 저본에는 빠져 있으나 가, 나본에 의거하여 보충함.
157) 歉愧: 이본에 따라 '嫌媿', '嫌愧' 등으로 나와 있음. 서로 통용됨.

薄待之意. 新婦少不變色, 只居一房, 不敢干與家事, 然而其親家
信息坐而知之, 舅姑以是爲異. 一日, 舅姑相議曰: "吾輩今則老矣,
米穀之出入, 田畓之耕作, 無以管檢, 專付於兒子內外, 吾之內外,
坐而[159]享之, 以終餘年, 不亦可乎?" 於是, 治家凡節, 專付於子之
內外, 新婦少不謙[160]讓, 身不下堂, 而奴耕婢織, 指揮使役, 井井有
規. 陰晴風雨, 無不預知, 升米尺布, 不敢欺隱, 數三年間, 家産漸
興. 於是, 一室與隣里, 莫不驚異之, 始知爲賢婦, 舅姑亦愛重之,
始知其過客亦非凡人也. 一日, 新婦語其舅曰: "春秋今已七旬矣,
不必塊居無聊, 日與洞中親知相會燕樂, 則當日盃盤之供, 子婦當
備待矣." 舅曰: "吾之願, 久矣, 今汝言之, 豈不好哉?" 自是以後,
日會隣里諸老, 履舃交錯, 戲笑爛熳, 杯盤狼藉, 飮食若流. 一日二
日, 於焉爲四年之久, 家無片土, 産業蕩盡. 新婦語其舅姑曰: "見
今家産蕩敗, 已無餘地, 此處則不可久居, 幸望搬移于吾之親家洞
內, 則自致優足矣." 其舅專信新婦, 事無大小, 一從無違, 答曰:
"吾今老矣, 家事一聽於汝, 若有好道理, 則任汝爲之." 新婦於是,
盡賣家産與如干薄庄, 率渾眷奴屬, 移接於其親家洞里, 則向日居
媒之客, 已來待[161]矣. 新婦來此以後, 經紀産業, 財力漸裕. 其舅姑
久居山中, 不勝鬱紆有懷土之意, 新婦請與登山, 山外有彭[162]輷之
聲. 其舅姑驚問曰: "此何聲也?" 新婦曰: "世有干戈, 倭賊彌滿八
路, 今戰于某邑, 故有此聲也." 其舅曰: "吾洞則如何?" 曰: "吾之所
居家, 已爲火燼, 一洞人或逃或死, 近境盡爲魚肉矣." 其舅曰: "然

---

158) 渾家: 가, 바본에는 '渾室'로 되어 있음.
159) 而: 저본에는 '以'로 나와 있으나 이본을 따름.
160) 謙: 저본에는 '嫌'으로 나와 있으나 이본에 의거함.
161) 來待: 저본에는 '待來'로 나와 있으나 가, 나본을 따름.
162) 彭: 가본에는 '鼓'로 되어 있음.

則汝先知其有亂, 見機¹⁶³⁾而入此中耶?" 新婦曰: "雖微物, 皆知天機, 避風雨, 可以人而不知乎?" 其舅姑曰: "異哉婦兮! 奇哉婦兮!" 伊後, 則更無戀歸之心. 入山八九年後, 率眷出來, 新婦治產業農, 又爲成家, 生男娶婦, 其子孫至今繁盛於嶺南云云.

2-22. 策勳名¹⁶⁴⁾良妻明鑑

　光海末, 平壤有一妓女. 年十六七, 貞潔持身, 無倚市之態·穿踰之行, 以爲妓雖賤物, 當守一夫以終身. 營本府裨將·冊客, 悅其姿色, 每欲近之, 而萬不聽從, 以至刑之杖之枷囚父母, 而終不變移, 營邑上下, 無不稱之以怪物焉. 其父母每求其作夫者, 厥妓曰: "夫者, 百年之客, 吾自擇之." 此言一播遠近, 聞風而來者, 莫非美男子好風身¹⁶⁵⁾豪富之類, 日夕盈門, 而厥女¹⁶⁶⁾一幷不許之. 一日, 厥妓¹⁶⁷⁾坐大同門樓, 見門外有負柴老總角, 呼其父, 語之曰: "必邀致吾家也." 其父見之, 不覺寒心, 責之曰: "汝之心情, 異常矣. 汝之姿色, 莫不慕悅, 上可以爲使道本官別室, 中可以爲戶裨冊客之隨廳, 下不失某家郞某家郞, 而一幷不願, 欲得天下凶惡寒乞兒者, 是何心腸?" 然旣知其女之性情, 雖以其父之威, 亦無可奈何, 乃邀厥童而作夫. 伊後, 厥女謂其夫曰: "吾輩不可久住¹⁶⁸⁾於此, 願與君上京, 作產業也." 遂與之上京, 設酒店於西門外, 以色酒家, 爲長安第一, 城內外豪貴¹⁶⁹⁾之徒, 無不輻湊. 其時, 有酒徒五六人, 往來

---

163) 機: 저본에는 '幾'로 나와 있으나 나본을 따름. 서로 통함.
164) 名: 나본에는 '功'으로 되어 있음.
165) 風身: 라본에는 '風神'으로 되어 있음.
166) 女: 이본에는 '妓'로 되어 있음.
167) 妓: 라, 마본에는 '女'로 되어 있음.
168) 住: 저본에는 '駐'로 나와 있으나 이본을 따름.
169) 豪貴: 바본에는 '豪傑'로 되어 있음.

飮之, 厥女不計價之有無, 必如令進排, 酒債夥然, 一未備償. 其酒徒或言以無廉, 則女曰: "後日多償, 則好矣, 何必乃爾?" 其酒徒, 卽墨洞金正言·李佐郎輩也. 厥女從容言於金正言曰: "此洞自多生踈者, 將移南村而居,[170] 惟望進賜主作主人也." 金曰: "好矣! 吾輩之遠來飮酒, 亦爲良苦, 爾若近來,[171] 則吾輩必善作主人也." 厥女仍移[172]于墨洞. 一日, 見金正言, 言曰: "吾之夫, 目不識丁, 亦不解諺文, 至於酒債之記錄, 每多貿貿. 幸望進賜主, 以蒙學敎之, 則當待以先生, 一日一壺酒進排矣." 金曰: "好矣! 自明日食前, 挾冊送之也." 厥女使其夫買通鑑第幾卷, 帖[173]標其中間, 曰: "君挾此冊, 往金正言宅, 請敎. 時先生必欲自初張敎之, 君則必以此標張, 請敎, 毋從其言也." 其夫依其言, 翌朝挾冊往學, 金正言曰: "『千字』乎? 『類合』乎?" 曰: "『通鑑』第四卷矣." 金曰: "是不當於汝, 須持『千字文』以來." 厥者曰: "旣已持來, 願學此冊." 金曰: "此亦文也, 亦何妨乎?" 自初張敎之, 則厥者以手開帖標處, 曰: "願學此帖標處." 金正言曰: "必以初張敎之!" 厥者終不聽, 以標張固執, 金正言不勝憤, 以卷打擲, 曰: "天下不出漢也! 都聽其妻之言也." 厥者大怨而歸, 語其妻曰: "此後勿給金正言酒也, 糧且不給, 而瓢亦破矣." 婦莞爾而語曰: "君之人物, 若善出, 則豈有此辱?" 少焉, 金正言來, 執厥女手, 曰: "汝人耶鬼耶?" 女曰: "如吾者類, 得時爲兩班, 亦不可乎[174]?" 金曰: "且俟之." 仍呼酌酒. 蓋其所帖標處, 乃霍光逐昌邑王事, 而所謂金正言, 卽昇平府院君鎏[175]也, 李佐郎, 卽

---

170) 將移南村而居: 라본에는 '自移南村而去'로 되어 있음.
171) 來: 바본에는 '居'로 되어 있음.
172) 移: 바본에는 '移居'로 되어 있음.
173) 帖: 이본에는 '貼'으로 되어 있음. 서로 통용됨. 이하의 경우도 동일함.
174) 亦不可乎: 이본에는 '不亦可乎'로 되어 있음.

延陽也. 厥女據得其反正議將成故, 故將『通鑑』第四卷, 先試其意, 而昇平亦已知厥婦之已料自己所謀之事也. 數日後, 昇平諸公, 果反正. 及其論功時, 先以平壤妓酒債言之, 諸議莫不僉同, 詢其夫之名, 無有知之者. 昇平曰: "吾聞厥者己丑生也, 以六甲[176]名之, 則太不雅, 以起字築字作名, 何如?" 僉曰: "諾." 錄於三等勳, 卽除漢城左尹, 終爲兵曹參判云云.

2-23. 聽良妻惠吏保令名

宰相家一傔人, 積勤數十年, 始得惠廳吏, 厚料布窠也. 吏之妻, 與夫相約曰: "多年飢寒之苦, 政爲此日得力, 若不從儉, 以致蕩産, 則更無餘望. 衣服飮食, 日用之節, 惟尙撙節, 以饒産業, 可乎!" 夫曰: "諾." 所俸[177]皆付于其妻, 如是七八年, 惡衣淡[178]食, 而産業終不敷焉. 其吏見他吏之甘其食美其服, 貯妓女於華屋之中, 日事行樂, 而家計日富, 反責其妻之疎於治家, 妻不答之. 家計日敗去益甚, 一日大患之, 峻責其妻, 曰: "吾以厚窠之任, 長事苟艱, 不敢游蕩, 致富尙矣, 反困於債, 是誰之咎也?" 妻問: "債錢幾何?" 曰: "數千金可以盡償矣." 曰: "休慮! 吾將盡賣器皿·簪珥之屬, 以報之, 今日自退吏任也." 夫曰: "自退後, 將何以料生乎?" 妻曰: "休慮! 吾將有妙計也." 夫如其言自退. 一日, 使其夫募人以來, 出坐廳前, 指示廳底, 有錢數萬, 皆葉葉散錢也. 妻曰: "此吾七八年, 積苦所聚也." 仍作貫積貯之, 乃使其夫, 求買郊庄於東郭之外, 良田美畓,

---

175) 壞: 저본에는 빠져 있으나 라본에 의거하여 보충함.
176) 六甲: 바본에는 '六甲字'로 되어 있음.
177) 俸: 저본에는 '捧'으로 나와 있으나 가, 나본에 의거하여 바로잡음.
178) 淡: 저본에는 '惡'으로 나와 있으나 이본을 따름.

背山臨流, 果園樹後, 場圃築前, 宛一「樂志論」排置, 皆其妻之指使[179]也. 夫治稼穡, 妻治紡績, 樂莫樂焉, 使其夫, 更不投足於京市. 數年後, 惠吏十餘人, 以欠逋公錢, 堂上筵奏之, 幷施刑戮之典, 籍沒家産, 皆向日行樂於華屋者也. 噫! 惠吏之妻, 一女子也, 智以成業, 儉以尙德, 使其夫保終令名. 若使生爲士夫男子, 則急流勇退, 不足多讓也. 其視仕宦之人, 不思節用愛民之道, 專尙侈奢貪濁之風, 鍾鳴漏盡, 終至於滅身禍家, 而不知止. 其智愚相懸, 奚啻三十里也[180]?

2-24. 得賢婦貧士成家業

一士人, 家貧喪配, 聚學童十餘人, 敎之. 日後, 乃續絃於遐鄕, 其婦人入其家, 則環堵蕭然, 無擔石[181]之資, 其家長忍飢讀書而已, 不治産業. 其夫堂叔有武將者, 夫人勸其家長, 貸出千金, 以爲治産之道, 家長微哂曰: "豈肯爲貸乎? 且吾平生不向人說道此等事也." 其婦親自裁書於夫堂叔, 願貸千金, 限以一年還償[182], 堂叔家子侄婦女, 皆曰: "新婦入夫家, 不過幾日, 請貸千金於至親, 誠是沒知覺無人事[183]." 衆誚喧藉, 堂叔曰: "不然. 吾向見此新婦, 則非碌碌女子也. 且一書千金容易發說, 其志亦可觀." 遂答書快許之. 夫人受錢, 藏置於樓中, 家長見之駭然, 姑且任之, 而觀其動靜矣. 夫人見家無尺童尺婢[184]可使者, 乃招致學童輩, 饋以餠餌[185]之屬,

---

179) 使: 바본에는 '示'로 되어 있음.
180) 也: 바본에는 '也哉'로 되어 있음.
181) 擔石: 이본에는 '甑石'으로 되어 있음. 뜻은 서로 통함.
182) 還償: 바본에는 '還報'로 되어 있음. 이하의 경우도 동일함.
183) 誠是沒知覺無人事: 바본에는 '誠可謂無人事沒知覺'으로 되어 있음.
184) 無尺童尺婢: 바본에는 '無僮僕'으로 되어 있음.
185) 餠餌: 바본에는 '餠果'로 되어 있음.

給錢, 使之貿錦緞於立廛. 縫出錦囊, 使學童輩[186]各佩之, 群童皆感服, 凡有使喚, 無異僮僕. 於是, 各給錢兩, 分往城內外藥肆及諸譯官家, 貿取甘草而來. 如是數三月, 甘草盡[187]乏, 而價踊五倍矣. 卽又散賣之, 收[188]錢三四千金, 買屋子, 備釜鼎, 立婢僕, 一朝饒足. 又裁書於堂叔, 還償千金, 其家大驚, 蓋一年之限, 尙未滿半載矣. 向之[189]誚譏之人, 咸稱賢婦. 堂叔大奇之, 來見新舍, 欲還送千金, 以爲致富之資, 新婦辭曰: "人生斯世, 衣食纔足, 鄕里親戚稱善人, 足矣, 安[190]用富爲? 且富者, 衆之所忌, 吾固不願也." 固辭不受. 敏於紡績, 勤於治家, 夫婦偕老, 子孫榮顯, 未嘗窘乏云.

2-25. 林將軍山中遇綠林

林將軍慶業, 少時, 居於獜川, 以馳獵爲事. 一日, 逐鹿於月岳山側, 手持一劍行, 行至於太白山中, 日將夕[191]而路且窮, 叢薄鬱密, 岩壑側仄, 政爾愁悶. 忽逢一樵夫, 問路, 樵夫指越崗下人家, 林公從其言, 越崗而視, 則果有一大瓦家, 而傍無他村落. 於是, 林公直入大門, 則日已昏黑, 絶無人響[192], 乃一空舍也. 林公終日山行, 氣甚憊茶, 幸得一間房, 以爲宿所, 解衣獨臥. 忽於窓外有火光, 心甚疑怪[193], 以爲不是魍魎必是木妖. 俄有, 人開門而問曰: "君止宿於此房乎? 果得饒飢[194]乎?" 林公火下見之[195], 則乃俄者樵夫也. 答

---

186) 輩: 저본에는 빠져 있으나 바본에 의거하여 보충함.
187) 盡: 저본에는 '垂'로 나와 있으나 바본을 따름.
188) 收: 바본에는 '得'으로 되어 있음.
189) 向之: 바본에는 '向者'로 되어 있음.
190) 安: 바본에는 '焉'으로 되어 있음.
191) 夕: 바본에는 '暮'로 되어 있음.
192) 響: 라, 마본에는 '聲'으로 되어 있음.
193) 疑怪: 라, 마본에는 '疑訝'로 되어 있음.

曰: "未也." 樵夫入房, 開壁欌, 出酒肉以給之, 曰: "必盡喫也." 林公腹甚虛乏, 喫盡, 仍與樵夫數語未了, 樵夫忽起, 復開壁欌, 出一長劍. 林公曰: "是何物[196]也? 欲試於吾耶?" 樵夫笑曰: "否也. 今夜有可觀, 君能無怖否?" 林公曰: "何畏之有? 請觀之." 時夜未半, 樵夫携劍, 與林公向裡邊去, 門戶重重, 樓閣沈沈, 逶迤進去[197]. 忽燈影照池, 池中有一高閣, 燈影乃閣中燈影也. 其樓上[198]笑語爛熳, 暎牕所照, 乃二人對坐也. 樵夫指池邊亭亭之樹, 曰: "君必上坐於此樹, 須以帶及腰帶, 緊緊纏身於樹枝, 幸勿出聲也." 林公乃上樹, 如敎纏身而坐矣. 樵夫踴身一躍, 躍入閣中, 三人同坐, 或飮或語. 少頃, 樵夫謂何許男子曰: "今日旣有約矣, 以爲決雌雄, 如何?" 彼曰: "諾." 同起開門而出, 超躍池上, 已而[199]不見其人, 空中但聞[200]閃爍刀環聲, 如是者良久. 林公在樹上, 只覺寒氣逼骨, 毛髮俱竦[201], 不能按住. 忽有何物墜地聲, 聞其語, 卽樵夫之[202]聲也. 伊時, 寒慄[203]少解, 精神稍生, 林公下來, 樵夫乃腋挾林公, 飛上閣中, 中有鬌髮如雲嬋娟美娥, 俄者戱笑, 今焉凄悵. 樵夫罵之曰: "以汝么麼之女, 害此世上大用之材, 汝罪汝亦知之乎?" 又謂林公曰: "君以略干膽勇, 不必出現於世, 吾今許君以如彼之色·如是之屋, 山中閑靜之地, 謝絶功名, 以送餘年, 如何?" 林公曰: "主人今

---

194) 饒飢: 라본에는 '療飢'로 되어 있음.
195) 火下見之: 바본에는 '火光中見'으로 되어 있음.
196) 物: 바본을 제외한 이본에는 '劍'으로 되어 있음.
197) 去: 바본에는 '前'으로 되어 있음.
198) 上: 가, 나본에는 '中'으로 되어 있음.
199) 已而: 저본에는 '而已'로 나와 있으나 이본에 의거함.
200) 聞: 저본에는 '見'으로 나와 있으나 이본에 의거함.
201) 竦: 바본에는 '悚'으로 되어 있음.
202) 之: 저본에는 빠져 있으나 라, 마본에 의거하여 보충함.
203) 慄: 나본에는 '栗'로, 나본을 제외한 이본에는 '粟'으로 되어 있음.

夜之事, 都未可知, 願得詳聞而後, 惟君言是從耳." 樵夫曰: "吾非常人, 乃是綠林豪客也. 屢年劫掠, 多得財産, 如此屋子, 全壑排置者, 道道有之, 家必置一箇美女, 而周遊八道, 到處行樂. 不意彼女乘隙, 潛奸[204]於俄者所死男子, 反欲害我者, 非止一再. 故吾不得已, 有俄者擧措也. 雖殺彼客, 豈忍更殺彼姝[205]乎? 以此丘壑及彼姝, 專以許君者, 良有以也." 林公曰: "彼男子, 姓名爲誰, 住在何處?" 曰: "彼亦兩局大將材, 南大門內折草匠也. 乘昏而來, 當曉而去, 吾知之[206]已久, 而男子之探[207]花, 女子之踰垣, 不必盡責, 吾謹避之. 渠爲妖媚之所誘, 必欲殺吾乃已, 今夜此擧, 豈吾本心哉?" 仍一場痛哭, 曰: "惜哉! 可用之男兒, 自吾手殺之也." 又謂林公曰: "君且思之! 君之膽略材勇, 亦可謂可用之材, 而若一出世路, 則將爲半上落下[208]之人, 天運所關, 必不能如意, 徒勞而已, 無功可顯. 須一從吾言, 而據此全壑, 以度平生也." 林公一向掉頭, 於是, 樵夫曰: "已矣已矣! 君若不肯, 則留此妖姬, 安用哉?" 卽旋劍一揮, 斷彼姝之頭, 幷其身, 卽投于池中[209], 卽下閣, 以草席裹場中所死男子尸, 亦投池中. 其翌日, 又謂林公曰: "君旣有意功名, 不可挽留. 然男子出世, 劍術不可不知, 須留此幾日, 粗學糟粕而去也." 林公[210]遂留六日, 粗得使劍之法, 而其神妙變化之術, 未得盡透云.

---

204) 奸: 저본에는 '姸'으로 나와 있으나 바본을 제외한 이본에 의거하여 바로잡음.
205) 姝: 저본에는 '珠'로 나와 있으나 이본에 의거하여 바로잡음. 이하의 경우도 동일함.
206) 之: 저본에는 빠져 있으나 바본을 제외한 이본에 의거하여 보충함.
207) 探: 이본에는 '貪'으로 되어 있음.
208) 落下: 저본에는 '半下'로 나와 있으나 이본을 따름.
209) 池中: 바본을 제외한 이본에는 '池水中'으로 되어 있음.
210) 林公: 바본에는 '林公曰唯'로 되어 있음.

2-26. 李措大學峴訪地師

風水客李懿信, 將尋山脉, 自北關逐龍, 以至楊州松山, 山脉止於此, 而融結環抱, 爲名穴大地. 李終日山行餒甚, 山下有茅屋, 叩門呼飢, 則有一新喪人, 出門迎之[211], 饋以白粥一椀, 誠意可感. 李曰: "主人何時遭艱, 而已[212]過襄禮否?" 主人曰: "成服纔過, 襄禮經營, 未及留意矣." 言辭悽惋[213], 李忽生矜悶之心, 問曰: "然則喪主必是家貧, 不能如意求山, 吾略有山眼, 今指一處, 喪主其能用之乎?" 喪人曰: "幸莫大矣[214], 敢不依教!" 李仍與喪主, 詣俄者所見處, 占穴及坐向以給, 曰: "用山後, 喪主家凡百稍饒, 若至十年, 則必有緬禮之議. 伊時, 必須訪我於城中, 西學峴李書房, 卽我也." 其後, 喪人果依其言完窆後, 一如李師之言, 家計漸[215]饒, 大起瓦屋, 治山立石[216]等節, 一如[217]鄕班樣矣. 過十年後, 有一過客入來, 寒暄畢, 先問: "越溪彼山所, 果是主家新山乎?" 主人曰: "然矣." 客曰: "此山乃是名穴, 而今到十年, 運已盡矣, 何不緬禮? 若遲則必有禍矣." 主人聽罷, 忽[218]想向來李師之言, 留其客家中, 其翌卽爲上京, 直向西學峴訪之, 則李師果在矣. 其人告其由, 李師曰: "吾固已知矣." 仍與同來, 與其過客上山, 李先問曰: "何故緬禮乎?" 客曰: "此伏雉形也. 雉不得久伏, 若過十年, 則勢將飛去, 故如是言之矣." 李師笑曰: "君之所見, 亦非凡矣. 然徒知其一, 未知其二."

---

211) 迎之: 저본에는 빠져 있으나 바본에 의거하여 보충함.
212) 已: 바본에는 '曾'으로 되어 있음.
213) 悽惋: 가, 나본에는 '凄婉'으로 되어 있음.
214) 矣: 바본에는 '焉'으로 되어 있음.
215) 漸: 바본에는 '稍'로 되어 있음.
216) 治山立石: 바본에는 '山所石物'로 되어 있음.
217) 一如: 저본에는 '有非'로 나와 있으나 바본에 의거함.
218) 忽: 바본에는 '仍'으로 되어 있음.

仍指前峰, 曰: "此狗峴." 指後峰, 曰: "此鷹師峰." 又指前川, 曰: "此猫川, 地形如是相應, 雉雖欲飛, 其可得乎?" 客因無語而退. 曰: "師之高眼, 果非所及云云." 其後松山李氏, 大爲昌盛云[219].

2-27. 權斯文避雨逢奇緣

南門外桃渚洞權斯文, 遊於升庠. 一日, 以升補之行, 曉頭入泮中, 路遇驟雨, 乾鞋無帽, 上沾下濕, 避雨於路邊草家檐下. 雨久不止, 進退爲難, 自言曰: "有火則南草可吸." 俄頃, 頭上有推窓聲, 見之, 則有一年少婦人, 出一條火, 曰: "何許兩班, 憂此南草火乎? 今出送火, 幸須吸草焉." 權生受而燃草, 少頃, 又窓內婦人言曰: "雨勢若此不止, 不必久立於陰濕之地, 勿爲齟齬, 暫入坐也." 權生方甚愁亂, 亦自不妨, 推門而入. 見其婦人, 年可二十四五歲, 素服精潔, 容貌端正, 言辭擧止, 雍容詳敏, 與之言, 少無羞澁之色. 少焉雨晴, 權生起身, 厥女曰[220]: "今經場中, 必日暮門閉, 無以還宅, 歸路歷入如何?" 權生曰: "諾." 經場後, 仍入厥家, 則果具夕饌[221]以待之. 仍喫止宿, 權是少年, 夜逢年少美女, 且無傍人, 風情所動, 豈肯[222]虛度? 仍與交媾, 厥婦別無喜色, 但爲獻欷凄然而已. 權問其故, 厥婦終不吐懷. 如是往來, 將至數月. 一日, 欲入其家, 則有一老人, 金圈敝[223]衣, 踞坐門閾, 權意頗疑怪, 峕且[224]不敢入. 其老人見之, 鞠躬施禮, 曰: "行次非桃洞權書房主乎? 何爲彷徨不入

---

219) 云: 저본에는 빠져 있으나 바본에 의거하여 보충함.
220) 曰: 저본에는 빠져 있으나 이본에 의거하여 보충함.
221) 饌: 바본에는 '飯'으로 되어 있음.
222) 肯: 바본에는 '可'로 되어 있음.
223) 敝: 저본에는 '敵'로 나와 있으나 이본에 의거함.
224) 峕且: 이본에는 '趑趄'로 되어 있음. 서로 통용됨.

乎?" 遂與之入, 曰: "吾知書房主之往來吾家, 而吾以塵人汨沒生
涯, 不得在家, 今始問安, 所失多矣." 權曰: "然則主婦於君, 爲何如
親乎?" 老人曰: "吾之子婦也, 吾子十五娶此婦, 未及合禮而死[225],
此婦今年爲二十四, 雖得成婚, 尙未知陰陽之理, 尋常矜惻, 不忘
于心. 凡生天地之間, 雖微物皆知其理, 而渠獨不知, 故每勸其改
嫁, 則渠言渠若他適, 老漢身世[226], 無所依歸, 終不肯從, 今到八九
年, 一向守節矣. 書房主向日往來之事, 渠已言及, 吾亦喜其遂願,
願一見之者, 久矣. 今日相逢, 亦甚晚矣." 自是之後, 權生無碍往
來. 一日, 權生喪妻, 其初終物件, 以外上得用於各塵人, 而未及
報. 久後, 備錢而親往, 各塵計給, 則各塵人等曰: "日前, 某洞某同
知, 帶錢而來, 宅之外上, 盡[227] 數報償而去云云." 其後過三載, 某
同知病死, 其襲斂等節, 權生親自經紀, 埋於郊外. 纔過[228] 卒哭, 厥
女忽顏色悽慘, 權生意頗殊常, 從容探問, 厥女曰: "吾旣生於世
間[229], 不識陰陽之理, 而媤父亦嘗勸之, 故向邀書房主者, 此也. 旣
知陰陽之理, 則卽日滅死, 萬萬無恨, 而竊念媤父無他子女, 只依
吾一介女子, 若吾一死, 則媤父身世, 極爲矜憐, 隱忍至此. 今則媤
父以天年下世, 葬埋已畢, 吾復何所望, 而久住於世乎! 從此與書
房主永訣矣." 權生不勝驚愕, 萬段[230] 諭釋[231], 終不回心, 竟於權生
不在之間, 自縊而死云.

---

225) 死: 바본에는 '早亡'으로 되어 있음.
226) 身世: 바본에는 '身勢'로 되어 있음.
227) 盡: 바본에는 '沒'로 되어 있음.
228) 過: 저본에는 빠져 있으나 이본에 의거하여 보충함.
229) 世間: 바본에는 '世上'으로 되어 있음.
230) 段: 나본에는 '端'으로 되어 있음.
231) 諭釋: 바본에는 '慰勞'로 되어 있음.

2-28. 李東皐爲傔擇佳郞

東皐李相之傔, 有皮姓者, 多年使役, 謹愼無他, 李相亦親愛之. 皮傔無他子姓, 而只有一介女息, 每白東皐曰: "小人只有一女, 將得贅婿, 以爲晩年依托之計, 郞材專望大監之分付矣." 東皐頷之, 而皮女年方二八, 終無指敎之說. 一日, 自闕歸家, 卽呼皮傔曰: "今朝始得婚材, 必速招來!" 卽呼下人曰: "汝今去六曺街京兆府前, 有一總角掩空石[232]而坐者, 必須招來也." 下人卽去, 以李政丞[233]大監分付, 欲爲招來, 厥童曰: "政丞大監招吾何幹?" 固辭不來, 下人威脅恐喝, 終不動, 不得已將此緣由回告, 大監曰: "吾知其必如是也." 又遣旗手數人招之[234], 東皐分付曰: "汝欲娶妻乎?" 厥童曰: "小人無意於娶妻也." 東皐再三勸, 厥童始應諾. 皮傔從傍見之, 藍縷龍鍾, 卽一乞人也. 不勝駭然, 然大監旣爲分付, 不得已卽地邀去廊底, 洗滌其身, 衣以新衣. 大監分付皮傔曰: "不卜日, 以明日過婚, 若遲數日, 必將失之." 皮傔專信大監, 一從其言, 以翌日行醮禮成婚. 擧家莫不掩口笑之, 侮之唾之, 更無餘地, 厥童少不爲愧. 一自娶妻後, 不巾不襪, 不出房外一步, 晝宵以眠爲課, 人皆以懶漢無用目之, 如是三年. 一日, 皮婿忽起, 盥洗着網, 正衣冠而坐, 渾室皆驚異, 曰: "今日胡然而梳洗也?" 曰: "今日大監必當來臨訪我矣." 擧室無不笑之. 少頃, 門外忽有辟除聲, 大監果入門, 問曰: "汝婿安在?" 直入越房, 握手語曰: "將何以爲之? 將何以爲之? 專恃汝矣!" 皮婿曰: "天運也奈何?" 大監曰: "然則汝必救濟汝之妻眷, 伊時吾之家眷, 亦必同爲救濟." 皮婿曰: "且看來頭事勢

---

232) 石: 라본에는 '席'으로 되어 있음.
233) 李政丞: 바본에는 '李相'으로 되어 있음.
234) 之: 가, 나, 바본에는 '來'로 되어 있음.

之如何, 不可質言矣." 數談後,²³⁵⁾ 大監卽去²³⁶⁾. 自是之後, 一室之人, 無不異之, 以爲大監如是待之, 必非凡人也, 其後接待, 稍優於前. 一夕, 皮傔自大監宅歸, 方入門, 其婿急呼曰: "岳丈勿脫衣, 卽去大監宅, 以終大監殞命." 皮傔曰: "吾今盡舖衾枕而來, 大監進夕進支後, 吸南草而坐, 與客談話, 是何言也?" 婿曰: "勿多言, 急去急去! 少遲則不及矣." 皮傔不勝疑怪, 卽爲還去, 入大監寢房, 則大監痰響出矣. 大監見皮傔入來, 開眼視之, 纔出聲曰: "汝何以知之, 而旣去復來也?" 曰: "小人之婿言之, 故不信而來矣. 大監之病患, 未知何故, 俄頃之間, 如是猝劇乎?" 大監頷之, 又曰: "汝婿異人也. 凡有所言, 汝皆曲從而無違也." 仍卽下世. 自是, 皮傔始知其婿爲物外鞱晦之類²³⁷⁾, 其尊信倍於前矣. 東皐死後十餘年, 其婿忽請其岳丈曰: "吾自入于尊門, 無所事爲, 幸望丈人以數千金備給, 則將欲販賈也." 皮傔曰: "好矣." 得給數千金, 皮婿²³⁸⁾持去, 過六七朔, 空手而來, 曰: "事不順成, 今行狼狽, 若又備給五六千數, 則當爲善販矣." 皮又備給, 過一年後, 又爲空來, 曰: "今又狼狽, 無面見岳丈. 然岳丈家舍田土什物, 盡賣以給予, 則當圖大興販, 以補前失矣²³⁹⁾." 皮傔雖甚虛浪, 旣有大監臨終之託, 不顧家人交謫及他人嗤笑, 一從渠言, 盡賣家産鄕庄以給之, 借人屋子而居焉. 過一年許, 其婿又空來, 曰: "岳家²⁴⁰⁾所給錢, 又盡²⁴¹⁾爲狼狽見失, 幸望使我見大監宅書房主, 欲爲得錢, 更爲興販矣." 皮傔遂與偕往

---

235) 數談後: 바본에는 '數語畢'로 되어 있음.
236) 去: 바본에는 '起身回去'로 되어 있음.
237) 物外鞱晦之類: 바본에는 '異人'으로 되어 있음.
238) 皮婿: 저본에는 '皮傔'으로 나와 있으나 가, 나, 라, 바본에 의거함.
239) 矣: 저본에는 빠져 있으나 이본에 의거하여 보충함.
240) 岳家: 가, 나본에는 '岳丈家'로, 바본에는 '岳丈宅'으로 되어 있음.
241) 又盡: 저본에는 빠져 있으나 이본에 의거하여 보충함.

大監宅, 見書房主, 又請五六千兩錢, 東皐子聞言, 卽諾備給, 則又如前空來. 又請其宅[242]家庄鄕產[243], 盡數斥賣以貸爲言, 李生亦念其大人之遺託, 無一言苦色而諾[244]之, 盡賣以給之. 伊後七八朔而來, 自初運錢, 計其年數, 則幾爲七八年矣. 一日, 會皮僗與東皐子, 語曰: "兩家財產, 盡爲蕩敗於吾手, 則[245]到今無辭[246]可白. 然事已至此, 幸望兩家家眷, 與吾同去鄕中, 以爲資生, 如何?" 皆答曰: "諾." 遂卜日, 兩家家屬, 一齊起程, 備牛馬, 駄之騎之, 向東門出去. 累日作行, 行到峽中, 岩石崎嶇, 樹木蔚鬱, 路盡山窮, 高峰當前, 削立千仞, 無着足拚援處. 一行到此, 解送所騎牛馬, 兩家家眷, 下坐山下, 只得相顧涕泣而已. 少焉, 自石壁上, 下匹練數百條, 皮婿於是, 勸使兩家家眷, 盡把那掛匹練而上. 上則其山之下, 平原廣野, 一望無際, 有瓦家數處, 又有茅屋數百間, 鷄犬之聲相聞, 奄成一小郡邑. 二所瓦屋, 各爲分處, 米穀布帛, 釜鼎器皿[247], 凡日用什物, 無不備具. 於是, 始知皮婿向日運錢, 爲排置此庄之計也. 兩家家眷[248]春耕秋穫, 男耘女織, 不聞世外之消息, 坐享山中之滋味. 然東皐子二人, 素是京華宰相家子弟也, 一朝窮鄕, 出門無適, 在家鬱鬱,[249] 每有懷土之念, 顯示鬱悒之狀. 皮婿携而上高峰, 手指一處, 曰[250]: "書房主不見彼如蟻者乎? 皆是倭酋也. 世

---

242) 宅: 저본에는 빠져 있으나 이본에 의거하여 보충함.
243) 產: 저본에는 '庄'으로 나와 있으나 라본을 따름.
244) 諾: 바본에는 '許'로 되어 있음.
245) 則: 저본에는 빠져 있으나 라본에 의거하여 보충함.
246) 辭: 라본에는 '事'로 되어 있음.
247) 皿: 저본에는 '用'으로 나와 있으나 바본을 따름.
248) 家眷: 저본에는 빠져 있으나 라. 마본에 의거하여 보충함.
249) 在家鬱鬱: 저본에는 빠져 있으나 바본에 의거하여 보충함.
250) 曰: 바본에는 '而言曰'로 되어 있음.

外方出亂離, 今年四月, 倭虜大入我國, 生靈盡爲魚肉, 至犯京都, 大殿今駐輿龍灣. 如是之際, 宅在京城,[251] 則其能保存乎? 小人本不欲出世矣, 偶爾一出, 適逢大監, 親自議婚, 小人逃遁不得, 竟至婚娶. 大監又親臨鄙所, 憂以國運, 託以家眷, 故小人自年前, 積年經營, 排置此一區桃源矣."[252] 東皐子與皮傔聞之, 始怳然大覺, 益知大監之有神眼遠識矣. 居然爲八九年, 皮婿謂東皐子曰: "書房主欲永居此土乎?" 曰: "願居此中, 以送歲月也." 曰: "不然. 書房主若永居此中, 子孫必爲凡民村氓, 大監立朝事業, 終歸泯滅, 豈非傷痛哉? 今則倭奴盡遁, 國內乾淨, 不如還出世上矣." 皮傔則以爲吾無他子女, 只有君內外, 則吾今老矣, 願終於此中, 婿[253]曰: "此則然矣." 遂率東皐家率, 直爲出山, 到忠州邑內南山底, 曰: "此基地甚好. 後世必有積粟, 且子孫繁盛, 科宦連聯[254], 永爲奠居, 勿爲他移也." 仍爲辭去後, 不知其所終云.

2-29. 施陰德南士延命

南某[255]之長子某, 爲御營軍官, 積年勤仕, 出監鳳山屯田. 打稻場有一總角, 雖執農役, 容貌行止, 乃是班種. 心甚矜之, 叩其來歷, 則本是班家申氏子, 居于延安, 年前, 以歉荒渾家流離, 散之四方, 渠之一身, 今在此境云. 南生聞其言, 甚矜惻之, 三年往監, 別爲斗護, 助婚而娶于班族. 又擇給上上田畓, 使之農作, 俾得成家

---

251) 宅在京城: 바본에는 '宅若在於京城'으로 되어 있음.
252) 排置此一區桃源矣: 나본에는 이어서 '吾之所以爲此者, 以報先大監知遇之恩也'라는 내용이 첨부되어 있음.
253) 婿: 바본에는 '皮婿'라고 되어 있음.
254) 連聯: 이본에는 '連綿'으로 되어 있음. 뜻은 서로 통함.
255) 南某: 나본에는 '南生允默'으로 되어 있음.

作産業, 申童由是, 稍成貌樣矣. 伊後, 申童每秋以細木一匹・綿絲
數斤持來, 則南亦厚報而送之. 一日, 南忽得運氣, 方其出汗之際,
以少年壯熱, 症甚危重, 擧家方營束[256]纊之策. 昏絶半晌, 南忽長
歔而翻身, 曰: "異哉!" 一室以爲神奇, 從旁問曰: "胡爲而謂異也?"
南索米飮, 飮數呷後, 起坐, 謂之曰: "吾爲二鬼卒所驅去, 忽當一
好官府, 則樓臺之宏麗, 使令之衆多, 有非人世之所睹者. 二鬼卒
使立於門外而入去, 俄有, 人似是官員貌樣, 自內出, 問曰: '子非
京居之南某乎?' 曰: '然矣.' 其人曰: '我則鳳山某村申童某之祖父
也. 冥冥之中, 感君之施恩於孫兒, 以至娶婦成家, 而幽明路殊, 末
由酬報. 今君年限筭滿, 自冥府送差捉來, 卽吾含珠結草時也. 俄
者, 府中已有變通, 今此還送人間, 君須愼重出去也.' 卽招閽者,
分付按送, 其人則似是冥府官人也. 今吾還生, 莫非某也祖父之德
矣." 仍爲出汗而無事出場. 此後, 於申童尤加意厚待焉.

2-30. 成家業朴奴盡忠

朴僉知彦立者, 延陽李公聘家奴也. 狀貌獰悍, 膂力絶倫, 一食
一升, 常患不足. 始自遠鄕來, 雖備使役, 每稱飢乏, 懶不事事, 若
一善飯, 則出而取柴, 拔木全株, 擔負如山. 主家貧乏, 無以充其
腸, 且畏其獰狀, 乃放之, 彦立不肯, 曰: "上典宅使喚不足, 何可去
乎?" 未久, 其外上典, 染病不起, 獨有孤孀稚女, 號擗而已. 彦立哭
之慟訖, 告于內上典曰: "廳下雖罔極, 旣無至親之可恃者, 初終大
事, 片時爲急, 豈但哭泣耶? 凡家間什物, 有可斥賣者, 幸付此奴,
可以經紀治喪, 庶可及時矣." 主母乃盡出衣服器皿[257], 付之彦立,

---

256) 束: 나본에는 '續'으로 되어 있음.
257) 器皿: 나본에는 '器皿等'으로 되어 있음.

卽揀取其可獲錢者, 走市得錢, 盡貿襲斂之具. 又買板材精好者,
幷爲擔負, 往召棺槨匠. 匠人見其負四大板, 大懼, 卽隨而至, 盡心
治棺. 又倩²⁵⁸⁾諸隣婦女, 一時裁縫送終之具, 一一精辦, 卽入棺成
服. 又訪問地師之有名者, 告以喪家惸子可矜之狀, 進以一大具,
且請占山於近地. 地師許之, 彥立進一馬, 自鞚²⁵⁹⁾之, 地師至一處,
占穴稱道. 彥立指其龍勢, 案對砂水之疵, 謂以不合, 言甚明白, 地
師大驚慚. 又見形貌猛悍, 慮其逢辱, 乃往一處, 告其素所²⁶⁰⁾秘占
之地, 彥立周視良久, 曰: "此地僅可用也." 歸告主母, 擇日行窆,
其葬需山役, 渠皆主張²⁶¹⁾, 俾無少²⁶²⁾憾焉. 主母自此, 凡家事巨細,
一聽彥立之言矣. 葬畢, 又告主母曰: "主家喪敗貧困, 更難京居,
請往鄕庄, 治農數年, 待其稍饒, 可以復還." 主母然之, 乃搬移下
鄕. 彥立明於農理, 而又强壯, 勤孜其糞田之方, 化土之法, 非比常
農, 土之所出, 比他十倍. 且鄕隣²⁶³⁾莫不畏而愛之, 助役趨事, 如恐
不及. 五六年間, 家計漸饒, 彥立乃告曰: "阿只氏年方及笄, 當求
婚處, 而鄕中則無可合處, 勢將求之京中. 某洞某宅, 是宅之戚
叔²⁶⁴⁾, 而小人亦曾數次謁見. 廳下若裁給一札, 言及求婚之意, 則
小人當卽往傳納矣." 主母依其言, 作書付之, 且厚致饋遺. 彥立上
京, 謁某宅, 告之故, 而求郞材. 其家乃當朝名官²⁶⁵⁾也, 感其贈²⁶⁶⁾遺

---

258) 倩: 바본에는 '請'으로 되어 있음.
259) 鞚: 가, 나본에는 '控'으로, 바본에는 '扶'로 되어 있음.
260) 所: 바본에는 '稱'으로 되어 있음.
261) 主張: 바본에는 '周章'으로 되어 있음.
262) 少: 바본에는 '所'로 되어 있음.
263) 隣: 바본에는 '里'로 되어 있음.
264) 戚叔: 바본에는 '戚孫'으로 되어 있음.
265) 名官: 바본에는 '名宦'으로 되어 있음.
266) 贈: 바본에는 '賑'으로 되어 있음.

之厚, 許以盡心求之, 而顧無可合處. 彦立乃買得香梨一擔, 自行梨商, 遍行城內外士夫家, 陰察郎材. 行至西小門外一家, 門墻頹圯, 貧寠可知. 有一總角秀才, 拔刀削皮, 連啖數顆, 又取十餘顆, 納之袖中, 曰: "梨則好矣, 吾今無價, 後日更來." 彦立視其狀貌, 氣槩大不凡常, 不勝其喜, 問秀才曰: "是誰氏之宅?" 答曰: "此李平山宅, 而李平山卽我之家親也." 彦立乃往名官宅, 告主君曰: "西小門外李平山家, 郎材極佳, 因緣紹介, 而請婚甚好." 名官曰: "李平山卽吾所親也[267], 其子已長成, 而放逸不學, 人皆憎之. 以此, 而尙未定婚, 焉用此子乎?" 彦立固請之, 名官乃通于李平山, 且言其家頗實閨秀甚賢. 李方患婚處之未定, 聞此大喜, 卽爲涓吉. 於是, 彦立定一家舍於京中, 仍又下鄕, 告主母以定婚涓吉之由. 又請盡眷上京, 主母依其言, 上京過行女婚焉. 延陽少年豪雋, 行多跅弛, 人多不取, 彦立獨奇之, 稱詡不離口. 及昏朝癸亥, 延平與金昇平諸人, 方議反正, 聞彦立雖賤大是奇才, 乃使延陽, 延之深室, 要與同事. 且問事之可否成敗, 彦立曰: "以臣伐君, 勸之固難, 而彛倫已斁, 國家將亡, 不勸亦爲難, 但未知同事諸公之爲人如何耳." 延陽乃留彦立於家, 會集同事諸人, 彦立得以遍看, 謂公曰: "此皆將相之材, 事庶乎濟, 而奴則不願入矣." 卽辭去. 去後月餘, 不知去處, 延陽莫之測, 深慮之. 一日來謁, 曰: "小人此去, 猶慮其萬一之危, 走入海中, 求得一島可避世處. 土地魚鹽饒足, 可以避世, 事如不諧, 可陪上典閨室入處. 具一船於江上, 事若有危, 願公與小人上典, 同爲出臨, 若何?" 李公許之. 及反正改紀, 延平三父子, 一時疏封, 富貴隆赫. 彦立忽告歸[268], 曰: "小人於上典宅, 已盡了債, 今

---

267) 也: 저본에는 빠져 있으나 이본에 의거하여 보충함.
268) 告歸: 바본에는 '歸告'로 되어 있음.

則年老, 將永歸矣. 唯望大監視聘宅如親邊, 上典宅無他奉祀, 以外孫奉祀例, 無使香火有闕, 幸甚幸甚." 延陽驚問曰: "汝今安歸乎?" 曰: "小人雖卑賤, 自有小人安身之所, 不可久留於世矣. 然而, 小人有一塊血肉, 唯望大監善視之, 必以爲矣宅之[269]墓下守塚之任, 如何? 小人所願如是而已." 仍卽辭退, 不知所終.

2-31. 秋妓臨老說故事

秋月, 公山妓也. 以歌舞姿色, 選入尙方, 聲價最高, 風流輩爭慕之, 擅名繁華之場, 數十年久矣. 及其老也, 每自言平生有三可笑事. 一則[270], 在李尙書家笙歌喧轟之時, 唱雜詞, 絃轉而聲正繁. 適有一宰相入來, 風儀端正, 目不邪視, 可知其爲正人君子也. 與主人大監, 敍寒暄畢, 仍使唱歌, 盡歡而罷. 時琴客金哲石, 歌客李世春, 妓桂蟾·梅月等, 偕焉. 後數日, 有一皂隷來言, "某大監見招, 諸人急急來待!" 遂與歌琴客諸妓往焉, 卽向日李宅來過之大監也. 大監設席端坐, 問安訖, 使之陞廳, 頓[271]無賜顔之意, 直曰: "唱歌!" 雖無興致, 第唱之初章二章, 曲未終, 大監氣色盛怒, 使之一幷捽下, 曰: "汝輩向日李宅之宴, 絃歌寥亮可聽, 今則低微而緩細, 顯有厭色, 一無興趣, 以吾之不解音律而然歟?" 秋月慧黠, 已曉其意, 謝曰: "初筵之聲, 偶爾低微, 知罪知罪. 若更試之, 憂雲繞樑之聲, 頃刻頓生矣." 大監特賜寬恕, 使之更唱之, 妓客相與瞬之入座, 直發羽調雜詞, 大聲高唱, 胡叫[272]亂嚷, 全無曲調. 大監大樂之, 以

---

269) 之: 이본에는 빠져 있음.
270) 則: 저본에는 '時'로 나와 있으나 나본을 따름.
271) 頓: 바본에는 '頗'으로 되어 있음.
272) 胡叫: 나본에는 '呼叫'로 되어 있음.

扇拍案, 曰:"善哉善哉! 歌不當若是耶?"歌聲少歇, 暫爲休息, 出
酒肴[273]以饋之, 薄酒乾脯而已. 療飢訖, 直曰:"退去!"遂辭歸. 一
則, 一皂隷來告曰:"吾宅進賜, 使之招來矣." 咆喝無數, 遂與琴
歌[274]客隨往, 則東門外燕尾洞有草屋, 入柴門, 則單間房無外軒[275],
只有土階. 土階之上, 設草席一立, 使坐其上而絃歌之. 主人則弊
袍破笠面目可憎者, 着宕巾, 與鄕客數人, 對坐房中, 蔭官也. 歌數
関, 主人揮手止之, 曰:"無足聽也!"饋以濁酒一盃, 飮訖, 曰:"退
去." 遂辭歸. 一則, 暑月往洗劍亭宴會, 才子名士, 雲擁霧集, 設盃
盤於淸流白石之間, 歌舞之筵, 觀者如堵. 一鄕人, 衣服不楚楚, 形
容憔悴, 有若流丐行色, 遙在鍊[276]戎臺下, 注目視之. 秋月怪之, 其
人又以手招之, 第往見之, 則曰:"吾乃昌原上納吏也, 飽聞香名[277],
今幸邂逅, 名不虛得也." 仍探腰後, 出一緡錢, 特[278]與之, 秋月心
笑曰:"天下愚男子, 汝也."和顏而辭[279]曰:"無名之物, 何可受也?
特給之意, 感謝感謝, 視不受如受."其人固與之, 不受, 遂掩口而歸.
宰相之沒風致, 蔭官之無意趣, 鄕吏之太愚痴, 是余平生未忘云.

2-32. 節婦當難辨高義

節婦李氏, 夷城良家女也. 年十六, 嫁同里黃一淸, 十七而寡居,
舅姑憐其少無子, 欲嫁之, 輒以死自誓, 十年守節, 隣里咸稱歎之.
夷城之風, 婦女不尙名節, 又多傑黠惡少, 聞有才貌早寡者, 則必

---

273) 酒肴: 바본에는 '酒盤'으로 되어 있음.
274) 琴歌: 나본에는 '歌琴'으로 되어 있음.
275) 外軒: 바본에는 '別軒'으로 되어 있음.
276) 鍊: 저본에는 '練'으로 나와 있으나 이본에 의거함.
277) 香名: 바본에는 '名價'로 되어 있음.
278) 特: 저본에는 빠져 있으나 이본에 의거하여 보충함.
279) 辭: 바본에는 '辭之'로 되어 있음.

聚徒掠之, 而其女亦以爲無妨, 往往以爲常. 獨於李氏, 則以其節義之高尙, 不敢生意. 郡有鰥夫韓必或者, 素慕李氏之才色, 每睥睨於門外, 彷徨不能去者, 屢矣. 一日, 必或與無賴數十人, 夜飮隣舍, 酒酣, 必或起, 曰:"今夜, 取黃家婦何如?" 衆皆搖手掉頭, 曰:"此節婦也, 徒取辱, 必無成矣." 必或曰:"不然. 今日, 黃家盡出外, 只有老弱守之[280], 以吾輩劫之, 如猛獸之攫狡兔, 安所用其節哉?" 衆不從, 必或大怒曰:"有違者, 必先擊之!" 衆遂從之. 是夜三更, 圍其第, 斬門而入, 李氏在寢室, 欲逼之. 李氏知不免, 怡然笑曰:"吾意已決矣, 好事自可紆徐, 何必如是迫隘耶?" 必或大喜, 出而呼[281]曰:"事已妥帖, 無用喧擾." 仍卽旋入, 則李氏不在, 燈亦滅矣. 擧火燭之, 則李氏在而帛橫於頸矣, 遂慌怵越重籬而逃走. 其舅姑曉歸家, 見李氏婦[282]自縊, 大驚慟, 意必是韓哥之所爲, 哭官門而告之, 太守亦驚而憐之, 賜之藥, 已無及矣. 遂捉致韓必或及同謀者, 韓則報營而打殺之, 其黨則分輕重散配之, 聞于朝而旌褒之云云[283].

---

280) 守之: 나본에는 '者'로 되어 있음.
281) 呼: 이본에는 '號'로 되어 있음.
282) 婦: 바본에는 '之'로 되어 있음.
283) 云云: 저본에는 빠져 있으나 가, 나본에 의거하여 보충함.

卷三

3-1. 田統使微時識宰相

田統使東屹, 全州邑內人也, 風骨秀傑, 智略沈深, 亦有鑑識. 時李相國尙眞, 居在邑隣, 獨奉偏母, 惸然塊處, 室如懸磬[1], 秋無甔石, 窮貧之極, 菽水難繼. 而言論風儀, 綽有可觀, 又勤勤做工, 窮晝夜矻矻不輟. 東屹年雖少, 常奇李公之爲人, 傾身納交, 定爲刎頸之友, 常分其財穀, 以周其急, 李公亦深感之. 忽於初冬末, 東屹告李公曰: "公之形貌, 終當富貴, 而時運未到, 貧困如此, 上奉下率, 無以濟拔. 吾有一計, 公但依吾言行之." 遂歸取五斗米麯子數圓, 授李公, 曰: "以此釀酒, 酒熟則卽通于我." 李公如其言, 釀旣熟, 告于東屹, 東屹乃遍召隣人, 告之曰: "李措大今雖貧寒, 乃後日[2]宰相也. 家奉偏親, 朝夕屢空, 無以爲生. 今欲從事田疇, 經紀生理, 而所需者, 柳櫟木錐也. 爾輩須飮此酒, 每人但取柳櫟木錐長一尺半五十介, 以助之, 爲可!" 諸人莫曉其意, 然素信東屹, 又重李公, 皆齊聲應諾, 東屹乃出其酒, 飮二百餘人. 數日後, 皆取柳櫟錐如其數, 可爲數萬餘介. 東屹出牛馬, 盡駄之, 與李公同往乾芝山下柴場, 柴場乃東屹土也. 刈草淨盡, 東屹與李公及奴僕輩, 遍揷木錐, 入地可尺數寸許. 屹謂李公曰: "明春, 可以種粟也." 乃其翌年春[3]凍解之後, 東屹乃取早粟種幾斗, 携李公往乾芝山下, 拔其錐, 每穴下種七八粒, 又取新土, 略下穴中以覆之. 及夏, 粟苗之出穴中者, 甚碩茂, 乃拔去其細者, 只留三四莖, 草生則刈淨之.

---

1) 磬: 이본에는 '罄'으로 되어 있음. 서로 통함.
2) 後日: 나본에는 '日後'로 되어 있음.
3) 其翌年春: 이본에는 '翌春'으로 되어 있음.

及結實, 穗大如錐, 打之出五十餘石. 李公大喜, 猝然成富家翁, 此
皆柳櫟之汁素沃, 而入地尺許, 則土氣全而又新矣. 經冬, 雨雪之
汁, 且流入穴中, 與錐之沃汁, 融合而深漬, 則粟可茁茂, 種之入地
也深, 則常帶潤氣, 故旣不畏風, 又不畏寒, 且種入草根之底, 去草
根遠, 則草不能分其土力, 故結實碩大. 此當然之理也, 東屹可謂
深曉農理者也. 李公方喜家計之稍贍, 而養親之無憂矣. 忽一日,
火生竈堗, 延及室宇, 適又大風起, 火烈風猛, 撲滅不得, 積貯之
粟, 幷入灰燼之中, 無一留者. 李公自歎, '窮命! 天不見助, 無食粟
之福.' 母子相扶, 一場慟哭而已. 東屹曰: "天道杳茫, 姑未可料也.
李措大氣宇狀貌, 決非窮死者, 而今者天災孔酷, 不遺粒米, 此何
故也? 豈吾有眼而無珠耶!" 心竊歎傷. 時適有慶科庭試, 東屹乃謂
李公曰: "公試入京觀光, 僕馬資粮, 吾當辦備, 須勿爲慮焉." 李公
乃以其資上京. 時李公之戚叔有名宦者, 李公往見之, 戚叔待之甚
厚, 徵其功令文字, 見之, 喜曰: "體裁精潔, 句作淸新, 尙未得一番
初試, 亦云晚矣, 今科則須努力觀之." 遂助給試具. 及入場屋, 自
作自書, 早早呈券, 果一擧鬼捷. 戚叔爲辦應榜之具, 遂延譽於朝
中, 卽入淸選, 歷翰林·玉堂, 聲望甚藹蔚. 乃輦母入京, 始成家道.
其時, 東屹亦已登武科矣. 李公乃招致東屹, 置之外舍, 與同起居,
且謂東屹曰: "君與我神交也! 門地班閥, 初非可論, 文武間體禮,
又何必用也? 雖在衆人廣座之中, 無爲做恭, 待以平交, 無間彼
此." 俄而, 玉署僚友數人, 來會做話, 東屹欲起避之, 李公挽袖止
之, 東屹乃拜現之參座. 李公謂諸僚曰: "此是吾知己之友也. 智慮
材力, 拔出儕流, 非今世之人物, 日後國家必藉其力, 將大用之人
也. 兄輩必無以尋常武弁視之, 深爲結納焉." 諸僚見東屹, 身手赳
赳, 狀貌堂堂, 皆相顧獎詡, 使之尋訪. 東屹乃遍往拜之, 俊辯偉

論, 令人驚動, 諸人競相吹噓, 延譽廟堂. 遂通列于西班正職, 由宣傳官, 多踐方鎭, 治民勤幹, 馭戎諳練, 聲名赫翕, 擧朝稱賞[4], 自兵水使至統制使. 年過耆艾, 子孫[5]衆多, 而其子其孫, 繼登虎榜, 遂爲東方武班之顯閥云爾.

3-2. 李節度窮途遇佳人

仁祖朝, 海西鳳山地, 有一武官姓李者, 饒於財, 而性甚豁達. 喜施與信人不疑, 有告急者, 傾儲無所惜, 以此家計耗敗, 至不可支. 然風骨偉麗, 見者皆以榮達期之. 仕爲[6]宣傳官, 坐事失職, 鄕居累年, 銓曹久不檢擬. 一日, 李謂其妻曰: "武弁鄕居, 官不自來, 而家貧如此, 實恐一朝塡壑, 寧不可歎? 所餘庄土, 賣可得四百餘金, 以此入京求官. 得則生, 不得則死, 我意已決矣." 妻亦許之. 遂盡賣田土, 果得四百金, 留百金, 付妻謀生, 以三百金上京, 健僕駿騎, 頗動人目. 至碧蹄店, 止宿, 僕方治馬食, 忽有一漢着氈笠, 衣服新鮮, 始則窺視, 俄而入來, 與僕輩語, 意頗懇款. 僕輩悅之, 問所從來, 曰: "兵曹判書宅使喚蒼頭也." 李微聞其言, 亟召問之, 對如前, 李大喜曰: "吾方求仕上京, 所望者兵銓, 汝果是兵判[7]宅信任奴僕, 則其能爲我居間周旋否? 且汝之來此, 何幹?" 其人曰: "小人爲兵判宅首奴, 上典家藏獲[8], 多在西關, 今方受命收貢膳, 故今日發去耳." 李嘆曰: "得爾不易, 而有此交違, 何以則有周旋之策耶?" 曰: "此不難, 請與之同入京中. 小人受命辭出已累日, 而擇吉

---

4) 賞: 이본에는 '賀'로 되어 있음.
5) 子孫: 이본에는 '子姓'으로 되어 있음.
6) 爲: 저본에는 '至'로 나와 있으나 이본을 따름.
7) 兵判: 이본에는 '兵曹判書'로 되어 있음.
8) 藏獲: 저본에는 '庄稙'으로 나와 있으나 이본을 따름.

發行, 故今始出來, 上典未必知之, 今復還, 爲進賜周旋後發行, 亦未晚也. 但未知行中所持者幾何?" 曰: "三百." 曰: "堇可用之." 遂隨而歸, 爲李定一館舍, 傍近兵判家. 囑主人善待之, 李以爲主人素知此漢, 益信之. 其漢歸家, 數日不來, 李謂以見欺, 大爲疑慮. 已而來見, 李喜極如漢王之得亡何, 問: "數日何爲不來?" 曰: "爲進賜圖官, 豈可倉卒耶? 有一處蹊逕甚緊, 而當用百金." 李急問之, 厥漢曰: "兵判有姊氏, 寡居在某洞, 大監極念之, 所言必從. 小人以進賜事, 告于厥宅, 則內主要得百金, 美官可立致, 進賜能無吝乎?" 李曰: "此金之用, 專爲此, 更何問?" 卽出囊, 計數而付之, 僕輩疑之, 曰: "進賜不親往, 徒付此漢, 安知非詐耶?" 李曰: "其爲兵判宅奴, 則明矣, 何可不信人如此?" 翌日, 厥漢來曰: "內主得金甚喜, 卽送言于大監, 懇以散政有當窠, 必首擬毋泛, 大監諾之. 然必有言重者傍助然後, 事益牢固矣. 某洞有某官, 素爲大監親重, 有言必從. 又以五十金投之, 則必喜可大得力." 李深以爲然, 令圖之, 厥漢來, 有喜色, 曰: "果樂聞矣!" 李又付五十金, 厥漢又來告曰: "大監有小室, 國色絶愛之, 生男甚奇, 懸弧不遠, 欲厚設具, 而無私儲, 甚憂之. 若又進五十金, 則事可十分完全矣." 李又以五十金出給, 厥漢持去, 卽還, 曰: "姬果大喜言, '當竭力周旋.' 進賜好官, 非朝卽夕, 當坐而[9]俟之. 然武官供仕冠服, 不可不精備, 且以五十金貿辦, 則可矣." 李曰: "此斷不可已." 仍以金托厥漢, 貿易辦備. 匪久, 毛笠・帖裡[10]・廣帶・烏靴・黃金帶鉤, 一時致之, 而皆極光麗. 李大喜, 自以爲得一諸葛亮, 雖僕輩之始疑者, 皆大信之, 欣欣然顒望膴仕之必至. 李旣具服着, 卽懷刺, 詣兵判家登謁, 備具履

---

9) 而: 저본에는 빠져 있으나 이본에 의거하여 보충함.
10) 裡: 저본에는 '裡'로 나와 있으나 이본에 의거하여 바로잡음.

歷情勢, 告訴哀乞. 兵判頷之而已, 非不假借, 終無一言矜惻. 李以爲此不過兵判之常事, 其後復往, 亦不免同諸武逐隊問安而已, 無賜顏款接之意. 聞有政目, 則必艱辛覓見, 而渠之名字, 少無疑似者. 心甚焦躁, 而務悅厥漢之心, 來則出其囊錢, 買肥肉大酒, 任其醉飽, 餘存者五十金, 幾盡消瀜. 李頗悶之, 問厥漢曰: "汝言久無驗, 何也?" 曰: "大監何日忘進賜, 而奈有所納者, 加於進賜, 則尤爲緊, 進賜何以得參? 然此輩得意者已多, 聞後日散政, 大監將擬進賜某職, 此極腴官, 試俟之." 及政目出, 又無聞. 厥漢來見, 曰: "某官及內主, 力請於大監, 可必得, 忽有大臣, 託以某人, 不容不施. 爲其所奪, 當奈何? 然六月都政不遠, 某司之職, 財用甚饒. 小人已白於內主·某官及小室, 合請於大監, 已得快諾. 此則決不失矣, 且俟之." 李半信半疑, 而不敢不重待, 財力已罄盡矣. 及至大政, 奴主早起待報, 望眼欲穿, 而日高至午, 過午至哺矣. 吏兵批已畢, 而李之姓名寂無聞, 厥漢亦無聲影, 李大悵失心. 僕輩之訾議恨歎, 不勝其騷耳, 李不能出聲氣, 猶望此漢之復至, 而前之日日來者, 今過三日不至. 李始大疑之, 招主人曰: "兵判宅首奴, 近日不來, 何也? 汝旣情熟, 何不招來?" 主人曰: "此本素昧之人也. 其爲兵判家首奴, 進賜明知之耶? 小人實不知之. 第以渠自稱兵判家奴子, 而進賜又謂兵判之奴也, 小人以此信其爲兵判家奴子, 實則吾安知之?" 李曰: "汝旣親熟, 知其家乎?" 曰: "不知也! 進賜旣與親熟, 豈未嘗知其家耶?" 李曰: "偶未致意耳." 自後, 厥漢絶跡不來. 李自念, '蕩敗家産, 盡輸於一賊漢, 累代宗祀, 許多家眷, 將擧委邱壑, 而族黨·鄕隣·妻子·僮僕, 怨怒誚責, 其何辭可解?' 且念, '平生桀驁之性, 豈肯寒乞兒苟活耶? 百爾思之, 唯有一死, 乃快於心.' 遂決意捨命. 翌日早起, 直走漢江, 脫去衣冠, 大叫數聲, 奔入

水中, 水浸背腹, 已不勝凛慄[11], 不覺縮身退步. 佇立靜思, 曰: "實
難自死, 莫如爲人所打死." 翌日朝, 大飮酒爛醉, 錦衣烏靴, 金鉤
橫帶, 八尺長身, 昂然大步, 直至鍾街, 人人大驚, 視以爲神人. 而
李方揀取衆中偉幹獰貌似有勇力者, 直前搏之, 飛脚大踢, 其人一
聲跌仆, 急起疾走, 追之不及. 李甚慨恨, 又環視衆中有可勝己者,
將赴之, 佇立睢盱, 狀若狂者, 目之所觸, 莫不潰然迸走. 街中[12]空
無一人. 李雖欲爲人所打死, 而人方畏爲李所打死, 死可得乎? 日
已暮矣, 大悵而歸. 夜臥無寐, 欲死之外, 無他念矣. 又思曰: "莫如
入人內家, 狎戲其妻妾, 則打死必矣." 翌朝, 又飮酒服着, 遊歷大
街, 見一屋新麗, 直入至中門, 而無阻搪者. 遂突至內廳, 只有一少
婦, 年可二十餘, 花容月態, 手梳雲髻. 視之, 略不驚動, 問曰: "何
人入人內室乎? 豈非狂者耶?" 李不答, 直上廳, 把女手, 擁頭接口,
女不甚牢拒, 而亦無一人在傍呵之者. 李極怪之, 問曰: "汝夫何
在?" 女曰: "問夫何爲? 世豈有如許事? 醉狂雖不足較, 自有法司,
其速去!" 李曰: "第言汝夫所在. 我非眞醉也, 自有情事, 不得已作
此." 婦曰: "所謂情事, 何事?" 李曰: "吾本舊日宣傳官也, 爲賊人所
欺, 盡失家産, 決意就[13]死, 而不能自死, 要人打殺, 故累作此等事,
而終無下手者. 今汝夫又不在, 死亦至難, 將奈何?" 咄咄不已. 婦
人大笑曰: "信乎狂矣! 世豈有求死如此者乎? 公果武班淸宦, 則以
此風骨, 豈虛死耶? 我亦有情事不得已者, 欲圖他適, 而忽與公遇,
豈非天耶?" 李問其情事, 婦曰: "妾夫本譯官也. 有正妻在室, 而聞
妾之美, 又娶爲次妻, 已四年矣. 始率置一屋之內, 妻悍極妬, 而夫

---

11) 凛慄: 이본에는 '慄慄'로 되어 있음. 서로 통함.
12) 街中: 이본에는 '街上'으로 되어 있음.
13) 就: 나본에는 '致'로 되어 있음.

已衰老[14], 不堪其勃磎, 買得此屋, 使妾移居. 夫始也, 往來宿食[15], 非無眷戀之意, 畏妻之妬, 數日後, 足跡甚稀. 只有數婢相守, 無異寡居. 昨年, 夫以首譯, 隨行赴燕[16], 適以事滯留燕京, 今已周年未歸, 音信[17]杳然, 莫知歸期. 獨守空房, 形影相弔, 喫着無關, 而世念索然, 春風秋月, 悽傷自悼而已. 今婢輩, 以無人照檢, 相繼而去, 只有老婢相伴, 而亦多不常常在家. 情事酸苦如此, 人生幾何, 而守此衰朽不相干之人, 酷受悍婦嫉妬? 夏之日冬之夜, 獨泣空閨之中, 如許情事, 與被賊欺奪而求死不得者, 何間焉? 自念賤身, 異於士族, 不可徒然枯死, 正欲別圖, 而忽有此奇逢, 分明天意矜憐我兩人. 我實願從, 公亦何過慮耶?" 李聞其言, 始也惻然, 繼而[18]欣然, 徐曰: "汝言亦善矣! 然顧無可歸, 唯有一死耳." 婦曰: "非丈夫也! 然此會非偶, 豈無便順之道? 願自愛無枉平生." 因起入室, 捧出酒肴, 親酌以勸, 李旣悅其色, 且感其言, 隨勸飮醉. 酒興頗逸, 携女入室, 畵屛錦衾, 花茵繡枕, 蜂貪蝶戀, 極其繾綣, 枯草沾雨, 死灰復燃, 彼此喜可知也. 自是以後, 因常留住, 其生其死, 一任天公. 婦亦欲絕夫家, 不復畏忌, 但治珍衣美食以養, 李弁瘦顔, 日漸豊麗. 夜則來宿, 晝則出遊, 奄過一月, 死念漸消, 生樂轉甚, 而女之風聞, 亦自難掩. 已而, 譯官旋歸, 書信先到, 厥婦欲使李避去, 李恥不敢歸, 遲回未決. 而譯官已到高陽店, 其家屬治具出迎, 譯官問其妻曰: "次室之不來, 何也?" 曰: "次室自有別人, 何關於君?" 譯官驚問其故, 妻細傳所聞. 譯官怒氣如山, 推擲盃

---

14) 衰老: 이본에는 '老衰'로 되어 있음.
15) 宿食: 이본에는 '食宿'으로 되어 있음.
16) 燕: 이본에는 '北'으로 되어 있음.
17) 音信: 이본에는 '音問'으로 되어 있음.
18) 而: 이본에는 '以'로 되어 있음.

盤, 急鞴駿馬, 腕懸利刀, 疾馳入來, 將欲一劍幷剪, 蹴開大門, 衝突直入, 大呼曰: "何物賊漢入我室偸我妻? 速出喫劍!" 忽有一人, 推窓當戶, 冠服輝煥, 貌若神仙. 披開衣襟, 露示其胸, 嬉怡而笑曰: "吾今日眞得死所矣. 汝刺我[19]胸!" 意氣安閑, 略不動容. 譯官纔擧顔, 不覺懍然震慴, 若侯景之見梁武, 氣縮口呿, 卻立癡呆. 不能出一語, 但嗟咄數聲, 忽擲劍[20], 謂李曰: "家宅妻財, 任君自爲!" 惘然出去, 不復回顧. 婦時藏在壁間, 窺見其狀, 出謂李曰: "庸奴何能爲乎? 然可速去耳." 走上樓, 捧出一樻, 中有天銀三百兩, 曰: "吾父亦富室, 吾嫁時, 父以此財資送, 而吾深藏秘之. 夫未嘗知, 而父死已久, 無可與謀生者, 今幸有主, 此可爲資本." 且挈出一籠, 開示其中金玉・珠貝・首飾・雜佩[21]及錦繡衣服, 曰: "此亦數百金, 苟善運籌, 何患不富? 速命僕馬載之." 明曉, 李遂以兩奴兩馬, 載之滿馱, 置女其上, 李隨其後, 馳歸鳳山. 譯官莫敢蹤之, 而其妻幸其去, 唯恐發狀, 如欲推還, 阻抑寢之. 李以其資, 盡復所賣之土, 且轉運居積數年, 成富室. 復上京求仕, 深懲前日, 務極周詳, 甄復出六, 次次序陞, 累陞雄鎭, 至節度使. 厥女與之同居, 俱享福祿甚盛.

3-3. 得美妻居士占穴

星居士, 嘉山人也. 俗姓張, 僧名就星, 早失怙恃, 十五出家, 削髮於江陵五臺山月靜寺, 爲法僧雲大師之弟子, 聰明穎悟, 卓出衆闍梨. 大師極愛之, 常曰: "衣鉢當傳就星!" 三歲經文, 無不敎授, 而惟有三卷書, 深藏篋中, 不使看之. 一日, 大師將赴金剛山楡站

---

[19] 我: 이본에는 '此'로 되어 있음.
[20] 劍: 저본에는 '金'으로 나와 있으나 이본에 의거함.
[21] 佩: 나본에는 '珮'로 되어 있음. 서로 통함.

寺袈裟會, 謂就星曰: "余之歸, 不出一年, 汝須着心工夫, 而篋中所藏三卷書, 愼勿出見也." 遂飛錫而去, 就星與衆弟子, 拜送于山門而歸, 心甚疑訝曰: "師父所藏三卷書, 是何等奇文, 而不使弟子一覽乎?" 乘間搜出披閱, 則非佛經, 乃地理書也. 上自河洛, 下至星曆, 五行陰陽之數, 九宮八卦之法, 玄妙悉備, 吉凶俱著, 儘千古不傳之秘訣. 就星看來, 轉加沈惑[22], 全癈[23]佛經, 專讀此書, 不過半載, 精通其妙, 鎭日山行, 龍脉之起伏, 風水之聚散, 瞭如指掌, 森然在目. 自以爲吾已得不世之神術, 人間富貴, 唾手可得, 遂有退俗之心. 一日, 忽自悟曰: "釋敎工夫, 正心爲上. 我出家十年, 曾無半點雜念矣, 邪心卒[24]發, 不遵師敎, 弁髦釋家之法敎, 沈惑堪輿之方術, 豈不有妨於修行乎? 且師父知之, 難免重譴." 遂自焚檀香, 趺坐蒲團, 手轉項珠, 口念佛偈矣. 未幾, 大師還歸, 呼就星曰: "汝知汝罪乎?" 就星下堦跪, 對曰: "小子服事師父, 已十閱春秋, 而實無毫髮不順之事, 誠愚昧不知其作何罪也." 大師大責曰: "修行之工, 其目有三, 身也心也意也. 汝背馳古[25]敎, 耽看雜方, 厭佛家之寂滅, 慕世俗之富貴, 十年工夫, 一朝壞了. 其罪固不可一刻留置, 汝遂火速下山." 遂重杖逐出之, 就星自度不容於沙門, 乃向故鄕而還. 自江陵抵京城, 所經山川名穴大地, 指不勝摟, 乃細錄其龍節·坐向與消砂·納水, 藏之囊中. 直入都門, 欲賣其所占處, 遍行城市, 逢人輒說, 聞者皆歸之虛誑, 無一願買者. 就星心竊恨歎, 遂向嘉山, 行至平山, 所着繩鞋盡弊, 而足大一尺餘, 路傍所賣者,

---

22) 惑: 저본에는 '感'으로 나와 있으나 이본을 따름.
23) 癈: 이본에는 '廢'로 되어 있음.
24) 卒: 이본에는 '猝'로 되어 있음. 서로 통함.
25) 古: 이본에는 '告'로 되어 있음.

皆不適足, 足已繭矣. 寸寸前進, 堇行數里許, 至一村, 有一喪人, 見其無鞋而足傷, 乃以一巨鞋進之. 居士心甚感之, 問曰: "主人應有親喪, 果已安葬耶?" 答曰: "山地尙未定, 荏苒半載, 不得完窆矣." 居士曰: "余粗解風水, 主人如信吾言, 當占一穴, 以報賜屨[26]之厚意." 喪人聞而大喜, 卽延入中堂, 接待甚厚. 居士乃與喪人偕行, 不過十許里, 占得一穴, 謂主人曰: "此穴眞是名穴也! 百子千孫, 且發蔭甚速, 主人雖貧, 不踰年, 當爲巨富, 服闋之後, 又爲科甲矣." 遂相別而去, 其喪人, 卽平山李氏祖先也. 下葬後, 應驗一如居士之言. 居士到嘉山葛山之下, 搆數間草屋, 屋後山壁有一小孔, 每朝念眞言, 以手探孔中, 則二升米自出, 以此朝夕炊飯云. 肅川白雲山, 有安姓人兄弟者, 早孤無親, 年過三十, 未有室家, 資生甚艱, 兄弟俱爲人家雇傭矣. 居士行過白雲山下, 時適六月, 道遇急雨, 忙投村家, 乃安秀才入傭之家也. 居士久立門前, 以待雨霽, 而山日已暮, 雨勢不止. 居士請借一宿於主人, 主人叱辱不許. 安秀才方飯牛出, 見居士謂曰: "此家後小屋[27], 卽吾家也. 如不嫌其薄陋, 與吾同去, 未知如何?" 居士曰: "雨中深峽, 虎豹橫行, 夜若露宿, 其死必矣. 幸逢賢秀才, 許以同留, 可謂活人佛也." 安乃引至其所, 灑掃延坐, 呼其弟曰: "吾兄弟夕飯, 持來于此." 弟安卽往主人家, 持二床飯而來, 一床進于居士, 一床兄弟共食之. 至翌日, 雨下如一, 居士不得行, 如是三四日, 雨終不霽, 安秀才之接待, 一如前日, 終始不懈, 畧無苦色. 至第五日, 雨始止, 居士將行, 問曰: "秀才之親山, 在於何處? 願得一見." 安曰: "居士能通堪輿乎?" 居士曰: "畧知糟粕矣." 安卽與居士, 往見其先塋, 居士先上主山, 觀

---

26) 屨: 이본에는 '履'로 되어 있음.
27) 屋: 이본에는 '室'로 되어 있음.

其龍勢與水口, 次登穴處, 察其入首與明堂, 乃曰: "局勢則甚美, 可謂吉地, 而但失穴如此, 安得免貧賤乎? 大抵此穴甚廣闊, 乃是掃蕩土體也. 如此之穴, 不可當中, 而空當中, 則凹矣, 土空則陷理之常也. 凡土者, 用其角, 角者火也, 經不云'火生土'乎?" 乃更占[28] 一角之頭, 定坐向, 擇吉日, 而當開井時, 居士曰: "秀才所願, 何者爲先?" 安曰: "吾爲人子, 將至瘰倫絶嗣, 不孝大矣, 得配最急矣." 居士遂以相生法裁穴, 安葬後, 謂安曰: "八月某日, 當有美人, 持千金自來, 作配可以發貧, 不出十年, 子孫滿堂矣." 安曰: "發蔭若是速耶?" 居士曰: "龍氣不遠故也. 吾當於十年後復來, 其間雖有千百術士毁之, 愼勿遷動." 仍別去. 至八月某日, 安之兄弟俱在家, 果於午間, 有一人背負一裸, 自洞內轉入, 到安家門, 問曰: "是安秀才家耶?" 曰: "然." 其人曰: "兄弟相依, 而兄名某也, 弟名某也, 尙未得配耶?" 秀才曰: "然矣, 何以問之?" 其人乃入房中, 解置所負之裸, 向安曰: "吾本邑座首郭某之女也, 年方二十, 而父母定婚於隣洞吳姓人, 將行禮於明日矣. 自六月某日, 夢中有神人來謂曰: '我卽白雲山神靈也. 汝之天緣, 在於白雲山下安某, 安某今方兄弟同居, 而未有配偶[29]. 汝若往安家, 與作夫婦, 則百年身世安富和樂, 若與吳家成婚, 必當誤汝平生云云.' 夢覺心竊訝惑, 其翌[30] 夜又如是. 自此, 無日不現夢, 而身爲閨中處子, 跬步不出門外, 亦難以夢事告于父母, 趑趄至今, 明日則勢將成禮, 而神夢若是丁寧, 則決不可坐待日至. 百爾思之, 遂出一計, 得着男服, 乘曉出門, 十顚九仆, 間關至此. 而三生之緣重, 一時之嫌小, 故捨經從

---

[28] 占: 이본에는 '點'으로 되어 있음.
[29] 偶: 이본에는 '耦'로 되어 있음.
[30] 翌: 이본에는 '翌日'로 되어 있음.

權, 包羞忍恥, 不聘自來, 殆若鶉奔. 妾非男子, 乃是女人, 惟君子
處之." 安聞而異之, 心自歎曰: "居士眞神人也!" 乃與郭處子, 欲成
婚禮, 兄讓於弟曰: "我已年紀晼晚, 汝其作配也." 弟曰: "兄年未滿
四十, 且先弟後兄, 大是不可也." 兄不得已妻之, 卜日行禮, 其喜
可知. 過三日, 郭氏乃解出所帶輕寶, 次第出賣, 恰爲數千金, 家計
富足. 其弟之婚, 不求自至, 兄弟俱娶, 多生子女, 隣里之人, 莫不
稱賀. 十年後, 居士果至其家, 安生兄弟, 顚倒出迎, 待以神明. 居
士曰: "君輩旣娶且富, 子女繞膝, 發福則大矣. 但人雖富足, 無文
則賤矣, 當更遷窆, 俾出文章." 遂占一穴於前壙之左角, 乃備禮移
葬, 居士曰: "此山之子孫, 世世爲本鄕之甲族, 雄文巨筆, 代不乏
絶, 科甲連出, 簪纓相繼矣." 其後, 應驗如合符契云.

3-4. 獲重寶慧婦擇夫

吳某梁山人也, 爲人庸蠢, 捆屨資生, 而屨樣甚矗. 洛下年少, 適
見其屨, 戱謂曰: "此屨在京, 則價直百金." 吳認以爲眞, 捆出七竹,
負入京中, 解置路傍. 人或問之, 則曰: "價是一兩." 皆笑而去, 數
日坐市, 不得賣一隻. 時有一宰相家婢子, 容貌嬋娟, 性度敏慧, 年
方二八, 不肯許婚, 嘗言, "自擇可人以作其配." 一日, 偶過吳列屨
之處, 見其呼價之太過人無買者, 心竊異之, 三數日連往見之, 則
一直如此. 於是, 謂吳曰: "吾當盡買, 價爲幾何?" 吳曰: "七竹價七
十兩!" 婢曰: "與吾偕往, 持價而去, 何如?" 吳諾之.[31] 遂負屨而隨,
至一處, 第宅宏麗, 門閭高大. 婢引入其所居之廊, 坐定, 吳索屨
價, 婢曰: "明朝當出, 姑留一宿." 仍進美酒佳肴. 俄而, 又進夕飯,

---

31) 吳諾之: 이본에는 '吳曰諾'으로 되어 있음.

器皿精潔, 饌品珍妙, 遐鄕荼腸, 平生初見, 數匙而盡之. 及暮, 婢曰: "客旣來此, 今夜與吾同裯, 如何?" 吳惶怋曰: "言則佳矣, 何敢望乎?" 婢遂滅火解衣, 雲雨一場而罷. 未明而起, 開籠出新衣, 澡浴而衣之, 相貌亦桓桓矣. 婢曰: "吾是此家使喚婢也! 子旣爲吾夫, 當現謁于大監主, 愼勿拜下也." 吳曰: "諾." 婢卽入告曰: "小婢夜得一夫, 當現身矣." 宰相曰: "然乎? 斯速入現!" 吳直入升廳而拜, 侍者將吳下, 吳植立不動, 曰: "吾是鄕族也, 雖作婢夫, 決不可下庭拜也." 宰相笑曰: "宜爲某婢之所揀也." 遂出留廊底. 一日, 婢曰: "子甚不慧, 若用錢, 則眼目自大, 胸次必闊." 乃給一緡, 曰: "持此而去, 用盡而歸." 至暮, 吳還曰: "吾肚不飢, 酒餠不必買喫, 終日周行, 無他用錢處, 不費一文而來矣." 婢曰: "路上多乞人, 何不給之?" 吳曰: "此則未及思矣." 翌日, 又佩一緡而出, 聚會衆丐, 散擲地上, 丐皆爭持, 其狀可觀. 逐日以爲常尋, 思之許多靑蚨, 空給乞丐, 無義莫甚, 乃往交射場閑良輩, 買酒買肉, 日日分饋, 便成莫逆. 繼而與蓬蓽讀書之窮儒寒士, 往來結交, 或助朝夕之供, 或資筆墨之費. 人皆曰: "吳某誠非今世人也." 婢使往學『史略』·『三略』·『孫武子』等書, 粗解其大旨. 於焉之頃, 費數萬錢矣. 婢曰: "子須學射, 以圖成名之道." 吳本是健夫, 又與諸閑良善, 爭敎射法, 鐵箭·細箭, 俱能遠射, 武經七書, 亦能通曉. 及赴試登第, 抱一紅牌, 婢潛藏紅牌, 不令家人知之, 因謂吳曰: "吾所儲置之錢, 不過十萬, 而子之前後所用, 殆近七萬, 今餘三萬矣. 子須行商也." 吳曰: "吾何知何物之可貿乎?" 婢曰: "見今棗農大歉, 惟湖西某邑棗樹結實, 子須盡貿而來也." 吳依其言, 行至某邑, 秋事大歉, 野無掛鎌, 人多顚連. 吳生見而憐之, 隨手而盡散歸來, 婢曰: "積善則固大矣, 但吾錢將罄, 將何以聊生?" 又給一萬緡, 曰: "綿農八道

皆歉, 獨海西如干邑稍登, 須往這處, 貿綿以來也." 吳又至海西,
如湖西時事, 空手而還, 婢曰: "吾錢只餘萬緡, 今當傾儲以給, 須
以此盡貿弊衣等物, 入北道, 換布蔘皮物而來, 勿復如前浪費也."
吳往市上, 貿得弊衣, 載數十駄, 入咸鏡界. 北道木綿, 本不宜土,
其貴如金, 人不得授衣, 冬暖而猶呼寒. 吳曾[32]用錢如水, 手段甚
闊, 自安邊至六鎭, 盡給無衣之人, 所餘者, 只裳袴各一件. 乃嘆
曰: "吾費人十萬錢財, 實往虛還, 何面目復見家人乎? 寧葬於虎豹
之腹." 夜半, 獨入山中, 捫崖緣磴, 轉到深處. 忽見萬樹叢中燈光
耿耿, 尋其家, 叩門而[33]請宿, 有老媼, 開門而出, 語曰: "如此深夜,
如此絶峽, 客何以到?" 遂延入饋飯, 接待慇懃, 吳乃以所持袴裳給
之, 媼大喜, 卽地解着, 百拜致謝. 吳見饌[34]中所進之菜, 乃人蔘也,
問曰: "此菜, 從何處得來乎?" 媼曰: "此近有吉更田, 故每採來作
菜." 吳曰: "又有採置者乎?" 媼出示數十丹, 皆是人蔘, 而小者如
指, 大者如脛矣. 俄而, 門外有釋負聲, 媼曰: "吾兒來矣. 兒生之
初, 腋下兩傍, 俱有小翅, 往往飛付壁上, 其父鍛[35]鐵炙之, 翅猶復
生. 及長, 勇力絶倫, 在平時, 則易及於禍, 故携入深峽, 行獵資活,
而其父已死, 吾獨在世矣." 仍曰: "尊客適至, 汝須入拜也. 此客與
我裳袴, 得以掩體, 誠恩人也." 其人卽入拜. 翌朝, 謂媼曰: "吉更
田可得一見乎?" 媼與吳偕行, 踰一嶺, 至一處, 指示之, 人蔘遍一
山矣. 遂盡日採之, 大小雖不同, 而其中亦多童子蔘, 恰爲五六駄
矣. 吳曰: "山中無馬, 將何以輸去?" 媼之子曰: "吾當擔至圓山, 圓

---

32) 曾: 이본에는 빠져 있음.
33) 而: 저본에는 빠져 있으나 이본에 의거하여 보충함.
34) 饌: 나본에는 '體'로 되어 있음.
35) 鍛: 저본에는 '煆'으로 나와 있으나 이본을 따름. 서로 통용됨.

山[36])以後, 子須馱去." 吳如其言, 貰馬輸來. 歸其家, 備道顚末於其
妻, 妻喜曰: "子之積善多, 故天以寶物與之. 今日還家, 亦不偶然,
明日卽大監主回甲生辰也. 滿朝公卿皆來會, 子若參拜於諸公, 則
夤緣做官, 何難之有?" 翌朝, 擇出稍大者五本, 入獻于大監, 曰:
"妾夫行商次出去, 適得此物, 故奉獻于大監樓下." 宰相大喜, 招吳
入現, 婢已備置紗笠[37])·帖裡, 令吳着之而入. 宰相曰: "此何服也?"
吳曰: "小人年前爲武科, 而商賈資生, 故匿置紅牌, 未及告于大監
矣." 宰相曰: "身手亦赳赳矣!" 已而[38]), 諸公次第而至, 見人蔘, 曰:
"如此稀貴之物, 大監不可獨嘗, 何不分[39])我一莖乎?" 宰相曰: "所
得只此, 何以派及乎?" 吳方在傍, 乃曰: "小人歸橐, 又有餘蔘, 當
分獻之, 略表微誠." 出其家, 各以三莖, 拜獻于諸公, 諸公亦大喜,
問曰: "彼何人斯?" 宰相曰: "此吾愛婢之夫, 而地處則鄕族也, 又
爲武科出身矣." 諸公皆曰: "大監宅婢夫, 有如此武弁, 而尙未得初
仕一窠, 豈非大監之責耶?" 宰相曰: "其人之爲武科, 吾亦今始知
之矣." 日旣昃, 諸公盡醉而散. 吳斥賣其蔘, 得錢累十萬. 諸公互
相汲引, 未幾, 得除武兼宣傳官, 節次推遷, 官至水使. 贖妻爲良,
偕老而終云云.

3-5. 金丞相窮途遇義妓

肅廟朝金相國宇杭, 年至四十八, 猶守布素, 家道旁落, 荒舍如
蝸, 活計若蛛, 朝晡不繼, 衣褐不完. 有五女, 年俱及笄, 一未嫁,

---

36) 圓山: 이본에는 빠져 있음.
37) 紗笠: 이본에는 '細笠'으로 되어 있음.
38) 已而: 저본에는 '而已'로 나와 있으나 이본을 따름.
39) 分: 저본에는 '入'으로 나와 있으나 이본을 따름.

適有一措大, 爲其子與公女議⁴⁰⁾婚, 已有成言. 而公自念, '身外實無長物, 且無親戚, 無處控訴, 顧何以資送粧奩乎?' 每中夜自嘆, 寢食殆廢者, 幾旬朔. 忽憶其疎親一武官現任端川太守, 於己稍尊, 欲往投之, 沾丐錢財, 庶可有濟, 極知愧恧, 亦無奈何. 於是, 遍懇于人, 艱得貸息, 以備資斧, 又貰一款段, 使一蒼頭控之. 露宿風餐千有餘里, 及至端之邑, 治欵門請見, 則反爲閽吏所攔, 謂以禁人擅入已有官令, 故不敢輒納. 公屢加訶叱, 而終不聽受, 相持有頃, 日已薄曛. 回至傳舍就⁴¹⁾宿, 明朝又往叩之, 亦不得入. 公不勝憤慨, 欲待自回, 而已發之矢, 不可中輟. 只得夜宿旅店, 晝詣官門請入者, 恰過一朔, 猶不得間, 盤纏已竭, 多假貸於居停主人, 主人以公所乘馬爲質. 公憂悶如擣, 進退不得, 主人知其狀, 惎之曰: "明日, 知府當詣社倉, 親檢糶米, 路出店前, 何不候于路左一見其面乎?" 公然之, 翌朝試如其言, 使君果以便輿出, 皂卒呵擁, 公疾呼曰: "我滯此多時!" 使君首肯, 曰: "何故?" 公條悉其由, 言未已, 使君曰: "方有公事, 未暇與語, 第候之." 顧謂一隸曰: "汝可引入東閣, 待我之回." 公卽隨至公堂, 坐到日昃, 未嘗供飯, 飢渴難支. 夕使君乃還坐定, 公告曰: "吾終日不食, 神思昏暈, 願以飯饘饋之, 以撑枵腸." 使君曰: "試以酒肴來饋!" 少焉, 掌酒官娥, 以缺口一小壺進, 復以海藿一片, 爲壓酒之需. 公竟日飢餒, 初謂必以美酒肥肉餉之, 準擬大嚼, 以塞饞口. 及見此, 怒氣騰騰, 急起蹴之踣於地, 仍謂使君曰: "待人不當若此!" 使君亦怒, 曰: "我是汝尊行, 我之所饋, 何敢若是?" 亟令公隸, 驅出門外, 又呼吏胥曰: "爾須申命一境, 有如許此怪鬼寄食⁴²⁾者, 則當被酷罰!" 公含憤⁴³⁾而回至舊店,

---

40) 議: 이본에는 '講'으로 되어 있음.
41) 就: 이본에는 '僦'로 되어 있음.

則主人拒門不納, 馬亦被搶. 公無如之何, 獨與蒼頭, 又之他舍, 亦如前之爲, 凡百餘所, 無不皆然. 日已昏黑, 雨又如注, 遂到邑里將窮處, 要暫歇於林莽之間, 其旁有陶穴, 中有席門, 乃皮鞋匠所居也. 公謂匠曰: "日暮道遠, 願借宿一宵." 匠亦不拒, 蓋窑穴異於廬舍, 故號令不能及也. 公少坐, 雨不霽, 將近二皷, 雲消月淸[44], 晶光射人, 入於席門之隙, 毫芒可鑑. 公腸肚飢甚[45], 心神散落, 且憤且恨, 不能交睫. 忽聞跫音, 漸邇至席門外而止, 公引領而看, 則有一女子, 顏色殊衆, 明媚動目. 叩門而言曰: "此窑中有洛客否?" 公疑其爲太守所使, 呼匠令秘之, 女曰: "何瞞我?" 直排門而入, 公無所避, 女指公, 曰: "是矣, 無恐!" 公問其故, 女曰: "妾卽邑中掌酒妓也. 太守每以麥酒及海蔥, 與人飮啜, 妾嘗憎疾其吝財而輕人. 然受此饋者, 皆甘受輒飮, 妾以爲此皆賤之爲丈夫也, 故無甚奇偉之氣也. 今者相公, 雖在飢困枯涸之際, 能起而蹴之, 可知其非凡鳥也. 以若志氣, 何患不富貴耶?" 公再三遜謝, 復有一丫鬟, 戴[46] 髹盒而至, 妓卽致于公前, 則飯羹胾醢, 皆極精潔. 公下箸耽食, 頃刻而盡, 無非可口者. 公極口稱頌, 銘感至骨, 妓曰: "旣許陪話, 請暫屈弊廬以伸情曲." 公從之, 至其舍, 綠窓朱戶, 椒壁粉墻, 對貼唐律, 滿堆古董, 以銅爐爇龍乳, 芬澤襲人, 燈炧煒煌, 文繡璀璨. 妓令坐畵氈, 抽情吐本[47], 仍問曰: "千里投人, 所幹何事?" 公爲道其狀, 妓嚬眉蹙額, 似有矜憐之色. 夜將就闌, 妓攝公, 與之同衾而

---

42) 食: 이본에는 '宿'으로 되어 있음.
43) 憤: 이본에는 '情'으로 되어 있음.
44) 淸: 저본에는 '靑'으로 나와 있으나 이본에 의거함.
45) 腸肚飢甚: 이본에는 '肚飢困'으로 되어 있음.
46) 戴: 이본에는 '載'로 되어 있음.
47) 本: 이본에는 '繡'로 되어 있음.

寢, 繊雨弱雲, 狼藉枕席. 黎明, 妓先起, 從緗箱中, 出粲衣一襲授公. 公不能卻, 乃穿就穩稱于身. 公留戀不能釋, 淹滯幾近數朔, 妓譬之曰: "相公寧久於此乎?" 公曰: "非不知妻子凍餒, 僮僕黃瘦, 待我不來, 望眼欲冷, 而我亦思之熟矣. 非徒空手而歸, 無面見家小, 方此行橐樗然, 實無靑蚨, 何能致身於千里之外? 可謂欲罷不得, 此吾所以委決不下赵趄度日者也." 妓曰: "大丈夫當用力於當世, 豈可沈淪於外以送流年耶? 古人有謀於桑下者, 妾雖女流, 豈無知識耶? 所謂資斧妾已有理會者." 公大喜過望. 詰朝, 有二馬鳴於外, 公問之, 妓曰: "爲公辦幹." 公謝以不敢, 妓曰: "一則公自乘之, 一則妾略以衣裳贐之, 可備後車." 仍以二隻畵籠, 實以嫩布·貂皮·髻髢·銀貨載之, 趣公行, 公揮涙而別, 服其義而領其情, 在途未嘗不北首眷戀. 及還第, 卽以所齎物, 辦需成親, 是歲秋圍, 又擢魁科. 賜及第出身, 俄入玉署, 持被靑綾. 肅廟促召在直儒臣, 公應命入對, 上曰: "見今北道[48], 荐荒水旱相仍, 加以地方絶遠, 朝令不行, 守宰貪婪, 椎膚剝髓. 汝其乘駬[49]按廉, 潛行邑里, 臚列臧否, 無墮予命." 公承命感惶, 卽以懸鶉衣衫, 微行入關, 乞食村廬, 詗察政績. 一日, 將暮至端川, 感妓舊恩, 欲先訪之, 又欲騙之, 以觀其志. 乃赴其門首, 呼曰: "請丐一飯, 如無有與我一錢." 如是者再, 妓隔窓聞之, 不覺驚喜, 雲鬟不整, 汲汲下堂而出, 未及穿鞋. 旣見, 公提携而入, 曰: "何故如此?" 公長吁曰: "言之不盡. 自失散以後,[50] 半路遇偸兒, 攘奪盤費及馬匹, 羞見妻子, 不得還家, 飄蕩道路, 乞食延喘. 無可依賴, 悠悠此世, 唯可依望者, 無如汝者, 復來

---

48) 北道: 이본에는 '北路'로 되어 있음.
49) 駬: 이본에는 '傳'으로 되어 있음.
50) 未及穿鞋 … 自失散以後: 가본에는 '未及之不盡, 自失散以後'로, 나본에는 '迎公日分散以後'로 되어 있음.

攪擾, 不敢輒入, 故爲叫噪." 妓曰: "奔湊跋涉[51], 飢餒應甚, 何以療腹? 我方按夕飯, 纔吃一匙可共之." 乃引公與之, 同卓而食. 食已, 妓更以新衣一部, 衣之, 曰: "我爲公製此, 欲付信使者久, 而雁飛魚沈, 尙未憑送矣. 不意今日, 少遂微誠." 公脫下弊衣, 束置突上, 妓曰: "敗絮殘布, 綻缺無餘, 不可復着, 安用此爲?" 仍拓窓擧而抛於外, 公急下堂取之, 如恐不及. 妓又攫而投之, 公隨卽捨取, 如是者三, 妓注視公差久, 勃然作色, 曰: "妾唯以誠虔, 仰接夫子, 夫子反以假意粧撰, 何也?" 公愕然曰: "何謂也?" 妓曰: "公旣着新衣, 而苦心血誠, 不棄弊衣者, 將以有用也, 豈非繡衣耶?" 仍絶袂而起, 公笑而挽住, 曰: "吾果登第, 方叨是職而逢汝, 豈可自詑曰吾御史也哉?" 妓卽釋然, 又請曰: "將如本郡太守何?" 公曰: "此吾所以疑難者也. 太守貪虐病民, 罄竹難書, 我若抉摘過惡, 至於黜落, 則是無敦睦之風也; 若隱忍掩護, 知而不言, 則是不恤國事也, 何爲而可?" 妓曰: "若以此奏撤, 終至抵法, 則人必謂公含憤畜怒而發也. 若置而不論, 以私減公, 此皆斷不可行也. 公若潛見太守, 數以罪戾, 諭之使去, 則可謂兩得其中, 以爲如何?" 公曰: "過我多矣." 妓呼公搦筆, 仍枚擧太守不法之事, 乾沒倉穀, 刁蹬民財等狀, 使公繕錄. 當夜妓引公, 暗入東閣, 太守方坐, 見公大驚, 蓋已知公釋褐也. 仍起戰慄, 曰: "貴駕奈何至此?" 公曰: "吾奉命北至[52], 仍到貴府, 潛來伏謁, 未審別來無恙." 太守惶縮膜拜, 手脚慌亂, 公曰: "自到貴境, 詞探政績, 則怨讟載路, 掩耳不得. 彼此不幸, 已不可論, 未知行何悖政而至此?" 太守囁嚅曰: "願聽小官罪顆." 公以所錄遞示, 太守曰: "明證斯存, 辨白不得, 願使星特念同根之義,

---

51) 涉: 이본에는 '履'로 되어 있음.
52) 至: 이본에는 '出'로 되어 있음.

俾免大罪, 如何?" 公曰: "我豈剌口論列, 陷公於廢錮之科哉? 然吾旣忝按廉之重, 不可使一邑之民, 緣吾私誼, 一受苦楚. 望須於明日內, 三呈辭單, 卽卽解歸, 不然則封庫登聞." 太守謝曰: "公之包容德量, 使腐草續春, 枯骨復肉, 敢不唯命." 公乃出, 翌朝, 太守果稱病歸田. 公將行, 謂妓曰: "吾揭欲將汝以歸, 重續金屋之緣, 而奈玉署一啣, 其淸如水, 苜蓿闌干, 藜莧不充. 若使汝有啼飢之嘆, 則是余之責也. 稍待官尊祿肥[53]事力稍集, 當有會合之日." 妓曰: "妾豈可仰累於相公也? 當一聽尊旨." 公竣事而還. 一日, 復鎖直瀛洲, 時肅廟春秋晼晚, 以眼眚不豫. 每夜, 悉召禁直諸臣, 怡然閑話, 商確古今, 且及閭巷諺俚之語, 以爲消遣之策. 諸僚各以所見聞, 仰奏畢, 次及公, 公對以無可仰徹者, 上强之曰: "汝旣巡廉北方, 必有所踐歷, 盍言之?" 公俯伏對曰: "鄙瑣不敢敷陳." 上曰: "君臣之間, 如家人父子, 何所不言?" 公卽以端川事條對, 至陶穴逢妓進食, 上仍擧竹箐[54]小扇, 連擊御床. 次至備馬送行一款, 擊節頗數, 復至因收弊衣, 知其爲御史, 扇爲盡碎. 最後, 至乘夜見太守, 諭以治歸, 及對妓證以後約, 上乃亟宣召承旨, 書傳旨, 諭關北伯, '端川府掌酒妓某, 不日治送于儒臣金宇杭家, 卽爲啓聞[55]云云.' 北伯果依聖敎, 厚贐錢帛, 送妓于公家. 妓事公及夫人, 如嚴君, 使婢僕一以恩信, 治産業無匱乏. 公之立朝布置, 多妓所助云[56].

---

53) 肥: 저본에는 '肌'로 나와 있으나 이본을 따름.
54) 箐: 저본에는 '角'으로 나와 있으나 이본을 따름.
55) 聞: 저본에는 '問'으로 나와 있으나 이본에 의거함.
56) 云: 저본에는 '云云'으로 나와 있으나 이본에 의거함.

3-6. 趙豐原柴門訪舊友

豐原府院君趙相國顯命之爲童丱也, 家居彰義洞, 近隣有金時愼者, 安東望閥也. 與公年紀相甲乙, 晨夕追隨, 而又有一小兒, 或隨時愼來戲, 自言時愼之族黨. 未幾, 公家三遷于紫閣峯, 南涯北角, 晨星落落, 而時愼則時或來造, 以至成冠登第, 不替舊好. 及公生女, 許配時愼之子, 親事未完, 時愼遽夭. 公待年受幣, 以成瓜葛. 荏苒光陰, 公髮星星, 位躋調勻. 一日, 玉潤遘喪其父, 裦輀經于洛汭, 公出郊, 澆奠操文盡哀, 因念舊遊零星, 形影相吊, 悽愴斛淚. 點檢前事, 始怳惚記得時愼之族黨小兒, 而猶在疑眩, 詳問于玉潤. 玉潤良久沈吟, 忽大悟, 曰:"斯人也! 名做晚行, 見今窮不能爲家, 結廬於白岳山下, 賣果資業." 公大喜, 卽召前導, 使玉潤昭指其家, 因起身專訪. 晚行方閑坐蝸舍, 忽聞雙隷呵導, 轉入柴扉, 仍驚問隷曰:"枉此者, 是何相位?" 隷曰:"趙判府大爺." 曰:"汝誤尋到此, 必須回去[57]." 隷曰:"生員主非姓金諱某者耶?" 曰:"是則是矣, 然我本與汝大爺素昧, 且貴賤懸殊, 詎有委造也?" 言未已, 前輩班列, 騶從群擁一軺到門. 晚行下塔迎之, 公下車執手, 曰:"汝能記我否?" 曰:"未也." 乃携入堂上, 且曰:"回憶五十年前, 我與若吹葱騎竹汗漫同遊? 伊來滄桑累易, 朋儕殆盡鬼錄, 獨我兩翁, 兀然相對, 可謂千古奇會也." 晚行始識破其由, 相敍平生閱歷, 氷犀交透, 膠漆復合. 公曰:"此會不可無酒, 幸得一壺來." 晚行乃使一婢赤脚, 稱貸沽酒, 隣肆見長者車轍, 不靳暫貸. 仍相飲一盃, 見堂楣有垂白之扁, 砌上黃菊正嫩, 乃濡筆題壁, 曰:'垂白堂前黃菊開, 柴門前導故人來. 江干哭送士衡【時愼字】柩, 今日逢君酒一

---

[57] 去: 이본에는 '出'로 되어 있음.

盃.' 書罷, 索紙列寫十斛雲子百金靑蚨, 爲帖而給之, 曰: "聊償[58] 汝杖頭之債耳." 仍盡歡而歸, 卽召銓部, 曰: "我有一同窓故人, 白首無成, 飭躬砥行, 須待將作監有缺, 必注擬." 吏如其言. 晚行自一命, 轉除金吾郎. 至今壯洞之金, 多言此事, 以公爲風流宰相云.

3-7. 宋班窮途遇舊僕

古有官族宋氏, 久替簪纓, 宗支諸人, 幾盡淪喪, 只有孀婦孤兒, 零丁孤子. 有一小僮莫同, 幹理家務, 以替外庭, 一日忽逃[59]去, 闔門嗟惜, 莫詗其迹. 過三四十年後, 其孤兒長成, 貧窮轉甚, 不自能存,[60] 欲往投于關東一邑倅親知者. 路出高城郡, 日暮店遠, 遙[61]尋人烟, 踰一崗, 崗下千家同井, 碧瓦欲流, 溪山艶冶, 亭榭參差. 乃就而問之, 則洞之豪者, 崔承宣也. 生踵門請謁, 有一少年秀才, 肅生而入, 舘于一舍. 坐未定, 一靑衣, 傳承宣言曰: "靜閴無以陶寫, 邀客位入座請款." 生隨敎踵至, 有一老人, 豊頤廣頰, 兩眼燁燁有光, 見生致禮, 容儀端整. 剪燭談話, 將及三更, 承宣屛左右, 緊閉門, 仍免冠拜伏于生之前, 號泣請罪. 生莫知端倪, 吃了一驚, 曰: "令公何故作此駭怪之擧乎?" 承宣曰: "小人卽貴奴莫同也. 厚蒙主恩, 暗地逃竄, 一罪也. 娘娘守寡, 待如手足, 而莫體盛意, 永世忍訣, 二罪也. 冒姓誑世, 猥占祿仕, 三罪也. 身旣榮貴, 不續音信, 四罪也. 相公辱臨, 待如敵己, 五罪也. 負此五罪, 何以自立於世乎? 幸相公責之笞之, 以贖[62]積罪之萬一焉." 生瞿然無所容措, 承

---

58) 償: 저본에는 '賞'으로 나와 있으나 이본에 의거함.
59) 逃: 이본에는 '逸'로 되어 있음.
60) 不自能存: 이본에는 '不能自給'으로 되어 있음.
61) 遙: 나본에는 '往'으로 되어 있음.
62) 贖: 이본에는 '稱'으로 되어 있음.

宣曰:"主僕之義, 與父子君臣, 不等一間, 今此恩情阻隔, 體貌掣碍, 卽欲無生, 以償[63]此恨." 生曰:"設如公言, 顧今時移事往, 水流雲空, 何必提起, 使賓主俱困? 願安坐閑話." 承宣卽問宋宗之大小族黨無恙與否, 道故感新, 相與興唱. 生曰:"令公自幼誠有器局, 叵耐匹夫, 何得起家至此?" 承宣曰:"正是更僕難盡! 小人童幼執役, 竊覩主家命運否, 替興復無期, 自知一生不免飢寒, 日計略有經營, 倉卒逃出. 而志高膽雄, 誓不老於興儓之賤, 乃假冒於崔門之有顯閥而無后者. 初居京華, 潛殖貨財, 數年之頃, 得數千百金. 乃退居永平, 杜門讀書, 謹勅持身, 鄉里已稱以士夫之行. 又散財而買貧民之心, 厚賚而箝富豪之口, 繼使洛城遊俠之徒, 華其鞍馬, 詐冒顯者之姓名, 聯絡來訪, 邑人益信之. 又四五年後, 移鐵原, 修己如昔, 鐵人又待以一鄉之士族, 始乃聘一弁官女, 蓋稱再娶也. 生子生女, 而或慮事覺, 又移居于淮陽. 少焉, 又轉移于此郡, 淮人問諸鐵人, 高人問諸淮人, 奔走相傳, 推我爲甲閥. 而小人以明經, 幸竊科第, 分隸槐院, 歷正言·持平, 而旋以大鴻臚, 擢通政, 參知騎省, 同副喉院. 一日, 忽念難節者人慾也, 易缺者圓滿也, 若又冥升不已, 則神怒人猜, 償誤可慮. 故決意勇退, 更不踏紅塵一步, 優游田園, 歌詠聖澤. 而五子二女, 皆與顯族結姻, 弊庄前後左右, 都是姻婭之家. 長子以文科, 方在殷栗任所, 次子以學行, 登道剡, 授寢郞而不仕, 次登國庠. 小人年踰七十, 子孫滿堂, 歲收萬斛, 日食千錢. 量分度力, 詎不自足, 而但念主恩未報, 窚寐如結, 每欲趨謁, 恐或發露; 又欲周貧, 恨無門路. 此所以潛自疚懷怳惚獨語者, 而今天借其便, 相公來臨, 小人死且瞑目矣. 敢留相公

---

[63] 償: 이본에는 '價'로 되어 있음.

數朔, 用副微悃, 而但以尋常行客, 忽被款厚, 則惹生傍觀之惑. 惶恐敢欲畫以稱姻戚, 以耀門閥, 夜以定主僕, 以正[64]名分, 未知肯納否?" 生許之. 言訖, 天已曙矣. 子弟[65]門生, 迭進問候, 承宣曰:"昨夜有奇事, 偶因渴睡, 使宋生敍氏族, 正爲吾再從姪, 貫派昭然, 信非誣矣. 吾昔在京華時, 與其父追遊同學, 情好如同胞, 伊來四五十年, 不幸有存沒之感, 兼以道路脩夐, 聲音莫憑. 未聞六尺之孤安在, 今者相逢, 倍切傷感." 子弟輩大喜, 稱兄呼弟, 相携於山亭水榭・茂林脩竹之間, 以絲竹爲日用, 觴詠爲課程. 居月餘, 生欲辭歸, 承宣曰:"謹以萬金壽之, 須廣謀田宅, 與近族分飽." 生大喜, 而車馬輜重, 照耀長程. 及歸家, 求田問舍, 猝成素封, 知生者莫不異之. 生有一從父弟, 自是潑皮, 最尤陰毒, 苦問生潤屋之由, 生曰:"某知縣周恤云." 潑皮不信, 他日又問, 生曰:"路傍偶得銀甕." 潑皮那裡肯信? 乃釀酒邀生共飲, 醉倒如泥, 潑皮忽大哭, 生怪詰之, 潑皮曰:"我早失怙恃, 終鮮兄弟, 唯依從兄, 從兄遇我如路人, 寧不悲乎?" 生曰:"我有甚薄待?" 潑皮曰:"不通情曲, 豈非薄待? 生財之由, 終不肯直言, 何也?" 生曰:"汝不知我生財之由, 至成怨恨, 我當實告." 仍細述其詳, 潑皮大怒曰:"兄長包羞忍恥, 反受叛奴之厚賂, 呼兄呼叔[66], 亂其綱常, 豈非大段羞恥[67]乎? 我當直走高城, 悉暴此奴悖狀, 一以雪兄長汚衊, 一以扶衰世綱紀." 言已, 納履而走, 直向東門外. 生大懼, 急雇善步者, 馳書于承宣, 語故詳悉, 又引失言之咎. 兼程而至, 則承宣方與諸公飮博, 及呈書閱看,

---

(64) 正: 이본에는 '定'으로 되어 있음.
(65) 子弟: 이본에는 '子孫'으로 되어 있음.
(66) 呼叔: 가본에는 '呼奴'로, 나본에는 '呼弟'로 되어 있음.
(67) 羞恥: 이본에는 '羞辱'으로 되어 있음.

略無怖色, 大笑而起, 曰: "却悔少日學得小技!" 諸人問之, 承宣曰: "日者, 宋姪之來, 語到醫人之術, 我偶詑素工鍼治之技, 姪大喜言, '渠有一弟狂易, 當專送治療云.' 余謂戲言, 今果送之, 今明間當抵此. 諸君須各歸家, 屛息關門, 毋使狂者自橫也." 諸人大懼而散, 各自歸家, 一洞爲之斂跡, 曰: "承宣家有狂夫來!" 居無何, 潑皮性如烈火, 胡叫亂嚷而至, 曰: "某也吾之奴也, 某也吾之奴也!"[68] 一洞大笑曰: "眞箇狂夫來矣." 承宣安坐不動, 令健奴數十輩, 齊出圍而結縛, 卽拘囚於家後庫中, 以便針治. 已而, 鄕里諸人又會, 承宣嚬眉, 曰: "不圖此姪若是嬰疾, 幾成貞痼." 諸人曰: "可惜! 名家少年, 有此心恙[69]. 吾輩見狂者多矣, 未有若此之甚者云云." 夜深席散, 承宣持一大針, 獨造潑皮見囚處, 潑皮張口肆辱, 承宣全不採聽, 以針亂刺, 皮肉盡綻. 潑皮不堪痛楚, 願活縷命, 承宣一向深刺, 潑皮萬端哀乞. 承宣乃正色厲責, 曰: "我自守本分, 先陳來歷, 則固當好言相對, 而今忽摘發釁累, 計欲湛滅乃已乎? 我白地刱開, 豈無智慮而被汝庸愚者所敗耶? 初欲以劍客, 邀擊汝于中路, 而特念先世之恩, 姑存性命. 汝若革心改圖, 則當成一富兒, 若迷執前失, 則我不過爲殺人之庸醫, 唯汝自裁." 潑皮感其忠厚, 量其利害, 乃曰: "如不悛改, 便爲狗子." 承宣曰: "自今昧爽, 必呼我以叔, 諸人如有所問, 則汝必答以如此如此." 潑皮曰: "敢不唯命, 雖呼爺亦甘心矣." 承宣乃出, 呼子弟語曰: "宋姪病祟, 幸不深在膏肓, 盡意施針, 當奏神效. 須厚備膩味, 以補虛耗." 翌朝, 承宣率子弟諸僕, 入見潑皮, 潑皮喜且拜, 曰: "自叔父療治以後, 神氣淸明, 病根快去, 更願安臥靜室調養數日." 承宣泣曰: "天將不餕

---

[68] 某也吾之奴也: 나본에는 빠져 있음.
[69] 恙: 이본에는 '蟶'으로 되어 있음.

宋氏鬼耶? 我昨日忍所不忍, 亂刺汝膚, 可謂骨肉相殘." 因衣以新衣, 携出外舍, 盡意撫饋. 居無何, 鄕里聚集, 承宣使潑皮面面拜謁, 潑皮磬折唯謹[70], 且曰: "昨日疾大作, 不省所爲, 能無悖慢於諸丈乎?" 自是, 潑皮禮貌甚恭, 閑住五六月, 以緡錢三千送之. 潑皮終身感戴, 不敢以此事有洩云.

3-8. 金生好施受後報

淸州士人金世恒者, 赤手起家, 身致千金. 嘗出行, 過州城北門外, 見城底有一流丐, 傍藁苫而哭, 頻頻開視, 且語且哭. 金駐馬問之, 則對曰: "與母轉乞, 寄食於府內人家夾室, 母忽遘癘, 家主逐出. 奄忽於此, 赤尸無以斂埋, 罔措罔措, 因以號踊." 金聞而憐之, 入城內, 貸錢十五緡, 使奴傳給矣. 歸家後數日, 有一衰服者, 拜謝于巷口, 曰: "天使彼宅, 子孫滿堂, 榮華奕世云云." 金聞之, 使奴逐之. 伊后, 乞兒入雇於府內吏胥家, 畜聚財産, 因致富饒. 金之死後, 其子孫將立石, 其人自請磨其石物[71], 以表報恩之意云. 金嘗在家, 冬日極寒, 有一棘人, 薄着呼寒而入. 金問其來由, 棘人曰: "本以利川之人, 遭父喪於文義, 客地形勢, 萬無殮屍返葬之道, 故行乞錢錢矣." 金惻然曰: "當此嚴沍, 行必凍死, 所乞幾何?" 仍出錢三十緡與之, 使歸治喪. 棘人怳惚[72]驚怪, 熟視無言, 金曰: "若不忙急, 經宿以去, 如何?" 棘人曰: "親喪未斂之人, 豈不時急乎?" 因稽首僕僕而去. 金初不以此事言于子姪, 故家人亦無知者. 金死後, 其子欲觀庭試[73], 駄巨擘入城, 則巨擘爲勢家所奪. 金不勝憤痛, 因

---

70) 謹: 이본에는 '謹勤'으로 되어 있음.
71) 物: 저본에는 빠져 있으나 이본에 의거하여 보충함.
72) 怳惚: 이본에는 '悄怳'으로 되어 있음.

卽還鄕, 暮抵竹山白巖店舍, 則有一憔悴儒生, 先入此店, 見而問之曰:"觀君行裝, 必是科行, 而科日不遠, 何爲下來也?"金生曰:"欲赴鄕試耳."儒生問居住, 金曰:"居在淸州."儒生曰:"居淸州, 則毛山村金生員名某, 或知之否?"金曰:"是吾先親也."儒生且驚且喜, 曰:"何年下世乎?"金生曰:"已過三霜矣."儒生泫然下淚, 具陳年前受恩之事, 曰:"自其返喪以後, 程道稍遠, 憂故連綿, 未得更造門屛, 而必報之心, 銘在肝肺. 今秋大比, 意必有貴門中觀光之人, 竊爲隨從報效之計, 發向淸州, 中路病淹月餘. 今才少瘳, 方欲往陳其由, 强策前進, 艱辛到此, 幸逢執事, 此亦天借其便也." 金聞而思之, 則彼以報恩之意, 遠路委訪, 則必是巨儒. 仍詳言其科事狼狽之由, 儒生曰:"然則事不偶然." 卽爲貰馬, 罔夜馳進. 未明, 抵試所, 則幾盡入場, 而門姑不閉矣. 二人坐於場屋之末, 兩日之試, 作之書之, 初場居魁, 終場亦嵬捷. 其儒生, 卽徐生也. 金生仍與徐生還家, 屢旬留連, 製給新衣一襲, 徐固辭不受, 而强使着之, 裝送其家之時, 潛裹百緡錢於行擔中矣. 徐歸家後, 始覺, 卽以百緡及路需所餘, 盡送之, 曰:"吾若受此餽, 則報答之意, 果安在哉?"及其會闈, 徐又偕入場中, 使金嵬參於蓮榜. 金生兄弟亦克遵家訓, 周窮恤貧, 子孫昌盛, 科甲連疊云.

3-9. 匿屍身海倅償恩

湖西有士人柳姓者, 嘗赴擧上京, 下第無聊, 聞松京多勝景舊蹟, 卽爲下去, 處處遊覽. 一日, 閑步於城內, 適驟雨如注, 生避立於路傍家門, 雨終不止, 日已向夕, 政爾愁悶. 忽有一小丫鬟, 自內出,

---

73) 庭試: 나본에는 '監試'로 되어 있음.

曰:"未知何方客子,[74] 而雨勢如此, 請入內留歇焉." 生曰:"此家誰
氏之家, 而何無男丁也?" 曰:"主人則行商, 在外者數年矣." 曰:"然
則外客何以入內乎?" 曰:"旣有請入之敎, 不必爲嫌矣." 士卽隨入
內, 有一美人, 年可二十餘, 姿色絶艶, 令人神魂迷蕩. 延生入室,
曰:"貴客避雨久立, 心甚不安, 敢此請邀." 生遜謝曰:"初不相知,
荷此款遇, 感謝何極?" 已而, 進夕飯. 飯後, 仍明燭相對, 談笑移
時, 情竇互開, 偎肩促膝, 恣[75]意戱謔, 相與昵枕合歡. 其明日仍留,
一日二日, 將至一旬矣. 商人出去時, 囑其隣居一友, 着實看檢其
家事, 故其人常常來問其安否. 生旣久留, 形迹自露, 其人察其幾
微, 專人通奇, 使之還家. 商人聞此奇, 罔夜疾馳, 及抵松京, 夜已
三鼓矣. 直向其家, 踰墻而入, 穴窓而窺, 其妻與一少年, 明燭對
坐, 戱笑自若. 商人遽推窓而入, 出其不意, 其女則面無人色, 生則
慌惚喪魂. 商人曰:"汝是何人, 敢突入人家, 與吾妻對坐乎?" 生定
神良久, 略陳其由, 其妻低頭含口而已. 商人謂其妻曰:"汝與彼俱
犯死罪, 當卽殺之, 而吾旣遠來, 喉渴頗甚, 亟買酒肉來!" 卽探囊
中, 出錢給之, 其妻不能違, 持錢出去, 市酒肉而來. 商人使其妻斟
酒自飮, 以一盃賜生, 曰:"汝雖將死之人, 第飮此酒." 仍拔所佩刀,
切肉啗之, 又以刀尖, 揷給肉片, 生受飮一盃, 以口進啗. 過三盃
後, 商人曰:"吾當以此刀斫汝, 而憐汝殘命, 特爲容貸, 汝卽出去,
勿留近處." 生百拜致謝, 包頭鼠竄而走, 直向京城.[76] 商人謂其妻
曰:"汝今知罪否?" 其妻伏地流涕, 萬端乞命, 商人曰:"吾當殺汝,
以正其罪, 而人命可矜, 姑許貸頭. 汝若更有[77]此事, 當寸斬不赦

---

74) 客子: 이본에는 '客主'로 되어 있음.
75) 恣: 저본에는 '姿'로 나와 있으나 이본에 의거하여 바로잡음.
76) 京城: 저본에는 '松京'으로 나와 있으나 이본에 의거함.

矣." 其妻叩頭拜謝. 商人使之滅燭安寢, 卽往其友家, 問其專人之故, 答曰: "君家似有外人交通之迹, 故果爲通奇矣." 曰: "其人尙在否?" 曰: "必不去矣." 卽與其友至其家, 則東方未明, 門戶尙局. 入[78]於門外, 使之開門, 而入于內堂, 則只有其妻, 而無人在者, 遍尋家中, 寂無形迹. 其友反悔其誤聞而輕言, 心甚悅惚[79]無聊, 商人曰: "君或誤聽, 亦非異事. 以君我情密之故, 有此通奇, 有則治之, 無則置之, 亦自不妨, 何必咄嘆? 第少婦獨宿, 慮無不到, 日後, 勿以誤聞爲慮, 如前照管, 是所望也." 其友感其言衷曲, 還爲致謝. 商人卽送其友, 待曙還發, 申囑其妻, 恩威並至, 其妻更不敢作奸矣. 生於翌年春間登第, 數年後, 得海西一邑宰. 忽有村氓來, 告以其父與松商某人相詰, 被打致死云, 及聞松商姓名, 則乃自家活命人也. 其村距邑治, 不過十里許, 將欲出往檢屍, 三吹訖[80] 忽曰: "吾適頭痛神眩, 不可作行, 日且迫昏, 明朝當出往." 仍爲停行. 是夜, 密招通引中心腹人, 謂曰: "吾之遇汝, 果何如? 汝能爲我出力, 雖至難之事, 可以辨得乎?" 對曰: "官家視小人如家人, 恩德出常, 雖水火, 安可避也?" 曰: "汝聞今日某村有殺人事否?" 曰: "聞之矣." 曰: "汝能於今夜, 潛往某村, 取其屍, 抱石投之於村後防築中否?" 曰: "當如敎矣." 曰: "汝出去時, 打殺邑中一大狗, 負之而去, 置之屍床, 以被覆之, 如屍體樣, 而未明前來告. 切勿出口, 可也!" 通引領命而退, 果於昧爽時, 來告以如敎處置. 使之退待, 仍卽起坐治發, 火速馳進, 及到某村, 招入元告·元隻詰問後, 使刑吏開

---

77) 更有: 이본에는 '有更'으로 되어 있음.
78) 入: 문맥상 '立'이 되어야 함.
79) 悅惚: 가본에는 '惝悅'으로, 나본에는 '惝恍'으로 되어 있음.
80) 三吹訖: 이본에는 빠져 있음.

檢, 則刑吏旣入旋出, 曰: "甚是怪事! 尸[81]體不知去處, 有一死狗, 覆之以被云." 官大驚曰: "寧有是理?" 親入審視, 則果如刑吏之言, 推問元告曰: "汝父尸體, 藏於何處? 以死狗代置, 抑何故也?[82]" 元告兩目瞠然, 心神迷亂, 不能出語. 良久, 供曰: "父尸的在室中, 以官家未檢之故, 只以被覆之, 而不爲防守, 但於外廳經夜矣. 變怪至此, 不知其故矣." 官答曰: "爾必隱匿爾父於他所, 稱以致死, 誣告成獄, 要免債徵也." 欲加嚴訊, 其人叫呼稱屈, 官曰: "汝雖稱屈, 尸體不在, 何以檢驗成獄? 待爾尋得尸體, 始可行檢." 仍以其由, 論報營門, 厚賞通引, 愛之如子矣. 其人以不得尸體, 更不敢告官, 松商幸而免死出獄, 然莫知其由, 心自訝惑而已. 官亦不招見松商, 彼此聲息, 如前阻隔矣. 過六七年後, 又任某邑宰, 與松商所在邑隣境也. 莅官後, 遣人訪問, 潛招松商, 敍其平生, 商人初不相識, 及言其某年貸人命之事然後, 始乃驚悟. 又言其藏尸免檢之事, 商人大感泣, 曰: "小人曾活大人之命, 而向來事, 大人還貸小人之命, 此恩此德, 糜粉難忘." 自是, 往來書信, 至老不絶云.

3-10. 占名穴地師報德

李公某, 爲某邑倅時, 邑底有李姓兩班, 家長出外, 三年不還. 獨有妻孥, 而時値歉荒, 三旬九食, 將至餓死之境. 李倅憐之, 頻加周恤, 得以延活. 及遞歸之後, 遭親喪, 方欲求山營窆. 一日, 有一士人來弔, 曰: "某卽某邑某也, 外治雜術, 久未[83]還家, 賴公仁政, 家屬得活, 含恩感德, 思欲一報. 今公遭艱, 未及過窆, 山地如無所

---

81) 尸: 이본에는 '屍'로 되어 있음. 이하의 경우도 동일함.
82) 抑何故也: 가본에는 '何故也'로, 나본에는 '何也'로 되어 있음.
83) 未: 이본에는 '矣'로 되어 있음.

占, 則某粗解地理, 占得一穴而獻之." 翌日, 遂與主人, 登家後光
敎山麓, 逐龍走至山端, 手舞翩翩. 李公怪而問之, 士人曰: "此是
大地, 不必遠求, 用此則二子當爲亞卿, 後孫亦當昌盛矣." 主人依
其言, 過葬. 其後, 二子俱爲參判, 至今雲仍繁衍, 簪纓不絶. 其士
人, 卽李懿信云. 又有一地師, 精於堪輿, 嘗作鄕行, 投宿於一村
舍. 其主人乃棘人也, 一見款待之, 善饋朝夕. 地師感其厚意, 欲報
一飯之德, 問其過葬與否, 棘人曰: "方求山未定." 地師曰: "某粗解
風水, 欲占葬地否?" 棘人曰: "不敢請固所願也! 吾家計稍饒, 無他
所求, 而年過五十, 尙無一子, 若占得得嗣之地, 毋至絶祀之境, 則
幸也." 地師至村後一處, 占穴曰: "此是連生三子之地, 君其用之,
因穿土作壙." 有一過去老僧, 招謂地師於靜處, 曰: "何乃葬人於三
虞前有喪之地乎?" 地師曰: "此非汝所知." 因爲過葬後, 與主人約
曰: "十年當復來, 其間必生三男." 遂去. 及其返虞而歸, 主人之妻,
患急瘧而死. 過三霜後, 繼娶年少之婦, 延[84]擧丈夫子三人. 十年
後, 地師果復來, 主人以喪配歸咎, 地師笑曰: "君內外偕老, 懷孕
無路, 若不斷絃, 何以弄璋? 此吾所以擇地而占之者也."

3-11. 憐窮儒神人貸櫃銀

京城慕華館後, 一良家兒, 年近[85]二十, 與偏母居生, 家貧以賣糖
爲業. 適値武試, 滿貯白糖於粲器, 持往試場, 則時尙早. 置[86]糖器
於貫革後, 臥而假寐, 夢中有老人來, 謂曰: "第幾貫革後, 有埋銀
三千兩, 而銀主卽南山洞李姓兩班. 其家門外, 櫻桃花盛開, 尋往

---

84) 延: 이본에는 '連'으로 되어 있음.
85) 近: 저본에는 빠져 있으나 이본에 의거하여 보충함.
86) 置: 저본에는 '取'로 나와 있으나 이본에 의거함.

其家, 準納銀兩, 受其貸用手標, 還埋其處, 則於汝亦有脫貧之道.
須勿過時, 卽速掘去!" 其兒睡覺, 則夢也. 怳惚難測, 將信將疑, 咨
且之際, 又爲昏寐, 則老人又來催促. 兒乃驚悟, 急回家, 持鋤來,
掘其第幾貫革後, 不過三寸許, 果有盛銀櫃子. 取視則銀片滿貯,
重可爲數千兩. 卽負其銀櫃, 直往南山洞, 則亦有李姓人家, 門外
櫻桃花方盛開, 果如神言. 遂入其家, 敗垣頹壁, 不蔽風雨, 李生出
來, 衣服縕褸[87], 形容憔悴. 兒卸下銀櫃, 具告夢中事, 請受貸銀手
標, 李生秤銀, 果爲三千兩. 詳聞其由然後, 書給貸銀手標, 使之還
埋後卽來. 兒依神言, 置手標於櫃中, 埋於掘銀處, 又來李生家, 生
謂曰: "吾當爲汝營産, 奉汝老母, 來此同住, 可也." 生以銀買舍置
庄, 又買一家, 使兒居之, 日用凡百, 亦皆備給, 娶婦成家, 穩度歲
月. 未幾, 李生登第, 歷敭華顯, 累典州牧, 每率其兒以往, 同享官
廩矣. 幾年後, 任關西伯, 反閱銀庫, 則最深處一櫃, 空空無物, 而
中藏自家貸用手標. 取而見之, 大驚歎曰: "神人以吾貧窮之故, 使
兒指示, 先貸此銀, 若非神人, 吾何以至此乎?" 遂以自家俸銀, 準
數充納, 厚給其兒, 亦爲富家翁云.

3-12. 擬腴邑宰相償舊恩

古有柳姓進士, 家貧朝不謀夕, 又値歉歲, 無以資生. 時當長夏,
連五日未炊, 飢困忒甚, 頹臥外舍矣. 內堂寥閴, 久無人聲, 柳怪
之, 起而欲入, 不能作氣, 匍匐而至于內, 則妻方以物口嚼, 見其
入, 慌忙掩匿, 面帶羞色. 柳曰: "君何獨喫某物見我掩匿乎?" 妻
曰: "吾若有物可喫, 豈忍獨嘗乎? 俄於昏倒之際[88], 見西瓜核枯付

---

87) 縕褸: 이본에는 '藍褸'로 되어 있음.
88) 昏倒之際: 이본에는 '昏倒時'로 되어 있음.

壁上, 取而剖嚼, 則乃空殼. 方爲恨歎, 見君入來, 不覺枑然." 仍於 手中, 出示西瓜空核, 相與歔欷. 少頃, 門外有呼婢聲, 其妻曰: "彼 何人斯, 踵門呼婢? 可卽出見." 柳匍匐出見, 則有一隷, 立於門前, 見柳出來, 拜謁後, 仍問曰: "此是柳進士宅乎?" 曰: "然." 曰: "進士 主名字, 某字某字乎?" 曰: "然." 曰: "進士主入於某陵參奉首望蒙 點, 故望筒持來, 而艱辛[89]尋到矣." 卽自袖中, 出示望筒, 果是自家 姓名. 然素不知銓家之爲誰某, 今此檢擬, 實是意外. 如夢如眞, 疑 怪良久, 曰: "此必與我同姓名人矣! 汝誤尋到此也, 須往他處, 詳 細訪問也. 吾家至貧, 與世相絶, 環顧城中, 無一知我名者, 豈有自 銓曹照望之理乎?" 仍還入, 妻問: "何人尋來耶?" 柳語其來由, 妻 驚喜曰: "若然則庶可延活矣." 柳曰: "百爾思量, 萬無是理. 進士之 初仕者, 必有先容公誦然後, 可得照望, 而世豈有爲我言者乎?" 相 與酬酢, 疑信相半, 其隷又來呼婢, 柳又出見, 則曰: "小人往吏曹, 詳探則分明是進士主也. 先代職名, 登庠年條, 歷歷可驗, 萬無一 慮矣." 柳始乃信之, 曰: "吾雖除官, 方今絶食者屢日, 不能起動, 將何以肅謝乎?" 其隷卽往于市, 貿米饌束柴, 而使之先炊粥飮, 潤 其枯腸. 繼貿斗米・駄柴・如干饌物而來, 柳連喫粥飮, 目始有見, 氣能行步. 謂其隷曰: "賴汝救飢, 幸得生道. 然自頭至足, 無一所 着, 將何以出肅乎?" 其隷卽往衣廛, 所着衣冠, 皆得貰來, 又使其 隷, 寄書于親知家, 借冠服以來. 致賀之人, 稍稍來見, 伻賀者亦踵 門, 比諸前日, 炎涼判異. 柳肅謝後出直, 卽以錢米, 計給京書員所 納之數, 又[90]以十斗米・一駄柴, 入送家中. 探問吏判, 則乃李公某 也. 非但他色, 素無聲息, 適有柳同硏友, 與吏判切親, 聞其窮餓濱

---

89) 艱辛: 이본에는 '艱辛'으로 되어 있음. 서로 통함.
90) 又: 저본에는 '以'로 쓰고 삭제표시가 되어 있으나 이본에 의거함.

死, 力誦銓家, 銓家聞甚矜惻, 排衆首擬云. 伊後數年, 柳又大闡, 歷敭淸顯, 遂秉銓. 時適杆城有窠, 杆是饒邑, 上自卿宰, 下至親戚, 求之者甚衆, 難以取舍, 明將開政, 心甚悶然. 夫人見其顔色, 怪而問之, 柳具言其由. 夫人曰: "大監爲參奉時吏判家, 今果何如?" 曰: "其時吏判已卒逝, 其子數人, 皆登朝籍, 亦有蔭仕可合郡守者, 而家甚淸寒云." 夫人曰: "大監若不以此人爲杆城, 則可謂背恩忘義矣. 干囑雖多, 愼勿否且, 決以此人首擬然後, 可以報昔日筮仕之恩, 大監何不思嚼瓜核之事耶?" 柳聞之大悟, 曰: "然矣." 翌日, 政以李某首擬杆城而蒙點云.

3-13. 赴南省張生漂大洋

濟州人張漢喆[91], 以鄕貢赴禮部會圍, 與友人金生及舟子二十四人登船. 風順海濶, 其疾如飛, 忽看西天, 赤日乍透, 一抹烟雲之氣, 起自波間, 雲影日彩, 明滅相盪. 俄而, 雲成五彩, 平浮半空, 雲下若有物, 突兀而高起, 依俙若層樓高閣, 而遠不可辨矣. 良久, 日隱重雲, 樓閣之形, 變成萬堞層城, 極目橫亘於銀波之上, 逾時而廓開無所睹, 此乃蜃樓也. 篙師驚曰: "是爲風雨之徵, 愼勿放心也." 已而, 獰風怒號, 急雨滂沱, 孤舟出沒, 漂泊無涯. 舟中人, 或有昏倒不省者, 或有堅臥痛哭者. 夜色昏黑, 咫尺莫卞, 舟底則水多漏入, 船上則雨如翻盆, 船中水深, 已沒半腰. 舟中人自分必死, 張生乃權辭曰: "東風甚急, 孤篷[92]如飛, 一日千里. 吾觀地圖, 以知琉球國, 在耽羅之東, 海路三千里, 今夜必炊飯於琉球國矣." 衆乃大喜, 蹶然而起, 頃刻卸水. 度了三晝夜, 風雨稍定, 但見水天相

---

91) 喆: 저본에는 '哲'로 나와 있으나 이본에 의거하여 바로잡음.
92) 篷: 저본에는 '蓬'으로 나와 있으나 이본에 의거함.

接, 不見端倪. 金生及諸篙師, 皆咎張生曰: "以君浪生科欲, 使我無罪之人, 擧將判命, 我死之後, 當困君之魂, 以雪此讐." 張生用好言慰之, 强令炊飯, 以飯之善否, 占其吉凶, 飯果善就, 諸人稍慰. 少頃, 大霧四塞, 船猶隨風自去, 不知其所屆. 日將夕, 忽有異禽, 飛鳴而過, 舟子曰: "此水鳥也! 晝而浮游海上, 暮而[93]必歸宿洲渚, 今日暮而禽始歸, 可知洲渚之不遠." 衆皆欣踊喜笑. 及至夜深霧開, 天晴風息, 月明中天, 有大星光芒射海, 瑞彩盈空, 疑是南極老人星也. 翌日天未明, 霧又作, 至午開霽, 見船在小島之北, 而隨風漸近於島矣. 滿船喜踊, 下舟登岸, 登高望之, 則此島東西狹而南北長, 幅圓可四五十里, 而無居人. 有一道淸泉, 味極甘爽, 滿島雜木翁蔚, 多杜冲松栢, 岩石之間, 多如椽之竹, 獐鹿成群, 烏鵲繞林. 島中有三峰競秀, 高可五六十丈, 泉源出自中峰, 曲曲爲長溪, 東入于海. 忽有一大橘, 自上流浮來, 乃沿溪而上一里許, 果有雙橘樹, 綠葉成陰, 朱實交暎, 諸人亂摘噉之, 包其餘而歸. 掘野鼠, 採山藥, 採薪汲水, 煮海爲鹽. 又入水, 採鰒魚[94]二百餘箇, 積于草幕下. 搜檢行橐, 只有一斗稻米·六斗粟米, 不過二十九人數日之糧. 乃細剉山藥, 糅之以米穀少許, 炊作饔飱, 又膾生鰒, 味甚適口. 又使舟子, 伐竹爲竿, 裂衣爲旗, 立于高峰之上, 又積柴峰頭而燃之, 使往來舟楫, 知有漂人而來救也. 過了四五日, 一舟子, 採得一大鰒, 剖其甲, 有雙珠, 明彩射目, 大如燕卵. 偕行商人曰: "以此給我, 則還國後, 當以五十緡[95]酬之." 舟子爭價, 至夕, 乃以百金爲約成券. 居無何, 一點帆影, 來自東溟之外, 舟人皆增薪吹火, 以起

---

93) 而: 저본에는 빠져 있으나 이본에 의거하여 보충함.
94) 鰒魚: 저본에는 '全蝮'으로 나와 있으나 이본에 의거함.
95) 緡: 나본에는 '金'으로 되어 있음.

烟光, 揮竹竿於峰上, 聯衆聲而大呼. 日將夕, 船漸近, 而船上人頭戴青巾[96], 上穿黑衣, 下無所着, 乃倭人也. 彼船過島而去, 落落無相救之意, 舟人叫呼大哭, 聲動海天, 忽自彼船發送小船, 泊於本島. 船上人十餘丁, 登島岸, 腰帶長劍, 氣色暴戾, 攔入人叢中, 書問: "爾何方人?" 張生答曰: "朝鮮人, 漂流到此, 乞垂慈悲, 活我衆命! 不知相公何國人, 今向何處?" 彼答曰: "俺南海佛, 將向西域, 爾以寶物禳我, 或有可生, 否則死." 張生答曰: "本島素不産寶, 且逢漂流, 萬死一生, 船上物件, 皆已投海, 身外安有隻物?" 彼人輩相與喧噪, 而語音侏離, 不可曉. 良久, 彼人揮劍咆哮, 赤脫張生衣服, 倒懸于樹上, 又取諸人, 脫衣縛倒, 遍探其囊中, 獲雙珠及生鰒, 只留粮米·衣服, 相與咻噪, 乘小艇而去. 於是, 諸人自相脫縛, 如得再生. 諸人欲去峰上旗竿及烟火, 張生曰: "往來舟楫, 未必盡是水賊, 南國之人, 不若[97]倭奴之殘忍, 必有拯活者, 何可因噎廢食?" 舟子曰: "彼南海雲烟間蒼茫而見者, 必是琉球國也. 其遠似不過七八百里, 若得北風之送帆, 三飡而可往, 豈可坐此餓死?" 衆皆曰: "甚好." 乃登山斫木, 以備櫓棹修戢船板. 未及三日, 忽見西南遠海, 有三隻大船, 直向東北過去. 乃揮旗起烟, 叫呼不絶, 號哭乞憐, 合手叩頭. 彼船中五人, 乘小艇來泊, 皆以絳色[98]畫布, 裹其頭, 身着翠錦狹袖. 有一人, 鬚髮不剪, 頭戴圓巾[99], 以書問曰: "爾是何國人?" 對曰: "以朝鮮人, 漂海到此, 乞蒙慈悲, 得返故國." 着巾者, 復問曰: "爾國有中土人流落者, 可數以對否?" 張生疑是大

---

[96] 巾: 저본에는 '衣'로 나와 있으나 이본에 의거함.
[97] 不若: 이본에는 '無不'로 되어 있음.
[98] 絳色: 이본에는 '江色'으로 되어 있음.
[99] 巾: 저본에는 '布'로 나와 있으나 이본에 의거함.

明遺民, 書答曰: "皇朝遺民, 果多逃入我國者, 我國莫不厚遇, 錄用其子孫, 不可殫記. 未知相公在何國?" 答曰: "俺大明人, 遷居安南國, 久矣. 今因販豆, 將往日本, 爾欲還本國, 須隨俺, 抵日本." 張生涕泣, 而書曰: "吾屬亦是皇明赤子也. 壬辰倭寇[100], 陷我朝鮮, 魚肉我, 塗炭我, 其能拯我於水火之中, 措我於衽席之上者, 豈非皇明再造之恩乎? 噫嘻痛矣! 甲申三月崩天之變, 尙何言哉? 以我東忠臣義士之心, 孰欲戴一天而生也? 然而父母之亡, 孝子不能殉從者, 以其天命不同, 存亡有異也. 今於萬里萍水, 幸逢相公, 非徒四海之兄弟, 同是一家之臣子." 着巾者讀之, 悲咽之意, 溢於色辭, 援筆點之, 且讀且點. 讀畢, 卽款款然携張生之手, 並引諸人, 共登小艇, 泛彼中流, 轉上大船. 以香茶·白燒酒, 饋之, 又進饘粥, 分置張生等二十九人於二房. 張生問着巾者姓名, 乃林遵也. 問遵曰: "船上有不剪髮着冠者, 有削髮裹頭者, 何不同也?" 遵曰: "明人逃入安南國者甚多, 不剪髮二十一人, 皆明人也." 問所泊小島名, 乃琉球國地方虎山島也. 張生周覽船制, 則船如巨屋, 房室無數, 聯軒交櫳, 疊戶重闥, 器玩什物, 屛幛書畵, 俱極精妙. 林遵引張生入船腹, 由層梯而降, 則船廣百餘步, 其長倍焉. 一邊多葱畦蔬圃, 鷄鴨自近人不驚飛, 一邊多積柴薪, 或雜器用之屬. 又有一物, 其大如十石缸, 而上圓下方, 旁通一孔, 以朱漆木釘之大如指者, 塞其孔, 拔其釘, 則水出如涌. 林遵曰: "此水器也. 盈器之水, 用之不竭, 添之不溢云." 又由層梯而下, 則米穀·錦繡百貨藏焉, 而限其一邊, 區而別之, 多作羊押·羔圈·狗彘之屬, 或友或群. 又由層梯而下, 則乃船之底也. 蓋船制共爲四層, 人在上層, 房屋相連, 其下三

---

100) 寇: 저본에는 '亂'으로 나와 있으나 이본을 따름.

層, 間架井井, 百物並畜, 百用俱通. 船底藏二小艇, 其一卽俄者所乘者也. 船底儲水, 容泛小艇, 而又有板門, 通于海, 半沒水中, 半露波上, 惟意開閉, 小艇由是出入. 板門開閉之時, 海水通入于船底, 而旋自水桶中瀉出船外, 如懸瀑焉. 蓋水桶長二丈餘, 圓經一拱餘, 而上巨下細, 如囉叭, 而中通外直, 下有雙環, 抱其雙環, 左旋右斡, 吟作短歌之音, 則船底之水, 自水桶中瀉出, 極其奇巧. 彼人不許詳看, 由梯而上, 蹋二層, 則已在船之上層, 一上一下, 其路不同焉. 翌日, 西南風大作, 波濤如山, 彼人輩無難色, 高張白布帆, 船往如飛, 達夜而行. 安南人方有立, 問張生曰: "爾國人有流落于香佛島者, 知否?" 張生曰: "未知." 有立曰: "昔余漂入此島, 島在靑藜國, 島中有朝鮮村, 村中有金太坤者. 自言, '渠四世祖朝鮮人, 作俘于淸, 流入南京, 隨明人避世于此, 築室娶婦, 子孫繁衍, 且居人稱道. 太坤之祖, 精通醫技, 能得人情, 家計豊殖, 而築臺高岡, 遙望故國而悲泣.' 故後人名之, 曰'望鄕臺'." 林遵問我國俗·人物·衣冠·山川·地方, 張生答曰: "我國襲箕子遺化, 崇尙儒敎, 觝排異學, 國以禮樂·刑政爲治, 人以孝悌·忠信爲行. 於是乎, 四百年培養之餘, 人材蔚興, 文章道德之士, 史不勝書, 衣冠則損益殷周之舊制, 集成皇明之文章. 山有萬二千峰之金剛, 水有三浦·五江之襟帶, 地方不知幾千里. 可得聞貴國之風土·衣冠·文章[101]乎?" 彼人輪看之, 喧噪不已, 竟無所答. 自此, 彼人筆談, 不曰'爾國', 必稱'貴國'; 不曰'爾們', 必稱'相公'矣. 翌日, 見大山在東北, 乃漢拏山也. 見若不遠, 諸人喜極, 放聲號哭曰: "哀我父母妻子, 陟彼岵矣!" 林遵書問其故, 張生答曰: "吾屬皆耽羅人也, 家山在近, 故如是

---

101) 章: 저본에는 '物'로 나와 있으나 이본을 따름.

矣." 卽見林遵與彼人酬酢, 而相與喧噪, 有爭鬩之狀. 明人環立一邊, 安南人環立一邊, 高聲肆惡, 怒[102]目咆喝, 向林遵輩, 若將鬪鬩, 林遵輩則有緩頰和解之色, 如是相持, 日已過午. 林遵曰: "昔耽羅王殺安南太子, 故安南人知相公爲耽羅人, 皆欲手刃, 俺等萬方勉諭, 僅回其意, 而猶以爲不可與讐人同舟以濟, 相公當自此分路矣." 蓋世傳濟州牧使殺琉球太子云者, 乃安南耳. 林遵急[103]發我人船, 分載張生等二十九人, 泣送潮頭, 分路去了, 殆若日暮迷路, 嬰兒失母, 莫知所向也. 午後風急, 船行如飛, 漂向黑山大洋, 而已, 陰雲凝合, 急雨大作. 黃昏到鷺魚島之西北, 乃當初遇風漂流處也. 夜深, 洪濤舂天, 颶風簸海, 舟人哭曰: "此地海路最險, 亂嶼危巖, 尖出波上, 波濤極猛, 雖無風之日, 舟或破沒. 今狂風捲海, 怒濤接天, 此乃必亡之地也." 諸人皆以揮項包其頭, 巨繩纏其腰, 且纏且哭, 蓋欲死後不使身面觸[104]傷也. 張生亦驚魂飛越, 欲哭而聲不出, 仍大呼嘔血, 昏倒[105]不省. 卽見濟州前日漂死人金振龍·金萬石在前, 其他奇形怪鬼千百其態, 皆接于眼, 又有一美娥, 縞服進食, 乃勵精開眼, 則皆夢也. 二舟子匍匐舩頭, 將欲救鷗, 爲風所飄, 落水而死. 俄而, 船板破坼之聲動海, 諸人失聲哀呼曰: "船已破矣!" 相與呼兄呼叔, 蓋同舟諸人, 多兄弟叔姪故也. 金生抱張生而哭, 曰: "海天孤魂, 捨君誰依?" 遂引繩, 與張生合纏兩身, 久待而船不破, 擧頭視之, 有大山斗立于前. 俄而, 舟已近山, 進退出沒, 而見怒濤擊岸, 銀屋翻空, 夜黑霧合, 不見咫尺, 依俙見諸人爭

---

102) 怒: 저본에는 '怒怒'로 나와 있으나 이본에 의거하여 바로잡음.
103) 急: 저본에는 '悉'로 나와 있으나 이본을 따름.
104) 觸: 저본에는 '觸'으로 나와 있으나 가본에 의거함.
105) 昏倒: 이본에는 '昏仆'로 되어 있음.

先跳下. 蓋自恃潛泅之術, 而張生則全昧此法, 卽蒼黃[106]跳下, 自腰以下, 罥掛於石嶼之頭, 手足亂攫, 匍匐而行五十餘步, 則已出岸際. 依岸而坐, 神[107]魂未定, 四顧無人, 只見諸人從波間潛泳出來, 僵仆岸邊. 良久, 各起團坐, 望海而哭曰: "吾輩之生, 皆賴潛泅, 可憐張生付之無可奈何之境, 何面目歸見濟州乎?" 蓋知張生已死而然矣. 張生大呼曰: "吾乃在此!" 衆人抱張生而哭, 曰: "吾等潛泳四五里, 出入萬死獲一生, 相公渺然弱質, 且昧此術, 安得先我登岸乎?" 張生備述所經, 衆皆嗟異. 初登船者二十四人, 到今登岸者纔十人, 可知落水死者, 爲十四人也. 時夜黑風獰, 飢寒轉甚, 乃尋覓人村, 捫壁緣崖, 魚貫而登. 張生跌足, 倒墜於千仞深塹, 昏絶移時, 收拾精神, 步步登岸, 舟人已去遠矣. 忽有野火一把, 明滅熒煌, 若往若來, 遂隨行十餘里, 火光赤而靑, 悠然[108]而滅. 四顧荒野, 闃無人跡, 始知爲鬼火所引也. 進退不得, 依邱而坐, 忽聞犬吠聲, 隨聲而行, 至一巷口, 果然一篜師, 率島中人, 燃炬而出. 逢張生大喜, 仍與偕歸村家, 燎衣進粥. 到此者只八人, 乃知落崖死者, 又二人. 於是, 衆皆昏倒, 翌朝始有省識, 詰于島人, 則本島隸新智島鎭, 北距本國爲百餘里, 西南距濟州爲七百里, 島之幅員爲三十里. 島人供其朝夕, 養病三數日, 祭了同舟渰死者十六人, 轉到叢祠, 祈了善還. 有老媼, 邀張生, 坐廡下, 使素服美娥進食, 怳然若風波中昏倒時進食之娥也. 張生甚嗟異, 問于居停主人, 則是趙氏女, 而老媼卽其母, 今年二十, 寡居已有年云. 張生告以夢中之異, 主人曰: "吾有一婢, 名曰'梅月', 而年前見賣於趙家. 若使此婢居

---

106) 蒼黃: 이본에는 '倉黃'으로 되어 있음. 서로 통함.
107) 神: 저본에는 빠져 있으나 이본에 의거하여 보충함.
108) 悠然: 이본에는 '倏然'으로 되어 있음. 서로 통함.

間, 則事可諧矣." 又數日, 主人偕梅月來, 謂曰: "俄聞梅月所傳, 趙女聞夢中之事, 若有情感, 而別無峻拒, 是許之也. 況其母今夜修齋山寺, 客之偸香, 政在今宵矣!" 遂敎梅月, 以如此如此. 是夜, 張生至其家, 見窓下有一樹梅花, 山月已斜, 花影婆娑. 佇立花下, 夜色將深, 群動已息, 唯有短猦吠客. 梅月聞犬吠聲, 呀然啓門而出, 引張生入室. 澗月在窓, 室櫳晃然, 而見趙女擁衾在床, 驚起而坐, 嚴辭峻拒, 若將不容. 及聞慇懃說話, 秋波乍轉, 話頭暫[109]低, 或含羞露態, 或佯怒强罵, 曰: "梅月賣我, 可殺哉!" 及其同衾昵枕, 神魂蕩漾, 而怒罵之聲已絶, 繾綣之情難掩. 雲雨已畢, 女攬衣而起, 手整雲鬟, 笑看張生, 而語曰: "可憐梅月在外凍甚, 何不招入耶?" 張生呼梅月入室, 而笑謂女曰: "初何責其可殺, 後何憐其凍甚?" 女嬌羞不答. 已而, 水村鷄鳴, 東天向曙, 握手相別, 哽咽不能語矣. 翌日, 舟子告順風可以利涉, 張生乃登舟, 趲程二日, 到康津. 轉入都下, 戰藝南省, 飮墨後還鄕. 以昨年仲冬乘船, 於翌年五月始還, 漂流得還者七人, 四人已化, 一人病臥云. 伊後幾年, 張生登科, 至高城郡守云[110].

3-14. 聽祝語宰相記往事

古有一宰相, 爲書生時, 甚貧. 一日, 赴泮試, 使小僮負白笈前行, 至梨峴, 僮於路上拾一物, 甚長, 獻之. 以堅靭之紙, 十襲包裹, 開視之, 乃金龍釵也. 制度奇巧, 其直不貲. 生曰: "此必有人誤墜, 當復來尋." 遂立途側, 以俟之. 俄有一女, 以長裙蒙其身, 汲汲促步而至其傍, 左右諦視, 若有所求. 生疑之, 使僮問之曰: "何故栖

---

109) 暫: 이본에는 '漸'으로 되어 있음.
110) 云: 이본에는 '云云'으로 되어 있음.

違?" 女[111]曰: "適失金釵, 故如是耳." 生復使僮詳問其制樣·長短·巨細及所裹何物, 女人悉對, 無不符合. 生出諸懷袖與之, 女驚喜泣下, 叩生姓貫居住, 生不答而去. 其後, 生釋褐登科, 數十年歷敭內外華腰, 不少鈍滯. 及判吏部也, 從幸廟宮, 暫歇一吏胥家, 家甚褊陋, 外舍與內屋相接, 語音相通. 吏部方閑坐, 忽聞內屋有祈禱聲, 潛聽之, 則乃昵昵婦女語也. 祝曰: "昔日梨峴, 還金釵之爺爺, 神其扶佑, 使之爲公爲卿, 子孫滿堂壽富兼全云云." 吏部回憶章甫時事, 命左右, 招其家主吏胥[112], 吏胥俯伏堂下, 吏部曰: "適才內屋所禱者, 何事?" 吏胥惴恐, 對曰: "無知匹婦, 不識尊威, 致勤俯聽, 惶悚惶悚!" 吏部曰: "不必如是. 事必有以, 若不從實以告, 則罪當不饒!" 吏囁嚅而言曰: "雖涉鄙瑣, 敢不直告? 三十年前, 小人之妻, 親狎於一戚畹宅矣. 其婦人[113]娘娘, 以重價, 給小人之妻, 貨金釵, 以爲婚需. 故小人妻, 方市釵而往, 偶失墜於途, 晚始覺之, 還視之, 則有一章甫, 適拾[114]而還之. 小人之家, 獲免重戾, 得有今日, 莫非其恩. 是日, 卽失釵之辰也, 每年遇今日, 必以餠餌酒果, 禱神祈福, 至今不廢矣." 吏部曰: "還釵之人, 卽余也! 然渾未記爲何日, 今聞爾言, 始知爲今日也. 吾之富貴榮達, 安知非由於汝妻之精誠所感也?" 吏胥[115]大喜, 入語其妻, 使之出謁, 其妻急急出來, 僕僕致謝, 驚喜而泣. 自後, 往來於吏部家, 如故舊云.

---

111) 女: 이본에는 '女人'으로 되어 있음.
112) 吏胥: 이본에는 '胥吏'로 되어 있음. 이하의 경우도 동일함.
113) 婦人: 이본에는 '夫人'으로 되어 있음.
114) 拾: 저본에는 '捨'로 나와 있으나 이본에 의거하여 바로잡음.
115) 吏胥: 이본에는 '胥吏'로 되어 있음.

3-15. 治墳墓諸星州現夢

星州文官鄭錫儒, 未第之時, 與本倅之弟, 方治講工於梅竹堂, 堂前又有支頤軒. 一日, 更鼓五下, 鄭錫儒起如厠還, 月色甚明, 上支頤軒, 徘徊吟諷. 忽一陣陰風, 吹面髮竪, 急回未及中門, 見一官人絳袍烏帽, 從西墻叢竹間出. 視其面, 生氣騰騰, 而美髥可三四尺, 謂鄭曰: "欲見子久矣, 其少留." 鄭心知其爲鬼, 擧手揖, 曰: "不意深夜, 遇官人於此, 敢問居住." 其人慨然曰: "東西南北,[116] 自無定處, 何必問居住? 欲知我姓名, 有官稱曰諸牧使. 於子爲地主, 子可考先生案." 鄭曰: "然則欲見我者, 何事?" 其人曰: "我本固城縣常民也. 當壬辰之亂, 起兵討倭, 朝廷特除本州牧使, 未久身死, 功名不大施. 其歷海斫營, 鼎津迎賊, 寡敵衆弱制强, 其所斬獲摧破者, 亦足以暴後世. 然其時文檄泯沒, 國史不傳, 後人不復知諸牧使大男. 長逝者魂魄, 冤恨無窮, 歷數百載, 精靈不化, 出沒於雲陰月夕, 抑鬱而與誰語! 欲與子相見者, 此也. 天若假我數年, 可使倭片甲不返, 單槍匹馬, 衝突百萬, 斬將搴旗, 惟我是能, 如鄭起龍諸人, 豈敵我者哉? 不唯我視起龍如褊神, 起龍亦以將帥事我, 起龍則卒立勳名, 致位統制使, 爲人所稱艶, 我則未能也, 是命也. 夫大丈夫不能殲盡賊奴, 圖像麟閣, 名不傳於靑史, 志不暴於後世, 雖死而歷百千萬年, 冤其可旣乎!" 仍拔腰間劍以示, 曰: "此吾在軍時所使也, 嘗斬倭褊將[117]耳." 劍長尺餘, 而脊上腥血糢糊, 月下閃爍動光. 遂長吁[118]慷慨, 血上面額頰間, 點點有大紅氣, 疎髥張動, 如燕尾之分. 且謂鄭曰: "偶有詩, 子盍聽?" 乃吟曰: '山長雲

---

116) 東西南北: 이본에는 '東南西北'으로 되어 있음.
117) 褊將: 이본에는 '褊裨'로 되어 있음.
118) 吁: 나본에는 '呼'로 되어 있음.

共去, 天逈月同孤. 寂寞星山館, 幽魂也有無.' 又曰:"幽字則幽深
之幽字也." 鄭曰:"詩亦高矣, 敢請詩意何志?" 答曰:"願無忘, 願無
忘! 當有知者." 已而曰:"我去矣." 行數步, 復曰:"願無忘, 願無
忘[119]!" 忽不見, 鄭君極異之. 明日取考先生案, 則有曰:'諸沫癸巳
正月到任, 四月罷歸云.' 時鄭尙書益河, 按嶺南, 聞鄭君遇諸沫事,
邀致營中, 細問得其實. 鄭君且言, "諸沫又言, '吾墓在漆原某村,
今無子孫, 無復香火之設. 荒穢不治, 豈不傷哉云.'" 鄭使異之, 曰:
"吾若在任, 則可以狀聞, 而今已罷職, 不可上聞, 然當修植以慰
魂." 遂命本邑, 改治墳塋, 封植樹木, 又置守墓三戶. 前期數日, 其
邑倅魚史迪, 晝寢, 忽夢一人, 烏紗朝服來告曰:"今者監司, 將修
吾墓, 邑宰獨不知乎? 幸爲我留心." 已而, 巡營關文來到, 命治諸
星州墳墓, 邑宰亦異之, 修治如法云.

3-16. 說風情權井邑降巫

淳昌妓粉英, 年七十餘, 本以醫女, 老退還鄕. 雖老而姿貌豊潤,
言笑閑媚, 本倅命之歌, 音韻淸亮悠揚, 非老者喉聲. 本倅問曰:
"吾聞妓輩必有情人, 終身未忘者然否?" 對曰:"然! 小人亦有平生
未忘之夫." 問:"誰也?" 曰:"安國洞權井邑益興, 是也. 權公長身癯
形, 頗嗜酒, 風姿言談, 無甚動人. 偶悅[120]小人, 屬情甚厚, 至於枕
席親狎之際, 別無嬿昵殊尤者, 獨怪其兩情襯合, 無一不可. 一日
不相見, 心已騷然不樂, 卽其相愛之情, 可知. 及公歿, 英頓無世間
悰緖, 忽忽若不可以生者. 歌舞風流之場, 雖隨例强赴, 此心已索
然若死灰. 卿宰之貴, 綺紈之黨, 雖修飾迭進, 調娛百端, 而[121]都不

---

119) 願無忘: 이본에는 빠져 있음.
120) 悅: 나본에는 '說'로 되어 있음. 서로 통함.

在心. 日往月邁, 一念牢結, 惟是權公, 對月則思, 對酒則思, 無從之涕, 不知幾度下. 每下疢懷, 必現於夢. 曾於西小門外圯橋邊, 有一士夫相邀, 與數三謳[122])者同往, 則家主不在, 婢子延之外舍, 點燈以待. 英憊甚, 傍有寢具, 將身就伏, 忽爾冥然. 已而, 權公毛冠弊衣, 曳巨履開門而入, 拊英之背, 曰: '汝來耶?' 英問候, 欣感如平昔. 權公自言初喪發引時事, 其言甚長. 且曰: '汝於我一念不忘, 吾知之, 而心甚感之.' 仍悽然久之, 覺有尸臭甚逼人, 英曰: '公之臭氣, 何若是耶?' 曰: '死久之人, 安得不然?' 言說頗多, 而不能記語. 良久, 權公忽聳驚曰: '勿語勿語!' 側耳聽之, 倏[123])然而起, 曰: '鷄鳴, 吾去矣.' 雙手挈一履, 疾走出去. 英搴裳隨之, 直出大門, 見公走如飛, 及達大衢, 已杳然矣. 俄而, 騰上空裡, 翔翥如鶴, 漸入杳冥, 無所覩矣. 英不覺失聲痛哭, 遂驚悟, 乃一夢也. 凄咽起坐, 燈火已滅, 同伴盡去. 主人亦未返, 風透疎牖, 空室闃寂, 但聞衆鷄喔唶亂鳴而已. 坐泣達曙, 行哭至家. 厥後, 移居南門內, 聞南別宮大設神祀, 閭閻婦女往觀者千數, 英以閭閻粧束, 率一婢往焉. 巫搖芭鳴鈴, 盤回翻舞, 忽披開千百人, 直赴於英, 兩手接持, 瞠視亂語曰: '爾非粉英耶?' 粉英大驚, 莫知其故, 久之, 巫曰: '吾乃權井邑也, 爾胡爲至此[124])? 吾平生嗜酒, 爾所知也, 何不勸我一杯?' 英訪諸主事者, 始知此設, 蓋出於權井邑弟益隆家. 英始以閭閻來, 見巫如此, 不勝驚愧, 及知爲權公, 愧情雪融, 悲懷雲興. 更前持巫, 一慟頓地, 觀者莫不大驚. 已而, 英顧其婢於座, 貸出數貫銅,

---

121) 百端而: 저본에는 '而百端'으로 나와 있으나 이본에 의거함.
122) 謳: 저본에는 '嘔'로 나와 있으나 이본을 따름. 뜻은 서로 통함.
123) 倏: 저본에는 '悠'로 나와 있으나 가본을 취함.
124) 至此: 이본에는 '此至'로 되어 있음.

買得紅露旨烈和美淸, 儲滿淨器. 又買猪頭, 挿刀其中, 共安于盤, 致之中座. 巫更衣搖芭而進, 一涕一笑, 談說翩翩歷歷宿昔事, 無少差爽, 宛然權公復作矣. 英每聞一言, 則輒哭, 傍人聞者, 莫不酸鼻流涕. 向夕罷歸, 英心神無主, 悲哀塡胸, 直欲引決下從. 是夜月明, 英向月而坐, 搥胸大哭, 嗚嗚咽咽, 哭而止, 止而復哭, 雙目盡腫. 翌日之夕, 欲睡未睡之際, 便見權公, 冠服儼然, 開戶入坐. 英知其爲精靈, 而不勝欣懽, 毫無懼慴, 昵枕共寢, 一如平昔. 如是往來幾歲餘, 其間言說靈怪者甚多, 不可殫論. 後因英爲勢家所納, 不復往來, 而見於夢者, 亦稀云."

3-17. 受刑杖措大風月

有一鄕曲措大, 短文詞, 而好風月. 邑倅遇旱禱雨, 乃作詩曰: '太守親祈雨, 萬民皆喜悅, 半夜推窓見明月.' 人有告之者, 邑倅以爲嘲戱官家, 捉來杖臀. 又作詩曰: '作詩十七字, 打臀十五度, 若作萬言疏撲殺.' 邑倅聞之大怒, 論報營門, 勘以土民凌辱官長律, 遠配北道. 其渭陽來別, 又作詩曰: '遠別數千里, 何時更相見, 握手淚潸然三行.' 蓋其舅眇一目故也. 舅見其詩, 大怒而去. 彼措大者, 眞所謂識字憂患, 始也一作詩, 而受官杖; 再作詩, 而被營配; 三作詩, 而逢舅怒. 人之不愼於文字上者, 可不戒哉!

3-18. 得陰粉窮鰥福緣

昔有三人鰥居, 無家累, 料理節屐, 約與作伴, 周覽山水, 探奇搜勝, 至一窮僻處, 有素粧三女子, 容色絶佳, 洴澼[125]溪畔. 乃問曰:

---

125) 澼: 이본에는 '澼'으로 되어 있음. 서로 통함.

"爾是何物美姝, 生此絶峽?" 女曰: "吾等早寡無依, 出家雲遊, 方在此山之中." 又問曰: "爾三人與我三人, 作配同居, 何如?" 女曰: "諾." 遂各携手歸家, 聯枕而宿. 其中一人, 壯士也. 雲雨纔始, 兩情方歡, 忽自陰中, 緊束陽物, 牽持甚力, 陽莖幾發, 不可暫支. 乃盡力抽之, 有物若狗腸者, 絡陽頭而偕出, 捲置席下. 遂再擧之, 無此患矣. 問女曰: "彼肉線何物也?" 女曰: "不知也. 吾三人適人, 經一宵, 則夫輒死, 如是者六, 誠天下之薄命也. 相與約誓, 不復改適, 伴居深山, 與世相絶. 不意今日, 得逢君子, 眞是天定之匹, 可結三生之緣, 而彼兩人, 必作撲燈之蛾, 可憐投虎之肉." 待天明, 往視兩女之家, 則兩人果偕亡矣. 乃厚裹瘞之, 其兩女皆願從之, 壯士曰: "吾雖粗有氣力, 昨夜幾死僅生, 神精殆難收拾. 若服人蔘數兩, 則可以補中氣, 徐徐行事." 女各出, 採置之蔘, 所採盈筐數極夥然, 而其中亦有大如童蔘者, 乃服之. 數日後, 與一女同裯, 陽物之吸納, 肉線之絡出, 一如前日. 又數日後, 又御一女, 又如是. 遂與三女, 同室居之, 販賣其蔘, 財至累鉅. 有人訴其踪跡之殊常, 邑倅捉來, 問其委折, 壯士以實對之, 倅曰: "肉線皆在否?" 壯士曰: "意或有藥用處, 皆乾置之矣." 倅曰: "此名陰粉散也, 唯天下絶色者有之. 凡人得死病, 雖百藥無效, 以此作末, 服少許則必生. 沈痾夬祛, 神氣如常, 無異還魂石·回生丹, 而汝則無用處. 人之至寶, 官亦不可白奪, 一條肉線, 折價一千緡, 以三三[126]千金交易而納之." 其後唐人, 望氣求之, 輸白金一車而買去云.

---

126) 三三: 저본에는 '三'으로 나와 있으나 이본에 의거함.

3-19. 唱高歌樑上豪傑

柳參判淰[127], 嘗定女婚, 盛備婚具, 置於內堂樓上, 而樓中又有大瓮滿儲旨酒. 一日, 柳寢於內室[128], 忽有歌聲如在耳邊, 諦聽之, 發自樓上. 柳公大驚, 急蹙起婢子, 燃燭照之, 呼召衆婢, 上樓看之, 則有一大漢, 髯髮赤面, 醉倚衣袱. 一手持瓢, 一手鼓脾, 凝睇睨人, 而歌曰: "平沙落鴈, 江村日暮, 漁舟歸, 白鷗眠, 何處一聲長笛醒醉夢?" 慢調寥亮, 屋樑可撼. 歌而又歌, 略無聞覩, 上下莫不驚駭, 結縛投下樓窓, 致之中庭, 兀然醉倒, 認之而不對. 黎明視之, 是居在不遠之地, 常民之素不潔者也. 柳公笑曰: "此是盜賊中豪傑!" 遂解而逐之.

3-20. 拒强暴閨中貞烈

吉貞女, 西關寧邊人也. 其父本府鄉官, 而女卽其庶女也. 父母俱沒, 依其從父, 年二十而未嫁, 以織紝針線, 自資養焉. 先時, 京圻仁川地, 有申生命熙者, 年少時, 得一異夢, 有老翁携一女, 年可五六歲, 而面上有口十一, 可驚怪. 翁謂生曰: "此他日君之配也, 當與終老!" 乃寤[129], 甚異之. 年踰四十, 喪其室, 中饋無主, 意緒淒凉[130], 亦嘗約娉[131]卜姓, 而每齟齬未諧. 適有知舊, 出宰寧邊, 生往從遊焉. 一日又夢, 前見老翁, 率其女十一口者來, 而已長成矣. 曰: "此女已長, 今歸之君矣." 生愈怪之. 自內衙命府吏, 貿[132]納細

---

127) 淰: 저본에는 '諗'으로 나와 있으나 이본에 의거함.
128) 內室: 이본에는 '內堂'으로 되어 있음.
129) 寤: 저본에는 '悟'로 나와 있으나 이본을 따름. 뜻은 서로 통함.
130) 淒凉: 사본에는 '悽凉'으로 되어 있음.
131) 娉: 이본에는 '聘'으로 되어 있음. 서로 통함.
132) 貿: 가, 나본에는 '質'로 되어 있음.

布, 吏曰: "此有鄕官處女, 織細布爲極品, 名於境內. 今所織, 將斷手云, 姑俟之." 已而買納, 其細盈鉢, 而織潔精緻, 世所罕有, 見者莫不奇歎. 申生知其爲庶, 便有卜納之意, 厚結邑[133]人之與女家親切者, 使之居間, 女之從父樂聞之. 生卽備幣具禮, 造其家, 非特織紝之工, 姿容甚美, 擧止閑冶, 菀有京洛冠冕家儀度. 生大喜過望, 始悟[134]十一口爲吉字也, 深感天定有素, 情義盆篤. 留數月, 辭歸故鄕, 約以非久迎歸, 旣還, 事多牽掣[135], 荏苒三年, 未得踐言, 關河迢迢, 音信亦斷. 女之群從族黨, 皆謂申生不可復恃, 潛謀賣送他人, 女操持彌篤, 雖戶庭出入, 亦必[136]審焉. 時女所居之鄕, 與雲山地, 只隔一崗, 而女之從叔居焉. 是時, 雲山倅武官年少者也, 亦欲置別房, 每詢於邑人. 從叔者, 欲以此女應之, 出入官府, 謀議綢繆, 且已[137]涓吉矣. 又請於倅, 以錦繡[138]等物, 傳授於女, 使作婚日衣裳. 從叔[139]遂來訪, 慇懃存問, 仍曰: "吾子娶婦, 期日不遠, 亦欲裁[140]新婦之衣[141], 而家無裁縫者, 願爾暫來相助." 女答曰: "我有君子, 來留巡營, 我之去留, 須待其言. 叔家雖近, 旣是他邑, 則決不可率意去來." 叔曰: "若得申生之諾, 則可許否?" 女曰: "然." 叔還家, 僞作申生之書, 勉以敦族, 促其往助. 蓋其時, 趙尙書觀彬, 方按西關, 生有連姻[142]之誼, 往留焉. 叔以其久而不來, 謂已棄之, 設

---

133) 邑: 저본에는 '女'로 나와 있으나 사본에 의거함.
134) 悟: 저본에는 '寤'로 나와 있으나 나, 사본을 따름.
135) 牽掣: 나본에는 '牽制'로, 사본에는 '牢掣'로 되어 있음.
136) 必: 나본에는 '多'로 되어 있음.
137) 且已: 사본에는 '旣以'로 되어 있음.
138) 錦繡: 이본에는 '錦綺'로 되어 있음.
139) 叔: 저본에는 '父'로 나와 있으나 이본에 의거하여 바로잡음.
140) 裁: 사본에는 '製'로 되어 있음.
141) 衣: 가, 나본에는 '衣裳'으로 되어 있음.
142) 姻: 나본에는 '婚'으로 되어 있음.

計如此. 女旣[143]得僞書, 不獲已往焉, 刀尺針線之勞, 已數日, 而女未嘗與其家男子接話, 唯勤於所事. 一日, 從叔邀其倅, 將使偸窺, 以質其言. 女雖聞其來, 安知其有意? 及暮擧火, 叔之長子, 謂女曰: "妹嘗面壁就燈, 此何意也? 爲勞多日, 可暫休相對話語." 女曰: "我不知疲, 但坐言! 我有耳自聽." 其子嬉笑而前, 將女斡之, 使回坐, 女作色怒, 曰: "雖至親, 男女有別, 何無禮至此耶?" 是時, 倅屬目窓隙, 幸一覘面, 大驚喜. 女則怒不已, 推窓而出, 坐後廳, 憤忿殊甚, 忽聞窓[144]外有男子聲, 曰: "此吾所剏見! 雖京中佳麗, 未易敵也." 女始知爲倅也, 心掉氣結, 昏倒良久而起. 及明, 將撥棄奔歸, 叔始以實告, 且曰: "彼申生者, 家貧年老, 非久泉下之人, 家且絶遠, 一去不來, 其見棄明矣. 以汝妙齡麗質, 自當歸於富家. 今本邑倅, 年少名武, 前途萬里, 汝何可待望絶之人以誤平生?" 甘言詭辭, 且誘且脅, 女憤愈加, 氣愈厲, 罵愈切, 不復論嫡庶之分. 叔計無所生, 且恐得罪於倅[145], 與諸子謀, 齊進捉女, 前挽後推, 囚之於夾室, 嚴其扃鐍, 僅通飮食, 以待期日, 令倅惝納. 女但於室中, 號泣叫罵, 不復食者累日, 形悴氣澌, 不能作氣. 而旁見室中多生麻, 取而纏身, 自胸至脚, 將以防變也. 而已改慮, 曰: "與其徒死凶賊之手, 曷若殺賊? 與之俱死, 以償吾寃, 且可强食, 先養吾氣耳." 始女見囚時, 得一食刀, 藏在腰間, 人未知也. 計旣定, 謂叔曰: "今力已屈矣, 唯命是從, 幸厚饋我, 以療久飢." 叔半信半疑, 然心甚喜, 但以大飯美饌, 從隙連進, 所以慰誘之者, 甚至. 女食兩日, 氣已充壯, 而其夕[146]卽婚日也. 倅來留外室, 叔始啓戶[147]引出,

---

143) 旣: 가, 나본에는 '卽'으로 되어 있음.
144) 窓: 사본에는 '廳'으로 되어 있음.
145) 倅: 가, 나본에는 '本倅'로 되어 있음.

女方帖[148]身戶內, 見戶開, 持刀躍出, 迎擊其長子, 一聲跌仆. 女乃呼號[149]跳踢, 不計男女長幼, 遇則斫之, 東西墮突[150], 夫復能禦? 頭破面壞, 流血滿地, 無一人敢立於前者. 倅見之, 神魂飛越, 肝膽俱墜, 未暇出戶, 但於戶內, 牢縛窓環, 莫知所爲. 女蹴踏戶闥, 手足俱踢, 奮力擊窓, 窓戶盡破, 極口大罵, 曰: "汝受國厚恩, 享此專城, 當竭力拊民, 圖酬吾君, 而今乃殘虐生靈, 漁色是急. 締結本邑之凶民, 威惻士大夫之小室, 是禽獸之所不爲[151], 天地之所不容. 我將死汝手, 必殺汝, 與之俱死!" 爽言如鋒刃, 烈氣如霜雪, 叫罵之聲, 震動四隣, 觀者[152]皆至, 繞屋百匝, 莫不噴噴嗟嘆, 有爲之扼[153]腕者, 有爲之泣下者. 是時, 叔之父子, 匿不敢出, 倅但於室中, 屈伏頓顙, 再拜哀乞, 稱以實不知別室之貞烈如此, 而爲此賊民所誑, 以至此境. 當殺賊以謝別室, 萬望有恕. 卽喝其吏, 搜索其叔, 旣至, 忿[154]罵重杖, 至血肉披離, 始堇出戶, 疾驅歸官. 時隣人已通于其家, 卽來迎去, 遂具其事顚末, 走告申生. 巡使聞之, 大驚且怒, 而寧邊府使, 時武人也, 循雲山之囑, 以女拔刀斫人, 報營請重治. 巡使行關嚴責, 卽啓罷雲山倅, 終身禁錮, 捉致其從叔父子, 嚴施刑訊, 流絶島, 盛其僕從, 迎女至營, 深加賞激, 厚贈留[155]之. 申生卽與其妾[156]上京, 居於阿峴, 數年歸仁川舊居[157]. 女勤於治家,

---

146) 夕: 저본에는 '日'로 나와 있으나 이본을 따름.
147) 啓戶: 가, 나본에는 '啓門'으로 되어 있음.
148) 帖: 사본에는 '貼'으로 되어 있음. 서로 통함.
149) 呼號: 나, 사본에는 '號呼'로 되어 있음.
150) 墮突: 이본에는 '隨突'로 되어 있음.
151) 不爲: 이본에는 '不如'로 되어 있음.
152) 觀者: 가, 나본에는 '觀者'로 되어 있음.
153) 扼: 가, 나본에는 '掖'으로, 사본에는 '搖'으로 되어 있음. 서로 통함.
154) 忿: 나, 사본에는 '忽'로 되어 있음.
155) 留: 사본에는 '遺'로 되어 있음.

遂至富饒.[158)]

---

156) 妾: 가, 나본에는 '妻'로 되어 있음.
157) 舊居: 사본에는 '舊家'로 되어 있음.
158) 女勤於治家, 遂至富饒: 가본에는 '云云'으로, 나본에는 '云'으로 되어 있음.

卷四

4-1. 責荊妻淸士化隣氓

古有一村漢, 以農爲業, 秋多積穀, 而性甚不潔, 輒有手荒之病, 殆四隣之所共知. 隣居一兩班, 以讀書淸貧之士, 四壁徒立, 尋常屢空, 而時當仲秋, 艱食又倍. 所謂家産, 盡入於斥賣糊口之資, 所餘只一食鼎而已[1], 絶火亦屢月矣. 一日, 厥漢欲盜其食鼎, 而乘夜窺之, 則其宅夫人, 方擧火於廚, 烹煮作粥. 久而後, 遂用大小二椀, 先盛於大椀, 小椀則盛以餘汁未半, 而置於土銼之上, 以破瓢覆之, 奉大椀, 出進於士人. 士人方耐飢讀書之時, 忽見貧妻進粥, 驚問: "作粥之資, 出於何處?" 妻答曰: "適得五合米作粥矣[2]." 士人曰: "吾家五合米, 不啻如玉, 出於何處?" 其妻滿面羞澁, 不能卽對. 士人苦問曰: "不知其出處, 則吾必不食." 其妻熟知其士人之固執, 不得已直告曰: "門前某漢之畓, 早稻向黃, 故俄者人定後[3], 手折其穗, 一握炒之, 得五合之米[4], 作粥以來. 而此出於萬萬不獲已, 慚愧何言? 日後當縫給厥漢之衣, 遂言其由, 不取其價, 則今夜不美之罪, 或可少贖, 幸下筯之, 千萬仰祝." 士人作色大叱, 曰: "天生萬民, 必食其力, 士農工賈, 各有其職矣. 彼漢之粒粒辛苦, 何關於讀書士之[5]飢不飢, 而夫人不潔之行, 一至於此? 不勝寒心, 不可不一撻誡之, 斯速折楚來也." 其妻不敢違越, 如敎折來, 遂撻之三楚, 叱退粥椀, 使之棄地. 夫人不敢違越, 幷銼上椀, 棄於屛

---

1) 已: 저본에는 빠져 있으나 가, 나본에 의거하여 보충함.
2) 矣: 저본에는 빠져 있으나 바본에 의거하여 보충함.
3) 人定後: 가, 나본에는 '人靜之後'로 되어 있음.
4) 五合之米: 이본에는 '米五合'으로 되어 있음.
5) 之: 저본에는 빠져 있으나 바본에 의거하여 보충함.

處, 入房內, 哽[6]咽泣下. 蓋某漢之畓, 卽來此窺伺者所耕作也. 厥漢備見首末, 不勝感服良心, 油然感發, 平生不廉之習, 全然消磨. 卽還其家, 卽使其妻, 出所收農穀中玉米數升, 爛二梡粥, 親手奉往, 進之於士人. 士人驚怪, 曰: "深夜饋粥, 甚是意外, 而無名之粥, 豈可食之?" 固退不受, 厥漢遂跪告曰: "小人俄以穿窬之行, 窺見生員主處分, 若是光明正大. 小人卽地感化, 大覺前非, 今以淸明秉彝之心, 持粥物以來, 幸俯察情由, 勿以舊小人視之, 千萬幸甚. 況此梡所需, 實非穢物, 出自農穀! 小人豈敢以不潔之物, 洗於孤竹君宅乎?" 因匍匐叩頭, 至誠勸進. 士人以爲, '彼雖不良之人, 今見擧動, 其革心可賞. 彼旣以淸白良民, 饋貧士玉粥, 出於改過之善心, 而牢拒不受, 則沮其爲善之路, 便同於陵之節矣.' 遂取飮之. 厥漢遂以一器, 進入於內堂. 自此以後, 厥漢心悅誠服, 畢竟徙家於厥班宅廊下, 遂作無文書奴子, 扶護上典, 耕田刈柴, 曲盡其誠. 其班家勢, 亦稍稍饒勝云.

4-2. 治牛商貧僧逢明府

山僧之織屨業生者, 以買麻次, 帶二兩銅, 往淸州市, 路中忽得一網槖, 槖中有二十兩錢. 僧以爲赴市者遺失, 背負往市, 而渠麻價二兩[7], 亦添入於槖中. 留付於知面飮食廛, 周行市中, 將爲廉探其失錢者, 以給矣. 俄而, 牛商一人, 語其同類曰: "我以四十金[8]本錢, 將買二牛, 而一隻則先買於某市, 一隻則欲買於此市. 今曉, 自某店暝發, 而二十金餘錢, 則付之[9]於牛背矣. 今到市門, 始覺見

---

6) 哽: 저본에는 '硬'으로 나와 있으나 가, 나본을 따름.
7) 二兩: 가본에는 '二兩錢'으로 되어 있음.
8) 金: 이본에는 '兩'으로 되어 있음.

失, 未知落於何處, 而歸市者不止, 未知得之者何人, 其將問於何人?" 仍悶然蹙頻. 僧知其爲錢主也, 遂問錢數, 則曰: "二十兩也." 問其所藏, 則曰: "繩網槖也." 僧遂與之偕, 往於所留之塵, 遽以網槖出, 付於牛商, 而出其二兩, 曰: "此則小僧之麻價也, 只以元錢二十兩還給." 牛商詳計二十[10]之數, 而忽爲[11]變辭, 曰: "厥銅二兩, 亦吾物也. 俄者, 只以牛價二十兩爲言, 而布價二兩, 則忘未及之." 固執不捨, 僧曰: "此小僧之麻價也. 小僧苟有食錢之心, 則何不食二十兩, 只以二兩銅, 生慾耶? 哨官主, 俄者, 明白言二十兩見失, 而今見小僧麻價銅二兩, 忽然變辭, 以布價錢加入而忘却云者, 其可成說乎? 山僧則本無黑心, 收拾在道之物, 而還給於不覓之地, 哨官以不良之計發之, 爲不成之說, 以山僧麻價之一時借添, 謂之以自家布價之加入. 有此橫勒之擧, 滿場[12]所視, 能不愧顔?" 牛商曰: "俄以二十兩發言者, 只爲牛價之重, 大擧大數, 率爾之發[13], 而至於布價, 以些少追入之物, 全然忘却於遑忽. 及見加數, 始乃覺之, 寧有天下賊漢, 旣索牛價於生佛之人, 而又奪可憐之物, 將作己有耶? 豈以忘却於遑忙之故, 仍爲見失其丁寧之物耶?" 衆人所見僧商兩言, 俱爲成說, 人不能可否, 遂同入卞官, 官是洪侯養默也. 兩造對卞, 各陳其由, 官聽罷, 先諭牛商, 曰: "汝矣所失, 明是二十二兩, 而僧之所得, 不過二十兩鈖, 則汝矣所失二十二兩銅, 必爲他人之拾, 而僧之所得, 非汝之物是如. 汝其廣求得汝錢者, 詳檢其數之爲二十二兩然後, 推取是遣." 次諭山僧, 曰: "汝矣所得

---

9) 之: 저본에는 빠져 있으나 가, 나본에 의거하여 보충함.
10) 二十: 바본에는 '二十兩'으로 되어 있음.
11) 忽爲: 가본에는 '忽然'으로, 나본에는 '慾然'으로 되어 있음.
12) 場: 가, 나본에는 '席'으로 되어 있음.
13) 發: 가, 나본에는 '發言'으로 되어 있음.

段, 明是二十兩兺, 而彼之所失段, 爲二十二兩云, 則汝矣所得二十兩銅, 必是他人之失, 彼商之所失, 非汝之關是如. 汝亦廣問其眞箇錢主, 詳檢其數之爲二十兩兺然後, 出給之意." 分付退出. 決訟之後, 兩隻偕出市中, 牛商則垂頭無言, 有若喪魂[14]之人, 而僧則大言曰: "官決如是, 所得二十兩, 宜乎不給. 然以山僧所見錢主, 要不出彼, 豈有釋伽弟子取人不當之物哉?" 遂許與牛商, 曰: "此後則革悛心法, 勿以山僧之孤弱施之以違格政事也." 一市人, 孰不讚襄山僧之潔白哉? 可謂有是僧有是官!

4-3. 劫舊主叛奴受刑

京居一班, 推奴於遐方, 而與其本官爲平生親友, 坐於衙中, 考閱帳籍, 奴甚繁盛, 至於百餘口, 而箇箇饒居. 以官威, 捉來其居首十餘漢, 沒捧男女花名, 定贖千金, 以一旬爲限. 而厥奴輩, 小無咎怨之色, 以實情, 告其上典曰: "奴主卽父子也. 小人先世非敢背主, 凶年漂泊[15], 轉到于此, 生子生女, 有孫及曾, 今至爲百餘口. 而特蒙上典主垂恤之澤, 利於興販, 得於作農, 遂爲饒民. 而常念父祖遺來之言, 則以某宅轎前婢, 流落他鄕, 內外諸孫, 今此許多, 而阻隔上典宅問安, 已爲幾許年云者, 歷歷如昨日之聞. 今者, 上典主下臨, 實若父母之復見, 雖有官供, 在小人情理, 豈不欲躬自奉供乎? 伏乞行次於小人之家, 以敍小人輩情理, 惶恐幸甚. 且相距不過一舍, 六足之勞, 不費半日矣." 上典然之, 明日往焉. 老奴數十輩, 等候於中路, 馬頭羅拜, 前後擁護, 直抵奴家. 內外大門及家舍, 皆雄偉, 洞中無他人家, 奴輩族戚, 自作一大村矣. 遂迎坐於堂

---

14) 魂: 가본에는 '魄'으로 되어 있음.
15) 漂泊: 나본에는 '飄泊'으로 되어 있음.

上, 進以大茶啖, 男女奴僕, 一齊現身, 其[16]麗無慮三四百口, 而其中貧不應[17]贖, 願從爲奴者, 亦近數十家. 厥上典日飽酒肉, 放心閑臥, 將近一旬矣[18]. 明日[19], 卽收贖定日也. 是夜四更[20]量, 數百[21]名健奴, 圍其上典所在房前後十匝, 又壯丁數十名, 擁入房中, 執捉上典, 拔劍脅之, 曰: "急急作簡於官家, 而以家有緊故, 未能躬辭, 自此, 徑歸之意措語, 可也. 不然, 則命懸此劍!" 其中又有略解文字者, 臨書見之, 實無變通之路, 以姑息之計, 不得不從其言. 裁書而至名字, 則彼所不知, 年月之下, 書以'徽欽頓', 卽爲封緘, 傳授厥輩. 厥漢送其黨中一人, 飛奔呈官, 官開封見之, 至年月下'徽欽頓'三字, 大生疑訝, 尋思良久, 忽然覺得. 蓋徽欽卽趙宋二帝, 而被拘於虜中者也. 意其班見辱於厥漢輩, 遂枷囚來漢, 大發校卒, 急往某里. 一邊奉其行次還衙, 一邊以奴爲名者, 無論老少, 沒數縛來事, 嚴飭出送. 校卒輩飛到其家, 其行次果然, 見縛於首奴之家, 而一隊壯丁圍匝門庭矣. 校卒急解厥班之縛, 騎馬送官, 且厥奴輩一幷結縛, 驅入於官庭. 厥輩中造謀首犯者, 枚擧報營, 斷以一律, 其餘衆漢, 從輕重一一嚴治. 厥班則給馬還京, 厥奴輩家産, 沒數記上, 幷爲馱送於厥班行中.

4-4. 逢丸商窮儒免死

湖南有一生員, 早喪父母, 旣無兄弟族戚, 中年喪妻, 又無一子

---

16) 其: 이본에는 '一'로 되어 있음.
17) 應: 이본에는 '能'으로 되어 있음.
18) 矣: 저본에는 빠져 있으나 이본에 의거하여 보충함.
19) 日: 저본에는 빠져 있으나 이본에 의거하여 보충함.
20) 四更: 이본에는 '三更'으로 되어 있음.
21) 百: 나본에는 '十'으로 되어 있음.

女. 家素貧窮, 菽水難繼, 實無生世之況, 輒欲自處, 而亦不得其
路. 適其時, 一惡雌虎, 自俗離山出來, 藏伏於長城葛峙, 白晝橫
行, 噛人如瓜[22], 行人之斷絶, 已有月矣. 生員聞之, 以爲得其死所,
遂委行嶺下, 待昏上嶺, 峭嶺之高, 蓋三十里長矣. 巖石危險, 樹木
蒙密, 可謂蜀道之難, 羊腸之險矣. 至于最上峭, 伸脚而坐, 以待虎
狼之來噛. 忽有一丈夫, 背負如山之擔, 行至上峭, 猝見生員之獨
坐, 卸擔於路左, 欣然納拜, 慇懃告之曰:"小人所負之物, 卽鐵丸
也. 以山物之殺害人命, 業欲除之, 今持鐵丸, 路適出此故, 遂卜其
夜, 以至於此. 計在碎其頭折其腰, 以爲爲行人[23]除害之地, 而卽見
生員主深夜獨坐於此, 其意亦先獲小人之心也. 以小人獨力, 實亦
無難, 而況與生員主幷力, 則彼物無異枯鼠腐雛. 小人當如此如
此, 生員主[24]亦如此如此." 生員唐荒, 未卽對, 厥商手[25]拔石角上一
圍木, 飛上於上峯之絶頂, 揮打而下, 聲震天地. 生員心語曰:"彼
雖謂我有力, 與之同事, 而我則本無力, 以窮獨身世, 實欲啖死於
虎口者也." 是以, 少[26]無恐怯, 泰然坐待矣. 少頃, 果有一豹虎, 大
驚揮木之聲, 勃然而起, 跳越林木, 奔馳絶壁, 鷹騰箭疾, 一瞥之
間, 已至於相見之地. 以其直項之獸, 驅之於走坂[27]之急, 觸之於大
木連理之間, 以脅之下尻之上, 牢碍於兩木之間, 進不得退不得,
兼以孕雛腸滿, 又不得自拔. 生員之本意, 實欲啖之於虎口, 何畏
之有? 遂徐徐前進, 撫其頭, 探其鬚, 視若愛玩之物, 其虎低眉細

---

22) 瓜: 이본에는 '苽'로 되어 있음.
23) 行人: 이본에는 '行路人'으로 되어 있음.
24) 主: 저본에는 빠져 있으나 이본에 의거하여 보충함.
25) 手: 이본에는 '遂'로 되어 있음.
26) 少: 저본에는 '小'로 나와 있으나 이본을 따름.
27) 坂: 이본에는 '板'으로 되어 있음.

目, 不敢拒逆, 有若乞憐者然. 生員遂百方摩撫, 或以頰接之, 或以頭納之, 欲其嚙之, 千方百岐, 而終不敢害之. 於是, 生員多折[28]葛蔓, 作一索大如棟, 結之爲勒, 加之於首, 以一股之大, 鉗之繫之於木. 遂擧其虎, 拔之於兩木之間, 移繫於他木, 而虎則失魂喪魄, 圍圍若半死樣. 生員則坐於虎口下矣, 彼丸商俄自山上, 只見生員緩緩牽虎之行, 而兩木間事, 未及見之. 忙忙下來, 更爲納拜, 曰: "固已知生員主無慮一虎, 而至於勒生虎之首, 鉗生虎之口,[29] 可謂古文無今文無. 小人所負, 亦鐵丸四十斗, 而比之於生員主, 不啻三尺之童, 可不懼哉!" 遂殺虎剝皮, 加之於丸擔之上, 與兩班[30]同爲下來, 坐於店幕, 烹虎釀酒, 終夜酬酢. 至朝醱酒作別, 以虎皮獻與生員, 生員牢拒之, 丸商自帒中, 出十金銅納之, 生員遂强取其半. 乃作別, 丸商大悵之, 幾爲落淚, 生員以五百銅, 歸來破屋, 去益悲楚, 生而辱, 不如死而榮. 而葛嶺惡虎之事, 思之甚怪, 無福者, 可謂鷄卵有骨, 窮命所關, 死亦極難. 一日, 偶閱家中得一文記, 蓋有先代逃亡之婢, 盤居於靈光法聖島, 生産繁衍, 多至百餘家. 而自生員數世之前, 雖有推贖之計, 以彼强盛, 畏不敢發. 生員以爲快得死所, 翌朝, 袖携本文記, 以單獨一身, 飄然發程. 第幾日, 訪之法聖之[31]島, 則厥奴富盛, 果如所聞. 直到其居首者家, 卽以文券出示, 大發咆喝, 督之以五千兩收贖, 急於星火, 期於三日內捧納. 遑忙之擧, 號令之急, 便一狂人. 彼輩亦[32]佯應如流, 而中心所藏, 人孰知之? 第三日, 生員獨坐, 忽聞外間人聲洶洶, 有五六十壯丁,

---

28) 折: 이본에는 '托'으로 되어 있음.
29) 勒生虎之首, 鉗生虎之口: 이본에는 '生虎之勒首, 生虎之鉗口'로 되어 있음.
30) 兩班: 이본에는 '厥班'으로 되어 있음.
31) 之: 이본에는 빠져 있음.
32) 亦: 이본에는 '雖'로 되어 있음.

各持一棒, 圍匝所居房, 鐵桶相似, 觀其事機, 反形已具. 然而求死
一念, 寤寐恒結, 而每恨未得其便, 今當此境, 可酬宿願, 有何懼
劫? 明燭而坐, 苦待其變矣. 少頃, 一丈夫開戶[33]將入, 忽然退縮,
欣然納拜, 曰: "生員主來歟?" 生員驚問曰: "汝是誰也?" 厥漢曰:
"葛嶺上一夜同苦, 遽過三年之久, 生員主或者不識小人, 而小人則
豈忘生員主顏面耶?" 急招其圍匝者, 大言曰: "汝輩速速待命也!
苟不要我, 汝輩必無孑遺." 仍以葛嶺捉虎事, 細述首尾, 群奴一時
戰栗[34]. 厥漢遂詳告生員曰: "彼輩以海島化外之物, 不識綱常之
重, 敢有叵測之謀, 要小人於百里之外, 而小人亦誤入人事, 有此
今行. 彼輩刃斬之罪, 已無可論, 而小人之罪, 尤極當斬. 然而生員
主, 以恢廓大度, 何足有介於禽獸無異之物耶? 五千金實無變通,
而傾渠之有, 則二千兩無難, 小人當親自收集領納於宅矣." 卽其地
董飭群奴, 五日後收得二千金[35], 馱之於十餘匹健馬, 一時治發. 兩
班則騎之以別般好鞍馬, 厥漢爲驥率之領袖, 執鞭護後而來, 納於
生員主宅, 明日再拜, 惜別而去. 生員遂以二千金物, 娶妻定家室,
買土得產業, 猝[36]爲一富家, 而八子三女, 世世繁衍[37]. 至今族居於
虛風洞云.

4-5. 信卜說湖儒探香

湖南士人李基敬, 科儒之實才也. 屢擧不中, 而必欲得之, 盡賣
田土, 決得失於一擧, 趣名卜而叩之, 卜者曰: "今行有死之厄, 若

---

[33] 戶: 나본에는 '門'으로 되어 있음.
[34] 戰栗: 이본에는 '戰慄'로 되어 있음.
[35] 金: 이본에는 '兩'으로 되어 있음.
[36] 猝: 나본에는 '卒'로 되어 있음.
[37] 繁衍: 이본에는 '繁綿'으로 되어 있음.

不死, 則可以決科." 李也固問其免死之道, 卜者曰: "道中如逢素服
女人, 必得此女, 可以免死." 李也發行上京, 行幾日, 大川當前, 川
邊垂楊之下, 有女洴澼, 傍有美少婦女[38]素服而立. 望見前路, 有人
騎馬而來, 遂回身而走. 李也見之, 心異之, 緩驅而追踵之, 素服者
入于一家大門中. 又趨入焉, 繫馬於門, 升堂而拜主人, 主人白髮
老翁也. 李曰: "今此科行, 路費斷絶, 無以宿旅店, 願就高堂[39], 借
一宿焉." 老人欣然許之, 喚奴子, 具夕飯, 馬繫于槽而喂之. 李生
幸留宿焉, 環視其家, 內外墻垣, 極其高峻, 除非身具羽翼, 難以踰
越. 計不知所出, 達夜不得寐, 窓已曙矣. 心生一計, 託病而臥, 日
已高而不發. 主翁扶杖而來, 見李也詐作呻吟之聲, 主翁悶之, 以
好言慰之, 曰: "病狀如此, 難以前進, 逆旅荒疎, 不可調病. 吾家不
貧, 加留數日, 益加調攝[40], 小勿爲嫌." 李也雖幸加留一日, 竟晷尋
思, 不得其策, 日纔暮[41], 內中門已嚴鎖矣. 夜起彷徨, 周視墻底,
則內廓板墻下, 有小竇, 劣可容身. 遂匍匐延頸納頭, 左右擯挪, 艱
辛而入, 則西房之內, 燈光明晃,[42] 婦人讀書之聲琅琅. 東房雖有燈
火, 寂無人聲, 潛進窓下, 指頭點唾, 鑽穴而窺之, 則壁下設素衾
枕, 果無人焉. 意此必是素服女之房, 輕身上廳, 暗暗開門而入, 吹
滅燈火, 潛伏房之一隅. 良久, 讀書之聲訖, 其婦人轉向東房而來,
開門却立, 曰: "此火何故自滅也? 多添燈油, 可以久存者, 何故無
端自滅?" 連聲, "怪哉怪哉! 童婢某也, 爲渠母祭, 出送矣, 送之誠
不思矣." 似有疑懼之意, 旋卽入來, 坐於鋪枕之上. 少頃, 卽解衣

---

38) 女: 이본에는 빠져 있음.
39) 堂: 저본에는 '庄'으로 나와 있으나 이본에 의거함.
40) 攝: 이본에는 '護'로 되어 있음.
41) 暮: 나본에는 '暝'으로 되어 있음.
42) 燈光明晃: 이본에는 '燈火'로 되어 있음.

開衾, 將欲就睡, 李也乃於口中微微作聲, 曰: "願夫人活我!" 夫人
方疑懼之次, 忽聞男子之聲, 乃大驚, 擁衾而坐, 亦低聲問之, 曰:
"汝是何人?" 李也曰: "我卽外舍留宿之客也." 女人曰: "汝以何心,
深夜密室之中, 潛身入來也?" 李也始述, "赴擧之路, 問於卜者, 謂
以今行, 如得素服女人, 則必當決科, 不然則必死. 我以決科之慾,
且爲圖生之計, 今夜冒死入來, 其生其死, 惟在夫人之一言, 惟夫
人活我." 其女聞之, 默然無語, 良久, 長吁一聲, 乃曰: "吾於昨日,
心懷鬱寂, 欲觀婢女輩之汫瀞, 暫出川邊, 不意逢着客主, 此亦天
生緣分也. 人之生死, 亦繫天命, 何得輕死?" 遂許同枕, 且曰: "吾
夜間[43]之夢, 黃龍屈盤於胸腹之上, 今番應擧, 必得大闡. 榮歸之
路, 幸勿棄我, 必率我而去." 李生許諾, 雲雨旣畢, 潛身出去, 睡一
場, 天已[44]曙矣. 老翁又扶杖而來, 辛勤問病, 李生曰: "幸蒙主翁之
恩, 兩日調治, 病氣已瘳, 今可發行矣." 遂辭老翁, 上京觀光, 果得
嵬捷, 三日遊街, 將還湖南. 其女人頻問其舅曰: "今番之科, 誰某
得參[45]?" 老翁歷數之, 李生果參其中. 女人大喜之, 新製華衣一襲,
大設宴具, 日送人於街路上, 探問湖南新恩下來之期. 一日, 果逢
其行[46], 使人請入, 主翁先致賀語[47]. 少頃, 夫人脫去素衣[48], 換着華
服, 自內出來, 再拜見舅, 且請罪曰: "媳婦奉養舅主, 以待百年後,
事乃大謬, 到此地境." 因細述其自[49]初逢着李生, 毁節相約之事,
滿斟一盃, 跪進之, 曰: "媳婦從此辭矣, 願尊舅進此盃, 壽齊南山."

---

43) 夜間: 이본에는 '昨夜'로 되어 있음.
44) 已: 나본에는 '乃'로 되어 있음.
45) 參: 나본에는 '添'으로 되어 있음.
46) 行: 나본에는 '人'으로 되어 있음.
47) 語: 나본에는 '意'로 되어 있음.
48) 素衣: 나본에는 '素服'으로 되어 있음.
49) 自: 저본에는 '由'로 나와 있으나 이본에 의거함.

遂再拜辭退, 備待轎子, 與李生一齊幷發, 將翶將翔, 偕歸其家. 李生其後, 官至二品.

4-6. 聽妓語悖子登第

昔一宰相, 爲平安監司, 有小子年十三, 美容貌, 多才藝, 其父偏愛之. 營妓中有與之同年者, 亦有才色, 使入居子舍, 以供文墨之戲, 踰年相與交合, 情愛甚密. 及其父瓜歸, 不忍相離, 相與握手涕泣而別. 上京後, 其父以家中多撓[50], 難以專工, 裹書袟, 送山寺讀書. 留數月, 思想厥妓, 不能忍住, 一日, 忽單身逃出, 向關西而走. 到平壤, 尋訪厥妓之家, 厥妓則不在, 只有其母. 初不相識, 乃自言其誰某, 而問其女何在, 則其母曰:"女也方爲使道隨廳, 使道偏寵之, 暫時不許出. 今雖遠來, 無以得見矣."生聞之, 殊甚落膽, 妓母曰:"今旣遠來, 姑留數日, 不如還歸去也."生曰:"千里跋涉, 不得一面, 無端空歸, 不如不來. 請媼爲我設計, 俾得一見其[51]面, 則吾之願, 畢矣."時當冬序, 厥媼曰:"若營中雨雪, 則城內諸民, 入去掃雪. 其時, 或可混村民輩掃雪之行, 僥倖見一面[52]乎!"生然之, 姑從其言, 待之矣. 忽一夜大雪, 營底民人, 盡入掃雪. 生頭戴箬笠, 腰束藁索, 手持一箒, 混入營中, 意不在掃雪, 而只頻頻擧箬笠而瞻望堂上. 時隨廳妓輩, 出而觀玩, 見其擧止緩慢, 相與指笑之. 生擧頭一瞻, 瞥見厥妓亦在其中, 厥妓亦一見, 而旋卽回身入去, 更不出來. 生長嘆而歸, 語妓母曰:"我則不能忘情, 徒步下來, 而渠則一見回避, 不得更見, 何其無情之若是?"相與嗟嘆, 轉輾不寐.

---

50) 撓: 가본에는 '擾'로 되어 있음.
51) 其: 저본에는 빠져 있으나 가, 바본에 의거하여 보충함.
52) 見一面: 가, 바본에는 '得一見'으로 되어 있음.

時雪月照耀, 北風寒冽, 忽聞歌聲, 自遠而近, 歌曰: '雪晴雲散北風寒, 楚水吳山道路難.' 聲音淸絶嫋娜, 轉向其家而來, 入門而呼其母, 曰: "某書房來而見在何處?" 生聞之, 推戶躍出, 乃厥妓也. 遂携手入室, 敍其相思之情, 慰其遠來之意, 且曰: "吾爲使道近幸之妓, 頃刻不得暫離, 而旣知書房主之來, 安得不一番相見乎? 吾詐稱亡父之祭, 懇乞一夕之暇, 天明則復當入去矣. 兩情相會, 只今夜而已, 此後雖或復來, 更無相面之路, 豈非可恨? 不如從此潛逃, 永遂于飛之願, 不亦樂乎?" 生答曰: "好矣! 汝言誠是矣." 厥妓遂遍搜箱篋, 持其銀金·寶貝·簪珥之屬, 綾羅·錦繡·衣裳之類, 裹作輕任, 不告其母, 遂與生夜半逃出. 遂向殷山地, 買小屋而居之, 賣輕裝而資生焉. 一日, 妓謂生曰: "吾輩逃命在此, 雖幸遂願, 不可永作此狀. 況書房主以宰相宅貴重之子, 不勝一賤妓溺愛之情, 不顧父母, 亡匿此土, 其爲得罪於倫紀者, 多矣. 將何以自立乎?" 生聞其言, 始乃瞿然大悟, 曰: "然則爲之奈何?" 妓曰: "惟有科擧一路, 可以贖罪. 書房主前日未讀者, 何書耶?" 遂購其書以來, 勸使讀之, 若少惰, 則必減其膳, 而苦勸之, 晝夜不暫息. 又遍求他書, 如是數年, 妓謂生曰: "書房主自量, 腹中之物如何? 今始[53]可以做科工矣." 生曰: "雖欲做之, 不知科文程式, 奈何?" 妓乃遍求邑中善文者之所作及近年科場之文, 使依倣做之. 生本有才華, 又數年勤讀, 文勢日進, 所做諸篇, 無非佳作. 又使之謄出數本, 試考於善文者, 莫不稱讚. 妓曰: "今則庶可觀科乎?" 生曰: "可矣." 適有大比之科, 妓乃優備資裝以送. 生遂上京, 住於旅舍, 科日曉頭, 隨諸生入場, 望見懸題, 操紙筆, 立書而呈, 卽[54]一天也. 其父適以命官,

---

53) 始: 가본에는 '如'로 되어 있음.
54) 卽: 바본에는 '則'으로 되어 있음.

擢其文爲第一, 上覽之, 亦加稱讚. 御手坼[55]秘封, 乃是名不知, 而 觀其父名, 則卽是命官也. 上顧命官曰: "卿之子登第矣!" 投示其 券, 命官取而視之, 則父名則雖同, 而職啣則云是'前平安監司'也. 見訖, 汝然流涕, 上怪問之, 命官起伏, 對曰: "臣果有子, 而死已十 年矣, 誠不知此何人也." 遂命呼名召上, 進伏榻前, 而親問之, 生 自初至終, 詳細一一直奏, 命官亦在傍聽, 始知其子之不死矣. 上 大奇異之, 特命賜樂, 使命官前率歸家. 行會本道本邑, 治送厥妓, 乘轎上來, 永作小室焉.

※ 동양문고본(2-6)[56]

昔一宰相, 有獨子, 而美容貌, 多才藝, 其父偏愛之. 其宰爲平安 監司, 率去, 而營妓中有與同年者, 亦有才色, 使入居子舍, 以供文 墨之戲, 踰年相處, 情愛甚密. 及其父遞歸, 不忍相籬, 握手涕泣而 別. 上京後, 其父以家中多擾, 難以專工, 使之負笈山寺, 俾勤三餘 之工. 生讀書山房, 而一日之夜, 大雪初霽, 皓月滿庭, 獨倚欄檻, 悄然回顧, 萬籟收聲, 千林闃若, 雲間獨鶴, 失群而悲鳴; 岩穴孤 猿, 喚侶而哀號. 生於此時, 心懷愀然, 關西某妓, 忽然入想, 其姸 美之態, 端麗之容, 森然在目, 相思之懷, 如泉湧出, 欲忘而不忘, 終不可抑. 因坐而苦俟晨鍾, 不使傍人知之, 獨自發行, 卽向關西 大路而行. 翌日, 諸僧及同窓之人, 大驚搜索, 終無形影. 告于其 家, 擧家驚惶, 遍尋山谷而不覓, 意謂虎豹所嚼, 悲寃呼痛之狀, 無 以形言矣. 生間關作行, 行幾日, 堇到浿城, 卽訪其妓之家, 則妓不 在焉, 只有其母. 初不相識, 乃自言誰某, 而問其女之何在, 則其母

---

55) 坼: 바본에는 '拆'으로 되어 있음. 서로 통함.
56) 4-6의 나본 내용으로, 출입의 정도가 심하여 전문을 첨부함.

曰:"女也方爲使道隨廳, 偏寵之, 不許暫出. 今雖遠來, 無以得見矣." 生聞之, 殊甚落膽. 妓母曰:"旣已遠來, 姑留數日而還歸也." 生曰:"千里跋踄, 不得一面, 無端空歸, 不如不來. 請媼爲我設計, 俾得一見其面, 則吾願畢矣." 媼曰:"今當冬節, 若雪下, 則城內民人, 掃雪營庭. 其時, 混入掃雪之役, 則僥倖一見乎?" 生然其言, 姑待之矣. 忽一夜大雪, 營底人民, 盡入掃雪, 生頭戴箬笠, 腰束藁索, 持一箒, 混入營庭, 時以眼頻頻瞻望堂上. 時妓輩出而視之, 其妓不得見. 小頃後, 房門開處, 厥妓出立於曲欄之上, 翫雪景. 生停掃而注目視之, 厥妓忽然色變, 轉而入房, 更不出來. 生心甚恨之, 無聊而出. 自念行色, 進退不得, 長吁短歎, 轉輾不寐. 時雪月照耀, 風寒凜冽, 忽聞歌聲, 自遠而近, 歌曰:'雪晴雲散北風寒, 楚水吳山道路難.' 聲音淸絶嫋娜, 轉回其家而來, 入門而呼其母, 曰:"某書房主來而見在何處?" 生聞之, 推戶躍出, 乃厥妓也. 遂携手入室, 敍其相思之情, 慰其遠來之意, 且曰:"吾爲使道近侍, 不得暫出, 而旣知書房主之下來, 安得不一番相見乎? 詐稱亡父之祭, 懇乞一夕之暇, 天明則復當入去矣. 兩情相會, 只今宵而已, 雖或復來, 更無相面之路, 豈非可恨? 不如從此潛逃, 永遂于飛之願, 不亦樂乎?" 生曰:"汝言是矣." 厥妓遂遍搜箱篋, 持其銀金・寶貝・簪珥之屬, 綾羅・錦繡・衣裳之類, 裹作輕卜, 不告其母, 遂與生夜半逃去. 遂向殷山地, 買小屋而去之, 賣輕裝而生焉. 妓謂生曰:"吾輩在此, 雖幸遂願, 不可永作此狀. 況書房主以宰相宅貴重子, 不勝一賤妓溺愛之情, 不顧父母, 亡匿此土, 其爲得罪於倫紀者, 大矣. 將何以自立於世乎?" 生聞其言, 始乃瞿然大悟, 曰:"然則爲之奈何?" 妓曰:"惟有科擧一路, 可以贖罪. 前日未讀者, 何書耶?" 遂購書以來, 勸使讀之, 若小惰, 則必減膳而苦勸之, 晝夜不暫息. 又

遍求他書, 如是數年, 妓曰:"今則可以做科工乎?"生曰:"雖欲做
之, 不知科文程式, 奈何?"妓廣求善文者之所作, 使依倣做之. 過
數年, 所做諸篇, 無非佳作. 又使之謄出考於善文者, 莫不稱讚矣.
適有慶科, 妓乃備行資以送. 生上京, 不敢入其家, 寓於旅舍, 及期
赴場, 懸題後, 一筆揮灑, 呈券而待榜矣. 榜出嵬參, 御手坼秘, 乃
是吏判之子也. 自上招吏判, 近榻前而敎曰:"曾聞卿之獨子, 讀書
山寺, 爲虎所囕云矣, 今見新榜壯元秘封, 則卿之子, 而職啣, 何爲
而書大司憲也? 是可訝也."吏判俯伏, 曰:"臣亦訝疑, 而臣之子,
決無生存之理, 或有同姓名之人而然也. 然而父子同名, 亦是異
也. 且朝班宰例, 寧有臣名之二人乎? 誠莫曉其故也."上使之呼新
來, 吏判俯伏榻下而俟之. 及承命入侍, 則果是其子, 父子相持, 暗
暗揮淚, 不忍相捨. 上使之近前, 詳聞委折, 新恩俯伏而起, 以背親
逃走之事及掃雪營庭之事, 以至與妓逃避·做工登科之由, 一一奏
達. 上拍案稱奇, 而敎曰:"汝非悖子, 乃是孝子也. 汝妾之節槩志
慮, 卓越於他, 不知賤娼之類, 有此人物. 此則不可以賤妾待之, 可
陞爲副室."卽日, 下諭關西道臣, 使之治送其妓. 新恩謝恩而退,
隨其父還家, 家中慶喜之狀, 溢於內外矣. 封內書以大司憲, 蓋是
上山時所帶職啣故. 妓名紫鶯, 字玉簫仙云.

4-7. 被室譎露眞齋折簡

廣州一措大, 不文不武, 地卑家貧, 不能力農, 以內助支過. 而以
若干世誼戚誼之在京, 三十年出沒洛下, 而以人望才華之一無可
取, 不得結交於一箇官人. 其妻訕之, 曰:"士子之遊京者, 居半以
着實[57]工夫, 賭取科宦之地, 否則納交於利勢之家, 以爲依托之地.
而至若夫子, 則旣無文字, 科宦非所可論, 三十年洛下, 宜有一箇

情交, 未嘗有一張存問. 妾心疑怪, 無或酒色之沈惑耶? 雜技之外
入耶?" 措大實恥其言之有理, 而無辭可答, 沈吟良久, 乃瞞答曰:
"吾非病風之人, 三十年遊洛, 豈徒然哉? 果有某姓某人, 自少親
密, 而悶我窮困, 恒曰: '若爲西伯, 則給我一家産云.' 其人再昨年
登科, 今爲應敎. 吾之上京, 必留是人之家, 早[58]晚必得其力矣." 其
夫人聞之, 每於朔望, 用甌祝天, 以某人之爲西伯, 每問某人之陞
品與否, 其夫則每以尙遠誘之. 過六七年後, 適因親黨之來往, 得
聞某人之爲西伯, 而措大時適上京矣. 待其還, 跣足出迎, 曰: "某
官今[59]爲西伯云, 何不往見? 須以明日發行." 措大聞之, 不勝悶迫,
乃佯曰: "到任屬耳, 稍俟後日, 何用躁躁?" 妻信之. 過三朔後, 其
妻促之, 曰: "何不往也?" 曰: "無馬也." 已得貰馬, 則曰: "身病也."
其妻曰: "然則須送人也." 曰: "誰爲我作千里之行乎?" 其[60]妻曰:
"已約某隣之某漢, 盤纏亦已備置矣." 措大悶甚, 亦誘以無簡[61], 其
妻乃以一大簡授之. 措大東推西托, 百般圖避, 而無可奈何, 乃終
夜籌思, 遂冒沒裁一簡. 皮封曰: '箕營節下下執事入納, 露眞齋上
候書.' 裏面曰: "云云. 小生以迂怪儒生, 畸窮所迫, 不辨雲泥有隔,
敢此修候於素昧宰相, 未知台監訝惑何如? 實狀載胎錄, 下諒伏
望." 別紙云: "小生以迂闊身世, 散漫持心, 少失文學, 世乏産業,
兼之不緊出入, 遨遊京洛, 殘盃冷飯, 不嫌苟且. 一年二年, 如此如
彼, 零星妻子, 歸之於秦越之視; 如干稼穡, 屬之於笆籬之邊. 鄕黨
賤棄, 親戚排擯, 只賴室人賢哲, 祭祀之奉, 子女之育, 猶以成樣,

---

57) 着實: 이본에는 '着意'로 되어 있음.
58) 早: 저본에는 '朝'로 나와 있으나 이본을 따름.
59) 今: 저본에는 '슈'으로 나와 있으나 이본에 의거함.
60) 其: 저본에는 빠져 있으나 이본에 의거하여 보충함.
61) 誘以無簡: 이본에는 '以無簡稱頉'으로 되어 있음.

所謂家長有若無矣. 如是者, 三十年于玆矣. 一日, 室人以小生之
積年遊京[62], 不得一長者交遊, 每致噴言, 雖以婦人[63]之言, 實無可
答. 閤下自儒時, 地閥門[64]望, 必將大做, 故遂擧閤下之名[65], 飾辭
以慰妻, 曰: '某人實與我膠漆, 而且有丁寧之約, 曰: '若爲西伯,
則惠以一庄壑云云.'' 以此瞞之, 此蓋六七年前事也. 實出於一時彌
縫之計, 而老妻則認爲眞談, 信之無疑. 一自其後, 甑飯之祝, 沐髮
之禱, 皆願某人之爲西伯. 自執事登科以後, 精誠愈勤, 企待愈
切.[66] 每問某大人今至何官. 生至於執事, 實無半面之雅, 而惟恐前
言之歸虛, 以去年某官, 今年某資, 一一答之, 有若眞箇親密者然.
頃者, 因其親族, 遂聞台監之出按西伯, 妻[67]使小生親往乞馱, 小生
之煩惱, 當如何哉? 托以無馬, 則備馬而待之; 托以身病, 則雇人
以送之, 甚至托以無簡, 則出一大簡與之, 到此情地, 一倍悶陿. 誠
欲中止, 則前言之虛妄綻露; 且欲修書, 則台監之素昧何哉? 小生
今以迫陿悶惱[68]之意, 不得已悉暴顚末, 惟執事哀憐之, 諒恕之."
書畢, 授之內君, 內君卽招隣漢, 計給盤纏, 卽地起送. 厥漢到平
壤, 營門洞開, 納上書簡, 巡相坼見, 再三循環. 蓋西伯自玉堂之
後, 每以朔望, 夢至一家, 見一班家夫人, 精潔沐浴, 淸水甑餠, 合
手祝天, 曰: "使某人爲平安監司云." 某人卽自家姓名也, 心甚怪
之, 不識[69]其故矣. 今見此書, 與夢兆符合, 怳然大覺, 一是情地[70]

---

62) 遊京: 이본에는 '留京'으로 되어 있음.
63) 婦人: 이본에는 '婦女'로 되어 있음.
64) 門: 저본에는 '文'으로 나와 있으나 이본에 의거하여 바로잡음.
65) 名: 이본에는 '姓啣'으로 되어 있음.
66) 精誠愈勤, 企待愈切: 이본에는 '精誠企待, 愈往愈切'로 되어 있음.
67) 妻: 이본에는 '要'로 되어 있음.
68) 迫陿悶惱: 이본에는 '悶陿煩惱'로 되어 있음.
69) 識: 이본에는 '知'로 되어 있음.

可憐, 一是精誠可感. 遂招來奴近前, 其宅生涯之如何, 疾病之[71]有
無, 兒稚之長養, 條條下問, 一一詳探, 眞若竹馬故舊樣. 其奴之
心, 亦曰: "某生員主, 果有京洛好親友矣. 雖窮居鄕曲[72], 豈不可畏
哉?" 巡相使其奴, 留之下處, 饋以盛饌. 過二日, 巡相招厥漢, 曰:
"汝宅生員主, 果是葱竹之交, 宜有財物之惠, 而以汝卜重, 不得付
送, 當自營駄送. 而汝之生員主, 偏嗜藥果, 故今以一櫃送之, 汝其
視之." 使之開蓋, 果油蜜果也. 遂掩蓋, 裹以油紙, 結以細繩, 封而
踏印. 且問來奴之有父母, 以二十五大藥果, 別裹以給, 使歸遺其
父母. 厚給盤纏, 並書札出付之[73], 使之促還. 其奴歸期漸近, 夫人
懸望甚切, 而措大, 則以其所爲虛無孟浪, 憂患萬端, 便成不病之
病. 一日, 妻忙告之曰: "某奴歸矣!" 斯須之頃, 近至於[74]柴門之外,
老妻出立軒外, 而措大則不敢開戶, 穴隙窺之, 厥漢果爲入來, 而
背上有封物所負. 方在疑信之際, 厥漢納拜內庭, 夫人先慰行役之
無事, 次問所負何物, 忙索答札, 與之措大. 皮封曰: '露眞齋執事
回納, 箕伯謝狀.' 裏面曰: "遠承徽音, 披閱如對, 矧審動止一享[75]
佳勝! 弟莅任屬耳, 公務多端, 撓惱何言. 關河千里, 雖難枉臨, 第
待[76]日後, 卽臨京第, 則實多長話之可敍. 不備. 藥果一櫃伴呈." 措
大大發生氣, 巍巍以士大夫氣像自處, 推窓起坐, 呼來奴, 曰: "遠
涉千里, 其勞良苦." 厥漢曰: "幸蒙下念, 無事往還, 何敢言勞? 且
蒙使道寬厚, 至有小人母藥果之饋, 莫非生員主德澤." 遂以使道分

---

70) 情地: 이본에는 '情境'으로 되어 있음.
71) 疾病之: 이본에는 '病否'로 되어 있음.
72) 鄕曲: 이본에는 '鄕谷'으로 되어 있음.
73) 之: 저본에는 빠져 있으나 이본에 의거하여 보충함.
74) 於: 저본에는 빠져 있으나 이본에 의거하여 보충함.
75) 享: 이본에는 '向'으로 되어 있음.
76) 待: 이본에는 '俟'로 되어 있음.

付之如是, 接待之若此[77], 一場仰白, 以別裹藥果, 出饋其父母, 兩班之生色大矣. 措大遂入內解樻, 出一立喫之, 此是平生初喫之物也. 夫婦相顧稱其味異常, 次次捲之, 則藥果不過二重, 而樻中又有中層, 邊有一指可容之穴, 開之, 則實以天銀子一斗, 計其直, 果[78]萬金有餘. 措大夫婦大驚喜, 不覺踴身三丈. 措大遂賣銀買土, 至爲廣州甲富云.

4-8. 訟夫冤錦城女擊鼓

羅州有一士人, 家貧無婢僕, 自樹農業, 而其妻與女亦尋常, 與鄕人無內外之別. 門前有菜田數畝, 其女子年則過笄, 而手自鋤菜. 其隣又有常漢之田, 厥漢亦同時鋤菜, 以微言侵侮其處女, 處女怒曰: "我則兩班, 汝則常漢, 何敢侵侮我乎?" 厥漢曰: "如汝兩班, 吾家廳底井井多矣." 處女忿怒, 卽還其家, 飮滷水而死. 其父發告以常漢逼殺其女之罪, 誣訴官家, 自官捉致厥漢, 嚴治牢囚, 勤捧侤音, 而月三同推. 厥漢痛其非辜囚在獄中, 日夜涕泣, 兩目俱盲. 其妻東西求乞, 以資獄供, 更無以繼給之[79], 遂盡賣家産, 辦錢[80]數貫, 往給其夫, 曰: "吾今力盡, 無以相資, 艱得二貫以來. 方將上京, 欲擊申聞鼓, 其間須以此錢繼命, 愼無死也, 必待吾還也.[81]" 遂相持痛哭而別, 轉轉乞食, 達于京師. 時慶熙宮爲時御所, 尋至闕下, 爲路傍酒家之傭雇, 爲人誠慤勤實, 每事稱意, 其酒家甚喜之. 一日, 謂酒家老嫗曰: "吾聞申聞鼓在闕中, 有冤者擊之云, 何由得

---

77) 若此: 이본에는 '如是'로 되어 있음.
78) 果: 저본에는 '過'로 나와 있으나 나본을 따름.
79) 以繼給之: 가, 나본에는 '繼給之道'로 되어 있음.
80) 錢: 저본에는 '得'으로 나와 있으나 이본을 따름.
81) 愼無死也, 必待吾還也: 가, 나본에는 '愼勿死, 以待吾還也'로 되어 있음.

一擊也?" 主媼曰: "汝有何冤而欲擊之耶?" 其女[82]乃細述顚末, 仍
悲泣不自勝. 主媼憐之, 因禁中卒隷之來飮酒者, 備述此女冤苦之
狀, 使之周旋得以一擊. 厥女遂入擊之, 闕內驚撓, 捉送厥女于秋
曹, 使之捧供以入, 刑曹吏輩聞之, 亦冤其事而哀其情, 善述原情
而奏之. 上覽之, 大加歎賞, 命差御史, 往審理之. 刑曹關文爲先到
營, 先聲已及於羅州, 獄卒聞之, 急走來呼獄囚, 曰: "某阿某阿! 汝
妻上京, 擊申聞鼓, 審理御史今方下來云矣." 厥漢聞之, 大呼曰:
"然乎?" 不覺蹶然起坐, 兩目俱開. 御史下來, 細閱文簿, 一反前案,
得以無事出獄云云[83].

4-9. 肆舊習熊鬪江中

盧貴贊者, 以宰相家奴, 得罪叛走, 逃在驪州, 以刺船爲業. 然素
悖慢無賴, 以惡船人, 聞於沿江. 一日, 載商賈, 發船向京師. 掠岸
而過, 有一措大, 短小骨羸, 髮半白, 衣葛若不勝者, 背負靑褓[84]裹,
手持一節, 立岸上, 呼曰: "願載我少歇老脚也!" 貴贊擧面而視[85],
頤指下渡, 曰: "待彼岸." 措大如其言, 循岸疾走, 惟恐其不及於船
也. 氣喘喘至下渡, 立而俟之, 貴贊及渡, 又不見也, 放船而下. 措
大又呼之, 貴贊又指下渡, 措大又循岸而[86]走, 氣喘喘欲死, 依杖而
立下渡, 貴贊又如不見也, 放船而下. 如是者三, 而貴贊卒無意載
措大. 措大猶逐船而行, 睨視船去岸略二十[87]步, 措大少縮身, 一聲

---

82) 女: 저본에는 '媼'으로 나와 있으나 가, 나본에 의거함. 이하 '此女', '厥女'의 경우도 동일함.
83) 云云: 저본에는 빠져 있으나 가, 나본에 의거하여 보충함.
84) 褓: 이본에는 '袱'으로 되어 있음.
85) 而視: 이본에는 '視而'로 되어 있음.
86) 而: 저본에는 빠져 있으나 이본에 의거하여 보충함.
87) 二十: 나본에는 '三十'으로 되어 있음.

發割, 倏身已在船中[88], 舟中人大驚. 貴贊初以一措大忽之, 及見其勇, 俯伏請死, 措大不答, 坐船之東頭, 解袱裹, 出小砲, 僅尺餘. 於是, 飽裝取火, 而還坐東頭, 喝貴贊曰: "汝往坐彼西頭下, 向吾面而跪." 貴贊不敢出一聲, 退去西頭下跪坐, 不敢仰視, 惟頻頻睇視措大. 措大擧砲, 正向貴贊眉額, 丸[89]將放不放, 故爲持重, 貴贊面如土色, 惟合手向上, 口不絶死罪, 身亦不敢少動. 措大睜開雙眼, 默視良久, 瞥然放下, 聲在白日, 貴贊已倒舟中. 人皆驚惶, 知貴贊已死, 亦無敢言者. 措大徐納其小砲, 而還束之然後, 就貴贊, 扼擧其項, 候氣息, 久而乃甦, 渾身無傷, 惟其頭禿髻不知去處. 措大呼貴贊, 使之[90]泊船, 措大乃下船, 登岸之高處而坐, 使貴贊下船. 貴贊下船, 又使伏地[91], 貴贊伏地[92], 又使解袴露臀, 貴贊露臀而伏, 聽命惟謹. 措大擧手中杖, 三打貴贊之臀, 各異其處, 杖沒于肉不見, 杖出然後, 血始迸流淋漓. 貴贊復絶而甦, 措大乃將鬚厲聲, 責貴贊曰: "汝不聞公州錦江李沙工之說乎? 一日七渡人而七還渡, 少無倦色, 其人指江上山, 而謂之曰: '爾死必葬此.' 沙工死, 葬其處, 子孫大繁. 至今往來錦江者, 輒指而語曰: '此李沙工之墓也.' 今吾兩足繭沙水泡, 泡起而痛甚, 寸步甚艱, 故求載于汝船[93], 而汝不我載. 夫不欲載則已矣, 三指下渡, 又何其困我而欺我若是甚乎? 此後, 則勿復作惡如是. 今幸逢吾, 故饒汝性命, 誰肯活汝乎?" 貴贊叩頭稱恩德不已. 時適有騎驢而過者, 貌若秀士而年少,

---

88) 船中: 이본에는 '船上'으로 되어 있음.
89) 丸: 저본에는 빠져 있으나 이본에 의거하여 보충함.
90) 之: 저본에는 빠져 있으나 이본에 의거하여 보충함.
91) 地: 저본에는 빠져 있으나 이본에 의거하여 보충함.
92) 地: 저본에는 빠져 있으나 이본에 의거하여 보충함.
93) 船: 저본에는 빠져 있으나 이본에 의거하여 보충함.

見措大之治貴贊, 揖而前, 曰: "快哉快哉! 是甞困我于船者, 旣載我而以計還下, 而張帆逃去, 我徒步窘行, 幾不及於試期. 及還, 又遇于斗尾, 謀於同行, 執之納倒水中, 厥漢能泅水, 出沒若輕鳧, 示其無畏, 立於水中, 以臂辱我. 我雖忿怒撑中, 而無可奈何. 今先生治之, 小子疇昔之恥, 少雪矣." 措大不答, 飄然向龍門山而去, 其步如飛. 貴贊昇歸家, 調治幾歲餘, 始乃起動, 頭髮亦鬆然漸長. 然臀上杖痕, 色靑赤, 如三蛇橫糾. 自是, 貴贊棄船業惰遊, 亦自鬱鬱不樂. 其後, 宰相家赦叛罪, 復來往[94]京師如舊. 甞夜行至鍾街上, 入屠肆, 醉酗而出, 爲羅卒[95]所獲, 貴贊踢羅卒傷胸. 衆羅卒齊出縛之, 聞于大將, 大將拿貴贊入, 盛怒曰: "冒禁夜行[96], 已是難赦之罪, 而況踢傷羅卒, 何等大罪? 必可殺也!" 將重杖, 見臀有三大痕, 大將性惡蛇, 猶不欲見其似者, 付從事官而治之. 以是, 得少緩, 貴贊躱焉, 復歸驪州, 三年不敢出. 一日, 貴贊遍往上流, 上流有絶巘壁立, 穹然而臨于江者, 曰'白巖'. 有樵童, 走謂貴贊曰: "此巖絶頂, 有大熊方睡, 甚肥其肉, 可飽百人." 貴贊急棹船, 抵巖下, 因以手篙, 直上其巖, 乘熊之睡熟, 盡力擊之. 熊大驚起, 拔巨石滾下, 因大鼓吻咆哮, 直向貴贊, 貴贊走, 熊逐之. 貴贊棹船, 至中流, 回頭見之, 熊已在船尾. 貴贊又擧手篙擊之, 熊輒[97]迎奪其篙, 折而反擲之. 貴贊又以他篙擊之, 熊又奪之, 貴贊盡撤舟中之械, 無以繼之. 貴贊乃徒手立, 熊乃攪船, 船將覆. 貴贊惶急欲避匿, 自恃其善泅, 翻身入水, 熊亦入于水. 是日, 江左右觀者如雲, 人與熊入于水, 寂

---

94) 來往: 이본에는 '往來'로 되어 있음.
95) 羅卒: 이본에는 '邏卒'로 되어 있음. 서로 통함. 이하의 경우도 동일함.
96) 禁夜行: 저본에는 '夜禁行'으로 나와 있으나 이본을 따름.
97) 輒: 저본에는 빠져 있으나 이본에 의거하여 보충함.

然無跡. 俄而, 去船處二里許, 波濤洶湧, 狀若龍戰. 少頃, 貴贊浮出, 乃尸也. 熊則出于淺處[98]而立[99], 人莫敢近者, 熊徐徐向砥平縣去. 後聞趣揖山中有熊, 爲獵砲所中死, 卽是熊云.

4-10. 定名穴牛臥林間

昔有湖西一士人, 爲親山緬禮, 積年經營. 聞朴尙義之爲當世名風水, 卑辭厚幣, 迎致[100]家中, 奉以別堂. 厚其供饋, 水陸之珍, 山海之錯, 惟令進排; 稀異之物, 難得之種, 極意求索, 以副其請. 一言一事, 未嘗少咈其意, 殆同燕丹之奉荊軻[101], 務積誠意, 三年如一日, 不敢小[102]懈. 時當深冬, 朴也謂主人曰: "今可作求山之行矣." 主人大喜, 準待鞍馬, 盛備行具, 幷騎而往. 行至魯城敬天之下, 捨馬而步, 入山未半, 朴也忽稱腹痛[103], 不可作行, 仍曰: "此病, 食生芹菜及生馬肝, 方可治療云." 主人曰: "然則回至家中, 可以周旋云." 朴也曰: "白馬肝, 尤是良藥, 見今主人所騎之馬, 是白馬也. 盍椎殺而出肝也?" 其主人聽罷, 業火大發, 不可忍耐, 遂呼馬夫及僕從, 捉下朴也, 數其罪, 曰: "吾爲親山緬禮, 聞汝山眼甚高, 故迎致家中, 多年供奉. 凡汝有言, 言下卽從, 不敢少違, 多見不是之處逆心之事, 而爲親大事, 不可不務積誠意. 故屈意忍住, 今至三年, 則吾之誠意, 不可謂不至也. 今於求山之行, 忽稱腹痛者, 汝之所爲, 極爲痛惡. 至於生馬肝·生芹菜云云, 尤極駭痛, 而

---

98) 處: 나본에는 '波'로 되어 있음.
99) 立: 저본에는 '人立'으로 나와 있으나 이본에 의거함.
100) 致: 저본에는 '置'로 나와 있으나 이본을 따름.
101) 荊軻: 이본에는 '荊卿'으로 되어 있음.
102) 小: 나본에는 '少'로 되어 있음.
103) 痛: 바본에는 '病'으로 되어 있음.

吾猶不敢違拒, 要與回家者, 吾意亦可見也. 彼馬之屠, 亦非難事,
而此亦回家然後, 可以屠殺者, 汝必欲在此椎殺, 汝欲屠乎[104]? 我
親自屠殺乎? 如此恃術驕濫之漢, 不可不一番痛懲, 俾不得復肆如
此氣習!" 遂剝下衣服, 緊緊結縛, 赤條條地掛於松樹下, 仍率其奴
僕, 下山去了. 魯城居士人尹昌世, 偶作山行, 忽聞遠遠地似有人
聲, 遂尋聲而進, 漸聞活人之聲, 出於樹木間. 急往觀[105]之, 則果有
一人渾身無衣, 掛在樹端, 全體皆凍, 幾至死境. 尹士大驚哀憐, 解
下結縛, 脫自己所服之衣, 衣之, 携手下來. 至于其家, 溫蒸房堗,
厚鋪衾褥, 灌以溫水, 饋以米飮, 始得回生. 問知其爲朴尙義, 尹士
亦欲親山緬禮, 方在廣求之中, 朴也感其再生之恩, 謂尹曰: "欲得
山地乎?" 尹士曰: "不敢請也, 固所願也." 朴曰: "第隨我來!" 同行
至某山中, 指示曰: "此山[106]中有名穴, 卽欲擇給於某人者, 行緬禮,
則當大發福." 仍不爲占穴, 卽爲辭去. 尹士雖得名墓大地, 穴處不
知的在何處, 屢得地師, 上下山谷, 而終不得正穴. 一日, 率衆多地
師, 騎牛而往, 又欲定穴, 而人各異言, 是非紛拏, 終莫能質定. 如
是之際, 所騎之牛, 不知去處, 四散窮搜, 則牛臥在樹木之中. 牽之
不起, 打之不動, 足攫口穿, 似有指示之意. 尹士始悟, 告于牛曰:
"汝之臥處, 是此山之正穴乎? 果是正穴, 則吾當以此處裁穴, 汝須
卽起動!" 牛似若做聽, 仍卽起來. 尹士遂排衆議, 以牛臥處裁穴,
移葬親山, 此卽[107]魯城酉峯山也. 其後, 尹士連擧五子, 卽八松兄
弟. 伊後, 子孫昌盛, 絓組喧赫, 名公巨卿, 代不乏人, 不但爲魯城

---

104) 乎: 가, 나본에는 '人'으로 되어 있음.
105) 觀: 이본에는 '看'으로 되어 있음.
106) 山: 저본에는 빠져 있으나 가, 나본에 의거하여 보충함.
107) 卽: 가, 나본에는 '則'으로 되어 있음.

甲族, 遂爲國內大族人, 鮮與匹云. 尹昌世嘗於夏日, 無論山野之行, 見牛之在暑炎中喘喘者, 必移繫於[108]樹陰之中, 故終亦食牛之報如此云.

4-11. 老學究借胎生男

古有京居一士人, 因事往嶺南地, 轉入太白山中, 迷路越店. 日色向昏, 遂投宿於一村舍, 其家內外, 俱是瓦屋, 無異京第. 求見主人, 請寄宿, 其主人儀容甚偉, 鬚髮半白, 快許之, 饋之夕飯. 主人問曰: "年歲幾何, 而有子女否?" 士人曰: "年未三十, 而子則殆近十, 蓋一經房事, 則輒生子矣. 家素淸貧, 而子姓[109]滿室, 還爲憂患矣." 其主人顯有欽艶之色, 仍嘆曰: "何許人有如許福力耶?" 士人笑曰: "憂患中大憂患, 何足以福力稱之耶?" 主人曰: "年過六十, 尙未産育, 雖積穀萬石, 有何世況乎? 使我若有一子, 而[110]朝飯夕粥, 亦無恨矣. 今聞尊言, 豈無欽羨之意乎?" 其翌, 士人欲爲辭去, 主人挽之, 烹雞磔狗, 豊[111]其供饋. 至夜, 屛退[112]左右, 引士人入狹室, 從容語之曰: "吾有衷曲可告之事矣. 吾生長於富家, 今至[113]老白首, 不識艱窘之狀, 復何所願, 而第子宮奇窮, 平生不育一子, 爲其廣嗣, 偏房副室, 亦非不多矣. 祈禱醫藥, 靡不用極, 雖平日宜子之女, 亦未有娠, 桑楡漸迫, 奄成窮獨. 今亦家蓄三妾, 年皆二十內外, 而亦無喜消息, 雖他人之子, 一聞呼爺之聲, 死可瞑目矣. 今聞

---

108) 於: 가. 나본에는 '牛'로 되어 있음.
109) 子姓: 바본에는 '子姪'로 되어 있음.
110) 而: 저본에는 '則'으로 나와 있으나 이본을 따름.
111) 豊: 바본에는 '勤'으로 되어 있음.
112) 屛退: 나본에는 '並退'로 되어 있음.
113) 今至: 바본에는 '至今'으로 되어 있음.

尊座一交卽孕云, 願藉客主之福力, 欲施借胎之方, 未知如何?" 士人驚[114]謝曰: "是何言歟? 男女之別, 禮防至重, 有夫通奸, 法意莫嚴. 雖一生素昧之間, 不敢萌心, 況數日主客之誼, 何忍發口? 逆旅常漢之婦, 猶不可, 況士夫之別室乎!" 其主人曰: "渠是[115]賤物, 且自我發說, 則少無可嫌. 夜深人靜, 日後生子, 誰得知之? 言由心腹, 毫無飾詐. 幸憐此漢之身世, 卽賜俯從, 使此無子之窮老, 得聞生子之喜報, 則生生世世, 此恩如何可報? 在尊爲積善之事, 在我爲無窮之恩, 事之兩便, 莫過於此, 安用固辭[116]爲也?" 士人尋思良久, 以爲, '渠旣懇請, 異於自己潛通, 且旣出渠之眞情, 似無他慮. 雖以外面人事, 再三辭拒, 男女大慾, 人孰無之?' 乃曰: "揆諸道理, 萬萬不可, 而主人之請, 如是懇摯, 惟命是從, 而吾心則極不安矣." 主人聽罷大喜, 攢手稱謝, 曰: "今賴客主之德, 可聞呼爺之聲矣!" 遂語其由於諸妾, 三夜三妾, 輪回侍寢. 其三妾亦意必生子, 問士人之姓名居住, 暗記于心中. 三宿之後, 仍爲告別, 主人厚有贈遺, 皆辭以卜重, 仍爲出山, 還歸京第. 其士以多子之故, 調度極艱, 有婦有孫, 食口恰過三十, 數間茅屋, 無以容膝, 三旬九食, 十年一冠, 亦難變通. 遂分散諸子, 使之贅居, 只老夫妻及長子同居, 居然過二十春秋. 一日, 無聊閑坐, 忽妙少年三人, 騎駿馬, 聯翩而來, 升階上堂[117], 納頭便拜. 士人見其衣服華麗, 舉止端雅, 乃慌忙答拜, 問曰: "客主自何而來? 前日似無一面之雅矣." 三少年曰: "我等卽生員主[118]之子也, 生員主不記某年某地如是如是之事乎?

---

114) 驚: 나본에는 '大驚'으로 되어 있음.
115) 是: 저본에는 '雖'로 나와 있으나 이본에 의거함.
116) 固辭: 가, 나본에는 '苦辭'로, 바본에는 '姑辭'로 되어 있음.
117) 上堂: 가, 나본에는 '堂上'으로 되어 있음.
118) 主: 저본에는 빠져 있으나 가, 나본에 의거하여 보충함.

吾輩俱是伊夜所孕之子也, 並皆同月生, 而日子稍有後先, 今年爲十九歲矣. 幼少時, 只知爲老人之子, 及至十餘歲, 母親細言其曲折, 始知爲生員主之子. 然生員主旣不知住在何處, 且十餘年養育之恩, 極爲隆重, 不忍一朝背之, 欲待老人之下世, 爲歸侍之計. 十五歲, 同日娶婦, 行新婦禮於其家. 再昨年二月, 其老人年八十一, 無病而化, 厚其殯斂, 擇吉地, 依禮營窆, 服喪三年, 以報其恩. 今則祥禫已訖, 故兹憑母親之所記, 兄弟三人,[119] 聯轡上京, 今纔來謁矣." 士人怳然大悟, 細察顔色, 則果皆酷肖. 遂將此事言于妻子及子婦等,[120] 使之各各拜現, 且曰: "汝之母, 今年爲幾何, 而皆得無恙否?" 三子各各對之, 又曰: "略察生員主家計, 萬不成說." 行中適有携來者, 使奴子解行橐, 出錢幾兩, 使之貿米貿柴, 以爲朝夕之需. 其夜, 三子從容語曰: "生員主春秋旣高, 書房主亦早年失學, 科宦似無其望. 又地無立錐, 秋空礌石, 赤手白地, 何以資生? 不如落鄕以度餘年, 如何?" 士人曰: "吾亦有意落鄕, 而其於無田土・庄舍, 何哉?" 三子曰: "某村老人, 是屢鉅萬富, 人身故而無他族戚, 其財産盡爲吾輩之有. 斥賣家舍, 盡室行次, 則可以裕足無憂矣." 士人聽罷, 大喜曰: "然則何妨?" 遂貰馬貰轎, 卜日起程, 至其家, 見三妾及三婦. 其士人入處大家, 其三子各奉其母, 析居于隣舍. 過數日後, 士人備祭物, 往哭于富翁之墓. 其他贅居之子,[121] 次次率來, 分産同居, 前後左右, 摠數十家. 其士人周廻輪宿三妾之家, 以續舊緣, 好衣好食, 以度餘年. 其富翁之祭, 終三子之身不廢云.

---

119) 兄弟三人: 나본에는 '三人兄弟'로 되어 있음.
120) 等: 이본에는 빠져 있음.
121) 其他贅居之子: 나본에는 '其他之贅居子'로 되어 있음.

4-12. 鄕先達替人送命

申判書汝哲, 己巳後, 因午人之用事, 解將任家居. 至甲戌, 天心有悔悟之端, 坤殿有復位之機, 申公先數日, 預先知之. 而申公將起廢拜將任, 仍以換局, 而群南亦暗察其機, 多岐偵探, 預約善射者數三人, 傳藥于矢, 要於中路, 以爲射殺之計. 申公洞裏, 有武弁一人, 自鄕上來, 家甚貧寠[122], 百口頷顱. 無論晝夜, 每來相訪, 申公雖家食不敷, 而每饋以酒食, 或助以粮饌. 而其弁亦西人之類, 故多年積屈, 未沾斗祿. 一日, 申公邀致此弁, 曰: "今日適寂寥, 消遣甚難, 與我博戱何如? 博者雜技也, 無所賭則無味, 吾輸則當致千金, 君輸則必從吾所言而爲之也." 其弁許之, 試一局, 申公輸之[123]. 其夕, 卽送千金于其家, 其弁意以爲一時弄談, 不意其如是快施, 大驚異之. 其翌又邀此弁, 又設博局, 曰: "昨輸一局, 不勝憤嘆, 今日又賭一局, 以雪前恥也." 遂對局, 其弁輸焉, 乃曰: "今日則小人輸焉, 賭當施行, 未知使道敎小人從何言乎? 願指敎焉." 申公曰: "吾從當有指敎, 第姑留吾家, 食夕飯, 同宿吾舍也." 其弁不敢違命, 遂留焉. 夜半, 申公以密旨拜大將, 曉當赴闕受符, 遂出甲冑二件, 使其弁穿之戴之. 申公亦全身披掛, 又命奴僕, 速鞴二匹座馬, 以待之. 其弁以申公之命, 雖不得不黽勉從之, 而[124]疑怪萬端, 惝悅[125]莫測, 仍問曰: "使道與小人, 深夜披掛, 將欲何爲? 又使鞴馬, 將往何處乎? 不勝疑惑, 敢此仰叩." 申公曰: "將有往處, 君何以知之乎? 第從吾言, 從當知之." 遂趁曉漏, 飽喫朝飯, 牽出自

---

122) 寠: 나본에는 '窶'으로 되어 있음.
123) 之: 이본에는 '焉'으로 되어 있음.
124) 而: 저본에는 빠져 있으나 이본에 의거하여 보충함.
125) 惝悅: 이본에는 '惝慌'으로 되어 있음.

家平日所嘗騎之馬, 使其弁騎之, 申公則換他馬騎之, 使其弁在前, 申公在後, 聯翩馳進闕下. 過觀象監峴, 午黨偵知申公今曉當由此路而進, 預爲埋伏善射者, 彎弓以待之. 見彼弁之全身披掛, 騎駿馬, 前後擁衛而過去, 認以爲申公, 遂發矢, 弓響動處, 其弁應弦而倒. 申公乘其隙, 急急馳馬而過之, 凶黨始認以眞箇申公, 雖悔博浪之誤中, 而未及馬陵之齊發, 無可奈何. 遂得免禍, 入闕受符, 軍國大權, 遂都歸於申公, 仍盡逐午黨, 進用西人. 又備棺槨衣衾, 厚瘞其弁, 其家屬又頻頻顧恤, 其子待闋服, 付之軍門厚料, 以終其身云.

4-13. 掘銀瓮老寡成家

昔有閭閻一寡女, 青年喪夫, 只有乳下二子, 家計甚[126]貧, 朝不謀夕. 其家在六角峴下, 後有園可以治圃者. 一日, 爲種菜資生計, 方欲耕治, 揮鋤之際, 錚然有聲, 見一石方正, 大似盒蓋樣. 始用鑿錘之屬, 除其傍土, 擧石而視之, 則下有大瓮一座, 銀貨滿其中. 遂急掩其蓋石, 復取土而埋之, 踏而平之. 又不向家人說道, 人無有知之者. 家雖至貧, 而敎誨二子, 極其誠勤, 次第成就, 文筆優餘, 知道理, 識事體, 奄爲吏胥輩佳子弟. 遂各爲宰相家傔從, 以其人事伶俐, 有文有筆, 精白一心, 其宰相亦寵愛之. 未幾, 兄爲惠廳書吏, 弟爲度支書吏. 家勢稍饒, 其母寡女, 老而無恙, 備享榮養. 孫子亦七八人, 成長者, 或爲傔從, 或爲廛人. 一日, 其母會其子孫及婦女, 詣[127]後園埋銀之所, 使之破土, 擧蓋以示之, 諸人皆大驚, 曰: "銀之埋此, 何以識得乎?" 其老母曰: "吾於三十年前, 意欲治

---

126) 甚: 저본에는 '食'으로 나와 있으나 바본을 따름.
127) 詣: 나본에는 '指'로, 바본에는 '諧'로 되어 있음.

圃, 親自修地揮鋤之際, 此石露出, 故去土而擧蓋視之, 則銀滿一甕. 其時, 生計艱窘, 非不知掘出賣之則可作富家, 而第念汝輩尙在襁褓, 知覺未長, 趨向靡定. 習見其家富之樣, 不知世間有艱難之事, 好衣好食, 飢寒不識. 長其侈習, 養其驕性, 其肯屈首於問學從師之業乎? 沈溺於酒色, 外入於雜技, 卽是倘來事也. 故視若不見, 仍爲埋置, 使汝輩知飢寒之可憂, 財物之可惜, 無暇念及於雜技, 不敢生意於酒色, 俾得孜孜於文墨之事, 勤勤於契闊之業[128]. 今則汝輩幸已成就, 年旣[129]長大, 各有所業, 家業稍饒, 立志旣固. 雖掘銀而用之, 似無侈汰浪費之慮, 又無外馳走作之患. 故指示汝輩, 使之散賣日用矣." 自是以後, 次次發賣, 得數萬錢,[130] 遂爲巨富. 而其老寡[131]好作善事, 飢者食之, 寒者衣之, 親戚之窮困不能婚葬者, 皆厚助之. 又於冬日, 必作襪數十, 乘轎而出行, 見乞人無襪者, 必與之, 蓋以寒苦之最難堪者, 足凍故也. 又周行於所親知家貧窮者, 每周其急, 草屋之未蓋者, 使之乘屋; 瓦家之傾頹者, 使之修改, 計價而給之. 其老寡年過八十, 無病而逝. 其二子, 各年過七十, 老退吏業, 官至同知, 追榮其三代. 其後, 代代子孫繁盛, 或登武科, 歷主簿·察訪, 或以軍門久勤, 經僉使·萬戶云.

4-14. 倡義兵賢母勸子

金兵使見臣, 龍灣將校也. 其母年未笄, 許婚於同鄕某姓人, 受采未幾, 其夫病死. 金母以爲雖未之醮, 旣受其幣, 不可他適, 仍聞

---

128) 業: 나본에는 '計'로 되어 있음.
129) 旣: 나본에는 '已'로 되어 있음.
130) 得數萬錢: 가. 나본에는 '得錢數萬'으로 되어 있음.
131) 寡: 저본에는 빠져 있으나 이본에 의거하여 보충함.

訃, 卽發喪而赴, 仍奉舅姑, 極其誠敬. 過三四年, 爲覲其父母, 作歸寧行, 洞里富人金某者, 卽數十萬巨富也. 時適鰥居, 聞其女人之貞烈賢淑, 欲爲繼娶, 往見其女之父, 請以萬金爲壽, 願爲之壻. 其女之父, 素是貧窮, 聞萬金之說, 雖甚[132]流涎, 想其女之烈節, 誠無以發說, 遂謝之, 曰: "幣誠厚矣, 女兒之守節甚苦, 不可奪志矣." 金某屢次懇請, 而終不之諾, 金某遂謝去. 其家素是貧, 家內外不甚遠, 其女子在內, 竊聽之, 待客之去, 呼其父而問之, 曰: "俄者, 客來所言云何?" 其父曰: "別無所言." 其女屢度迫問, 其父乃曰: "雖有云云, 不可向汝傳說矣." 其女又懇問, 乃曰: "欲以萬金娶汝爲妻矣." 其女曰: "父親貧窮, 小女之心, 尋常悶迫, 而無計奉助矣. 今萬金誠大財也, 得此, 則父親平生可以好好生活, 豈非小女之至願乎? 且吾輩賤儕, 豈有所謂守節? 又況只受其采而已, 未甞與之合졸, 而未識亡夫之面目, 守此終身, 亦無意味. 願父親速請其人回來, 仍爲許之也." 其父聞此言, 仍出外舍, 急使人追之, 請金某回來, 依女言許之. 金某大喜, 隨卽輸送萬金, 擇日醮禮, 仍作夫婦, 金某卽見臣之父也. 其女入金某之門, 御親戚, 率婢僕, 恩威幷行[133]; 接賓客, 治産業, 井井有法, 家道益興, 財産漸饒. 未幾生子, 卽金見臣也. 見臣年稍長, 敎之有道, 隨行於灣府將校. 時當辛未冬, 嘉山賊景來之亂, 見臣年三十一, 時適無任, 閑住家中. 其母招見臣, 謂之曰: "今國家多[134]亂賊, 變起於道內, 而汝以丈夫身, 寧可以袖手傍觀乎? 上可以招聚軍兵, 起義討賊, 中可以自詣軍門, 聽營門之指揮, 下可以編於軍伍, 戮[135]力效勞, 豈可視同他人之事

---

132) 甚: 저본에는 '是'로 나와 있으나 이본을 따름.
133) 行: 이본에는 '施'로 되어 있음.
134) 多: 나본에는 '大'로 되어 있음.

而安坐於家也?" 見臣曰: "謹聞命矣!" 遂發其家財, 呼召民衆, 制
軍服, 作器械, 率義兵幾千人, 仍往詣巡撫中營, 結陣於定州城外,
仗義討賊, 多所斬獲. 賊兵之不敢西下, 蹴[136]入定州者, 此人之功
居多. 及其城陷之日, 直搗巢穴, 蕩其氛翳. 道臣上其功, 國家大致
嘉尙, 連拜內禁將·宣傳官等職, 仍又直拜忠淸兵使, 又拜別軍職.
後又拜价川守, 价卽義州之道內邑也. 錦衣還鄉, 以板輿奉其母,
養以官廩, 其道內諸人, 莫不欽羨云.

4-15. 致精誠課曉拜佛像

昔有一士姓李人, 做明經業, 發解式年初試, 會試[137]在於翌春.
爲習會講之工, 約親友數三人, 携冊往會於北漢之中興寺, 揀一靜
僻之室, 淨掃而入處, 以爲專意誦讀之計. 李每於曉頭, 梳頭浴身,
往佛堂, 向佛像焚香再拜, 暗暗祈祝. 諸親友每每譏笑, 而李也聽
之藐藐, 專誠致勤, 雖風饕雪虐天陰雨濕之夜, 未或一廢. 其中一
友, 意欲誑之, 先李也而[138]往佛堂, 藏身於佛軀之後, 以待之. 少
焉, 李也果來, 焚香祈禱, 其祝辭蓋曰: "平生所願, 准在一科, 虔誠
嘿祝, 不敢少懈. 伏願靈佛, 俯垂慈悲之心, 陰施普施之力, 俾捷明
春科, 而七大文預爲指示, 以爲專一講習之地云云." 其友詐作佛
語, 曰: "觀汝精誠, 一直不懈, 極爲嘉尙. 明春會試, 所當出之講
章, 吾當先告, 『易』之某卦, 『書』之某篇, 『詩』之某章, 『論』之某
章, 『孟』之某章, 『庸』之某章, 『學』之某章, 當出矣. 汝須專力誦

---

135) 戮: 이본에는 '勤'으로 되어 있음. 서로 통함.
136) 蹴: 나본에는 '暫'으로 되어 있음.
137) 試: 이본에는 '講'으로 되어 있음.
138) 而: 이본에는 빠져 있음.

此, 可以無慮純通矣." 李也俯伏恭聽, 聽已, 又再拜致謝, 曰: "佛降神靈, 有此指教, 恩澤如天云云." 自是以後, 不讀他章, 只讀七大文, 晝夜誦習, 忘寢廢食, 至於小註, 并皆突誦. 其友始雖以欺嘲之意, 有此假托之擧, 而不意其認以眞箇佛敎, 酷信至此, 誠有由我致敗之嘆. 其見欺之狀, 愚駿之擧, 一則可笑, 一則可悶, 其友人謂之曰: "佛雖指敎七章, 而佛之靈否, 固未可知. 君[139]但信佛語, 只誦七大文, 如明春會講之講章, 或出於此外, 則豈非無限狼狽耶? 君何酷信不經之事, 至此甚乎?" 李曰: "誠意所積, 神明亦感, 有此預告之異, 豈有無靈之理哉? 君勿多言, 第觀明春事也." 友人不勝悶迫, 吐實告之, 曰: "君之祈禱, 非狂則癡, 故吾以一時戱弄之心, 藏身於佛軀之後, 假托佛語, 而拈七大文, 告之, 此非佛告也, 卽吾之所爲[140]也. 不意君篤信如是, 萬言難廻, 何其愚蠢之極而迷惑之甚耶? 吾誠悔之無及, 君須通讀七書, 無至臨講見敗之地, 至可至可!" 李曰: "不然. 吾之一片精誠, 天地之所共鑑, 神明之所共燭, 天地神明欲預告, 會講時所出之章, 使之前期講習. 而旣不能諄諄然面命, 故使君而代傳, 此猶尸傳神語, 而工祝致告之意也. 由是論之, 君則雖出於戱弄之擧[141], 而非君之所自爲[142]也. 天實使之, 神實命[143]之, 君之語卽天神之語也. 雖譏語嘲笑[144], 四面沓至, 萬無回聽之理矣." 自是, 閉戶謝客, 獨坐一室, 心誦口讀, 只是七大文. 翌春會講時, 李入坐講席, 少焉, 講紙自帳裏出來, 急

---

139) 君: 저본에는 빠져 있으나 이본에 의거하여 보충함.
140) 爲: 바본에는 '告'로 되어 있음.
141) 戱弄之擧: 가본에는 '而弄之擧譏'로, 나본에는 '而譏弄之擧'로 되어 있음.
142) 爲: 나본에는 '謂'로 되어 있음.
143) 命: 가, 나본에는 '明'으로 되어 있음.
144) 譏語嘲笑: 이본에는 '群譏衆嘲'로 되어 있음.

急開視講章, 則書出七大文, 而卽昨冬所講之章也. 李不勝大喜, 不復運思, 卽爲高聲大讀, 幷音釋前註, 不差一字. 一吐一口氣盡誦之, 如輕車之驅熟路, 駿馬之走峻坂. 七試官, 大加稱賞, 交相擊節, 至於扇墜皆落. 遂各出通柱, 以七純通登第, 自設明經科以後, 初有之云.

4-16. 誦恩德每飯稱閔爺

太醫安孝男, 早遊公卿士大夫間, 有名. 孝廟違豫, 屢進藥, 輒有效, 特除僉知[145]. 老歸[146]于海西之載寧, 年九十而沒, 仍葬焉. 伊後十年, 歲辛亥大饑時, 驪陽閔相公, 按海西節, 安蓋嘗有勞於驪陽家者. 一夜, 驪陽忽夢, 安君來訪, 不知其已死, 欣然敍阻如平日, 安曰: "歲大浸, 闔族百口, 將塡壑, 願大爺, 特垂哀憐而救活之." 驪陽矜惻而諾之, 又問: "若家屬, 今在何處?" 曰: "賤孫名世遠, 居在載寧之柳洞云." 酬酢未了, 欠伸而覺, 乃一夢也.[147] 大異之, 遂呼燭而起, 擁衾而坐, 卽書'載寧柳洞安世遠'七字, 以識之. 其翌日, 發關本郡, 曰: "某之孫某, 居某村者, 卽爲起送." 本郡倅見關文, 意世遠有罪捉來, 卽發差使, 星火押送于營. 驪陽見而笑之, 使之前, 從容問之, 一一與夢中語相符, 不爽毫釐. 遂語以安君夢告事, 仍帖給五十斛米, 其他雜物, 亦稱是. 各邑守令之以賑事來營下者, 聞之, 皆異其事[148]而欽其義, 亦各有所饋遺, 其數不些. 驪陽遂命悉輸置于其[149]家, 世遠百口, 得以全活, 且以其餘置田, 奉其祖

---

145) 僉知: 바본에는 '僉使'로 되어 있음.
146) 老歸: 저본에는 '歸老'로 나와 있으나 바본을 따름.
147) 欠伸而覺, 乃一夢也: 가, 나본에는 '欠伸覺, 乃夢也'로 되어 있음.
148) 皆異其事: 바본에는 '其異事端'으로 되어 있음.
149) 其: 가본에는 '某'로 되어 있음.

之祀. 自是以後, 安家老幼, 每飯必先祭, 又上手祝曰: "是誰賜也?" 齊曰: "閔監司大爺, 閔監司大爺!¹⁵⁰⁾" 如是而後, 敢食, 遂成家法, 至孫曾亦然. 人或問: "其何故如此?" 則曰: "自祖先以來如是, 故不敢廢, 而實不知何故." 問閔監司姓名, 則亦不知爲誰某云.

4-17. 班童倒撞藁草中

某郡邑內, 有一班童, 家勢零替, 父母俱沒¹⁵¹⁾, 零丁孤苦. 而粗知文字, 每往依於本郡吏房家, 贊¹⁵²⁾其文簿之勞, 僅僅糊口. 邑內有一川, 越川邊有一民家, 其家有女, 長成而姑未定婚. 一日, 其父母爲觀其親戚婚事, 一時俱去, 只其女在家中漂澼. 班童自前習見, 而心慕之, 瞰其女之獨在, 潛往其家, 自後抱其女腰, 其女曰: "我知道令¹⁵³⁾之意矣! 與¹⁵⁴⁾其與常漢作配, 得配於兩班, 則豈不榮華歟? 今不必如是無禮, 我已心許之, 待父母還, 當議婚擇日, 依禮成婚, 歸而姑待之." 班童然其言, 遂諾而歸. 其父母歸, 其女以其委折, 告父母, 將涓吉行禮. 其女外族遠寸有某漢, 悅其女之容貌, 屢度求婚, 而女家終不聽. 今聞其女與某¹⁵⁵⁾班童約婚, 一日誘致班童, 縶¹⁵⁶⁾其手足, 以襪塞口, 倒撞於藁草積堆之中. 一日, 其女不見班童, 往吏房家問之, 亦不在焉. 大生疑惑, 卽走其外族¹⁵⁷⁾某漢之家, 謂之曰: "汝家藏置某道令於何處? 斯速出送!" 其家大言發明,

---

150) 閔監司大爺: 가, 나본에는 빠져 있음.
151) 沒: 이본에는 '歿'로 되어 있음. 서로 통함.
152) 贊: 이본에는 '替'로 되어 있음.
153) 道令: 가, 나본에는 '道令主'로 되어 있음.
154) 與: 저본에는 '吾'로 나와 있으나 가, 나본에 의거함.
155) 某: 저본에는 빠져 있으나 나본에 의거하여 보충함.
156) 縶: 나본에는 '繫'으로 되어 있음. 뜻은 서로 통함.
157) 族: 나본에는 '戚'으로 되어 있음.

又加罵詈, 厥女略[158]不採聽, 遍搜其家內外, 皆不見. 轉入後庭, 散其藁堆, 則班童果然倒在其中, 面如死狀, 喉音欲絶. 急爲抱出, 先發塞口之襪, 次解手足之縛, 背負歸來, 安置其家, 使其母調息之. 渠則直入官庭, 節節詳告其首尾, 官家大加稱嘆, 厥漢發差捉來, 嚴刑遠配, 優給婚需, 俾待班童之甦醒而成婚焉.

4-18. 鄕弁自隨統帥後

龍仁有一武夫[159], 志氣磊落, 又多權術. 一日, 聞新除統帥不日將辭朝, 乃具騣笠·虎鬚·筒箇·刀鞭之屬, 又買駿馬一匹. 及統帥行過前路, 武人乃具戎服橐鞬, 出迎路左, 統帥顧問曰: "彼何人斯?" 武人鞠躬前進, 曰: "聞使道將赴任統營, 故小人願爲隨往, 敢此來現." 統帥視其人, 容貌俊偉, 聲音洪暢, 衣馬亦輝煌, 笑而許之. 後陪裨將, 無慮數十人, 無不目笑之, 武人小不爲嫌, 日日隨行, 與諸裨輩, 朝夕問安. 統帥上營, 翌日朝仕後, 營吏以軍官座目板呈上, 統帥環顧諸裨輩, 曰: "君則以何人之請而來也?" 對曰: "小人某大監之請也." 又問其次, 對曰: "小人某大監宅人也." 次第盡問, 末及武人, 曰: "君則何爲而來也?" 對曰: "小人, 卽龍仁中路自現而隨來者也." 統帥點頭, 隨所請之緊歇, 割房任之優劣, 最晩只餘一薄窠, 姑以武人差之. 未幾, 自京來者, 或以任薄而求去, 或以妬寵而辭去, 所闕之窠, 稍稍移割於武人. 屢月任事, 詳察所爲, 則見識通達, 做事勤幹, 人品才局, 俱非[160]自京隨來者類. 於是, 益信任之, 腴窠緊任, 多或換差. 所親裨將輩, 交謁更諫, 一不動意, 益加親

---

158) 略: 바본에는 '若'으로 되어 있음.
159) 武夫: 이본에는 '武人'으로 되어 있음.
160) 非: 바본에는 '備'로 되어 있음.

信, 營中諸務, 盡爲兜攬. 瓜期漸迫, 忽於一夜不告而走. 於是, 諸裨將一齊入現, 曰: "使道不信小人輩, 而偏信不知根着中路隨來者, 一營錢財, 盡付渠手. 今乃一夜潛逃, 世間寧有如許虛浪之事乎?" 譏笑之聲, 左右迭發, 主帥使諸裨, 點檢各庫留在, 則無不蕩然. 主帥茫然失圖, 只仰屋長歎而已. 未幾, 瓜滿遞歸, 時當庚申之際, 朝著換局, 午人盡爲斥退. 此帥亦南人也, 盡失攀援, 仕宦無路, 落斥數年, 家計剝落. 斥賣京第, 出居南門外里門洞, 舊日親裨, 無一人來見者. 朝夕屢空, 憂愁鬱悒, 日開前窓, 俯瞰大道. 一日, 見有人乘駿馬, 卜馬一駄, 從者五六人, 向南門而上者. 俄而, 直入里門洞巷[161]口, 直入自家大門內[162], 滾鞍下馬, 乘階上廳, 入房而拜見之. 統帥答拜坐定, 其人先問曰: "使道不知小人乎?" 統帥愕然曰: "果不知也." 其人曰: "使道不記年前統制使到任之行, 中道迎謁而隨去者乎? 小人卽其人也." 統帥始乃大覺, 未暇責其盡輸營物不告逃走之罪, 當此窮途, 喜其來訪, 遽問曰: "君於其間往何處, 今何故來訪耶?" 其人曰: "小人以八面[163]不知之人, 自薦而隨往, 群譏衆笑, 四面沓至, 使道一不採聽, 偏愛任信[164]. 小人頑非豚魚, 豈不知[165]感乎? 第觀時勢, 使道非久當此境界, 以如干廩俸之餘, 爲歸家幾年之用乎! 故小人爲使道, 別辦一計, 爲報德之地, 而若先告於使道, 則使道必不許之. 故小人果知欺罔之爲罪, 而亦不暇恤焉. 潛輸營財, 往某處, 得一別區, 設置庄所, 諸般經紀, 今已整頓. 故敢來請使道, 往居其家, 以終餘年. 使道自量, 今

---

161) 巷: 저본에는 빠져 있으나 가, 나본에 의거하여 보충함.
162) 內: 바본에는 '來'로 되어 있음.
163) 八面: 바본에는 '一面'으로 되어 있음.
164) 任信: 나, 바본에는 '信任'으로 되어 있음.
165) 知: 나본에는 '至'로 되어 있음.

居此世, 仕宦路阻, 飢困轉甚, 安能鬱鬱久居此乎? 願使道熟計
之." 統帥聞言, 尋思半晌, 儘覺其言有味, 遂許之. 於是, 武人命率
來諸僕, 精具飯飡二床, 一則進於使道, 一則進於內間. 留三日, 收
拾家藏, 備具轎子, 遂與夫人一齊起行. 隨武人發行幾日, 轉入山
谷中, 逾越山脊, 前當太嶺. 統帥心雖疑懼, 而到此地頭, 亦無如之
何矣. 武人先登嶺上下馬, 統帥亦追到下馬, 見四山周遭, 平野廣
闊, 瓦屋櫛比, 禾稼滿野. 武人指示, 曰: "此使道所處之家." 又指
其傍, 曰: "此小人所居之家. 一坪田畓, 自某至某, 是使道宅所當
收者; 自某至某, 是小人所當收者." 統帥見此, 心目怳惚, 笑顔始
開. 遂下嶺入其家, 房室精灑, 制度奇妙, 入見內舍亦然, 前列各
庫, 盡爲封鎖. 武人招首奴, 分付曰: "汝之上典主, 今此來臨, 汝輩
等各入現身." 於是, 豪奴十數[166]人, 一齊現謁, 又召女婢, 亦如之.
命納各庫開金, 遂與統帥輪行開示, 曰: "此則某庫, 此則某封[167]."
米穀·藁草, 充積庫中. 復入內舍, 則大自欌籠·釜鼎等物, 細至日
用雜物, 無不畢具. 於是, 統帥大歡[168]樂之. 武人又請往見渠家, 間
架雖小, 而精灑則無異矣. 自此, 日夕往來[169], 或相與博戲, 或共往
觀稼, 歡情無間. 一日, 武人曰: "使道旣在此中, 今安用使道·小人
爲哉? 請相與爲平交, 何如?" 統帥亦喜之, 優遊終老.

4-19. 逐官長知印打頰

湖南一守宰, 政令嚴急, 刑罰苛酷, 人皆惴惴不保朝夕, 累脅而
息, 重足而立. 一日, 首吏聚官屬而謀之, 曰: "官家政事顚倒, 刑罰

---
166) 十數: 나본에는 '數十'으로 되어 있음.
167) 封: 가, 나본에는 '庫'로 되어 있음.
168) 歡: 저본에는 '勸'으로 나와 있으나 이본에 의거하여 바로잡음.
169) 來: 나본에는 '見'으로 되어 있음.

殘酷, 一日苾官, 誠有一日之害. 若過幾年, 則非但吾輩將無遺類, 村里擧皆離散, 如是而何以爲邑乎? 盍謀所以逐之?" 就中一吏曰: "如此如此, 則何如?" 衆皆大喜曰: "此計大妙!" 遂爛熳相約而散. 一日, 其倅朝起, 受仕官訖, 適無公事, 獨坐看書. 不意年少通引近前, 擧掌打其頰, 其倅大怒, 呼他通引, 使之捽下, 諸通引面面相顧, 無一從令者. 又呼吸唱·使令輩, 擧皆不應, 皆[170]掩口笑, 曰: "案前主失性乎! 豈有通引手打案前主頰之理乎?" 其倅本以燥急之性, 重以憤怒撐中, 推窓擲案, 大叫亂嚷, 擧止駭妄, 言語胡亂. 通引輩奔告冊室, 曰: "案前主忽生病患, 不能安靜, 大發狂譫, 見方大段云[171]." 其子弟及他冊室[172], 蒼黃上來, 則其倅乍起乍坐, 或手打几案, 或足擲窓戶, 動止狂嚷, 萬分殊常. 見冊房人之上來, 語其通引打頰, 官屬拒令之事, 而憤氣所使, 語無倫脊. 且以心火大動, 眼睛皆赤, 遍身流汗, 滿口流沫. 冊室[173]輩見此貌樣, 狂病之發, 十分無疑. 且以通引事言之, 旣非目覩, 揆以常理, 似無是事. 遂從容近前[174], 告曰: "大人且安坐靜養! 通引輩雖沒知覺無人事, 寧有打頰之理? 似涉病患矣." 其父倅, 又不勝憤忿[175], 大罵曰: "汝非吾子也! 汝亦爲通引輩分疏乎? 速速出去, 更勿現形也." 其子乃邀邑中醫人, 請診脉服藥, 其倅拒之, 曰: "吾有何病而欲使之服藥乎?" 罵醫却藥, 終日跳踉[176], 自冊房以下, 皆認以病患, 誰復聽信其言乎? 今日如是, 明日如是, 忘寢廢食, 眞成狂病, 邑村官民, 無不知之.

---

170) 皆: 저본에는 빠져 있으나 가, 나본에 의거하여 보충함.
171) 云: 바본에는 '云云'으로 되어 있음.
172) 冊室: 바본에는 '冊房'으로 되어 있음.
173) 冊室: 가, 나본에는 '冊房'으로 되어 있음.
174) 從容近前: 이본에는 '近前從容'으로 되어 있음.
175) 憤忿: 이본에는 '忿忿'으로 되어 있음.
176) 跳踉: 나본에는 '跳浪'으로 되어 있음. 서로 통함.

監司聞之, 卽爲狀罷, 不得已治行上京. 歷見監司, 監司問曰:"聞
有愼節, 今則如何?"其倅曰:"某非眞病也." 方欲引出某[177]事之顚
末, 監司遽揮手却[178]之, 曰:"厥症更發矣, 須速速起程也!"未敢畢
說而辭退, 還歸其家, 靜思其時之事, 不勝忿恨, 而纔欲發說, 輒歸
之以舊病復發, 便欲邀醫問藥, 終不敢發諸口頭. 及至衰暮之境,
以爲, '今則年深歲久, 已屬先天, 雖復發說, 寧或歸之於舊病乎?'
乃會諸子, 語之曰:"某年[179]莅某邑時, 通引輩打頰之事, 汝輩今亦
以狂症知之乎?"諸子輩愕然[180]相顧, 曰:"大人此症[181]許久不發,
今忽復肆, 此將奈何?" 顯有憂悶焦迫之狀, 其人遂不敢復言, 仍爲
大笑而止. 終其身, 含忿而不能明其心云.

4-20. 憾宰相窮弁據胸

昔有一弁, 無他親知, 只得出入於一宰相家, 且有年矣, 逐日勤
仕, 專主一席. 其宰相迭掌兩銓, 三子皆登第, 長爲承旨, 次爲玉
堂, 季爲翰林, 而命途奇窮, 一未見效. 雖有當窠, 或爲勢家之請所
壓, 或因屢世之[182]親誼所奪, 低望亦未見擬, 而厥弁不敢怨, 尤進
謁惟謹, 自以爲孟嘗君知己. 其宰相忽患風證, 屢朔沈篤不起, 其
弁遂來留其家, 專意侍疾, 閱月跨朔, 一直不懈. 藥餌之煎熬, 衣服
之脫着, 皆親自看檢供俸, 雖有許多門客及傔從, 其宰相以爲他
人, 皆不如此弁之伶俐敏捷, 須臾不使離側, 夜亦和衣暫睡而已.

---

177) 某: 가, 나본에는 '其'로 되어 있음.
178) 却: 이본에는 '止'로 되어 있음.
179) 某年: 가, 나본에는 '昔年'으로 되어 있음.
180) 愕然: 이본에는 '愕爾'로 되어 있음.
181) 症: 저본에는 '證'으로 나와 있으나 바본을 따름.
182) 之: 저본에는 빠져 있으나 바본에 의거하여 보충함.

便尿之放, 坐臥之際, 亦必躬自扶持, 毫無倦厭[183]之意, 苦悶之色. 其症漸漸沈苦, 言語訥澁, 傍人莫能諦聽, 別症層生, 擧家遑遑. 連日達夜之際[184], 一夜, 則三子不勝疲困, 各歸休息, 傔從奴隸, 擧皆困眠, 房中只有武弁一人, 相守而坐, 嘿念自家身世, 不勝悲涼. 渠於此宰相, 親非子侄, 賤非僕隸, 且出入門下, 幾近十年, 一未蒙恩. 而一病十朔, 徒效勞苦, 孝子慈孫, 不能過此, 世間寧有如許哀憐可笑之事乎? 又念病勢萬分危重, 實有頃刻之慮, 更無餘望於他日. 仍生忿[185]恨之心, 長嘆數聲, 遂據坐宰相之胸膛[186], 拔佩刀, 擬其頸而數[187]之, 曰: "吾於汝家, 有何前生業緣, 而屢年勤苦, 未見分效? 今者屢朔[188]病患, 專誠侍疾, 所謂汝子承旨·翰林輩, 豈有如我之至誠扶護者乎? 然而一無感德之意, 不安之色, 如此之漢, 胡不遄死?" 仍匣刀而退坐於一隅. 其宰相口雖未言, 精神則自如, 觀其所爲, 聽其言語, 不勝憤痛, 亦無奈何. 少焉, 諸子輩上來問候, 其宰纔經俄者光景, 病中添以忿怒, 氣息喘喘. 承旨問于武弁曰: "病患比俄者, 有氣喘之意, 未知有何失攝而然歟?" 武弁曰: "別無失攝, 俄者放小便一次後, 似有入睡之意, 忽咳嗽數聲而覺, 覺後氣息如是矣." 宰相[189]聞此, 無非白地做誑[190], 尤不堪忿, 忿雖欲有言, 而不能成聲, 誠無奈何. 仍以手指自家胸膛, 又以手指武弁, 顯有欲言之意[191]. 宰相心中, 則形容俄者武弁之所爲, 而傍人之觀之

---

183) 倦厭: 이본에는 '厭斁'으로 되어 있음.
184) 際: 가, 나본에는 '餘'로 되어 있음.
185) 忿: 나본에는 '憤'으로 되어 있음. 서로 통함.
186) 膛: 저본에는 '堂'으로 나와 있으나 이본에 의거하여 바로잡음.
187) 數: 가, 나본에는 '數目'으로 되어 있음.
188) 屢朔: 바본에는 '屢朔閱月'로 되어 있음.
189) 宰相: 이본에는 '其宰'로 되어 있음.
190) 誑: 이본에는 '慌'으로 되어 있음.

者, 豈能知心中之事乎? 只認以彼弁積勞, 不能暫忘, 日後善處之
道, 預爲付托而然, 齊聲對曰: "雖非親敎, 此弁恩德, 雖割身劊肉,
有何[192]可惜? 謹[193]當極力拯濟, 俾有所成就矣." 其宰聽之, 連以手
揮之, 又指胸膛及武弁, 雖萬番如是, 諸子輩[194]何以知其本意乎?
只得諉以病中虛擲之手矣. 其翌, 其宰仍不起. 過葬後, 三子交相
吹噓, 逢人輒托, 其冬都政, 拜宣傳官, 仍爲序陞[195]屢典州郡, 官至
閫帥云.

4-21. 捉凶僧箕城伯[196]話舊

黃判書仁儉, 爲平安監司時, 道內某郡有殺獄, 而不得正犯者有
年. 蓋其邑班族婦女, 成婚未幾, 其夫病死. 其婦女[197]窆葬之後, 搆
草廬於墓側, 獨往守墓, 晨夕哭泣, 必盡其哀; 朝暮饋奠, 必致其
誠. 其墓距其家不遠, 而道路觀者, 莫不哀之. 一日, 爲不知何許人
所刺殺, 本邑聞卽來檢, 用刃之驗分明, 而凶身不得捉, 不知何人
所爲. 黃判書少時, 讀書山寺, 與一僧相親密, 下山後, 頻頻入城來
現, 來則必留數日, 與之談諧. 及爲西伯, 其僧又往拜焉, 留置冊
室, 每於公餘, 無論晝宵, 必與之談笑. 而每以冤獄之不得成案爲
念, 意謂雲遊之僧, 必有風聞之事. 一日, 從容謂僧曰: "某邑有如
此如此之疑獄, 而正犯在逃, 多年跟捕, 尙未推捉. 汝是出家之人,
道路流傳之言, 或有得聞者否?" 其僧雖以無所入聞仰對, 而細察

---

191) 意: 바본에는 '色'으로 되어 있음.
192) 有何: 가, 나본에는 '豈有'로 되어 있음.
193) 謹: 저본에는 빠져 있으나 이본에 의거하여 보충함.
194) 輩: 가, 나본에는 '等'으로 되어 있음.
195) 陞: 가, 나본에는 '陸'으로 되어 있음.
196) 箕城伯: 나본에는 '箕伯'으로 되어 있음.
197) 婦女: 가, 나본에는 '婦人'으로 되어 있음.

氣色, 頗有可疑. 夜深之後, 屏退左右, 執手促膝, 謂之曰:"吾與汝交, 自少及今, 屢十年餘, 契分甚密, 情義相輸, 肝膽相照, 汝於吾, 豈可一毫相隱? 須從所見所聞, 一一詳言之. 夜深人靜, 傍無聽者, 言出汝口, 卽入吾耳, 寧有漏泄[198]之理?" 多般遊說, 厥僧思平日之情誼, 聞今夜之情談, 言之似無害, 遂盡吐其實狀, 曰:"小僧果於年前, 往來之路, 一番撞見, 慾火忽盛, 侮其孤弱, 乘夜突入, 欲强汚之. 其婦人抵死力拒, 小僧忿其不從, 遂抽戒刀而刺殺之, 仍卽亡去矣." 言訖, 黃判書卽大聲呼左右, "曳出此僧!" 數其罪而撲殺之,[199] 以雪其烈婦多年之寃. 當時議者, 或以爲難, 或以爲薄情云.

4-22. 雪神寃完山尹檢獄

昔年某台, 爲全羅監司. 一日, 約本官夜話于宣化堂, 夜深後, 本官辭退, 監司旣下退令, 方纔就寢[200]. 忽聞有女子哭聲, 甚悽絶, 自遠而近, 入于三門之內, 哭聲遂止, 而似有人跡, 次次陞階, 上廳開門而入. 擧頭視之, 乃未笄女子, 黃衣紅裳, 姿色亦殊. 怪問之曰: "汝是人耶鬼耶? 何爲而來?" 其女對曰:"小人卽本官吏房之女也. 家勢稍饒, 母死, 而小人之父更娶後妻, 生一子. 又有繼母之同生, 利小人家之財物, 有傾奪之意, 而只爲小女在家, 小人之父, 又偏愛小女, 故其計莫售. 月前, 小人之父, 以官家分付, 出往他[201]所, 計其往返, 當爲五六日矣. 小人繼母與其同生, 共爲謀議, 詐令小人出戶搗砧, 暗從背後, 擧木枕而擊腦, 卽刻仆地, 腦裂而死. 於是, 斂以此衣, 入于棺中, 埋之於十里官路之傍, 土尙未乾. 小女之

---

[198] 泄: 가, 나본에는 '洩'로 되어 있음. 서로 통함.
[199] 數其罪而撲殺之: 가, 나본에는 이어서 '厚給其葬需'라는 내용이 첨부되어 있음.
[200] 寢: 이본에는 '枕'으로 되어 있음.
[201] 往他: 가, 나본에는 '他往'으로 되어 있음.

父, 竣事歸來, 尋小女[202]不見, 問于後妻, 則答以, '君去數日, 忽焉胸腹急痛, 不終日而死.' 小人之父, 不知委折, 只一場痛哭而已. 伏乞使道, 爲小女得洩此寃, 敢此仰達." 監司遂問其父之姓名, 又問其繼母同生之姓名, 仍曰: "吾當爲汝伸寃!" 其女遂再拜而退, 不聞哭聲, 又不聞足跡. 遂呼燭起坐, 送通引于本官, 急速進來. 本官纔自營門, 從容陪話, 至於夜深, 又醉飽而歸. 方解衣入睡, 神魂矇矓之中, 忽聞上營通引, 以使道分付, 使之急速進來, 大驚起來, 曰: "不知. 俄間, 有何許大事, 而有此急召?" 遂顚倒衣裳[203], 蒼黃進來, 則監司明燭坐待, 入現, 問有何急事, 監司曰: "有時急開檢之事, 須卽地發往官十里路傍, 待天明行檢以來." 仍以小錄投示之, 本官視之, 乃錄名小紙也. 本官卽爲還衙, 發健校壯卒, 依小紙錄名, 出其[204]不意而掩捕之. 嚴鎖長枷, 驅往官[205]十里路傍新塚, 發掘其墳土, 破棺開檢, 出屍體於平地, 次次開檢, 則乃是十五六歲女子, 面色如生. 仰面無一傷處, 翻屍而見合面, 則頭腦裂破, 血髓尙未乾. 遂具屍帳乃告, 見其小斂衣裳, 如昨夜所見. 遂捉[206]吏房及其後妻之同生者, 箇箇嚴訊, 其女娚妹, 無敢發明, 一一承服. 遂幷打殺之, 吏房則責其不能齊家之罪, 而流配之. 營邑大小民人, 莫不稱其神明焉.

4-23. 崔崑崙登第背芳盟

崔副學昌大, 非但文華夙就, 才名溢世, 而容貌出衆, 風彩動人.

---

202) 女: 가, 나본에는 '人'으로 되어 있음.
203) 衣裳: 이본에는 '衣冠'으로 되어 있음.
204) 其: 저본에는 빠져 있으나 이본에 의거하여 보충함.
205) 官: 저본에는 빠져 있으나 이본에 의거하여 보충함.
206) 捉: 이본에는 '捉入'으로 되어 있음.

未第時, 節屆暮春, 謁聖有命. 因事騎驢而出, 行過某坊, 忽有不知何許人, 趨詣驢前, 納頭便拜. 崔問: "汝是何人? 吾未記得也." 其人曰: "小人卽紙廛市人, 姓名某也. 未曾一次問安, 而竊有衷曲可白之事, 非從容, 則無以盡情. 小人之家, 卽此家也, 極知惶悚, 而敢請行次, 暫入休憩焉." 崔異其言, 遂下驢, 入其外舍, 房室瀟灑, 書畫滿壁. 坐定, 其廛人鞠躬前進, 曰: "小人有一女息, 年纔二八, 薄有姿色, 略具才識, 而平生所願, 欲爲少年名士之副室, 故尙未有定婚處矣. 昨夜渠夢, 正草一張, 忽地飛揚, 乃²⁰⁷⁾化作黃龍, 向空飛騰而去. 覺而異之, 搜得夢中化龍之紙, 十襲封置. 自以爲今番科擧, 以此紙觀光者, 必占高第, 將自擇而授之, 仍作小室云. 而小人家, 適在大路傍, 自早朝淨掃行廊一間, 垂簾于外窓, 終日出坐, 覘²⁰⁸⁾往來之人. 適見書房主行次過去, 急招小人, 願邀行次, 故所以唐突敢請也." 少²⁰⁹⁾焉, 進一大卓, 飮食皆奢麗. 又出現其女子, 花容月態, 眞是傾城之色, 而眉目淸朗, 擧止閑雅, 類非閭閻間²¹⁰⁾賤物. 其廛人, 又跪進一張正草, 曰: "此是小人之女夢龍之紙也. 科日行且近矣, 書房主以此呈券, 則必當嵬捷. 須於唱名之日, 勿以卑微爲嫌, 卽備轎軍, 率去此女, 永作箕箒之奉, 遂平生之願, 千萬至祝." 崔旣慕女色之出群, 且喜夢兆之非常, 遂滿口許之, 丁寧牢約而去. 及當科日, 崔攜其正草入場, 抽思揮毫, 頃刻寫呈, 遂占魁元. 御前唱名, 揷花賜樂, 其大人議政公, 後拜出來, 仙樂喧天, 榮光耀世. 至其家, 軒輜塡門, 賀客盈堂, 歌童舞女, 羅列前後; 珍

---

207) 乃: 저본에는 '而'로 나와 있으나 이본을 따름.
208) 覘: 나. 바본에는 '觀'으로 되어 있음.
209) 少: 저본에는 '小'로 나와 있으나 나본에 의거함.
210) 間: 이본에는 '家'로 되어 있음.

羞綺饌, 交錯左右. 管絃助歡, 優倡[211]呈技, 觀者如堵, 盈庭溢巷. 於焉之間, 日色向昏, 賓客稍散. 崔雖心不忘向日丁寧之約, 而終是少年人事, 知慮未周嚴, 不敢告其由於大人, 且緣紛忙恩擾, 自下周旋, 亦未及焉. 方且趑趄恨嘆之際, 自大門外, 忽有哭聲甚哀, 只見一人, 椎胸放聲, 直奔入大門內. 下隸輩[212]百般驅逐, 而其人尤且哭且語, 謂有至冤之事, 將白活於先達主云, 而限死鑽入. 其大人議政公聞之, 不勝駭怪, 使其人止哭而近前, 問: "以汝有何許冤痛之事, 而當此宅中慶賀之日, 作此駭怪抹摋之擧乎?" 其人且泣且拜, 呑聲而對曰: "小人卽紙廛市人, 姓名誰某者也." 因將渠女夢龍之事, 及與崔相約之事, 細述始末, 且曰: "小人女, 及當科日, 自朝不食, 惟榜聲是待, 頻探其書房主登科與否. 故小人連爲探之道路, 則宅書房主, 果爲壯元及第, 的實無疑. 仍傳喜報於渠, 渠乃歡天喜地, 唯待備轎率去之報, 看看日將暮, 而無消息, 則小人女乍臥乍起, 如癡如狂, 更無他語, 唯長嘆數聲. 小人不忍見其狀, 多般曉之, 曰: '唱名之日, 例多紛擾, 賀客盈門, 酬應浩繁, 無暇念及於閑漫之事. 其[213]書房主之暫爲忘却, 固亦不是異事. 雖或不忘, 而緣忙未及周旋, 亦無怪焉. 吾當往賀某宅, 仍探動靜, 亦爲未晩矣.' 其女曰: '如或中心藏之, 則寧有因撓忘却之理? 如有深情, 則雖甚恩忙, 備轎率去, 不過一分付間事, 豈無其暇乎? 其書房主心中, 已無小女, 故尙無消息. 人旣忘我, 無率去之意, 則自我先探, 不亦羞乎? 緣我往探, 雖或黽勉率去, 亦有何滋味之可言乎? 百年同歡, 情義是恃, 而芳盟未寒, 有此渝變, 更又何望於他日乎? 吾

---

211) 優倡: 이본에는 '倡優'로 되어 있음.
212) 輩: 저본에는 빠져 있으나 이본에 의거하여 보충함.
213) 其: 저본에는 빠져 있으나 이본에 의거하여 보충함.

意已決, 勿復更言.' 仍入房內, 自結而死. 小人悲恨塡胸, 哀冤徹天, 敢此奔告云云." 崔相聞之, 大致驚駭, 不勝慘惻, 良久無言. 乃招其子, 責之曰: "此是何等大事, 而汝旣與彼相約, 有此背渝, 世豈有如此沒風流無信義之人乎? 薄情甚矣, 積冤極矣! 吾初意, 則期汝以遠到, 以此事見之, 無足可觀. 何事之可辦, 何官之可做乎?" 咄咄不已, 又曰: "卽爲盛備奠需, 爲文一通, 備述知罪摧[214]謝追悔莫及之意, 往哭於屍前. 其[215]殯殮之節, 亦爲躬[216]檢, 俾得無憾,[217] 少贖負約之罪, 用慰不瞑之恨, 至可至可!" 又爲優給棺槨·衣衾[218]葬埋之需, 使之厚埋. 其後, 崔官至副學而早卒.

4-24. 車五山乘興題畫屛

月沙李相公朝天時, 從事極一代之選, 車五山天輅, 以文章預焉; 韓石峯濩, 以名筆從焉. 行至瀋陽, 聞一富人以萬金粧彩屛一坐, 錦綵燦爛, 金碧輝煌, 乃邀天下名畫, 畫紅碧兩桃, 桃間畫鸚鵡一雙. 方求天下文章與名筆, 欲寫畫題, 而未得其人. 聞蜀中有二士, 以名筆擅名天下, 方資厚幣往請, 姑未還. 而其屛則在於其家, 人有求見者, 必出示云. 車及韓聞之, 詩思滔滔, 筆興勃勃, 不可遏住, 仍請求觀. 畫本及粧繢, 曾所未見之緞, 畫亦逼眞. 見此, 又不勝其興, 五山謂石峯曰: "我詠畫題, 君須揮灑也. 所謂蜀中文筆, 未必勝於吾與君也." 遂瞰其無人, 石峯磨墨濡毫, 五山鳴吻鼓喉, 題七絶一首于其上, 曰: '一樣桃花色不同, 難將此意問東風. 其間

---

214) 摧: 저본에는 '催'로 나와 있으나 이본에 의거함.
215) 其: 저본에는 빠져 있으나 이본에 의거하여 보충함.
216) 躬: 나본에는 '窮'으로 되어 있음.
217) 俾得無憾: 이본에는 '俾無餘憾'으로 되어 있음.
218) 衣衾: 바본에는 '衣裳'으로 되어 있음.

幸有能言鳥, 爲報深紅映淺紅.' 石峯一揮而盡, 仍卽驅車向燕京. 少焉, 其主人來見其塗抹, 大怒曰: "吾不惜萬金粧此屛[219], 方求天下第一詩文與筆畫, 以爲傳家之寶. 畫則幸得, 而詩與筆, 政待蜀士之來, 何物朝鮮人, 渠敢大膽, 偸我不在, 汚我至寶如此哉?" 方咄咄而嘆, 憤憤而罵. 少焉, 蜀中兩士來見, 他人已先着, 熟視良久, 卽起下堂, 恭行再拜之禮, 嘆曰: "此眞是天下文章與名筆也! 吾輩則風斯下矣, 不敢當也." 仍閣筆而退. 其主人, 方認是眞箇名筆與文章, 大喜, 厚備潤筆之資, 待使行回還, 邀請車·韓兩人, 百拜致謝, 厚遺幣帛. 自是, 五山·石峯之名, 擅於大國, 無敵於天下云.

4-25. 武擧聘辭屈試官

一擧子應武講, 適拈夷齊採薇之歌, 考官問: "薇之爲物, 只食其體, 食薇者, 孰不折取其體, 而夷齊則獨採其根, 其義何居?" 擧子曰: "先生其眞不知而問之耶? 抑亦知而試問也否? 薇之食體, 古亦今也, 豈有夷齊獨不知也? 周人之食薇, 宜乎其體, 而夷齊之食薇, 獨不宜其體, 而宜乎根也. 周天雨露, 滿濕其體, 以夷齊不食周粟之義, 豈肯食其體也? 是以, 棄其周體, 採其殷根, 遂以殷士歌殷歌, 而[220]終殷節. 未知先生以伯夷之節, 折薇而食體, 則可乎, 不可乎?" 考官之問, 則以採之一字, 不過籑弄武夫, 以見其語塞而已, 不曾有別般可疑之端矣. 穿通有理之答, 忽出於自家所料之外, 大驚, 遂更問曰: "伯夷餓死之日, 以干支計之, 在於何干何支[221]?" 曰: "庚午日也." 考官曰: "何所據也?" 擧子曰: "『法華經』

---

219) 屛: 이본에는 '一屛'으로 되어 있음.
220) 而: 저본에는 빠져 있으나 이본에 의거하여 보충함.
221) 何干何支: 나본에는 '何干支'로 되어 있음.

云:'凡人之不食而斃者, 男則七日, 女九日.' 商紂之亡, 在於甲子日, 宜夷齊之自甲子日廢食, 而甲乙丙丁戊己庚, 則庚午之日. 卽『法華經』所謂男七之限, 是以知之." 試官大異之, 不計武技之高下, 以講義之第一, 擢爲魁甲.

4-26. 鰥班弄計卜隣寡

古有一鄕班, 中年喪耦, 家貧不得繼娶. 其對門家, 有民家寡女, 無親戚子女, 家貲稍饒. 鄕班有意於卜妾[222], 多岐通媒, 而厥女亦年旣老大, 家産不貧, 無意於更嫁, 誘之萬端, 終不回聽. 一日, 厥班招其隣居勸農之素相親熟者, 語之曰: "吾欲得彼寡女以爲別室, 而厥女終不聽從, 無可奈何! 今授汝一計, 汝須如此如此[223]." 勸農許諾而去. 時當農節, 早晨, 勸農來叩寡女之門, 語寡女曰: "今日吾將移秧, 主人之牛, 必爲見借." 寡女自是財力裕足, 不藉他力, 凡屬器物, 一不借人, 一鄕之人, 無不疾之. 聞勸農之言, 曰: "吾亦今日移秧, 不可借牛." 勸農不問[224]曲直, 卽入牛牢而牽出, 厥女不勝忿怒, 未遑衣服單袴, 跣出追去. 厥班瞰厥女之出門, 以赤身直入厥女之家, 蒙寡婦[225]之衾而臥. 寡女追[226]及勸農, 奪牛而歸, 無數罵[227]之, 勸農故爲追來, 懇借不已, 厥女一向罵辱, 如是之際, 日漸晚矣. 左右隣里, 聞其爭鬧[228]之聲, 盡出觀之, 滾到寡女家前. 其隣里, 無非勸農之偏也, 人皆爲勸農一言, 而厥女一向發惡, 滿庭

---

222) 妾: 나본에는 '妻'로 되어 있음.
223) 如此如此: 이본에는 '如是如是'로 되어 있음.
224) 問: 나본에는 '聞'으로 되어 있음.
225) 婦: 이본에는 '女'로 되어 있음.
226) 寡女追: 이본에는 '寡女之追'로 되어 있음.
227) 罵: 나본에는 '詈'로 되어 있음.
228) 爭鬧: 나본에는 '鬪爭'으로 되어 있음.

喧聒. 厥班條條赤身, 擁衾起坐, 露出肩膊, 斜戴寢冠, 推窓大聲,
曰:"何許怪漢, 敢此來喧聒?"勸農仰視之, 乃隣居某生員也. 卽趨
進拜謁, 曰:"小人實不知生員主來宿此家也!"觀光諸人, 無不相
顧, 有駭惡之者, 有譏笑之者. 一幷散去, 又暗暗相語曰:"厥女假
稱守節潛通彼班者, 想已久矣."其寡婦亦事出意[229]外, 一邊錯愕,
一邊詈罵, 毁節之辱, 無辭可辨. 厥班晏然而起, 更整衣冠, 緩緩歸
去. 寡女不勝冤憤, 呈訴于官, 官召致厥班, 詰其顚末, 兩造之言,
此曰丁寧, 彼曰暗昧, 無以卞其眞僞. 乃招其隣里, 以參訂驗, 同然
一辭, 更無可疑. 遂乃分付曰:"無論如此如彼! 寡女之改嫁, 不是
異事, 彼是班族, 爲妾何妨? 鰥夫·寡婦, 兩得其耦, 亦是好事, 更
勿呈訴, 與之同居."厥女更不敢一聲稱冤, 纔出官門, 疾視厥班,
罵之曰:"到此地頭, 不得不同居, 而生員主之臆志, 可謂天下大黨
賊漢爾."

4-27. 騙鄕儒朴靈城登科

　靈城君朴文秀兄弟, 皆不足於文筆, 而僥倖聯參於監試解額. 其
兄憂之, 曰:"吾兄弟, 皆無文無筆, 又無器具, 難[230]可以買文買筆,
會圍將近, 何以觀光哉?"靈城曰:"一場文筆, 皆吾兄弟文筆也, 當
日呈券, 何憂之有哉?"遂日日出入, 跡遍城內, 探得某鄕之某士巨
擘, 某鄕之某儒書手, 而皆無初試冒入者, 拚谿曲逕, 求見巨擘·書
手, 一識其面. 及當試日, 兄弟各持試券[231]一張, 首先入場, 坐於路
傍, 見冒入者入來, 則輒起迎而語曰:"犯禁冒入, 無乃未安乎?"如

---

229) 意: 이본에는 '慮'로 되어 있음.
230) 難: 저본에는 빠져 있으나 이본에 의거하여 보충함.
231) 券: 저본에는 '卷'으로 나와 있으나 이본에 의거함.

是者凡四次, 其主人及冒入者, 滿面通紅, 畏首畏尾, 懇乞其官村無事. 朴曰: "吾兄弟試券, 作之書之, 則可幸無事矣." 仍曰: "此則吾兄之巨擘, 此則吾兄之寫手." 各自排定, 其擘及筆, 不敢出一聲, 各展試券, 一人呼之, 一人書之, 頃刻寫出, 文不加點, 筆亦無欠[232], 遂得聯璧[233]於會榜. 其後增廣, 靈城又得初試, 而會試則尤無以觀光. 際聞湖西一儒, 爲策文接長, 得鄕解而上京, 留旅舍, 往訪之, 語以, '當赴會圍, 會工不可不略爲收拾, 而苦無同接相長之益. 得聞高名嫺於長文, 願同做若干首, 以爲肄習之地.' 其人許之. 靈城雖短於製述, 自有記誦之才, 寓目輒誦, 乃從相親人, 倩策題一道, 默記于心中. 翌日, 又往曰: "會日漸近, 可自今日始工, 試出一策題也." 鄕儒曰: "吾雖略解策工, 而至於策題, 則京華眼目似勝, 尊須出之, 如何?" 再三推諉, 靈城始遍閱諸冊, 若搆思樣, 沈吟半晌, 始乃呼寫. 寫畢, 乃曰: "今已日晩, 自明始做, 如何?" 遂辭去. 又要所親人, 倩中頭已上, 默記于中. 其翌又往, 與之會做, 略費思索, 旋卽寫出. 如是四五日, 鄕儒初則以京華少年藐視之, 及見其出題及所作, 文華富贍, 詞采爛熳[234], 便一雄文巨筆, 自不覺望洋之嘆. 一日, 則方且出題搆思之際, 有一毛笠下人, 氣喘喘走來, 問: "朴書房主何在?" 朴[235]視之, 則乃自家奴子也, 喘喘然慌忙[236]告曰: "內上典急患胸腹痛, 實有頃刻難保之慮, 請書房主, 火速行次焉." 朴乃謂鄕儒曰: "室人此症, 係是本症, 一發必至十餘日委痛, 不可不急急往見, 問醫用藥. 第往觀動靜, 更當來做云云."

---

232) 欠: 이본에는 '次'로 되어 있음.
233) 璧: 저본에는 '壁'으로 나와 있으나 이본에 의거함.
234) 爛熳: 이본에는 '爛爗'으로 되어 있음.
235) 朴: 이본에는 '外'로 되어 있음.
236) 喘喘然慌忙: 이본에는 '其奴遑忙'으로 되어 있음.

遂辭去. 此蓋托辭也. 過了十餘日, 始乃又訪, 曰:"室憂今雖少差,
猶未可釋慮, 且會期無餘, 無以更做, 極爲悵嘆. 須於會日, 相期於
場外, 以爲同場之地, 如何?"鄕儒亦仰以高手, 意以爲若得同坐,
必有利益, 欣然諾之. 及當會日, 靈城携一空石·一正草, 坐於場中
門外, 目見其鄕儒之往來, 而視若不見, 或回面與他人語, 不爲接
談. 其儒見如此貌樣, 嘆曰:"京華士大夫, 誠無足恃矣! 旣丁寧相
約, 而臨場顯有訑訑之色, 恐其有害於自家之科事而然否?"遂躬
往其傍, 先自接語曰:"見人之來而外面, 何也? 同場周旋, 旣有宿
約, 而如是冷落, 顯有外之之意, 何也?"靈城心中, 則唯恐其人之
不同入, 而外面假示黽勉許之之意. 遂入場, 同坐一席, 未幾題出,
各自起草. 未半, 靈城謂鄕儒曰:"做得幾許?"曰:"做至中頭矣."仍
出示之, 曰:"如有疵病, 須詳敎之."朴將自己所草, 摺置於方席之
下, 而每字以墨塗抹, 使他人莫能諦視[237], 略觀鄕儒之草. 未半,
卷[238]持而起, 曰:"小便甚急, 請[239]少俟之. 吾之所草者, 在於方席
之下, 須出而見之也."遂起身, 若放溺樣, 避坐於所親人雨傘之下
揮帳之中, 親自展券寫之. 蓋增廣[240]正草, 歷書之故, 雖怪拙荒雜,
無所拘焉. 逐條以下, 則又謄他人所作, 仍爲呈券, 又得高中. 至戊
申亂, 以從事官, 錄揚武勳, 封靈城君, 官至判書. 而平生多權術,
善詼諧, 以善行繡衣, 至今得名云.

4-28. 嘲使命李尙書爭春

李判書益輔, 與某台生同庚, 居同巷, 幼同學, 長同業, 以至上庠

---

237) 諦視: 이본에는 '諦識'으로 되어 있음.
238) 卷: 저본에는 '券'으로 나와 있으나 이본에 의거함.
239) 請: 저본에는 '諸'로 나와 있으나 이본에 의거함.
240) 增廣: 이본에는 '增會'로 되어 있음.

登第, 無不同年, 內翰瀛館, 亦皆同選. 地閥儀表, 文翰物望, 人莫
能甲乙. 李台與某友, 伴直於玉署, 互相自勝, 莫肯相下, 乃相約
曰: "吾輩自幼及長, 無一不同, 無以定其優劣. 聞南原有妓名某者,
爲國中一色云, 以此妓先着鞭者, 爲第一云云." 未幾, 某友爲全羅
左道京試官, 而乃是他人有頉之代. 試日迫近, 明將辭朝, 試邑卽
南原也. 李台適在直中, 聞之大驚嘆, 直欲卽地飛去, 而無可奈何.
深致慨嘆, 以爲, '今則勢將遜某友一頭, 此將奈何?' 咄咄憤痛, 達
宵不寐. 其翌曉, 某友爲試官下直, 歷入直所, 意氣[241]揚揚, 顯有壓
倒之意, 大言夸張, 曰: "從今以後, 吾可以勝君矣." 李台雖强作大
談, 而垂頭喪氣, 自不覺氣縮縮然. 少頃, 忽有入直玉堂李某入侍
之命, 乃顚倒赴召, 則自上授封書一度及鍮尺·馬牌等物. 李台大
喜, 意必湖南繡衣, 卽刻直出南門外, 坼見封書, 則果是湖南左道
暗行御史. 計其日子, 則某友當於某日入南原, 必於當日內起程,
倍道疾馳, 方可以先某友入去矣. 從人·裨將, 未暇知委, 急報家
中, 先持若干盤纏, 率伴倘[242]一·奴子一, 徒步發行. 從人·裨將及
盤纏·衣服, 則從後直送于南原地事, 報于家中, 兼程趲進, 某日午
時, 抵南原邑. 探京試官行止, 則今朝方[243]纔入來云. 遂急急廉探,
得數三件事, 直爲出道於客舍. 伊時, 上自官家及試官, 下至邑村
吏民, 未聞御史先聲, 猝地出道, 皆蒼黃忙急, 一邑震蕩. 遂拿入吏
房·座首各倉色, 略略治罪. 後自本邑定入隨廳妓幾名, 而見其座
目, 則無厭妓之[244]名. 遂拿入戶長, 問之曰: "南原乃國內色鄕, 御

---

241) 氣: 나본에는 '飛'로 되어 있음.
242) 伴倘: 이본에는 '伴儻'으로 되어 있음. 서로 통함.
243) 方: 저본에는 빠져 있으나 이본에 의거하여 보충함.
244) 之: 이본에는 '姓'으로 되어 있음.

史是第一別星, 而今者隨廳妓, 全不成樣, 須速速換定以入也." 御史分付, 誰敢違越? 乃換定以入, 而亦無厭妓名字. 御史大怒, 戶長及首奴·首妓, 一幷拿入, 喝問曰: "吾知汝邑有妓名某者, 而再換隨廳, 猶不來, 汝邑擧行, 萬萬慢忽! 某妓須斯速現身也." 戶長等白曰: "某妓京試官使道已定隨廳, 不使須臾離側, 故不得定入云云." 御史愈往愈怒, 令別造三隅杖, 戶長·首奴等, 縛坐於刑機上, 厲聲曰: "汝輩將此妓, 藏於何處, 而假托京試官隨廳, 終不現身乎? 萬萬駭痛, 萬萬無嚴, 若不卽刻待令, 汝輩將死於刑杖之下." 遂令選善杖者, 限以十度內打殺, 威風凜凜, 號令如霜, 擧邑戰慄. 戶長·首奴·首妓家擧族, 及三班官屬, 並詣京試官下處, 涕泣號訴曰: "三人性命, 今在頃刻. 伏乞京試官使道, 特垂哀憐之念, 大施活人之德, 暫命出給某妓, 則謹當現身於御史道, 以免罪責. 少待御史道威令之稍定, 趁夕間某條還爲率來, 使之隨廳, 暫許出給, 俾完三人將死之殘命, 千萬至祝至祝!" 京試官不忍厥輩之無罪將死, 又念若不出給某妓, 而御史果打殺某漢, 則不無由我之嫌, 亦有押怨之慮. 且所謂御史, 不知爲誰某, 而若因一妓之故, 遂成平生之嫌, 則亦是不美之事. 遂出給厥妓, 曰: "吾特念汝輩之將死, 暫此出給, 現身後, 須卽率來也." 厥輩歡天喜地, 百拜致謝曰: "上德如天, 殘喘得保, 一番現身之後, 何敢不率來乎?" 遂將此妓, 現身于御史, 御史大喜見之, 則果是絶代妙色也. 遂解[245]下吏奴輩, 屛[246]退左右, 圍繞大屛風於大廳之中, 携厥妓入于其中, 爛熳作戲. 雲雨旣畢, 命入肩輿, 而使某妓隨後, 直向京試官下處, 而以扇遮面, 直至廳上下輿, 字呼其友, 曰: "今果何如? 吾果快勝矣!" 京試

---

245) 解: 저본에는 빠져 있으나 이본에 의거하여 보충함.
246) 屛: 이본에는 '幷'으로 되어 있음.

官雖聞御史之出道, 實不知御史之爲何人, 而李台則自家下來時, 入直玉堂也. 今日之行, 尤是不意. 今者, 料外逢着, 喫了一驚. 且念其妓之先着, 已讓一頭, 尤不勝憤痛, 面色如土, 幾乎氣絶云. 蓋自上亦聞李台與某友相約之事, 故於京試官下直之日, 特遣繡衣, 俾得以爭春云.

卷五

5-1. 廉義士楓岳逢神僧

廉時道吏胥也, 居在漢師[1]壽進坊. 性素信實廉介, 爲許相積之傔從, 甚見寵信. 一日, 許謂時道曰: "明曉有使喚處, 必早來!" 其夜時道, 與其徒[2]飮博, 就睡甚濃, 不覺日已明矣. 急起奔走, 路過濟用監鷗峴, 見路旁空垈, 立一古木, 木下茂草間, 有靑袱[3]露出, 就見則封裏甚密, 擧之甚重. 佩之腰下,[4] 走到社洞許家, 以晚來請罪, 許曰: "已用他吏先到者, 汝何罪焉?" 時道退[5]於廳下, 開視封裹, 則有銀二百十三兩, 內袱重襲[6]. 時道自言[7]曰: "此重貨也, 其主失之, 其心之憂遑如何, 而我何[8]可掩而有之乎? 且無端橫財, 在小民, 非吉祥也. 旣不可携歸於家, 不如納之相公." 遂將銀就許告之, 故而請納, 許曰: "爾之所得, 何有於我, 且爾之不取, 我何取之耶?" 時道慚而退, 俄而, 許召謂曰: "數日前, 吾聞兵判家馬, 其價二百兩銀, 而光城府院君家將買[9]云, 豈非此銀耶? 汝試往問之." 兵判卽淸[10]城金公也. 時道依其言, 翌日往謁[11], 仍曰: "貴宅或[12]有

---

1) 漢師: 라본에는 '漢陽'으로 되어 있음.
2) 徒: 사본에는 '從'으로 되어 있음.
3) 袱: 다, 라, 마본에는 '褓'로 되어 있음. 서로 통용됨.
4) 佩之腰下: 사본에는 '納之袖中'으로 되어 있음.
5) 退: 다, 라, 마본에는 '到'로 되어 있음.
6) 襲: 저본은 판독이 불가하나 이본에 의거함.
7) 言: 저본은 판독이 불가하나 이본에 의거함.
8) 何: 저본에는 빠져 있으나 가, 나, 라본에 의거하여 보충함.
9) 買: 이본에는 '買之'로 되어 있음.
10) 淸: 저본에는 '靑'으로 나와 있으나 이본에 의거하여 바로잡음.
11) 往謁: 라, 마본에는 '往其宅現謁'로 되어 있음.
12) 或: 사본에는 '寧'으로 되어 있음.

所失物耶?" 金公曰: "無有也." 遽呼廳下蒼頭, 曰: "某奴持馬去已兩日, 而尙無回報, 何也?" 蒼頭曰: "某奴稱有罪, 不敢進現耳." 金公嗔曰: "此何言也? 速捉入!" 蒼頭押一奴, 跪於庭前, 且拜且言曰: "小人有罪, 萬死難赦." 金公問其故, 奴曰: "小人往齋洞光城宅, 受馬價, 而忽失之矣." 金公大怒曰: "奴之詐至此! 汝乃弄奸, 沈沒[13]而來, 誑我也." 亟呼大杖, 將撲殺之. 時道仍請暫停刑, 而俾陳失銀之由, 金公寤[14]而更訊, 奴曰: "始持馬到光城宅, 相公命奴, 盤馬馳驟, 曰: '果奇駿也!' 且嘉其肥澤, 曰: '此馬爾之所喂耶?' 對曰: '然.' 相公歎曰: '人家奴僕, 有如此忠篤者, 誠可嘉也.' 仍呼之前, 曰: '爾能飮乎?' 曰: '能.' 相公命一大椀酌紅露旨烈者, 連賜者三, 卽計給銀二百兩, 且加[15]以十三兩, 曰: '此賞爾善喂馬也.' 小人辭出, 日已夕矣. 醉甚不能成步, 行未幾, 倒臥路旁, 不知爲何處. 向夜微醒, 忽聞鍾[16]聲, 遂强起而歸, 不知銀封所落. 罪犯如此, 自知當死, 所以苔且[17]不敢現." 時道始陳[18]得銀來謁之由, 卽歸取銀以進, 封誌及數, 果如所失者. 金公大嘆異之, 曰: "汝非今世人. 然此本已失之物, 今以其半賞汝, 汝其勿辭." 時道笑曰: "使小人有貪財之心, 當自取不言, 其誰知之? 旣非其有, 惟恐或浼, 何有於賞?" 金公悚然改容, 不復言賞銀事, 咨嗟重複, 呼酒勞之, 奴罪得以快釋. 時道辭出, 有一年少女, 從後疾呼曰: "願丞少留!" 時道顧問其由, 女曰: "俄者亡金者, 吾之兄也. 吾依而爲生,[19] 今賴丞得生, 此

---

13) 沈沒: 라본에는 '浸沒'로 되어 있음.
14) 寤: 나, 라, 사본에는 '悟'로 되어 있음.
15) 加: 가, 나본에는 '加下'로 되어 있음.
16) 鍾: 가, 다본에는 '鐘'으로 되어 있음.
17) 苔且: 라본에는 '咨嗟'로 되어 있음.
18) 陳: 다, 라, 마본에는 '進'으로 되어 있음.
19) 依而爲生: 가, 나, 사본에는 '倚以爲生'으로, 다, 라, 마본에는 '倚以得生'으로 되어

恩當何以報? 吾入言[20]于內, 夫人極歡之, 命賜酒饌, 所以請留[21]也." 卽設席廊下, 旋入擎出大一盤, 羅以珍羞美醞, 時道醉飽以歸. 及庚申, 許以罪賜死, 時道突入, 持藥器, 欲分飮之, 都事曳出逐之. 許旣死, 時道狂奔號慟, 無復世念, 仍棄家, 放浪遨遊山水. 有族兄在江陵地, 往訪則已爲僧, 不知去處. 仍遊楓岳, 至表訓寺, 問居僧曰: "吾欲依歸, 必得高僧爲師, 誰可者?" 咸曰: "妙吉祥後孤菴守座, 卽生佛也." 時道往見, 果有一僧, 跌坐入定. 時道前伏, 俱陳誠心服事之意, 且請剃髮, 辭旨懇切, 僧無聞覩. 時道伏不起, 日已昏暮, 僧忽曰: "架上有米, 何不炊?" 起視果有米, 炊食如命.[22] 夜後前伏至朝, 僧又命之食, 如是者五六日, 僧終不言. 而時道意稍弛, 出菴逍遙, 見菴後有茅屋數間, 入其中, 只見一幼女, 年可二八, 甚有姿色. 時道不禁婉戀之情, 遽前抱持欲犯之, 女於懷袵間, 拔出小刀, 欲自裁. 時道驚惻遂止, 問其所從來, 女曰: "吾本洞口外村女也. 男兄出家[23]於此山, 師此菴僧. 母以菴僧神人, 問女之命, 以女有四五年大厄, 若絶棄人間事, 來寓於此菴之房, 則可以度厄, 且有佳緣. 母信其言, 縛茅於此, 獨與女留住, 爲數年計. 母今暫還洞居, 而遽爲人所迫, 在此死境, 是豈所謂大厄耶? 旣無父母之命, 雖死何可受汚? 雖然此事非偶, 神僧佳緣之言, 亦必謂此.[24] 男女旣一相接, 更何他歸? 當矢心相從. 但俟母之歸, 明白成親, 不亦善乎?" 時道異其言從之, 辭歸菴中, 僧又無所言. 是夜, 時

있음.
20) 言: 가, 나본에는 '告'로 되어 있음.
21) 留: 저본에는 '由'로 나와 있으나 이본에 의거함.
22) 何不炊 … 炊食如命: 가, 나본에는 '何不炊食? 如命'으로 되어 있음.
23) 家: 저본에는 '嫁'로 나와 있으나 이본에 의거하여 바로잡음.
24) 亦必謂此: 가, 나본에는 '必爲此'로, 다, 라, 마, 사본에는 '亦必爲此'로 되어 있음.

道一心憧憧, 只在此女, 無復聞道之意, 專俟翌朝母言之許. 及朝睡起, 僧忽起立, 大詬曰: "何物怪漢, 撓我至此? 必殺乃已!" 取六環杖, 將奮擊之, 時道狼貝而走, 佇立菴外久之. 僧招至前, 溫言諭之曰: "觀汝狀貌, 非出家之人, 後菴之女, 終必爲汝之歸[25]. 但從此直去, 少勿踟躕, 雖有小[26]驚, 福祿自此始矣." 書給八字'以姓得全鵲橋佳緣', 時道涕泣辭出. 至表訓寺, 坐席未暖, 忽有譏捕軍, 突入緊縛囊頭, 駄載驅疾, 不數日抵京, 具三木下獄. 蓋是時, 許獄多株連, 追捉親近傔從, 而時道緊入招辭故也. 及金吾鞫坐, 淸城與按獄諸宰列坐, 邏卒捉時道入焉. 時就訊者多, 淸城不省其爲[27]時道也, 一次平問後下獄, 適淸城傳餐婢, 卽亡金奴妹也. 見時道鬼形着枷, 大驚歸告夫人, 夫人大矜惻, 抵簡於淸城以警告. 淸城始覺, 卽命押入時道, 略詰無驗, 乃曰: "此本義士, 其心事吾所深悉, 豈與於逆謀耶?" 卽命解釋. 時道纔出門, 亡金奴將新鮮衣服, 已候[28]之矣. 遂同歸其家, 接待極其意, 給行資及馬匹, 使之行商爲業矣. 際聞許之甥姪申厚載爲尙州牧使, 往謁焉. 時[29]適七月七日, 所謂牽牛織女之[30]相逢, 烏鵲成橋之日也. 旣入州境, 適日暮, 馬疾馳而去, 從僻路, 入一村家. 時道落後隨入, 則馬已繫在廐中, 而[31]見一女, 理織絲於中庭, 避入屋中. 時道欲解馬紲, 則有嫗[32]自內出, 曰: "何必解紲? 馬則知所歸矣." 時道茫然莫曉其意, 拜且請曰:

---

25) 歸: 다, 라, 마본에는 '婦'로 되어 있음.
26) 小: 라본에는 '少'로 되어 있음.
27) 爲: 다, 라, 마본에는 '中有'로 되어 있음.
28) 候: 라본에는 '俟'로 되어 있음.
29) 時: 저본에는 빠져 있으나 이본에 의거하여 보충함.
30) 之: 이본에는 빠져 있음.
31) 而: 다, 라, 마본에는 '顧'로 되어 있음.
32) 嫗: 가, 나본에는 '媼'으로 되어 있음.

"未曾[33]拜見, 莫省主母之所諭, 謂以焉知所歸者, 何也?" 嫗邀之坐, 曰: "吾將言之." 忽聞窓裡[34]有哽咽聲, 嫗曰: "何泣也? 豈喜極而然耶?" 時道益疑之, 亟請厥由, 嫗曰: "豈於某歲[35]客遇一女於金剛山小菴之後耶?" 曰: "然." 嫗曰: "此吾女也, 今泣者, 是也. 亦知菴僧之所自來耶? 此則君之江陵族兄也. 素以神僧, 徹視無際, 知人將來, 毫釐無差. 嘗指吾女, 謂我曰: '此女與吾族弟廉某, 有因緣, 而第從今以後, 有數年大厄, 若來依於我, 可以度厄, 而自致成婚[36]. 然亦未同室, 其[37]同室, 在於嶺南尙州地某年某月某日也.' 吾故將女, 就僧欲度厄, 而君果來過, 吾適出[38]未及見. 厥后僧棄[39]菴移去, 不知所向. 吾之子, 亦來寓此地寺宇, 吾故隨來在此, 及至此日, 固知君之必來也." 因呼女出來, 果是楓山[40]所覩者也. 顔狀益豊美, 時道不覺感愴[41], 而女悲喜交至, 揮涕而已. 勸[42]進夕飯, 珍饌盛列, 皆預備者也. 是夕, 遂成親, 僧所言八字之符, 皆驗矣. 時道留數日, 往謁尙牧, 言其事顚末, 尙牧大異之, 厚贈遣之. 時時道之前妻, 死亡已久矣, 而家則托族人守之. 時道遂與其[43]女及母, 歸京復居于舊宅. 時道之名, 播於縉紳, 而淸城之所以顧護者甚至, 家頗富饒, 皆稱以廉義士. 與其妻, 俱享福壽, 時道年八十餘死. 今

---

33) 曾: 가, 나본에는 '嘗'으로 되어 있음.
34) 窓裡: 다, 라, 마본에는 '窓外'로 되어 있음.
35) 豈於某歲: 나본에는 '君於某年'으로 되어 있음.
36) 婚: 이본에는 '姻'으로 되어 있음.
37) 其: 가, 나본에는 '某'로 되어 있음.
38) 出: 라본에는 '出外'로 되어 있음.
39) 棄: 저본에는 '菴'으로 나와 있으나 이본에 의거하여 바로잡음.
40) 楓山: 다, 라, 마본에는 '楓岳'으로 되어 있음.
41) 感愴: 가, 나본에는 '感激'으로 되어 있음.
42) 勸: 사본에는 '俄'로 되어 있음.
43) 其: 저본에는 '某'로 나와 있으나 이본에 의거함.

其子孫[44], 尙在安國洞[45].

5-2. 吳按使永湖逢[46]薛生

光海時, 有薛生者, 居靑坡, 富辭藻, 尙[47]氣節, 業科而數奇不利. 嘗與楸灘吳公允謙甚善, 癸丑廢母變作, 生慨然謂楸灘曰: "倫紀滅矣, 焉用仕乎? 能與我同遊乎[48]?" 楸灘辭以父母在, 不可遠去, 閱月復過, 生已去, 不知所之. 逮反正後甲戌, 吳公按節關東, 巡到杆城, 泛舟永郞湖, 忽於烟濤杳靄之間, 有拏舟而來者. 及近[49]視之, 乃薛生也. 公大驚, 延入舟中, 喜極若從雲霄間[50]墜. 問其所居地, 曰: "我居在[51]襄陽治之東南可六七十[52]里, 名曰'回龍窟', 深僻人跡罕到. 但距此不遠, 不半日可往還, 請公同往." 公從之, 薄晩[53]抵山屛, 導從用僧肩輿, 入谷崎嶇數里, 有蒼崖[54]阧立如削, 奇形壯勢駭目, 而中坼城門, 左右淸流, 瀉出石門之旁, 乃回龍也. 石路自崖坼處, 右折而上, 屈曲巉巖, 援葛攀木而進, 始有窟焉. 懸身[55]傴僂而入, 旣入則別洞天也. 地甚寬平, 土田膏沃, 人居亦多, 桑麻翳菀, 梨棗成林. 生之居, 當窟內之中心, 極華[56]邃. 引公上堂, 薦以山味

---

44) 子孫: 가, 나본에는 '孫裔'로, 다, 라, 마, 사본에는 '諸孫'으로 되어 있음.
45) 安國洞: 가, 나본에는 '安國坊'으로 되어 있음.
46) 逢: 사본에는 '遇'로 되어 있음.
47) 尙: 가, 나본에는 '高'로 되어 있음.
48) 遊乎: 라본에는 '隱于山'으로 되어 있음.
49) 及近: 나, 다, 라, 마본에는 '近及'으로 되어 있음.
50) 間: 저본에는 빠져 있으나 가, 나본에 의거하여 보충함.
51) 居在: 라본에는 '居住'로 되어 있음.
52) 六七十: 사본에는 '六十'으로 되어 있음.
53) 晩: 라, 마본에는 '暮'로 되어 있음.
54) 崖: 저본에는 '岸'으로 나와 있으나 라본을 따름.
55) 懸身: 사본에는 '窮甚懸身'으로 되어 있음.
56) 華: 가, 나본에는 '萃'로 되어 있음.

珍蔬, 奇果香甘甚異, 人蔘正果肥大如臂. 相携出遊, 林巒泉石, 奇怪壯麗, 不可名狀. 公怳然若入方壺, 自覺軒冕之爲穢也. 公謂生曰: "山水淸流[57], 固隱者之所宜有, 家計不饒, 山中何以辦此?" 生笑曰: "吾嘗遊處往來之地, 不獨此也. 吾自逃[58]世以來, 恣意遊觀, 未嘗一日閑, 西入俗離, 北窮妙香, 南搜伽倻·頭流之勝, 凡東方山川之以絶特聞者, 足殆遍焉. 遇適意處, 輒芟茂而築焉, 闢荒而耘焉, 居或一年或三年, 興盡輒移而之他. 以此, 吾之所居山之奇水之絶, 田廬之華曠, 十倍於此者亦多, 但世人莫有知者." 公見生之從僕, 皆俊美, 多習於管絃, 問之, 皆生之妾子. 美姬歌舞者十數, 皆妙麗, 公益奇之. 見生得意, 自顧塵累, 爲之獻欷出涕, 作詩贈之. 留至二日, 始啓行, 約生曰: "後必訪我於京師!" 其後三年, 生果來過公, 公適柄銓曹, 欲薦而爵之, 生恥之, 不辭而去. 公乘暇踰嶺, 訪生於回龍窟, 則已爲墟矣. 生則不知所去[59], 人無亦[60]知者. 公大歎異, 惆悵而返云[61].

5-3 廬墓側孝感泉虎

成廟朝時, 湖南興德縣化龍里有吳浚者,[62] 士族也. 事親至孝, 親沒葬於靈鷲山, 結廬墓側, 日啜白粥一甌, 哭泣之哀, 聽者隕涕. 祭奠常設玄酒, 而有泉在山谷中, 極淸甘. 距家[63]五里, 吳君必親自提

---

57) 淸流: 다, 라, 마본에는 '淸開'로 되어 있음.
58) 逃: 사본에는 '辭'로 되어 있음.
59) 所去: 다본에는 '去所'로, 라, 마본에는 '去處'로 되어 있음.
60) 亦: 저본에는 빠져 있으나 다, 라, 마본에 의거하여 보충함.
61) 云: 저본에는 '去'로 나와 있으나 가, 나, 사본을 따름.
62) 湖南興德縣化龍里有吳浚者: 다, 라, 마본에는 '湖南縣有興德, 里有化龍, 居吳俊者'로 되어 있음.
63) 家: 사본에는 '可'로 되어 있음.

壺汲之, 不以風雨寒暑少懈. 一夕, 有聲發自山中, 如電[64]轉, 一山盡撼, 朝起視之, 則有泉湧出廬側, 清潔甘冽, 一如谷泉. 往視谷泉, 已渴矣, 遂取用庭泉, 得免遠汲之勞, 邑人名之'孝感泉'. 廬在深山之中, 虎豹之所宅, 盜賊之所萃, 家人甚憂之. 旣過小祥, 一日, 見一大虎, 蹲坐于廬[65]前, 吳君誡之曰: "汝欲害我耶? 旣不可避, 任汝所爲,[66] 但我無罪." 虎便掉尾低頭, 俯伏而跪, 若致敬者然. 吳君曰: "旣不相害, 又何不去?" 虎卽出門外, 伏而不去, 日以爲常, 至於撫弄, 若家畜犬豕.[67] 而每當朔望, 虎必致一大鹿或山猪於廬前, 以供祭需. 周年而不一闕, 猛獸盜賊, 仍以屛跡. 及吳君闋服還家, 而虎始去. 其他孝感異跡甚衆, 而泉虎事, 特其最著者也. 其時道臣, 上聞於朝,[68] 成廟特命旌閭, 賜束帛. 吳君年六十五卒, 贈司僕正, 邑人享之鄕賢祠.

5-4. 延父命誠動天神

李宗禧, 義人也. 九歲値[69]闔室遘病, 其父母婢僕, 一時病臥, 獨宗禧未痛. 其父光國痛已久, 而未退熱氣窒者二日, 全身蹶冷, 而無省視者. 宗禧獨自遑遑, 蹴起病婢, 急煮[70]米飮訖, 將刀斫破四指, 血注梡中, 滿[71]梡殷赤. 用箸啓父之齒, 攪和連灌, 用半梡, 已有氣息微微出鼻口, 兒驚喜, 遂盡用一梡, 父乃甦.[72] 其翌日向哺,

---

64) 電: 사본을 제외한 이본에는 '雷'로 되어 있음.
65) 廬: 나본에는 '墓'로 되어 있음.
66) 任汝所爲: 사본에는 '任汝耳'로 되어 있음.
67) 犬豕: 라, 마본에는 '鷄豚'으로 되어 있음.
68) 朝: 다, 라, 마본에는 '朝庭'으로 되어 있음.
69) 値: 가, 나본에는 '遭'로 되어 있음.
70) 煮: 라, 마본에는 '煎'으로 되어 있음.
71) 滿: 가, 나본에는 '而'로 되어 있음.

氣又窒如前, 兒呼泣禱天, 又亂斫衆指於几上, 血大出. 一病婢見之, 驚呼扶擁, 兒亟揮之使去[73], 毋驚動家衆, 和血於粥, 又進一椀. 方進粥時, 忽聞空中有呼云: "宗禧! 汝誠感上天[74], 冥府已許汝父之生, 汝其放心, 勿悲痛." 家中內外病[75]臥者, 莫不聞之, 皆曰: "長湍生員聲也!" 長湍生員, 卽宗禧之外祖尹謙[76], 其死已久矣. 其父得生, 卽退熱, 日向蘇完, 而其母亦繼瘳. 宗禧事, 不稱道[77], 里人遂狀報於本邑, 邑倅大奇之, 列其孝行於監營, 道伯李聖龍, 命給復, 聞[78]于朝, 旌其閭.

5-5. 得金缸兩夫人相讓

金副率載海, 以學問知名. 嘗買得一宅, 價可五六十兩, 本主寡婦也. 金旣移入, 以墻垣[79]頹圮, 將築之, 命鍤[80]開址, 忽得一大缸[81], 中有金可二百兩. 以寡婦是舊主人, 令其妻作書, 告之其故而還之. 寡婦大感, 且異之, 躬詣金室, 謂曰: "此雖出吾之舊家[82], 實久遠埋藏之物, 吾亦何可掩爲已物? 請與貴宅分半, 如何?" 金內曰: "吾若有分半之心, 可以直取, 何可歸之[83]本主? 吾亦知非夫人

---

72) 父乃甦: 사본에는 이어서 '發語聲, 幸得生'이라는 내용이 첨부되어 있음.
73) 去: 사본에는 '出'로 되어 있음.
74) 上天: 저본에는 '天上'으로 나와 있으나 이본을 따름.
75) 病: 가, 나본에는 '痛'으로 되어 있음.
76) 謙: 다, 마본에는 '溓'으로 되어 있음.
77) 稱道: 사본에는 '稱道藉藉'로 되어 있음.
78) 聞: 저본에는 '問'으로 나와 있으나 이본에 의거함.
79) 墻垣: 가, 나본에는 '墻屋'으로 되어 있음.
80) 鍤: 저본에는 '挿'으로 나와 있으나 이본을 따름.
81) 大缸: 저본에는 '缸'으로 나와 있으나 이본에 의거함.
82) 家: 저본에는 '宅'으로 나와 있으나 다, 라, 마본을 따름.
83) 之: 다, 라, 마본에는 '其'로 되어 있음.

之物, 而吾則外有君子, 足以理家, 雖無此物, 足保家業. 夫人無他
持門者, 難爲經紀家事, 幸勿辭焉!" 固辭不受. 寡婦不敢復言, 雖
持歸, 而感金公之德至深, 沒身不忘.

5-6. 採山蔘二藥商幷命

有民金姓人, 居在永平, 以採蔘[84]爲業. 一日, 與其徒兩人, 入白
雲山最[85]深處, 登高俯臨, 則下有岩壁, 四面削立如斗, 其中人蔘叢
聚甚美. 三人不勝驚喜, 而須無逕路可緣, 遂結草作樊, 繫以葛索,
推金姓坐其中, 懸樊而下. 金恣意採取, 作十餘束, 置樊中, 兩人從
上汲引, 採垂盡, 兩人將蔘分取, 棄樊而去. 金不可復出[86], 四顧絶
壁, 削立百丈, 除非揷羽無以出. 又無可食, 只得採食餘蔘, 或有大
如臂者, 不火食六七日, 氣甚充實. 夜則宿於岩底, 百計量度[87], 超
出無策[88]. 一日, 望見岩上, 林木[89]披靡, 有聲如風雨, 俄見一大蟒,
頭如巨缸, 兩目如炬, 蜿蟺下來, 直赴金之臥處. 金自以謂必死, 而
大蟒橫過其前, 直向樊索所下之壁. 其長可十餘丈, 而置尾於金之
前, 掉之不已. 金自思曰: "此蟒見人不噬, 而掉尾如此, 豈有意於
救我耶?" 遂解其腰帶, 緊縛其蟒尾, 跨伏而牢持其端. 一揮, 不覺
其身之已在壁上, 而蟒則入林, 不知去處. 金知其爲神物. 遂尋舊
路下山, 則兩人皆蹲坐大樹下. 金遙謂曰: "爾輩尙留在耶?" 皆不
答, 至前視之, 死已久, 而其蔘則無一遺失. 金莫知其故, 急急下

---

84) 蔘: 다, 라, 마본에는 '藥'으로 되어 있음.
85) 最: 다본에는 '寂'으로, 라, 마본에는 '寂寥'로 되어 있음.
86) 出: 다, 라, 마본에는 '回'로 되어 있음.
87) 量度: 사본에는 '思量'으로 되어 있음.
88) 策: 사본에는 '計'로 되어 있음.
89) 木: 가, 나본에는 '下'로 되어 있음.

山, 告于兩家曰: "吾始[90]與兩人, 採蔘同歸, 嘔泄皆死, 豈誤食毒物而然耶?[91] 所採蔘雖均分, 而吾何忍取之?" 盡分給兩家, 以充葬需, 無一所取, 亦杜口不言此事. 兩家素信此人, 皆不疑, 迎尸善葬. 厥後, 金姓人年過九十, 强壯如少年, 生子五人, 皆積粟[92]富厚, 孫曾繁衍, 雄於閭里. 本李聃錫家僕, 皆贖爲良人. 金近百, 無病而死, 臨死時, 始言其事於衆子, 曰: "凡人死生富貴[93], 天神莫不鑑臨, 汝輩切勿生惡念, 以觸神怒如兩人者也."

5-7. 捐千金洪象胥義氣

譯官洪純彦, 當萬曆丙戌·丁亥年間, 隨節使行. 入皇京時, 有新起一靑樓, 而門楣上懸一牌, 書以'非銀千兩, 不許擅入', 中華蕩子輩[94], 皆以價重之故, 不敢[95]生意. 洪譯聞之, 意謂, '聲價若是重大, 所貯女子, 必是天下一色, 如果傾城而傾國, 則千銀[96]何足惜也?' 試爲入門, 詳細訪問, 則此非遊冶之娼家女, 卽某侍郞之女子. 而某侍郞逋公錢累萬金, 方枷囚於錦獄, 擬以一律, 蕩盡家産, 徵及姻族, 而所不足尙三千金, 償命之外, 更無他道. 旣無子姓, 只有一箇女子, 而姿色才華, 超出等儕. 其女子不勝悲寃, 欲爲賣身得金, 備納餘錢, 救得父命之計, 不得已有此擧云云. 洪譯聞之, 矜憐其情景, 不敢求[97]見其女子, 直爲出門, 搜得行中諸人所儲之銀, 厥數

---

90) 始: 가, 나본에는 '初'로 되어 있음.
91) 豈誤食毒物而然耶: 사본에는 '豈有誤食毒物者耶'로 되어 있음.
92) 粟: 저본에는 '厚'로 나와 있으나 이본에 의거하여 바로잡음.
93) 富貴: 다, 라, 마, 사본에는 '貧富'로 되어 있음.
94) 子輩: 가, 나본에는 '子弟'로 되어 있음.
95) 敢: 가, 나본에는 '復'로 되어 있음.
96) 銀: 나본에는 '金'으로, 라, 마본에는 '金銀'으로 되어 있음.
97) 敢求: 가본에는 '見救'로, 나본에는 '爲救'로 되어 있음.

滿[98]千, 輸送靑樓後, 仍隨使行出來矣. 其女子旣不汚身, 空得千金, 充納公錢, 救活將死之父命, 感頌恩德, 天高海深, 銘佩在心, 不能暫忘. 仍罷靑樓, 歸于本家. 後爲石尙書星繼娶, 別織錦緞, 每匹輒繡'報恩'二字, 每於行人之便, 申勤付送, 課歲不廢. 至壬辰倭寇之東搶也, 宣廟播遷龍灣, 專价請援於大國. 伊時, 洪譯[99]又爲隨往, 石尙書時帶兵部尙書, 習聞洪譯之高義於夫人, 且夫人聞洪譯之入來, 懇乞尙書, 要其周旋. 石尙書上告皇帝, 下托朝廷, 特遣李提督如松, 率將軍三十[100]餘員兵馬幾萬名, 以救之. 又降糧穀賞銀, 以爲接濟之地, 竟得掃平寇亂, 肅淸宮禁, 鑾輿返京. 此固是神宗皇帝, 字恤小國·再造藩屛之恩之德, 出尋常萬萬, 而石尙書夫人, 亦多有力云云[101].

5-8. 得二妾權上舍福緣

安東古有權進士, 早年上庠, 家計至貧, 又喪配耦. 旣無子女, 又乏僮指, 身兼奴僕[102], 窮不能自存. 隣有常漢寡女, 姿色稍麗, 家貲[103]頗饒. 靑年喪夫, 矢不他適, 精潔持身, 村里惡少輩, 亦不敢生意. 權旣[104]隣居, 習知其狀, 屢送媒婆, 以探動靜, 厥寡聽之藐藐, 誠莫可奈何. 一日, 權散步中庭[105], 適厥寡過去, 而忽言曰: "進士主近日平安否? 一洞居生, 未嘗往來, 今適從容, 今日夕飯, 來喫

---

98) 滿: 라본에는 '萬'으로 되어 있음.
99) 譯: 저본에는 '驛'으로 나와 있으나 이본에 의거하여 바로잡음. 이하의 경우도 동일함.
100) 三十: 가, 나본에는 '三千'으로 되어 있음.
101) 云云: 가, 나본에는 '云'으로 되어 있음.
102) 奴僕: 가, 나본에는 '奴婢'로 되어 있음.
103) 貲: 나, 다본에는 '貨'로, 마본에는 '資'로 되어 있음.
104) 旣: 라, 마본에는 '其'로 되어 있음.
105) 中庭: 저본에는 '庭中'으로 나와 있으나 나, 다, 마본을 따름.

吾家, 爲好云云." 權常所留意, 而未及諧焉, 今厥寡所言, 寔出望外, 眞所謂'童蒙求[106]我', 寧不喜幸? 遂滿口許諾, 待日昃, 躬往其家. 厥寡欣然迎接, 延之上廳[107], 饋以夕飯, 與之共坐談笑. 厥寡忽曰: "進士主解髻編髮, 與吾換衣裳, 以爲一時嬉娛, 如何?" 權莫曉其意, 而不能違拒, 依所言爲之. 厥寡遂携手入房, 臥之褥中, 又曰: "進士主先爲就寢, 吾則裡急放便後, 當入來云." 而仍爲出去, 久不回來. 權滿心疑怪, 轉輾不寐, 忽於三更量, 窓外有喧嘩[108]之聲, 衆丈夫一齊攔入, 蒙之以衾, 緊緊結縛, 負而出街. 行數十里許, 入一大門, 擇[109]一間淨室, 卸擔而解其縛. 權固料其惡少輩欲恸掠厥寡之計, 而要觀下回, 不做一聲, 任其所爲, 而默察動靜, 則乃本邑吏房家也. 少頃, 吏房入來, 勸以米粥, 以爲壓驚. 權緊蒙衾被, 不露顔面, 所勸米粥, 亦牢拒不飮[110]. 吏房曰: "今夜則必驚恸未定, 心緖散亂, 姑使之安意就睡[111]." 有一女息年及笄而未嫁者, 使之同宿一房, 以爲慰安驚懷, 喩以事理之地. 權自是久鰥之餘, 當此深夜靜寂之時, 得逢未笄處女同處一房, 寧有無事虛度之理乎? 其處女携衾入房, 聯枕同宿, 而間以好言慰撫之, 擧衾接面, 撫其身體. 權引手携入共處一衾, 撫乳合口, 極其殊常. 其處女雖極疑怪, 旣認以寡女之恸來, 豈有他慮? 務欲得其歡心, 相與戱謔, 不意中緊抱兩脚, 狼藉搆會. 其處女雖甚倘悅[112]驚恸, 以若柔弱之質, 怎當强壯之氣? 不敢發聲, 俯首從命, 一場雲雨已畢.[113] 不待

---

106) 求: 다, 라, 마본에는 '救'로 되어 있음.
107) 廳: 가, 나본에는 '座'로 되어 있음.
108) 嘩: 가, 나, 다본에는 '譁'로 되어 있음. 서로 통용됨.
109) 擇: 가, 나본에는 '掃'로 되어 있음.
110) 飮: 가, 나본에는 '飯'으로 되어 있음.
111) 睡: 이본에는 '眠'으로 되어 있음.
112) 倘悅: 라본에는 '惝悅'으로 되어 있음.

天明, 卽爲出去, 羞媿欲死, 而亦不能說道於其[114]父母. 權待日出, 擁衾起坐, 推[115]開前廳, 招來吏房, 大聲叱責曰: "汝欲以汝女納爲箕箒之妾[116], 則從容稟告, 聽其肯否而已[117], 何敢暗地深夜, 惻縛兩班, 與汝女使之同寢者? 此何道理, 此何人事? 吾若以此告官, 則汝罪將至於何境乎?" 吏房始認以寡女之縛來, 詎料班民之誤縛耶? 聞其分付, 已不勝惶惻, 而擡首見之, 則卽平日素親權進士也[118], 事出不意, 罔知所措. 寡女之惻縛, 兩班[119]之誤捉, 兩罪俱發, 萬死猶輕. 伏地戰兢, 告以死期將迫, 躬犯罔赦之罪, 生之殺之, 恭竢處分云, 哀乞不已. 權仍索取衣冠, 語之曰: "究汝罪狀, 死不足贖, 而旣與汝女, 有一夜之緣, 亦不無人情, 當十分參酌, 特爲安徐[120]. 然汝之庄穫産業, 必折半以給汝女, 汝女亦須備轎馬, 當日治送于本宅, 爲可爲可!" 吏房死中得生, 萬分喜幸, 稽首稱謝, 唯令是聽. 權待其朝食後, 緩步歸家, 其隣寡女亦爲來會, 言曰: "吾自喪夫以後, 誓不更嫁, 立心旣固, 萬言難回矣. 日前風傳, 本府吏房, 將於某夜, 行盜劫之事云. 聞甚驚悚, 而身旣寡弱, 若至此境, 則一死之外, 更無他道. 然而人命至重, 豈可浪死? 且念與其逢辱於强暴, 無寧[121]毁節於隣班, 又熟知進士主之留意於吾. 故果誘致吾家, 換着衣裳, 假粧女人之貌. 身卽逃禍, 幸免當夜之厄, 而

---

113) 一場雲雨已畢: 다, 마본에는 '偶是東房花燭一場之期也'로, 라본에는 '偶是洞房一場之期也'로 되어 있음.
114) 其: 다, 라, 마본에는 '渠'로 되어 있음.
115) 推: 저본에는 '堆'로 나와 있으나 마본에 의거함.
116) 妾: 저본에는 '婦'로 나와 있으나 다, 라, 마본을 따름.
117) 肯否而已: 다, 라, 마본에는 '我意向之肯不肯而已'로 되어 있음.
118) 素親權進士也: 저본에는 '所親權進士宅'으로 나와 있으나 이본을 따름.
119) 兩班: 가, 나본에는 '班民'으로 되어 있음.
120) 徐: 저본에는 '恕'로 나와 있으나 이본에 의거함.
121) 寧: 저본에는 '常'으로 나와 있으나 이본에 의거함.

進士主則雖經一時之橫厄, 因緣此會, 又得一處女, 亦豈非幸歟? 然吾以守寡之女, 無端與隣班携手而入, 換衣而着, 平生貞節, 毁敗無餘. 今則將與進士主, 同居以生云云." 少焉, 吏房治送其女, 權進士以窮鰥身世[122], 一朝得二小星, 大喜過望. 幷率二妾, 而隣寡旣不貧, 且吏房之分財, 甚饒足. 以此, 猝成富家翁, 安享平生, 子孫[123]亦盛云云.

5-9. 安貧窮十年讀易[124]

士人李某, 家在南山下. 安貧好讀書, 謂其妻曰: "吾欲十年讀『周易』[125], 君能繼我蔬糲否?" 妻諾之. 李生遂閉戶入室, 封鎖甚固, 穴窓堇容一盂, 俾饋朝夕之飯, 讀易不撤, 晝夜無間斷. 至七年, 從牕隙窺之, 有一光頭[126]僧, 頹臥牕外. 驚怪, 出戶視之, 則乃其妻也. 生曰: "此何狀也?" 妻曰: "吾不食已五日矣. 七年中饋, 一髮不留, 今則勢到弩末, 奈何?" 生歎息出門, 直至國富洪同知家, 謂洪曰: "君與吾[127], 雖是素昧, 吾有用處, 君肯貸我[128]三萬金否?" 洪熟視良久, 許之曰: "百餘駄之物, 區處於何處乎?" 生曰: "今日內, 駄送于吾家也." 遂歸家, 俄而, 車輪[129]馬載, 未暮畢至. 生謂妻曰: "今旣有錢矣, 吾欲更爲讀易, 以滿十年之限, 君能取殖此錢, 以繼朝晡否?" 妻曰: "此何難也?" 於是, 生還入室中, 依舊咿唔. 妻

---

122) 身世: 라본에는 '身勢'로 되어 있음.
123) 子孫: 가, 나본에는 '子姓'으로 되어 있음.
124) 易: 저본에는 '書'로 나와 있으나 이본을 따름.
125) 周易: 다, 라, 마본에는 '易'으로 되어 있음.
126) 光頭: 나본에는 '禿頭'로 되어 있음.
127) 君與吾: 사본에는 '吾與君'으로 되어 있음.
128) 我: 가, 나본에는 '錢'으로 되어 있음.
129) 車輪: 라본에는 '連輪'로 되어 있음.

貿賤賣貴, 兼治産業, 三年之間, 剩錢爲屢萬矣. 生讀畢, 始掩卷而
出, 駄其錢, 往洪家, 盡給之.[130] 洪曰: "吾錢不過三萬, 此外不可受
也." 生曰: "吾以君錢殖利至此, 此亦君之錢也, 吾何可取之?" 洪固
辭曰: "此乃貸也, 非債也, 何論餘利?" 只受三萬兩[131]本錢, 生不得
已, 還持其剩[132]錢而來. 與其妻撤家, 入關東深峽[133]中, 大拓基址,
新搆甲第, 廣置閭舍, 募民入處, 居然成一大村落矣. 闢草萊, 開荒
蕪, 無非膏腴之地, 歲收穀幾千石, 衣食豊足, 一生安過. 壬辰之
亂, 生民魚肉, 而生之一村, 獨不經兵燹, 此是山桃源云.[134]

5-10. 善戲謔一時寓居

璽院直長李鍾淳, 當直都事韓用鏽, 來會于尙方直所. 時直長崔
弘坖入直, 以提調分付, 將笞妓二十臀, 李力挽之, 崔曰: "昔申
靑[135]泉維翰監延日縣時, 往謁巡營, 妓適犯科, 按使方笞之, 靑泉
固[136]請勿治. 按使曰: '其罪不可恕也.' 靑泉曰: '彼有至寶, 使道何
忍笞之? 古語曰: 「奇貨可[137]居.」 下官欲居其中.' 旁有一妓, 笑曰:
'進賜[138]如欲居此, 祠堂將何處營造乎?' 靑泉曰: '怪哉爾言! 一時
寓居, 安用祠堂爲也云云.' 君之意亦如靑泉否?" 李顧謂韓曰: "君
須挽之!" 韓曰: "君何不挽而使我挽之乎?" 李曰: "吾則原居人, 君

---

130) 盡給之: 다, 라, 마본에는 '以利添給之'로 되어 있음.
131) 兩: 다, 라, 마본에는 '金'으로 되어 있음.
132) 剩: 나본에는 '利'로 되어 있음.
133) 峽: 저본에는 '炭'으로 나와 있으나 이본에 의거하여 바로잡음.
134) 桃源云: 라, 마본에는 '乃知武陵桃源也'로 되어 있음.
135) 靑: 저본에는 '晴'으로 나와 있으나 사본에 의거하여 바로잡음. 이하의 경우도 동일함.
136) 固: 사본에는 '苦'로 되어 있음.
137) 可: 라, 마본에는 '下'로 되어 있음.
138) 進賜: 라, 마본에는 '進賜主'로 되어 있음.

是^(139))寓居人."【韓居在原州, 在京旅宦故云】一座皆絶倒矣^(140)).

5-11. 文有采出家辟穀

文有采, 尙州人也. 有至行, 曾居父憂, 廬墓三年, 跡不到家. 服闋始歸, 則其妻黃氏, 失行産一女, 文生黜之, 黃仍逃匿. 黃之族,^(141)) 疑^(142))生殺之, 詣官告訊^(143)), 不得其實, 拘囚七年. 趙尙書正萬爲牧使時, 知其冤, 譏捕得黃女, 杖殺之. 生遂放釋, 仍出家, 棲止山寺, 行辟穀法. 不食十餘日, 一食輒進五六升, 行步如飛, 日行四百里. 冬夏一單衣, 不知寒暑, 常着木履, 周流^(144))四方. 然玉貌紅頰, 儀度端雅, 見者皆悅之. 庚戌冬, 至海州神光寺, 時大雪, 生服單衣袴, 而略無寒色, 僧皆異之. 及設食, 辭而不食, 夕將寢, 僧引就煖^(145))處, 又辭而處冷地獨坐, 撤曉不寐. 時雨雪不止, 留三日, 而不食不眠, 僧輩皆知爲異人, 齊進言曰:"此寺雖貧, 豈無一時供賓之資, 而生員留三日不食, 寺僧有何得罪? 願聞之."生笑曰:"我亦多食, 諸僧必欲食我, 各以一掬米, 合炊以來!"數十僧, 各出米若干 可一斗, 作飯以進, 生洗手, 就飯作塊, 擧而吞之, 旋啜煮醬, 須臾而盡, 諸僧莫不驚怪. 生食畢將去, 首僧發一健步者, 踵其後, 生至石潭書院拜謁, 而題名尋院錄, 始知爲文有采. 生行步迅飄倏速,^(146)) 僧不可追, 遂歸云. 生居常戴蔽陽子, 衣葛布, 着木履, 而其

---

139) 是: 다, 라, 마본에는 '則'으로 되어 있음.
140) 皆絶倒矣: 저본에는 '絶倒'로 나와 있으나 라, 마본에 의거함.
141) 黃之族: 다, 라, 마본에는 '親族黃家'로 되어 있음.
142) 疑: 사본에는 '誣'로 되어 있음.
143) 訊: 저본에는 '訴'로 나와 있으나 이본을 따름.
144) 周流: 다, 라, 마본에는 '周遊'로 되어 있음.
145) 煖: 이본에는 '暖'으로 되어 있음.
146) 迅飄倏速: 이본에는 '迅速飄倏'으로 되어 있음.

行如飛. 性甚$^{147)}$靜, 厭喧鬧, 非僻處空菴, 則不處焉. 爲$^{148)}$秋冬之交, 一上絶頂廢寺, 而雪積路塞, 便無聲息, 諸僧皆云: "處士必凍死." 及至回春$^{149)}$雪瀜, 卽往訪之, 則生以單布衫, 厚積落葉, 蕭然危坐, 顔色敷腴, 無凍餒色. 獨坐孤菴$^{150)}$, 念誦之聲, 鏗如金石, 或有聞者, 卽撤. 有經師欲與論難, 答曰: "只能讀, 不知其旨." 終不與酬酢, 莫能測其淺深. 自白華移處摩訶$^{151)}$, 未幾而逝, 蒿葬于拜岾, 已多年, 而無返葬之人云. 金百鍊曰: "聞楓岳$^{152)}$僧言, 文生一日, 獨處$^{153)}$一房, 命衆僧勿近, 夜半忽聞屋壁震坼, 若霹靂聲, 而室內通明, 如白晝光徹大房. 僧徒盡$^{154)}$驚就見, 則文生目已瞑, 蓋解化也." 其所謂大休歇處, 果如其言, 而乙卯西關之行, 其亦去而卽還也, 金仙臺卽韓無畏遇郭致虛之處也, 文生豈亦見『傳道錄』乎? 其所讀唐板, 可知爲東華篇也. 余見『彭祖經』, 稱靑精先生得道者, 日過五百里, 能終歲不食, 亦能一日九食. 明初張三丰, 日行千里, 辟穀數月, 亦能日啖數斗, 隆冬臥雪中. 此皆服氣所致, 與內鍊金丹, 門路懸別, 文生所修, 豈此道耶? 以此解化, 例有屋裂聲.

5-12. 蔡士子發憤力學

　靈光有一蔡姓士人, 業文頗勤, 終無所成. 晚有一子, 不復敎書, 所望者, 成長繼嗣也. 子未及長而父死, 然家頗饒, 不學而能守$^{155)}$

---

147) 甚: 사본에는 '喜'로 되어 있음.
148) 爲: 저본에는 빠져 있으나 가, 나본에 의거하여 보충함.
149) 回春: 이본에는 '春回'로 되어 있음.
150) 孤菴: 사본에는 '無人'으로 되어 있음.
151) 訶: 저본에는 '呵'로 나와 있으나 가, 나, 사본에 의거함.
152) 岳: 저본에는 '山'으로 나와 있으나 라본에 의거함.
153) 獨處: 사본에는 '別置'로 되어 있음.
154) 盡: 나본에는 '震'으로 되어 있음.

世業. 一日, 里正來示都牒[156], 請問[157]辭旨, 蔡取看久之, 還擲辭以不知[158]. 里正咄曰: "名爲士子, 而乃不知一字耶? 如許士子, 何異犬羊?" 蔡不勝慚恨, 不敢出一聲. 時年四十, 隣有訓蒙學長, 蔡生卽挾『史略』初卷, 詣而請學, 學長曰: "君年豈初學之時耶?" 蔡生曰: "年雖晚, 識字則幸矣, 子但敎我!" 學長敎以天皇氏一行並字與義, 生讀訖, 輒忘之, 又敎又忘. 學長曰: "此不可敎也[159]!" 辭之, 蔡生起拜固請, 乃復敎, 終日屹屹[160], 菫得曉[161]去. 至三日始來, 學長曰: "何遲也?" 生曰: "患未能熟[162]." 曰: "讀幾遍?" 生曰: "但以菉豆三升爲計矣." 旣皆誦訖, 又敎地皇氏·人皇氏, 讀頗順理. 翌日卽來, 而菉豆[163]之數, 減至半升. 其後, 日漸就長[164], 蓋至誠所發文竅自開故也. 讀至半卷, 文理大達, 旣讀盡七卷, 又讀『通鑑』全秩, 誦之精熟, 旣博通四書三經. 讀凡七年, 而以四書疑中進士, 又五年, 以明經登第, 時年五十二也. 未久, 調縣宰, 生訪里正, 已死而有子在矣. 召而謂之曰: "我非汝父之辱, 何以至此? 恩實大矣!" 遂率赴其任, 留之屢月, 供饋甚厚, 及其歸也, 給以數駄.

5-13. 退田野鄭知敦享福

陽坡鄭公太和先君知敦寧公, 退老水原桑阜村. 陽坡以其長子,

---

155) 守: 라본에는 '修'로 되어 있음.
156) 牒: 다. 마. 사본에는 '諜'으로 되어 있음. 서로 통함.
157) 問: 나본에는 '簡'으로, 사본에는 '聞'으로 되어 있음.
158) 知: 사본에는 '見'으로 되어 있음.
159) 也: 저본에는 빠져 있으나 이본에 의거하여 보충함.
160) 屹屹: 라본에는 '㐉㐉'로 되어 있음.
161) 曉: 사본에는 '晩'으로 되어 있음.
162) 熟: 라본에는 '熟讀'으로 되어 있음.
163) 豆: 저본에는 '斗'로 나와 있으나 이본에 의거하여 바로잡음.
164) 就長: 사본에는 '向勝'으로 되어 있음.

身爲上相[165], 佩國家安危數十年, 陽坡長子參議公載坖, 替侍左右, 動靜致養. 公性儉素, 所覆木綿衾, 年久弊甚, 嘗語參議公曰: "吾身後小斂, 當用此衾." 所坐褥弊, 則移坐一邊, 令婢補綻. 敎子弟甚嚴, 其仲子左議政致和, 曾爲關西伯, 往辭焉. 適當秋穫, 公語之曰: "汝兄有子替行, 汝無子, 宜往看秋穫[166]." 議政公不敢辭, 張蓋塗上, 終日坐檢不怠, 至今稱爲美事. 敦寧公福履俱全, 長子爲領議政[167], 次子爲京畿監司[168]. 時第三子參判萬和登第, 陽坡率其弟新恩及第, 歸覲水原. 上相出, 則道臣例當陪行, 書於朝紙曰: "領議政覲親事, 水原地出去, 京畿監司鄭某, 領議政陪行事出去." 兄弟三人, 一時簪花. 我國風俗, 每於科慶[169], 雖官尊者有先進, 則輒呼而進退之. 是時, 敦寧公雖遇膝下之慶, 儼然不動[170], 他人不敢呼出上相. 有一家側室性慧者, 曰: "今日雖議政, 安可不進退乎? 人無呼者, 我當呼之." 高聲領議政, 呼新恩來, 陽坡遂[171]俛首, 趨而進, 其榮耀盛滿如此. 其後近百歲, 世襲卿相[172], 子姓[173]蕃昌, 冠冕延綿. 此皆敦寧公家法, 謹厚勤儉, 世守之效也.

5-14. 識死期申舟村知音

申曼字曼倩[174], 落拓不羈, 善醫, 人一見知其死生. 曾於歲首, 往

---

165) 上相: 사본에는 '上國'으로 되어 있음.
166) 秋穫: 마본에는 '收獲'으로 되어 있음.
167) 領議政: 가, 나본에는 '領相'으로 되어 있음.
168) 京畿監司: 가, 나본에는 '畿伯'으로 되어 있음.
169) 科慶: 저본에는 '慶科'로 나와 있으나 이본에 의거함.
170) 動: 사본에는 '色動'으로 되어 있음.
171) 遂: 다, 라, 마, 사본에는 '遂至'로 되어 있음.
172) 卿相: 가, 나본에는 '宰相'으로 되어 있음.
173) 子姓: 이본에는 '子孫'으로 되어 있음.
174) 字曼倩: 가, 나본에는 '號舟村字曼倩'으로 되어 있음.

拜其姑母李副學之恒夫人, 適有李家族人歲拜者, 夫人當門而坐, 客坐廳上. 申偃臥房中, 聞客與其姑母酬酌之音, 申從房內厲聲曰: "廳中之客, 未知爲誰, 而四月將死矣." 其姑母悶其元朝作不吉語, 輒呵之曰: "此兒狂乎!" 因慰安客, 客亦知其姓名, 故但强笑曰: "此是申生員乎?"[175] 遂辭去. 副學之孫留守李公震壽, 年纔十歲, 問曰: "俄者, 申叔之言可異, 何不命藥而活之?" 申笑曰: "此兒奇哉! 欲活人乎, 取『醫鑑』來!" 適家無是書, 李公年幼, 未得借來, 遂因循更不提. 是年四月, 其人果死. 其後問於申, 答曰: "其人患疝症, 已形於聲音, 計其日月, 似當於四月間. 疝氣逆上, 至頭則必死, 故爲言云." 李公嘗言, "其人適遇神醫, 而不問可生之道, 其死宜矣[176]."

5-15. 毁淫祠邪鬼乞命

鳥嶺之巓[177], 叢祠在焉, 頗靈異. 前後觀察嶠嶺[178]者, 逕于此, 必下輿膜拜醵錢賽神, 否者踵羅奇禍. 近古有一方伯, 剛果堅確, 未嘗以禍福恔於心. 其之任也, 過祠下, 將吏交謁, 更進以故事白, 方伯斥其妖誕, 一馳而度. 行未到牛鳴地, 果有迅風急雨, 集于車下, 衆大懼. 方伯令驄者, 焚其廟, 違者殺之, 衆皆勉强從之. 俄而, 藻井雕甍, 俱爲一炬冷灰. 仍趣駕戒行, 宿于聞喜館, 夢一老人來, 刺曰: "我鳥嶺之神, 香火空山廟食百世. 君旣不爲禮, 又燬其巢, 吾當陰誅君之長子, 果報此寃!" 方伯叱曰: "牛鬼蛇神, 占據淫祠, 我奉命巡按, 除妖祛害, 以修其職, 爾敢唐突, 控訴簧鼓邪說, 冀欲驚

---

175) 此是申生員乎: 다, 라, 마본에는 '此是生員, 姓申名某乎'로 되어 있음.
176) 宜矣: 라, 마본에는 '固當然矣'로 되어 있음.
177) 巓: 가, 나본에는 '顚'으로 되어 있음. 서로 통용됨.
178) 嶠嶺: 이본에는 '嶺嶠'로 되어 있음.

懼乎?" 鬼怒而去. 左右攪寢, 曰: "大郞君因路憊纏病, 忽至沈劇." 方伯往省[179], 則已不可救矣, 哭而殯之, 轉赴本營. 是夜,[180] 鬼又入夢, 曰: "君如不悔前失, 妥我英靈, 則君之次子, 又當不祿!" 方伯毅然不動, 叱退如前. 睡未覺, 而家人又告, '二郞君暴逝!' 方伯又痛悼庀[181]喪. 居無何, 鬼又來, 曰: "一摘再摘, 君之子葉, 漸[182]稀矣. 第三郞, 又當次第被殛, 而事旣酷烈, 特來先告, 須速營我廟, 用免此禍." 方伯無少撓奪, 辭氣漸[183]厲, 鬼萬般脅勒, 眩幻其說. 方伯大怒, 欲手刃之, 鬼退伏于庭, 曰: "僕從此永無依歸矣! 僕不能禍福人[184], 而惟能揣知人禍福. 尊家雙玉, 命當夭札, 鬼符且至, 故僕貪天[185]之功, 自示威柄. 而至若第三郞君, 位當調勻十鑪[186]鑄貨, 豈敢有犯也? 今此誑說恐動, 計出孤注, 而大人守正不回, 難欺其方, 胤玆以裔, 永辭軒下矣." 方伯曰: "汝久棲荒祠, 閱盡千劫, 我豈欲造次撤毁, 而深怒於汝者, 以其欲妖術制人也. 今汝自述妖狀, 剩有惻怛, 當重構汝宅, 不使一物失所, 而若又侵毒行人, 不悛前惡, 當卽毁破, 永不饒寬耳!" 鬼感泣而去. 方伯更建廟宇, 塑其夢顯之像, 自後, 汔無鬼患. 方伯之第三子, 年位俱隆, 一符鬼言云.

5-16. 吠官庭義狗報主

嶺南河東地, 有一守節寡婦女, 只與一幼女一童婢同居矣. 一日

---

179) 省: 나본에는 '見'으로 되어 있음.
180) 是夜: 가, 다본에는 '星夜'로 되어 있음.
181) 庀: 라본에는 '庇'로 되어 있음. 서로 통함.
182) 漸: 사본에는 '幾'로 되어 있음.
183) 漸: 사본에는 '甚'으로 되어 있음.
184) 禍福人: 가, 나본에는 '禍人'으로, 다, 라, 마본에는 '禍福於人'으로 되어 있음.
185) 天: 다, 마본에는 '天'로 되어 있음.
186) 鑪: 저본에는 '鑢'로 나와 있으나 가, 나본에 의거함.

夜, 隣居某甲漢[187], 踰墻入寢內, 欲强劫之, 寡女抵死牢拒, 某甲一
劍刺殺之, 幷殺其女與婢而去. 其家無他人, 人無知者, 三屍在房,
至寃莫暴. 官門外, 忽有一狗來往躑躅, 閽者逐之, 則乍去旋來, 終
不避走. 如是者屢, 官家知之怪其狀, 使之任其所之[188], 狗直入官
門[189], 至東軒前, 仰首叫嗥, 若有所訴. 官家命一校, 隨狗往見之,
狗卽出官門, 行至[190]一小屋, 房門深閉[191], 寂無人聲. 狗牽校衣, 向
房門去, 校疑之, 開戶視之, 則房中有三箇屍, 流血滿席. 校大驚歸
告其由, 官欲爲檢尸, 火速馳[192]往, 依幕於比隣, 適某甲之家也. 某
甲見官家臨其家, 蒼黃趁避[193], 狗直走某甲之前, 咬嚙某甲. 官家
怪之, 問曰: "此是汝之讐人乎?" 狗點頭, 官家遂捉下某甲, 嚴加盤
問, 不下一杖, 箇箇首實, 卽[194]報營杖殺之. 厚埋其屍, 狗走至墓
旁, 一場悲叫而斃. 村人埋其狗於墓前, 題其碑曰'義狗塚'. 昔善山
義狗, 隨其主往于田[195], 其主侵暮醉歸, 僵臥於田中[196], 適野火起,
將延燒於臥處. 狗以川水濡尾, 漬[197]其旁得滅火, 力盡而斃, 其主
覺而知之. 此地, 至今有義狗塚. 噫! 善山狗之救主死, 而不恤自
死, 誠得報[198]主之義. 而河東狗, 則初旣訴寃於官家[199], 末又逞憤

於讐人, 賴以報其仇而償其命, 孰謂禽獸之無知而乃若是乎? 比諸善山狗, 亦勝矣. 嶺南雖是士夫之冀北, 而亦何多義狗也?

5-17. 關西伯駔騎馳妓

讓寧大君, 英廟之兄[200]也. 嘗呈告遨遊於關西, 世宗臨別, 申戒女色, 大君祇謝而去. 上命關西道臣, 大君如有狎近[201]之妓, 使之馳傳[202]以上. 大君奉聖敎嚴勅, 列邑屛去房妓, 方伯·守令旣奉上命, 故募得美妓, 使之百般揶揄. 大君至定州, 有一妓素服號哭,[203] 大君見而悅之, 使人潛作[204]階逕而招之, 自以爲鬼所不知, 夜與狎焉. 贈一律, 有曰: '明月不須窺繡枕, 夜風何事捲羅褌[205].' 蓋道其隱密幽深之意也. 其翌日, 道伯遂以駔騎馳送, 上命日夜習歌其詩. 及大君歸, 上迎勞, 因曰: "別時戒色之言, 頗記憶否?" 大君曰: "小臣謹奉聖敎, 何敢忘之? 不敢有所近耳." 上曰: "吾兄能於繡幕叢中深戒而還, 爲是嘉悅, 購得一佳姬, 以待耳." 仍設宴禁內, 令妓歌其詩以侑之, 大君旣夜而昵近, 初不識其面目, 聞其詩, 下階伏地待罪. 上自下階握手而笑, 遂以妓歸之. 生子, 不識其母鄕貫, 命之曰'考定正'[206]. 今李令夏, 其後也. 考定正, 以狂宗, 貿魚肉而不好, 則雖烹熟還退, 故俗稱强易, 爲考定正交易. 李參議令夏, 嘗與其夫人圍棋[207], 强請還退, 其夫人曰: "君是考定正! 何爲每每還退

---

200) 英廟之兄: 다, 라, 마본에는 '世宗長兄'으로 되어 있음.
201) 狎近: 가, 나본에는 '近狎'으로 되어 있음.
202) 傳: 가, 나본에는 '騎'로 되어 있음.
203) 有一妓素服號哭: 사본에는 이어서 '遠示其貌'라는 내용이 첨부되어 있음.
204) 作: 사본에는 '行'으로 되어 있음.
205) 褌: 가, 나, 마본에는 '緯'로, 라, 사본에는 '幃'로 되어 있음.
206) 考定正: 다, 라, 마본에는 '古正副正'으로 되어 있음. 이하의 경우도 동일함.
207) 棋: 가, 나, 마본에는 '碁'로 되어 있음. 서로 통함. 이하의 경우도 동일함.

乎?" 李怒曰: "何以圍棋之故, 而罵人之祖乎?" 是故, 李登第以老妻推枰爲戲題云.

5-18. 淸州倅權術捕盜

李趾光, 以善治名, 決訟如神. 莅淸州時, 有一衲入訴, 曰: "某以某處僧, 賣紙資生, 今日場市, 負一塊白紙來, 憇市旁, 暫爲釋負矣. 旋卽回顧, 則紙塊已不知去處[208], 四面搜索, 終莫能得. 失此資業, 萬無還歸[209]之望, 伏乞推給, 活此殘命云云." 李曰: "汝不能善守, 而見失於人海之中, 雖欲推給, 將問於何處乎? 須勿煩聒, 卽爲退去!" 頃之, 因事, 命駕於十里之地, 薄昏還衙, 見路旁長丞, 以手指之, 曰: "此是何物, 官行之前, 乃敢偃蹇長立乎?" 下隷曰: "此非人也, 卽長丞也." 李曰: "雖是長丞, 亦甚[210]倨傲, 使之拿來, 拘留於外, 以待明朝. 而亦不無乘夜逃躱之慮, 三班官屬, 除官門待令外, 一幷守直, 可也." 官隷輩雖齊聲應答, 而皆面面竊笑, 無一人守直者. 李固揣知其如此, 及至深夜, 使伶俐通引, 暗地移置於他處. 翌日, 早起開衙, 號令羅卒, 使之拿入, 羅卒奔往其處, 則朱髥將軍, 已化爲烏有先生矣. 始生疑惻, 遍索近處[211], 官家號令, 急於星火, 羅卒輩不得已, 見失之由, 入告待罪. 李乃佯作忿[212]怒之色, 曰: "身爲官屬, 不遵官令, 不善守直, 竟爲失之, 不可無罰. 自首吏以下, 各納罰紙一束, 卽刻待令, 如有不納者, 當以笞二十度代之." 於是, 三番下人, 盡皆納紙, 須臾, 積置官庭. 卽令招昨日入

---

208) 處: 다본에는 '定'으로 되어 있음.
209) 歸: 라, 마본에는 '鄕'으로 되어 있음.
210) 甚: 저본에는 '是'로 나와 있으나 이본을 따름.
211) 近處: 사본에는 '近處之際'로 되어 있음.
212) 忿: 나, 라본에는 '憤'으로 되어 있음.

訴之僧, 使之卞別渠所失之紙於此中, 僧紙本有所標, 隨其標, 隨手探出, 數滿一塊. 李曰: "旣索汝紙, 須速出去. 此後, 小心謹守, 毋作如此歇后." 其僧百拜致謝而去. 李因蘞其紙束所從來,[213] 則卽市邊居一無賴漢所竊取者, 輸置渠家, 適當闕紙督納之時, 紙價甚翔, 遂盡發賣矣. 乃捉入厥漢, 治其罪而徵其價, 分給買來之官屬, 其餘紙束, 幷令所納諸人, 各自取去. 於是, 一邑吏民[214], 皆伏其神矣.

5-19. 乞婚需朴道令呈表

洪州邑, 古有朴道令, 早喪怙恃, 家勢赤立[215], 多年入雇. 年過三十, 尙未嫁娶[216], 而適有一婚處, 然赤手空拳, 分錢難辦. 不得已做一四六之文, 呈于本官, 曰:

自父祖本來艱難, 已媿三十後長嫁. 定婚姻例事扶助, 敢冀多少間處分. 洞燭下情, 特被上德. 伏念民人事多白, 家門不靑. 五臟土迷, 粗知十五行反切; 兩拳火出, 初無一二分變通. 至今婚處之不宜, 非但妻宮之多殺. 安約正・金風憲, 此皆不願於娶渠; 許座首・權別監, 彼亦無意於婿我. 頭上之加冠已久, 人或疑其喪妻; 脚間之同甲夙成, 孰不冤其無子? 寡婦家獨女婿, 平生之至願蹉跎; 大臣宅兒婢夫, 遐方之蹤跡跂跂. 所以上下寺不及, 每被今明年虛過. 稠人廣座中, 酒不飮而面熱; 獨宿空房裡, 堗雖暖而心寒. 曾未過襁褓中孩兒, 宋神宗之天緣何在; 尙不知衣裾下珍味, 梁處士之人生可憐. 心懷惡時, 豈無拳夫人之戲; 兒童逢處, 難堪老都令之稱.

---

213) 李因蘞其紙束所從來: 가, 나본에는 '李因作蘞, 數其紙束所從來'로 되어 있음.
214) 吏民: 다, 라, 마본에는 '人民'으로 되어 있음.
215) 赤立: 라본에는 '亦貧'으로 되어 있음.
216) 嫁娶: 가, 나본에는 '昏娶'로, 다, 라, 마본에는 '娶婚'으로 되어 있음.

虎狼之晨勢正窮, 鼪鼠之昏處忽出. 卜子夏·段木賜[217], 木卜之姓
字雖同; 陽山郡·華陰州, 陰陽之貫本則異. 才二八之阿只氏[218], 固
知未及經人; 近四十之老新郞, 必曰丁寧無室. 四柱不退, 切自喜
人無間言; 三堂相符, 是所謂天定配匹. 第今兩闈外無物, 實是九
面內所知[219]. 驪州從兄, 果無獨辦之形勢; 加平族丈, 每挑中婚之
已切. 彼旣骨餘之兩班, 難蒙肉德; 此亦推亡之獨脚, 未需酒盃. 借
足以著之, 道袍姑舍; 禮不可廢也, 納[220]幣將何? 幾年一念之經營,
今日百事之憂患. 先進輩[221]酒饌債, 將來無堪當之方; 新婚時鹽醬
憂, 已往非經歷[222]之事. 分錢尙未入手, 冠帶貰不給亦難; 尺布初
無掛身, 衣袴次未備尤悶. 薯子之慟婚, 取成藉藉, 砥平官之聲譽;
巫女之和奸, 作戲咄咄, 橫城倅之風情. 前有召父, 後有杜母, 官家
之子視亦多; 內無怨女, 外無曠夫, 廊廟之申飭非一. 排朔條下記
外, 必有四五斗之剩餘; 除番布上秩中, 豈無六七升之堪用? 魯哀
公之絶交久矣, 此亦細細參商; 孟嘗君之出處尤難, 伏乞多多益
辦. 前聖豈欺余哉? 百姓悅好色之與共; 後生將焉往也? 七事襃戶
口之[223]必增. 俾當五月前上龜, 敢不百拜後奠雁? 陽剛不足, 縱媿
爲人, 少天陰德難忘, 庶幾極力報地云云.

本官見之, 非但情理之可矜[224], 深嘉其儷文之精工, 特爲題給錢
貫·米包, 以助其需, 得以娶妻居生云爾.

---

217) 段木賜: 다, 라, 마본에는 '段干木賜'로, 가, 나본에는 '段干賜'로 되어 있음.
218) 氏: 이본에는 '女'로 되어 있음.
219) 知: 라, 마본에는 '共知'로 되어 있음.
220) 納: 가, 나본에는 '獨'으로 되어 있음.
221) 輩: 가, 나본에는 '排'로 되어 있음.
222) 經歷: 다, 라, 마본에는 '歷經'으로 되어 있음.
223) 口之: 라, 마본에는 '足'으로 되어 있음.
224) 矜: 다, 마본에는 '怜'으로 되어 있음.

付乞官表[225]

李廷濟之子昌元, 以四十窮儒, 名不掛榜, 又無攀援, 未嘗一擬於初仕矣. 時適兵判出於一洞之內, 而其都政有四山監役二窠. 昌元萬分一乃生倖望, 遂賦長儷一篇以呈之. 兵判以同閈之故, 雖未嘗一識其面, 而夙聞其貧窮之狀, 而曾所矜念矣. 見其表, 詞近滑稽, 對耦精工, 遂於都政, 排衆首擬, 得以筮仕云. 其表曰:

文短蟹尾, 望切顯達; 窠缺犬項, 冀加塡差. 惟大監哀之憐之, 卽小生命也福也. 伏念小生, 殘山斷壟[226]之餘脈, 醢臭蠹種之屑孫. 六品先徵, 常捫北京懸來之鼻; 一室賢助, 恒誇南門高掛之閨. 徒緣春强鐵之數奇, 遽爾秋網太[227]之年滿. 人物勃若, 自許百執事可堪; 命途嗟那, 尙此初付職不得. 尹雲中之冠帶試着, 朴守僕之窺見堪羞, 陵參奉之運數先推, 吳判守之質言無驗. 人皆食祿, 發賣冊幼學哀殘; 兒將娶妻, 上尊號生員愁痛. 大小科盡讓於同接, 我獨作豊年乞人. 門戶計惟望於後承, 人或期名寺古佛. 木天深邃, 尹慶之翰林, 此生已休; 玉壺淸涼, 華瑞之別提, 卽景堪羨. 特因朝家之不數, 每恨仕路之尙遲. 翁歇后叔不知, 連臂無路; 兄長醉弟多病, 出力其誰? 家有尙書, 未獲一命之沾祿; 代無顯物, 還羨伯氏之過房. 關王[228]示識, 曾驗一二年之頗吉; 洞友觀相, 每說三十運之稍通. 幸玆西銓相公, 卽我同閈尊長. 猶子視父, 上宅爺李[229]氏台; 如兄若弟, 參奉公正郞位. 門下出入, 常仰視骨肉之恩; 兵

---

225) 付乞官表: 저본에는 빠져 있으나 라본에 의거하여 보충함. 라본을 제외한 모든 이본에는 이하의 내용을 줄갈이만 한 채 이어져 있음.
226) 斷壟: 라본에는 '壟斷'으로 되어 있음.
227) 網太: 다, 라, 마본에는 '綱太'로 되어 있음. 의미상 통용됨.
228) 關王: 다, 라, 마본에는 '關主'로 되어 있음.
229) 李: 저본에는 '季'로 나와 있으나 이본에 의거함.

曹座定, 庶遂改名字之願. 常乞德於胸裡, 豊山守之入仕何時; 輒
虛發於年來, 蔡湖州之除職專恃. 公座簿朔數已滿, 縱聞假監役之
當遷; 老少論情誼不通, 其奈大冢宰之異色? 惟今番四山二窠, 卽
小生千載一時. 逢此好機, 寧禁老處女之㗻[230]嗅; 稱曰進賜, 庶免
生書房之終身. 室家之嗔罵如奴, 正坐科科落榜; 身勢之住處無
地, 實緣人人得官. 伯禽才離馬曹, 養親之菽豆垂罄; 仲羽已解魚
緩[231], 廩婢之黍稷誰輸? 茲將切迫情由, 敢以銓[232]次告課. 所謂平
生微分, 第援[233]爲之, 至若一家尊行, 不足數也. 所望至[234]此, 不可
爲希覬功名, 其情甚憐, 抑或謂冒沒廉恥? 烏紗帽·黑角帶, 金和叔
之前着方閑; 紅團領·青氅衣, 阿只氏之豫備已久. 倘於都政之日,
特蒙差除之恩. 政廳使令喚婢之聲, 數貫錢何惜; 山直軍士問安之
奏, 一瓶酒[235]無難. 公道方恢, 逗方之武士, 亦皆收錄; 朋友素密,
故人之穉子, 豈忍忘遺? 茲敢重言復言, 毋擬副望末望. 如果求職
得職, 敢不知恩報恩? 職務所關, 巡山豈待漢城府申飭; 恩澤罔極,
禁松當於延禧宮絶嚴.

5-20. 呈舊僚鄭司果戲墨

鄭司果顯奭, 以前啣參奉, 癸丑年用都監監造官, 勞陞六品, 付
虛司果. 至丙辰[236], 尙未得復職, 而其時同僚三四人, 亦一體沈滯.
鄭司果以呈舊僚俳諧文爲題, 而做四六一篇, 語近俳優. 雖以呈舊

---

230) 㗻: 이본에는 '嚧'로 되어 있음. 서로 통함.
231) 緩: 저본에는 '緩'으로 나와 있으나 이본에 의거함.
232) 銓: 가, 나본에는 '詮'으로 되어 있음.
233) 援: 이본에는 '拔'로 되어 있음.
234) 至: 가, 나본에는 '只'로 되어 있음.
235) 瓶酒: 라본에는 '餠滔'로 되어 있음.
236) 丙辰: 가, 나본에는 '丙戌'로 되어 있음.

僚爲言, 而實則自鳴其一己不平心事也. 其辭云云.

　付職如待闕仙, 雖無妄想; 及第或出公道, 猶有倖望. 何必念絶榮途? 且莫徑尋鄕路. 惟兄早升上舍, 新進南行. 策表詩賦, 義疑之每文實才; 節製到記, 庭謁之逐年虛度. 僅得黃楊木牌號, 尙遲紅唐紙題名. 參奉初不求爲, 猝然寢獲生病; 宦味都無見者, 殆若夢嘗歡郞. 酒者上尊號都監, 參以副司勇進賜. 玉策金寶, 次知監造官一房; 紗帽木靴, 勤仕司譯院三朔. 屬玆別單書入, 遽荷陞六傳敎. 主簿·佐郞·廟令·陵令, 爲先東方朔削栗; 縣監·郡守·府使·牧使, 次第車僉知摘苽. 奈此虛司果陷身, 無望斗祿米充腹! 向來連三窠區處, 縱賴領閣丈善心; 今焉無一箇擧論, 都緣雜岐[237]人疾足. 郞廳勿拘常格, 每見後出角尤高; 計仕不許前啣, 任他外鑿井獨汲. 偸政出以別復, 亞三銓私肉輒爲, 正蘁望之落頤, 凡幾年措手不得. 嗟蟹網之[238]俱失, 佇牛囊而無期. 官方何時更張? 待者臍生松樹. 宦路到處全壁, 已矣頭爲蔥根. 衆求難防, 人莫不有杖刺眼; 百計沒策, 僧何能自手削頭? 自[239]來如蟻會塔之功, 未免逐鷄望籬之歎. 儕友侮弄, 賴是鼻兩孔善裁; 婢僕怨咨, 不覺眼雙炷[240]突上. 殘蔭無異朳塞, 安用梁鐵一坪? 上策莫如檀公, 素乏唐錢單分, 縱若走牛之亘尾, 得無悔麝之噬臍? 秋月春風等閑, 金剛景亦是食後; 綠水靑山歸去, 漢陽城如在夢中. 登樓若至去梯, 兩寺狗上下不及; 觀賽待出繼糆, 後市餠大小何知? 牛出[241]頹天, 可以待矣; 魚樂游水, 捨此何之? 惟願丁[242]年春三, 特參甲科第一. 門前

---

237) 岐: 가, 나본에는 '技'로 되어 있음.
238) 之: 다, 라, 마본에는 '而'로 되어 있음.
239) 自: 다, 라, 마본에는 '以'로 되어 있음.
240) 炷: 저본에는 '柱'로 나와 있으나 이본에 의거함.
241) 出: 라본에는 '頭出'로 되어 있음.

報喜, 顚倒糞腹下任; 街上呼新, 跳躍輆脚先進. 六曹判書·兩館提學, 朝暮可期; 四都留守·八道監司, 草芥如拾. 平轎蕉扇, 可開議政府大門; 滿椀酪漿, 至爲靈壽閣肅拜. 玆將舊僚好誼, 庸效老倡德譚. 二眼勿煩, 一笑何妨?

時洪中軍塔, 蟄伏鄕廬, 見其文, 以答俳諧爲名, 而又做一篇, 其辭曰: 對以武來武文來文, 豈敢出反乎爾; 仕可遲則遲速則速, 只宜笑罵從他. 言亦復佳, 詞當解撰. 念赤立身世, 白首蔭官, 以若謾職閑司, 類非架底匙易得; 及其雄州巨牧, 自分天上椎難懸[243]. 竊惟參奉仕支離, 尤難六品窠甄復. 單衾屢弊於指計, 初[244]願則濟用奉事[245]·尙瑞直長; 萬貫[246]每思於腰纏, 次第是江西縣令·淸道郡守. 馬糞投井, 愧屠漢之柳枝; 鶴髮如星, 嗟農夫之麥草. 屬玆監造之竣役, 幸蒙陞敍之酬勞. 副司果空帖徒存, 便同納粟堂上; 五斗米殘廩幷失, 還是[247]無祿大夫. 得失安知福乎? 不必鯉躍而鮎躍; 先後何足計也? 終見馬之亦牛之. 肆當公道政目之時, 佇期寒酸[248]進身之日. 何論身數之否泰? 嗟百年南柯夢覺來. 自笑宦途之蹇屯, 伊萬念西陽風飛去. 名利場看作桃杏, 曾未見擲帽之人; 查頓宴分排梨柿[249], 竟誰是廣裳之客? 何圖勝自知之念? 特示惟汝[250]諧之文. 發願寔出於慈悲, 始覺南彌陀功果; 德譚或近於嘲譽, 絶勝

---

242) 丁: 가, 나본에는 '一'로 되어 있음.
243) 懸: 저본에는 '縣'으로 나와 있으나 이본에 의거함. 뜻은 서로 통함.
244) 初: 가, 나본에는 '而'로 되어 있음.
245) 奉事: 이본에는 '副奉'으로 되어 있음.
246) 萬貫: 가, 나본에는 '萬食'으로 되어 있음.
247) 是: 가, 나본에는 '見'으로 되어 있음.
248) 酸: 가, 나본에는 '畯'으로 되어 있음.
249) 梨柿: 이본에는 '柿梨'로 되어 있음.
250) 汝: 가, 나본에는 '余'로 되어 있음.

東方朔俳優. 自是一飽亦數存, 何必山頤家頤; 雖[251)]至十生而九死, 有難天方地方, 此誠同病相憐之情, 便是欲哭被打之格. 石佛之點頭是望, 且觀未來; 金人之緘口惟思, 勿論已往. 少也晉步之自許, 期雁塔之題名; 今焉復職之猶難[252)], 等鹿皮之曰字. 君無曰前言戲耳, 我則當若固有之. 玆蓋先病者醫, 製表才士, 聞而知十, 何異左手擧鈴; 事皆證參, 有同右史載筆. 遂推仁心所發, 特憐墻壁無依, 敢不一生未忘? 百拜致謝. 當春坮秉公之試, 竊祝及第壯元; 念朝廷得人之休, 尤貴古家大族.

5-21. 投良劑病有年運

銅峴[253)]有一藥鋪, 一日, 有老學究, 弊衣草屩[254)], 貌似鄕愿, 突如而入, 坐於室隅, 口無一言, 移晷不去. 主人怪問曰: "何處客主, 以何事來臨?" 學究曰: "某與客, 約會于此, 故今方苦企, 淹[255)]留貴肆, 心竊[256)]不安." 主人曰: "何不安之有?" 至食時, 主人請飯, 則不應之, 走出門外, 以囊錢買飯于市鋪, 而復來凝坐[257)]如前. 如是數日, 所待之友[258)], 終不見至. 主人雖竊怪之, 而亦不敢辭却也. 忽有一庶人, 曰: "妻方臨產, 猝然僵仆[259)], 不省人事, 願得良劑, 以救此急." 主人曰: "爾輩無識, 每謂販藥者能通醫術[260)], 有此來問, 然我

---

251) 雖: 가, 나본에는 '乃'로 되어 있음.
252) 猶難: 이본에는 '無規'로 되어 있음.
253) 銅峴: 사본에는 '鍾峴'으로 되어 있음.
254) 屩: 라, 마본에는 '鞋'로 되어 있음.
255) 淹: 가, 나, 마본에는 '奄'으로 되어 있음.
256) 竊: 저본에는 '切'로 나와 있으나 이본을 따름.
257) 凝坐: 사본에는 '凝然'으로 되어 있음.
258) 友: 라, 마본에는 '人'으로 되어 있음.
259) 仆: 저본에는 '臥'로 나와 있으나 이본을 따름.
260) 術: 저본에는 '述'로 나와 있으나 이본에 의거함.

非醫也, 焉$^{261)}$知對症投劑乎? 若往問醫人$^{262)}$, 出方文以來, 則當製
給矣." 庶人曰: "本不識醫師門巷, 望以一劑活人!" 學究勸說曰:
"若服藿香正氣散三貼, 則卽愈矣." 主人笑曰: "此是消痞解鬱之方,
若投産病, 則便同氷炭, 君徒習於口而發也." 學究固執前言, 庶人
曰: "事已急矣! 雖此劑萬望製給." 因問價投錢, 主人不得已, 枰量
與$^{263)}$之. 向夕, 又有一庶人, 來謁曰: "某與某甲鄰居, 某甲妻方産
垂絶, 幸得良藥于此鋪, 得以回甦, 此必有良醫, 故欲$^{264)}$謁耳. 某之
子方三歲, 患痘瘡, 方危劇, 望以珍劑救活!" 學究曰: "亦服藿香正
氣散三貼." 主人曰: "庶人輩未常$^{265)}$服藥, 故其$^{266)}$强壯者, 或以此藥
收效, 而至於襁褓之兒, 決不當服此, 況其症形不啻千里之差乎!"
庶人固請, 主人又與之. 旣而, 庶人來告, 果得立效. 自是, 聞風$^{267)}$
者踵門而至, 學究莫不以藿香正氣散應之, 無不良已, 捷於桴鼓.
殆近數月, 學究未嘗去, 所俟客亦不至. 一日, 有一宰相之子, 乘健
驢入門, 主人下堂迎之, 灑掃惟勤, 擧家奔走先$^{268)}$後, 而學究獨坐
木櫃上, 不動一毫. 宰相子曰: "親癠沈綿, 已經數月, 百藥無效, 元
氣漸下 昨邀嶺南一儒醫, 命補劑, 而醫言, '陳根腐草, 難以得力,
須親造藥肆, 別$^{269)}$擇新採之劑, 依法妙劑, 可望收效云.' 故有此親
訪, 主人須極擇良品, 按$^{270)}$方製藥." 宰相子低聲問曰: "彼坐櫃子上

---

261) 焉: 가, 나본에는 '爲'로 되어 있음.
262) 醫人: 가, 나본에는 '良醫'로 되어 있음.
263) 與: 나본에는 '投'로 되어 있음.
264) 欲: 사본에는 '脩'로 되어 있음.
265) 常: 이본에는 '甞'으로 되어 있음.
266) 其: 가, 나본에는 '甚'으로 되어 있음.
267) 聞風: 나본에는 '風聞'으로 되어 있음.
268) 先: 나본에는 '前'으로 되어 있음.
269) 別: 저본에는 '故'로 나와 있으나 사본을 제외한 이본에 의거함.
270) 按: 저본에는 '接'으로 나와 있으나 이본을 따름.

者, 誰也?" 主人曰: "此間有異事!" 遂述前狀. 宰相子乃整襟詣其前, 備告其親症候, 仍請良方, 學究無所改容, 但曰: "藿香正氣散最佳." 宰相子暗笑而起, 貼藥而回. 仍使傔輩煎藥, 復向其親, 語及學究事而一笑矣. 宰相曰: "此藥未必不是當劑, 試服之如何?" 其子及門人傔輩, 交進告曰: "積敗之餘, 何可服消散之劑? 決不敢奉命." 宰相默然. 旣以熨藥以進, 宰相曰: "所食不下, 姑置臥內." 迨夜, 仍暗覆之, 使左右潛製藿香正氣散三貼, 混而[271]爲一, 以大鑼合而煎之, 分三服之. 詰朝起坐, 則神淸氣逸, 病根已釋. 其子候起居, 則曰: "宿疴已祛體矣." 其子曰: "某醫眞和·扁也." 宰相曰: "非也. 藥肆之學究, 未知何方人, 而眞神醫也." 仍言覆藥而煎服正氣散之事, 又曰: "數朔負[272]疾, 一朝氷釋, 恩莫大焉! 汝須親往迎之, 可也." 其子承命而往[273], 極致感謝之意, 仍請偕往鄙家, 學究拂衣而起, 曰: "吾誤入城闉, 致此汚衊之言, 吾豈作幪中之賓[274]耶?" 遂飄然而去. 宰相子憮然而退, 歸告其由, 宰相益嘆其耿介拔俗之士矣. 旣而, 上候違豫, 轉輾沈篤, 良醫迷其所向, 擧朝莫不焦遑. 其宰相時任藥院提調[275], 適感學究事, 因入診口達, 上曰: "此劑未必有益, 亦無所害." 仍命煎入進御, 而翌日乃瘳. 上益嗟異之, 令物色[276]而訪之, 終不可得. 識者曰: "此異人也! 蓋醫書有年運之循環, 一時之間, 百病雖異, 而其根則年運之所使也. 苟知其年運, 而投入襯合之劑, 則雖不相當之症, 無不有效. 近世業醫者, 全昧

---

271) 而: 저본에는 '以'로 나와 있으나 이본을 따름.
272) 負: 저본에는 '貞'으로 나와 있으나 라. 마본에 의거함.
273) 往: 저본에는 '彼'로 나와 있으나 이본에 의거하여 바로잡음.
274) 賓: 가. 나본에는 '客'으로 되어 있음.
275) 提調: 이본에는 '提擧'로 되어 있음.
276) 上益嗟異之, 令物色: 저본에는 '上益嗟異, 令之物色'으로 나와 있으나 이본에 의거함.

此理, 故但隨症而試藥, 治其末而捨其本, 所以麥浪[277]殺人也. 此學究, 必預知上躬之當有詟度, 而非此劑, 則無以能救, 故假此以自達耳."

5-22. 失佳人數歎薄倖

李業福, 傔輩也. 自童穉時, 善讀諺書稗官, 其聲或如歌, 或如怨, 或如笑, 或如哀, 或豪逸而作傑士狀, 或婉媚而做美娥態, 蓋隨書之境而各逞其能也. 當時[278]豪富之流[279], 皆招而聞之. 有一吏胥夫婦, 酷貪此技, 哺養業福, 遇如親黨, 許以通家. 胥吏有未笄一女, 端麗特秀, 爛乎如花, 溫其如玉. 業福心癡神蕩, 不能定情, 每以秋波挑之, 女輒正色不應. 一日, 胥吏遇節日, 闔家上塚, 獨宿閨裡, 扃鐍甚[280]嚴. 業福踰墻, 潛入臥內, 女方酣眠. 業福乃臥其側, 摟抱其腰, 女大驚蹶起, 曰: "汝是何人?" 曰: "某也." 女怒而[281]鍮燈槃打之, 曰: "汝罔念我爺孃之情摯, 欲爲狗彘之行乎?" 業福挺身受杖, 曰: "娘子之罰, 其甘如飴." 女愈怒猛擊, 以至面門剝傷, 業福但以柔聲婉色, 曲解之. 女性本荏弱, 且生慈悲之心, 投身于床, 曰: "任汝爲之." 業福乃恣意淫弄, 極其醜狀, 女斂容而起, 曰: "旣愜汝願, 快去勿留!" 業福蹔勉而出. 翌朝, 家人盡還, 業福候起居于女之母, 女侍其傍, 玉顔慘悷[282], 香愁鎖眉, 如一枝艶花, 朝帶寒雨, 容態可憐. 業福退而愈不忘, 乃寫一緘芳信, 乘間潛送于女, 蓋

---

277) 麥浪: 다, 라, 마, 사본에는 '孟浪'으로 되어 있음. 뜻은 서로 통함.
278) 當時: 사본에는 '一日'로 되어 있음.
279) 流: 라, 마본에는 '類'로 되어 있음.
280) 甚: 저본에는 '其'로 나와 있으나 이본을 따름.
281) 而: 이본에는 '以'로 되어 있음.
282) 慘悷: 라, 사본에는 '慘淡'으로 되어 있음.

約會東園也. 女果如期而至, 怳惚獨語, 神不可[283]守舍. 業福曰: "娘子擧止[284], 奈何異常?" 女曰: "適間[285]西王母遣使傳語, 曰: '汝被人誘脅, 厚受汚衊, 大質已虧, 怨[286]債實多, 其令歸隷仙府, 永謝塵緣云.' 故將欲隨使者而去耳." 業福笑曰: "使者安在?" 女指其旁, 曰: "使者在此." 因向空笑語, 娓娓不倦, 旋脫自己玉指環, 作授人狀. 又若脫人履鞋, 試穿自己之足, 情態千億, 而闃不見一人. 業福曰: "娘子與誰款洽?" 女笑曰: "瑤池使者也." 業福大懼而出. 女自是竟日獨語, 皆不出使者說也. 一日晨起, 忽不知所之, 父母亦莫省業福爲禍階, 踪跡之, 而終莫能得. 業福嘗言, '渠數薄倖如是云云.'

5-23. 托終身女俠捐生

李參判匡德, 號冠陽, 承命廉訪北關, 秘跡潛影, 備嘗艱難, 盡探守宰之臧否, 風俗之頑柔. 將到咸興, 露跡[287]決事, 乃與數人, 暮入城內, 只見居民奔走叫謀, 曰: "繡衣今日將到!" 李公訝惑不定, 曰: "遍行一道, 未有識破我者, 今此喧[288]聒, 或緣於從者之有泄耶?" 乃還出郭外, 窮詰諸伴, 未有端緖. 過了數日, 復入城內[289], 方始出道, 判決公務, 且問邑吏曰: "爾曹曩日[290], 何由知我來?" 吏曰: "滿城喧傳, 未知先出於何人之口." 李公命採報言根, 吏退而窮探, 則實七歲小妓可憐先唱也. 入悉其狀, 李公令可憐近前, 曰:

---

283) 可: 저본에는 빠져 있으나 다, 라, 마본에 의거하여 보충함.
284) 擧止: 라본에는 '擧措'로 되어 있음.
285) 間: 저본에는 '聞'으로 나와 있으나 이본에 의거함.
286) 怨: 가, 나본에는 '惡'으로 되어 있음.
287) 露跡: 사본에는 '出現'으로 되어 있음.
288) 喧: 사본을 제외한 이본에는 '諠'으로 되어 있음. 서로 통함.
289) 城內: 사본에는 '官衙'로 되어 있음.
290) 曩日: 나본에는 '向日'로 되어 있음.

"爾纔離襁褓, 何能辨[291]得使星?" 對曰: "賤人家在街頭, 向日推窓而窺[292], 則有二乞丐, 幷坐路側, 而這裡一丐, 衣履雖垢弊, 雙手甚是白軟[293]. 故自疑曰: '凍餒執役之類, 固當胼胝黝黑, 詎能如此也?' 訝惑之際, 那丐解衣捫虱, 旋卽欲着, 則其旁一丐, 攝而衣之, 執禮甚恭, 正若傔僕之於貴者[294]. 故始乃牢信其爲繡衣, 備告家人, 則頃刻喧傳, 以至一城紛拏云云." 李公大異其穎悟, 極其愛憐, 及還贈以一詩, 妓亦服公之文華器宇, 有托身之意. 年旣及笄, 猶自守紅, 惟待公言, 誓不許人, 而公則實未能知也. 迨夫公坐事, 竄咸關[295], 寓住一吏舍, 妓親往趨侍, 晝夕不捨. 公亦深[296]感其誠, 然自分身罹罪戾, 不可昵近女色, 與之周旋者四五年, 未嘗及亂. 妓益服公之偉度, 欽歎孚感, 公嘗令他適, 而抵死不聽. 妓慷慨磊落, 喜誦諸葛孔明「出師」二表, 每淸夜月朗, 爲公一唱. 音吐淸硈, 如白鶴唳空, 爲之泣下霑臆, 隨吟一絶曰: '咸關女俠滿頭絲, 爲我高歌兩出師. 唱到草廬三顧地, 逐臣淸淚萬行垂.' 一日, 公蒙賜環之恩, 將還, 始得繾綣, 而公曉之, 曰: "吾行有日, 雖欲將汝偕焉, 宥命屬耳. 載妓後車, 吾所不爲, 歸田後, 必當力致汝于家, 毋恨稍遲而待[297]." 妓喜動眉睫, 慨然領諾, 而公歸未幾, 因病捐館. 妓聞凶音, 設祭[298]長慟, 引決而逝, 其[299]家人葬于道側. 後朴[300]文秀出[301]按北

---

291) 辨: 라본에는 '辦'으로 되어 있음.
292) 窺: 가본에는 '規'로 되어 있음. 서로 통함.
293) 軟: 사본에는 '嫩'으로 되어 있음.
294) 貴者: 가, 나본에는 '貴子'로 되어 있음.
295) 咸關: 가, 나본에는 '北關'으로 되어 있음.
296) 深: 가, 나본에는 '甚'으로 되어 있음.
297) 而待: 저본에는 빠져 있으나 라본에 의거하여 보충함.
298) 祭: 라, 마본에는 '奠'으로 되어 있음.
299) 其: 저본에는 빠져 있으나 이본에 의거하여 보충함.
300) 朴: 사본에는 '朴公'으로 되어 있음.

梟, 過其下, 題其碑, 曰'咸關女俠可憐之碑'.

5-24. 擇夫婿慧婢識人

古有一參政, 志養萱闈, 而公擾私務, 鎭日叢集, 未暇左右恒侍. 家畜一婢, 年纔及笄, 容姿豐艷[302], 性度聰慧, 善承萱闈之志, 飢飽寒暖[303], 隨宜管領; 坐臥動息, 相機扶攝. 萱闈以是而自適, 參政以是而悅親, 家人以是而代勞, 愛護偏篤, 賞與無筭[304]. 婢於長廊之內, 別設一房, 書畵什物, 俱極齊楚, 以備少隙燕息之所. 長安豪富子弟, 從事靑樓者, 競欲以千金一娶, 希爲[305]媒寵於參政. 婢四處牢拒, 一心自矢, 曰: "若非天下有心人, 寧甘老空房." 一日, 婢領了夫人之命, 修起居于親黨[306], 及其復路, 忽逢驟[307]雨, 忙還其家, 則有一丐, 蓬頭垢面, 避雨于門首. 婢一省而知非常, 携入于自己房櫳, 囑曰: "爾姑留此." 因轉出而鑠其扃, 蹌蹌入內閤. 那丐一刻萬想, 莫料端倪, 而姑任其狀, 欲聽下回. 少焉, 出而入室, 詳看那丐, 喜容可掬. 先買束柴, 溫水設沐[308], 使丐全身洗滌. 且饋暮飯, 美羞珍饌[309], 蹴破枵腸之神; 畫[310]皿朱盤, 眩若滄海之市. 日已曛黑, 街鍾亂動, 遂交頸於錦襆繡裯之中, 宛轉春夢, 顚鸞倒鳳. 黎明, 使丐椎髻成冠, 又衣以鮮服, 穩稱其體, 果然儀容雋爽, 氣宇軒

---

301) 出: 사본에는 '巡'으로 되어 있음.
302) 豐艷: 가, 나본에는 '豐饒'로 되어 있음.
303) 暖: 저본에는 '煖'으로 나와 있으나 이본을 따름.
304) 無筭: 나본에는 '無少'로, 사본에는 '無籌'로 되어 있음.
305) 希爲: 라본을 제외한 이본에는 '爲希'로 되어 있음.
306) 親黨: 사본에는 '親黨家'로 되어 있음.
307) 驟: 저본에는 '聚'로 나와 있으나 다본을 제외한 이본을 따름.
308) 設沐: 가본에는 '汲沐'으로, 나본에는 '沐浴'으로 되어 있음.
309) 珍饌: 가, 나, 사본에는 '珍饍'으로 되어 있음.
310) 畫皿: 저본에는 '盡'으로 나와 있으나 이본에 의거하여 바로잡음.

豁, 非復昔日之愁蹙也. 又囑曰:"君可入現於夫人及參政, 而如有
動問, 必對以如此如此."丐滿口領諾, 卽謁參政, 參政曰:"此婢昔
擇其耦, 今也忽地結褵, 必見[311]可意人也." 乃使丐近前, 曰:"汝所
業甚麽?" 曰:"小的將些錢貨, 使人殖貨八路, 變幻貴賤, 相時射
利." 參政大喜深信. 自是, 丐美衣豊食, 不事一事. 婢曰:"人生斯
世, 各有所幹, 而飽食無爲, 將如謀生, 何哉?" 丐曰:"若欲料理資
生, 須得十斗銀子, 乃可." 婢曰:"我當爲君周旋."因入內堂, 乘間
懇于夫人, 夫人轉言於參政, 參政慨然然諾. 丐將此百金, 都買洛
肆乍着不弊之衣, 積於天衢, 盡招平日同與乞丐之若男若女, 總以
其衣衣之. 且聚江郊乞兒, 亦如之, 次[312]尋遠鄕近州, 流離飄蕩[313]
之類, 以無漏大庇爲心. 馬以駄之, 雇以擔之, 循八路而盡之, 只餘
一匹馬及數襲衣, 因作濤擔, 藉於馬背而行. 時當仲[314]秋, 霽月
初[315]上, 淡烟橫野, 平郊通路, 四無行旅. 揮鞭促程, 聽其所止[316]而
欲止. 路遇大橋, 橋下有洴澼之聲, 雜人語響, 深宵曠野. 疑其木
客, 因下馬而[317]據橋, 探視橋下, 則有一翁一媼, 解衣露體, 澣其所
着之衣, 驚人俯視, 愧其赤身, 揮手趨避, 無所措躬. 乃招出橋上,
罄其所儲之衣, 以衣之, 是翁是媼, 鳴謝僕僕, 懇請邀入, 止宿于其
家, 則數椽蝸舍, 僅庇風雨. 丐繫馬于外, 入室而坐, 翁媼奔走幹
辦, 以饋麤飯苦菜. 丐[318]一飽而欲宿, 請借枕具, 則翁媼乃於椽桶之

---

311) 見: 나본에는 '是'로 되어 있음.
312) 次: 저본에는 '且'로 나와 있으나 이본을 따름.
313) 飄蕩: 나본에는 '漂蕩'으로 되어 있음.
314) 仲: 저본에는 '中'으로 나와 있으나 사본을 제외한 이본을 따름.
315) 初: 저본에는 '如'로 나와 있으나 이본에 의거함.
316) 止: 가, 나본에는 '之'로 되어 있음.
317) 而: 저본에는 빠져 있으나 가, 나본에 의거하여 보충함.
318) 丐: 저본에는 빠져 있으나 이본에 의거하여 보충함.

間, 搜出一匏[319]瓠, 曰: "可以枕此." 丐依言而臥, 乃於黑窣窣地[320], 用手押匏, 則旣非金石, 又異土木. 謹細押摩, 而認他不得, 忽有呼唱[321]之聲, 喧聒籬外, 甚有威猛, 如貴者[322]之踵門. 俄有一卒, 應令而入, 欲奪此匏, 丐曰: "是我所枕, 不可輒與人, 明矣." 數卒繼以攫取, 丐一向拒之. 居無何, 貴人躬入而詰[323]之, 曰: "汝詎知適用此器, 而如是自寶耶?" 丐曰: "旣入我彀, 義不輕許, 而實昧適用之術." 貴者曰: "此殖貨之良寶, 若以散金碎銀, 納其中而搖之, 則頃刻滿器. 汝必待三年之期, 抛[324]之于銅雀津, 無使他人覷知[325]. 愼勿疏虞!" 丐大喜而叫, 乃尋常片夢也. 時天色向曙, 翁媼已起, 丐曰: "願以鄙鬣易此匏." 翁娓娓[326]而却, 曰: "此物不直一錢, 敢售駿馬也!" 丐脫其衣而掛壁, 繫其馬於門楣, 反求主翁鶉衣, 掛于身上[327]. 又以一藁[328]席, 包其匏, 擔而出, 乞食於行路, 依然復爲乞兒樣子. 間關千里, 屢日入城, 直望參政家而造焉, 忽地心口相語曰: "當日出門, 萬萬銀貨[329]; 今夜歸家, 弊弊衣裳, 恐有碍於見聞. 姑待烽後鍾前, 瞰[330]其闃寂而入, 無妨也." 乃藏身於酒肆, 少竢夜闌, 蹩入其家, 則廊門半掩, 房戶牢鎖. 丐因屛氣息迹於昏黑深隩, 俄

---

319) 匏: 라본에는 '瓠'로, 마본에는 '匏'로 되어 있음. 이하의 경우도 서로 혼용함.
320) 黑窣窣地: 가, 나본에는 '黑窣之地'로 되어 있음.
321) 呼唱: 라본에는 '呼喝'로 되어 있음.
322) 貴者: 가, 나본에는 '貴子'로 되어 있음. 이하의 경우도 동일함.
323) 詰: 가, 나본에는 '語'로 되어 있음.
324) 抛: 가, 나본에는 '投'로 되어 있음.
325) 覷知: 라, 마본에는 '覷之'로 되어 있음.
326) 娓娓: 사본에는 '浼浼'로 되어 있음.
327) 身上: 사본에는 '身子'로 되어 있음.
328) 藁: 저본에는 '蒿'로 나와 있으나 가, 나, 라, 사본에 의거함. 서로 통용됨.
329) 銀貨: 이본에는 '銀資'로 되어 있음.
330) 瞰: 사본에는 '闞'으로 되어 있음. 서로 통함.

而, 婢自內而出, 推扃而入, 曰:"今日街鍾, 亦云鳴矣. 吾一雙銀
海, 不識人品, 致此噬臍, 奈將何爲?" 丐微噈一聲, 使知其來, 婢驚
曰:"誰也?" 曰:"吾也." 曰:"何往何來?" 曰:"開門燃燈." 乃挈其負
而入室, 相對燭下, 則羸垢之容, 襤縷之服, 比諸宿昔, 倍爲愁慘.
婢呑聲[331]出門, 備晚食而一飽共歇. 是夜, 晨鍾纔動, 婢蹴丐而起,
重裹輕寶, 欲爲竊負而逃, 以免亡銀之罪. 丐瞋目厲聲, 曰:"我寧
首實獲戾, 豈可相携逸去重添禍網也?" 婢怒曰:"君縱不能庇一妻,
詎因由我困人, 日逢笞罵, 而猶作丈夫語耶?" 丐曰:"卿若一執迷
見, 我當先告于參政, 少效自新." 婢更無奈何, 纏恨含憤, 却入內
屋. 丐乃出匏子, 且得片銀於婢子之篋裡, 納于其中. 暗祝天地, 用
力搖晃, 開口視之, 則白雪也似紋銀, 充滿一匏. 因注於屋漏中最
凹處, 搖之又搖, 注上添注, 俄頃之間, 與屋子齊高. 始以廣袱[332]遮
掩, 高枕而睡. 婢良久而出, 忽見有物塡塞房隅[333], 不勝怪訝, 褰帷
而視, 則片片白銀, 堆積如京, 不知其幾千十斗也. 始驚如啞, 口呿
目瞠, 俄纔定情, 曰:"此物從何而至[334], 又何其夥也?" 丐笑曰:"宵
小兒女, 焉知丈夫之做事也?" 因與帶笑相戲, 坐而待晨, 換着新
衣, 伏謁於參政. 始參政罄一家之儲, 以付于丐, 丐一出而久無形
影, 心甚訝惑.[335] 忽於昨夕, 一僕僮[336]見丐之狼貝而歸, 備告參政,
參政愕爾缺懷, 夜未穩睡. 及見丐, 滿着燦燦衣服, 趨謁於前, 參政
已在疑信之中[337], 亟問:"汝興販已完否?" 丐曰:"多荷貴宅俯助,

---

331) 呑聲: 다, 라, 마본에는 '呑歎'으로 되어 있음.
332) 袱: 이본에는 '裸'로 되어 있음.
333) 房隅: 사본에는 '房子'로 되어 있음.
334) 從何而至: 사본에는 '特地而來'로 되어 있음.
335) 心甚訝惑: 사본에는 '心甚訝惑, 政自序盾'으로 되어 있음.
336) 僮: 저본에는 '撞'으로 나와 있으나 라본에 의거하여 바로잡음.
337) 中: 사본에는 '半'으로 되어 있음.

獲利甚優, 請納二十斗銀子, 俾完子母之息[338]." 參政曰: "我豈受利息也? 只償本銀, 切勿更溷." 丐曰: "小的可死, 利息不可不納." 因戴負輸置于庭除, 正如臘前厚雪, 可爲三四十斗. 參政素是嗜利, 欣欣[339]領受. 婢又以十斗, 獻于萱闈, 用申微誠, 又以數十斗, 分納于諸夫人. 其餘傔隷·臧獲[340], 擧得數鎰, 擧家[341]歡羨, 嘖嘖不已. 參政乃寤疇昔之夜[342]一傔之備述丐襤褸之狀者, 的是搆陷, 亟告萱闈曰: "此傔深猜此婢, 搆捏殊甚. 錦衣紈袴者, 勒謂鶉懸; 橐盈黃金者, 勒謂敗還, 究其心肚, 實非佳人." 乃厲責那傔, 傔一辭稱屈, 而不得伸[343], 亟令斥之. 丐自是日富月瞻, 贖婢從良, 百年湛樂, 子姓繁延[344], 至有登朝籍. 而匏器則果於三年之後, 祭而投之于銅津[345]云.

5-25. 李後種力行孝義

李後種, 淸州水軍, 信義著於鄕里, 有一士夫, 知其隷於賤役, 欲抵書水使而免之. 後種聞之, 一日來謁, 曰: "聞公欲[346]懇水使道[347]免我軍役, 然否?" 士夫曰: "然." 後種曰: "不可! 吾爲此來謁而欲止之, 願公勿爲也. 國家軍役, 如我年富力强之人, 若圖免, 則何以充軍額? 況我小民, 不可以無役." 仍力挽不免, 年至六十, 應役不怠. 其父之弟有爲居士者, 老而無妻子, 後種擧置其家, 善養

---

338) 息: 사본에는 '規'로 되어 있음.
339) 欣欣: 이본에는 '欣然'으로 되어 있음.
340) 臧獲: 저본에는 '藏穫'으로 나와 있으나 나, 라본을 따름.
341) 擧家: 사본에는 '一府'로 되어 있음.
342) 疇昔之夜: 가, 나본에는 '昨夜'로 되어 있음.
343) 不得伸: 사본에는 '不之信'으로 되어 있음.
344) 繁延: 사본에는 '繁衍'으로 되어 있음.
345) 銅津: 나, 라본에는 '銅雀津'으로 되어 있음.
346) 欲: 저본에는 빠져 있으나 사본에 의거하여 보충함.
347) 使道: 저본에는 빠져 있으나 다, 라본에 의거하여 보충함.

無懈. 其人久病, 便液不禁, 後種每持其厠[348], 褕浣濯溪邊, 村人之 過者見, 曰: "何不令婦女洗之, 親自濯之?" 後種曰: "吾妻以別人 義合, 恐無骨肉之情, 若或心穢[349], 强爲之, 則非誠心奉養之意, 故 親自爲之耳." 其父嘗屬人十斗麥, 秋來計其直, 是年麥貴而稻賤, 故爲二十五斗. 貸者貧不能盡修, 先以租二十斗來償, 後種自外來 聞之, 驚曰: "麥惡稻[350]美, 今受十斗租[351], 已過矣, 乃以十斗麥, 受 二十五斗稻, 是何言也?" 因懇乞[352]其父, 只以受十斗, 貸者曰: "若 除五斗穀[353], 則足矣." 後種力言不已, 其父從之, 只受十斗. 後種 少以造笠爲業, 其父輒賣於市. 一日, 忽然撤業不造, 其父問之, 訴 於隣居士夫, 曰: "吾子造笠, 無端斷手, 請冶[354]之." 士夫招問之[355], 答曰: "小人造笠, 小人之父, 輒賣於市, 賣買而欲受準價, 人之常 情, 爭價之際, 或爲强暴者所詬辱, 則此以手貽[356]辱吾父也. 無他 業可以養親者, 則亦何敢廢? 今力農而養之, 故撤之耳." 嘗遇 旱[357], 堇甕溝洫, 而儲水移秧, 是夜, 村人決水灌其苗. 其父怒呼辱 之, 後種力諫曰: "欲灌其苗, 人之常情, 其苗在吾田之上, 雖欲決 得乎? 況今旣決之後, 不可逆上, 詬人何爲?"

---

348) 厠: 저본에는 '側'으로 나와 있으나 이본을 따름.
349) 穢: 저본에는 '移'로 나와 있으나 이본을 따름.
350) 稻: 가, 나본에는 '租'로 되어 있음.
351) 租: 이본에는 '稻'로 되어 있음.
352) 乞: 저본에는 빠져 있으나 이본에 의거하여 보충함.
353) 五斗穀: 사본에는 '久穀五斗'로 되어 있음.
354) 冶: 나, 다, 마, 사본에는 '治'로 되어 있음.
355) 之: 저본에는 빠져 있으나 가, 나본에 의거하여 보충함.
356) 貽: 가, 나본에는 '詬'로 되어 있음.
357) 旱: 저본에는 '暵'으로 나와 있으나 사본을 따름.

5-26. 德原令擅名棋局

　德原令, 善奕棋, 以國手名. 一日, 有一人繫馬於庭, 令問爲誰, 對曰:"某以鄕軍上番, 平生喜棋奕, 聞老爺稱國手, 願對一局." 令欣然許之. 其人對坐, 輒曰:"對局不可不決賭, 老爺輸, 則願繼番粮, 小的見屈, 則平生有馬癖, 繫在良馬, 願納之." 令欣然許之. 旣卒一局, 輸一家; 又卒一局, 又輸一家. 其人遂納其馬, 令笑曰:"吾戲耳, 豈受汝馬?" 其人曰:"老爺以小的爲食言人耶?" 仍留而辭去, 令不得留養. 過二朔後, 其人復來[358]言, "下番將歸, 乞更對一局." 仍請賭還其馬, 令許之, 連輸數局, 頓不可及. 令驚曰:"汝非吾敵手也!" 給其馬, 曰:"初局何爲見屈?" 其人笑曰:"某性愛馬, 入番在京, 馬必瘦, 又無可托處, 故敢以小技欺公耳." 令恨其見賣. 有僧叩門, 曰:"貧道亦粗解此技, 願與對局." 令欣然許之. 對坐設棋, 翩翩如零散, 忽落一子, 令不能解, 潛心求索良久, 僧斂手請謝, 曰:"行色甚忙, 不可久住." 令沈潛默思, 如醉如癡, 久未能答, 僧拜而謝去. 久乃怳然擊節, 曰:"何處僧乃爾能見三十八手?" 手擊棋局, 擧眼視之, 僧已去矣. 問旁人曰:"何在?" 答曰:"向者, 其僧屢告辭, 老爺不答, 故去已久矣. 去時, 以筆書於門楣而去." 尋見之, 書曰:"這般棋, 乃謂棋耶云." 令之子, 見攄於淸虜, 綾原大君以使价赴燕, 飮餞西郊. 令在座, 大君令庚贊弘對局, 曰:"贊弘每以令之不與敵對[359]爲慨恨[360], 今日庚若見屈, 則出財贖還德原之子, 令若見屈, 則降其損格, 與爲敵對, 可也." 贊弘亦欣然許之. 蓋德原令以屢朝國手, 年已耆艾, 贊弘年少善奕, 自以爲裕與相敵,

---

358) 復來: 가, 나본에는 '來復'로 되어 있음.
359) 敵對: 가, 나본에는 '對敵'으로 되어 있음.
360) 慨恨: 나본에는 '慨嘆'으로 되어 있음.

而令終不肯許減降格, 每對輒輸. 贊弘每恨不服, 且以譯舌饒財, 故大君之言如此, 而贊弘亦所自願者. 令遂盥水洗眼, 露地危坐, 平日只降一格, 是日令損四子, 贊弘亦從之, 對數局連捷三倍, 贊弘遂贖還其子. 自此, 眼昏廢棋云.

5-27. 澤風堂遇僧談易理

李澤堂, 少時多病, 廢擧業, 專意調養. 家在砥平白鵶谷, 近龍門山, 嘗携『周易』, 棲龍門, 乃邁寺[361]沈潛研究, 輒至夜分. 有一僧負木取食, 單鉢弊衲, 僧所不齒. 每夜, 澤堂籌燈讀書, 衆僧盡睡, 而獨此僧借燈餘光, 織屨[362]不寐. 一日, 公思索甚苦, 至於侵曉, 僧口內獨語曰: "年少書生, 以不逮之精神, 强欲求索玄微, 徒費心力, 何不移之科工?" 公微聞之. 翌日, 引僧至僻處, 以夜所聞者, 詰[363]之, 且曰: "師必深知易者, 請學焉." 僧曰: "貧丐傭[364]僧, 豈有知識? 但見生員工夫刻深, 慮有傷損, 故云云. 至於文字, 素所蒙昧, 況易乎!" 公曰: "然則何以云玄微? 師終不可以隱我, 卒敎之." 懇叩不已. 僧曰: "措大須於易所疑處付籤, 俟我僻處." 公大喜, 將[365]所疑晦, 逐一付標, 約僧於樹林茂密之中, 或衆僧盡睡之際, 從容質問, 僧剖析微妙, 出人意表, 公胸中爽然[366]如決雲覩天. 旣卒業, 公以師禮待僧, 然在衆中, 漠然若不相識. 及公下山, 僧送至山門, 期[367]以明年正月訪公於京師. 及期, 僧果至, 公延之內齋, 留三

---

361) 寺: 문맥상 '守'가 되어야 함.
362) 屨: 저본에는 '屢'로 나와 있으나 이본에 의거하여 바로잡음.
363) 詰: 가, 나본에는 '語'로 되어 있음.
364) 傭: 가, 나본에는 '庸'으로 되어 있음.
365) 將: 가, 나본에는 '持'로 되어 있음.
366) 爽然: 가, 나본에는 '爽闊'로, 다, 라, 마본에는 '爽豁'로 되어 있음.
367) 期: 이본에는 '約'으로 되어 있음.

日. 僧爲公推命論定平生, 且曰: "丙子兵禍當大起, 必避地於永春, 可免. 某年, 又當與公遇於西關, 幸識之." 遂別去. 其後, 値丙子之亂, 奉慈堂避入永春, 安過. 及位至卿宰, 奉使西關, 遊妙香山, 僧徒昇藍輿, 其居前[368]一人, 卽此僧也. 顏色[369]康壯, 一如在龍門時. 公甚喜, 及入寺別掃一室, 延僧握手歡甚, 命別具素饌饗之. 留三日, 極意款討上自國事, 下及家私, 細悉無遺, 公亦仍聞道. 旣別, 更不復遇.

5-28. 李上舍因病悟道妙

進士李光浩, 有積年痼疾, 欲爲醫治, 博考方書, 因悟妙道, 多異事. 嘗飮水, 置一盆於廳上, 臥轉數次, 據高處, 倒身吐出, 謂之洗滌臟腑. 又嘗稱遠遊, 僵死數日始甦. 一日, 謂家人曰: "吾今遠出, 月餘當還, 請一親友, 代守吾身, 必善待之." 言訖氣絶, 食頃復生起坐, 謂其子曰: "君必不知我也, 我與君父心友也. 君父適有遠行, 邀我守身, 幸勿訝焉, 吾嶺南人也." 其言語擧止, 非李君也. 李君之妻子, 供奉甚謹, 然不敢入內也. 如此月餘, 一日忽仆地, 而已開眼起坐, 其言語擧止, 卽李君也. 妻兒雖是[370]歡欣, 習以爲常, 亦不甚以爲異之也. 然多危言妄說, 孝廟朝, 坐事受刑, 獨無血, 有白膏如乳. 李君之友婿權某, 在南堂山村【卽京江也】, 是日晡時, 李君至權家, 主人不在, 只有兒輩. 取筆書于壁上障子上, 曰: '平生杖忠孝, 今日有斯殃. 死後昇精魄, 神霄日月長.' 書畢, 倏起出門, 行數步, 復不見. 其家大驚, 俄而凶音至云. 先是, 李君有「千佛圖」一

---

368) 前: 다, 라, 마본에는 빠져 있음.
369) 顏色: 이본에는 '顏狀'으로 되어 있음.
370) 是: 저본에는 빠져 있으나 이본에 의거하여 보충함.

幅, 不省其爲奇筆. 有一僧, 望氣而至, 請見李君之書畫, 至佛圖, 拜跪雙擎, 曰: "天下絶寶[371]也! 願公以此施舍, 當爲厚報." 李君卽與之, 且問其爲絶寶者, 僧取水, 噀於幅上, 炤以日光, 則千佛堇如螻蟻者, 眉目皆活動. 僧於囊中探藥, 一掬授之, 曰: "此神藥也, 每朝用冷水磨服三丸, 服盡, 非但久視, 亦福祿隆盛, 過三[372]則必有大害, 愼之." 其藥如麻子而黑. 李君素有宿症, 依服之數三服, 而積痼都祛, 黧黃韶潤, 體力輕健. 李君大樂之, 服垂盡餘十數[373]丸, 忽忘僧戒, 幷磨盡服. 其後, 僧又至, 大歎曰: "不用吾戒, 其不免[374]哉!" 及死, 其友人自南中來者, 遇李君於稷山路上, 布袍款段, 容色悽慘. 班荊而坐, 款討如平昔, 友人問其所往, 則答以他辭. 至京聞之, 李君死日, 卽稷山握手之夕也.

5-29. 車五山隔屛呼百韻

車天輅, 文辭浩汗, 而詩又雄奇, 雖精麤相雜, 而立就萬言, 滔滔不窮, 無敢敵者. 宣廟末, 天使朱之蕃來, 朱是江南才子, 雅有風流, 所到之處, 詞翰輝耀, 膾炙人口. 朝家極選儐使, 李月沙爲接伴, 李東岳爲延慰, 而其幕佐亦皆名家大手. 沿路唱酬, 至平壤, 朱使臨夕, 下箕都懷古五言律詩百韻於儐幕, 命趁曉未明製進. 月沙大懼, 會諸人議之, 皆曰: "時方短夜, 非一人所能, 若分韻製之, 合爲一篇, 庶可及乎!" 月沙曰: "人各命意不同, 湊合豈成文理? 不如專委一人, 惟車復元, 可以當之." 遂委之, 天輅曰: "此非旨酒一盆,

---

371) 絶寶: 가. 나본에는 '奇寶'로 되어 있음.
372) 三: 라본에는 '之'로 되어 있음.
373) 十數: 다. 마본에는 '七數'로, 라본에는 '亡數'로 되어 있음.
374) 不免: 다. 라. 마본에는 '免'으로 되어 있음.

大屛風一坐, 兼得韓景洪執筆, 不可." 月沙命具之, 設大屛風於[375] 廳中. 天幹痛飮數十鍾, 入於屛內, 韓濩於屛外, 展十張聯幅大華牋, 濡筆臨之. 天幹於屛內, 以鐵書鎭, 連扣書案, 鼓動吟諷而已, 高聲大唱曰: "景洪書!" 逸句俊語, 絡繹沓出, 濩隨呼卽書. 俄而, 叫呼震動, 跳蕩踊躍, 鬐髮赤身, 出沒於屛風之上, 迅鷹驚猿, 不足比也[376]. 而口中之唱, 水湧風發, 濩之速筆, 猶未暇及[377], 夜未半[378], 而五律百韻已就矣. 天幹大呼一聲, 醉倒屛風, 頹然一赤身骯髒[379]也. 諸公取其詩, 聚首一覽, 莫不奇快. 鷄未鳴, 而呼通使進呈, 朱公卽起, 秉燭讀之. 讀未半, 而所把之扇, 鼓之盡碎, 諷咏之聲, 朗出於外. 平朝[380]對儐使, 歎賞嘖嘖.

5-30. 韓石峯乘興灑一障

韓濩嘗隨朝天使, 往燕京. 時有一閣老, 以烏緞作一障子, 掛之華堂之上, 集天下名筆能書者, 將厚賞之, 濩亦往焉. 障子煥爛動輝, 而解鼠鬚筆, 沈於琉璃椀泥金之中, 以筆名者數十人, 相顧莫之敢進. 濩筆興勃發[381]不自抑, 進而執筆, 攪弄於泥金之中, 忽揚筆濺之, 灑落滿障. 觀者大驚, 主人大怒, 濩曰: "勿慮焉! 吾亦稱爲東方名筆也." 乃把筆起立, 奮迅揮灑, 眞草相雜, 極其意態. 灑落金泥, 皆在點畫之中, 無一遺漏, 神妙奇逸, 不可名狀. 滿堂觀者, 莫不叫絶咨[382]嗟, 主人乃大喜, 設宴待之, 厚有贈遺. 由是, 濩名大

---
375) 於: 저본에는 빠져 있으나 나, 다, 라, 마본에 의거하여 보충함.
376) 也: 저본에는 '之'로 나와 있으나 이본을 따름.
377) 及: 라본에는 '盡'으로 되어 있음.
378) 未半: 다, 마본에는 '半'으로 되어 있음.
379) 骯髒: 저본에는 '骯髒'으로 나와 있으나 가, 나, 라, 마본에 의거함.
380) 平朝: 가, 나본에는 '平明'으로 되어 있음.
381) 勃發: 가, 나본에는 '勃動'으로 되어 있음.

著於中華. 國人題之, 曰:"安平之筆, 如九苞鳳雛, 常有雲霄之夢;
韓濩之筆, 如千年老狐, 能侮造化之跡."宣廟甚愛濩筆, 嘗命書入,
賞賜甚多, 珍羞屢下, 遂爲東方筆家之第一.

5-31. 峽氓誤讀他人祝

有一故相[383]之子, 路出窮峽, 日暮店[384]遠, 投宿于一農舍內[385].
內方殺狗屠猪, 爛燖烹飪, 故相之子, 詰其由, 則是夜卽莊主之喪
餘也. 終夜喧撓[386], 不堪[387]交睫, 拖至鷄唱, 叫噪呼應, 百[388]倍於
前. 設祭陳羞, 器聲聒耳, 及讀祝辭, 有曰:"癸酉五月二十日云."
故相之子, 臥聽暗笑曰:"今日卽甲戌五月十六日也, 何以往年五月
作祝也?"正自訝惑之際, 又聽, "孝子某云云."巧是自家同名也. 又
聽, "敢昭告于顯考, 大匡輔國崇祿大夫·議政府領議政兼領經筵·
春秋館·弘文館·藝文館·觀象監事·世子師, 諡某公府君云云."故
相之子, 驚起自語曰:"然則莊主, 故首閣之子耶? 何流落至此[389]
也? 然職啣及諡號, 與我先考相同, 亦一異事也."又聽, "顯妣, 貞
敬夫人某貫某氏云[390]."又與自家先妣, 貫鄉姓氏, 毫無差爽. 始
乃[391]大疑, 待其撤祭, 亟呼莊主曰:"汝之先世, 曾做何官?"莊主惶
恐曰:"詎能做官也? 每以終身不免禁衛軍爲恨耳."又問:"爾名爲

---

382) 恣: 저본에는 '恣'로 나와 있으나 이본에 의거하여 바로잡음.
383) 相: 나본에는 '宰相'으로 되어 있음.
384) 店: 저본에는 '站'으로 나와 있으나 이본을 따름.
385) 農舍內: 이본에는 '農舍舍'로 되어 있음. 이 경우 '農舍, 舍內'로 문맥이 끊어짐.
386) 喧撓: 가, 나본에는 '喧搖'로 되어 있음.
387) 堪: 저본에는 '敢'으로 나와 있으나 이본을 따름.
388) 百: 이본에는 '十'으로 되어 있음.
389) 此: 다, 라, 마본에는 '此處'로 되어 있음.
390) 云: 다, 라, 마본에는 '云云'으로 되어 있음.
391) 乃: 저본에는 '及'으로 나와 있으나 이본에 의거함.

誰?" 對曰: "某也." 果非自家同名也. 又問: "爾母姓氏某也?" 對曰: "小的母, 幼失父母, 未識姓字."[392] 又問: "爾能解字否[393]?" 對曰: "只曉諺文." 又問: "爾之祝辭, 從誰代書?" 對曰: "小的生來, 不識祝法, 昨日[394] 貴星知小的家設祭, 問: '有祝乎?' 曰: '無.' 貴星揶揄誹笑, 曰: '無祝而祭, 與不祭等云.' 故餽以數椀濁酒[395], 請學祝式, 貴星索一張白楮, 書下諺文, 令小的習讀. 小的看過, 不甚難解, 故不勝大喜, 約與一洞諸家, 珍藏此紙, 來後家家輪回讀之, 而先試於今曉耳." 故相之子, 大駭之, 諭以事理, 卽地焚燒, 大責其僕, 其僕曰: "小人每於上典宅忌日, 慣聽祝文, 以至習誦, 而意謂, '世間祝式皆如此.' 故果有此事耳." 故相之子, 心甚未安, 而無如之何. 更思, 俄者讀祝之年月干支, 則卽去年自家親忌日也. 或云: "莊主之殺狗屠猪, 及其設祭讀祝, 誤請他人之神, 而以故相子言之, 設其親祭於殊鄕他家, 而至於饜神. 主客一般狼狽, 尤覺一噱也."

5-32. 宰相戲捫梅花足

古有一宰相, 夫人性嚴有法度, 宰相甚憚之, 常恐或取侮於夫人也. 其家有一婢, 名做梅花, 少而且美, 宰相每欲挑之, 而婢在夫人之[396] 左右, 未得其便. 惟或以秋波慇懃, 則婢甚冷落, 蓋畏夫人剛正也. 一日, 宰相坐內堂, 夫人在廳事治産. 婢承領夫人之使令, 入房子裡, 轉上樓庫, 而一足垂在樓門之外. 宰相諦視其足, 則白如

---

392) 小的母, 幼失父母, 未識姓字: 다. 라. 마본에는 '小的母幼失, 未識姓氏'로 되어 있음.
393) 否: 이본에는 '乎'로 되어 있음.
394) 昨日: 이본에는 '昨夕'으로 되어 있음.
395) 濁酒: 이본에는 '濁醪'로 되어 있음.
396) 之: 저본에는 빠져 있으나 다. 라. 마본에 의거하여 보충함.

凝霜, 小如新月, 不勝憐愛, 以手掬之, 婢大驚且叫. 夫人正色進前, 曰: "相公年老位高, 何不自重?" 宰相乃權辭曰: "余誤認以卿卿之足, 有此故犯耳." 時人爲之語曰: '相思一夜梅花發【梅花婢名, 足俗名[397]發】, 忽到窓前疑是君.【認以夫人足, 故云云】'

5-33. 得僉使兒時有約

白沙李公, 嘗閑坐, 盲人咸順命來謁, 公曰: "何事冒雨而至?" 順命曰: "苟非緊故, 病人那得衝雨而來乎?" 公曰: "姑舍[398]汝所請, 先從吾請, 可乎!" 朴判事[399]遂兒時, 受學於白沙, 方在座, 公指而問曰: "此兒之命如何?" 順命曰: "唯." 良久細推而言, "此郞可到兵曹判書." 白沙歎曰: "汝之術數, 精矣, 此兒元來可到此官矣." 順命告朴曰: "甲午年間, 郞君似當爲大司馬矣." 是時, 白沙庶子箕男, 與朴同學, 箕男曰: "君若主本兵, 宜授我兵使[400]." 朴笑而諾之. 其後甲午, 果入中權, 箕男往見, 不復一言辭出. 時朴公之側室小兒在前, 手携其兒, 縛擊捽曳於墻外. 兵判驚問其故, 答曰: "我以鰲城妾子, 與兵判有小兒時[401]宿約, 而亦不相念, 況此循例兵判之妾子, 雖生何爲? 殺之無惜." 朴曰: "我雖兒時許汝, 邦家政格截嚴, 何敢以庶孽爲兵使?" 箕男曰: "然則君宜上疏, 陳其兒時之約, 不膺中權之命, 可矣." 朴笑曰: "我識汝意, 白翎僉使近作窠, 意必在此." 箕男慨然曰: "以兵使之約, 只得僉使, 誠可慊, 亦復奈何?" 竟除白翎僉使.[402]

---

397) 俗名: 라본에는 '俚名'으로 되어 있음.
398) 舍: 가본에는 '捨'로 되어 있음.
399) 判事: 이본에는 '判書'로 되어 있음.
400) 兵使: 라본에는 '僉使'로 되어 있음.
401) 時: 마본에는 '特'으로 되어 있음.

5-34. 養壯元每科必夢

樂靜趙公, 壯元及第, 榜下同年, 例於唱榜前, 來謁壯頭. 有一同年鬚髮頒白[403]者, 來見坐定, 擧顔熟視而笑, 曰: "異哉異哉! 育養壯元而登科, 安得不老?" 公問曰: "何謂也?" 其人曰: "我湖南人, 老於場屋, 自少入京赴擧, 不知幾許. 每行到振威葛院地, 夢見一兒, 則必落科. 自是以後, 每行輒夢, 其兒漸長. 每夢已慣其面目, 孩提戱笑, 若相欣然, 旣覺已知其必落, 心甚[404]惡之, 移其宿處. 雖不宿葛院前, 却葛院數十里而宿, 輒夢之, 又改其路, 由安城抵京, 每過葛院相對處, 輒夢之. 終無奈何, 還由大路行, 兒及年長而旣冠, 亦累見顏熟相親. 今行亦夢, 故已料[405]其必落矣, 忽然登第, 莫知其所以. 今日來謁壯元, 宛然若夢中顏面, 此誠異事, 科第得失[406], 豈非天耶?"

5-35. 結芳緣二八娘子

英廟末, 蔡生者, 家勢貧寠, 僦居于崇禮門外萬里峴. 蝸舍頹圮, 箪瓢屢空, 而生之父, 愷悌謹拙, 恬靜自守, 不以飢寒而易其操. 惟嚴訓其子, 欲紹家緒, 見一不是處, 未嘗溺愛包容, 必裸入繩網之中, 高懸樑上, 以亂椎椎之, 曰: "吾家門戶剝復, 亶係汝一身, 未有酷罰, 何望悛過?" 生時年十八, 委禽於禹水峴[407]睦學究家, 雖結褵之日, 亦令課讀, 親迎之後, 衽席之事, 皆有指日所許. 一日, 招[408]

---

402) 竟除白翎僉使: 가, 나본에는 이어서 '卽與朴同學時約'이라는 내용이 첨부되어 있음.
403) 頒白: 라본에는 '斑白'으로 되어 있음.
404) 甚: 가, 나본에는 '其'로 되어 있음.
405) 料: 저본에는 '科'로 나와 있으나 이본에 의거함.
406) 失: 저본에는 '矣'로 판단되나 이본에 의거함.
407) 禹水峴: 라본에는 '禹守峴'으로 되어 있음.
408) 招: 이본에는 '詔'로 되어 있음.

生曰:"冷節只餘四箇日, 墓祭固宜躬行, 而但汝成冠之後, 猶曠省墓, 於情於理, 俱是未妥[409]. 可於明曉, 趲程三日, 而走百有奇[410]里, 則當赴期到塋下. 將事之際, 須用一箇誠字, 拜跪出入, 無或少忽. 行路如見女伴及喪輛, 必避回不見, 以務心齋." 生僕僕領命. 翌日, 拂曙而行, 父又出門, 囑之曰:"長程決勿浪度, 默誦一經, 逆旅必須節食, 用免二竪, 勉哉勖哉!" 生滿口應承, 往于南門, 轉過十字街, 葛衣麻鞋, 行色零星. 忽有五六皂隷, 豪悍[411]胖健, 携一駿駿骨, 金勒繡轙, 拜于路旁. 生羞赧不敢當, 疾足便走, 皂隷團團圍丸[412], 曰:"小的家令公, 奉邀郞君, 願速上馬!" 生訝惑囁嚅曰:"君是誰家臧獲[413]? 我也四顧無顯親, 誰有此? 速去也!" 皂隷更不打話, 齊力推擁, 勒使據鞍, 施策打箠, 迅如飛龍. 生目瞠口呿, 不能定情[414], 哀呼悲叫, 曰:"我庭闈俱耄, 兄弟終鮮, 望君特垂慈悲, 救活縷喘!" 皂隷佯若不聽, 惟事驅騁. 俄頃而馳入一門, 轉過無限小門, 中有廣廈渠渠, 制度宏敞, 楣桷雕繢. 衆僕翼生而升堂, 堂上有老翁, 頭戴烏紗折風巾, 以明珠片纓承之, 兩鬢貼了一雙金圈, 身穿大花靑錦氅衣, 腰橫紅[415]絛兒帶, 高坐於沈香椅上. 五六丫鬟, 眩粧麗服序列. 生忙拜膝席, 主翁扶起寒喧, 踵問生姓名·閥閱·年紀, 生一一便對. 主翁喜動眉睫, 曰:"然則[416]吾不薄命!" 生終始[417]

---

409) 未妥: 라, 마본에는 '未安'으로 되어 있음.
410) 奇: 가, 나본에는 '幾'로 되어 있음.
411) 豪悍: 저본에는 '豪悍輩'로 나와 있으나 이본에 의거함.
412) 丸: 다, 라, 마본에는 '禮'로 되어 있음.
413) 臧獲: 저본에는 '藏穫'으로 나와 있으나 이본간 조정에 의거하여 바로잡음.
414) 情: 저본에는 '精'으로 나와 있으나 라본을 따름.
415) 紅: 저본에는 빠져 있으나 이본에 의거하여 보충함.
416) 然則: 저본에는 빠져 있으나 이본에 의거하여 보충함.
417) 始: 저본에는 '是'로 나와 있으나 가, 나본을 따름.

愚騃, 究解他不得, 動問他不得, 惟滿面通紅, 拱手侍坐而已. 主翁曰: "吾家世以象胥資業, 位添金緋, 家饒銀貨, 詎不自足, 而但身外博[418]有一女, 受人儷皮, 未趁卺禮, 而夫婿遽夭. 青春空閨, 情事極憐, 而禮守有防, 瞻聆有碍, 未便他適, 奄至三稔. 女忽於前宵, 悲號哀鳴, 聲聲吞恨, 寸寸斷腸. 雖行路之人, 亦當爲之傷感, 矧余一點骨肉, 都寄此女? 一日忍見, 輒惹一日之愁; 百年忍見, 便無百年之樂. 缺陷世界, 迅如流駛, 雖絲肉以醒耳, 錦繡以侈眼, 膏腴以悅口, 猶恨取樂無多, 余又何苦[419]獨以淸淚爲日用, 哀怨爲家計也哉? 事到窮迫, 計出無奈, 乃使僮僕, 晨候天衢, 毋論賢愚貴賤, 必以初逢一少年丈夫, 極力邀致, 以占佳緣. 不意郎君與微息, 宿繫赤繩, 湊合甚巧, 萬望憐其寡煢, 使奉巾櫛." 生益覺瞠然, 不敢有應. 主翁曰: "春宵苦短, 鷄人已唱, 願君迨此未明, 以成花燭." 因攝生而起, 携入行閣, 轉到一座花園, 廣周數百步, 四圍以粉墻約之. 墻之內, 滿鑿池塘, 小艇艤其涘, 劣容兩三人, 乃同乘而濟, 菡萏挺立, 尺尋莫辨[420]. 溯入異香中者差久, 塢巘斗立, 以文石築起, 中設階梯, 以達其上. 生下舟登塢, 塔盡而有十二闌[421]干, 茵席炳爛, 簾箔瑩透. 主翁留生而入, 生停立偸視, 則奇草異石, 名花彩禽, 如入海觀市, 怳惚不可名狀. 居無何, 二靑衣邀生而導之, 生踵至一座紅院, 只見碧紗窓裡, 銀燭耿煌, 香烟裊裊, 二八娘子, 月態花容[422], 靚粧眩服, 翹立戶內, 隱暎顯晦, 只窺一班. 生呇且[423]而

---

418) 博: 라본에는 '薄'으로 되어 있음.
419) 苦: 가, 나본에는 '孤'로 되어 있음.
420) 辨: 저본에는 '辦'으로 나와 있으나 이본을 따름.
421) 闌: 가, 나본에는 '欄'으로 되어 있음. 서로 통함.
422) 容: 저본에는 '貌'로 나와 있으나 라, 마본을 따름.
423) 呇且: 이본에는 '趑趄'로 되어 있음. 서로 통함.

進, 娘子蓮步乍動, 宛轉[424]出來, 肅生而入, 拜了一斑, 生沒頭答拜. 偶坐毾㲪, 侍婢進饌, 珍味方丈, 寶器綜錯, 生羞椒[425]不敢下箸[426]. 主人曰: "稚女富貴, 吾所固有也[427]. 但仰恃於君者, 若恩情無間, 讒嫉不行, 則可得百年鳧藻, 惟君圖之." 生亦不能答. 主人轉身而出, 一媼鋪列兩箇錦裯於七寶床上, 請生入帷, 生黽勉而入. 媼又扶娘子, 與生幷坐, 仍下流蘇, 鎭以文犀. 生掣肘矛盾, 猶未定情[428], 更以阮郞天台而自解之, 柳毅洞庭而自況之, 乃噓燭交枕, 情思繾綣. 日高三竿, 始乃覺寢, 則衣衫袍[429]帶, 無一存焉. 不勝驚訝, 詰于娘, 娘曰: "欲依樣[430]製衣, 敢爲竊去[431]." 言訖, 媼以一紋箱入, 曰: "新衣已完, 望郞君進着." 生見綺紈燦燦[432], 穩稱身子, 大喜穿下. 旋啜早饍, 主人入候起居, 生囁嚅曰: "大爺不鄙寒踪, 恩摯鄭重, 非不欲久叨[433]甥舘, 用表微悃, 而但墓祭在卽, 前途脩遠, 若一刻延拕[434], 則無以及期. 敢此告別, 仰乞心諒." 主人曰: "先壠距此幾里?" 曰: "百里有羨." 主人曰: "若間關困步, 則可費三日; 若一馳駿驫, 則不過半日之程, 願姑留宿[435]兩日, 無孤此望." 生曰: "春庭訓戒甚嚴, 余若[436]淹滯于此, 末乃乘肥衣輕, 揚揚馳驟,

---

424) 宛轉: 라본에는 '婉轉'으로 되어 있음.
425) 椒: 저본에는 '敉'로 나와 있으나 가, 나, 라본에 의거하여 바로잡음.
426) 箸: 저본에는 '簪'으로 나와 있으나 이본에 의거함.
427) 也: 저본에는 빠져 있으나 이본에 의거하여 보충함.
428) 情: 저본에는 '精'으로 나와 있으나 이본을 따름.
429) 袍: 라, 마본에는 '布'로 되어 있음.
430) 依樣: 라본에는 '爲衣樣'으로 되어 있음.
431) 去: 이본에는 '出'로 되어 있음.
432) 燦燦: 이본에는 '粲粲'으로 되어 있음.
433) 叨: 저본에는 '叩'로 나와 있으나 이본에 의거함.
434) 拕: 다본을 제외한 이본에는 '拖'로 되어 있음. 서로 통자임.
435) 宿: 저본에는 빠져 있으나 라, 마본에 의거하여 보충함.
436) 若: 저본에는 '欲'으로 나와 있으나 이본을 따름.

則易致事覺. 願大爺三思." 主人曰: "吾籌之已熟矣, 可有安帖, 愼勿深慮." 生實不忍捨, 及聆斯言也, 自以[437]爲幸. 主人携生, 而到山亭·水榭·松臺·竹田, 悅眼暢懷, 箇箇幽勝. 主人曰: "余姓金, 做官知樞, 世人相與夸張以吾産業, 謂甲于國內. 故微名頗播遠近, 君或聞之否?" 生曰: "街卒田父[438], 皆知貴名, 況余飽聞如雷灌耳乎!" 主人曰: "緣吾無嗣, 欲窮極園林勝事, 以陶寫餘景, 院落·樓榭, 實多[439]僭分. 愼勿說與世人, 以獲大戾." 生唯唯. 越二日, 生晨興登程, 輪蹄俱備, 僕御群擁. 日未昃, 已到楸下五里之地, 乃換着舊衣, 裹足而入. 翌朝, 行祭而復路, 未到幾十武[440], 車馬已候路旁. 生改穿錦衣, 馳回金家, 因欲還家, 金曰: "貴爺料君有步, 而不能料君有騎. 百里長程, 一日而還, 則漏罅已出, 補綴不得, 莫若[441]更過信宿而歸覲." 生穩度香閨, 新情款洽, 如期而別, 涕泗被面. 娘子進問後會, 生曰: "親敎嚴重, 遊必有方, 倘春秋墓祀, 更使余替行, 則謹當一做今日之規. 不爾, 經歲經年, 娘子便是一般寡也." 言與淚幷, 鳳別鸞離. 生年妙心癡, 自來大願, 卽火鐵小囊, 而家貧未得, 及見金家所供, 繡刺華麗, 製裁[442]精緻, 乃愛護珍奇, 不忍便捨. 娘曰: "此囊, 蘊晦大囊之中, 人難測見, 換着舊衣, 獨携此物, 有甚違戾." 生如言納諸布囊, 歸家復命, 父亟問先塋安否, 且問修齋誠慢, 生對之甚悉, 卽令讀書. 生口雖咿唔, 心未嘗不到金家也. 一日, 父敎生宿于內閨, 生夜入婦室, 破窓漏簷, 寒風透骨, 蒲薦麻

---

437) 以: 저본에는 빠져 있으나 이본에 의거하여 보충함.
438) 田父: 가, 나본에는 '田夫'로 되어 있음.
439) 多: 가, 나본에는 '是'로 되어 있음.
440) 武: 저본에는 '里武'로 나와 있으나 다, 라, 마본에 의거함. 가, 나본에는 '步'로 되어 있음.
441) 莫若: 가, 나본에는 '料君'으로 되어 있음.
442) 製裁: 가, 나본에는 '製度'로 되어 있음.

衾, 蚤蝎甚熾. 妻荊釵短裙, 垢容瘦尖, 起身而迎生, 苦無適意, 不交一語. 惟念念只在於金家蘭閨, 眼日[443]行樂, 前遊如夢, 後會難期. 因默誦元微之'曾經滄海難爲水, 除却[444]巫山不是雲'之句, 自覺暗符身勢, 短吁[445]長歎, 轉展不寐. 及到曉鍾, 始得交睫, 到日晏未覺. 妻黎明先起, 自想道, '尊章平日琴瑟甚調, 情眷恒篤, 忽自楸駕後, 一此冷落, 必有留情別人, 間我舊好也.' 因歷看生之容色衣衫[446], 無所顯露. 因偶見生之所佩布囊, 昔曾空空, 今忽盈盈, 疑雲漸遮. 乃偸驗裡面, 則果有一箇小錦囊, 中實火金火石, 兼有棋子樣銀貨. 妻大怒, 列置床上, 要待生之睡覺自叔. 居無何, 父厲[447]責而入, 曰:"豚犬, 尙在睡裡, 何暇讀了一字?"因開戶叱之, 生驚起攝衣. 父轉目之際, 已撞見床上小囊, 不勝駭痛, 裸生而納諸繩罟之中, 掛于樑上, 用力打下. 生不堪苦楚, 一一吐實, 父一層激怒, 三百曲踊, 折簡隣家, 借了一力, 使招金令. 金[448]令自是豪華, 雖宰執學士, 不能坐而輒邀, 況一學士[449]遣一星而任自招來耶! 徒以孀女歸屬, 甘受凌逼, 刻下馳謁, 父厲聲大責曰:"君一壞禮常, 聽女淫奔, 旣不自好, 又誤吾兒, 何也?"金曰:"擇婿之車, 巧丁阿戎, 彼此不幸, 已不可旣, 今則水流雲空, 兩家安逸, 不相干涉, 則已矣. 何用摘人釁累, 高聲彰顯乎?"父無以應[450], 金卽辭去, 曰:"胤

---

443) 眼日: 라본에는 '曩日'로 되어 있음.
444) 除却: 라본에는 '却見'으로 되어 있음.
445) 短吁: 저본에는 '但呼'로 나와 있으나 가, 나본을 따름. 다, 라, 마본에는 '但吁'로 되어 있음.
446) 衣衫: 가, 나본에는 '衣彩'로 되어 있음.
447) 厲: 라, 마본에는 '屬'으로 되어 있음.
448) 金: 저본에는 빠져 있으나 다, 라, 마본에 의거하여 보충함.
449) 學士: 이본에는 '學究'로 되어 있음.
450) 應: 가, 나본에는 '應答'으로 되어 있음.

茲以裔, 魚湖相忘, 愼勿相迫." 因飄然而去. 過了一歲, 金冒雨來
造, 蔡老曰: "疇昔牢約, 今胡經庭?" 金曰: "適出郊坰[451], 忽値霱
霈, 此間無他親知, 敢入貴第, 少避暴雨, 萬望見諒." 蔡老怡然曰:
"吾久雨獨坐, 無以陶寫, 逢君可以閑話矣." 金執禮甚恭, 談屑[452]娓
娓, 正如牛毛蠶絲, 甚有綜理, 而幷不及葭莩之事. 蔡父生平追遊,
不越乎村學秀才, 終日接語, 惟相較貧窘, 如印一板. 及見金辯博
軒偉, 重以詔笑獻媚, 乃大悅心醉. 金默會其意, 卽叫僕從, 曰: "余
走得肚裏飢, 須將囊裡食物來." 僕從進佳肴珍饍[453], 金滿酌大白,
跪進于蔡老, 蔡老胃開口涎, 正欲轟飮, 而陽斥之. 金曰: "杯酒相
屬, 素昧猶然, 況吾曹[454]托契已久, 顔面已[455]厚, 豈忍幷坐而獨
酌?" 蔡老語沮一飮, 飮輒盡卮, 青州從事, 滌盡胸膈之魂磊; 梗腸
蔬神, 却被珍肉之蹴破, 醉眼如潮, 襟期散朗. 金盡歡而歸, 蔡老
曰: "君好是一箇酒伴, 必頻賜枉顧." 金曰: "今日天雨一借, 幸得對
觴, 而余公務私故, 鎭[456]日紛叢, 安得抽身更到也?" 蔡老送至門
首, 乘醉入室, 團聚家小, 盛言金公好處, 旋又昏寢. 平明乃覺, 頗
悔昨日爲其所賺, 而不可及矣. 金密使家人, 詗探生家動息, 一日,
家人回告曰: "蔡家五日不爨, 內外僵臥, 景色慘沮." 金乃移書于
生, 送饋數千[457]孔方兄, 生闔家欣踊, 亟備饘飱. 而不令翁知道, 權
托稱貸, 進饋于翁, 翁急於充飢, 未暇窮詰. 一日二日, 再食無虞,
蔡老始怪問之, 生備悉其由. 蔡老大[458]怒, 曰: "寧顚倒溝壑, 豈忍

---

451) 坰: 마본에는 '坰'으로 되어 있음.
452) 談屑: 라본에는 '談說'로 되어 있음.
453) 珍饍: 라본에는 '珍羞'로, 라본을 제외한 이본에는 '珍饌'으로 되어 있음.
454) 吾曹: 라, 마본에는 '吾輩'로 되어 있음.
455) 已: 다, 라, 마본에는 '又'로 되어 있음.
456) 鎭: 가, 나본에는 '盡'으로 되어 있음.
457) 數千: 다, 라, 마본에는 '數十'으로 되어 있음.

坐受無名之物也? 事屬旣往, 旣$^{459)}$難吐嘔, 且無路可償, 此後則愼
勿破戒!"生唯唯. 於焉之頃, 靑蚨已乏, 飢餒依舊, 而蔡老性本疎
拙, 不謀産業, 生與母, 撑東補西, 掇下充上. 拖至周歲, 而勢同弩
末, 債如山積, 死亡迫在呼吸. 金又探得這箇樣子, 復以十斛長腰,
百金鵝眼, 爲生壽之, 生豈忍見父母垂死? 心灼肺燃, 餠蹙疊恥,
雖擔糞賃傭, 何事可辭, 而況人以好意送助乎! 乃欣然迎受, 以侈
親廚. 父方病昏涔涔, 惟貪飮食$^{460)}$, 生連供灑膩, 數日乃瘥, 繼以甘
旨調養之. 蔡老曰: "此物從誰辦了?"生又告其狀, 父微笑曰: "金
令安得時時周急也? 此後則決勿有受, 受當笞之."生又領命. 父高
臥飮食不愁桂玉者, 且五六箇月, 及夫所儲又罄, 愁惱十倍於前.
荏苒苦楚者, 又許多日月, 蔡老當其喪餘, 蘋藻俱空, 情事摧$^{461)}$抑.
偶坐室隅$^{462)}$, 百計熏心, 忽見一僕$^{463)}$齎緡錢二百, 來獻于生, 乃金
家所餉也. 生準擬父敎, 欲辭之, 父曰: "他以急人之風, 助我祀需,
於情於義, 不可全却, 半完半受, 允合得中."生如戒. 翌日, 金盛備
食卓來饋生, 生又欲却之, 蔡老曰: "旣熟這物, 不可狼狽$^{464)}$回送,
今可染指, 自後則一切防塞." 因相與大嚼, 香味雜錯, 一家咸飫,
口碑如雷. 金慇懃勸蔡老, 蔡老一直不辭, 直到泥醉, 許結$^{465)}$刎頸.
且詔生, 曰: "汝與金家閨秀, 本自$^{466)}$楚越之遙, 忽成秦晉之好, 豈

---

458) 大: 저본에는 빠져 있으나 다, 라, 마본에 의거하여 보충함.
459) 旣: 나본에는 '實'로 되어 있음.
460) 飮食: 이본에는 '食飮'으로 되어 있음.
461) 摧: 저본에는 '催'로 나와 있으나 나, 라본을 따름.
462) 隅: 저본에는 '偶'로 나와 있으나 가본을 제외한 이본에 의거함.
463) 僕: 라, 마본에는 '僮'으로 되어 있음.
464) 狼狽: 다본에는 '浪湏'로, 라, 마본에는 '浪貝'로 되어 있음.
465) 結: 저본에는 '給'으로 나와 있으나 이본을 따름.
466) 自: 라, 마본에는 '有'로 되어 있음.

無天緣存耶[467]? 汝不可終爲疎棄斷人平生, 今宵甚吉, 可一宿而還, 毋至[468]留連." 生大喜諾諾. 金再拜[469]鳴謝, 亟以班騅, 送生于家, 自己則或慮蔡老之有二三其心, 故爲遷延, 日曛乃去. 生翌朝返回[470], 蔡老渾不記昨日話頭, 乃怪問曰:"汝緣何早整冠帶?"生以實對, 父悔懊媿赧, 不能罪責. 從此一任於生, 聽其所爲, 不露些圭稜, 而衣食祭祀, 皆賴于金. 金又日日載酒來造, 討論衷曲. 蔡老早傷於貧, 頭須爲白, 及夫[471]坐衣遊食, 又日與暢飮, 頗覺自適, 追念前日苦海, 體膚起粟. 一日, 金從容進言曰:"公子之往來余家, 漸礙人眼, 願從此告絶." 蔡老驚曰:"然則吾當密迎吾婦于家裡, 藏踪滅跡." 金曰:"公子年少布衣, 上有庭闈, 下有正室, 決[472]不可畜媵于家." 蔡老曰:"第思妙策, 以詔愚迷." 金曰:"我欲別築一室于貴第之旁, 以便晨夕往來, 未審高見如何?" 蔡老曰:"然則室宇無用高, 婢僕毋用多, 庾廩無用富, 以守吾家寒素." 金曰:"諾." 乃歸家鳩材, 暢建瓦舍, 便成一區甲第, 甚非蔡老志也. 蔡老無由奈何, 時或咄舌, 繼以讓金, 金曰:"第宅所以長子孫也, 竊觀足下抱玉懷珠, 而未需於世, 令子賢婦, 當食其報, 豈無高大門閭耶?" 蔡老大喜而止. 宅成而落之, 金暮夜送女于生家, 禮謁舅姑女君. 因住新舍, 三日小宴, 五日大宴, 以娛舅姑, 內外僮僕, 盡得歡心. 生告其母曰:"阿父阿母, 平生吃[473]苦, 俱迫桑楡, 而迷息年淺學蔑, 難期奉檄. 顧今一分志養之道, 只在移處新舍, 穩享富貴, 願得採納."

---

467) 豈無天緣存耶: 다, 라, 마본에는 '若無天緣, 豈如此耶'로 되어 있음.
468) 至: 마본에는 '主'로 되어 있음.
469) 再拜: 라본에는 '百拜'로 되어 있음.
470) 回: 이본에는 '面'으로 되어 있음.
471) 夫: 저본에는 '未'로 나와 있으나 이본에 의거함.
472) 決: 가, 나본에는 '法'으로 되어 있음.
473) 吃: 가, 나본에는 '乞'로 되어 있음.

母曰: "我若移居, 則金家當謂我何?" 生曰: "此金令及側室之意, 而我不過傳命之郵耳." 母頗有肯意, 備告于蔡老, 蔡老曰: "卿卿志氣衰邁, 至有贅說." 其妻怒曰: "我自從尊章, 劍水刀山, 未嘗一日釋慮. 今幸得衣食之天[474], 安居肆志, 次婦之恩, 固[475]大矣. 今又虔誠邀[476]我, 以養餘年, 有何虧傷而不爲勉從也?" 蔡老曰: "卿卿自去, 我則當守窮廬." 其母乃卜日搬撒. 其父時時往見, 則數十傔僕, 迎拜門首, 左擁右攝, 直入別堂, 堂卽爲其父敞搆, 以便或來住者也. 入堂則圖書滿架, 花卉[477]委砌, 使令滿前, 應對如流. 入對老妻, 而亦如之, 移晷坐臥, 不忍捨去. 末乃勉强還家, 則破屋數間, 依舊蕭散, 忽自念曰: "餘生無幾, 不過一彈指頃, 何庸自苦如此?" 亟招生, 曰: "吾獨寓空舍, 傳食於汝, 還成一弊. 且室家分張, 晚景尤難, 欲同處新舍, 以便團欒, 於意云何?" 生大喜, 其父乃卽日移占, 庭無間言. 金以負郭[478]十畝, 立券與生, 生旣無家累, 惟事擧子業, 未幾登第, 功名[479]耀世云.

5-36. 成小會四六詩令

古有一方伯, 與營將・中軍・通判・冊客[480]・審藥・檢律及其長子承宣・次子擧子, 暇日遊宴. 方伯曰: "不有佳作, 何以言志? 但一座諸賢, 難保箇箇能詩, 若以四六一句, 率口走成, 則甚佳佳." 衆曰: "諾." 方伯先吟曰: "桃千朶柳萬條, 一年春光." 營將曰: "小官武夫,

---

474) 天: 가, 나본에는 '大'로 되어 있음.
475) 固: 라본에는 '姑'로 되어 있음.
476) 邀: 다, 라, 마본에는 '激'으로 되어 있음.
477) 花卉: 다, 라, 마본에는 '花竹'으로 되어 있음.
478) 負郭: 라본에는 '負郭田'으로 되어 있음.
479) 功名: 가, 나본에는 '功德'으로 되어 있음.
480) 冊客: 저본에는 빠져 있으나 나본에 의거하여 보충함.

實無鬪花儷葉之才, 願效栢梁[481]臺七言詩, 各言其職務." 方伯許之, 營將曰: "棍十箇刑二次, 治盜活法." 長子承宣吟曰: "正三品從二品, 承旨閥望." 次子擧子吟曰: "詩三上賦二下, 每榜初試." 中軍吟曰: "錢十貫米五石[482], 官況至薄." 通判吟曰: "災百結還千石, 催科劇務." 冊客吟曰: "米一斗肉拾斤[483], 下記筆削." 檢律吟曰: "杖一百徒三年, 功議各減." 審藥吟曰: "薑三片棗二枚, 不拘時服." 相與大笑, 積成一軸. 有一妓, 進曰: "妾獨無詩, 徒飽酒肉, 願獻一句." 滿座稱佳, 妓曰: "夜三板晝二次, 長時不厭." 人人絶倒, 極歡而罷.

---

481) 梁: 이본에는 '樑'으로 되어 있음. 서로 통함.
482) 石: 이본에는 '斗'로 되어 있음.
483) 斤: 저본에는 '斥'으로 나와 있으나 이본에 의거함. 필사상 통용됨.

卷六

6-1. 守貞節崔孝婦感虎

洪州地有崔氏女, 頗有姿色, 十八喪夫, 只有病盲之舅. 崔氏矢死不改適, 井曰傭賃, 備盡奉養. 或出他, 則可食之物, 列置左右, 曰: "某物在斯." 使舅手探取喫, 隣里稱其孝. 其父母憐其早寡無子, 欲奪情嫁他, 委伻邀之, 曰: "母病方重." 崔叮囑隣里炊飯供舅, 蒼黃往見, 母則無恙[1]. 女心甚訝之, 父母曰: "汝年未二十, 守寡無依, 虛送靑春, 人生可憐. 廣擇佳郞, 明日欲成婚, 須勿牢拒也." 女佯曰: "諾." 父母甚喜之. 挨到夜深, 脫身潛出, 徒步獨行, 走向舅家, 距此爲八十里矣. 行僅二十里, 兩足已繭, 寸步難移. 至一嶺, 有大虎當路而蹲, 不可以行, 崔謂虎曰: "汝是靈物, 須聽吾言." 仍實言其由, 又曰: "吾方求死不得, 汝欲害我, 須卽噉我." 遂直至虎前, 虎乃退却. 如是者屢, 忽跪伏于地, 崔曰: "汝或憐我弱質之深夜獨行, 欲使我騎之乎?" 虎乃點頭掉[2]尾, 崔騎其背而抱其項, 虎行疾如飛, 少頃, 已到舅家門外矣. 崔乃下, 謂虎曰: "汝必餒矣, 食我一狗." 入其家, 驅狗而出[3], 虎捉狗而去. 過數日, 隣人傳道, 有一大虎, 入於陷井[4], 而磨牙鼓吻, 大肆咆哮, 人莫敢近, 勢將待其餓斃. 崔聞之, 疑其爲是虎, 往見之, 毛色若相彷彿, 而夜中所見, 不能分明, 無以詳卞. 乃謂虎曰: "汝是向夜負我而來者乎?" 虎又點頭垂淚, 若乞憐者然. 崔始語其本末於隣人, 仍曰: "彼雖[5]猛虎,

---

1) 恙: 저본에는 '蟣'으로 나와 있으나 이본을 따름. 서로 통용됨.
2) 掉: 마본에는 '搖'로 되어 있음.
3) 出: 라본에는 '出給'으로 되어 있음.
4) 井: 라본에는 '穽'으로 되어 있음. 이하의 경우도 동일함.
5) 雖: 나본에는 '獸'로 되어 있음.

於我則仁獸也. 如蒙爲我放出, 則吾雖貧無貲, 當以皐比之價, 奉納里中." 隣人莫不嘖嘖曰: "孝婦所言, 何可不施? 但此虎若放, 傷人必多, 其將奈何?" 崔曰: "倘[6]敎我以開井之方, 而隣人皆遠避, 則我當自放之." 隣人如其言, 崔遂開放其虎, 虎嚙崔衣不忍捨, 良久乃去云云[7].

6-2. 鬪劍術李裨將斬僧

李提督如梅之後孫某, 有膂力, 善劍術. 嘗赴完營幕, 行到錦江, 有一內行, 同舟而濟. 至中流, 有僧到江岸, 招舵工[8], 曰: "斯速還泊!" 舵工欲回棹, 某叱之, 使不得往. 僧聳身飛空, 躍入舟中, 見有婦人轎, 開簾視之, 曰: "姿色頗佳." 肆發戲言, 某欲一拳打殺, 而未知其勇力之如何, 姑忍之. 俄而, 下舟登陸, 乃大叱曰: "汝雖頑僧, 僧俗各異, 男女自別, 焉敢侵戲內行?" 以所持鐵鞭, 盡力打之, 卽地致斃, 擧屍投江. 遂至全州, 謁見監司, 告錦江之事, 留在[9]幕府矣. 居數月, 布政門外喧擾, 不能禁, 監司問之, 閻者入告曰: "不知何許僧, 欲入謁使道, 故挽之不得." 已而, 僧直入升廳拜謁, 監司曰: "汝是何處僧, 來此何事?" 僧曰: "小僧康津人也, 李裨將今在幕中乎?" 監司曰: "何問也?" 僧曰: "李裨將擊殺小僧之師僧, 故小僧欲報仇而來矣." 監司曰: "李適上京矣." 僧曰: "何時還來乎?" 監司曰: "限一朔請由而去, 來月旬間, 可下來矣." 僧曰: "其時, 小僧當復來, 渠雖高飛遠走, 不可得免. 愼勿避匿之意, 言于李裨焉."

---

6) 倘: 라본에는 '當'으로 되어 있음.
7) 云云: 다, 라, 마본에는 빠져 있음.
8) 舵工: 다, 라, 마본에는 '柁工'으로 되어 있음. 이하의 경우도 동일함.
9) 在: 라, 마본에는 '於'로 되어 있음.

卽辭去. 監司招李某, 言之故, 且曰: "君能抵敵彼僧乎?" 某曰: "小人家貧, 食肉常罕, 氣力未健. 若一日食一大牛, 限三十日, 食三十大牛, 則何畏乎彼?" 監司曰: "此不過千金之費, 何難之有?" 分付掌肉吏, 使日供一牛于李裨. 某又請製黃錦狹袖·紫錦戰服[10], 監司許之. 某又使劍[11]工造雙劍, 百鍊而成, 其利斷金. 至十日食十牛, 則體甚肥大; 卄日食卄牛, 則體還瘦瘠; 一朝食三十牛, 則體乃不肥不瘠, 如平人矣. 方蓄銳養勇, 以待之, 僧如期又來謁監司, 曰: "李裨來乎?" 曰: "纔已還來矣." 某適在傍, 叱曰: "吾方在此, 汝焉敢唐突乃爾?" 僧曰: "不必多言, 今日與我決死生!" 遂下庭, 拔出鉢囊中卷藏之劍, 以手伸之, 乃如霜長劍也. 某亦下庭, 身衣黃紫色挾袖·戰服, 手持一雙百鍊劍, 足着一對着錐靴, 相對翻舞, 彼此前却. 俄而, 劍光閃閃, 遂成銀甕, 兩人乘空而上, 高入雲霄, 杳不可見. 滿庭觀者, 莫不嘖嘖, 坐待其勝敗. 至日昃後, 鮮血點點落地, 繼而僧體墜于宣化堂下, 僧頭落于布政門外. 衆皆知李裨之無蟣, 而薄暮無影形, 衆方疑怪. 初昏時, 某始仗劍而下, 監司問之, 某謝曰: "幸蒙使爺之德, 食肉補元, 黃紫服色, 眩悅[12]其眼, 故得以斬僧, 否則休矣." 監司曰: "僧頭落已久矣, 君則來, 何遲也?" 某曰: "小人旣乘劍氣, 回戀故國, 往隴西省先塋, 一場痛哭而來云."

6-3. 李武弁窮峽格猛獸

仁廟朝, 京師武弁李修已者, 風骨俊偉, 且饒力. 嘗有事關東, 路出襄陽, 會日已[13]晚, 迷失道, 由山谷間崎嶇數十里, 不得村落. 忽

---

10) 戰服: 라본에는 '戰袍'로 되어 있음.
11) 劍: 저본에는 빠져 있으나 라본에 의거하여 보충함.
12) 眩悅: 라본에는 '眩脫'으로 되어 있음.

見遠燈出於林間, 策騎赴之, 則只有一家, 處巖嶺間, 板屋木瓦, 頗寬敞. 有老女子, 開門延之, 入則只見一少婦, 年可二十餘, 極美, 素服淡潔, 獨與此老婦居焉. 一屋上下間, 隔壁有戶, 而留客於下間, 精飯美饌, 侑以芳醪, 接對[14]之意, 極慇懃. 李生大異之, 問: "汝丈夫何去?" 少婦曰: "適出, 今當歸耳." 夜向深, 果有一丈夫入來, 身長[15]八尺, 形貌魁健, 巨聲如雷.[16] 問婦曰: "如此深夜, 何人來寓於婦女獨處之室乎? 極可駭也. 此不可無端置之耳!" 李生大懼, 出應曰: "遠客深夜失路, 艱辛到此, 主人何不矜念, 而反有責言耶?" 丈夫乃嚬然而笑, 曰: "客言是矣.[17] 吾特戲之, 勿慮也." 庭中大明松炬, 羅列所獵之物, 獐鹿·山猪, 委積如阜, 李尤大怖. 然主人見生, 甚有喜色, 宰割猪鹿, 投釜爛烹. 夜向半, 携燈入室, 請生起坐, 美酒盈盆, 大胾堆盤, 連擧大椀屬生, 意甚慇懃. 生酒戶寬, 而意主人是俠流, 亦解帶開懷, 不復辭焉. 已而, 酒酣氣逸, 彼此談說爛熳, 主人忽前把生手, 曰: "觀子氣骨非常,[18] 想必勇烈, 異於他人矣. 吾有至慟必殺之讐, 若非得義氣敢勇可以同死生者, 不足與計事, 子能垂憐許之乎?" 生曰: "第言其實事也." 主人揮淚,[19] 曰: "豈忍言哉? 吾家世居此洞, 以饒實稱, 而十年前, 忽有一惡虎來, 據近地深山, 距此十餘里, 日啗村民, 不知其數. 以此, 離散無一留者, 而吾之祖父母及父母兄弟三世, 皆爲所噬死. 事當卽爲棄去, 而倉卒之際, 未得可避之地, 十日內, 相繼被害, 只餘吾一身,

---

13) 已: 저본에는 빠져 있으나 라본에 의거하여 보충함.
14) 接對: 이본에는 '接待'로 되어 있음.
15) 身長: 저본에는 '長身'으로 나와 있으나 라, 마본에 의거함.
16) 巨聲如雷: 라본에는 '聲如巨雷'로 되어 있음.
17) 矣: 라본에는 '耳'로 되어 있음.
18) 常: 이본에는 '凡常'으로 되어 있음.
19) 淚: 이본에는 '涕'로 되어 있음.

獨生何爲? 吾亦略有膂力, 必殺此獸[20]然後, 可以去就, 故數從於
此獸, 與之相角者, 亦多年所. 然而我與獸, 力敵勢均, 勝負終未
決. 若得一猛士, 助以一臂之力, 則可以殺之, 而吾求之世, 久矣.
迄莫之得, 至慟在心, 日事呼[21]泣. 今遇吾子, 決非凡人, 玆敢發
口[22], 公能矜惻留意否?" 生聞之, 大感動, 進把主人之手, 曰: "嗟
乎, 孝子也! 吾豈惜一擧手之勞, 而不成主人之志? 願隨君去." 主
人蹶然起拜而致謝, 生問曰: "持劍刺之, 君何不爲?" 主人曰: "此
是年久老物也, 吾亦持劍或砲, 則必隱避不現; 若不持器械[23], 則
必出而搏之. 以此難殺, 而吾亦屢危, 不敢數犯矣." 生曰: "旣許[24]
之, 當養氣數日然後, 可以進行." 仍留庄, 日以酒食[25]相待恣食, 可
十餘日. 一日, 天朗氣清, 主人曰: "可行矣." 授生一利劍, 與之共
發, 向東行十餘里, 入山谷中, 踰數峴, 漸覺山重水複, 樹木深密.
忽見洞開有平田, 淸溪灣回, 白沙皎然, 溪上頂有高岩斜立, 黝黑
巉絶, 望之而陰森. 主人請李生隱於深林間, 獨身空拳, 行至溪邊,
長嘯久之, 其聲淸亮非常. 忽見塵沙, 自巖上揚起數次, 漲滿一洞,
日光晦冥. 俄見巖顚, 有光如雙炬, 明滅閃爍. 生從林間諦視之, 則
有一物, 掛在岩間, 如一條黑帛, 而雙光燭在其間. 主人見之, 揚臂
大呼, 那物一躍飛來, 如迅鳥, 已與主人相抱, 乃一大黑虎也. 頭目
凶猛, 大異常虎, 使人驚倒, 不可正視. 虎方人立, 而主人獨將其
頭, 搶入虎胸膛間, 緊抱虎腰, 虎頭直不能屈, 而以前脚爬人[26]之

---

20) 獸: 라본에는 '虎'로 되어 있음.
21) 呼: 라본에는 '號'로 되어 있음.
22) 口: 라, 마본에는 '開口'로 되어 있음.
23) 器械: 마본에는 '器機'로 되어 있음.
24) 許: 가, 나본에는 '醉'로 되어 있음.
25) 酒食: 이본에는 '酒肉'으로 되어 있음.
26) 人: 라본에는 '主人'으로 되어 있음.

背, 背有生皮甲, 堅硬如鐵矣, 利爪無所施. 人則以脚纏後[27]脚, 只
要踏之; 虎則卓竪兩脚, 只要不躓, 一推一却, 互相進退, 而蚌鷸之
勢, 無可奈何. 李生始自林間, 聳劍直趨, 虎見之, 大吼一聲, 巖石
可裂. 雖欲抽出, 而被人緊抱, 慌亂之極, 眼光電掣. 生不爲動, 直
前以劍刺其腰, 出納數次, 虎始震吼. 俄而, 頹然委地, 流血泉湧.
主人取其劍, 割腹斫骨, 泥成肉醬, 取心肝納口, 咀嚼旣盡, 失聲大
慟. 向夕, 携生歸家, 叩頭泣拜無限, 生亦感愴, 不勝其抆涕. 翌日,
主人出去, 牽來大牛五隻及二駿馬, 皆具從者, 載之以皮物·人蔘
等物, 各滿駄, 又携出小漆櫃[28]數箇, 皆充也. 又指其美女, 曰: "此
女非吾所眄也, 曾以厚價[29]得之, 而乃良女也. 吾積年鳩聚此財, 只
俟爲報仇者酬恩耳, 幸收取勿辭. 吾自有庄土, 在於他處, 亦足資
活, 今可去矣." 又泣拜, 生旣以義氣相濟, 豈有愛貨之理? 曰: "吾
雖武弁, 豈受此物耶? 願勿復言." 主人曰: "積年用心於此者, 只爲
今日, 公何爲此言?" 卽起拜辭, 顧謂美女曰: "汝將此物, 善事恩
人. 若事他人, 而有妄費, 吾雖在千里之外, 自當知之, 必了汝命!"
言訖, 翻然去. 李生呼之不顧, 亦無如之何. 遂將女及貨同歸, 欲擇
婿嫁之, 而女誓死不願, 遂爲生副室.

6-4. 南師古東國選十勝

我國秘境福地, 多矣. 南師古十勝保身之地, 第一, 豊基金鷄村,
在郡北小白山下西水上. 第二, 花山召羅故基, 在內城縣東大白陽
面[30]. 第三, 卽報恩俗離山下甑項近地, 第四, 雲峰頭流山下銅店

---

27) 後: 라본에는 '虎'로 되어 있음.
28) 櫃: 저본에는 '樻'로 나와 있으나 이본을 따름. 서로 통용됨.
29) 價: 라, 마본에는 '償'으로 되어 있음.

村, 第五, 醴泉金堂洞, 第六, 公州維鳩·麻谷兩水間. 第七, 寧越正東上流, 第八, 茂豊北洞,[31] 第九, 扶安壺岩[32]下邊山之東, 第十, 陜川伽倻南萬壽洞. 此皆當亂保身之地, 赫巖所記, 蓋其選者也. 且以余所聞者言之, 近畿則楊州有山內村, 在治北八十里, 自御營倉村東麓, 入水口二十里, 地便開廣, 山下結局, 四面皆有十里. 坡陀陵阜間之, 村落頗盛, 臨急, 足以投藏. 水口外有江, 卽永平·鐵原兩水合流處. 楊根有小雪村, 在治北四里, 里入自迷原, 最爲深峽, 而寬廣平穩. 壬丙之亂, 此獨晏然, 眞可居. 仁川永宗[33]島, 當麗末四十年倭亂, 沿海之邑, 無不慘被焚掠, 江華·喬桐[34]尤甚, 獨此島倭船不至, 安堵無患. 至我國, 又免壬丙兵禍, 必是地理極吉, 足爲福地. 江原道, 則春川之麒麟谷, 最爲深僻, 人迹罕到. 又有佛谷, 接狼川界, 自昭陽溯流而上, 有一水, 自谷口巖壁墜下, 壁峻路絶, 以大木架接作梯, 出入者, 攀緣上下, 入可二十里, 皆崎嶇巖逕. 旣入便豁然平皇, 田土肥沃, 村落殷盛, 所貴者魚鹽, 以外人不至故也. 又有自記, 自狼川邑東多里津, 東北行尋窮,[35] 大小天彌村, 極深僻, 而一天彌屬楊口, 一天彌屬淮陽, 屬淮陽者, 尤勝. 又由南橋葛驛南, 由水[36]而入可十里許, 有名五歲洞者, 或稱七十洞者. 又由雞山猪峴西, 渡東大川, 由川而六十里許, 頗寬廣,[37] 人家近四十戶. 到此問筍谷, 則從此村三十里許, 其東直下五十里許, 有名曰

---

30) 大白陽面: 라본에는 '太白春陽面'으로 되어 있음.
31) 茂豊北洞: 마본에는 '茂州豊北洞'으로 되어 있음.
32) 岩: 가, 나본에는 '谷'으로 되어 있음.
33) 宗: 저본에는 '平'으로 나와 있으나 다, 라, 마본에 의거함.
34) 桐: 저본에는 '洞'으로 나와 있으나 이본에 의거하여 바로잡음.
35) 尋窮: 이본에는 '窮尋'으로 되어 있음.
36) 水: 라본에는 '水口'로 되어 있음.
37) 廣: 저본에는 빠져 있으나 다, 라, 마본에 의거하여 보충함.

点魚淵. 此皆臨亂可隱. 又有青霞山, 在平康之東北, 安邊之西南, 其下周四十里, 處在深僻, 土地極沃, 外人罕到. 高城雲田[38], 接通川界, 周三十里, 多曠土, 亦可避藏. 旌善則素稱桃源, 別派·星磨, 皆天險一夫當關之地. 此皆無不避危. 黃海道, 則谷山郡西三十里, 有明媚村, 山川灑落, 洞府寬敞[39], 大溪橫中, 土沃而人稀. 又西面頤寧坊馬音洞, 在深山長谷中, 四面高峻, 窮林蔽日, 甚宜豆粟, 且饒蔬菜. 壬辰倭亂, 兵燹所及, 皆在數百里外, 此獨晏然[40]無事. 牛溪記中言, '當卜居明媚, 有亂, 可入馬音云.' 新溪有別區, 在治之東, 多蹤[41]複嶺, 及至谷口, 極峻猛難攀, 旣入, 廣平肥沃, 周回可三十餘里, 宜人居. 其地人多知之, 亦可避身. 忠淸道, 則忠州月岳山下地甚淸[42], 麗末倭兵之至, 有風雨雷震之警, 倭兵驚退. 及其再至, 亦然, 倭兵[43]相戒, 不敢近. 其傍松溪·德山等村, 皆深穩美土, 可以隱也. 丹陽郡有駕次村, 在治南十餘里, 有人家五六十[44], 土皆膏沃稻田, 兩山環擁. 巖流絶勝, 有上中下仙巖, 然四面皆險絶, 僅通人. 煙村東南有山城, 名曰獨樂, 其西南北, 則皆絶崖峻壁, 不復望城. 獨東偏, 畧設雉堞, 亂石崎嶇, 乃上中有雙泉, 足容數十人, 蓋古避亂處也. 竹嶺之東, 有橋內山, 其中甚廣, 樹木叢茂, 絶澗[45]橫截[46], 谷口架大木作橋, 若去木則路不通, 山脊多居

---

38) 雲田: 다, 라, 마본에는 빠져 있음.
39) 敞: 저본에는 '敝'로 나와 있으나 이본에 의거하여 바로잡음.
40) 然: 저본에는 빠져 있으나 다, 라, 마본에 의거하여 보충함.
41) 蹤: 저본에는 '有'로 나와 있으나 이본에 의거함.
42) 淸: 라본에는 '淸潔'로 되어 있음.
43) 兵: 저본에는 빠져 있으나 라본에 의거하여 보충함.
44) 五六十: 마본에는 '五六十戶'로 되어 있음.
45) 澗: 다, 마본에는 '磵'으로 되어 있음. 서로 통함.
46) 截: 라본에는 '流'로 되어 있음.

之. 若永春, 則只通一線江路, 無非隱藏之地. 赫岩[47]所謂太白小白 兩山之險, 南有豊·榮, 北有丹·永, 東有奉·安, 皆吉. 余聞道詵秘 記, 曰: "太白爲上, 金剛次之[48], 智異又次之." 又云: "太白小白爲 上, 則兩山近地, 皆古吉土[49]也." 慶尙道, 則安東[50]奈城北面有大 川, 緣洞澗深入六十里許, 北向過棧道五六里許, 有地, 奇邃似桃 源. 又春陽面爲奇勝, 爲福地之最正, 在太白之南, 洞府寬敞[51], 平 野皇廣, 大川灣回, 浮麓嫩麗, 谷谷村落, 稻田彌望. 水口在坤辛 方, 沿流可二十里, 始入洞, 洞幅員四五十里. 東去三陟界, 魚鹽坌 集, 宜於人者如此. 全羅道, 德裕山南有猿鶴洞, 素稱洞天福地, 淸 川白石上下五十里, 人無窮其源者. 赤裳山, 四面壁立峻絶, 中有 泉石, 古人因險[52]爲城, 今史庫在焉. 潭陽有秋月山, 石壁削立四 圍, 中有溪澗, 西北有微逕, 徒行者可通. 此皆宜於避防. 東方山 川, 多深阻, 當亂藏隱之處, 奚止於此? 若以郡邑論之, 如江陵·三 陟·蔚珍·平海等地, 未嘗經兵禍, 庇仁·藍浦, 亦不見兵[53]. 赫巖之 言, 信哉!

6-5. 完山妓獨受布衣帖

朴尙書信圭, 未第時, 行過完山, 方伯適設大宴. 朴公以過去儒 生, 參於末席, 道內閫帥守令畢會. 宴罷, 諸妓紛然[54]受帖於參宴諸

---

47) 岩: 저본에는 '居'로 나와 있으나 다, 라, 마본에 의거함.
48) 次之: 라, 마본에는 '爲次'로 되어 있음.
49) 土: 라본에는 '地'로 되어 있음.
50) 安東: 다, 라본에는 '安東北面有'로 되어 있음.
51) 敞: 저본에는 '敝'로 나와 있으나 다, 라, 마본에 의거하여 바로잡음.
52) 險: 저본에는 '陜'으로 나와 있으나 이본을 따름.
53) 兵: 라본에는 '兵革'으로 되어 있음.
54) 紛然: 나, 라본에는 '紛紜'으로 되어 있음.

客, 富宰雄牧, 競相題給米布. 有一妓, 獨不請於守令, 獨請於朴公之前, 朴公笑曰: "我以布衣寒士, 適會過去, 得參盛宴, 豈有給汝之物?" 妓曰: "小的非不知也. 相公貴人, 前途甚亨[55]通, 願預許優給." 朴公笑而優題. 其後, 爲完判, 妓納帖, 公笑曰: "小官不能盡給, 給其半." 後爲方伯, 盡帖給之, 問曰: "汝其時, 何以知之?" 妓曰: "其時, 簪纓滿座, 公以布衣與焉, 儀度頎然秀發, 特出於座中. 衆妓請帖, 守宰競題, 而公脫然無所見. 是以, 知其遠到云."

6-6. 朴尙書錯認傳呼聲

尹判書以濟, 平生喜謔浪鄙悖之言[56], 不絶於口, 以此爲能事. 朴公信圭, 與尹公極善, 每相對, 輒以醜惡之言相酬酢. 鄭參判鑰, 朴公之父執也, 常時朴每下堂迎之. 一日, 凌晨詣朴, 鄭公時爲兵曹參判, 下輩傳呼某令公來. 尹方在刑曹參判, 朴睡裡誤聞兵爲刑, 臥不起, 到窓外亦寂然. 鄭甚怪之, 俄而, 朴從臥內, 大喝醜談一遭, 鄭心駭之, 從戶外還歸. 朴以爲, '尹來必以醜言相酬.' 寂寥無聞, 又以醜言辱之, 亦無應者. 從者云: "已去矣!" 朴聞而知之大驚, 促駕往謝, 鄭正色曰: "國家不知君輩之不肖, 置之卿宰之列! 乃以醜悖[57]之言, 喜相酬酢, 不知羞恥, 其辱縉紳, 當如何哉? 我豈不知君之醜言非所以發於我者, 而聞來不勝驚愕, 相見之意索然而歸耳." 朴但僕僕謝罪, 自此其習小[58]戢.

---

55) 亨: 저본에는 '享'으로 나와 있으나 이본에 의거하여 바로잡음.
56) 言: 가, 나본에는 '談'으로 되어 있음.
57) 醜悖: 다, 라, 마본에는 '醜惡'으로 되어 있음.
58) 小: 다, 라, 마본에는 '少'로 되어 있음.

6-7. 拯江屍李班受刑法

李相浣判刑曹[59], 咸鏡道嚴姓人, 與掌令李曾訟田民[60]者, 嚴直而李屈. 李相旣決之後, 嚴哥當受決訟之案, 而[61]屢日杳無聲息. 李公已料, 其遲方賤民, 與朝貴卞[62]大訟, 孤立無據, 必有匿殺掩迹之患[63]. 乃募得譏詗[64]者, 窺覘李曾家, 誘捕其兒奴, 反覆窮詰, 兒遂略吐端緖, 而猶未詳告. 公遂少加刑杖, 兒云:"始以酒食誘之, 終乃殺之, 而使人擔其屍, 踰南城, 沈之於漢江云." 公入白於上曰:"國之所以爲國者, 刑政紀綱也. 今者, 朝紳恣意摶殺訟隻, 而只以貴勢之故, 不得正法, 則國安得不亡乎? 此必得屍然後, 可正其罪. 臣方探之若得, 則臣必手殺曾." 時公見帶訓將, 遂發軍卒及坊民, 盡聚江船, 多造鐵鉤, 如蜘蛛網[65]蔽江. 搜得立旗, 疾馳而來, 公起而拍案, 曰:"曾今死矣!" 驗之, 果是嚴屍. 於是, 公多發刑吏軍卒, 圍曾家捕曾, 卒斃於獄中, 朝廷震懍[66].

6-8. 築土室捕校獲賊漢

李相浣爲捕盜大將, 一日[67], 行過生鮮街上, 見有異常賊人. 擇伶俐捕校, 分付曰:"二十日內, 詳探捉來, 過限則當死!"[68] 將校應令

---

59) 判刑曹: 마본에는 '秋判時'로 되어 있음.
60) 民: 저본에는 지운 것으로 나와 있으나 다, 라, 마본에 의거하여 보충함.
61) 而: 저본에는 빠져 있으나 다, 라, 마본에 의거하여 보충함.
62) 卞: 가, 나본에는 '忭'으로 되어 있음.
63) 患: 라, 마본에는 '憂'로 되어 있음.
64) 譏詗: 이본에는 '機警'으로 되어 있음.
65) 網: 저본에는 '綱'으로 나와 있으나 이본에 의거하여 바로잡음.
66) 震懍: 다, 라, 마본에는 '震慄'로 되어 있음.
67) 一日: 저본에는 빠져 있으나 가, 나본에 의거하여 보충함.
68) 見有異常賊人 … 過限則當死: 나본에는 '歸喚捕校, 分付曰:'街上有異常賊人, 二十日內, 詳探捉來, 過限當死.''로 되어 있음.

而出, 茫然如捕風, 日往其近處, 以金錢酒食, 交結酒徒, 坐市肆, 博奕終日, 杳不可得. 每博奕罷, 太息往往, 心不在博奕, 亦默無所言. 過十餘日, 益無踪跡. 一日博罷, 忽然垂淚, 市人相親者, 問曰: "君飲酒博奕, 豪俠自任, 近觀君貌, 往往噓唏, 心不在博, 固已怪之, 今又垂淚, 必有異也. 願聞之!" 將校具以告曰: "吾旣承將命[69], 不得則死, 死固不惜, 但有老母在, 是以悲耳." 市人曰: "此果有形迹非常之人, 有時往來市肆間, 已數年, 終日無所爲能, 善衣善食. 其人常往來壽進洞中, 君可往而迹之." 將校如其言, 偵伺壽進坊, 探知築土室於窮源處. 夜候其人捕之, 室中無他, 但有朝紙數負而已. 將校遂縛而來告, 其人塞口無所言, 但曰: "速殺我!" 李公使以藁索縛一身, 以泥土塗以殺之. 蓋外國人來探國事者也.

6-9. 饋飯卓見困鬼魅

南門外, 有沈姓[70]兩班, 華門圭竇, 易衣而出, 與李兵使石求[71], 爲姻婭, 或賴是而作饘粥矣. 昨年冬, 白日閑居【卽當宁丙子也】, 忽聞外堂板子上有鼠行之聲, 沈生以烟竹仰擊, 蓋逐鼠活法也. 自板子中有聲, 曰: "我非鼠也, 人也. 爲見君, 跋涉至此, 勿以此相薄也." 沈生驚訝, 意謂魍魅, 而焉有白晝動見之理? 正在眩惑間, 又於板子上有聲, 曰: "我遠來饑甚, 幸以一飯見饋." 沈生不應, 直入內閨, 道其狀, 家人莫有信者. 言訖, 空中有聲, 曰: "君輩毋得相聚道我長短也!" 婦人輩驚甚走出, 那鬼隨婦人, 連叫[72]曰: "不必駭

---

69) 將命: 가, 나본에는 '命'으로 되어 있음.
70) 沈姓: 라본에는 '沈生'으로 되어 있음.
71) 求: 저본에는 '永'으로 나와 있으나 이본에 의거하여 바로잡음.
72) 叫: 가, 나본에는 '呼'로 되어 있음.

走! 我將久留貴第, 便同家人, 則何用疎遐爲也?" 婦人西走東竄, 隨處頭上連叫索飯, 無如之何, 淨備一卓飯饌[73], 置于堂中. 有吃食飲水之聲, 頃刻便盡, 非若他鬼之歆止[74]也. 主人大駭, 問之曰: "汝是何鬼, 緣何入吾家?" 鬼曰: "我是文[75]慶寬, 周行之際, 偶入貴第. 今得一飽[76], 從此可往." 因別而去. 翌日, 鬼又來, 如昨日索食物[77], 食訖便去. 從此, 日日來往, 或留一夜閑談, 一家內外, 習熟已久, 亦不勝悸怕[78]也. 一日, 主人書赤符于壁上, 其他辟邪之物, 盡設於前. 鬼又來言, "我非妖邪, 豈怕方術耶? 急扯去以示不拒來者之意也." 主人無如之何, 撤去符術, 因問曰: "爾能知來頭禍福耶?" 鬼曰: "知之甚悉." 沈生曰: "我家前程吉凶居何?" 鬼曰: "君能壽六十九歲, 坎軻終身. 君之子, 亦壽幾何, 君之孫, 始有科榮, 而亦不能顯." 沈生聽言愕爾, 又問: "家中某夫人, 壽幾何, 生男幾何?"[79] 鬼一一盡對, 因曰: "我有用處, 君幸以二百鵝眼俯惠." 沈生曰: "汝謂吾家貧乎富乎?" 鬼曰: "貧寒[80]到骨矣." 沈生曰: "然則錢鈔何以辦給?" 鬼曰: "君家某樻子中[81], 有俄者稱貸而貯者二緡, 則何不以此相遺?" 沈生曰: "我費了多般悲辭, 得貸此錢, 今若給汝, 我無夕炊, 奈何?" 鬼曰: "君家有米幾許, 優辦暮爨[82], 何用齏言補綴彌縫? 吾當取此而去, 愼勿怒嚇." 因飄然而去. 沈生開樻視之, 則封

---

73) 饌: 라본을 제외한 이본에는 '饍'으로 되어 있음.
74) 歆止: 가, 나본에는 '歆之'로 되어 있음.
75) 文: 가, 나본에는 빠져 있음.
76) 飽: 가, 나본에는 '飯'으로 되어 있음.
77) 食物: 라, 마본에는 '飯物'로 되어 있음.
78) 不勝悸怕: 가, 나본에는 '悸怕'로, 다, 라, 마본에는 '不悸怖'로 되어 있음.
79) 壽幾何, 生男幾何: 가, 나본에는 '幾何壽而生男幾何'로 되어 있음.
80) 寒: 저본에는 빠져 있으나 라본에 의거하여 보충함.
81) 中: 다, 라, 마본에는 '裡'로 되어 있음.
82) 爨: 가, 나본에는 '炊'로 되어 있음.

鑰如舊, 錢無有矣. 沈生悶阨轉甚, 心焦胸惱, 因送婦人輩于親黨家, 自己又往親厚家, 投宿. 鬼又尋來, 怒曰:"何事避我遠羈于此? 君雖奔竄千里, 吾何憚焉?"因向其家主人索飯, 主人不與, 鬼詬罵且甚, 碎撞器皿, 竟夜作鬧. 主人埋怨于沈生, 且索破器之直, 沈生亦不自安, 待曉還家. 鬼又往婦人寓處, 喧擾[83]如右, 婦人亦不得已還家. 鬼來往如昔, 一日鬼曰:"從此可以闊別, 願珍重自保."沈生曰:"爾向何處去了, 萬望速去, 使我一家安穩."鬼曰:"吾家在嶺南聞慶縣, 大擬還鄉, 而但乏路上之資, 幸以十貫楡葉贐我."沈生曰:"我貧不能自食, 爾所飽知也. 多數孔方, 從何處得來?"鬼曰:"若以此意, 往乞于節度使家【指沈生姻婭李石求】, 易如反手, 何不辦此而欲沮我也?"沈生曰:"我家一粥一褐, 皆賴節度使周急, 恩同骨肉, 而未效涓埃之報, 恒自靦然, 心甚不安, 今又何面皮, 更求千錢也?"鬼曰:"旣悉我作鬧君家, 君若告以衷情, 謂以辦此則魔去云, 則其在救患之道, 如何不肯?"沈生意沮語塞, 不可瞞過, 卽造李節度, 備告其由, 節度果慨然然諾. 沈生腰錢還家, 深藏樻子裡, 因閑坐. 未久, 鬼又來, 喜笑曰:"多謝厚摯, 得惠資斧, 從此長亭[84]行事, 可以無憂."沈生紿曰:"我從誰得錢, 辦汝盤纏?"鬼笑曰:"曾謂先生老實, 今何戲謔[85]?"而已, 鬼又曰:"我已取君鈔于樻中, 而留置二緡五分, 用仲微誠, 君可賖酒一醉也."因辭去, 沈生家老少, 踏舞相慶. 度了彌旬, 又於空中有鬼寒暄[86], 沈生大怒, 曰:"吾向人苦乞, 辦了十貫以送汝, 則汝當知感, 而今又背約辜恩, 來作煩惱, 我

---

83) 喧擾: 가, 나본에는 '喧鬧'로 되어 있음.
84) 長亭: 라본에는 '長程'으로 되어 있음.
85) 戲謔: 가, 나본에는 '嘻噱'으로 되어 있음.
86) 寒暄: 라본에는 '寒喧'으로 되어 있음. 서로 통함.

當訴于關廟, 俾汝神誅!" 鬼曰: "我非文慶寬, 何謂背恩?" 沈生曰: "然則汝是誰也?" 鬼曰: "我是慶寬之妻也. 聞君家善待鬼, 故不憚遠程, 有此委訪, 則君當欣然迎之, 而反爲詬罵, 何也? 且男女相敬, 士子之行, 君讀書萬卷, 所學何事?" 沈生氣短强笑, 鬼日日又來云[87]. 其下杳無聞知, 可欠. 伊時, 好事者爭造沈生, 與鬼問答, 沈之門, 車馬喧咽, 而李學士義肇, 至於一宿對話. 吁亦怪矣!

6-10. 成勳業不忘糟糠

光海朝, 大北中一宰相, 榮貴無比, 其子又驟躐, 至承宣. 第宅宏麗, 金穀堆積, 而其婿金生, 甚是孤畸, 贅寓于婦家. 婦家內外主僕, 皆厭薄之, 雖厮役小僮, 皆呼金生, 而未有尊奉者, 然其婦[88]獨憐恤繾綣. 生日日, 晨出而朝入, 朝出而暮入, 入則未敢投蹤[89]於宰相及夫人・承宣之前, 輒由小門, 逕入婦室. 婦每倚戶佇待, 下堂扶[90]上, 親解衣袍, 躬進飯卓. 宰相之傔隸婢僕, 皆飫珍肉, 而所饋金生者, 只苦菜數器. 婦時時憤怒, 對生[91]泫然, 而生則一笑, 曰: "寄食於他人, 此猶逾分, 奈何疚懷?" 一日, 生晚歸入室, 不見其婦, 獨坐稍久, 婦忽自垣後, 潛身而入, 生詰其故, 婦曰: "朝者, 慈母盛責余曰: '汝衣食皆仰於父母, 迎送只在於金生, 朝暮慇懃, 情好洽篤. 彼金生者, 年過四旬, 徒耗我穀, 斷汝平生, 醜惡且甚. 每一念到, 髮竪齒酸, 汝反善事此廝, 十倍父母. 汝欲一用前度, 可隨此廝而出, 好自飽暖也云云.' 余自此, 不敢由戶直入復遂親責, 而今日

---

87) 云: 라본에는 '去'로 되어 있음.
88) 婦: 가, 나본에는 '胥婦'로 되어 있음.
89) 蹤: 가, 나본에는 '踪'으로 되어 있음.
90) 扶: 다, 마본에는 '挾'으로 되어 있음.
91) 生: 가, 나본에는 '金生'으로 되어 있음.

日影已移, 尊章想已還歸, 故權托遺矢, 潛逃至此, 萬望寬饒." 生曰: "聘母所教, 旣如是, 則卿卿何爲乎來?" 已而, 婢進暮飯, 婦緊囑其婢曰: "愼勿謂俺在此!" 婢應諾而出. 生大喫飯饍, 卓上有一鷄脚, 婦曰: "尊章決[92]勿進此!" 生曰: "何謂也?" 婦曰: "俄者, 鼎烹一鷄, 有猫偸去, 盡食體膚, 唯一脚落在澗側. 婢輩相道其事, 慈母曰: '此可爲金生梁肉, 必置飯卓, 使這厮雲時悅口云.' 故果有此饌, 穢惡殊甚, 不合近口." 生曰: "聘母之俯餉一肉, 事係特恩, 敢不染指?" 言訖, 盡啜飯已. 生起身欲出, 婦曰: "日暮鍾鳴, 尊章何去?" 生曰: "今夜三更, 卿須登園, 東遙望鳳闕之外, 則當有鬨鬧之聲. 若差久撕殺, 則必引決而死, 又或霎時間鎭靜[93], 則珍重偸生也." 婦滿口應諾, 生跟蹌而出. 婦是夜不眠, 殺[94]至三鼓下, 間人之睡, 潛登園脊[95], 望望天衢, 闃無人聲. 意謂生妄誕, 將欲下岡, 忽見火炬燭天, 人喊馬嘶, 飛到闕門, 勢如風雨. 數刻喧噪, 一擁而入, 只見宮城之內, 楓林[96]之外, 間間有火光, 而不甚喧噪. 時宰相父子, 俱値禁直, 其家幷無一箇男子, 末由識破其由, 只得歸室疑訝. 翌曉, 赤脚帶了宰相早饍, 向闕而入, 則御衢之上, 千騎駐札, 鞭打棒擊, 四下辟人. 赤脚自恃主勢, 欲衝過陣內, 隊官箠之, 赤脚大罵曰: "我是某洞某大監宅家人[97], 幺麽小校, 安得相迫?" 衆卒失笑曰: "汝主是凶逆之魁, 少間爾怎敢賣勢也?" 因亂踢驅出, 赤脚僅脫[98]危亡, 滿身血染, 歸告其家. 其家大驚, 半信半疑, 夫人曰:

---

92) 決: 가, 나본에는 '愼'으로 되어 있음.
93) 靜: 가, 나본에는 '定'으로 되어 있음.
94) 殺: 라본에는 '數'로 되어 있음.
95) 脊: 라본에는 '東脊'으로 되어 있음.
96) 楓林: 라본에는 '楓宸'으로 되어 있음.
97) 人: 가, 나본에는 '奴'로 되어 있음.
98) 脫: 라본에는 '避'로 되어 있음.

"吾家厚被上寵, 且無陰謀, 豈有一朝落塹之理? 必是無賴金生, 謀逆事覺, 當其鞫[99]問, 誣引我家, 以逞宿憾. 爾之夫子, 好矣好矣!" 生之婦亦甚疑眩, 俛首無答. 居無何, 數箇郎官馳到門屛, 或檢括文簿, 或搜點庫藏. 一家大哭, 向郎官問其由, 則郎官秘不應, 卽使老蒼頭, 潛出訽[100]探消息. 良久, 蒼頭回告曰: "昨夜新王卽位, 舊主廢竄, 滿朝公輔[101], 以幽廢大妃, 論以逆律云. 故小的恐大監不免此禍, 亟往大理廳, 探下落, 則大監與小令公, 備[102]受酷刑, 骨髓盡碎, 不日當用肢解之律云. 可憐夫人小姐, 皆入官籍, 小的亦不知何處淪落." 夫人大叫一聲, 昏絶于地, 老少咸聚哭倒. 蒼頭忽抆淚而起, 連叫夫人, 曰: "俄因惶遽, 竟漏一語." 夫人曰: "第言之!" 蒼頭曰: "小的從門隙偸觀, 虎頭閣上, 有一座少年, 衣緋貼金, 酷似金生. 或此厮因緣得此耶?" 夫人曰: "世間貌[103]相似者, 自來無限, 此厮焉能卒得金緋也?" 生之婦曰: "天下萬事, 不可預度, 試再往覘之." 夫人曰: "汝一信此厮, 輒起妄[104]想, 俺腔子尤覺煩惱." 老蒼頭曰: "小的願再[105]往, 若不是則已矣." 因踰墻而去, 飛到金吾門屛, 則有兩箇皂隷, 雙穿王衣, 辟除[106]大道, 繼之以十箇旗手, 兩行喝導. 一座高軒, 坐着一位妙年宰相, 衣袍甚華, 趣從如雲. 蒼頭定睛看了, 宛是金生也. 乃躡後而去, 前導直入闕門[107], 那宰相亦隨

---

99) 鞫: 저본에는 '鞠'으로 나와 있으나 이본을 따름. 서로 통용됨.
100) 訽: 가, 나본에는 '調'로 되어 있음.
101) 輔: 저본에는 '補'로 나와 있으나 이본에 의거함.
102) 備: 다, 라, 마본에는 '幷'으로 되어 있음.
103) 貌: 라, 마본에는 '貌樣'으로 되어 있음.
104) 妄: 저본에는 '忘'으로 나와 있으나 이본에 의거하여 바로잡음.
105) 再: 이본에는 '更'으로 되어 있음.
106) 辟除: 저본에는 '除辟'으로 나와 있으나 이본에 의거함.
107) 闕門: 라본에는 '闕內'로 되어 있음.

而入, 稍久而出, 轉入一直房. 蒼頭問于皂隷曰:"這位是誰?"答曰:"金判書某."曰:"鄕貫何處?"曰:"某鄕."曰:"現居何職?"曰: "吏曹判書·知義禁·御營大將, 同春秋同成均司僕·掌樂司譯·內醫四司提調." 蒼頭大喜, 歸告其事, 且問生之名字·鄕貫·年紀于生之婦, 則又與皂隷所對, 一一相符. 夫人乃以和顔, 顧[108]謂生之婦曰: "我不知貴人, 一此冷待, 欲穿了一雙肉眼, 以謝此罪. 然禍在燒眉, 莫有救者, 可憐汝父汝兄, 幷受一刃. 汝倘念生育之恩, 姑恕冷落之咎, 則枯骨可以再肉, 寒荄可以復春, 汝其念哉!" 生之婦曰: "的知金生貴顯, 而不能救父兄之禍, 則當伏劍而死, 萬望解憂." 婦因索一觚, 寫下短札, 曰:"妾之所以尙此忍死苟偸食息者, 誠以一沒之後, 君子益當踽踪[109], 無所慰懷. 故念念至今, 今聞天道福善, 顯秩榮身, 昔之凄斷, 今焉熱赫, 妾從此無累於君子矣. 妾命途乖舛, 家禍轉酷, 非一死[110], 無以償此懷. 將與父兄之縷命, 誓終始現在, 緣業已成, 浮雲逝水. 倘維摩有知, 或於來世少了此債! 萬望珍重, 廣厦曲氈, 而毋忘蓽蓬; 朱輪高牙, 而毋忘困步; 錦襖紈袴, 而毋忘縕袍; 駝峯熊掌, 而毋忘咬荣, 庶副泉臺之望." 書罷, 使蒼頭飛傳于金生. 生正坐衙治事, 忽見此書, 感泣沾臆. 翌朝朝罷, 免冠伏奏曰:"願納臣勳名, 得保糟糠." 上宣問其由, 生一一陳對, 上爲之動容, 特貸生之婦翁, 薄竄善地. 生盛飾車服, 親迎其婦, 偕到欽賜甲第, 極其凫藻. 婦之母, 亦寄于生家, 以終餘年.

---

108) 顧: 저본에는 빠져 있으나 나본을 제외한 이본에 의거하여 보충함.
109) 踽踪: 저본에는 '蛞蝾'으로 나와 있으나 라본을 제외한 이본을 따름. 서로 통함. 라본에는 '踽躞'으로 되어 있음.
110) 死: 저본에는 빠져 있으나 이본에 의거하여 보충함.

6-11. 乞父命忠婢完三節

京中士人沈姓者, 有奴婢漏在善山, 得推蘞盡出, 厥數夥多[111]. 士人見一奴饒富[112]者, 有女名香丹, 年十九, 有姿貌, 納之甚寵, 忘其歸. 奴輩欲謀害, 已定期, 女知之, 至其夜, 與士人倍加昵愛. 嬉戱無所不至, 脫士人袍袴自着, 取其襦裳, 換着士人. 調偕久之, 女忽却坐而泣, 士人怪而問之, 女俯首低聲語曰: "主有大禍迫在, 今夜門外密網, 難可透出, 奈何?" 士人大驚, 罔知攸[113]措, 女曰: "此皆婢之族黨, 所謂吾父莫之禁, 亦與知之, 然父非首謀者, 猶可恕也. 今吾換着主服, 將以身代主, 主但聞有呼女出者, 卽以此服, 披髮蒙面, 疾走而出, 幸以得脫, 必免吾父之死." 言訖, 流涕縱橫, 士人大感傷. 夜將半, 門外衆炬齊明, 凶徒擁入, 果呼女出. 士人以女服, 披髮蒙面, 躍出疾走. 此村距官門不遠, 士人直抵官門[114], 大呼叩閽, 邑倅聞之大驚, 開門呼入, 則乃披髮一女子也. 問之得其曲折, 邑倅卽多發校卒[115], 率以馳赴, 賊徒猶未散, 一一縛結無漏失. 入見其女, 則已亂斫, 血盈房內[116]. 蓋旣殺女, 徐知其誤, 方欲散走之際, 官捕已迫, 無得脫者. 邑倅卽報上司, 盡戮之, 獨女之父, 以士[117]懇乞, 幸免. 噫! 此女爲其主遂其忠, 爲其夫成其烈, 爲其父盡其孝, 一擧而三綱具矣. 本邑立碑旌焉.

---

111) 夥多: 이본에는 '甚夥'로 되어 있음.
112) 饒富: 다, 라, 마본에는 '富饒'로 되어 있음.
113) 攸: 마본에는 '所'로 되어 있음.
114) 官門: 가, 나본에는 '官家'로 되어 있음.
115) 校卒: 라본에는 '捕校'로 되어 있음.
116) 房內: 라, 마본에는 '房中'으로 되어 있음.
117) 士: 저본에는 '死'로 나와 있으나 이본에 의거함.

6-12. 訪舊主名馬走千里

昔在光海時, 有一倅新上官, 決累年冤獄, 其老媼欲報恩, 裙盛新生子駒, 納官曰: "妾父生時, 牧馬四百, 而每嘆無馬, 一日指一牝馬, 謂妾曰: '當生神駒.' 今此駒其所産也." 守解任到京, 猶小駒也. 全昌尉柳廷亮, 時稱伯樂, 用百金買之. 及長大, 果神駿也, 名之曰豹重. 光海聞而奪之. 後全昌坐其祖永慶獄, 謫古阜, 設荐棘. 一日, 光海騎此馬, 騁後園[118], 馬忽騰起數丈, 掀墜[119]光海, 適從衛手護得生. 馬越垣逸走, 一日達古阜. 全昌於黑夜圍[120]中, 忽聞有投入聲, 把火視之, 卽是馬也. 超入房門, 徐藏於壁間夾室, 跪伏不起, 全昌大驚異之, 仍置壁室中, 飼養者一年矣. 光海大怒, 懸購大索, 窮搜至圍籬者三, 而終不覺也. 一日, 馬忽振鬣躑躅, 擧項長鳴, 俄而, 反正之報, 至矣. 全昌蒙放, 行到畿邑, 馬忽自入山僻小路, 從僕牽向大路, 則馬不受制, 堅向小路. 以馬多異, 遂任其去, 至一林叢間, 有一人伏在其中. 全昌視之, 此乃柳氏平生讐人, 正欲報仇之際, 忽然相値. 使從者縛取捉來, 遂至伏辜, 人莫不異之. 仁廟聞之, 命馬加資. 及全昌卒返魂後, 馬不食而死, 埋于城東門外.

6-13. 善欺騙猾胥[121]弄痴倅

某人嘗爲峽邑知縣, 爲政淸介, 一物不妄取, 而性本迂拙, 作事虛疎. 任滿將歸, 行橐蕭然, 無由治裝, 心正[122]緊急. 縣吏某人者, 素所親任, 而爲人百伶百俐, 且感其拔萃指使, 一欲效忠矣. 見知

---

118) 後園: 가, 나, 다본에는 '後苑'으로 되어 있음.
119) 墜: 마본에는 '墮'로 되어 있음.
120) 圍: 가, 나본에는 '闈'로 되어 있음.
121) 胥: 라, 마본에는 '吏'로 되어 있음.
122) 正: 라본에는 '政'으로 되어 있음. 서로 통함.

縣正在窮途, 進退兩難, 心甚憐之, 屛人密告曰: "相公以廉潔自處, 氷蘗[123]自持, 瓜期漸近, 行李難辦. 小的欲竭誠圖報, 思得一計, 非徒治行無慮, 抑將潤屋有餘矣." 知縣曰: "言若有理, 曷不聽從?" 吏曰: "某座首家, 富甲一縣, 官主之前[124]所知者也. 今夜與小人作伴, 試行偸兒手段[125], 則千金可立致也." 知縣大怒, 曰: "汝以此等不法之事, 敢干我, 豈有作宰而爲盜者乎? 毋妄言, 罪當笞!" 吏曰: "相公若如是執拗, 則公債數百金, 將何以報之; 路需五六十緡, 將何以辦出乎? 且還宅後, 年豊而妻啼飢, 冬煖[126]而兒呼寒, 室如懸磬, 釜中生塵, 伊時當思小的之言矣. 且暮夜行事, 神鬼莫測, 此所謂逆取而順受者也, 願加三思焉." 知縣默坐細商, 話漸投機, 乃蹙眉而言曰: "第往試之, 當作何貌樣而出?" 對曰: "只此宕巾·發莫·輕服, 足矣." 乃與某吏, 携手同出. 于時, 街鍾已歇, 人聲漸稀, 月落霧[127]合, 夜色如漆.【百忙中, 有此閑筆】梯垣潛入, 至一庫門, 穿竇而入, 吏愕然曰: "誤入酒庫矣! 然小的酒戶素寬, 對此佳釀, 口角涎流, 試行畢吏部故事." 因脫知縣發莫一隻, 飛一大白, 雙手奉獻, 知縣到此地頭, 不敢支吾, 强飮而盡. 吏連傾四五發莫, 佯醉大言曰: "小的平生酒後耳熱, 長歌一関, 自是伎倆. 今淸興渤渤, 按住不得, 願相公按節一聽." 知縣大驚, 揮手急止, 吏不由分說, 大放一聲. 猍吠于門, 人驚于室, 數三條大漢, 在睡夢中驚覺, 大呼'有賊'而出. 吏乘勢脫身, 以物塞竇, 知縣欲出不得, 遑急無計, 躱於甕間矣. 火把照處, 皆云: "賊在酒庫中矣!" 打鎖開門, 揪住緊縛,

---

123) 蘗: 가, 나본에는 '檗'으로 되어 있음.
124) 前: 다, 라, 마본에는 빠져 있음.
125) 手段: 라본에는 '手端'으로 되어 있음.
126) 煖: 다, 라, 마본에는 '暖'으로 되어 있음.
127) 霧: 저본에는 '露'로 나와 있으나 이본을 따름.

如甕中捉[128]鼈, 手到拈來, 納諸皮帒, 掛於門首柳枝上, 明日將告官懲治矣. 吏潛入其家祀堂[129], 放起一把火, 因一呼[130]曰: "火起!" 家人都奔救火, 只餘座首之父, 九十九歲老人, 半鬼半人, 癡坐後堂. 吏潛入曳出, 至柳樹下, 布帒[131]以老人代置之, 扶起知縣, 急急逃脫. 知縣恨爺孃少生兩隻脚, 飛跑縣堂, 氣喘聲澌, 心頭無明業火, 按抑不住, 瞋目大叱, 曰: "爾殺我, 爾殺我! 世豈有爲宰而作賊, 作賊而喫酒放歌者乎?" 吏笑曰: "小的妙計, 今始得成矣. 相公旣脫之後, 以座首之九十老父, 代貯皮帒, 而無人知覺. 使做公輩, 趁卽拿來, 囚置獄中, 早衙招座首入來, 當前發解, 以不孝論罪, 着枷嚴囚後[132], 如此如此, 則數千金, 可坐而得也." 知縣果依其言, 凌晨招座首入謁, 使升廳賜座. 因問曰: "君家夜來捉賊云, 解來牢囚, 今當對君嚴治." 使[133]做公們扢來解出, 則一老漢, 自皮帒中欠伸而出. 座首見是其父, 驚惶慚懼[134], 下塔伏罪, 曰: "此是民之老父, 而家人誤捉, 罪合萬死." 知縣拍案大怒, 曰: "吾夙聞汝[135]之不孝, 著聞一縣, 今乃無故犯此綱常, 難可容恕!" 仍呼皂隷, 翻倒[136]在地, 猛打二十殺[137]威棒, 皮綻血出, 着二十斤死囚枷下獄. 座首百爾思度, 實負名敎大罪, 圖生無路. 聞某吏最緊於縣爺, 乃潛招哀告曰: "君若脫此重罪, 則數千金, 猶爲輕報." 先以白金二百兩,

---

128) 捉: 마본에는 '提'로 되어 있음.
129) 祀堂: 라본에는 '祠堂'으로 되어 있음.
130) 一呼: 라본에는 '呼一聲'으로 되어 있음.
131) 布帒: 이본에는 '皮帒'로 되어 있음.
132) 後: 저본에는 빠져 있으나 이본에 의거하여 보충함.
133) 使: 저본에는 '後'로 나와 있으나 이본에 의거함.
134) 懼: 저본에는 '衢'로 나와 있으나 이본에 의거하여 바로잡음.
135) 汝: 이본에는 '爾'로 되어 있음.
136) 倒: 이본에는 '到'로 되어 있음. 서로 통함.
137) 殺: 라. 마본에는 '杖'으로 되어 있음.

放在卓上, 吏佯爲持難, 久乃慨然應諾, 二千金乘夜輸家後, 入告知縣, 寬鬆放出, 分文不留, 盡送知縣家矣. 居無何, 新官下來公堂, 交印之際, 知縣自思, '若留此吏, 則其事必洩.' 乃[138]密囑新官, 曰: "縣吏某奸[139]猾弄權, 不可容置者, 我去後, 君必殺之, 庶幾一邑賴安." 再三申囑而去. 新官以舊官之付托, 必有所見, 且難違其意, 明日衙開, 捉入某吏, 不問曲直, 卽欲打殺. 吏暗揣, '吾無得罪於新官者, 此必是舊官恐事之發, 欲殺我而滅口者也. 一不做二不休, 當思所以自全計.' 乃仰視新官, 則左目眇矣. 乃大聲哀告曰: "小的於新舊[140]交遞之際, 無甚罪過, 但以舊官案前醫目之故, 致此殺身之殃, 豈不哀哉?" 新官驚問: "爾有何術, 能療目眇? 試言之, 當赦汝." 吏曰: "小的少日, 飄蕩江湖上, 遇一異人, 得授青囊不傳之秘術. 若有目眇者, 則手到病袪." 新官大喜, 使之解縛, 延堂賜座, 曰: "舊官眞非人哉! 有此大恩, 未報而反欲殺之也. 余亦眇一目[141], 爾能醫之否?" 吏熟視, 曰: "此症最是易醫者, 相公乘夜暫出小的之家, 則當以神方試之矣." 新官大喜, 苦恨此日之遲遲, 旣暮, 便服獨出, 則吏已候于門外矣. 延入後堂, 觥籌迭錯, 水陸俱備, 飮至半醉. 新官問曰: "夜深矣, 刀圭可試之否?" 吏唯唯而已. 少焉, 縛一黃牝犢, 置席上, 新官驚曰: "此物奚爲而至哉?" 對曰: "此是神方也! 若行一場雲雨, 則目自瘳矣." 新官不信欲起, 吏大笑曰: "舊官相公之欲殺小的者, 正以此也." 新官半信半疑, 不肯直前, 吏督促再三, 新官急於瘳目, 且多酒力, 解下褲帶, 雙膝跪坐, 把那

---

138) 乃: 라본에는 '仍'으로 되어 있음.
139) 奸: 저본에는 '奸'으로 나와 있으나 이본을 따름.
140) 新舊: 다본을 제외한 이본에는 '新官'으로 되어 있음.
141) 眇一目: 마본에는 '目眇一'로 되어 있음.

話, 朦朧[142]進去. 那牛兒吼嘶踶齧[143], 艱辛畢事. 吏送至門首, 曰: "小的明朝, 當進謁作賀, 勿以三杯薄酒相待也." 新官入坐縣堂, 秉燭待朝, 攬鏡自照, 則一夜不睡, 右目又欲眇矣. 且怒且慚, 使快隷星火捉來, 則吏以彩繩繫牛鼻, 被以絳繪衣, 徐行大呼曰: "速開大門! 知縣相公室內媽媽行次矣." 一府駭笑, 醜聲狼藉, 新官慚入內軒, 不敢出頭. 數日後, 乘夜去任上京云.

6-14. 假封塋山神護吉地

昔有全義李氏祖先, 遭其親喪, 欲營藏修之所. 先壟之側有一山, 極其明麗, 將卜之, 堪輿者曰: "此穴之所以尙此無主者, 以其破土之際, 輒有雷雨之變故也." 李斥以妄誕, 卜日營窆. 輀軔已到, 而兀然一墳, 已先占於當處矣. 客曰: "何等惡人, 一夜之頃, 偸奪人地, 奈何?" 李沈吟良久, 曰: "此非人謀, 第當破視." 衆皆挽止[144], 李固執不聽, 亟毁封塋, 則有一槨, 漆光可鑑, 朱書銘旌, 曰'學生高靈申公之柩'. 李曰: "果[145]不出吾料!" 乃擔置于外, 以大斧斫之, 則柩內滿實砂器, 見日而消, 頃刻便盡. 衆皆賀之, 且問其異[146], 李曰: "吾聞山神偏護大地, 不欲被攫, 故至有沮戲, 吾豈見瞞也?" 仍無虞過葬. 至今全義之李[147], 以文以武, 世襲圭組, 爲世巨閥云.

---

142) 朦朧: 라본을 제외한 이본에는 '曚曨'으로 되어 있음.
143) 齧: 저본에는 '齒'로 나와 있으나 이본을 따름.
144) 止: 저본에는 '之'로 나와 있으나 다, 라, 마본을 따름.
145) 果: 저본에는 빠져 있으나 이본에 의거하여 보충함.
146) 異: 라본에는 '故'로 되어 있음.
147) 全義之李: 라, 마본에는 '全義李氏'로 되어 있음.

6-15. 惜一扇措大吝癖

遐鄕窮措大, 居家以吝嗇, 名於鄕曲[148]. 嘗於夏初, 貿得塩石魚一尾, 懸之樑上, 每飯, 令家人只一次仰見而食, 曰: "佳哉! 魚之味也, 是猶愈於徒食也." 其稚子, 不解父之意, 一飯而再仰見, 父叱之曰: "口得無醎乎! 何以再爲?" 家衆莫敢復仰矣. 又有人嘗遺扇一柄, 措大呼諸子而示之, 曰: "此誠佳品, 可得壽幾年乎?" 措大諸子, 長惟略肖,[149] 餘無類者, 其仲子先對之, 曰: "一扇之壽, 一年足矣." 復問其次, 亦如仲子之言, 措大便大[150]不悅, 曰: "敗吾家者, 必若曺也!" 顧其長子曰: "汝第言之." 長子進跪,[151] 曰: "諸弟年幼, 皆不省節用之道, 一扇可支二十年." 措大略降辭色, 少加贊賞, 曰: "其道何如?" 長子曰: "一開闔之間, 未免致損, 孰若盡展其扇? 執柱不動, 以頭搖之, 則豈特至二十年乎?" 滿座皆大笑云. 噫! 顧彼富家子弟, 崇奢極侈, 溺於酒色之場, 破其祖先之業者, 此寧不愈於彼耶? 然而奢與嗇, 其失一也, 思得中行而與之, 則庶乎其可也.

6-16. 占名穴童婢慧識

關東有郭生者, 閥閱高華, 而年老家饒. 日與一僧博, 相爲爾汝, 戲謔謾弄, 如平交樣子. 其子三諫不聽, 家人痛憎山僧, 無如之何矣. 及郭生沒, 厄喪垂畢, 僧始來唁,[152] 主哀責之. 僧不容分釋, 但曰: "小僧受先老爺罔極之恩, 待賤品如敵己, 結草殞首, 今無所施. 願納一吉地, 得藏修之所, 則可效萬一之報耳." 郭不之[153]深信, 而

---

148) 鄕曲: 가, 나본에는 '鄕谷'으로 되어 있음.
149) 措大諸子, 長惟畧肖: 라, 마본에는 '措大長子, 惟有畧肖'로 되어 있음.
150) 大: 저본에는 빠져 있으나 가, 나본에 의거하여 보충함.
151) 進跪: 가, 나본에는 '跪進'으로 되어 있음.
152) 唁: 라본에는 '言'으로 되어 있음.

自己亦解風水, 方廣踏名山, 未有十分佳處, 毋寧姑從僧言, 試看其好否而進退之也。乃與僧登一山, 逐龍尋穴, 僧指一處, 曰:"此寅葬卯發, 累世公卿之地, 觀至[154]矣。"郭按向諦視, 曰:"堪輿之書不云乎!'皇長在於九重, 將不出於軍幕。'蓋貴其山回水抱藏風向陽之地, 此穴, 來龍雖似峻萃, 而渾帶恫[155]殺; 重案雖似突兀, 而反覺曠邈, 得水得破, 皆不合格, 願更觀他處。"僧乃指一崗, 曰:"此則何如?"郭就見大喜, 曰:"俺相地多矣, 未嘗見如此盡善盡美者也。"仍僕僕稱謝, 僧曰:"此地不過出郡守一人, 相公之捨大取小, 抑何故也?"郭曰:"吾之道眼, 不讓老師, 葬親之計, 又倍他人, 則君無多言。"仍相携而歸, 涓吉克葬于郡守之地。始郭生之論山也, 使一童婢, 負簞食隨之。婢性極慧伶, 得聞一場品評, 暗歎少主人之拋棄福地, 歸語其母曰:"某穴將爲他人占據, 莫若移埋死父之骸於此, 以徼日後之免賤。"母然之, 乘夜潛掘舊塚, 兩箇女子, 破土而窆之, 不成墳形。女又語其母曰:"吾輩在此, 終難免婢籍, 何不相携遠去藏蹤秘跡乎?"母素愛此女, 一任其言, 暮夜遁走, 賃居畿甸, 紡績織絍, 謀產甚勤。又天佑神助, 凡所營爲, 無不順成, 乃買舍占田, 儼成富屋。鄕里爭稱少女之有神籌, 富家子弟, 爭欲聘之, 女皆拒之, 曰:"彼曹雖積粟千斛, 本地微賤, 非吾願也。"里中有金姓者, 以簪紳遺裔, 早孤家貧, 爲人傭奴, 年踰[156]三紀, 未占配耦。人且蠢愚, 一鄕嗤之。女曰:"若非此人, 吾當終身不嫁, 屈辱於常賤之流, 吾所恥也。"母難之, 而終無如何, 竟成花燭。女使其夫, 斷

---

153) 之: 저본에는 '知'로 나와 있으나 이본을 따름.
154) 至: 이본에는 '止'로 되어 있음.
155) 恫: 마본을 제외한 이본에는 '劫'으로 되어 있음.
156) 踰: 다, 라, 마본에는 '逾'로 되어 있음.

絶農業, 延師受學, 夫本庸鈍, 逐年攻苦, 不識一字. 但性直, 隨女 所教, 一遵無違, 女乃有遷喬之想, 僦一茅廬[157]於洛裡. 適與爾瞻 家相隣, 女使其夫, 終日整衣冠, 危坐開卷對案, 不妄言語. 夫一依 其言, 一洞喧騰, 目以道德君子. 爾瞻每於出入之路[158], 乘高軒, 俯 瞰其所處之堂[159], 凜然有不可犯之氣像, 積以歲月, 終始靡懈. 傔 客奴僕, 又從以所聞所見, 嘖嘖於前, 爾瞻已心憚矣. 女又潛買[160] 一犢, 牧于家中, 不飼蒭草, 代以荏菽, 牛甚肥澤. 爾瞻適得重痾, 脾敗口辛, 山珍海錯, 幷不下箸, 家內焦遑, 莫省所爲. 女偵知其 事, 殺牛作脯, 致饋于爾瞻之內屋, 爾瞻一嘗, 病胃頓開, 盡啖之, 又吃之. 如是者數月, 盡一牛, 而病隨差矣.[161] 爾瞻大悅, 將占隙一 往, 叩其所學, 婢輩聆其言, 走告于女, 女囑夫曰: "俟李尚書之來, 但當謙讓遜揖[162], 愼勿開喙露出本色." 夫諾之. 不數日, 爾瞻果簡 騶騎來訪, 金欲踰垣而走, 爾瞻挽止, 寒暄接待, 一直逡巡. 案上有 『周易』, 爾瞻問其奧旨, 金輒辭曰: "如我魯莽, 豈識易理?" 屢叩而 終不應, 爾瞻退而愈服其操, 亟囑揆地, 至登薦剡, 除誥屢至, 堅臥 不出. 女又移居郊坰, 而已生三子, 玉樹芳蘭, 才識出衆, 聘得高 門, 文史[163]大進. 一日, 女使其子, 搆出一疏, 臚列爾瞻, 殆無餘地. 子曰: "母何出此[164]亡家之言? 此人權傾內外, 若有侵犯, 奇禍隨 至. 且薦引嚴君, 得至于此, 今背之不祥." 母大罵曰: "若曹有甚見

---

157) 茅廬: 다, 라, 마본에는 '茅屋'으로 되어 있음.
158) 路: 가, 나본에는 '際'로 되어 있음.
159) 堂: 라, 마본에는 '望'으로 되어 있음.
160) 買: 가, 나본에는 '置'로 되어 있음.
161) 病胃頓開 … 而病隨差矣: 가, 나본에는 '病隨差矣'로 되어 있음.
162) 遜揖: 이본에는 '揖遜'으로 되어 있음.
163) 文史: 라본에는 '文辭'로 되어 있음.
164) 此: 저본에는 빠져 있으나 다, 라, 마본에 의거하여 보충함.

識, 如不遵敎, 誓不見汝!" 子乃勉强搆文, 母卽使寫呈, 果獲譴罰. 天道循環, 聖主改玉, 賊臣黨拔[165], 莫不鋤治. 夫以向年一疏, 見推於世, 高官大爵, 以終天年, 其子三人, 次第登科, 各占清要, 皆清白正直. 一日, 三人欲駁一權貴, 相與謀議, 母知之, 乘夜屛左右, 招諸子, 從容誨之曰: "汝輩不識根源, 生貴肆氣, 欲禍人之家, 吾不欲子孫有此行也." 諸子動問根源之說, 母曰: "咄嗟! 爾母婢也. 少而服事郭某家, 如此如此, 得以至此. 汝當謙抑之不暇, 而乃反[166]揚揚自居, 與恒人比論哉?" 諸子羞慚而退. 伊時, 適有樑上君子, 潛聽此說, 要得厚貨, 飛告郭家. 郭方窘困, 無所依歸, 喜聞此事, 卽往金第, 使女婢, 通信于母. 母聞卽大喜, 曰: "吾之族娚來矣!" 卽爲邀入致款, 間人之無, 執奴主禮甚恭. 郭亦無如之何, 以姻戚出入金第, 厚受顧恤, 且得諸子周章, 獲霑蔭祿, 果至郡守云.

6-17. 憑崔夢古塚得全

崔奉朝賀奎瑞, 少時, 在龍仁一民家, 與儕友[167]共肄科業. 一日席散, 公獨居, 忽見一官人, 儀貌秀偉, 從數人入來, 徑就坐. 公視其冠服[168], 非今世常製, 深怪之, 問其所從來, 其人曰: "我非陽界人, 卽前朝之士也. 我室在此民家西室之下, 民嘗[169]曉夕爨爇我宅[170], 我實難堪, 有一孫在傍, 一髀[171]盡爛灼矣. 君盍爲我計移此屋室, 以全我宅? 幽明雖殊, 感當結草." 公曰: "子何不語儕友座

---

165) 拔: 다, 라, 마본에는 '援'으로 되어 있음.
166) 反: 저본에는 빠져 있으나 다, 라, 마본에 의거하여 보충함.
167) 儕友: 다, 라, 마본에는 '諸友'로 되어 있음.
168) 冠服: 가, 나본에는 '衣服'으로 되어 있음.
169) 嘗: 가, 나본에는 '常'으로 되어 있음.
170) 宅: 라본에는 '室'로 되어 있음.
171) 髀: 가, 나본에는 '脾'로 되어 있음.

中¹⁷²⁾出言, 必俟吾獨居而來耶?" 其人曰: "衆人精神寡弱, 難以告
語, 君自有過人者, 故俟間來語耳." 公曰: "試圖之!" 其人謝而去.
翌朝, 公召問主人曰: "汝造此屋時, 或有所覩者乎?" 主人曰: "西
屋下疑是古塚, 而俗稱曰: '置屋古塚上, 心神鎭安云.' 故不復審¹⁷³⁾
視, 卽築造屋矣." 公曰: "吾有異夢, 爾若不速移, 必有大禍." 主人
告以無財力, 公便給十五緡, 卽日撤移於他處. 其後, 官人乘夕, 來
謝於公宅, 欣感甚切, 仍言, "公必大貴, 五福兼¹⁷⁴⁾備, 但至正卿, 必
引退, 乃爲完福. 不然則禍, 亦可懼." 公常深志之, 故卒循其言, 年
未衰而退, 處龍仁云¹⁷⁵⁾.

6-18. 逐邪鬼婦人獲生

李相國濡, 在玉堂時, 一日, 過宗廟墻外巡邏¹⁷⁶⁾谷. 時微雨, 忽見
一人, 農笠簑衣, 兩目如炬, 獨脚騰踔而來. 公及從吏見, 皆怪駭,
此人忽問吏曰: "前路遇一轎否?" 吏曰: "不見." 此人走去如風. 公
來時, 果遇一轎於濟生洞口, 公卽回馬, 尾此人之後, 直到濟生洞
一家, 乃公之異姓三從家避接所也. 蓋其子婦得怪疾, 閱累月在死
境, 其日方避寓於濟生洞一族親家. 公下馬入見主人, 具告以所
見, 請同入見, 旣入, 厥物果蹲坐於婦人枕邊. 公不言直視之, 厥物
卽¹⁷⁷⁾出去, 立在庭中. 公隨出直視, 厥物又騰上屋脊, 公仰視不已,
便騰空而去. 婦人精神頓蘇, 如未嘗痛者. 公去, 婦人又痛, 卽剪紙

---

172) 座中: 저본에는 '座坐中'으로 나와 있으나 다본을 제외한 이본에 의거함.
173) 審: 라본에는 '尋'으로 되어 있음.
174) 兼: 가, 나본에는 '具'로 되어 있음.
175) 云: 저본에는 빠져 있으나 가, 나본에 의거하여 보충함.
176) 邏: 가, 나본에는 '羅'로 되어 있음. 서로 통함.
177) 卽: 가, 나본에는 '果'로 되어 있음.

百餘片, 署以手決[178], 滿室糊帖[179], 此妖遂絶, 而婦人之痛, 良已.

6-19. 兩驛吏各陳世閥[180]

松羅[181]驛尹吏[182], 卽燕山朝海伯尙文之後也, 自尙文之竄本驛, 子孫因爲本驛吏. 當道伯之巡行也, 以掌馬奔走行塵, 受批頰于牢[183]子輩, 困辱非常. 某吏不勝憤恨, 語其族吏曰: "吾輩以監司之孫, 一變爲郵吏, 每於春秋, 受此大辱, 或者先祖當年巡行時苛督郵吏, 子孫受此殃報耶?" 因揮淚不已. 時長水郵河吏, 適在傍, 笑曰: "君之先祖, 卽海伯也, 君往海西, 說此寃悶, 可也. 吾之寃悶, 尤有大於君輩. 吾先祖, 卽本道伯河敬齋相公也, 自其曾孫蓮亭進士公之竄本郵, 吾輩逢此厄境. 子若揮淚, 則吾輩當慟哭也. 且尊先祖海伯公之政尙嚴苛, 今不可[184]詳也, 吾先祖敬齋公之厚德仁政, 朝野皆被其德澤, 蓮亭公以佔佺門人, 株連罪籍矣. 倘[185]蒙天休, 則吾輩當大鳴於世, 而鬱鬱區區於此, 備經困厄, 天耶人耶?" 因大笑, 尹吏遂握手[186]爲謝.

6-20. 三知印競誇渠鄕

英廟己酉, 嶺伯巡到順興, 玩浮石寺. 時本邑及安東·醴泉知印,

---

178) 決: 라본을 제외한 이본에는 '訣'로 되어 있음.
179) 帖: 라본에는 '貼'으로 되어 있음.
180) 閥: 가, 나본에는 '閱'로 되어 있음.
181) 松羅: 가, 나본에는 '松蘿'로 되어 있음.
182) 尹吏: 저본에는 '吏尹'으로 나와 있으나 이본을 따름.
183) 牢: 저본에는 '牽'으로 나와 있으나 이본에 의거함.
184) 可: 저본에는 빠져 있으나 다, 라, 마본에 의거하여 보충함.
185) 倘: 라, 마본에는 '尙'으로 되어 있음.
186) 握手: 라본에는 '屈首'로 되어 있음.

陪其官齊會, 有安東知印, 受其叔陪行營吏茶啖餘物, 誇耀順興知印, 曰: "爾邑之無此饌, 久矣, 汝可少嘗味也." 順興知印曰: "爾以吾邑之無營吏, 有此蔑視, 然爾之先世[187], 未免洗足於吾邑之鄕吏子孫也." 安東知印勃然變色, 曰: "是何言也? 寧有是理?" 順興知印曰: "爾不聞? 前朝安文成公, 以別星過爾府也, 使知印洗足之文, 載於麗史乎! 問于爾叔, 則可知也." 如此之際, 醴泉知印適在傍, 謂順興知印曰: "吾邑則前朝勳業, 有林大匡, 本朝知印, 尹別洞先生, 登科[188]爲大司成·藝文提學, 以博士受禮元孫. 又有黃公, 登武科, 策勳振武, 再除昌原大都護府使, 此則安東·順興之所不及也." 安東知印曰: "吾鄕則本朝雖無文科生進, 與武科則[189]磊落相望, 昨年策勳花原君, 卽吾府之知印, 而與吾爲族黨. 孰敢當吾府也?" 有褊裨聞其言, 言于巡相, 巡相卽朴靈城文秀[190]也. 招三邑知印, 詳問委折, 送言于三邑倅曰: "此有三邑大訟, 當會坐決處." 竟右醴泉, 兩邑知印,[191] 各相稱寃云.

6-21. 商山吏屢世忠節

尙州[192]吏李景南, 當壬辰亂, 倡義作敢死隊, 附權侯吉, 甚見獎詡. 癸巳秋, 天將吳惟忠, 駐軍本州時, 掌[193]簿書, 敏給如流, 且論兵事, 忠憤感激. 天將甚愛之, 以錦綺器物, 褒賞之, 卽付別部[194]把

---

187) 先世: 라, 마본에는 '先祖'로 되어 있음.
188) 登科: 이본에는 '登第'로 되어 있음.
189) 則: 저본에는 빠져 있으나 나본에 의거하여 보충함.
190) 朴靈城文秀: 가, 나본에는 '靈城朴文秀'로 되어 있음.
191) 兩邑知印: 가, 나본에는 '兩印'으로 되어 있음.
192) 尙州: 가, 나본에는 '商州'로 되어 있음.
193) 掌: 가, 나본에는 '將'으로 되어 있음.
194) 部: 저본에는 '陪'로 나와 있으나 이본에 의거하여 바로잡음.

摠, 後以軍功, 陞同樞. 光海丁巳, 廢母議起, 裁疏, 跋涉上京, 伏閤七日, 不得呈, 撤火疏崇禮門下[195], 痛哭南歸. 仁祖[196]丙子, 清虜猖獗, 行朝在南城[197]圍中. 其子枝元, 從道伯勤王, 手書'汝莫作徐庶孝子, 吾欲效王陵賢母'十四字, 勉之. 及丁丑下城, 着周衣, 戴蔽陽子, 走隱於州東之東海寺, 有蹈海八詠, 以見其志. 常崇酒于天將所賜樽盃, 曰: "欲忘此世甲子, 醉盃裡乾坤." 蓋其器底有天朝年號故也. 臨命精神了然, 誦陸劍南'王師北定[198]中原日, 家祭無忘告乃翁'之詩, 怡然而逝世, 以大明處士稱之. 嘗卜州西之墨西山, 因命藏衣履, 自述壙銘, 曰: "皇朝之一統, 允洽百年兮! 昔余降乎嘉靖之間, 緬今世而無所容兮! 聊以藏乎墨胎[199]之西山." 識者以爲, '生蹈魯連海, 死埋夷齊岑云云.' 景南之子枝元, 當仁廟丙子胡亂, 以時戶長, 自願從道伯沈公演勤王之師. 行到猾川, 聞[200]媾成, 痛哭南歸, 有詠懷詩. 甲申三月, 崇禎皇帝凶聞至, 上東海寺日月岩[201], 設壇而哭. 每當明太祖·神宗·毅宗三皇諱辰, 以明水一盃, 焚香拜獻于此, 名以大明壇. 鄉之處士蔡得沂, 嘗訪於城西草廬, 要與偕隱于東江[202]別墅, 枝元戲曰: "東海高躅[203], 西山逸民, 其趣一也, 何必結隣而後, 可乎?" 蔡歎曰: "西山逸民, 君可自當, 而東海高躅, 我實逃避!" 因題'西山精舍'四字, 以楣之, 可見其期待也.

---

195) 下: 가, 나, 라본에는 '外'로 되어 있음.
196) 仁祖: 다본에는 '仁朝'로, 라본에는 '仁廟朝'로, 마본에는 '仁廟'로 되어 있음.
197) 南城: 라본에는 '南漢山城'으로 되어 있음.
198) 定: 가, 나본에는 '征'으로 되어 있음.
199) 胎: 저본에는 '怡'로 나와 있으나 이본에 의거하여 바로잡음.
200) 聞: 라, 마본에는 '間'으로 되어 있음.
201) 岩: 라본에는 '庵'으로 되어 있음.
202) 東江: 가, 나본에는 '江東'으로 되어 있음.
203) 躅: 가, 나본에는 '躑'으로 되어 있음. 동자임.

後贈軍資正. 枝元之子根生, 年十九爲戶長, 蓋以家世忠孝, 特爲官長之所勤差也. 過官門及殿門, 必拱手趍行, 退居于家, 聞官喝道[204]聲, 必下堂肅之, 世皆多之. 當其回甲日, 以調病在東海寺, 貽書諸子曰: "吾以崇禎三年生, 八歲當丁丑變, 十五聞毅皇[205]殉社. 伊後, 光陰倏忽, 爲四十七年, 而不得老天朝, 甲子生朝奄屆. 回瞻寰宇, 足可飮泣, 安可置酒以添俛仰之懷哉? 詩云: '哀哀父母, 生我劬勞.' 且程子曰: '人無父母, 生日當[206]倍悲慟[207].' 常年此日, 猶尙如此, 況甲年耶! 汝輩體吾此意, 勿使速客也云." 後贈參議. 根生之子時發, 肅廟庚午, 以正朝戶長肅謁, 時仁顯王[208]后, 遜避[209]私第. 拜闕禮訖, 謂諸戶長曰: "今我聖母, 遷居於別宮, 爲臣子者, 當一體肅謁, 可也." 衆皆不從, 時發嘆曰: "古人有獨拜西宮者!" 因瞻望獻拜[210]. 又當丁丑下城之回甲, 追念興懷, 以爲天下之興亡有類博戱, 爲作博戱傳. 其忠憤所發, 蓋雪我皇明之恥也, 往往讀之者, 有北登單于臺痛飮黃龍府之意云. 時發之子三億, 景廟辛丑, 寤齋趙公正萬, 莅本州, 重修南城樓. 使三億董役, 畢請額弘治舊樓, 仍作記曰: "聖上元年辛丑秋, 敢承侯命, 董役南樓. 陽月望告訖, 將扁額, 列書朱雀門・鎭南門・撫南樓等號, 欲定其一[211]. 竊念此樓, 始成於皇朝孝廟, 其後二百有餘年, 更修於今日, 而檻外乾坤, 盡爲陸沈. 惟玆樑題, 遺躅宛然如昨, 追古興懷, 足可飮泣. 若

---

204) 喝道: 라본에는 '喝導'로 되어 있음.
205) 毅皇: 라본에는 '毅宗皇帝'로 되어 있음.
206) 當: 저본에는 '常'으로 나와 있으나 이본에 의거함.
207) 悲慟: 라, 마본에는 '悲痛'으로 되어 있음.
208) 王: 저본에는 '皇'으로 나와 있으나 다, 라, 마본을 따름.
209) 避: 이본에는 '處'로 되어 있음.
210) 獻拜: 저본에는 '拜獻'으로 나와 있으나 이본을 따름.
211) 一: 라본에는 '意'로 되어 있음.

使朱先生見之, 必興詠栢之思, 而抑有登此樓, 而起文山不下之心者哉!"遂以此白侯, 曰:"可!"因以弘治舊樓揭之. 英廟戊申之亂, 爲首吏, 忠憤感慨, 血指書于旗, 曰:'滿腔丹忱殲賊乃已.' 嚴束掾[212]吏, 撫安府氓, 人無不以死爲心. 有賊諜曺姓者, 稱以避亂, 至掾房, 盛言賊勢, 騷動人心. 三億卽命結縛, 送付鎭營, 遂不敢入本州云云. 三億之子慶蕃, 於[213]英廟己[214]巳, 以正朝戶長, 上京詣闕門肅謁. 上命某某邑戶長入侍, 慶蕃亦參其中, 隨司謁, 閱重門, 到階下俯伏. 上問:"尙州戶長安在?" 慶蕃稍進而伏, 上命使引拜於郎品之階, 因問曰:"州民皆無疾苦耶?" 起伏對曰:"弘霑聖化, 比屋皆安矣." 又問曰:"鄕邑小吏, 侵漁小民云, 然否?" 起伏對曰:"臣有所懷袖[215]來者, 而咫尺天威, 難以口達, 請以紙筆." 上命賜周紙筆硯, 慶蕃遂退階下, 略略點綴於本草, 繕寫以進. 上下覽後, 謂左右曰:"不意遐鄕戶長之博識如是!" 因命近前擧顔, 又問:"曾經由吏乎?" 對曰:"未也." 上曰:"嘗見御史別單, 官政得失, 民生利病, 咸係由吏之得人與否, 而如爾虛過, 守令之過也. 今欲除爾郵丞之職, 而未經由吏云, 姑置也." 又問:"爾於戶長, 今至何階?" 對曰:"當受正朝戶長帖矣." 上曰:"有人才如此, 奚計越次? 特陞通德郞, 可也." 因命自外宣醞, 因命退出. 慶蕃與諸戶長, 行曲拜之禮, 趁出至門, 司謁設席, 具酒盤[216], 招尙州戶長, 以御命賜之. 遂起伏盡酌, 又行四拜謝恩, 諸戶長皆擁觀如堵, 莫不歎羨云云.

---

212) 掾: 저본에는 '椽'으로 나와 있으나 가, 나본에 의거함.
213) 於: 저본에는 빠져 있으나 이본에 의거하여 보충함.
214) 己: 저본에는 '乙'로 나와 있으나 이본에 의거하여 바로잡음.
215) 袖: 가본에는 '袖中'으로 되어 있음.
216) 酒盤: 라본에는 '酒盃'로 되어 있음.

6-22. 聞韶人三代孝行

吳千松[217], 義城人也. 事親至孝, 雖家勢貧窘, 朝夕難繼, 而爲人傭賃, 得其錢米, 每日歸以養親. 及其親喪, 身自負土, 以完葬事, 遂廬於墓下, 以終三年, 鄕人稱侍墓基. 其孫哲祖, 生未周歲, 遭父喪. 及長, 每以不識父面不服父喪, 爲終身至慟[218], 平生未嘗與人嬉笑, 遑遑若罪人焉. 母在兄家稍遠, 而雖奔走公役, 晨昏定省, 未嘗或廢[219], 不以風雨寒暑而或廢, 甘旨供養, 終始不衰. 及遭母喪, 哀毁過禮, 葬祭盡誠, 俾無餘憾. 及其父沒回甲, 設祭攀擗[220], 一如初喪, 仍服縗廬墓, 麴[221]蘗・南草, 素所嗜好, 而絶不近口, 咬菜啜粥, 以終三年. 鄕人上其事, 邑宰感其孝, 將申請旌褒, 而號泣乞停, 蓋其特行由中, 不欲見知於世也. 其子某, 父患虛証[222], 醫言, "蔘可以得效." 時當大寒, 躬往智異山靈源寺, 求之, 忽有老僧, 指一枯莖, 令採之, 得人蔘六根甚大, 而僧無去處. 持而歸, 則寺中無賴五六輩[223], 來劫之, 有虎在傍, 咆哮不已, 衆皆逃散. 仍而持來, 煎進, 父病乃差. 母病, 再斫指, 得延數日. 後聞于朝, 三代俱蒙旌閭.

6-23. 臨危境益齋現夢

李白沙相國[224], 生未周朞[225], 乳媼[226]抱持近井, 放諸地坐睡. 相國

---

217) 千松: 저본에는 '干城'으로 나와 있으나 이본에 의거함.
218) 慟: 라본에는 '痛'으로 되어 있음.
219) 廢: 저본에는 '癈'로 나와 있으나 이본을 따름. 서로 통용됨.
220) 擗: 가, 나본에는 '號'로 되어 있음.
221) 麴: 가, 나본에는 '麪'으로 되어 있음.
222) 虛証: 라본에는 '瘖症'으로 되어 있음.
223) 無賴五六輩: 라, 마본에는 '無賴輩五六名'으로 되어 있음.
224) 國: 라, 마본에는 '公'으로 되어 있음.
225) 周朞: 라본에는 '周歲'로 되어 있음.
226) 乳媼: 라, 마본에는 '乳母'로 되어 있음.

匍匐幾入井, 乳母夢見, 白鬚丈人頎而長, 以杖叩其脛, 曰:"何不看兒?" 痛甚驚覺, 趁而救之. 痛其脛屢日, 大異之. 後家中饗祀, 掛其傍祖益齋公影子于堂中, 乳母見之, 大驚曰:"前日叩吾脛者, 卽此影樣云." 益齋前朝賢相也. 英靈不泯於三四百載之後, 能救兒孫於岾危之際, 豈徒其神靈? 亦知白沙之異於凡兒, 能致神明之佑也.

6-24. 善諧謔白沙寓諷

宣廟庚子, 白沙體察湖南, 上使譏察逆節, 公馳啓曰:"逆賊非如鳥獸魚鱉處處生產之物, 難以譏察." 人皆謂之以奇談. 國法削職者, 雖大臣以及第稱, 漢陰以領相削職, 稱及第, 白沙以左相, 被時議, 曰:"吾同接, 已爲及第, 吾何時及第居?" 散居東郊[227], 有一氓, 來謁曰:"小人以戶役[228], 不堪聊生." 公曰:"吾亦以戶役, 不[229]聊生." 時公被護逆之劾, 與戶役同音故云云. 其善謔如是. 是時, 國家多事, 每事該司, 輒以議大臣入啓, 故不勝其煩撓. 一日, 禮郎[230]以收議事在座, 公方構思以對, 適小婢自內出, 告曰:"馬豆已竭, 何以繼之?" 公叱曰:"馬豆繼用, 亦議大臣耶?" 聞者捧腹. 癸丑逆獄, 有慈山人李春福, 爲人所告引, 金吾郎到慈山跟捕, 則境內無李春福, 而有李元福. 金吾郎問[231]于朝, 鞫廳欲拿問之. 時公以委官在座, 見群議已定, 牢不可破, 欲不言, 則恐無辜[232]橫罹, 乃曰:"吾名亦與彼相近, 須上章自辨[233]然後, 可免矣." 左右相笑, 事遂

---

227) 郊: 저본에는 '效'로 나와 있으나 이본에 의거하여 바로잡음.
228) 戶役: 다, 라, 마본에는 '身役'으로 되어 있음.
229) 不: 라본에는 '不堪'으로 되어 있음.
230) 禮郞: 라본에는 '禮部侍郎'으로 되어 있음.
231) 問: 이본에는 '聞'으로 되어 있음.
232) 辜: 이본에는 '故'로 되어 있음.
233) 辨: 가, 나, 다본에는 '辦'으로 되어 있음.

寢. 時逆獄大起, 收司之律甚嚴, 公不動而能以一語而解之, 人莫不偉之. 一日, 見人情迹不明而有誣服者, 公歎曰: "吾[234]嘗聞搗松皮而成餠矣, 今見搗人而成逆賊矣." 其氣像恢廓, 雜以諧詼[235], 獄事賴以平反者, 甚多.

6-25. 活人病趙醫行針

湖右趙生, 名光一, 嘗寓居洪州合湖之面, 足未嘗跡朱門, 門亦無顯名[236]者跡. 其人踈坦易直, 與物無忤, 唯自喜爲醫, 其術不治古方用湯藥. 常以一小革囊自隨, 中有銅鐵針數十餘, 長短圓稜異制, 以是決癰疽, 治瘡疣, 通瘀隔, 踈風氣, 起疲癃, 無不立效. 自號曰'針隱', 蓋精於針而得其解者也. 嘗淸晨早起, 有老嫗[237], 襤褸匍匐, 而扣其門, 曰: "某也, 某村百姓某之母也, 某之子病某病, 殊死, 敢丐其命." 生卽應曰: "諾. 第先去, 吾當趁往矣." 立起, 躡其後, 徒行無難色, 如是者, 蓋無虛日矣. 一日, 天雨路泥, 生頂篛笠着木履[238], 忙忙而行, 或有問之者, 曰: "何之?" 生曰: "某鄕百姓某之父病, 嚮吾一針而未效, 期是日, 將再往針之." 或曰: "何利於子而躬勞苦若是乎?" 生笑不應而去, 其爲人大略如此. 或問曰: "醫者, 賤技也; 閭巷, 卑賤也. 以子之能, 何不交貴顯取功名, 乃從閭巷小民遊乎? 何其不自重也!" 生笑曰: "丈夫不爲宰相, 寧爲醫, 宰相以道濟民, 醫以術活人, 窮達則懸殊, 功則等耳. 然宰相得其時, 行其道, 有幸不幸, 食人食, 而任其責, 一有不獲, 咎罰隨之. 醫則

---

234) 吾: 저본에는 빠져 있으나 이본에 의거하여 보충함.
235) 諧詼: 가, 나본에는 '諧謔'으로, 라본에는 '詼諧'로 되어 있음.
236) 名: 저본에는 빠져 있으나 가, 나본에 의거하여 보충함.
237) 嫗: 라본에는 '媼'으로 되어 있음.
238) 履: 다, 라본에는 '屐'으로 되어 있음.

不然, 以其術, 行其志, 無不獲焉, 不可治, 則舍而去之, 不吾尤焉. 吾故樂居是術焉. 吾爲是術, 非要其利, 行吾志而已, 故不擇貴賤也. 吾疾世之醫, 挾其術以驕於人, 門外騎相屬, 家設酒肉以待, 率三四請然後肯往. 又所往非貴勢家, 則富家也. 若貧而無勢者, 或拒以疾, 或諱以不在, 百請而一不起, 是豈仁人之情哉? 吾所以專遊民間而[239]不干於貴勢者, 懲此輩也. 彼貴顯者, 寧少吾輩者哉? 所哀憐, 獨閭里窮民耳. 且吾操針而遊於人十餘年矣, 或日療數人, 月[240]活十數人許, 所全活不下數百千人. 吾今年四十餘, 復數十年, 可活萬人, 活人至萬, 吾事畢矣云." 嗟乎![241] 趙生術高而不干名, 施博而不望報, 趍人急而必先乎窮無勢者, 其賢於人, 遠矣.

6-26. 救父命洪童撞鼓

忠州童子洪次奇, 方在腹, 其父寅輔, 坐殺人係獄. 及乳數月, 母崔氏訟冤詣京, 次奇養於仲父, 父呼仲父, 而不知爲寅輔子也. 甫數歲, 與群兒戲, 每驚啼不食, 姆問其故而不應, 良久乃止. 如是者月三, 家人怪之, 後從邑中人, 證其日, 乃州官訊囚日也. 聞者莫不異之, 家人恐傷其心, 愈諱其父事. 至十歲, 父念年老無出獄期, 恐一朝命盡, 不得見子面, 乃使家人告以實, 携至獄門, 次奇抱父大哭. 遂居邑中不去, 負薪易米以供父. 居數年, 崔氏屢上言不報, 客沒[242]於京, 旣返葬, 次奇哭辭父, 曰: "母訟父冤未遂, 飮恨而歿, 又無長成子, 兒雖幼, 非兒誰復脫父死者?" 父憐其弱, 不許, 次奇脫

---

239) 而: 저본에는 빠져 있으나 이본에 의거하여 보충함.
240) 月: 라본에는 '或月'로 되어 있음.
241) 嗟乎: 다본을 제외한 이본에는 '嗟呼'로 되어 있음.
242) 沒: 가, 나, 라본에는 '歿'로 되어 있음.

身潛行, 徒步入京, 撞申聞鼓. 事下按使, 又不報, 次奇卽留京不歸. 翌年夏, 會大旱, 上諭中外理重囚, 次奇伏闕下, 遇公卿赴朝者, 輒泣訴父寃. 凡十餘日, 觀者無不感動, 往往持飯饋之, 或梳其頭以去虱. 刑判因議囚入侍, 白其狀, 上爲之惻然, 勅按臣[243]詳閱以聞.[244] 按使以獄老事眩, 奏置可否間, 上特命貸死, 竄嶺南. 始命按使也, 次奇冒盛熱, 走三百里, 詣使司, 號泣丐父命. 及奏上, 次奇又疾行先驛, 未抵京百里, 疾作. 從者勸少留, 次奇不可擔, 到邸, 力疾復伏閣, 痘瘡大發, 四日已不省. 時爲夢語, 曰: "吾父活耶?" 及赦下[245], 傍人呼告之, 次奇驚覺, 曰: "信耶? 豈寬我耶?" 乃讀示判辭, 次奇開眼視, 擧手祝天者三, 蹶然起而舞, 曰: "父活矣父活矣!" 遂仆不能言, 是夜次奇竟死, 時[246]年十四. 生於父入獄之年, 死於父出獄之日, 遠近聞之者, 莫不爲之流涕.

6-27. 張義士爲國捐生

張義士, 名厚健, 龍灣人也. 兄弟五人, 皆有膽勇, 丁卯虜亂, 兄厚巡與三弟俱鬪死, 厚健時年八歲, 與老母伏積屍中, 得免. 及長[247], 揮淚誓曰: "男兒生, 不能報丁卯之讐, 目不暝矣." 遂習騎射, 讀兵書, 丙子從林將軍慶業, 邀擊先歸賊將, 奪被擄男女. 舅崔孝一亦慷慨士也, 志相得, 與之謀曰: "以舅之智勇, 若入中國, 必以爲大[248]將, 挾天兵, 直擣瀋陽, 則彼必求救於我國, 我國不得不助,

---

243) 臣: 가, 나본에는 '官'으로 되어 있음
244) 詳閱以聞: 라, 마본에는 '詳閱奏稟'으로 되어 있음.
245) 下: 라본에는 '人'으로 되어 있음.
246) 時: 라본에는 '是'로 되어 있음.
247) 長: 라본을 제외한 이본에는 '壯'으로 되어 있음.
248) 大: 이본에는 빠져 있음.

必發淸北兵. 我與同志壯士從中起, 則彼腹背受兵, 吾事濟矣." 孝一許諾, 計定, 陰結[249]豪傑, 應者數百人, 爭輸以軍粮. 府尹黃一皓, 微聞之, 召孝一等, 屛人與語, 大奇之, 謂曰: "崔孝一入中朝, 車禮亮入瀋陽, 厚健則在此應之, 我當協助." 密贈唐布五十端[250]·白金百兩. 孝一將乘舟西行, 與其謀者, 餞于江頭, 酒酣, 孝一賦詩曰: '萬古爲長夜, 何時日月明. 男兒一掬淚, 不獨爲今行.' 厚健和之曰: '壯志馳沙漠, 丹忱向日明. 豫州千載後, 擊楫有君行.' 車禮亮和之曰: '北幕雲猶黑, 南天日尙明. 神州[251]大事業, 都付一舟行.' 崔仁一和之曰: '淚灑犬羊恥, 心懸日月明. 男兒無限計, 滿載此舟行.' 於是, 孝一渡海, 直抵吳三桂營, 三桂大喜, 署爲把摠. 金人聞之, 疑我國, 募漢人之降者遣諜之. 其人到義州, 訪厚健, 自稱崔孝一義子, 告之曰: "崔公方在吳將軍麾[252]下, 將與南將張某, 領舟師東下." 厚健信之, 作諺書八幅, 藏衣袊送之, 其略曰: '朝廷聞舅西入, 恐貽本國患, 囚家族.' 又曰: "往年龍骨大之來, 執三公六卿, 因索金尙憲諸公而去, 擧國驛騷. 又恐有東搶之擧, 願舅亟與天將領兵而來. 車禮亮入瀋中[253], 尙無聞矣." 又曰: "若因黃府尹, 可通中朝, 同志士某某聞好音, 莫不歡喜云." 諜者持書入瀋, 金主召被攎[254]人解讀之, 大怒, 卽遣使來急捕, 名在厚健書者十一人與黃一皓俱被殺, 時辛巳十一月九日也. 厚健就捕時, 家人哭, 厚健夷然曰: "人皆有死, 得其所難耳. 今我爲家國報讐, 而機事先泄,

---

249) 孝一許諾, 計定, 陰結: 라, 마본에는 '孝一計定陰結, 快爲許諾'으로 되어 있음.
250) 端: 라본에는 '段'으로 되어 있음.
251) 州: 저본에는 '主'로 나와 있으나 이본을 따름.
252) 麾: 라본을 제외한 이본에는 '戱'로 되어 있음. 이 때의 '戱'는 음이 '휘'로 뜻은 서로 통함.
253) 瀋中: 가, 나본에는 '瀋陽'으로 되어 있음.
254) 攎: 저본에는 '擄'로 나와 있으나 이본을 따름. '攎'도 '사로잡다'의 뜻이 있음.

功未就爲可恨, 死無愧矣." 聞者莫不流涕.

6-28. 李淸華守節遯世

李陽昭, 字汝建, 麗末人. 與我太宗同年生, 洪武壬戌, 又同中進士, 少相善, 及革命, 隱于漣川陶唐谷. 太宗物色之, 嘗親至其第, 置酒道舊故[255], 與之聯句. 上先賦曰: '秋雨半晴人半醉.' 陽昭卽[256] 對曰: '暮雲[257]初捲月初生.' 蓋月初生, 卽上少時所幸姬[258]名也. 上下床握手曰: "子眞吾故人." 命載後車, 陽昭固辭不就. 土[259]人名其居, 曰'王臨里', 至今稱'御幕墟'·'御水井'. 始陽昭, 與上共業於谷山靑龍寺, 愛其山水, 嘗言, "他日願爲此郡守." 至是, 上記其言, 特除谷山郡守, 欲因此起之, 陽昭又不膺命. 上嘉其志, 賜名所居山, 曰'淸華', 蓋[260]取伯夷之淸風, 希夷之華山也. 其後, 屢徵不起, 乃命卽其所居地建屋, 扁曰'李華亭'. 陽昭亦不肯處焉, 移搆草屋於深峽, 名曰'安分堂'. 庭植文[261]杏, 彈琴讀書, 以終老, 自號曰'琴隱'. 臨卒, 自書銘旌, 曰'高麗進士李某'. 上聞之, 嗟嘆曰: "生不能屈其志, 死不可汚以官!" 特贈諡'淸華公', 遣國師無學, 占葬地, 得於鐵原. 陽昭之子, 言其父遺命, "葬我勿離漣川." 守臣以聞, 命割鐵原地十里屬之漣川, 仍環封其地, 土田林壑悉賜之, 置守塚, 召其子官之. 其時, 又有元天錫·南乙珍·徐甄, 與陽昭, 俱遯世不屈, 時人謂之'高麗四處士'.

---

255) 舊故: 라본에는 '故舊'로 되어 있음.
256) 卽: 저본에는 빠져 있으나 다, 라, 마본에 의거하여 보충함.
257) 雲: 저본에는 '雨'로 나와 있으나 이본을 따름.
258) 姬: 라본에는 '妓'로 되어 있음.
259) 土: 저본에는 '士'로 나와 있으나 이본에 의거함.
260) 蓋: 저본에는 '蓋蓋'로 나와 있으나 이본에 의거함.
261) 文: 저본에는 '天'으로 나와 있으나 이본에 의거함.

6-29. 進神方皮醫擅名

皮載吉者, 醫家子也. 其父業治腫[262], 善合藥. 旣沒, 載吉年尙幼, 未及傳父術, 其母以聞見敎諸方. 載吉未嘗讀醫書, 但知聚材煎膏已, 一切瘡瘍, 賣以資給, 行于閭巷間, 不敢齒醫列. 士大夫聞而招致之, 試其藥, 頗有騷驗. 癸丑夏, 正廟患頭癤, 雜試針藥, 久未奏效, 浸及於面頷[263]諸部. 時當盛暑, 燕寢不寧, 諸內醫罔知攸措, 廷臣日成班問起居. 有以載吉名白者, 命召入問, 載吉賤夫也, 戰汗不能對, 左右諸醫, 皆竊笑之. 上使近前診視, 曰: "毋畏也, 盡爾技!" 載吉曰: "臣有一方, 可試." 命退而劑進, 乃以熊膽和諸藥料[264], 熬成膏傅之. 上問: "幾日可痊?" 對曰: "一日痛止, 三日收矣." 而已[265], 一如其言, 上書諭藥院曰: "傅藥少頃, 脫然忘前日之痛. 不意今世, 有此隱技秘笈, 醫可謂名醫, 藥可謂神方, 其議所以酬勞者." 院臣啓請, 先差內針醫, 賜六品服, 授正職, 上可之, 卽除羅州監牧官. 一院諸醫, 皆驚服斂手讓其能. 於是, 載吉之名, 聞國中, 熊膽膏, 遂爲千金方, 傳于世.

6-30. 降房星文弁殉國

長興[266]人文紀房, 江城君益漸之後也. 父炯夢, 屋上有大星飛下, 光燭地, 傍人言, "是爲房星也." 驚覺汗沾背, 是夜生子, 名以紀房. 爲兒戱騎竹馬, 剪紙爲旗, 自稱爲將, 群兒無不從令. 十五讀史, 至「張巡‧許遠傳」, 慷慨擊節, 掩卷流涕. 膂力絶人, 善騎射, 與再從

---

262) 腫: 라본에는 '瘇'으로 되어 있음.
263) 頷: 다, 라, 마본에는 '領'으로 되어 있음.
264) 和諸藥料: 라, 마본에는 '和料諸藥'으로 되어 있음.
265) 而已: 나본에는 '已而'로 되어 있음.
266) 長興: 라본에는 '長城'으로 되어 있음.

弟明會, 同登辛卯武科, 選爲守門將. 壬辰, 島夷大擧入寇, 紀房與
明會, 倡義起鄕兵, 從全羅兵使李福男. 丁酉八月, 賊蹤宿星嶺, 兵
使自順天轉到南原, 士卒盡散, 只餘偏裨五十餘人. 賊鋒薄城下,
紀房與明會, 張目唾手, 曰: "今日當決死以報國!" 鼓行, 由南門入,
賊圍數重, 彎弓亂射, 殺賊無算[267]. 右手指盡脫落, 更以左手射賊,
左手又脫, 紀房口呼一句, 曰: '平生殉國志, 腰下玉龍知.' 明會繼
之曰: '力盡鼓聲裡, 誰[268]扶社稷危?' 血書于衫袖, 遂與兵使轉戰[269]
而死. 奴甘金持血衫, 伏殭[270]屍中, 脫身還家, 備陳[271]殉節狀, 以血
衫葬於高山, 竝錄宣武原從二等. 後本道多士二百餘人, 上言請褒
贈, 事下本道, 久不報云.

6-31. 進忠言入祠哭辭

禹六不者, 趙相顯命傔從也. 人甚質直, 而嗜酒貪色. 趙家婢莫
大者, 其祖妣轎前婢也, 人頗姸[272]美, 六不乃作妾而太惑[273], 每出
入廊下. 一日, 在趙相家, 新統制使下直來, 請古風, 則給二兩. 六
不受[274]而還擲于前, 曰: "歸作大夫人主衣資!" 統制使含怒, 熟視而
去矣. 仍後[275]爲捕將而上來, 仍出令曰: "捕校中如有捉納禹六不
者, 吾施重賞!" 過數日, 果見捉, 直欲施亂杖之刑, 人急告于趙相.

---

267) 算: 라본에는 '數'로 되어 있음.
268) 誰: 나본에는 '孰'으로 되어 있음.
269) 轉戰: 라, 마본에는 '傳戰'으로 되어 있음. 뜻은 서로 통함.
270) 殭: 이본에는 '僵'으로 되어 있음. 뜻은 서로 통함.
271) 陳: 다, 라, 마본에는 '盡'으로 되어 있음.
272) 姸: 저본에는 '奸'으로 나와 있으나 이본에 의거하여 바로잡음.
273) 太惑: 가, 다본에는 '大惑'으로, 라, 마본에는 '大感'으로 되어 있음.
274) 受: 가, 나본에는 '不受'로 되어 있음.
275) 仍後: 가본을 제외한 이본에는 '後仍'으로 되어 있음.

趙相時帶御將, 乘軒而過捕廳門外, 住軒而傳喝曰: "此是吾之傔人也, 渠雖有死罪, 欲一面而訣[276], 須暫出送." 捕將不得已出送, 以紅絲結縛, 校卒十餘人隨而來, 禹六不見趙相, 泣曰: "願大監活我!" 趙相曰: "汝犯死罪, 吾何以活之? 然而汝旣死矣, 吾欲把手而訣, 可解縛." 捕校以大將之令爲難, 趙相怒叱曰: "斯速解之!" 捕校不得不[277]承命而解縛, 趙相執其手, 而仍上置其軺軒踏板上, 仍分付御廳[278]執事, 曰: "如有追來之捕廳所屬[279], 一倂結縛." 軍卒唱諾, 而回車疾馳而還, 留之家中, 而不使出門. 趙相死後, 侍其子趙相載浩, 常見有不是事, 諫之, 則趙相叱曰: "汝何知而敢如是乎云云." 六不直入祠堂, 呼大監而哭, 曰: "大監宅不久必亡, 小人從此辭退云." 而仍更不往其家. 到壬午年, 酒禁之令至嚴, 六不以酒爲粮, 斷飮已久, 仍以成病, 有朝夕難保之慮. 莫大潛釀一小缸, 夜深後勸之, 則驚曰: "此物何處得來?" 曰: "爲君之病, 潛釀矣." 仍呼莫大而出外, 以手握渠之髻而拿入, 曰: "禹六不捉入矣!" 渠自作分付曰: "汝何爲而犯禁釀酒乎?" 又自對曰: "小人焉敢乃爾? 小人無識之妻, 爲小人病而釀之矣." 官又分付曰: "可斬." 仍作斬頭樣, 曰: "如此則何如? 吾以小民, 何敢冒犯國禁乎? 大是不可." 仍破瓮而不飮, 因其病而不起云.

6-32. 起死人臨江哀輓

湖中古有一士人, 迎妹婿, 而三日內仍病不起. 自士人家治喪,

---

276) 訣: 가, 나본에는 '訣之'로 되어 있음.
277) 不得不: 라, 마본에는 '不得已'로 되어 있음.
278) 御廳: 가, 나본에는 '御營'으로 되어 있음.
279) 屬: 라본에는 '囑'으로 되어 있음.

而幷孀妹送于舅家, 其士人隨後渡江. 士人不勝其悲慘之懷, 仍賦詩曰: '問爾江上船, 古又今, 娶而來[280]幾人, 嫁而歸[281]幾人? 未有如此行. 丹旌先素轎後, 靑孀婦白骨郎. 江上船歸莫疾, 郎魂猶在臥東床. 江上船歸莫懶, 聞有郎家十年養孤兒之萱堂. 萱堂朝萱堂暮, 望子不來, 來汝喪, 此理誰復[282]問蒼蒼. 小婢依船泣且語, 彼鳥[283]元央[284], 猶自雙雙飛飛, 水之北山之陽云.' 而書置于柩前, 一聲長號[285]. 少焉, 忽有長虹, 自江中亘于柩上, 已而[286], 柩自析[287]裂, 死者還起云, 亦可異矣![288] 事近齊諧, 而姑錄之.

[280) 來: 라, 마본에는 '來者'로 되어 있음.
[281) 歸: 라, 마본에는 '歸者'로 되어 있음.
[282) 誰復: 저본에는 '復誰'로 나와 있으나 이본을 따름.
[283) 彼鳥: 가, 나본에는 '瞻彼鳥者'로 되어 있음.
[284) 元央: 다, 라, 마본에는 '鴛鴦'으로 되어 있음. 서로 통함.
[285) 號: 저본에는 '呼'로 나와 있으나 이본에 의거함.
[286) 已而: 저본에는 '而已'로 나와 있으나 이본을 따름.
[287) 析: 라, 마본에는 '坼'으로 되어 있음. 서로 통함.
[288) 亦可異矣: 라, 마본에는 '亦異奇怪之'로 되어 있음.

卷七

7-1. 洪相國早窮晚達

洪相沂川命夏, 與金判書佐明, 俱是東陽尉女婿也. 金公早登科第, 聲望蔚然, 洪公以四十窮儒, 家貧, 贅居于東陽門, 自聘母翁主以下, 皆賤待之. 妻姎[1]申冕者, 亦早登第, 而爲人驕亢, 待沂川尤薄, 以奴隷視之. 一日對飯, 適有雉脚之爲饌者, 申冕擧而投之於狗, 曰: "貧士之床, 雉脚何爲?" 公但含笑, 而少無怒意. 東陽尉獨知其晚必大達, 每責其子, 而加意於洪公. 金公之爲文衡也, 做數首表而示之, 曰: "可做科業耶?" 金公不見, 而以扇揚之, 曰: "豹乎彪乎?" 洪公笑而收之. 一日, 東陽尉出他暮歸, 聞小舍[2]笙歌之聲, 問於傍人, 則以爲, '令監與金參判令監[3], 及他宰[4]數人, 方張樂而遊矣.' 申公問曰: "洪生在座否?" 曰: "洪生在下房而睡矣." 申公顰眉, 曰: "兒輩事可駭矣!" 仍請洪生而問曰: "汝何爲不參於兒輩之遊耶?" 對曰: "宰相之會, 非儒生之所可參, 況是不請客耳." 申公曰: "汝則與吾一遊, 好矣." 仍命樂, 盡歡而罷. 申公有疾濱危, 公把沂川之手, 一手擧盃而勸飮, 曰: "吾有一言之可托于汝者, 可飮此盃, 而聽我臨終之言." 洪公謙讓, 曰: "未知有何下敎, 願先承敎後飮此盃." 申公連曰: "飮盃後, 吾當言之." 洪公一味不從, 申公四五次勸之, 而終不聽, 乃擲盃於地而含淚, 曰: "吾家亡矣!" 仍賣命, 蓋似是托子之言也. 其後, 洪公登[5]第, 十餘年之間, 位至左相. 肅

---

1) 姎: 나, 라, 마본에는 '甥'으로 되어 있음.
2) 舍: 라본에는 '舍廊'으로 되어 있음.
3) 參判令監: 라본에는 '判書大監'으로 되어 있음.
4) 他宰: 라본에는 '宰相'으로 되어 있음.
5) 登: 가, 나본에는 '得'으로 되어 있음.

廟朝, 申冕獄事出, 而自上問于洪相曰: "申冕何如人也?" 洪相對 以不知, 仍伏法. 冕之平日行事, 沂川含憾, 久矣. 但旣受知於東陽 尉, 則一言救之, 以報東陽知遇之感, 可也. 不此之爲者, 沂川事極 可咄歎. 沂川拜相之後, 金公佐明, 尙帶文衡之任. 燕京奏文, 文衡 製進, 而以四六爲之, 先鑑于大臣而入啓, 例也. 金公以所製之表, 入覽于大臣, 洪公以扇揚之, 曰: "豹乎彪乎?" 此亦量狹之事也.

7-2. 柳上舍先貧後富

柳生某者, 洛下人也. 早有文名, 二十前登司馬, 而家甚貧窶, 居 於水原地. 其妻某氏, 才質俱美, 以針線資生矣. 一日, 門外傳言, '有一女子, 善劍舞戲云.' 柳生招入內庭, 而使之試藝, 其女子入來, 熟視柳妻, 直上廳相抱, 放聲大哭. 莫知其故, 問于其妻, 則答以 爲, '曾所面熟之人故也云[6].' 仍不試劍技, 而留數日送之矣. 越五 六日後, 望見前路, 三個新轎駕駿馬, 前有婢子數雙亦騎馬, 後無 陪行, 而直向其家. 柳生訝之, 使人問: "何來內行, 誤入吾家?" 下 隷不答而入門, 下轎於內門之內, 人馬皆息於店幕. 柳生倍生疑 訝, 書問其內, 則以爲, '從當知之, 不必强問云[7]云.' 而自伊日, 夕 飯饌品豊潔, 水陸備陳[8] 柳生心尤訝惑, 又書問, 則以爲, '只可飽 喫, 不必問之, 從當知之, 數日則不必入內云矣.' 其明日, 朝夕飯 又如是. 過數日, 其內書請以爲作京行云云, 柳生怪之, 請中門內, 暫面而[9]問曰: "內行從何處而來也? 朝夕之供, 何爲而比前豊厚

---

[6] 面熟之人故也云: 다, 라, 마본에는 '面熟之人也, 故云云'으로 되어 있음.
[7] 云: 저본에는 공백으로 되어 있으나 이본에 의거하여 보충함.
[8] 陳: 다, 라, 마본에는 '盡'으로 되어 있음.
[9] 而: 저본에는 빠져 있으나 이본에 의거하여 보충함.

也? 洛行云云何言也? 洛行有何委折, 而何以治行發程耶?" 其妻 笑曰: "不必强問, 從當知之矣. 至於京行之人馬, 不必掛念, 自當 備待, 只可治行而已." 柳生怪訝, 而任其所爲矣. 翌日, 三轎依前 駕馬, 而自家所騎之馬, 亦已具鞍以待矣. 第騎馬隨後, 到京城南 門, 而入會洞一大第, 三轎入於內門, 自家下馬於中大門之外而 入, 則卽一空舍也. 舖筵設席, 書冊筆硯之屬, 唾壺溺器[10]之物, 左 右羅置, 有冠者數人, 如傔從樣, 待令使喚. 已而, 奴輩四五人, 入 庭現謁, 柳生問曰: "汝輩誰也?" 對曰: "皆是宅奴子也." 柳生曰: "此宅誰人之宅也?" 對曰: "進士主宅也." 又問: "左右舖設之物, 則 何處得來者?" 對曰: "皆是進士主需用什物也." 柳生驚訝, 如坐雲 霧中. 夕飯後, 擧燭而坐, 其妻作書曰: "今夜, 當出送一美人, 庶慰 孤寂之懷也云." 柳生答以爲, "美人誰也? 此何事也?" 其妻曰: "從 當知之云." 至更深後, 傔從輩皆出外, 自內門一雙丫鬟[11], 擁出一 箇絶代美人, 凝粧盛飾, 坐於燭下. 侍婢又舖寢具而入, 生仍問以 何許人, 則笑而不答, 仍與之就寢. 明朝, 其妻以書賀得新人, 而又 曰: "今夜, 當換送他美人云云." 柳生莫知其故, 任之而已. 其夜, 侍婢如前, 擁一美人而出來, 察其形容, 則乃是別人, 柳生又與之 同寢矣. 翌朝, 其妻又以書賀. 午後, 門外忽有喝導聲, 一隷入來, 而告曰: "權判書大監行次入來!" 生驚而下堂拱立, 俄而, 一白髮老 宰相乘軒而入來, 見柳生, 欣然把手, 而上堂坐定. 柳生拜而問: "大監不知何許尊貴人, 而小生一未承顏, 何爲降臨也?" 其宰相笑 曰: "君尙未覺繁華夢耶? 吾第言之, 如君之好八字, 今古罕倫者 也. 年前, 君之聘家, 與吾家及譯官玄知事者, 家隔墻, 而同年同[12]

---

10) 器: 라본에는 '缸'으로 되어 있음.
11) 丫鬟: 라본에는 '叉鬟'으로 되어 있음.

月日, 三家俱産女, 事甚稀異, 故三家常常互送兒而見之. 及稍長, 三女朝夕相從而遊嬉, 渠輩私自矢心, 同事一人相約, 而吾亦不知, 彼家亦不知矣. 其後, 君之聘家移居, 而不聞聲息矣. 吾女卽側出也, 年及笄, 欲議婚, 則抵死不願[13], 曰: '旣有前約, 當從君妻而事一人, 其外雖老死父母家, 決無入他門之念云云.' 玄家女子, 又如是云. 責之誘之, 終不回心, 至於過卄五歲, 而尙未適人矣. 向聞, 玄女學劍技, 粧男服, 出遊八方, 將尋君之聘家云矣. 日前逢着於水原地云. 再昨之夜出來佳人, 卽吾[14]庶女也; 昨夜之出來佳人, 卽玄家女也. 家舍及奴婢·什物·書冊與田土[15]等屬, 吾與玄君排置者, 君一舉而得兩美人及家産, 古之楊少遊[16], 無以加此. 君可謂好八字也!" 仍[17]使人招玄知事以來, 須臾, 一老者金圈紅帶來, 拜前, 權判書指而言曰: "此是玄知事也云." 三人對坐, 盛設酒肴, 終日盡歡而罷. 權卽權大運也. 柳生與一妻二妾, 同室和樂者數年. 一日, 柳妻謂其夫曰: "見今朝廷, 南人得時[18], 權判書以南魁而當局矣. 近日事, 無非滅倫之事, 不久必敗, 敗則恐有禍及己之慮, 不如早自下鄕以爲免禍之計矣." 柳生然其言, 盡賣家産, 而携其[19]妻妾還鄕, 更不入京城矣. 甲戌年, 坤殿復位之後, 南人皆誅竄, 權大運亦參其中, 而柳生獨不被收坐之律, 柳妻可謂女中之有識者也. 豈當時午人宰相輩所可及者耶?

---

12) 同: 다, 라, 마본에는 빠져 있음.
13) 願: 저본에는 '顧'로 나와 있으나 다, 라, 마본에 의거함.
14) 吾: 다, 라, 마본에는 '吾之'로 되어 있음.
15) 田土: 마본에는 '田畓'으로 되어 있음.
16) 遊: 저본에는 '游'로 나와 있으나 다, 라, 마본을 따름.
17) 仍: 다, 라, 마본에는 '乃'로 되어 있음.
18) 時: 라본에는 '勢'로 되어 있음.
19) 其: 저본에는 빠져 있으나 다, 라, 마본에 의거하여 보충함.

7-3. 李副學海營省叔父

　李副學秉泰, 性至孝淸儉, 一毫不以取於人. 位至副學, 而居不容膝, 衣不掩身, 言議淸高, 有廉頑起懦之風. 自失怙之後, 就養於其叔監司公. 監司公按海西時, 病患沈篤, 公時[20]副學, 上疏陳情, 乞欲往省, 上特許之. 借鄰戚家駑馬與奴子[21], 發向海營, 中路馬斃, 仍徒步而及, 抵營下, 阻閽不得入. 蓋門者見其破笠弊袍, 殆同乞人, 阻而不許入, 不知爲巡相親侄故也. 公亦不自言之, 少待于門外矣. 新延下隷之在京承顔者, 見之, 驚而迎拜[22], 前導而入. 及門, 監司公見儀[23], 叱責曰: "此何貌樣? 此是辱朝廷也! 汝旣請由, 則時任副學也, 乘馹而來, 可也. 今以乞客樣, 徒步下來, 自此海西[24]之民, 以副學之位皆如此等人, 知之矣, 豈不貽羞乎? 可卽退去." 公不敢入門, 惶蹙而退于冊室矣. 少焉, 自內出送一襲衣·笠子·新巾·玉圈·紅帶, 使之改服而來. 公迫於嚴敎, 不得已承命改[25]服, 上下一新, 始乃進拜於澄軒, 則監司公笑而敎, 曰: "乃[26]今始知爲副學矣." 留月餘告歸, 臨發, 盡脫冠巾[27], 別封而置之[28], 還着來時之衣冠而歸.

---

20) 時: 다, 라, 마본에는 '爲'로 되어 있음.
21) 子: 저본에는 빠져 있으나 라본에 의거하여 보충함.
22) 迎拜: 다, 라, 마본에는 '迎拜于前'으로 되어 있음.
23) 儀: 가, 나본에는 '而'로 되어 있음.
24) 海西: 다, 라, 마본에는 '海平'으로 되어 있음.
25) 改: 마본에는 '假'로 되어 있음.
26) 乃: 다, 라, 마본에는 '迺'로 되어 있음. 서로 통함.
27) 冠巾: 라본에는 '冠服'으로 되어 있음.
28) 而置之: 저본에는 '以置而'로 나와 있으나 다, 라, 마본에 의거함.

7-4. 盧玉溪宣府逢佳妓

盧玉溪禛, 早孤家貧, 居在南原地. 年旣長成, 無以婚娶, 其堂叔武弁, 時爲宣川府使, 玉溪母親, 勸往乞得婚需. 玉溪以編髮徒步作行, 行至宣府之門, 阻閽不得入, 彷徨路上. 適有一童妓衣裳鮮新[29]者, 過去停步而立, 熟視而問曰: "都令從何以來?" 玉溪以實言之, 妓曰: "吾家在某洞第幾家, 距此不遠, 都令須定下處於吾家." 玉溪許之. 艱辛入官門, 見其叔, 言下來之由, 則嚬蹙, 曰: "新延未幾, 官債山積, 甚可悶也云." 而殊甚冷落矣. 玉溪以出宿下處之意, 告而出門, 卽訪其妓之家, 童妓欣迎[30], 使其母精備夕餐而進之. 夜與同寢, 其妓曰: "吾見本官司, 手段甚少, 雖至親之間, 其婚需優助, 有未可知. 吾見都令之氣骨狀貌, 可以大顯達, 何必自歸於乞客之行乎? 吾有私儲銀五百餘兩, 留此幾日, 不必更入官門, 持此金直還, 可也." 玉溪曰: "不可也[31]. 行止如是飄忽, 則堂叔豈不致責乎?" 妓曰: "都令雖恃至親之情, 而至親何可恃也? 留許多日, 不過被人苦色; 及其歸也, 不過以數十金贐行, 將安用之? 不如自此直發." 過數日, 晝則入見其叔, 夜則宿於妓家. 一日之夜, 妓於燈下, 理行裝, 出銀子裹以袱. 及曉, 牽出廐上一匹馬駄, 使之促行, 曰: "都令不過十年內外[32], 必爲[33]大貴矣. 吾當潔身而俟之, 會面之期, 只此一條路而已, 千萬保重." 灑淚而出門, 玉溪不得已, 不辭於其叔而作行. 平明, 本官聞其歸, 竊怪其行色之狂妄, 而中心也, 自不妨其不費錢兩也. 玉溪歸家, 以銀子, 娶妻而營産, 衣食[34]

---

29) 鮮新: 다, 라, 마본에는 '新巾'으로 되어 있음.
30) 欣迎: 다, 라, 마본에는 '欣然迎之'로 되어 있음.
31) 也: 저본에는 빠져 있으나 다, 라, 마본에 의거하여 보충함.
32) 內外: 다, 라, 마본에는 빠져 있음.
33) 爲: 저본에는 빠져 있으나 다, 라, 마본에 의거하여 보충함.

不苟. 乃刻意科工, 四五年之後登第, 大爲上所知. 未幾, 以繡衣按廉于關西, 直訪其妓之家, 則其母獨在, 見玉溪, 認其顔面, 乃執裾而泣, 曰: "吾女自送君之日, 棄母逃[35]走, 不知去向, 于今幾年. 老身晝夜[36]思想, 而淚無乾時云云." 玉溪茫然自失, 自量以爲, '吾之此來[37], 全爲故人相逢之地矣. 今無形影, 心膽俱墜, 然而渠必爲我而[38]晦跡之故也.' 仍更問曰: "老嫗之女, 自一去之後, 存歿尙未聞之否耶?" 對曰: "近者傳聞, 吾女寄跡於成川境內之山寺, 藏蹤秘跡, 人無見其面者云云. 風傳之言, 猶未可信, 老身年衰無氣, 且無男子, 無以追尋[39]其踪跡矣." 玉溪聽罷, 仍卽往成川地, 遍訪一境之寺刹, 窮搜而終無形影. 行尋一寺, 寺後有千仞絶壁, 其上有一小菴, 而峭峻無着足處矣. 玉溪拚蘿捫藤, 艱辛上去, 則有數三僧徒[40], 問之, 則以爲, "四五年前, 有一個年可二十之女子, 以如干銀兩, 付之禮佛之首座, 以爲朝夕之費. 而仍伏於佛座之卓下, 披髮掩面, 而朝夕之飯, 從窓穴[41]而入送, 或有大小便之時, 暫出門而還入. 如是者, 已有年所, 小僧皆以爲菩薩生佛, 不敢近前矣." 玉溪心知其妓, 仍使首座僧, 從窓隙傳言, 曰: "南原盧都令, 今爲娘子而來此, 何不開門而迎見?" 其女仍其僧而問曰: "盧都令如來, 則登科乎[42], 否乎?" 玉溪遂以登科後, 方以繡衣來此云云, 其女曰:

---

34) 衣食: 다, 마본에는 '衣服'으로 되어 있음.
35) 逃: 다, 라, 마본에는 '遽'로 되어 있음.
36) 晝夜: 다, 라, 마본에는 '晝宵'로 되어 있음.
37) 此來: 다, 라, 마본에는 '來此'로 되어 있음.
38) 而: 다, 라, 마본에는 빠져 있음.
39) 追尋: 다, 라, 마본에는 '尋追'로 되어 있음.
40) 僧徒: 다, 라, 마본에는 '僧尼徒'로 되어 있음.
41) 穴: 다, 라, 마본에는 '隙'으로 되어 있음.
42) 乎: 다, 라, 마본에는 '否'로 되어 있음.

"妾之如是積年晦跡而[43]喫苦, 全爲郞君地也, 豈不欣欣然卽出迎之? 而積年之鬼形, 難見於丈夫行次, 如爲我留十餘日, 則妾謹當洗垢理粧, 復其本形後, 相見好矣." 玉溪依其言, 遲留矣. 過十餘日後, 其女凝粧盛飾, 出而見之, 相與執手, 而悲喜交至. 居僧始知其來歷, 莫不嗟歎. 玉溪通于本府, 借轎馬, 馱送于宣川, 與母相面. 竣事復命之後, 更[44]送人馬, 率來同室, 終身愛重云云.

7-5. 投三橘空中現靈

李佐郞慶流, 以兵曹佐郞, 當壬辰倭寇, 而其仲氏, 投筆供武職. 助防將邊璣出戰時, 以其仲氏從事官啓下, 而名字誤以公書之, 仲氏曰: "以吾啓下, 誤書汝名, 吾可往矣." 公曰: "旣以吾名啓下, 則吾當往." 仍束裝而辭于慈親, 蒼黃赴陣. 邊璣出陣于嶺右, 大敗而逃, 軍中無主將, 仍大亂. 公聞巡邊使李鎰在尙州, 單騎馳赴之, 與尹公暹・朴公箎[45], 同處幕下, 又戰不利, 一陣陷沒, 尹・朴兩公皆被害. 公出陣外, 則奴子牽馬而待之, 見而泣告曰: "事已致[46]此, 願速速還洛, 可也." 公笑曰: "國事如此, 吾何忍偸生?" 仍索筆, 告訣于老親及伯氏, 藏于袍裾中, 而使奴傳之, 欲還向敵陣[47], 則奴子抱而泣不捨, 公曰: "汝誠亦可佳, 吾當從汝言, 而吾饑甚, 汝可得飯而來." 奴子信之不疑, 尋人家, 乞飯而來, 則公已不在矣. 奴子望敵陣, 痛哭而歸. 公以飯爲托而送奴, 仍回身更赴敵陣, 手格殺人, 而仍遇害, 時享年二十四四月二十四日, 而尙州北門外坪也. 其奴牽

---

43) 而: 저본에는 빠져 있으나 이본에 의거하여 보충함.
44) 更: 저본에는 '始'로 나와 있으나 다. 라. 마본을 따름.
45) 箎: 라본에는 '篪'로 되어 있음.
46) 致: 이본에는 '到'로 되어 있음.
47) 陣: 다. 라. 마본에는 '陣中'으로 되어 있음.

馬而來, 擧家始聞凶報, 以發書之日爲忌日, 始擧哀. 其奴自刎而死, 馬亦不食而斃. 以所遺衣冠, 斂而入棺, 葬于廣州突馬面先塋之左[48]麓, 而其下又葬奴與馬. 尙州士林, 設壇而行俎豆禮, 自朝家贈職都承旨. 乙卯, 正廟朝, 以親筆書'忠臣義士壇', 建閣於北坪, 命使三從事竝享, 而春秋行祀. 公卒後, 每夜來家中, 聲音笑貌, 宛如生時, 對夫人趙氏酬酢, 無異平昔[49]. 每具饌[50]以進, 則飮啖如常時, 而後乃見之, 飮食如前. 每於日昏後始來臨, 鷄鳴則出門而去, 夫人問: "公之遺骸, 在於何處? 若知之, 則將返葬矣." 公愀然曰: "許多白骨堆中, 何由辨知乎? 不如置之爲好, 且吾之白骨所埋處, 亦自無害矣." 其他家事區處, 一如平時. 小祥後, 間日降臨矣, 及大祥時, 乃辭曰: "從今以後, 吾將不來矣." 時其子穧, 年纔四歲矣, 公撫而嗟嘆, 曰: "此兒必登第而不幸, 當不幸時, 然而伊時, 吾當更來." 仍出門, 伊後更無形影. 其後二十餘年後, 光海朝, 其子穧登第, 謁廟之時, 自空中呼新恩進退, 人皆異之. 其老慈親, 常[51]有病患, 時則五六月間也. 喉渴[52]而病患中, 謂侍者曰: "何由得喫一橘? 若得喫, 則渴病可解矣." 數日後, 空中有呼兄之[53]聲, 伯氏下庭而仰視, 則雲霧中, 公以三橘投之, 曰: "老親念橘, 故吾於洞庭得來矣, 可以進之, 病患卽差." 陶菴神道碑銘, 曰'空裏投橘, 神恍惚兮'云者, 卽此也. 每當忌辰行祀時, 闔門之後, 則必有匕[54]箸聲. 宗家行祀時, 餠有人毛之入者, 罷祀後聞之, 則外舍有呼奴之聲.

---

48) 左: 다, 라, 마본에는 '右'로 되어 있음.
49) 平昔: 라본에는 '平日'로 되어 있음.
50) 饌: 이본에는 '饍'으로 되어 있음.
51) 常: 나본에는 '甞'으로 되어 있음.
52) 渴: 저본에는 '喝'로 나와 있으나 가, 나, 라본에 의거함.
53) 之: 저본에는 빠져 있으나 다, 라, 마본에 의거하여 보충함.
54) 匕: 이본에는 '匙'로 되어 있음. 서로 통함.

家人怪而⁵⁵⁾聽之, 則出自舍廊, 奴子承命而入, 則使捉致蒸餠婢子, 分付曰: "神道忌人毛髮, 汝何不察? 汝罪可撻!" 仍命撻楚. 自是, 每當忌辰, 雖年久之後, 家人不敢少忽焉云.

7-6. 殲群蛇亭上逞勇⁵⁶⁾

李判書復永, 世居結城三山地海邊也. 每潮汐水來⁵⁷⁾, 海上三島, 望之如三峯, 仍號三山. 後有山亭之四面欄檻者, 公居於此. 前有一大槐古木, 而每朝自其中霧起, 遍于庭, 每日如此. 公於一日, 開戶熟視, 則煙霧之中, 自樹穴有一物擧頭, 公怪之. 適有馬上銃之在旁者, 公仍向而放之, 乃⁵⁸⁾得中, 厥物縮頭而入. 少頃, 忽有霹靂聲, 驚起視之, 則大木乃折, 有一巨蟒, 流血而半露身, 其大不知幾圍, 而角鬣且具矣. 自其穴蛇颭之出者, 不知其數, 或大如棟樑椽木, 小如手指簡⁵⁹⁾竹者, 相續不絶, 四面環之, 而將向亭上. 公乃袒褐而拔銃鐵, 周行欄邊, 而蛇頭之近於欄者, 輒打之, 迅如風雨, 如或一隅放過, 則將爲所害矣. 自日出時⁶⁰⁾至于晩飯後, 不暫休息, 血流前庭⁶¹⁾, 腥穢漲天. 蛇盡而公亦疲困, 喘息而臥矣. 家人以公之久不出, 致訝來見, 則蛇積如阜, 皆大驚, 使健奴四五人, 斥去于海水中, 而卒無事. 公之勇力, 有如是矣. 少時, 使妓輩數⁶²⁾三十人, 各以大筆染墨而環立, 公則在中, 而使妓環以筆點衣. 已畢見之, 無一點墨痕,

---

55) 而: 저본에는 '之'로 나와 있으나 이본을 따름.
56) 勇: 다, 마본에는 '男'으로 되어 있음.
57) 來: 이본에는 '至'로 되어 있음.
58) 乃: 다, 라, 마본에는 '迺'로 되어 있음. 서로 통함.
59) 簡: 다, 라, 마본에는 '竿'으로 되어 있음.
60) 時: 다, 라, 마본에는 빠져 있음.
61) 前庭: 다본에는 '庭前'으로 되어 있음.
62) 數: 다, 라, 마본에는 빠져 있음.

人皆驚訝. 後乃擧足示之, 則墨痕在矣, 蓋以足[63]受之故也.

7-7. 矗石樓繡衣藏跡[64]

　靈城君朴文秀, 少時, 隨往內舅晉州任所, 眄一妓而大惑, 相誓以彼此同日死生. 一日, 在書室, 有一麤惡之婢子, 汲水而過, 諸人指笑而言曰: "此女年近三十, 而以麤惡之故, 尙不知陰陽之理云. 如有近之者, 則可謂積善, 必獲[65]神明之佑矣." 文秀聞其言, 其夜厥婢又過, 仍呼入而薦枕, 厥女大樂而去. 及還洛登科, 十年[66]之間, 承暗行之命, 到晉州, 訪至所嬖之妓家, 立於門外而乞飯, 則自內一老嫗出來熟視, 曰: "怪哉怪哉!" 文秀曰: "老嫗何爲如是也?" 老嫗曰: "君之顏面, 恰似前前等內朴書房主樣[67], 故怪之矣." 文秀曰: "吾果然矣!" 老嫗驚曰: "此何事也? 不意書房主作此乞客而來也. 第可入吾房內, 小留喫飯而去." 文秀入房坐定, 問: "君之女安在?" 答曰: "方以本府廳妓長番, 而不得出來矣云云[68]." 方爇火炊飯, 忽有曳履聲, 而其女來到廚下, 其母曰: "某處朴書房來矣." 其女曰: "何時來此而緣何故來云耶?" 其母曰: "其狀可矜, 破笠弊衣, 卽一丐乞兒. 問其委折, 則見逐於其外家前前使道家, 今方轉轉[69]乞食而來, 以此處曾是久留處, 吏隷輩面熟, 故欲得錢兩而委來云矣." 其女作色, 曰: "此等說, 何爲對我而言也?" 其母曰: "欲見汝而來云, 旣來矣, 一次入見, 可也." 其女曰: "見之何益? 此等人不願

---

63) 足: 다, 라, 마본에는 '是'로 되어 있음.
64) 跡: 이본에는 '踪'으로 되어 있음.
65) 獲: 마본에는 '護'로 되어 있음.
66) 十年: 다, 라, 마본에는 '十餘年'으로 되어 있음.
67) 樣: 다, 라, 마본에는 '貌樣'으로 되어 있음.
68) 云云: 이본에는 '云'으로 되어 있음.
69) 轉轉: 라본에는 '轉輾'으로 되어 있음.

見矣. 明日兵使道生辰, 守令多會, 將設樂於矗石樓, 營本府以妓
輩衣服事, 申飭至嚴. 吾之衣箱中, 有新件衣裳矣, 母氏出來也."
其母曰: "吾何以知之? 汝可入而持來也." 其女不得已開戶而入,
面帶怒色, 不轉眸而循房壁而來, 開箱而出衣服, 不顧而出. 文秀
乃呼其母, 而言之曰: "主人旣如是冷落, 吾不可久留, 從此逝矣."
其母挽止, 曰: "年少不解事之妓, 何足責也? 飯幾熟矣, 少坐喫飯
而去, 可也." 文秀曰: "不願喫飯." 仍出門, 又尋其婢子家, 則其婢
子尙汲水矣. 汲水而來, 見其狀貌, 良久熟視, 曰: "怪哉怪哉!" 文
秀問曰: "何爲見人而稱怪?" 其婢子曰: "客貌恰似向來此邑冊房朴
書房主, 故心竊怪之." 對曰: "吾果然矣!" 其婢子去水盆于地, 把手
而[70]大哭, 曰: "此何事也, 此何樣也? 吾家不遠, 可偕往." 文秀隨
而往, 則有數間斗屋矣. 入其房坐定, 泣問其丐乞之由, 文秀對如
俄者對妓母之言, 其女驚曰: "一[71]寒如此哉! 吾以爲書房主大達
矣, 豈料到此? 今日則願留吾家云." 而出一籠箱, 卽紬衣一襲也.
勸使改服, 文秀曰: "此衣從何出乎?" 對曰: "此是吾之積年汲水雇
貰也. 聚錢貿此, 貰人縫衣以置. 此生若遇書房主, 則欲以表情故
也." 文秀辭曰: "吾於今日, 以弊衣來此, 今忽着此, 則人豈不怪
訝? 終當着之, 姑置之." 其女入廚而備夕飯, 入後面, 口吶吶若有
詬罵者然, 又有裂破器皿之聲. 文秀怪而問之, 則答曰: "南中敬鬼
神矣, 吾自送書房主後, 設神位而朝夕祈禱, 只願書房主立身揚名
矣. 鬼若有靈, 則書房主豈至此境也? 以是之故, 俄者裂破而燒
之[72]矣." 文秀忍笑而感其意而已. 具夕飯以進, 文秀頓服而留宿,

---

70) 而: 저본에는 빠져 있으나 마본에 의거하여 보충함.
71) 一: 저본에는 '日'로 나와 있으나 다, 라본에 의거함.
72) 之: 가, 나본에는 '火'로 되어 있음.

平明催飯, 曰:"吾有所往處." 仍出門, 先往矗石樓, 潛伏於樓下.
日出後, 官吏紛紛修掃, 肆筵設席. 少焉, 兵使及本官出來, 而隣邑
守令十餘人, 皆來會. 文秀突入[73]上座, 向兵使而言曰:"過去客子,
欲參盛宴而來矣." 兵使曰:"第坐一隅, 觀光無妨矣." 而已, 盃盤浪
藉, 笙歌嘈轟. 其妓立於本官背後, 服飾鮮明, 含嬌含態. 兵使顧而
笑曰:"本官近日大惑於厥物耶? 神色不如前矣." 本官笑而答曰:
"寧有是理? 只有名色無實[74]事矣." 兵使笑曰:"必無是理." 仍呼使
行杯, 其妓女行盃, 而次次進前, 文秀請曰:"此客亦善飮, 願請一
盃." 兵使曰:"可進酒!" 妓乃酌酒, 給知印, 曰:"可給彼客!" 文秀笑
曰:"此客亦男子也, 願飮妓手之杯酒." 兵使與本官作色, 曰:"飮則
好矣, 何願妓手?" 文秀仍受而飮之. 進饍[75]而各人之前, 俱是大卓,
而自家之前, 不過數器而已. 文秀又問曰:"俱是班也, 而飮食何可
層下乎?" 本官怒曰:"長者之會, 何可如是支煩? 得喫飮食, 可斯速
去矣, 何爲多言也?" 文秀亦怒, 曰:"吾亦非長者乎? 吾已有妻有
子, 鬚髮蒼然[76], 則吾豈孩少耶?" 本官怒曰:"此乞客妄悖矣, 可以
逐出!" 仍分付官隷, 使之逐送, 官隷立於樓下, 呵叱曰:"斯速下
來!" 文秀曰:"吾何以下去? 本官可以下去." 本官益怒, 曰:"此是
狂客也! 下隷輩焉敢[77]不爲曳下乎?" 號令如霜, 知印輩擧袖推背,
文秀高聲曰:"汝輩可出[78]去!" 言未已[79], 門外驛卒, 大呼曰:"暗行
御史[80]出道矣!" 兵使以下, 面無人色, 蒼黃迸出, 文秀高坐而笑,

73) 入: 이본에는 '出'로 되어 있음.
74) 無實: 저본에는 '實無'로 나와 있으나 이본을 따름.
75) 饍: 다, 라, 마본에는 '饌'으로 되어 있음.
76) 蒼然: 가, 나본에는 '蒼黃'으로 되어 있음.
77) 焉敢: 다, 라, 마본에는 '胡'로 되어 있음.
78) 出: 다, 라, 마본에는 '退'로 되어 있음.
79) 未已: 다, 라, 마본에는 '未了'로 되어 있음.

曰: "固當如是出去矣." 仍坐於兵使之座, 而自兵使以下各邑守令,
皆具帽帶[81]請謁, 一一入現. 禮罷後, 文秀命捉入其妓, 又呼妓母,
而分付於妓曰: "年前吾與汝情愛, 何如? 約以山崩海渴情好不變
矣. 今焉, 吾作此樣而來, 則汝可念舊日之情, 好言慰問, 可也, 何
爲而發怒也? 俗云'不給粮而破瓢'者, 政謂汝也. 事當卽地打殺, 而
於汝何誅? 略施笞罰." 謂妓母曰: "汝則稍解人事, 以汝之故, 姑不
殺之." 命給米肉, 又曰: "吾有所眄之女, 斯速呼來!" 仍使汲水之
婢, 升軒而坐於傍, 撫之, 曰: "此眞有情女子也. 此女陞附妓案, 使
行行首[82]事, 而某妓降定, 付汲水婢." 仍招入本府吏房, 無論某樣,
錢二百金, 斯速持來, 以給其婢子而去.

7-8. 練光亭京校行令

金相若魯, 自箕伯移兵判. 時按箕營未久, 江山樓臺, 笙歌綺羅,
戀戀不能忘, 大發火症, 揚言曰: "兵曹下隷如或來, 則當打殺云
云." 兵曹所屬無敢下去者, 龍虎營諸校相議曰: "將令如此, 固不敢
下去, 若緣此而不得[83]下去, 則又有晚時之罪, 此將奈何?" 其中一
校曰: "吾當無事陪來矣! 君輩其將厚饋我乎?" 皆曰: "君如[84]下去
無事陪來, 則吾輩當盛備酒饍[85]而待之." 其校曰: "然則吾將治行
矣." 仍擇巡牢中身長而有風力者十雙[86], 服色皆新造, 而號令之聲,
用棍之法, 皆使習之, 與之同行. 時若魯, 每日設樂於練光亭, 望見

---

80) 史: 저본에는 '御使'로 나와 있으나 다, 마본을 따름.
81) 帽帶: 다, 라, 마본에는 '帶帽'로 되어 있음.
82) 行首: 다, 라, 마본에는 '行首妓'로 되어 있음.
83) 得: 다, 라, 마본에는 '趁'으로 되어 있음.
84) 君如: 다, 라, 마본에는 '如君'으로 되어 있음.
85) 饍: 이본에는 '饌'으로 되어 있음.
86) 十雙: 다, 라, 마본에는 '十數名'으로 되어 있음.

長林間, 有三三五五來者, 心甚訝之. 而已,[87] 有一校衣服鮮明者[88], 趁入於前, 使下隷告兵曹敎鍊[89]官現身, 若魯大怒, 拍案高聲曰: "兵曹敎鍊官, 胡爲而來哉?" 其人不慌不忙而上階, 行軍禮後, 仍號令曰: "巡令手[90]斯速現身!" 聲未已, 二十箇巡牢趁入, 拜於庭下, 分東西而立, 其身手也軍服也, 比箕營羅卒, 不啻霄壤. 其校忽又高聲號令[91], 曰: "左右禁喧嘩!" 如是者數次, 仍俯伏而稟曰: "使道雖以方伯行次於此處, 固不敢如是, 今則大司馬·大將軍行次也, 渠輩焉敢若是喧嘩, 而邑校不得禁止乎? 邑校不可不拿入治罪矣." 仍號令曰: "左右禁亂, 邑校斯速拿入!" 巡牢一時[92]承命而出, 以鐵索繫頸而拿入, 其校仍分付曰: "使道行次, 雖是一道方伯, 不可如是喧擾[93], 況今大司馬·大將軍行次乎! 汝輩焉敢不禁其雜亂云?" 而仍使之依法, 巡牢執其所持去之兵曹白棍, 袒衣而棍之, 聲震屋宇[94]. 其應對之聲, 用棍之法, 卽京營之例, 而與箕營擧行, 不可同日而語矣. 若魯心甚爽然, 下氣而坐, 任其京校之爲. 至七度, 其校又稟曰: "棍不過七度." 使之解縛而拿出, 若魯心甚無聊, 呼營吏謂曰: "營門付過記竝持來, 以給京校." 其校受之, 一一數其罪, 而或棍五度, 或八九度而拿出. 若魯又曰: "前付過記之爻周者, 竝付京校." 其校又如前之爲[95], 若魯大喜, 問京校曰: "汝年幾何而誰家人

---

87) 而已: 나본에는 '已而'로 되어 있음.
88) 者: 저본에는 빠져 있으나 다, 라, 마본에 의거하여 보충함.
89) 鍊: 다, 마본에는 '練'으로 되어 있음. 서로 통함.
90) 手: 다, 라, 마본에는 '守'로 되어 있음.
91) 又高聲號令: 라본에는 '大聲呼令'으로 되어 있음.
92) 一時: 저본에는 빠져 있으나 다, 라, 마본에 의거하여 보충함.
93) 喧擾: 마본에는 '喧嘩'로 되어 있음.
94) 宇: 저본에는 '于'로 나와 있으나 이본에 의거하여 바로잡음.
95) 爲: 다, 라, 마본에는 '擧行'으로 되어 있음.

也?"對以年幾何某家之人, 曰:"汝於箕城初行乎?" 曰:"然矣." 曰: "如此好江山, 汝何可[96]不一番遊賞乎?" 仍入帖下記, 以錢百兩・米五石[97], 書而給之, 曰:"明日可於此樓一遊, 而妓樂飮食, 當備給矣." 仍信任如熟面人, 留幾日, 與之上京. 一時傳爲笑談[98].

7-9. 憐孀女宰相囑窮弁

有一宰相之女, 出嫁未朞而喪夫, 孀居于父母之側矣. 一日, 宰相自外而入內, 見其女在於下房, 而凝粧盛飾, 對鏡自照, 而已, 擲鏡而掩面大哭. 宰相見其狀, 心甚惻然, 出外而坐, 數食頃無語. 適有親知武弁之出入門下者, 無家無妻之人, 而少年[99]壯健者也. 來拜問候, 宰相屛人, 言曰:"子之身世[100], 如是其窮困, 君爲吾之女婿否?" 其人惶蹙[101], 曰:"是何敎也? 小人不知敎意之如何, 而不敢奉命矣." 宰相曰:"吾非戲言耳." 仍自樻中, 出一封銀子, 給之, 曰: "持此而往, 貰健馬及轎子, 待今夜罷漏後, 來待于吾後門之外, 切不可失期." 其人半信半疑, 第受之, 而依其言備轎馬, 待之于後門矣. 自暗中, 宰相携一女子出, 使入轎中, 而誡之曰:"直往北關居生, 而絶跡於門下." 其人不知何許委折, 第隨轎, 出城而去. 宰相入內下房, 而哭曰:"吾女自決矣!" 家人驚惶[102], 而皆擧哀, 宰相仍言曰:"吾女平昔不欲見人, 吾可襲斂, 雖渠之娚兄, 不必入見矣." 仍獨自斂衾而裹之, 作屍體樣, 而覆以衾, 始通于其舅家, 入棺後,

---

96) 可: 저본에는 빠져 있으나 가, 나본에 의거하여 보충함.
97) 石: 라본에는 '百'으로 되어 있음.
98) 笑談: 마본에는 '談焉'으로 되어 있음.
99) 少年: 이본에는 '年少'로 되어 있음.
100) 身世: 라본에는 '身勢'로 되어 있음.
101) 蹙: 다, 라, 마본에는 '感'으로 되어 있음.
102) 驚惶: 가, 나본에는 '驚遑'으로 되어 있음.

送葬于舅家先山之下矣. 過幾年後, 某宰子某[103], 以其[104]繡衣, 按廉北關. 行到一處, 入一人家, 則主人起迎, 而有兩兒在旁[105]讀書, 狀貌淸秀, 頗類自家之顔面, 心竊怪之. 日勢已晚, 又憊困, 仍留宿矣. 至夜深, 自內忽有一女子出來, 把手而泣, 驚而熟視, 則[106]卽其已死之妹. 不勝驚訝而問之, 則以爲, '因親敎而居于此, 已生二子, 此是其兒矣.' 繡衣口噤, 半餉無語, 略敍阻懷, 而待曉辭去. 復命還家, 夜侍其大人宰相而坐, 時適從容, 低聲而言曰: "今番之行, 有可怪[107]之事矣." 宰相張目熟視而不言, 其子不敢發說而退. 此宰相之姓名, 不記.

7-10. 進祭需嶺吏欺李班

李忠州聖佐, 光佐之從兄也. 性卓犖不羈, 常斥光佐以逆, 絶不往來, 平生憎南九萬之爲人. 嘗在家, 有屠狗漢, 唱買[108]狗而過門外, 李乃捉入, 露臂欲打,[109] 屠漢[110]大聲而辱, 曰: "南九萬, 狗也麂也云." 而連聲詬辱, 李乃擊節, 曰: "快矣快矣!" 仍放送, 事多駭俗如此. 光佐之爲嶺伯也, 以宗家之故, 每送忌祭及四節祭需, 領去吏每每被打而來, 若當封送之時, 則吏皆避之. 有一吏自願領去, 一營上下, 皆怪之, 使之上去, 則吏領祭物而上京. 凌晨, 往其家, 李忠州姑未起寢, 臥而使家人照數捧之云矣. 其吏不納祭需, 而仍

---

103) 某宰子某: 다, 라, 마본에는 '其宰相子'로 되어 있음.
104) 其: 이본에는 빠져 있음.
105) 旁: 다, 라본에는 '房'으로 되어 있음.
106) 則: 다, 라, 마본에는 '之'로 되어 있음.
107) 怪: 가, 나본에는 '怪訝'로 되어 있음.
108) 買: 라본에는 '賣'로 되어 있음.
109) 露臂欲打: 다, 마본에는 '露臂欲行'으로, 라본에는 '露臂欲行刑'으로 되어 있음.
110) 屠漢: 라본에는 '屠狗漢'으로 되어 있음.

無去處, 人皆訝之. 明日如是, 又明日又如是, 李忠州大怒, 使捉入
其吏, 而責之[111]曰: "汝是何許人, 而旣奉祭需而來, 則納之可也,
連三日, 暫來旋去? 有若[112]侮弄者然, 達營下習, 固如是乎? 此是
汝之監司所指使者乎? 汝罪當死!" 其吏俯伏曰: "願得一言而死."
問: "何言也?" 吏曰: "小人巡使道之封祭需也, 着道袍, 設鋪陳, 跪
坐而監封, 及其畢封而載之於馬也, 下階再拜而送, 此無他爲所重
也. 今進賜, 不巾櫛而臥受之, 小人義不辱[113], 故果爾不得納上, 至
於三日之久矣. 此祭物, 用之祖先忌辰, 則進賜固不當如是屑慢
也. 嶺南之俗, 雖下隷之賤, 皆知祭需爲重, 何況京華士大夫乎?
願進賜整衣冠, 設席及床, 下堂而立, 則小人謹當納上矣." 李忠州
無可[114]奈何, 而依其言爲之, 則其吏各擧物種, 而高聲曰: "此是某
物云." 過食頃而乃罷. 李忠州拱手而立, 心頗善之. 及歸, 作答書,
而稱其吏之知禮解事云云. 光佐聞而大笑, 仍差優窠云矣.

7-11. 超屋角李兵使賈勇

李兵使日濟, 判書箕翊之孫也. 勇力絶人, 捷如飛鳥, 自兒少時,
豪放不羈, 不業文字, 判書公每憂之. 十四五始冠, 而未及娶. 一日
夜, 潛往娼家, 則掖隷·捕校之屬, 滿座杯盤浪藉[115]. 日濟以眇然一
少年, 直入座, 與妓戱, 座中惡少, 皆曰: "如此無禮乳臭[116]之兒, 打
殺可也!" 仍群起蹴之, 日濟以手接一人之足, 執以爲杖, 一揮而諸

---

111) 之: 이본에는 '叱'로 되어 있음.
112) 若: 다, 라, 마본에는 '若是'로 되어 있음.
113) 不辱: 마본에는 '辱於主'로 되어 있음.
114) 可: 저본에는 빠져 있으나 라본에 의거하여 보충함.
115) 浪藉: 라본에는 '狼藉'로 되어 있음.
116) 乳臭: 가, 나본에는 '口臭'로 되어 있음.

人皆仆于地. 仍抛置而出門, 飛身上屋, 緣屋而走, 或超五六間地. 此時一捕校, 放溺出門[117], 不預其事, 心竊異之, 亦超上屋而躡後, 則[118]入于李判書家. 捕校[119]卽其親知之人也. 翌朝, 來傳此事, 判書公杖之, 而使不得出門矣. 伊後, 隨伴訪花, 上南山蠶頭時, 閑良數十人, 會于松陰, 見日濟之來, 以爲將受喫東床禮云, 而一時幷起, 執其袖, 而將欲倒[120]懸. 日濟乃聳身一躍而折松枝, 左右揮之, 一時從風而靡, 仍下來. 自此之後, 次次傳播, 入於別薦, 付武職, 位至亞卿. 趙判書曦之通信日本也, 以日濟啓幕賓. 將航海, 上船[121]失火, 火焰漲天, 諸人各自逃命, 急下倭人[122]救急船. 而又有連燒之慮, 仍搖櫓而避之, 去上船幾爲數十間之地. 始收拾精神, 相與計數各人, 則獨無日濟一人, 諸人驚惶, 意其爲火所燒矣. 而已, 遠聞人聲, 諸人立船頭, 望之則日濟, 乃住船而待, 日濟自火中飛下[123]船上, 人皆駭異. 蓋日濟醉睡於上船船[124]艙之上層, 不知火起, 而諸人亦於蒼黃中, 未及察也. 睡覺而見火勢, 仍跳下旁船, 其神勇如此.

7-12. 得佳妓沈相國成名

沈一松喜壽, 早孤失學. 自編髮時, 全事豪宕[125], 日夜往來於狹

---

117) 門: 다, 마본에는 '間'으로 되어 있음.
118) 則: 저본에는 빠져 있으나 가, 나본에 의거하여 보충함.
119) 捕校: 저본에는 '則捕校'로 나와 있으나 이본에 의거함.
120) 倒: 저본에는 '側'으로 나와 있으나 이본을 따름.
121) 上船: 가, 나본에는 '船上'으로 되어 있음.
122) 倭人: 다본에는 '傍人'으로 되어 있음.
123) 下: 가, 나본에는 '來'로 되어 있음.
124) 船: 다, 라, 마본에는 빠져 있음.
125) 豪宕: 가, 나본에는 '蕩宕'으로 되어 있음.

斜[126]青樓, 公子王孫之宴, 歌娥舞女之會, 無處不往. 蓬頭突鬢, 破
屣弊衣, 少無羞澁, 人皆目之以狂童. 一日, 又赴權宰宴席, 雜於紅
綠叢中, 唾罵而不顧, 毆逐而不去. 妓中有少年名妓一朶紅者, 新
自錦山上來, 容貌歌舞, 獨步一世. 沈童慕其色, 接席而坐, 紅[127]少
無厭苦之色, 時以秋波, 微察其動靜之色. 仍起如厠, 以手招, 沈童
起而從之, 則紅附耳語曰: "君家何在?" 沈童詳言某洞第幾家, 紅
曰: "君須先往, 妾當隨後卽往矣, 幸俟之, 妾不失信矣." 沈童大喜
過望, 先歸家, 掃塵而俟之. 日未暮, 紅果如約而來, 沈童不勝欣
幸, 與之接膝而酬酢. 一童婢自內而出, 見其狀, 回[128]告於其母夫
人, 夫人以其子之狂宕爲憂, 方欲招而責之, 紅曰: "催呼童婢以來,
吾將入謁於大夫人矣." 沈童如其言, 呼婢使通, 則紅入內拜於階
下, 曰: "某是錦山新來妓某也, 今日某宰相宴會, 適見貴宅都令矣.
諸人皆以狂童目之, 而以賤妾愚見, 可知大貴[129]人氣像. 然而其氣
太麤粗, 可謂色中餓鬼, 今若不得抑制, 則將至不成人之境, 不如
因其勢而利導之. 妾自今日爲都令, 斂跡於歌舞花柳之場[130], 與之
周旋於筆硯書籍之間, 冀其有成就之道矣. 未知夫人意下如何? 妾
如或以情欲[131]而有此言, 則何必取貧寒寡宅之狂童[132]乎? 妾雖侍
側, 決不使任情受傷矣, 此則勿慮焉." 夫人曰: "吾兒早失家嚴, 不
事學業, 全事狂蕩, 老身無以制之, 方以是晝宵熏心矣. 今焉何來
好風, 吹送如汝佳人, 使吾家之狂童, 得至成就? 則可謂莫大之恩

---

126) 狹斜: 라본에는 '挾肆'로 되어 있음.
127) 紅: 저본에는 빠져 있으나 가, 나본에 의거하여 보충함.
128) 回: 다, 라, 마본에는 '貌'로 되어 있음. 이 경우 '見其狀貌'로 문맥이 끊어짐.
129) 大貴: 다, 라, 마본에는 '貴大'로 되어 있음.
130) 歌舞花柳之場: 마본에는 '歌舞之花柳場'으로 되어 있음.
131) 欲: 다, 라본에는 '慾'으로 되어 있음.
132) 狂童: 다, 라, 마본에는 '子'로 되어 있음.

也, 吾何嫌何疑? 然而吾家素貧, 朝夕難繼, 汝以豪奢之妓女, 其能忍飢寒而留此乎?" 紅曰: "此則少無所嫌, 萬望勿慮." 遂自其日, 絶跡於娼樓, 隱身於沈家, 其梳頭洗垢之節, 終始不怠. 日出則使之挾冊, 學於隣家, 歸後[133]坐於案頭, 晨夕勸課. 嚴立科程, 少有怠意, 則勃然作色, 以別去之意恐動, 沈童愛而憚之, 課工不懈. 及到議親之時, 沈童以紅之故, 不欲娶妻, 紅知其意, 詰其故, 乃[134]嚴責曰: "君以名家子弟, 前程萬里, 何可因一賤娼, 而欲廢大倫乎? 妾決不欲因妾之故, 而使之亡家矣, 妾則從此去矣." 沈童不得已娶妻, 紅下氣怡聲, 洞洞屬屬, 事之如事老夫人. 使沈童定日限, 四五日入內房, 則一日許入其房, 如或違期, 則必掩門不納. 如是者數年, 沈生[135]厭學之心, 尤倍於前. 一日, 投書於紅而臥, 曰: "汝雖勤於勸課, 其於吾之不欲何?" 紅度其怠惰之心, 有不可以口舌爭也, 乘沈生出外之時, 告老夫人曰: "阿郎厭學[136]之症, 近日尤甚, 雖以妾之誠意, 亦無奈何矣. 妾從此告辭矣, 妾之此去, 卽激勸[137]之策也. 妾雖出門, 何可永辭乎? 如聞登科之報, 則須當卽地還來矣." 仍起而拜辭, 夫人執手而言曰: "自汝之來, 吾家狂悖之兒, 如得嚴師, 幸免蒙學者, 皆汝之力也. 何因厭讀[138]微事, 舍我母子而去也?" 紅起拜曰: "妾非木石, 豈不知別離之苦乎? 然而激勸之道, 惟在於此一條, 阿郎歸, 聞妾之告辭, 而以決科後更逢爲約之言, 則必也發憤勤業矣. 遠則六七年, 近則四五年間事也. 妾當潔身而

---

133) 後: 마본에는 '家'로 되어 있음.
134) 乃: 다, 라, 마본에는 '仍'으로 되어 있음.
135) 沈生: 나본에는 '沈童'으로 되어 있음.
136) 學: 이본에는 '讀'으로 되어 있음.
137) 激勸: 다, 라, 마본에는 '激動'으로 되어 있음. 이하의 경우도 동일함.
138) 讀: 다, 라, 마본에는 '學'으로 되어 있음.

處, 以俟登科之期矣. 幸以此意, 傳布于阿郞, 是所望也." 仍慨然
出門, 遍[139]訪老宰[140]無內眷之家, 得一處, 見其主人老宰, 而言曰[141]:
"禍家餘生, 苦無托身之所, 願得側婢僕之列, 以效微誠, 針線酒食,
謹當看檢矣." 其老宰, 見其端麗聰慧, 憐而愛之, 許其住[142]接. 紅
自其日, 入廚備饌[143], 極其甘旨, 適其食性, 老宰尤奇愛之, 仍曰:
"老人以奇窮之命, 幸得如汝者, 衣服飮食, 便於口體, 今則依賴有
地. 吾旣許心, 汝亦殫[144]誠, 自今結父女之情, 可也." 仍使之入處
內舍, 以女呼之. 沈生歸家, 則紅已無去處, 怪而問之, 則其母夫人
傳其臨別時言, 而責之曰: "汝以厭學之故, 至於此境, 將以何面目
立於世乎? 渠旣以汝之登科爲期, 其爲人也, 必無食言之理. 汝若
不得決科, 則此生無更逢之期矣, 惟汝意[145]爲之." 沈生聞而憫之,
如有所失矣. 數日遍訪於京城內外, 終無蹤跡, 乃矢于心曰: "吾爲
一女之所見棄, 以何顔面[146]對人? 彼旣有登[147]科後相逢之約, 吾當
刻意工課, 以爲故人相逢之地. 而如不得科名, 而不如約, 則生亦
何爲?" 遂杜門謝客, 晝夜不輟[148]其做讀, 纔過數年, 崬捷龍門. 生
以新恩遊街之日, 遍訪先進老宰, 卽沈之父執也. 歷路拜謁, 則老
宰欣然迎之, 敍古話今, 留與從容做話. 已而, 自內饋饍, 新恩見盃
盤饌品, 愀然變色. 老宰怪而問之, 則遂以紅之始末詳言之, 且曰:

---

139) 遍: 다, 라, 마본에는 '適'으로 되어 있음.
140) 宰: 다, 라, 마본에는 '宰相'으로 되어 있음.
141) 言曰: 라본에는 '告以'로 되어 있음.
142) 住: 다, 마본에는 '任'으로 되어 있음.
143) 饌: 가, 나본에는 '饍'으로 되어 있음.
144) 殫: 가, 나본에는 '憚'으로 되어 있음. 서로 통함.
145) 意: 다, 라, 마본에는 '念'으로 되어 있음.
146) 顔面: 다, 라, 마본에는 '面目'으로 되어 있음.
147) 登: 저본에는 빠져 있으나 다, 라, 마본에 의거하여 보충함.
148) 輟: 라본에는 '撤'로 되어 있음.

"侍生之刻意做業, 以至登科者, 全爲故人相逢之地也. 今見饌品, 宛是紅之所爲也, 故自爾傷心矣." 老宰問其年紀狀貌, 而言曰: "吾有一介養女, 而不知所從來矣, 無乃此女乎?" 言未畢, 忽有一佳人, 推後窓而入[149], 抱新恩而痛哭. 新恩起拜於主人, 曰: "尊丈, 今則不可不許此女於侍生矣." 主人曰: "吾於垂死之年, 幸得此女, 依以[150]爲命, 今若許送, 則老夫如失左右手矣. 事雖難處, 而其事也甚奇, 相愛也如此, 吾豈忍不許?" 新恩起拜, 而僕僕稱謝. 日已昏黑, 與紅幷騎一馬, 以炬火導前而行. 及門, 疾聲呼母夫人, 曰: "紅娘來矣, 紅娘[151]來矣!" 其母夫人不勝奇喜, 履及於中門之內, 執紅之手而升階, 喜溢堂宇, 復續前好. 沈後爲天官郞, 一夕, 紅斂袵而言曰: "妾之一端心誠, 專爲進賜之成就, 十餘年念不及他, 吾鄕父母之安否, 亦不遑聞之矣. 此是妾之日夜撫心者也. 進賜今當可爲之地, 幸爲妾求爲錦山宰, 使妾得見父母於生前, 則至恨畢矣." 沈曰: "此至易之事." 乃治疏乞郡, 果爲錦山倅, 挈紅偕往. 赴任之日, 問紅之父母安否, 則果皆無恙[152]. 過三日後, 紅自官府, 盛具酒饌, 而往其本家, 拜見父母, 會親黨, 三日大宴. 衣服需用之資, 極其豊厚, 以遺其父母, 而言曰: "官府異於私室, 官家之內眷, 尤有別於他人. 父母與兄弟, 如或因緣, 而頻數出入, 則招人言, 累官政. 兒今入衙, 一入之後, 不得更出, 亦不得頻頻相通. 以在京樣知之, 勿復往來相通, 以嚴內外之分." 仍拜辭而入, 一未相通于外, 幾過半年. 一日,[153] 內婢以小室之意來請入, 適有公事, 未卽起, 婢子連續

---

149) 而入: 이본에는 '突入'으로 되어 있음.
150) 以: 가, 나본에는 '而'로 되어 있음.
151) 紅娘: 저본에는 빠져 있으나 다, 라본에 의거하여 보충함.
152) 恙: 가, 나본에는 '蟜'으로 되어 있음. 이하의 경우도 동일함.
153) 一日: 저본에는 빠져 있으나 가, 나본에 의거하여 보충함.

來請. 公怪之, 入內而問之, 則紅着新件衣裳, 鋪新件枕席, 別無疾恙, 而顏帶悽愴之色, 而言曰: "妾於今日, 永訣進賜而長逝之期也. 願進賜保重, 長享榮貴, 而勿以妾之故而疢[154]懷焉. 妾之遺體, 幸返葬於進賜先塋之下, 是所願也." 言罷, 奄然而歿.[155] 公哭之痛, 仍曰: "吾之出外, 只爲紅娘故也. 今焉渠已身死, 我何獨留?" 仍呈辭單而圖遞, 以其柩同行. 至錦江, 有悼亡詩. '一朶紅蓮[156]載柳車, 香[157]魂何處乍[158]踟躕. 錦江秋雨丹旌濕, 疑是佳人泣別[159]餘.'

7-13. 贅柳匠李學士亡命

燕山朝, 士禍大起, 有一李姓, 以校理亡命, 行到寶城地. 渴甚, 見一童女汲於川邊, 趨而求飮, 其女以匏[160]盛水, 而摘川邊柳葉, 浮之中而給之. 心竊怪之, 問曰: "過客渴甚, 急欲求飮, 何乃以柳葉浮水而給之也?" 其女對曰: "吾觀客子甚渴, 若或急飮冷水, 則必也生病故, 故以柳葉浮之, 使之緩緩飮之之故也." 其人大驚異之, 問: "是誰家女?" 對曰: "越邊柳器匠[161]家女也云." 其人乃隨其後, 而往柳匠[162]家, 求爲其婿而托身焉. 自以京華貴客, 安知柳器之織造乎? 日無所事, 以午睡爲常, 柳匠之[163]夫妻, 怒罵曰: "吾之迎婿, 冀欲助柳器之役矣. 今焉新婿, 只喫朝夕飯, 晝夜昏睡, 卽一

---

154) 疢: 다, 라, 마본에는 '疾'로 되어 있음.
155) 奄然而歿: 마본에는 '奄奄然而死'로 되어 있음.
156) 蓮: 이본에는 '雲'으로 되어 있음.
157) 香: 이본에는 '芳'으로 되어 있음.
158) 乍: 이본에는 '更'으로 되어 있음.
159) 泣別: 이본에는 '別淚'로 되어 있음.
160) 匏: 다, 마본에는 '瓠'로 되어 있음.
161) 柳器匠: 다, 라, 마본에는 '柳匠'으로 되어 있음.
162) 柳匠: 다, 라, 마본에는 '柳器匠'으로 되어 있음.
163) 之: 다, 라, 마본에는 빠져 있음.

飯囊也云." 而自伊日, 朝夕之飯, 減半而饋之. 其妻憐而悶之, 每以鍋底黃飯加數而饋之, 夫婦之情, 甚篤如是. 度了數年之後, 中廟改玉, 朝著一新, 昏朝獲罪沈廢之流, 一幷赦而付職, 李生還付官職. 行會八道, 使之尋訪, 傳說藉藉, 李生聞於風便. 而時適朔日, 主翁將納柳器於官府[164]矣, 李生乃謂其婦翁曰: "今番則官家朔納柳器, 吾當輸納矣." 其婦翁責曰: "如君渴睡漢, 不知東西, 何可納器於官門乎? 吾雖親自納之每每見退, 如君者, 其何以無事納之乎?" 不肯許之, 其妻曰: "試可乃已, 盍使往諸?" 柳器匠始乃許之. 李乃背負, 而到官門前, 直入庭中, 近前而高聲, 曰: "某處柳匠納器次來待矣!" 本官乃是李之平日切親之武弁也, 察其貌, 聽其聲[165], 乃大驚, 起而下堂, 執手延之上座, 曰: "公乎公乎! 晦跡於何處, 而乃以此樣來此乎? 朝廷之搜訪已久, 營關遍行, 斯速上京, 可也!" 仍命進酒饌, 又出衣冠而改服, 李曰: "負罪之人, 偸生於柳器匠家[166], 至于今, 延命以度, 豈意天日之復見乎?" 本官仍以李校理之在邑底[167], 報于巡營, 催發駟騎, 使之上洛[168]. 李曰: "三年主客之誼[169], 不可不顧, 且兼有糟糠之情, 吾當告別于主翁. 今將出去, 君須於明朝[170], 來訪吾之所住處." 本官曰: "諾." 李乃換着來時衣, 出門而向柳匠家, 言曰: "今番柳器, 無事上納矣." 主翁曰: "異哉! 古語云: '鴟老千年, 能搏一雄云.' 信非虛矣. 吾婿亦有隨人爲之之事

---

164) 官府: 다, 라, 마본에는 '官家'로 되어 있음.
165) 聲: 다, 라, 마본에는 '音'으로 되어 있음.
166) 家: 다, 라, 마본에는 '處'로 되어 있음.
167) 底: 이본에는 '成'으로 되어 있음. 이 경우 '城'의 오기이거나, '成報于巡營'으로 끊어져야 할 듯함.
168) 上洛: 다, 라, 마본에는 '上京'으로 되어 있음.
169) 誼: 다, 라, 마본에는 '情'으로 되어 있음.
170) 明朝: 다, 라, 마본에는 '明日'로 되어 있음.

乎! 奇哉奇哉! 今夕則當加給數匙[171]飯矣." 翌日平明, 李早起, 灑掃門庭, 主翁曰: "吾婿昨日善納柳器, 今朝又能掃庭, 今日日可出於西矣." 李乃鋪藁席于庭, 主翁曰: "鋪席何爲?" 李曰: "本府官司, 今朝當行次, 故如是耳." 主翁冷笑曰: "君何作夢中語也? 官司主何可行次於吾家? 此千不近萬不近之荒說[172]也! 到今思之, 昨日柳器之善納云者, 必是委棄路上而歸, 作夸張之虛語也." 言未已, 本官工吏, 持彩席, 喘喘而鋪之房中, 言曰: "官司主行次, 今方來到矣." 柳匠夫妻, 蒼黃失色, 抱[173]頭而匿於籬間. 少焉, 前導聲及門, 本官騎馬而來, 下馬入房, 與敍別來寒暄, 仍問曰: "嫂氏何在?" 使之出來, 李乃使其妻來拜. 其女以荊釵布裙, 來拜於前, 衣裳雖弊, 容儀閒雅, 有非常賤女子. 本官致敬, 曰: "李學士身在窮途, 幸賴嫂氏之力, 得至今日, 雖義氣男子, 無以過此, 可不欽嘆乎?" 其女斂衽而對曰: "顧以至微賤之村婦, 得侍君子之巾櫛, 全昧如是之貴人, 其於接待周旋之節, 無禮極矣. 獲罪大矣, 何敢當尊客之致謝? 官司今日降臨於常賤陋湫[174]之地, 榮耀極矣. 竊爲賤女之家, 有損於福力也." 本官聽罷, 命下隷招入柳匠夫妻, 饋酒賜顔. 已而, 隣邑守宰[175], 絡續來見, 巡使又送幕客而傳喝, 柳匠門外人馬熱鬧, 觀光者如堵. 李謂本官曰: "彼雖常賤, 吾旣與之敵體[176], 必作配矣. 多年服勞, 誠意備至, 吾今不可以貴而易之. 願借一轎, 而與之偕行[177]." 本官乃卽地得一轎, 治行具以送. 李於入闕謝恩之時, 中廟

---

171) 匙: 저본에는 '匕'로 나와 있으나 이본을 따름. 뜻은 서로 통함.
172) 荒說: 마본에는 '說謊'으로, 마본을 제외한 이본에는 '謊說'로 되어 있음.
173) 抱: 마본에는 '抱'으로 되어 있음.
174) 陋湫: 다, 라, 마본에는 '陋廬'로 되어 있음.
175) 守宰: 가, 나, 마본에는 '守令'으로 되어 있음.
176) 敵體: 다, 라, 마본에는 '敵禮'로 되어 있음.
177) 行: 저본에는 '往'으로 나와 있으나 이본을 따름.

入侍, 而俯問[178]流離之顚末, 李乃奏其事甚悉, 上再三嗟嘆[179], 曰: "此女子, 不可以賤妾待之, 特陞爲後夫人, 可也!" 李與此女偕老, 榮貴無比, 而多有子女. 此是李判書長坤之事云爾.

7-14. 治産業許仲子成富

驪州地, 古有許姓儒生, 家甚貧寒, 不能自存, 而性甚仁厚. 有三子, 使之勤學, 自家躬自乞粮于親知之間, 以繼書粮, 無論知與不知, 皆以許之仁善, 來必善待, 而優助粮資矣. 數年之間, 偶以癘疫, 夫妻俱沒, 其三子晝宵呼[180]泣, 艱具葬需, 僅行草葬. 三霜已過, 家計尤無可言. 其仲子名弘者, 言于其兄及弟曰: "曾前吾輩之幸免餓死者, 只緣先親之得人心, 而助粮資之致也. 今焉, 三霜已過, 先親之恩澤已渴, 無地[181]控訴, 以今倒懸之勢, 弟兄閪歿之外, 無他策矣. 不可不各自圖生, 自今日, 兄弟各從素業, 可也." 其兄其弟曰: "吾輩自少所業, 不過文字而已, 其外如農商[182]之事, 非但無錢可辦, 且不知向方, 將何以爲之乎? 忍飢課工之外, 無他道矣." 弘曰: "人見各自[183]不同, 從其所好, 可矣. 而三兄弟, 俱習[184]儒業, 則終身之前, 其將俱死於飢寒矣. 兄與弟, 氣質甚弱, 復理學業, 可也, 吾則限以十年, 竭力治産, 以作日後兄弟賴活之資矣. 自今日破産, 二嫂各姑還于本第, 兄與弟, 負笈上山, 乞食於僧徒之餘飯, 以十年後, 相面爲限, 可也. 所謂世業, 只有家垈·牟田三斗

---

178) 俯問: 다, 라, 마본에는 '下問'으로 되어 있음.
179) 嗟嘆: 다, 라, 마본에는 '嗟咨'로 되어 있음.
180) 呼: 나본에는 '號'로 되어 있음.
181) 地: 다, 라, 마본에는 '他'로 되어 있음.
182) 農商: 가, 나본에는 '農桑'으로 되어 있음.
183) 各自: 라본에는 '各有'로 되어 있음.
184) 習: 저본에는 빠져 있으나 가, 나, 라본에 의거하여 보충함.

落, 及童婢一口而已. 此是宗物也, 日後, 自當還宗矣, 吾姑借之, 以作營産之資." 自伊日, 兄弟灑淚相別. 二嫂送于其家, 兄與弟, 送于山寺, 賣其妻之新婚時資粧, 價僅爲七八兩矣. 時適[185]木綿豊登之時, 以其錢, 盡貿甘藿, 背負而遍訪其父平日往來乞粮之親知人家, 以藿立作面幣, 而乞綿[186]花. 諸人憐其意, 而優給不計好否, 所得爲幾百斤, 使其妻晝夜紡績, 渠則出而賣之, 又貿耳牟十餘石. 每日作粥, 渠與其妻, 每日以一器, 分半而喫之, 婢則給一器, 曰: "汝若難忍飢餓, 自可出去, 吾不汝責." 其婢泣曰: "上典則喫半器, 小的喫一器, 焉敢曰飢乎? 雖餓死, 無意出去云." 隨其上典, 勤於織布. 許生則或織席, 或梱[187]屨, 夜以繼日, 少不敢休息. 或有知舊之來訪者, 則必賜席於籬外, 而言, "某也, 今不可以人事責之, 十年後相面云." 而一不出見. 如是者三四年, 財利稍殖. 適有門前畓十斗落・田數日耕之賣者, 遂準其價買之. 及春耕作時, 乃曰: "無多之田畓, 何可雇人耕播? 不如自己[188]之勤力其中, 而但不知農功之如何, 此將奈何?" 遂請隣里老農, 盛其[189]酒食, 使坐岸上, 親執耒耟, 隨其指敎而耕種. 其耕之也, 鋤之也, 必三倍於他人, 故秋收之穀, 又倍於他人. 田則種烟草, 而時當亢旱, 每於朝夕, 汲水而澆之, 一境之烟草, 皆枯損, 而獨許田之種苩茂. 京商預以數百金買之, 及其二芽之盛, 又得厚價, 草農之利, 近四百金. 如是者五六年, 財産漸殖, 露積四五百石穀, 近百里內田畓, 都歸於許生, 而其衣食之儉約, 一如前日樣. 其兄其弟, 自山寺始下來見之, 弘之妻,

---

185) 適: 저본에는 '當'으로 나와 있으나 이본을 따름.
186) 綿: 라본에는 '棉'으로 되어 있음. 서로 통함.
187) 梱: 다. 라본에는 '捆'으로 되어 있음. 서로 통함.
188) 自己: 라본에는 '自家'로 되어 있음.
189) 其: 라본에는 '具'로 되어 있음.

始精備三盂飯而進之, 則弘張目叱之, 使之更備煮粥以來. 其兄怒罵曰: "汝之家產, 如此其富, 而獨不饋我一盂飯乎?" 弘曰: "吾旣以十年爲期, 十年之前, 以勿喫飯, 盟于心矣. 兄亦於十年之後, 可喫吾家飯, 兄雖怒我, 我不以介於懷矣." 其兄怒而不喫粥, 還上山寺矣. 翌年春, 兄與弟, 聯璧而小成矣. 弘多持錢帛而上京, 以備應榜之需, 率倡而到門. 伊日, 招倡優而諭之, 曰: "吾家兄弟, 今雖小成, 且有大科, 又當上山而工課. 汝等留之無益, 可以還歸汝家." 各給錢兩而送之, 對其兄及弟而言曰: "十年之限, 姑未及, 須卽上寺, 待限滿下來, 可也." 仍卽日送之上山. 及到十年之限, 奄成萬石君矣. 仍擇布帛之細者, 新造男女衣服各二件, 治送人馬於二嫂之家, 約日率來. 又以人馬, 送之山寺, 迎來兄及弟, 團聚一室. 過數日後, 對兄弟而言曰: "此室狹隘, 無以容膝, 吾有所經營者, 可以入處." 仍與之偕行, 行數里許, 越一岡, 則上下之大洞, 有一甲第. 前有長廊, 奴婢·牛馬, 充溢其中, 內外舍分三區, 而外舍則只有一區, 而甚廣闊. 三兄弟內眷, 各占內舍之一區, 兄弟則同處一房, 長枕大被, 其樂瀜洽. 其兄驚問曰: "此是誰家, 如是壯麗?" 答曰[190]: "此是弟所經紀者, 而亦不使家人知之耳." 仍使家隷, 擧木函四五[191]雙, 置于前, 曰: "此是田土之文[192]券, 從今吾輩均分柝產, 可也." 仍言曰: "家產之致此, 俱是荊人之所殫竭者也, 不可不酬勞." 乃以二十石落畓券, 給其妻, 三人各以五十石落, 分之. 從此以後, 衣食極其豊潔, 其隣里宗族之貧窮, 量宜周給, 人皆稱之. 一日, 弘忽爾悲泣, 其兄怪而問之曰: "今則吾輩衣食, 不換三公矣,

---

190) 曰: 저본에는 빠져 있으나 나, 라본에 의거하여 보충함.
191) 四五: 다, 라, 마본에는 '五'로 되어 있음.
192) 文: 저본에는 빠져 있으나 다, 라, 마본에 의거하여 보충함.

有何不足之[193]事, 而如是疢懷也?" 答曰: "兄及弟, 旣肄課工, 皆占小科, 已出身矣,[194] 而顧弟則汨[195]於治産, 舊業荒蕪, 卽一愚蠢之人. 先親之所期望者, 於弟蔑如矣, 豈不傷痛哉? 今則年旣老大, 儒業無以更始, 不如投筆而業武." 自其日, 備弓矢習射, 數年之後, 登武科. 上京求仕, 得付內職, 轉以陞品, 得除安岳郡守. 定赴任之期, 而奄遭其妻喪, 弘喟然歎曰: "吾旣永感之下, 祿不逮養, 猶欲赴外任者, 爲老妻之一生艱苦, 欲使一番榮貴矣. 今焉, 妻又沒矣, 我何赴任爲哉?" 仍呈辭圖遞, 下鄕終老云.

7-15. 題神主眞書勝諺文

大金者, 班家奴也, 自幼時守廳[196], 雖不學而粗解文字. 其上典莅杆城時, 大金隨往, 衙中留歲餘. 有故上京, 山路少店舍, 行到某境一處, 借宿於民村閭家. 其家有喪故, 終夜喧撓, 而主人頻頻出門而望, 曰: "有約不來, 大事狼貝矣, 此將奈何云?" 而擧措忙急, 大金問其故, 答曰: "今曉將過其父之葬禮, 而題主官, 請于某洞某生員, 丁寧爲約矣, 尙無消息, 大事將狼貝矣云." 而仍問: "客子京華人也, 必知題主矣. 幸爲我書之, 如何?" 大金渠亦不知題主之法, 而以愚痴之性快諾, 主人大喜, 厚饋酒肴. 及曉行喪, 而與大金隨後[197]上山, 旣下棺平土, 而請大金題主. 大金業已許之, 無以辭之, 欲書之, 而不知法例. 思之半餉, 仍書以'春秋風雨楚漢乾坤', 蓋此則習見於博局之譜[198]故也. 書罷, 主人奉安于卓上, 如禮行

---
193) 之: 저본에는 빠져 있으나 다, 라, 마본에 의거하여 보충함.
194) 占小科, 已出身矣: 다, 라, 마본에는 '占小科之出身矣'로 되어 있음.
195) 汨: 저본에는 '泊'으로 나와 있으나 이본에 의거하여 바로잡음.
196) 守廳: 나본에는 '隨廳'으로 되어 있음.
197) 後: 다, 라, 마본에는 빠져 있음.

祭¹⁹⁹⁾而已. 自山下有一箇着道袍者, 帶十分酒氣而來, 主人迎之,
曰: "生員何使人狼貝於大事也?" 其人曰: "吾爲知舊所挽, 醉酒而
不得來, 今始驚覺而急來矣. 題主何以爲之?" 主人曰: "幸有京客
之來者, 書之矣." 其人曰: "若然則好矣, 願一見之." 大金聞此言,
大驚而獨語于心曰: "此書必露於此班之眼矣, 吾將受無限辱境
矣." 仍托以如厠, 方欲避身逃²⁰⁰⁾走之際, 其人見題主而笑, 曰: "此
則眞書也, 大勝於吾之諺文矣云云." 大金始乃放心醉飽, 而及晚辭
行, 主人無數稱謝云²⁰¹⁾.

7-16. 赴浿營婦人赦名妓

泰億之妻沈氏, 性本猜妬, 泰億畏之如虎, 未嘗有房外之犯矣.
其兄泰耆之爲箕伯, 泰億以承旨, 適作奉命之行, 留營中幾日, 始
有所眄之妓. 沈氏聞其由, 乃卽地治行, 使其娚²⁰²⁾陪行, 而直向箕
營, 將欲打殺其妓. 泰億聞其狀, 失色無語, 泰耆亦大驚, 曰: "此將
奈何?" 欲使其妓避之, 其妓對曰: "小人不必避身也, 自有可生之
道, 而貧不能辦矣." 泰耆問²⁰³⁾其由, 對曰: "小人欲飾珠翠於身而無
錢, 故恨歎矣." 泰耆曰: "汝若有可生之道, 則雖千金, 吾自當之矣,
唯汝所欲, 可²⁰⁴⁾也." 仍使幕客, 隨所入得給之云. 而中和・黃州, 出
送裨將而問候, 且備送廚傳而支供矣. 沈氏之一行, 到黃州則云:
"有²⁰⁵⁾箕營裨將之來待, 且有支供之待者." 乃冷笑曰: "吾豈大臣別

---

198) 譜: 저본에는 빠져 있으나 라본에 의거하여 보충함.
199) 祭: 다, 라, 마본에는 '祀'로 되어 있음.
200) 逃: 다, 라, 마본에는 '遽'로 되어 있음.
201) 云: 마본에는 '云云'으로 되어 있음.
202) 娚: 나, 라본에는 '甥'으로 되어 있음.
203) 問: 저본에는 '聞'으로 나와 있으나 나, 다, 마본에 의거함.
204) 可: 저본에는 빠져 있으나 이본에 의거하여 보충함.

星行次而有問安神將乎? 且吾之路需優足, 何用支供爲也?"幷使
退出, 到中和, 又如是斥退. 發行過栽松院, 將入長林之中, 時當暮
春, 十里長林, 春意方濃, 曲曲見清江景物, 頗佳. 沈氏褰轎簾而賞
玩, 過長林, 林盡而望見, 則白沙[206]如練, 澄江如[207]鏡, 粉堞周繞於
江岸, 商船紛集於水上. 練光亭·大同門·乙密臺·超然臺之樓閣, 丹
青照曜[208], 屋宇縹緲, 奪人眼目. 沈氏嗟歎[209]曰: "果爾絶勝之區,
名不虛傳矣!"且行且玩[210]之際, 遠遠沙場之上, 忽有一點花, 渺渺
而來. 漸近則一介名妓, 綠衣紅裳, 騎一匹繡鞍驄, 橫馳而來. 心甚
怪之, 駐馬而見之. 及近, 其女子[211]下馬, 而以鶯聲唱諾曰: "某妓
請謁."沈氏聞其名, 而無名業火, 衝起三千丈矣. 仍大聲叱責曰:
"某妓某妓! 渠何爲來謁?"第使立之于馬前, 其妓斂容, 而敬立馬
前. 沈氏見之, 則顔如含露之桃花, 腰如依風之細柳, 羅綺翠珠, 飾
其上下, 眞是傾城之色. 沈氏熟視, 曰: "汝年幾何?"曰: "十八歲
矣."沈氏曰: "汝果名物矣! 丈夫見此等名妓而不近, 則可謂拙丈夫
矣[212]. 吾之此行, 初欲殺汝, 旣見汝, 則名物也, 吾何必下手也? 汝
可往侍吾家令監, 而令監炭客也, 若使之沈惑而生病, 則汝罪當死,
愼之愼之!"言罷, 仍回馬而向京城. 泰耆聞之, 急走伻傳喝, '嫂氏
行次, 旣來到城外, 而仍不入城, 何也? 願暫入城內, 留營中幾日
而還行, 可矣.' 沈氏冷笑曰: "吾非乞駄客也, 入城何爲?"不顧而

---

205) 有: 다, 라, 마본에는 빠져 있음.
206) 白沙: 가, 나본에는 '白水'로 되어 있음.
207) 如: 이본에는 '似'로 되어 있음.
208) 曜: 가, 나, 라본에는 '耀'로 되어 있음. 서로 통함.
209) 歎: 저본에는 '嗟'로 나와 있으나 라본을 따름.
210) 玩: 다, 라, 마본에는 '現'으로 되어 있음.
211) 女子: 라본에는 '女'로 되어 있음.
212) 拙丈夫矣: 저본에는 '拙夫'로 나와 있으나 라본을 따름.

行, 還京第. 其後, 泰耉招致其妓, 而問曰: "汝以何大膽直向虎口, 而反獲免乎?" 其妓對曰: "夫人之性, 雖悍妬, 而作此行於千里之地者, 豈區區兒女輩所可辦乎? 馬之踶齧者, 必有其步, 人亦如是. 小人死則等耳, 雖避之, 其可免乎? 故玆凝粧而往拜, 若被打殺, 則無可奈何矣, 不然, 則或冀有見而憐之之故也云爾."

7-17. 平壤妓姸醜兩不忘

平壤有一妓, 姿質歌舞, 自少擅名. 自言, "閱人多矣, 有未忘二人, 一則姸美而不能忘, 一則醜惡而不能忘." 人或問其故, 對曰:

少年時, 侍巡使宴于練光亭, 夕陽時, 依[213]欄而望長林, 則有一少年佳郞, 騎驢飛也, 似馳到江邊, 呼船而渡入大同門. 風儀動盪, 望之若神仙中人, 心神如醉. 托以如厠, 下樓而審其所住處, 卽大同門內店舍也. 詳知而待宴罷, 改粧村婦服飾[214], 乘夕而往其家, 從窓穴窺見, 則如玉美少年, 看書于燭下. 自念, '如此佳郞, 如不得薦枕, 則死不瞑目.' 仍咳嗽於窓外, 其少年問: "爲誰?" 答曰: "主家[215]婦也." 又問: "何爲而昏夜到此?" 答曰: "弊舍商賈多入, 無寄宿處, 故欲借上堗一席而寢矣." 曰: "然則入來, 可也." 渠開戶仍入, 而坐於燭火之背,[216] 則少年目不斜視, 端坐看書, 更深後, 仍滅燭而臥. 渠乃[217]作呻吟之聲, 少年問: "何爲而有痛聲?" 渠對曰: "曾有胸腹痛矣, 今仍房堗之冷, 宿症復發矣." 其人曰: "若然則來

---

213) 依: 나본에는 '倚'로 되어 있음.
214) 服飾: 라본에는 '服色'으로 되어 있음.
215) 家: 저본에는 '人'으로 나와 있으나 이본에 의거함.
216) 渠開戶仍入, 而坐於燭火之背: 가, 나본에는 '渠仍開戶而入, 坐於燭火之背'로, 다, 라, 마본에는 '渠乃開門而入, 坐於燭火背'로 되어 있음.
217) 乃: 저본에는 '仍'으로 나와 있으나 다, 라, 마본을 따름.

臥於吾之背後溫處!" 渠仍臥于背後, 食頃而又不顧, 渠仍言曰: "行次不知何許人, 而無乃宦侍乎?" 其人曰: "何謂也?" 渠曰: "妾非主人之婦, 而乃是官妓也. 今日練光亭上, 得瞻行次之風儀, 心甚艶慕, 作此樣來此, 冀其一面矣. 妾之姿質, 不至醜惡; 行次年紀, 不至衰老, 靜夜無人之時, 男女混處, 而一不顧眄, 非宦而何?" 其人笑曰: "汝是官物乎? 然則何不早言? 吾則認以主人之婦而然也. 汝可解衣同枕[218], 可也." 仍與之狎, 其風流興味, 卽一花柳場蕩男[219]子也. 兩情歡洽, 及曉而起, 促裝將發, 對渠而言曰: "意外相逢, 幸結一宵之緣, 遽爾相分, 後會難期, 別懷何可言? 行中別無表情之物, 可留一詩." 仍使渠擧裳幅而書之, 曰: '水如遠客流無住, 山似佳人送有情. 銀燭五更羅幌冷, 滿林風雨作秋聲.' 書畢, 投筆而起, 渠仍把袖而泣問居住姓名, 則笑而答曰: "吾自放浪於山水樓臺之人也, 居住姓名, 不必問知." 仍飄然而去. 渠仍歸家, 欲忘而不可忘, 每抱裳詩而泣. 此是姸美而難忘之人也. 嘗以巡使守廳[220]妓, 侍立矣. 一日, 門卒來告, '某處舍音某同知, 來謁次在門外矣.' 巡使使之入來, 卽見一胖大村漢, 布衣草鞋, 腰帶半淪之紅帶, 顋懸金圈云, 而純是銅色. 眉目獰猂[221], 狀貌麤惡, 卽一天蓬將軍. 來拜于前, 巡使問: "汝何爲而遠來也?" 對曰: "小人衣食不苟, 別無所望於使道而來者[222]也. 平生所願, 欲得一箇佳妓而暢情, 爲是而不遠千里而來也." 巡使笑曰: "汝若有此心, 則可於此中擇一箇洽意妓也." 厥漢聞令, 而直入守廳房, 諸妓一時風靡雹散, 厥漢追

---

218) 枕: 나본에는 '寢'으로 되어 있음.
219) 男: 다, 라, 마본에는 빠져 있음.
220) 守廳: 저본에는 '隨廳'으로 나와 있으나 라본에 의거함. 이하의 경우도 동일함.
221) 猂: 다, 라, 마본에는 '悍'으로 되어 있음.
222) 者: 다, 라, 마본에는 빠져 있음.

後逐之, 捉一而云: '貌不美.' 又捉一而云: '體不合.' 及到渠, 捉而見之, 曰: "足可用!" 仍抱至墻隅而强奸之, 渠於此時以力弱之故, 不得敵他, 求死不得, 而任其所爲. 少焉, 脫身而歸家, 以溫水浴身, 而脾胃莫定, 數日不得進食. 此眞醜惡而難忘者也云爾.

7-18. 金南谷生死皆有異

金監司緻, 號南峰[223], 柏谷金得臣之父也. 自少, 精於推數, 多奇中神異之事. 仕昏朝, 爲弘文校理, 晚始悔之, 托病解官, 卜居于龍山之上, 杜門晦跡, 謝絶人客. 一日, 侍者來告曰: "南山洞居沈生, 請謁云矣." 金公謝曰: "尊客不知此漢之病廢而枉顧乎! 人事之廢絶已久, 今無以延迎, 甚可恨歎云." 送之. 金公平日, 每以自家四柱, 推數平生, 則當得水邊姓人之力, 可免大禍. 忽思, '來客旣是水邊姓, 則斯人也, 無乃有力於我乎?' 急使侍者, 追還於中路, 此是沈器遠也. 沈生隨其奴還來, 則金公連忙起迎, 曰: "老夫廢絶人事者, 久矣. 尊客枉屈, 適有採薪之憂, 有失迎拜之禮, 慙愧無地矣." 客曰: "曾未及承顔, 而竊聞長者精通推數云, 故不避猥越, 敢來以質. 某以四十窮儒, 命道崎嶇, 今此之來, 欲[224]一質正[225]於神眼之下矣." 仍自袖中, 出四柱而示之, 且曰: "某之來時, 有一親切之友, 又以四柱托之, 難以揮却, 不得已持來矣." 金公一一見之, 極口稱贊曰: "富貴當前, 不須更問矣." 最後, 客又出示一四柱, 曰: "此人不願富貴, 只願平生無疾恙, 且欲知壽限如何而已." 公瞥眼一覽, 卽命侍者, 鋪席置案, 起整冠服, 斂膝危坐, 以其四柱, 置之

---

223) 峰: 저본에는 '谷'으로 나와 있으나 다, 라, 마본에 의거함. 참고로 金緻의 별호로 '深谷'이 있음.
224) 欲: 저본에는 빠져 있으나 가, 나본에 의거하여 보충함.
225) 正: 다, 라, 마본에는 '定'으로 되어 있음.

書案上, 焚香而言曰: "此四柱貴不可言, 有非常人之命數, 可不欽敬哉!" 沈生欲告退, 公曰: "老夫病中, 愁亂難遣, 尊客幸且暫留, 以慰病懷, 可也." 仍使之留宿. 至夜深無人之時, 公乃促膝而近前, 曰: "某實托病. 老夫不幸出脚於此時, 曾有染跡於朝廷者, 晚而悔悟, 杜門病蟄, 而朝廷之飜覆, 不久矣. 君之來質, 吾已領略, 幸勿相外, 而以實言之, 可也." 沈生大驚, 初欲諱[226]之, 末乃告其故, 公曰: "此事可成, 小[227]無疑慮, 將以何日擧事乎?" 曰: "定於某日矣!" 公沈吟良久, 曰: "此日吉則吉矣, 而此等大事, 擇日有殺破狼之日然後, 可矣. 某日, 若於小事則吉矣, 擧大事則不可矣, 某當爲君擇吉日矣." 仍披曆熟視, 曰: "三月十六日, 果吉矣. 此日犯殺破狼, 當擧事之際, 雖或有告變之人, 而少無所害[228], 畢竟無事順平矣. 必以此日擧事, 可也." 沈大異之, 乃曰: "若然則公之名字, 謹當錄入于吾輩錄名冊字矣." 公曰: "此則非所願, 但明公成事之後, 幸救垂死之命, 俾不及禍, 是所望也." 沈快諾而去. 及至更化之日, 多以金公之罪不可原, 言之者衆, 沈乃極力救之, 超拜嶺南伯[229]而卒. 公嘗以自家四柱, 問于中原術士, 則書以一句詩, 詩曰: '華山騎牛客, 頭戴一枝花'云云, 莫曉其意. 及爲嶺伯, 巡到安東府, 猝患痁疾[230], 遍問譴却之方, 則或以, '當日倒騎黑牛, 則卽療云云.' 故依其言, 騎牛而周行庭中, 纔下牛而臥房內, 頭痛極甚, 使一妓以按之, 問其名[231], 則對以'一枝花'云. 公忽憶中原人詩句, 歎曰: "死生

---

226) 諱: 다, 라, 마본에는 '辭'로 되어 있음.
227) 小: 라본에는 '少'로 되어 있음.
228) 少無所害: 다, 라, 마본에는 '所無害明知矣'로 되어 있음.
229) 嶺南伯: 다, 라, 마본에는 '嶺伯'으로 되어 있음.
230) 疾: 라본에는 '瘧'으로 되어 있음.
231) 名: 다본에는 '姓名'으로 되어 있음.

有命!"乃命鋪新席, 換着新衣, 盛服正枕而臥, 悠然而逝. 是日, 三陟倅某在衙, 忽見公盛騶從入門, 驚而起, 曰: "公何爲而越他道, 來訪下官也?" 金公笑曰: "我非生人, 俄者已作故, 方[232)]以閻羅王赴任之路, 歷見君而且有所托者. 某方赴任, 而恨無新件章服, 君念平日之誼, 幸爲辦備否?" 三陟倅心知其虛誕, 而仍其强請, 出篋中緞一疋而給之, 則金公欣然受之, 告辭而去. 三陟倅[233)]大驚訝, 送人探之, 則果於是日, 金公歿於安東府巡到所矣. 以是之故, 金公爲閻羅王之說, 遍行于世. 朴久堂長遠, 與金公之子柏谷, 切親之友也. 曾於北京推數以來, 則書以'某年某月當死云云'矣. 當其年正初, 委送人馬, 邀柏谷以來, 授以一張簡[234)]而書之, 柏谷曰: "書以何處?" 久堂曰: "欲得君之一書于先尊丈矣." 柏谷[235)]惝怳而不書, 久堂曰: "君以吾爲誕乎? 無論誕與不誕, 第爲我書之!" 再三懇請, 柏谷不得已擧筆, 久堂口呼而使之書之, 曰: "某之切友朴某, 壽限將止於今年矣. 幸伏望, 特垂矜憐, 俾延其壽云云." 而外封書'父主前', 內封書以'子某白是云云'. 書畢, 久堂淨掃一室, 與柏谷焚香, 焚其書, 曰: "今已後知免矣!" 果穩度其年, 過數十年後, 始歿. 事近誕妄, 而金公之精魄, 大異於人矣. 其後每夜, 盛騶率列燈燭, 往來於長洞·駱洞之間, 或逢知舊, 則下馬敍懷. 一日之夜, 一少年曉過駱洞, 逢金公於路上, 問曰: "令監[236)]從何而來乎?" 金公曰: "今曉卽吾之忌日也. 爲饗飮食而去, 祭物不潔, 未得歆饗, 恨缺而歸." 仍忽不見. 其人卽往其家, 家在倉洞, 主人罷祭而出矣. 以其

---

232) 方: 가, 나본에는 '今'으로 되어 있음.
233) 倅: 저본에는 빠져 있으나 다, 라, 마본에 의거하여 보충함.
234) 簡: 라본에는 '簡紙'로 되어 있음.
235) 谷: 저본에는 '公'으로 나와 있으나 이본에 의거함.
236) 令監: 다, 마본에는 '今'으로, 라본에는 '令公'으로 되어 있음.

酬酢傳之, 柏谷大驚, 直入內廳, 遍審祭物, 無一不潔之物, 而餅餌之間, 有一人毛, 擧家驚悚. 其後, 又有一人逢於路, 則金公曰: "吾曾借見他人之『綱目』, 而未及還, 第幾卷第幾張, 有金箔之挾置者. 日後還送之時, 如或不審, 則金箔有遺失之慮, 須以此言傳于吾家, 須詳審而送[237] 可也." 其人歸傳其語, 柏谷搜見『綱目』, 則金箔果有之, 人皆異之. 其外多有神異之事, 而不能記焉.

7-19. 坐城樓南忠壯效節

麟佐之起兵也, 初粧喪車, 而兵器束作棺樣, 擔軍皆賊徒也. 以數十喪車譽, 擔入淸州城內, 營將南忠壯延年及幕客洪霖, 言于兵使李鳳祥曰: "喪車多入城內, 事甚怪訝, 請搜見而譏[238]察焉." 兵使醉而答曰: "過去喪車, 何必疑訝? 君等退去, 可也." 時夜將半, 有一雙鵲, 上下於樓上之樑而噪之, 逐之不去. 已而亂作, 城中大亂, 賊兵擁入營門, 兵使昏夢之中, 走避于後庭竹林之中. 忠壯坐於樓上而號令, 賊有問兵使去處, 忠壯曰: "我也!" 罵賊不屈, 而遂遇害. 賊中有知面者, 見之, 曰: "非也." 遂至竹林而又刺殺之, 洪霖以身覆之, 幷被害. 兵使·營將及裨將, 自朝家幷施旌閭·贈職之典, 其後有人, 題詩于淸州城內南石橋上, 曰: '三更鳴鵲繞樑喧, 燭滅華堂醉夢昏. 裨將能全蓮幕節, 元戎反作[239]竹林魂. 雲惟死耳傳唐史, 陵獨何心負漢恩. 堪笑漁人功坐受, 一時榮寵耀[240]鄕村.' 此詩傳播而不知誰作也. 其後, 南忠壯緬禮時, 請輓於知舊之間, 有儒生兪

---

237) 須詳審而送: 다, 라, 마본에는 '須審而送之'로 되어 있음.
238) 譏: 라본에는 '機'로 되어 있음.
239) 反作: 다, 라, 마본에는 '返行'으로 되어 있음.
240) 耀: 나본에는 '輝'로 되어 있음.

彦吉, 卽兪知樞彦述之[241]從氏也. 詩曰: '吾頭可斷膝難摧, 千戟森森萬刃[242]催. 是夜人能貞節辨, 暮春天以雪[243]風哀. 名符漢塞張拳死, 姓憶睢陽嚙指回. 堪笑五營巡撫使, 忍能無恙戴頭來.' 李氏子孫見此詩, 指以淸州詩, 亦此人所作也. 至於鳴寃之境, 兪生竟被謫, 便是詩案也.

7-20. 憩店舍李貞翼識人

李貞翼公浣, 荷孝廟眷注, 將謀北伐, 廣求人材. 雖於行路上, 如見人容貌之偉魁, 則必延致之門庭, 試其才而薦于朝. 曾以訓將, 得暇掃墳, 行到龍仁店幕, 有一總角, 年近三十許. 身長幾十尺, 面長一尺, 瘦骨峻嶒[244], 短髮鬅鬆, 布衣不能掩身, 踞坐土廳之上, 以一瓦盆, 濁醪飮如長鯨. 公於馬上瞥見而異之, 仍下馬, 坐于岸上, 使人招其童, 厥童不爲禮, 又踞坐于石上. 公問其姓名, 答曰: "姓朴, 名鐸也." 又問: "汝之地閥如何?" 答曰: "自是班族而早孤, 家有偏母而家貧, 負薪而養之." 又問: "汝飮酒, 能復飮乎?[245]" 對曰: "巵酒安足辭也?" 公命下隷, 以百文錢沽酒以來. 已而, 沽濁醪[246]二大盆以來, 公自飮一椀, 以其器, 擧而給之, 厥童少無辭讓羞澁之意, 連倒二盆. 公曰: "汝雖埋沒草野, 困於飢寒, 骨相非凡, 可大用之人也. 汝或聞吾名乎? 我是訓將李某也. 方朝廷營大事,[247] 遍求將帥之材, 汝若隨我而去, 則富貴何足道也?" 厥童曰: "老母在堂, 此

---

241) 之: 저본에는 빠져 있으나 다, 라, 마본에 의거하여 보충함.
242) 刃: 라본에는 '刄'으로 되어 있음.
243) 雪: 다, 마본에는 '電'로 되어 있음.
244) 峻嶒: 라본에는 '嶒峻'으로, 다른 이본에는 '峻嶒'으로 되어 있음. 뜻은 서로 통함.
245) 汝飮酒能復飮乎: 라본에는 '汝復飮酒乎'로 되어 있음.
246) 濁醪: 저본에는 '酒濁'으로 나와 있으나 이본을 따름.
247) 方朝廷營大事: 가, 나본에는 '朝廷方營大事'로 되어 있음.

身未敢以許人也." 公曰: "若然則吾當升堂拜母[248]矣, 而家安在? 汝須導前." 行十餘里, 抵其門前, 數間斗屋, 不蔽風雨. 厥童先入門, 已而, 出一弊席, 鋪之柴門外, 出而迎之. 蓬頭布裙, 年可六十餘, 相與讓席坐定. 公曰: "某是訓鍊大將李某也. 掃墳之行, 路逢此兒, 一面可知其人傑. 尊嫂有此奇男, 大賀大賀!" 老婦斂袵而對曰: "草野之間, 無父之兒, 早失學業, 無異山禽野獸, 大監過加詡獎[249], 不勝憪愧." 公曰: "尊嫂雖在草野, 時事必有及聞者矣. 方今朝廷, 方營大事, 招延人材. 某見此兒, 不忍遽別, 欲與之同行, 以圖功名, 則此兒以無親命[250]爲辭, 故不得已躬來敢請, 幸尊嫂能許之否?" 老婦曰: "鄕曲[251]愚蠢之兒, 有何知識而敢當大事乎? 且此是老身之獨子也[252], 母子相依爲命, 有難遠離, 不敢奉命矣." 公懇請再三, 老婦曰: "男子生而志四方, 旣許身於國家, 則區區私情, 有不可顧矣. 且大監之誠意如是, 老身何敢不許乎?" 公大喜, 卽辭其老婦, 與其兒偕行, 還歸洛下. 詣闕請對, 上敎曰: "卿旣作掃墳之行, 何爲而徑還也?" 公奏曰: "小臣下鄕之路, 逢一奇男子, 與之偕來矣." 上使之入侍, 則蓬頭突鬢, 卽一寒乞之兒. 直入榻前, 不爲禮而踞坐, 上笑曰: "汝何瘦瘠之甚也?" 對曰: "大丈夫不得志於世, 安得不然乎?" 上曰: "此一言, 奇且壯矣!" 顧李公曰: "當除何職乎?" 公曰: "此兒姑未免山野禽獸之態, 臣謹當率畜家中, 磨以歲月, 訓戒人事然後, 可以責一職事矣." 上許之. 公嘗置之左右, 豊其衣食, 而敎以兵法及行世之要, 聞一知十, 日就月長, 非復舊

---

248) 母: 가, 나본에는 '君母'로 되어 있음.
249) 詡獎: 라본에는 '獎詡'로 되어 있음.
250) 無親命: 이본에는 '親無命'으로 되어 있음.
251) 鄕曲: 마본에는 '鄕谷'으로 되어 있음.
252) 也: 저본에는 빠져 있으나 다, 라, 마본에 의거하여 보충함.

日痴蠢樣子. 上每對李公, 必問朴鐸之成就, 公每以將進奏達, 如是度周年矣. 公每與朴鐸, 議北伐之事, 則其出謀發慮, 反有勝於自家. 公大奇之, 將奏達而[253]大用之矣. 未幾, 孝廟賓天, 朴鐸隨人[254]參哭班, 痛哭不已, 至於咽腫而淚血. 每日朝夕, 必參哭班. 及因[255]山禮畢, 告公以永訣, 公曰: "此何言也? 吾與汝情同父子, 汝何忍捨我而去耶?" 對曰: "吾豈不知大監眷愛之恩哉? 某之來此, 非爲哺啜[256]之計也. 英傑[257]之主在上, 可以有爲於世也[258], 皇天不弔, 奄遭大喪, 今則天下事無可爲者, 此誠千古英雄不禁淚者也. 吾雖留在大監門下, 無可用之機, 且拘於顔私, 浪費衣食, 而逗遛[259]不去, 亦甚無義, 不如從此逝矣." 仍揮淚拜辭歸鄉, 與其母離家, 而入深峽, 不知所終. 尤齋先生常對人, 道此事而嗟嘆.

7-21. 待科榜李郞摘甚

李淸州秉鼎, 爲人坦率, 未嘗修飾邊幅, 工于文筆, 常[260]自韜晦, 人無知者. 家貧, 無資身之策, 聘家極富饒, 自聘父母[261]以下, 謾侮備至. 有時或往, 則岳翁問: "汝喫朝飯乎?" 妻娚[262]在旁, 曰: "不問可知." 岳翁呼奴而言曰: "某處李郞來, 而闕食云矣, 內間如有水飯之餘者, 饋之好矣." 其薄待如此. 晚而贅居于妻家下房, 晝則終日

---

253) 而: 저본에는 빠져 있으나 가, 나본에 의거하여 보충함.
254) 人: 다, 라, 마본에는 '入'으로 되어 있음.
255) 因: 저본에는 '引'으로 나와 있으나 다, 라, 마본에 의거하여 바로잡음.
256) 啜: 저본에는 '餟'로 나와 있으나 나, 라본에 의거함.
257) 英傑: 다, 라, 마본에는 '英雄'으로 되어 있음.
258) 也: 저본에는 빠져 있으나 이본에 의거하여 보충함.
259) 逗遛: 저본에는 '豆留'로 나와 있으나 이본에 의거함. 서로 통함.
260) 常: 마본에는 '嘗'으로 되어 있음.
261) 聘父母: 다, 라, 마본에는 '聘母'로 되어 있음.
262) 娚: 나, 라본에는 '甥'으로 되어 있음. 서로 통함. 이하의 경우도 혼용됨.

鼾睡, 到夜人靜之後, 必暗暗讀書賦詩. 時當式科, 將設初試, 公口不言科事, 夫人問曰: "科期不遠, 君子不欲赴耶?" 公曰: "雖欲赴擧, 試紙筆墨, 從何辦備乎?" 夫人乃出粧奩之屬, 賣而與之, 公以是辦備科具. 諸妻娚及同婿, 皆紛紛治科具, 而一不問公之赴擧與否. 入場, 公與同婿及妻娚, 皆高中, 其同婿則時宰相家子, 而妻家之愛婿也. 其接待比公, 不啻霄壤, 公晏如也. 榜出後, 諸人驚問曰: "君何以見科而得中也? 世事有未可知, 可謂倖科矣." 公答曰: "偶隨諸從之後, 得見餘文餘筆矣, 不意得中也." 諸人皆大笑. 及當會試, 公暗藏匏[263]博紙局而入場, 早呈券, 而訪其妻甥之接, 則甥妹姑未呈券矣. 仍出博局, 而要與之賭, 人皆詬罵, 而公一味欲賭. 又作戲談, 故使苦之, 諸人皆曰: "此君何爲而入場, 作此苦狀, 沮戲人科事也?" 擧毆逐之. 公出場而歸妻家, 則諸人亦皆出來, 岳翁先問次婿之觀科善不善, 其人對曰: "未及呈券, 方寫之時, 彼李生[264]忽地突入, 以博局欲賭而沮戲之, 幾乎狼狽矣." 岳翁咄嗟而責, 曰: "汝以無識之兒, 不知科事之重, 胡爲戲人之科事也? 人之沒廉沒覺, 有如是矣!"[265] 使之退去, 公亦不介意. 及其榜出之日, 早飯後, 升門外桑樹, 而摘葚啗之. 而已, 榜軍來矣, 仍奪其秘封而見之, 則卽自家名字也. 仍謂來隸曰: "此是此家之第二婿得中也, 入門只云: '第二婿高中云云.' 可也." 其隸如其言, 高大放聲[266] 擧家相慶, 曰: "果然矣! 秘封何在?" 其隸答曰: "門外桑木上, 有一儒奪之云." 岳翁及同婿出來索之, 公徐曰: "旣[267]中[268]司馬矣, 雖不見

---

263) 匏: 다본을 제외한 이본에는 '瓠'로 되어 있음. 서로 통함.
264) 李生: 라, 마본에는 '李郎'으로 되어 있음.
265) 諸人皆曰 … 有如是矣: 다본에는 "諸人皆曰: '此君何爲而入場, 作此苦狀, 沮戲人科事也? 沒廉沒覺, 有如是矣!'"로 되어 있음.
266) 高大放聲: 저본에는 빠져 있으나 다, 라, 마본에 의거하여 보충함.

秘封, 庸何傷乎?"諸人責之誘之, 使之下之, 則下來後示之, 曰: "此則吾之秘封也, 何爲索之?"諸人始大驚訝之, 其妻娚及同婿, 皆見屈, 而公獨高中. 伊後, 卽登筮仕, 屢典州牧. 而妻家蕩敗家産, 貧無以聊生, 公迎來聘母于衙中, 厚待之, 而一不相面[269]. 時人以是短之.

7-22. 招神將郭生施術

郭思漢, 玄風人, 而忘憂堂後孫也. 少時, 業科工, 嘗遇異人, 傳授[270]秘術, 通天文·地理·陰陽等書. 家甚貧, 其親山在於境內, 而樵牧日侵, 無以禁養. 一日, 周行山下而揷木而標之, 曰: '人或有冒入此標之內, 則必有不測之禍云.' 而戒飭洞人, 使勿近一步地, 人皆笑之. 洞有年少頑悍之漢, 故往其山下樵採[271], 入其木標之內, 則天旋地轉, 風雷飛動, 劍戟森嚴, 無路可出. 其人魂迷神昏, 仆于地矣. 其母聞之而急來, 哀乞于郭生, 生怒曰: "吾旣丁寧戒之而不遵, 何來惱我? 我則不知矣!" 其母涕泣而更乞, 食頃後, 躬自往視, 而携手以出. 自其以[272]後, 人莫敢近. 其仲父病重, 而醫言, "若得用山蔘, 則可療云云." 其從弟來, 懇曰: "親病極重, 而山蔘無可得之望. 兄之抱才, 弟所素知者也, 盍求數根而治療乎?" 郭生嚬眉, 曰: "此是重難之事, 而病患如此, 不可不極力周旋." 仍與之上後麓, 至一處, 松陰之下有平原, 卽一蔘田. 擇其最大者三根而採之,

---

267) 旣: 저본에는 '卽'으로 나와 있으나 이본을 따름.
268) 中: 다, 라, 마본에는 '登'으로 되어 있음.
269) 面: 다, 라, 마본에는 '見'으로 되어 있음.
270) 傳授: 라본에는 '傳受'로 되어 있음.
271) 樵採: 다, 라, 마본에는 '採樵'로 되어 있음.
272) 以: 저본에는 빠져 있으나 다, 라, 마본에 의거하여 보충함.

使作藥餌而戒之, 曰:"此事勿出口, 且勿生更採之念!"其從弟[273]急歸煎用, 而果得效. 來時, 識其程道及蔘所在處, 乘其兄之不在[274], 潛往見之, 則非復向日所往[275]處也. 心竊驚訝, 嗟嘆而歸, 對其兄道此狀, 郭生笑曰:"向日與汝所往處, 卽頭流山也, 汝豈可更躡其境耶? 後勿如是云云." 一日在家, 淨[276]掃越房, 而戒其妻曰:"吾在此, 將有三四日所幹之事, 切勿開戶, 且勿窺見. 待限日, 吾自出來矣." 仍闔戶而坐, 家人依其言, 置之矣. 過數日後, 其妻心訝之, 從窓隙窺覘, 則房中變成一大江, 江上有丹靑之一樓閣, 而其夫在其樓上, 援琴鼓之. 五六鶴氅羽衣者對坐, 而霞裳霧裾[277]之仙女, 或吹彈或對舞. 其妻驚異, 而不敢出聲. 至期日, 開戶而出, 責其妻之窺見, 曰:"後復如是, 則吾不可久留此矣!" 有切己之親知人, 願一見萬古名將之神, 生笑曰:"此不難, 而但恐君之氣魄[278], 不能抵當而爲害也." 其人曰:"若一見, 則雖死無恨." 生笑曰:"君言旣如是, 第依我言爲之." 其人曰[279]:"諾!" 郭生使抱自家之腰, 而戒之曰:"但闔眼, 待吾聲, 始開眼, 可也." 其人依其言爲之, 兩耳但聞風雷之聲矣. 而已,[280] 使開眼視之, 則坐於高峰絶頂之上矣. 其人怡悅問之, 則乃是伽倻山也. 少焉, 郭生整衣冠, 焚香而坐, 若有所指揮呼召者然. 未幾, 狂風大作, 無數神將, 從空而下, 俱列國秦漢唐宋之諸名將也. 威風凜凜, 狀貌堂堂, 或帶甲或仗劍[281], 左右羅列. 其

---

273) 弟: 저본에는 빠져 있으나 라본에 의거하여 보충함.
274) 不在: 저본에는 '在不'로 나와 있으나 이본에 의거함.
275) 往: 가, 나본에는 '徑'으로 되어 있음.
276) 淨: 저본에는 '靜'으로 나와 있으나 라본을 따름.
277) 裾: 다, 라, 마본에는 '裙'으로 되어 있음.
278) 魄: 다, 라, 마본에는 '魂'으로 되어 있음.
279) 曰: 다, 마본에는 빠져 있고, 라본에는 '諾'으로 되어 있음.
280) 而已: 나본에는 '已而'로 되어 있음.

人魂迷神昏, 俯伏於郭生之側而已. 郭生使各退去, 而其人昏窒矣. 郭生待其稍醒[282], 而言曰: "吾旣不云乎? 君之氣魄如此, 而妄自戁我, 畢竟得病, 良可嘆[283]也云." 而又使抱腰如來時樣而歸家矣. 其人得驚悸[284]症, 不久身死云. 蓋多神異之述[285]見於人者. 年過八十, 康健如年少人, 一日, 無病而坐化云. 嶺外之人, 多有親知者, 而[286]其死不過數十年云耳.

7-23. 江界妓爲李帥[287]守節

巫雲者, 江界妓也, 姿色才藝, 擅于一時. 京居成進士者, 偶爾下來, 仍薦枕而情愛甚篤, 及其歸也, 彼此戀戀不忍捨. 雲自送成生之後, 矢心靡他, 艾灸[288]兩股肉[289], 作瘡痕, 托言有惡疾云. 以是之故, 前後官家, 一未嘗侍. 李大將敬懋之莅任也, 招見而欲近之, 雲解示瘡處, 曰: "妾有此惡瘡[290], 何敢近前?" 李帥曰: "若然則汝可在前使喚, 可也." 自此以後, 每日守廳, 而至夜必退, 如是四五朔. 一夜, 雲忽近前, 曰: "妾今夜願侍寢矣." 李倅驚曰: "汝旣有惡疾, 則何可侍寢?" 雲曰: "妾爲成進士守節之故, 以艾灸之, 以是避人之侵困[291], 侍使道積有月, 微察凡百, 卽是大丈夫也. 妾旣是妓物,

---

281) 仗劍: 나본에는 '杖劍'으로 되어 있음. 서로 통함.
282) 醒: 가, 다, 마본에는 '惺'으로 되어 있음. 서로 통함.
283) 嘆: 마본에는 '嗟嘆'으로 되어 있음.
284) 悸: 다본에는 '悖'로, 마본에는 '敗'로 되어 있음.
285) 之: 다, 라, 마본에는 빠져 있음.
286) 而: 저본에는 빠져 있으나 이본에 의거하여 보충함.
287) 帥: 다, 라, 마본에는 '倅'로 되어 있음. 라본은 이하의 경우도 동일함.
288) 灸: 저본에는 '炙'로 나와 있으나 가, 나본을 따름.
289) 肉: 가, 나본에는 '內'로 되어 있음.
290) 瘡: 다, 라, 마본에는 '疾'로 되어 있음.
291) 困: 저본에는 '因'으로 나와 있으나 다, 라, 마본에 의거함.

則如使道大男子, 豈無心近侍耶?" 李帥笑曰: "若然則可就寢." 仍
與之狎. 及茇熟將歸也, 雲願從之, 李帥曰: "吾有三妾之率畜[292]者,
汝又隨去, 甚不緊矣." 雲曰: "若然[293], 妾當守節矣." 李帥笑曰: "守
節云者, 如爲成進士守節乎?" 雲勃然作色, 仍以刀[294]斫左手四指,
李帥大驚, 欲率去, 則又不聽, 仍以作別矣. 後十餘年後[295], 以訓將
補城津, 蓋朝家新設城津鎭, 而以宿將重望鎭之, 故單騎赴任. 城
津與江界, 接壤三百餘里也. 一日, 雲來現, 李帥欣然逢迎, 敍積阻
之懷, 與之同處, 夜欲近之, 則抵死牢拒. 李帥問之曰: "此何故
也?" 對曰: "爲使道守節矣!" 李帥曰: "旣爲吾守節, 則何抵我也?"
雲曰[296]: "旣以不近男子, 矢于心, 則雖使道不可, 一近之, 則便毁
節也." 仍堅辭, 同處一年餘, 而終不相近. 及歸, 又辭歸渠家. 其
後, 李帥喪妻, 雲奔喪而留京, 過襄禮後, 還下去, 李帥之喪, 亦然.
自號雲大師[297], 仍終老焉.

7-24. 倡義使賴良妻成名

金倡義使千鎰之妻, 不知誰家女子, 而自于歸之日, 一無所事,
日事晝[298]寢. 其舅誡之曰: "汝誠佳婦, 而但不知爲婦道, 是可欠也.
大凡婦人, 皆有婦人之任, 汝旣出嫁, 則治家營産, 可也, 而乃不此
之爲, 日以午睡爲事乎?" 其婦對曰: "雖欲治産, 赤手空拳, 何所藉
而營産乎?" 其舅悶而[299]憐之, 卽以租數三十包[300]·奴婢四五口·

---

292) 畜: 다, 라, 마본에는 '育'으로 되어 있음.
293) 然: 다, 라, 마본에는 '然則'으로 되어 있음.
294) 刀: 이본에는 '刃'으로 되어 있음.
295) 後: 라본에는 빠져 있음.
296) 曰: 라본에는 '對曰'로 되어 있음.
297) 師: 저본에는 '帥'로 나와 있으나 다, 라, 마본을 따름.
298) 晝: 다, 라, 마본에는 '晝宵'로 되어 있음.

牛$^{301)}$數隻給之, 曰: "如此則足可爲營産之資乎?" 對曰: "足矣." 仍
呼奴婢近前, 曰: "今則汝輩, 旣屬之於我, 當從吾之指揮. 汝可馱
穀於此牛, 入茂朱某處深峽中, 伐木作家, 以此租作農粮, 而勤耕
火田, 每秋以所出都數, 來告於我, 粟則作米儲置. 每年如是, 可
也." 奴婢輩承命, 而向茂朱而去. 居數日, 對金公而言曰: "男子手
中無錢穀, 則百事不成, 何不念及此?" 公曰: "吾是侍下, 人事衣
食, 皆賴於父母, 則錢穀從何以$^{302)}$辦出乎?" 婦曰: "竊聞洞中, 李生
某家, 積累財貨, 而性嗜$^{303)}$賭博云. 郞君何不一往, 以千石之露積
一塊爲賭乎?" 公曰: "此人以博局一手, 有名於世, 吾則手法甚拙,
何可生心於賭博事乎?" 婦曰: "此則易與耳, 第以博局持來." 仍對
坐$^{304)}$而訓之, 諸般妙手, 隨手指訓. 金公亦奇傑之人也, 半日對局,
陣法曉然. 其婦曰: "今則優可賭博! 君子須以三局兩勝爲賭, 初局
則佯輸, 而二三局, 則菫菫決勝. 旣得露積後, 彼必欲更決雌雄, 須
出神妙之手, 使彼不得下手, 可也." 金公然其言, 明日躬往其家,
請賭博局, 則其人笑曰: "君與我, 居在同閈, 未聞君之賭博矣, 今
忽來請者, 未知何故也. 且君非吾之敵手, 不必對局." 金公曰: "對
局行馬然後, 可定其高下, 何必預先斥退?" 仍强請至再至三, 其人
曰: "若然則吾於平生對局, 則必賭, 以何物爲賭債乎?" 公曰: "君
家有千石露積者三四塊, 以此爲賭, 可也$^{305)}$." 其人曰: "吾則以此爲
賭, 君則以何物爲賭乎?" 公曰: "吾亦以千石爲賭." 其人曰: "君以

---

299) 而: 다, 라, 마본에는 '之'로 되어 있음.
300) 包: 가본을 제외한 이본에는 '苞'로 되어 있음. 서로 통함.
301) 牛: 나본에는 '牛馬'로 되어 있음.
302) 以: 이본에는 '而'로 되어 있음.
303) 嗜: 다, 마본에는 '耆'로 되어 있음. 뜻은 서로 통함.
304) 對坐: 라본에는 '侍坐'로, 마본에는 '待坐'로 되어 있음.
305) 也: 이본에는 '乎'로 되어 있음.

侍下之人, 不小[306]之穀, 從何辦出乎?" 金公曰: "此則決勝負後, 可言之事, 吾若不勝, 則千石何足道哉?" 其人勉强而對局, 以兩勝爲限. 初則金公佯輸一局, 其人笑曰: "然矣. 君非吾之敵手, 吾不云乎?" 金公曰: "猶有二局矣." 又對局, 李生心甚異之, 又復對局, 則連輸二局矣. 李生驚訝, 曰: "異哉異哉! 寧有是理? 旣許之千石, 不可不給, 卽當輸之, 第又更賭一局." 金公許之, 復對局, 始出神妙[307]之手, 李生勢窮力盡, 不得下手, 金公笑而罷. 歸對其妻而言, 則妻曰: "吾已料之矣." 公曰: "旣得此矣, 將焉用哉?" 妻曰: "君子之所親人中, 窮婚窮喪及貧不能資生者, 量宜分給. 勿論遠近貴賤, 如有奇傑之人, 則與之許交[308], 而逐日邀來, 則酒食之費, 我自辦備矣." 金公如其言而行之. 一日, 其婦又請于其舅, 曰: "媳將欲事農業, 籬外五日耕田, 可使許耕乎?" 其舅許之. 於是, 耕田而遍種瓠[309], 待熟而作斗容瓠, 使之着漆. 每年如是, 充五間庫. 又使冶匠, 鍊出二箇, 如斗容匏[310]樣, 幷置于庫中, 人莫曉其故也[311]. 及壬辰倭寇大至, 夫人謂金公曰: "吾之平日勸君子, 以恤窮濟貧交結英男者, 欲於此等時得其力故也. 君子倡起義兵, 則舅姑避亂之地, 吾已經紀於茂朱地, 有屋有穀, 庶不貽君子之憂矣. 吾則在此, 辦備軍粮, 使勿乏絶也." 金公欣然從之, 遂起義兵, 遠近之平日受恩者, 皆來附, 旬日之間, 得精兵四五千. 使軍卒各佩漆瓠而戰, 及其回陣之時, 遺棄鐵鑄之匏於路而去, 倭兵見而皆大驚, 曰: "此軍人

---

306) 小: 라본에는 '少'로 되어 있음.
307) 神妙: 다, 라, 마본에는 '奇妙'로 되어 있음.
308) 交: 라본에는 '友交'로 되어 있음.
309) 瓠: 저본에는 '瓠種'으로 나와 있으나 다, 라, 마본에 의거함.
310) 匏: 이본에는 '瓠'로 되어 있음. 이하의 경우도 동일함.
311) 也: 저본에는 빠져 있으나 다, 라, 마본에 의거하여 보충함.

人佩此匏, 其行如飛, 其勇力可知其無量." 遂相與戒飭, 無敢³¹²⁾嬰
其鋒. 以是之故, 倭兵見金公之軍, 則不戰而披靡. 金千鎰之多建
奇功, 蓋夫人贊助之力也.

7-25. 鄕儒用計瞞竹泉

　竹泉每每主試, 試鑑如神. 適作湖中楸行而回, 時當監試會期,
有一士子, 騎馬而在前, 馬上常手持一冊子, 終日看之, 中火宿所
之時, 必同店矣. 竹泉心甚怪之, 及到宿所店, 使人邀來而問之, 則
卽赴會試人也. 自言, "兩老親侍下, 今行爲³¹³⁾七八次, 每屈於會圍,
情理切迫云云." 又問: "所看冊何書, 而須臾不暫離手也?" 對曰:
"年來所作私草, 而今則精神昏耗, 掩卷輒忘, 故常目在之故也." 竹
泉請其冊子而³¹⁴⁾見之, 則箇箇善作, 仍嗟嘆而問曰: "課工如是勤
實, 句作又如是淸新, 何爲而屢屈也? 此是有司之責也!" 其人曰:
"今則年老多悯, 自作自書之時, 字畫每每橫書, 如是而安得不屈
乎? 今行又當如此, 初不欲赴, 而爲老親所勸, 不得已作此不緊之
行也." 竹泉憐而悶之, 慰諭曰: "今番須努力而觀之." 仍爲入城, 而
當會試主試³¹⁵⁾, 考券之時, 有一券字畫, 皆或左書橫書. 竹泉見而
笑, 曰: "此必是厥者之券也!" 仍向諸試而言曰: "此是老儒實才之
券也, 今番吾輩可積善矣³¹⁶⁾." 仍不問而擢置矣. 及其榜出, 見其封
內, 則年紀不至衰老, 心竊³¹⁷⁾訝之矣. 放榜後, 新恩之來見恩門, 例

---

312) 敢: 다, 라, 마본에는 '復'로 되어 있음.
313) 爲: 다, 라, 마본에는 빠져 있음.
314) 而: 저본에는 빠져 있으나 나본에 의거하여 보충함.
315) 會試主試: 다, 라, 마본에는 '會主試'로 되어 있음.
316) 吾輩可積善矣: 다, 라, 마본에는 '吾當積善矣'로 되어 있음.
317) 竊: 다, 라, 마본에는 '切'로 되어 있음.

也. 此人亦來見, 竹泉賀曰: "積屈之餘, 得此一捷, 可賀可賀!" 其人對曰: "初試! 卽初爲之矣." 又曰: "老親侍下, 可以供歡矣." 又對曰: "永感下矣." 竹泉怪而問: "向於路上, 何爲飾私[318]欺我也?" 其人避席, 俯伏而對曰: "小生知大監之主試, 故以此欺之. 不如是, 大監豈或擢拔乎? 自知死罪云." 竹泉熟視而笑而已矣[319].

7-26. 營妓佯狂隨谷倅

梅花者, 谷山妓也. 一老宰爲巡使, 巡到時嬖之, 率置營中, 寵幸無比. 時有一名士之爲谷山倅者, 延命時, 霎見其妍美, 心欲之. 還衙後, 招其母, 賜顔而厚遺之. 自此以後, 使之無間出入, 而米肉錢帛, 每每給之, 如是者, 幾月矣. 其母心竊怪之, 一日問曰: "如小人微賤之物, 如是眷愛, 惶恐無地. 未知, 使道何所[320]見而若是乎[321]?" 本倅曰: "汝雖年老, 自是名妓也. 故欲與之破寂, 自爾親熟而然也, 別無他事." 一日, 老妓又問曰: "使道必有用小人處, 而如是款曲, 何不明言敎之? 小人受恩罔極, 雖赴湯火, 自當不辭矣." 本倅乃言曰: "吾於營行時, 見汝女, 愛戀不能忘, 殆乎生病. 汝若率來更接一面, 則死無恨矣." 老妓笑曰: "此至易之事, 何不早敎也? 從當率來矣." 歸家, 作書于其女曰: "吾以無名之疾, 方在死境, 而以不見汝死, 將不瞑目矣. 速速得由下來, 以爲面訣之地云." 而專人急報, 梅花見書, 而泣告于巡使, 請得往省之暇, 巡使許之, 資送甚厚. 來見其母, 道其由, 與之偕入衙中. 時本倅年纔三十餘, 風儀動盪, 巡

---

318) 私: 라본에는 '邪'로 되어 있음.
319) 矣: 저본에는 빠져 있으나 라본에 의거하여 보충함.
320) 何所: 다, 라, 마본에는 '所何'로 되어 있음.
321) 乎: 저본에는 빠져 있으나 다, 라, 마본에 의거하여 보충함.

使則容儀老醜, 殆若仙凡之別. 梅花一見, 而亦有戀慕之心, 自伊[322] 日薦枕, 兩情歡洽[323]. 過一朔, 由限將滿, 梅花將還向海州[324], 本倅戀戀不忍捨, 曰: "從此一別, 後會難期, 將若之何?" 梅花揮淚, 曰: "妾旣許身矣! 今行, 自有脫身歸來之計, 不久更當還侍矣." 仍發行, 到海營, 入見巡使, 則巡使問其母病如何, 對曰: "病勢委篤, 幸得良醫, 今則向差矣." 依前向洞房矣. 過十餘日後, 梅花忽有病, 寢食俱廢, 呻吟度日, 巡使憂之, 雜試醫藥而無效, 委臥近一旬. 一日, 忽爾突然而起, 蓬頭垢面, 拍手頓足, 狂叫亂嚷, 或笑或哭, 跳躍於澄軒之上, 而斥呼巡使之名.[325] 人或挽之, 則[326]蹙之嚙之, 使不得近前, 卽一狂病也. 巡使驚駭, 使之出居于外, 而翌日縛置于轎中, 送于渠家, 盖是佯狂也. 還家之日, 卽入衙中, 見本倅語其狀, 留在挾室, 情義愈篤. 如是之際, 所聞傳播, 巡使亦聞之. 其後, 谷倅往營下, 則巡使問曰: "府妓之爲營妓者, 以病還家矣. 近則其病如何[327], 而時或招見否?" 對曰: "病則少差云, 而巡營[328]廳妓, 下官何可招見乎?" 巡使冷笑曰: "願令公爲我善守直焉." 谷倅知其狀, 請由上京, 嗾一臺, 駁[329]巡使而罷之, 仍率畜梅花. 遞歸時, 與之偕來京第矣. 及丙申之獄, 前谷倅辭連逮獄, 其妻泣謂梅花曰: "主公今至此境, 吾則已有所決于心者, 汝則年少之妓也, 何必在此? 還歸汝家, 可也." 梅花亦[330]泣, 曰: "賤妾承令監之恩愛, 已久

---

322) 伊: 다, 마본에는 '爾'로 되어 있음.
323) 洽: 다, 마본에는 '合'으로 되어 있음.
324) 海州: 다, 라, 마본에는 '海營'으로 되어 있음.
325) 拍手頓足 … 而斥呼巡使之名: 다, 라, 마본에는 '拍手呼巡使之名'으로 되어 있음.
326) 則: 저본에는 빠져 있으나 라본에 의거하여 보충함.
327) 其病如何: 가본을 제외한 이본에는 '如何其病'으로 되어 있음.
328) 巡營: 다, 라, 마본에는 '上營'으로 되어 있음.
329) 駁: 라본에는 '刼'으로 되어 있음.

矣. 繁華之時, 則³³¹⁾與之安享, 而今當如此之時, 安忍背而歸家? 有死而已云矣." 數日後, 罪人杖斃之報到家, 其妻自縊而死. 梅花躬自殯斂入棺, 而及罪人屍之出給也, 又復治喪, 夫婦之柩, 合祔於先塋之下, 仍自裁於墓傍下從. 其節槪烈烈矣. 初於巡使, 則用計而圖免; 後於本倅, 則立節死義, 其亦³³²⁾女中豫讓歟!

7-27. 武擧廢舍逢項羽

有一武擧子, 忘其姓名, 洞有一廢舍, 此亦緣鬼祟而廢棄者也. 諸擧子, 約會于其家, 將賭雜技, 而此人先往修掃而俟焉. 於焉,³³³⁾ 燃燭鋪席, 天忽大雨, 夕鍾已鳴, 人不得往來. 其人秉燭獨坐, 夜至三更, 忽有軍馬之聲. 其人驚訝, 擧目而³³⁴⁾見之, 則有一將軍, 帶劍騎馬, 而無數甲兵入來矣. 乃下廳而伏於階下, 視其將則重瞳, 而所騎乃烏騅也. 到階前下馬, 而使之起, 曰: "汝可隨我乘軒!" 其人惴惴慄慄³³⁵⁾, 屛息而隨後上廳, 將軍坐於上座³³⁶⁾, 而命之坐, 仍問曰: "汝知我爲誰乎?" 此擧人³³⁷⁾略解『史記』, 答曰: "視將軍之眼, 乃是重瞳, 所騎又是烏騅, 無乃西楚伯王乎?" 笑而答曰³³⁸⁾: "然矣! 吾與沛公, 八年相爭, 畢竟爲沛公所輸, 世人以我爲何如人也? 吾於戰場, 非智力之不足, 乃天之所亡也, 世人其知之乎?" 其人曰:

---

330) 亦: 저본에는 빠져 있으나 이본에 의거하여 보충함.
331) 則: 저본에는 '則亦'으로 나와 있으나 이본을 따름.
332) 其亦: 저본에는 '亦其'로 나와 있으나 이본을 따름.
333) 於焉: 저본에는 빠져 있으나 다. 라. 마본에 의거하여 보충함.
334) 而: 저본에는 빠져 있으나 이본에 의거하여 보충함.
335) 慄慄: 저본에는 '慓慓'로 나와 있으나 라본에 의거함.
336) 座: 저본에는 '坐'로 나와 있으나 나. 다. 라본에 의거함.
337) 擧人: 다. 라. 마본에는 '擧子'로 되어 있음.
338) 笑而答曰: 다. 라. 마본에는 '笑曰'로 되어 있음.

"此則載在漢史南宮酒席之問答, 豈不聞知乎?"神將怒叱曰:"噫! 竪子無足言也. 所謂漢史, 我死後幾年後所做出也, 吾何以知之? 汝第言之." 其人曰:"其書曰: '沛公用三傑, 大王有一范增而不能用, 以是之故, 勝敗辦矣.'" 神將咄嘆曰:"果有是事, 吾亦悔之." 其人曰:"小擧平生有嘆惜者, 可以質之於大王之前?" 曰:"何事?" 對曰:"大王雖有東城之敗, 一渡烏江, 再起江東之兵, 則天下之得失, 有未可知也. 且大王橫行於世, 此世之上, 無有敢縛致大王者矣. 大王何爲而[339]不勝一時之憤, 至於自刎之境, 豈不可惜者耶? 大丈夫何爲作兒女子區區小節之事乎?"神將聽未半, 以劍擊柱而起, 曰: "言且休矣! 吾亦思之, 忿[340]恨欲死, 吾去矣." 仍下軒, 騎馬而出中門. 其人潛躡其後, 則致[341]後面而滅, 心甚訝之. 及天明, 往審其後面[342], 則有虛廳四五間, 而塵埃堆積之中, 壁上付項羽起兵渡江之畫及鴻門宴畫, 而幾盡破傷矣. 仍以其畫本, 燒之于火矣. 此後無此患, 其人仍入處焉.

7-28. 新倅權術騙宰相

古有一大臣, 性酷而急,[343] 爲箕伯時, 巡到各邑, 道路如有石, 則使首鄕[344]吏以齒拔之, 而以杖打其趾, 往往嘔血而死. 其外擧行及茶啖之屬, 少不如意, 則刑之棍[345]之, 十至八九之死, 列邑震動. 行到一邑, 未入境, 諸吏不知所爲, 有一妓年少貌妍, 笑曰:"巡使道

---

339) 而: 다, 라, 마본에는 빠져 있음.
340) 忿: 다, 라, 마본에는 '忽'로 되어 있음.
341) 致: 이본에는 '到'로 되어 있음.
342) 面: 저본에는 '而'로 나와 있으나 이본에 의거하여 바로잡음.
343) 性酷而急: 다, 라본에는 '性酷急而'로 되어 있음.
344) 首鄕: 저본에는 '首鄕首'로 나와 있으나 다, 라, 마본에 의거함.
345) 棍: 가, 나본에는 '杖'으로 되어 있음.

亦是人也, 何乃如是恐惻也? 巡使道³⁴⁶⁾豈生啗人乎? 吾若薦枕, 則
非但各廳之無事, 使巡使赤身而下房門外矣, 自³⁴⁷⁾吏廳將厚饋我乎?"
諸吏曰: "若然則自吾³⁴⁸⁾廳重賞汝也!" 妓曰: "第觀之." 及巡行入府,
以其妓守廳矣. 時當八月, 日候晝熱夜涼, 巡使見此妓, 使之薦枕,
房戶障子未及下矣. 此妓故作寒粟³⁴⁹⁾之態, 巡使問曰: "汝有寒意
乎?" 對曰: "房門不閉, 涼氣³⁵⁰⁾逼人矣." 巡使曰: "若然則將使下隷
下之乎?" 妓曰: "夜已深矣, 何可呼之乎?" 巡使曰: "爲之奈何?" 妓
曰: "小人則身長³⁵¹⁾不及, 使道暫下之無妨矣." 巡使曰: "擧措得無
駭異乎?" 妓曰: "深夜無人矣." 巡使乃不得已赤身而起, 擧障子而
閉之. 伊時, 下屬左右潛窺, 莫不掩口. 此邑無一人受罪, 無事經
過, 諸吏厚賞其妓云. 其爲大臣也, 有連查間宰相喪出, 而傔從一
人分差而來矣. 每有所使, 新傔者必應命而來, 足蹴溺器·硯匣等
屬而覆之, 之東則必之西, 事事拂其意. 某相不勝其苦, 每責諸傔
人³⁵²⁾曰: "汝何爲占便, 必使新來之傔使喚, 不知向方而償事, 汝輩
何在而然也?" 諸傔輩每每禁之, 使勿出應使喚, 而其人終不聽之,
如有呼喚, 則必也挺身先出. 某相見輒生怒³⁵³⁾, 必責他傔, 如是者
月餘. 一日, 惠局吏有闕, 此人俯伏于前, 曰: "小人願得差此窠."
某相熟視, 曰: "諾." 仍出帖紙, 諸傔一時稱冤, 曰: "小人幾年勤苦,
小人幾世世交, 而初出之窠, 何可讓與於新來之傔乎?" 某相曰:

---

346) 道: 저본에는 빠져 있으나 라본에 의거하여 보충함.
347) 自: 저본에는 빠져 있으나 마본을 제외한 이본에 의거하여 보충함.
348) 自吾: 다, 라, 마본에는 '吾自'로 되어 있음.
349) 粟: 나, 다, 마본에는 '栗'로 되어 있음.
350) 氣: 저본에는 '意'로 나와 있으나 마본을 따름.
351) 長: 다, 라본에는 '短'으로 되어 있음.
352) 傔人: 다, 라, 마본에는 '傔從'으로 되어 있음.
353) 怒: 이본에는 '火'로 되어 있음.

"我生然後, 汝輩可得差任; 我死之後, 汝輩向誰圖此乎? 此人若在, 則我當成火而死, 不如速爲區處, 汝輩更勿言!" 仍差出矣. 其後來謁, 如有使喚處, 則無論大小事, 適中其意, 千伶百俐. 某相怪而問之, 曰: "汝之人事, 凡百大勝於前日之蒙孩, 爲腴任之故耶?" 其人俯伏, 對曰: "小人犯死罪矣." 某相曰: "何謂也?" 對曰: "小人新到門下, 則傔從之數, 過三十餘, 而小人居末矣. 各司吏役之有闕者, 循次而得差, 則小人其將老死矣. 竊伏見大監氣質嚴急, 故衝怒氣, 使之苦[354]不堪[355]矣, 必也先爲區處, 故向者故作沒覺之狀, 以至於[356]此矣." 某相大笑曰: "汝可謂諸葛亮[357], 可恨吾見欺矣."

---

354) 苦: 이본에는 '若'으로 되어 있음.
355) 堪: 저본에는 '供'으로 나와 있으나 이본에 의거함.
356) 於: 저본에는 빠져 있으나 이본에 의거하여 보충함.
357) 諸葛亮: 이본에는 '諸葛孔明'으로 되어 있음.

卷八

8-1. 貸營錢義城倅占風

李益著, 以義城宰, 一日宴飮. 時當夏節, 忽有一陣風過去, 益著急[1]撤樂, 而作營行見巡使, 請貸南倉錢五千兩, 以貿牟麥. 時大登, 價至賤, 貿麥而封置各洞, 使洞任守直矣. 七月初夜, 忽覺睡而呼官僮, 摘後園一草葉而見之, 曰: "然矣云矣." 翌朝見之, 則嚴霜大降, 草木盡凋殘. 是秋, 嶺南一道, 野無靑草, 仍爲赤地而設賑, 穀價登踊, 麥一石價, 初夏不過三四十[2]錢者, 其秋價至三百餘. 益著以其麥[3]作賑資, 而又發賣, 報南倉錢如數,[4] 蓋有占風之術也. 後移隣邑, 而趙顯命[5]時[6]爲巡使, 益著有事往見, 而鬢髮未整, 亂髮露於網巾. 旣退, 巡使拿入隨陪吏, 以容儀怠慢, 數之[7]. 益著復請謁而入謝, 曰: "下官年老氣衰, 鬢髮未及整, 見過於上官, 知罪知罪. 如是而何可供職乎? 惟願啓罷." 巡使曰: "尊丈以俄者事有此敎乎? 此不過體例間事也, 何必乃爾?" 益著曰: "以下官, 而不知事上官之體例, 則何可一日供職乎? 斯速啓罷, 可也." 巡使曰: "不可如是!" 益著正色曰: "使道終不可許乎?" 曰: "不可許矣." 益著曰[8]: "使道必欲使下官作駭擧, 良可慨然!" 仍呼下隷曰: "持吾笠袍來." 仍脫帽帶解符, 置之于巡使[9]之前, 而大責曰: "吾以佩符之故,

---
1) 急: 라, 마, 바본에는 '忽'로 되어 있음.
2) 三四十: 다, 라, 마본에는 '三四'로 되어 있음.
3) 麥: 바본에는 '貿麥'으로 되어 있음.
4) 報南倉錢如數: 나본에는 '南倉錢如數盡報'로 되어 있음.
5) 命: 저본에는 '明'으로 나와 있으나 이본에 의거하여 바로잡음.
6) 時: 저본에는 빠져 있으나 이본에 의거하여 보충함.
7) 數之: 바본에는 '數罪'로 되어 있음.
8) 益著曰: 가, 나본에는 '益著正色曰'로 되어 있음.

折腰於汝矣, 今則解符矣. 汝非我故人稚子乎? 吾與若翁, 竹馬之交也, 同枕而臥, 約以先娶婦者, 知新婦之名字而相傳矣. 而翁先吾娶汝母, 而以汝母之名, 來傳于我, 言猶在耳. 以而[10]翁之沒已久, 而待我至此, 汝是忘父之不肖子也. 鬢髮之不整, 何關於上下官體例也? 吾老不死, 而以口腹之累, 爲汝之下官, 汝若念爾亡父, 則固不敢如是也. 汝乃狗彘之不若也!" 言罷, 冷笑而出. 巡使半晌無語, 隨至下處, 懇乞曰: "尊丈此何擧也? 侍生果爾大得罪矣, 知罪知罪, 幸勿强辭也!" 益著曰: "以下官而叱辱上官於公堂, 以何顔而復對吏民乎?" 仍[11]拂衣而起, 不得已啓罷.

8-2. 得巨産濟州伯佯病

古有一武弁, 以宣傳官, 侍衛於春塘臺試射, 時濟牧罷狀適入來矣. 因語同僚曰: "吾若得濟牧, 則豈不爲'萬古第一治'·'天下大貪'乎?" 同僚笑其愚痴矣. 上聞之, 下詢誰發此言, 武弁不敢欺, 仍伏地奏曰: "此是小臣之言也." 上曰: "萬古第一治, 豈有大貪之理? 天下大貪, 何可爲萬古第一治耶?" 武弁俯伏對曰: "自有其術矣." 上笑而許之, 仍特敎超拜濟州牧使, 而敎曰: "汝第往爲萬古第一治·天下大貪, 不然則汝伏妄言之誅矣." 武弁承命而退, 歸家, 多貿眞麥末, 染以梔子水, 盛于大籠中, 作三馱, 而餘外但衣服封而已. 辭朝而赴任, 只與傔從一人隨行, 聽訟公平, 朝夕供饋之外, 不進一盃酒. 廩有餘者, 竝付之於革弊, 土産一無所取, 如是過了一年, 吏民皆愛戴, 稱以設邑後初有之淸白吏. 令行禁止, 一境晏如. 一

---

9) 巡使: 가, 나본에는 '使道'로 되어 있음.
10) 而: 라본에는 '爾'로 되어 있음.
11) 仍: 나본에는 '乃'로 되어 있음.

日, 忽稱有身病, 閉戶呻吟, 過數日, 病勢大添, 食飮全廢, 坐暗室中, 痛聲不絶. 鄕所及吏校輩, 三時問候, 而不得見面, 首鄕及中軍[12], 懇乞曰: "病患症勢, 未知何祟, 而此邑亦有醫藥, 何不診治?" 太守良久, 强作聲而言曰: "吾於少時[13]得此病, 吾之世業, 盡入於此病之藥治, 近二十年更不發, 故意謂快差矣. 今則無可治之道, 只俟死期而已." 諸人强問: "何症而藥是何料? 使道病患如是, 無論邑村, 雖割股剜心, 無所惜焉. 且升天入地, 必求藥餌矣, 只願指示藥方." 太守曰: "此病卽丹毒也, 藥則牛黃也. 以牛黃幾十斤作餠, 遍裹一身, 每日三四次, 改付新藥, 如是四五日, 則可瘳, 而吾之家計稍饒矣[14], 以是之故, 一敗塗地矣. 今於何處更得牛黃而付[15]之乎?" 諸人曰: "此邑之所[16]産, 求之易耳!" 首鄕仍出, 而傳令各面, 以爲, '如此官司之病患, 苟有可瘳之方, 則吾輩固當竭力求之, 況此藥乃是邑産而不貴者也! 無論大小民, 不計多少, 隨有隨納.' 民人輩聞令, 爭先來納, 一日之內, 不知爲幾百斤. 傔從受而盛之于籠, 以所駄來梔子餠換之, 每日以其餠, 盛于器, 埋之于地, 曰: "人或近之, 則毒氣所薰, 面目皆傷, 不可近也." 如是者五六日, 病勢漸差, 因起而視事, 廉公之治, 又復如前. 滿瓜而歸, 濟民立碑頌之, 上京後, 販此藥, 獲累千金. 蓋濟州之牛十, 則牛黃之入爲八九, 以是之故, 牛黃至賤. 此人知此狀, 而預備梔子餠[17], 而行此術, 官隷不敢近, 而自遠見其黃, 認以爲牛黃也. 此人以是而家計殷富云.

---

12) 中軍: 가본에는 '中軍輩'로 되어 있음.
13) 少時: 바본에는 '少年'으로 되어 있음.
14) 計稍饒矣: 가, 나본에는 빠져 있음.
15) 付: 가, 나본에는 '塗'로 되어 있음.
16) 所: 저본에는 빠져 있으나 라 마본에 의거하여 보충함.
17) 餠: 저본에는 빠져 있으나 바본을 제외한 이본에 의거하여 보충함.

8-3. 敎衙童海印[18]僧爲師

陜川守某, 年六十, 只有一子, 溺愛而敎訓失方, 年至十三歲, 而目不識丁. 海印寺有一大師僧, 自前親熟[19], 往來衙中矣. 一日, 來見而言曰: "阿只年幾[20]成童, 而尙不入學, 將何以爲之?" 倅曰: "雖欲敎文字, 而慢不從命, 不忍楚撻, 以至於此, 深以爲恨." 大師曰: "士夫子弟, 少而失學, 則將爲世棄矣,[21] 全事[22]慈愛而不事課工, 可乎? 其人物凡百, 可以有爲, 而如是抛棄, 甚可惜也. 小僧將訓學矣, 官家其許之乎?" 倅曰: "不敢請固所願也. 大師若訓敎, 而使之解蒙, 則此豈非萬幸耶?" 大師曰: "若然則有一事之可質者, 以生殺惟意爲之, 只可嚴立課程之意, 作文記踏印, 而給小僧. 且一送山門之後, 限等內官隷之屬, 一不相通, 割斷恩愛然後, 可矣. 至於衣食之供, 小僧自可[23]辦備, 如有所送者, 僧徒往來便, 直送于小僧, 許爲宜. 官家其將許之乎?" 倅曰: "惟命是從矣." 仍如其言, 書文記給之. 自伊日, 送兒于山門, 而絶不相通. 其兒上山之後, 左右跳踉, 慢侮老僧, 辱之頰之, 無所不爲, 大師視若不見, 任其所爲. 過四五[24]日後平朝, 大師整其弁袍, 對案跪坐, 弟子三四十人, 橫經侍坐, 禮儀整肅. 大師仍命一闍利僧[25], 拿致厥童, 厥童號哭詬辱, 曰: "汝以僧徒, 何敢侮兩班至此也? 吾可歸告大人[26], 將打殺汝

---

18) 海印: 저본에는 '海印寺'로 나와 있으나 이본에 의거함.
19) 親熟: 라본에는 '熟視'로 되어 있음.
20) 幾: 라, 마본에는 '旣'로 되어 있음.
21) 則將爲世棄矣: 저본에는 '將何以爲世棄之人'으로 나와 있으나 가, 나본을 따름. 다, 라, 마, 바본에는 '則將爲世棄人'으로 되어 있음.
22) 全事: 저본에는 빠져 있으나 이본에 의거하여 보충함.
23) 可: 라본에는 '家'로 되어 있음.
24) 四五: 라, 마본에는 '三四'로 되어 있음.
25) 闍利僧: 이본에는 '闍梨僧'으로 되어 있음. 서로 통함.
26) 大人: 라본에는 '大監'으로 되어 있음.

矣!" 仍罵曰: "千可殺萬可殺賊禿云云." 限死不來, 大師大聲叱之, 責諸僧, 使之縛來. 諸僧縛致之於前, 大師出示手記, 曰: "汝之大人, 書此給我, 從今以往, 汝之生死, 在於吾手. 汝以兩班家子弟, 目不識字, 全事悖惡之行, 生而何爲? 此習不祛, 將亡汝之門戶矣, 第受吾罰!" 仍以錐末灸火, 待赤而刺之于股, 厥童昏塞, 半晌而甦. 大師又欲刺之, 乃哀乞曰: "自此以後, 惟大師命是從, 更勿刺之." 大師執錐, 而責之誘之, 食頃而後, 始放[27]. 使之近前, 以『千字文』, 先授之, 而排日課程, 不許少休. 此童[28]年旣長成, 智慮亦長, 聞一知十, 聞十知百. 四五朔之間, 『千字』・『通史』, 皆通曉, 而晝夜不輟[29], 孜孜不懈. 一年之餘, 文理大就, 留山寺三年, 工夫已成. 每於讀書之時, 獨語于心曰: "吾以士大夫, 受此辱於山僧[30]者, 皆不學之致[31]也. 吾將勤工, 登科後, 必欲[32]打殺此僧[33], 以雪今日之恨云." 而一念不懈, 尤用工力. 大師又使習科工, 一日, 使近前而言曰: "汝之工夫, 今則優, 可作科儒, 明日可與我下山." 翌日, 仍率來衙中, 而言曰: "今則文辭將就, 登科後, 文任亦可不讓於他, 小僧從此辭歸." 仍留置而去. 其童子始議婚成親, 而上京後, 出入科場, 三年之後決科, 數十年[34]之間, 得爲嶺伯, 始大喜心語曰: "吾今而後, 乃可殺海印寺老僧, 以雪向日之憤云矣." 及按道而出巡也, 申飭刑具, 作別杖, 而擇執杖之善者三四人以從, 將到山門, 欲撲

---

27) 始放: 가, 나본에는 '放之'로, 바본에는 '治放'으로 되어 있음.
28) 童: 가, 나본에는 '兒'로 되어 있음.
29) 輟: 가본에는 '轍'로, 나본에는 '撤'로 되어 있음. 서로 통함.
30) 山僧: 가, 나본에는 '僧徒'로 되어 있음.
31) 致: 가, 나본에는 '故'로 되어 있음.
32) 欲: 가, 나본에는 '爲'로 되어 있음.
33) 此僧: 가본에는 '山僧'으로, 나본에는 '僧徒'로 되어 있음.
34) 數十年: 나본에는 '數年'으로 되어 있음.

殺此僧之計也. 行到紅流洞, 此老僧率諸僧, 祇迎于路左. 巡使見
之, 仍下轎執手而致款[35], 老僧欣然[36]而笑, 曰: "老僧幸而不死, 及
見巡使威儀, 幸莫甚焉." 仍與之入寺, 老僧謂曰: "小僧之居房, 卽
使道向年工夫處也. 今夜移下處, 與小僧聯枕無妨矣." 巡使許之,
與之同寢. 更深後, 僧問: "使道兒時受學時, 有必殺小僧之心乎?"
曰: "然矣." 僧曰: "自登科建節而後[37], 皆有此心乎?" 曰: "然矣."
僧曰: "發巡時, 矢于心而欲打殺? 若然則使道何不打殺而下轎致
款乎?" 巡使曰: "向來之恨, 心乎不忘,[38] 及對君顔, 此心氷消雪[39]
散, 油然有欣悅之心故也." 僧曰: "小僧亦已揣知矣. 使道位可至大
官, 而某年月日, 按節箕城時, 小僧當送上佐矣. 使道必須加禮, 而
如見小僧樣, 與之同寢, 可矣. 須勿忘置, 必須如是." 巡使許諾, 老
僧又出示一紙, 曰: "此是小僧[40]爲使道, 推數平生而編年者也. 享
年幾許, 位至幾品, 昭然可知, 而俄所言箕營事, 愼勿忘却." 巡使[41]
唯唯. 翌日, 多給米布錢木之屬而去. 其後, 過幾年後, 果爲箕伯.
一日, 閽者告曰: "慶尙道陜川郡海印寺僧, 欲入謁矣." 巡使恍然覺
悟, 卽使入來, 使之升堂, 把袖[42]促膝, 問其師之安否. 夕餐與之聯
床[43], 至夜, 又與之同寢[44]. 至更深, 房堗[45]過溫, 巡使仍易其寢席而

---

35) 款: 라본에는 '歡'으로 되어 있음.
36) 然: 저본에는 빠져 있으나 가, 나, 라본에 의거하여 보충함.
37) 後: 저본에는 빠져 있으나 가, 나본에 의거하여 보충함.
38) 向來之恨, 心乎不忘: 가본에는 '向來之心恨, 至今不忘矣'로, 나본에는 '向來心恨, 至今不忘矣'로 되어 있음.
39) 雪: 바본에는 '雲'으로 되어 있음.
40) 小僧: 가, 나본에는 '老僧'으로 되어 있음.
41) 巡使: 가, 나본에는 '巡相'으로 되어 있음.
42) 袖: 나본에는 '手'로 되어 있음.
43) 床: 저본에는 '枕'으로 나와 있으나 이본에 의거함.
44) 寢: 라본에는 '室'로 되어 있음.

臥矣. 昏夢中, 忽聞有腥穢之臭, 以手撫僧, 則僧之臥處, 有水漬手. 仍呼知印, 擧火見之, 則刃刺於僧腹, 五腸突出, 血流遍地, 巡使大驚, 急使運置於外. 翌朝窮査, 則巡使所嬖之妓, 卽官奴之所眄, 而彼此大惑[46]者也. 以是含憾, 爲刺巡使而入來, 謂下埃之臥者, 卽巡使道也, 而刺之矣. 仍拿致嚴覈, 則一一直[47]招, 遂置之法, 治僧之喪, 送于本寺. 蓋大師預知有此厄, 而故使上佐, 代受故也. 其後, 功名壽限, 皆符大師之推數矣.

8-4. 赦窮儒柳統使受報

柳統制鎭恒, 少時, 以宣傳官入直矣, 時[48]歲壬午, 酒禁極嚴. 一日月夜, 上忽有入直宣傳官入侍之命, 鎭恒承命入侍, 則出一長劍以賜, 而敎之曰: "聞閭閻尙多釀酒云, 汝須持此劍出去, 限三日捉納, 則好矣. 不然, 則可以汝頭來納!" 鎭恒承命而退, 歸家以袖掩面而臥, 其嬖妾問曰: "何爲而如是忽忽不樂也?" 曰: "吾之嗜飲, 汝之所知也, 斷飮已久, 喉渴欲死." 其妾曰: "暮後可圖, 第姑俟之." 及其夜, 其妾曰: "吾知有酒之家, 除非吾躬往, 則無以沽來." 仍佩壺, 而以裙掩面出門, 鎭恒潛蹋其後, 則入東村一草家, 沽酒而來. 鎭恒飮而甘之, 更使沽來, 其妾又往其家而沽來. 鎭恒佩壺而起, 其妾怪而問之, 則答曰: "某處某友, 卽吾之酒伴[49]也. 得此貴物, 何可獨醉? 欲往與之飮云." 而出門, 尋其家而入戶, 則數間斗屋, 不蔽風雨. 一儒生挑燈讀書, 見而怪之, 起迎, 曰: "何事客子深

---

45) 埃: 라, 마본에는 '突'로 되어 있음. 서로 통함.
46) 惑: 라, 마본에는 '感'으로 되어 있음.
47) 直: 바본에는 '卽'으로 되어 있음.
48) 時: 가, 나본에는 '是'로 되어 있음.
49) 酒伴: 가, 나본에는 '舊酒伴'으로 되어 있음.

夜到此?" 鎭恒坐定而言曰: "吾是奉命!" 自腰間出酒壺, 曰: "此是
宅中所沽也. 日前下敎, 如斯如斯,[50] 旣見捉, 則不可不與之同行矣."
其儒半晌無語, 曰: "旣犯法禁, 何可稱頉? 然而[51]家有老親, 願一
辭而行, 如何?" 柳曰: "諾." 儒生入內, 低聲呼母, 其老親驚問曰:
"進士乎? 何爲不眠而來也?" 儒生對曰: "前豈[52]不仰陳乎? 士夫雖
餓死, 而不可犯法云矣. 慈氏終不信聽, 今乃見捉, 小子今方就死
矣." 其老親放聲大哭, 曰: "天乎地乎! 此何事也? 吾之潛釀, 非貪
財而然也, 欲爲汝朝夕粥飮[53]之資矣. 今乃如是, 吾罪也, 此將奈何?"
如是之際, 其妻亦驚起, 槌胸而號哭, 儒生徐言[54]曰: "事已到此, 哭
之何益? 但吾無子, 吾死之後, 子可奉養老親[55]如吾在時, 某洞某
兄弟,[56] 有子幾人, 一子率養而安過." 申申付托而出. 柳在外聞其
言, 而心甚惻然. 及儒生之出來也, 問之曰: "老親春秋幾何?" 曰:
"七十餘矣." 曰: "有子乎?" 曰: "無矣." 柳曰: "此等景色, 人所不忍
見. 吾則有二子, 又非侍下, 吾可以代死, 君則放心." 酒壺幷使出
來, 仍與之對酌, 而打破其器, 埋之于庭. 又言曰: "老親侍下, 家計
不成說, 吾以此劍, 聊表一時之情, 須賣而供老親, 可也." 解佩
劍,[57] 與之而去, 主人苦辭, 而不顧而去. 主人問: "姓名爲誰?" 對
曰: "吾乃宣傳官也, 姓名何須問也?" 飄然而去. 翌日卽限也, 入闕
待罪, 則自上問曰: "果捉酒而來乎?" 對曰: "不得捉矣." 上怒曰:

---

50) 如斯如斯: 나본에는 '如是如是'로 되어 있음.
51) 然而: 가, 나본에는 '然'으로 되어 있음.
52) 豈: 가, 나본에는 '旣'로 되어 있음.
53) 粥飮: 다, 라, 마본에는 '粥飯'으로 되어 있음.
54) 言: 라, 마본에는 '告'로 되어 있음.
55) 子可奉養老親: 가, 나본에는 '君可奉養'으로 되어 있음.
56) 兄弟: 가, 나본에는 '兄'으로 되어 있음.
57) 劍: 저본에는 '刃'으로 나와 있으나 다, 라, 마본을 따름.

"然則汝頭何在?" 鎭恒俯伏無語, 良久, 仍命三倍道濟州安置. 鎭恒在謫幾年, 始解配, 十餘年落拓, 晚後復職, 得除草溪郡[58]. 在郡幾年[59], 全事肥己, 民皆嗷嗷. 一日, 繡衣出道而封庫, 直入政堂, 首鄕首吏及倉色諸人, 一幷拿入, 刑具[60]方張. 柳從門隙窺見, 則的是向者東村酒家之儒生也. 仍使之請謁, 則御史駭然[61]不答, 曰: "本官何爲請見? 可謂沒廉也!" 鎭恒直入而拜[62], 御史不顧, 而正色危坐, 柳乃問曰: "御史道知此本官乎?" 御史沈吟不答, 而獨語于口曰: "本官吾何以知之?" 柳曰: "貴第前日豈不在於東村某洞乎?" 御史微驚, 曰: "何爲問之?" 柳曰: "某年某月某日夜, 以酒禁事, 奉命之宣傳官, 或記有否?" 御史尤[63]驚訝, 曰: "果記得矣." 柳曰: "本官卽其人也." 御史急起把手[64], 而淚如雨下,[65] 曰: "此是[66]恩人也! 今之相逢, 此豈非天耶?" 仍命退刑具, 諸罪人, 一倂放之, 終夜張樂, 娓娓論懷. 更留數日而歸, 仍卽褒啓, 繡啓之褒奬, 前未有出於此右者. 自上嘉其治績, 特除朔州府使. 伊後此人, 位至大臣, 而到處言其事, 一世譁然義之. 柳鎭恒一蹷頭[67], 位至統制使. 此是少論大臣, 而忘其姓名, 不得記之.[68]

---

58) 郡: 라본에는 '郡守'로 되어 있음.
59) 幾年: 이본에는 '數年'으로 되어 있음.
60) 刑具: 이본에는 '刑杖'으로 되어 있음.
61) 駭然: 이본에는 '駭而'로 되어 있음.
62) 而拜: 가, 나본에는 '拜謁'로 되어 있음.
63) 尤: 나본에는 '又'로 되어 있음.
64) 手: 가, 나본에는 '袖'로 되어 있음.
65) 而淚如雨下: 가, 나본에는 '淚下如雨'로 되어 있음.
66) 是: 저본에는 빠져 있으나 이본에 의거하여 보충함.
67) 蹷頭: 가, 나본에는 '蹷到'로 되어 있음. 가본의 경우 '縮頭'로 되어 있는 것을 이렇게 교정하였음.
68) 不得記之: 라, 마본에는 '而不得記之云云'으로 되어 있음.

8-5. 鬼物每夜索明珠

橫城邑內有一女子, 出嫁之後, 忽有一箇丈夫, 入來而劫[69]奸, 其女百般拒之, 而無奈何矣. 每夜必來, 他人皆不知[70], 而渠獨見之, 雖其夫在傍, 而無難與之同寢, 每交合之時, 痛楚不可堪. 其女知其爲鬼祟, 而無計却之. 自此, 不計晝夜而來, 見人不避, 而只見其女五寸叔之入, 則必也出避. 其女語其狀, 其叔曰: "明日彼物若來, 暗以綿絲塊繫針, 而縫于其衣衿, 則可知其物之去向矣." 其女從其言, 翌日依其計, 以針繫絲, 刺于其衣裾下. 而其叔突入, 則厥物驚起, 出門而避之, 綿絲之塊, 次次解而隨之. 其人只見綿絲而逐之, 至於前林叢樾之下, 乃止, 迫而見之, 則絲入地下. 仍掘地數寸餘, 有[71]朽敗之春木段一箇, 而繫絲於木下, 而木之上頭, 有紫色珠如彈子大者一枚, 而光彩射人. 其人仍拔其珠, 置之於[72]囊, 而燒其木而歸[73]矣, 其後遂絶迹. 一日夜, 其人之家門下, 忽有一人, 來乞曰: "此珠願還下! 若還則富貴功名, 從汝願當爲之矣." 其人不許, 終夜哀乞而去, 每夜如是者, 四五日矣. 一夜又來, 言曰: "此珠在我甚緊, 在汝不緊, 吾當以他珠換之, 可乎? 此珠則有益於汝者也." 其人答曰: "第示之." 鬼物自外入送一枚黑色珠, 大亦如其珠樣者. 其人幷奪而不給, 鬼物仍痛哭而去, 仍無形影. 其人每誇之於人, 而不知用於何處, 其不問用處, 眞可惜也. 其後仍出他, 泥醉而歸, 露宿於路上矣.[74] 囊中之兩珠, 竝不知去處, 必也, 爲鬼物所

---

[69] 劫: 라본에는 '怯'으로 되어 있음.
[70] 知: 이본에는 '見'으로 되어 있음.
[71] 有: 저본에는 '有一'로 나와 있으나 가, 나본에 의거함.
[72] 於之: 저본에는 빠져 있으나 다, 라, 마본에 의거하여 보충함.
[73] 而歸: 저본에는 빠져 있으나 가, 나본에 의거하여 보충함.
[74] 而歸, 露宿於路上矣: 가, 나본에는 '而歸路, 露宿於昭陽亭矣'로 되어 있음.

持去也. 洪邑之人, 多見其珠者.

8-6. 賊魁中宵擲長劍

貞翼公少時, 射獵于山間, 逐獸轉入山深處, 日勢且暮, 四顧無人家, 心甚惶忙. 按轡而尋草路, 歷盡數岡[75], 到一處, 則山凹之處, 有一大瓦家. 仍下馬叩門, 則無一應者, 居食頃, 一女子自內而出, 曰: "此處非客子暫留之地, 斯速出去!" 公見其女子, 則年可卄餘, 而容貌頗端麗. 公對曰: "山谷深矣, 日勢暮矣, 虎豹橫行之地, 艱辛尋覓人家而來, 如是拒絕, 何也?" 女曰: "在此, 則有必死之慮故也." 公曰: "出門而死於猛獸, 寧死於此處." 仍排門而入, 女子料其無奈何, 遂延之. 入室坐定, 公問其不可留之故, 女曰: "此是賊魁之居也. 妾以良家女,[76] 年前爲此賊魁所摽[77]略, 在此幾年, 尙不得脫虎口. 賊魁適作獵行, 姑未還, 夜深必來, 若見客子之留此, 則妾與客, 俱當授首於一劍之下. 客子不知何許人, 而空然死於賊魁之手, 豈不悶乎?" 公笑曰: "死期雖迫, 不可闕食, 夕飯斯速備來." 女子以賊魁之飯, 進之, 公飽喫後, 仍抱女而臥, 其女牢拒, 曰: "如此而將於後患何?" 公曰: "到此地頭, 削之亦反, 不削亦反. 靜夜無人之際, 男女同處一室, 雖欲別嫌, 人孰信之? 死生有命, 恐惻何益?" 仍與之交, 偃臥自若.[78] 居數食頃, 忽聞剝啄之聲, 又有卸擔之聲, 其女戰慄,[79] 面無人色, 曰: "賊魁至矣, 此將奈何?" 公聽若[80]不聞.

---

75) 岡: 가, 나본에는 '崗'으로 되어 있음. 서로 통함.
76) 妾以良家女: 가, 나본에는 '妾亦良家女子'로 되어 있음.
77) 摽: 저본에는 '標'로 나와 있으나 이본을 따름.
78) 仍與之交, 偃臥自若: 라, 마본에는 '仍與之臥自若'으로 되어 있음.
79) 慄: 저본에는 '標'로 나와 있으나 다, 라, 마본을 따름.
80) 若: 가, 나본에는 '而'로 되어 있음.

已而, 一大漢身長十尺, 河目海口, 狀貌雄偉, 風儀獰猙. 手執長劍, 半醉而入門, 見公之臥, 高聲大叱曰: "汝是何許人[81], 敢來此處, 奸人之妻?" 公徐曰: "入山逐獸, 日勢已昏, 寄宿於此." 賊魁又大叱, 曰: "汝是大膽來此處, 則處于外廊, 可也, 何敢入內室而犯他人之妻? 已是死罪, 汝以[82]客子而見主人, 不爲禮, 偃臥而見之, 此何道理乎[83]? 能不畏死乎?" 公笑曰: "到此地頭, 吾雖貞白一心, 男女分席而坐, 汝豈信之乎? 人之生斯世也, 必有死, 死何足懼也? 任汝爲之!" 賊魁乃以大索縛[84]公, 懸之樑上, 顧語其妻曰: "廳上有山獸之獵來者, 汝須洗而炙來." 其女戰戰出戶, 宰割山猪·獐·鹿等肉, 爛熟而盛于一大盤, 以進之. 賊魁又使進酒, 以一大盆連倒數盃, 拔劍切肉而啗之. 更以一塊肉, 挿于劍鋩, 曰: "何可置人於旁而獨喫乎? 渠雖當死之人, 可使知味." 仍以劍頭肉與之, 公開口受而啗之, 少[85]無疑慮恐怵之狀. 賊魁熟視之, 曰: "足[86]可謂大丈夫矣!" 公曰: "汝欲殺我, 則殺之可也, 何爲而如是遲延? 又何大丈夫小丈夫之可言乎?" 賊魁擲劍而起, 解其縛, 把手就坐, 曰: "如君之天下奇男子, 吾初見之矣. 將大用於世, 爲國干城, 吾何以殺之? 從今以後, 吾以知己許之. 彼女子, 雖是[87]吾之妻眷, 君旣近之, 則卽君之內眷者也, 吾何可更近乎? 且庫中所積之財帛, 一付之於君, 君其[88]勿辭. 丈夫有爲於世, 手無錢帛, 何以營爲? 吾則從

---

81) 何許人: 라, 마본에는 '何人也'로 되어 있음.
82) 以: 가, 나본에는 '是'로 되어 있음.
83) 乎: 저본에는 빠져 있으나 가, 나본에 의거하여 보충함.
84) 縛: 가본에는 '縳'으로 되어 있음. 이하의 경우도 동일함.
85) 少: 저본에는 '小'로 나와 있으나 라본을 따름.
86) 足: 라본에는 '是'로 되어 있음.
87) 是: 저본에는 빠져 있으나 이본에 의거하여 보충함.
88) 其: 가, 나본에는 '可'로 되어 있음.

此逝矣, 日後必有大厄, 君必救我." 語罷, 飄然而起, 仍不知去向. 公以其馬載其女, 且以廐上所繫馬匹, 盡載錢帛, 出山. 其後, 公顯達, 以訓將兼捕將, 自外邑上一大賊魁, 將按治之際, 細察狀貌, 則卽其人也. 乃以往事, 奏達于榻前, 仍白放而置之校列, 次次推遷, 至登科, 位至閫任云爾.

8-7. 洞仙館副价逢鬼

李奉朝賀秉常, 風儀動盪, 美如冠玉, 朝野之人, 皆稱以神仙中人. 家在圓峰下冷井洞, 一日之夜, 滅燭將寢, 忽爾陰風入戶, 冷氣逼骨. 有一物臥於前, 以手撫之, 則如一塊枯木, 呼傔從, 擧燭見之, 則乃一小斂[89]之屍體也. 心甚訝異, 使之解絞而見之, 卽一老嫗也, 仍更結其絞, 而置之於廳上矣. 翌朝[90]聞之, 洞口外賣餠家老嫗[91], 身死三日, 忽失屍體云云, 公使招其子而出給. 蓋此嫗每於公出入之時, 瞻其儀容, 欽慕不已, 以至身死, 而一念不解, 乃有此擧, 亦可駭異也. 宗室之子, 有一宰相, 以副价將赴燕, 發行前一日, 遭其母喪, 公爲其代. 一夜之間, 治行而發, 到鳳山客舍, 將就寢. 更深後, 忽有曳履聲開戶聲, 有一人噴噴而入, 以手撫之, 曰: "焉有不救護母病, 而作此行乎?" 公思之, 似是遭喪人之翁, 而年前奉使出疆, 歸路得病, 死於此處者也. 乃曰: "吾則李某也. 某也爲副使, 遭故[92]不來, 故吾乃代行矣云爾." 則其人大驚, 而逃[93]出門. 此其宗室之魂, 而意其子之作行而來故也. 公之精神氣魄, 有如是矣.

---

89) 斂: 다, 라, 마본에는 '殮'으로 되어 있음.
90) 翌朝: 가, 나본에는 '翌日'로 되어 있음.
91) 老嫗: 가, 나본에는 '老婆'로 되어 있음.
92) 故: 라본에는 '喪故'로 되어 있음.
93) 逃: 가, 다, 마, 바본에는 '遽'로 되어 있음.

8-8. 洪川邑繡衣露踪

李副學秉泰, 奉使按廉于東峽, 行過洪川, 而邑內距路十餘里, 旣非抽栍之邑, 故不入, 而自外過去, 將向他邑. 到一村前, 而餒甚, 求飯於門前, 一女子出門而應, 曰: "無男丁之家, 貧窮極矣. 家有媤母, 而朝夕尙闕, 何暇有饋行人之飯乎?" 公問曰: "家長往何處乎[94]?" 其女曰: "問之何爲? 吾之家長, 卽此邑之吏房也, 而惑於妖妓, 薄母出妻云." 而獨自叱責不已, 房內有老嫗聲, 曰: "阿婦何爲作不緊之言, 彰夫之惡乎? 不必[95]如是云云." 公聞之甚痛[96], 仍復路而還, 向其邑底, 尋首吏之家. 時當午時, 入其家, 則首吏坐於廳上, 而喫午飯, 旁有一妓, 亦對飯. 公坐於廳邊, 而言曰: "吾是京中過客, 偶到此處而失時, 願得一盂飯而療飢焉." 時當歉歲, 設賑時也. 其吏擧眼而熟視上下, 呼雇奴曰: "俄者, 爲狗産[97]而煮粥者, 有之乎?" 曰: "有矣." 吏曰: "以一器給此乞人." 已而, 雇奴以一器糟糠之作粥者, 來置于前, 公怒曰: "君雖饒居, 君則吏輩也; 吾雖行乞, 吾則士族[98]也. 失時覓飯, 則君以他盂饋之好矣. 若不然, 則雖除飯以給[99], 亦無不可, 而乃以狗廐口吻餘物饋人, 此何道理乎[100]?" 其人圓睜怪眼, 而辱之曰: "汝旣兩班, 則何不坐於汝之舍廊, 而作此等行也? 今當慘歉之歲, 雖此物, 人不得得[101]喫, 汝是何人, 而乃敢如是云?" 而擧粥椀打之, 傷額血流, 粥汁遍於身上.

---

[94] 乎: 저본에는 빠져 있으나 가, 나본에 의거하여 보충함.
[95] 不必: 가, 나본에는 '必不'로 되어 있음.
[96] 甚痛: 이본에는 '痛甚'으로 되어 있음.
[97] 狗産: 가, 나본에는 '産狗'로 되어 있음.
[98] 士族: 바본에는 '士大夫'로 되어 있음.
[99] 以給: 가, 나본에는 '給之'로 되어 있음.
[100] 乎: 저본에는 빠져 있으나 가, 나본에 의거하여 보충함.
[101] 得: 다, 마본을 제외한 이본에는 빠져 있음.

公忍痛而出, 卽爲出道. 此時本倅, 適以賑餘之穀, 作錢而送京第, 文書見捉, 仍封庫罷黜, 而首吏及妓, 竝杖殺之. 以一女子之怨[102]言, 事至於此, 古所謂五月飛霜者, 政謂此也.

8-9. 老翁騎牛犯提督[103]

宣廟壬辰之亂, 天將李提督如松, 奉旨東援. 平壤之捷, 入據城中, 見山川佳麗, 忽懷異心, 有欲動搖宣廟, 而仍居之意. 一日, 大率僚佐, 設宴于練光亭上, 江邊沙場, 有一老翁騎黑牛而過者, 軍校輩高聲辟除, 而聽若不聞, 按轡徐行. 提督大怒, 使之拿來, 則牛行不疾, 而軍校輩無以追及, 提督不勝忿怒, 自騎千里驃[104], 按劍而追之. 牛行在前不遠, 而驃行如飛, 終不可及. 踰山渡水, 行幾里, 入一山村, 則黑牛繫於溪邊垂楊樹前, 有茅屋竹扉不掩. 提督意其老人之在此處, 下驃杖[105]劍而入, 則老人起迎於軒上, 提督怒叱曰: "汝是何許野老, 不識天高, 唐突至此? 吾受皇上之命, 率百萬之衆, 來救汝邦, 則汝必無不知之理, 而乃敢犯馬於我軍之前乎? 汝罪當死!" 老人笑而[106]答曰: "吾雖山野之居人, 豈不知天將之尊重乎? 今日之行, 專爲邀將軍, 而欲枉於鄙所之計也. 某竊有一事之奉托者, 難以言語道達, 故不得已行此計耳." 提督問曰: "所托甚[107]事? 第言之." 老人曰: "鄙有不肖子[108]二人, 不事士農之業, 專

---

102) 怨: 저본에는 '惡'으로 나와 있으나 이본을 따름.
103) 老翁騎牛犯提督: 가, 나본에는 '老翁犯提督騎牛'로 되어 있음. 마본의 경우 이 작품 전체가 국역 형태로 수록되어 있음.
104) 驃: 가, 나본에는 '馬'로 되어 있음.
105) 杖: 라본에는 '仗'으로 되어 있음.
106) 而: 저본에는 빠져 있으나 이본에 의거하여 보충함.
107) 甚: 가, 나본에는 '某'로 되어 있음.
108) 子: 가, 나, 다, 라본에는 '兒'로 되어 있음.

行強盜之事[109], 不率父母之敎, 不知長幼之別, 卽一禍根. 以吾之氣力, 無以制之, 竊伏聞[110]將軍神勇蓋世, 欲借神威而除[111]此悖子也." 提督曰:"在於何處?"答曰:"在於後園竹堂[112]上矣." 提督按劍而入, 則有兩少年, 共讀書矣. 提督大聲叱曰:"汝是此家之悖子乎? 汝翁欲使我[113]除去, 謹受我一劍!" 仍揮劍擊之, 則其少年不動聲色, 徐以手中書證竹, 捍之, 終不得擊. 已而, 其少年以其竹, 迎擊劍刃, 劍刃錚然一聲, 折爲兩段而落地矣. 提督氣喘汗流, 少焉, 老人入來, 叱曰:"小子焉敢無禮?" 使之退坐, 提督向老人而言曰:"彼悖子勇力非凡, 無以抵當, 恐負老翁之託也." 老人笑[114]曰:"俄言戲耳. 此兒雖有膂力, 以渠十輩, 不敢當老身一人. 將軍迎皇旨, 東援而來, 掃除島寇, 使我東再奠基業, 而將軍唱凱還歸, 名垂竹帛, 則豈非丈夫之事業乎? 將軍不此之思, 反懷異心, 此豈所望於將軍者耶? 今日之擧, 欲使將軍, 知我東亦有人材之計也. 將軍若不改圖而執迷, 則吾雖老矣, 足可制將軍之命, 勉之. 山野之人, 語甚唐突, 惟將軍垂察而恕之." 提督半晌無語, 垂頭喪氣, 仍諾諾而出門云.

8-10. 新婦拚虎救丈夫

湖中一士人, 行子婚於隣邑五六十里地[115]. 新郎罷醮禮, 夜入新房, 與新婦對坐. 夜將半, 一聲霹靂, 後門破碎. 忽有一大虎, 突入

---

109) 事: 가, 나본에는 '行'으로 되어 있음.
110) 聞: 가, 나본에는 '願'으로 되어 있음.
111) 除: 가, 나본에는 '制'로 되어 있음.
112) 竹堂: 가, 나본에는 '草堂'으로 되어 있음.
113) 我: 저본에는 빠져 있으나 가, 나본에 의거하여 보충함.
114) 笑: 가, 나본에는 '言'으로 되어 있음.
115) 地: 가, 나본에는 '許'로 되어 있음.

房中, 嚙新郞而去. 新婦蒼黃急起, 乃抱虎後脚不捨. 虎直上後山, 其行如飛, 而新婦限死隨去. 不計岩壑[116]之高下, 荊棘之叢樾, 衣裳破裂, 頭髮散亂, 遍身流血, 而猶不知止. 行幾里, 虎亦氣盡, 仍抛棄新郞於草岸之上而去. 新婦始乃收拾精神, 以手按撫身體, 則命門下微有溫氣. 四顧察視, 則岸下有一人家, 後窓微有火光. 度其虎行之旣遠[117], 乃尋逕而下, 開後戶而入, 則適有五六人會飮, 肴核狼藉. 忽見新婦之入, 滿面脂粉, 和血而凝; 遍身衣裳, 隨處而裂, 望之卽一女鬼. 諸人皆驚仆於地, 新婦乃[118]曰: "我亦是人也, 列位幸勿驚動[119]! 後岸有人, 而方在死生未分中[120], 幸乞急救." 諸人收拾驚魂, 一齊擧火, 而上後岸, 則果有少年男子, 僵臥[121]岸上, 氣息將盡. 諸人始審視之[122], 則乃是主人之子也. 主人大驚, 擧而臥之房內, 灌以藥水等物, 過數更後乃甦. 擧家始也驚惶, 終焉慶幸. 蓋新郞之父, 治送婚行, 而適會隣友飮酒之際, 卽其家後也. 始知其女子爲新婦, 延置于房, 饋以粥飮. 翌日, 通于婦[123]家, 兩家父母, 皆莫不驚喜, 嘆其婦之至誠高節. 鄕里多士, 以其事呈官呈營, 至承旌褒之典云耳.

8-11. 設別科少年高中

成廟時, 或微行, 一夜雪月照耀[124], 上與數三宦侍, 微服而行, 行

---

116) 岩壑: 가, 나본에는 '岩險'으로 되어 있음.
117) 旣遠: 가, 나본에는 '遠去'로 되어 있음.
118) 乃: 저본에는 빠져 있으나 이본에 의거하여 보충함.
119) 驚動: 가, 나본에는 '驚駭'로 되어 있음.
120) 而方在死生未分中: 가, 나본에는 '方在死境中'으로 되어 있음.
121) 臥: 나본에는 '仆'로 되어 있음.
122) 之: 저본에는 빠져 있으나 가, 나본에 의거하여 보충함.
123) 婦: 나본에는 '新婦'로 되어 있음.

到南山下. 時政三更後, 萬籟俱寂, 而山下數間斗屋, 燈火明[125]滅, 有讀書聲. 上以幅巾道袍[126], 開戶而入, 主人驚起, 延坐而問曰: "何許客子, 深夜到此?" 上對曰: "偶然過去, 聞讀書聲而來.[127]" 仍問曰: "所讀何書?" 曰: "『易經』也." 上與之問難, 應對如流, 眞大儒也. 問: "年紀幾何?" 曰: "五十餘矣." "不廢科工乎?" 曰: "數奇之故, 屢屈科場矣." 請見其私草, 乃出示, 則箇箇名作也. 上怪而問曰: "如許實才, 尙未決科, 此則有司之責也." 對曰: "奇窮之致, 何可怨有司之不公乎?" 上暗記其中一篇題與所作, 仍問曰: "再明有別科, 其或聞之否?" 對曰: "不得聞知矣, 何時出令乎?" 上曰: "俄者, 自上有命, 第努力見之." 仍辭出, 使掖隷以二斛米・十斤肉[128], 自外投之而去. 還宮後, 仍命設別科. 及期, 御題以向夜[129]儒生私草中題, 出揭, 而只待其文之入來. 未幾, 試券入呈, 果是向夜所覽之賦也. 自上大加稱賞, 多下御批, 而擢置第一矣. 及其坼榜之時, 呼入新恩, 則非向夜所見之儒, 卽一少年儒也. 上訝然而敎曰: "此是汝之所做乎?" 對曰: "非也. 果逢於小臣老師私草中, 而書呈矣." 上又敎曰: "汝師何不赴擧?" 對曰: "小[130]臣之師, 偶飽米肉, 猝患關格, 而不得入來, 故小臣懷其私草而來矣." 上默然良久, 使之退. 蓋所賜米肉, 過飽於飢腸而生病也. 由是觀之, 豈非命耶? 此儒生, 仍此病不起云矣.

---

124) 耀: 가, 나본에는 '輝'로 되어 있음. 서로 통함.
125) 明: 마본에는 '時'로 되어 있음.
126) 道袍: 이본에는 '道服'으로 되어 있음.
127) 聞讀書聲而來: 가, 나본에는 '有讀書聲, 故來訪耳'로 되어 있음.
128) 二斛米・十斤肉: 가, 나본에는 '十斤肉・二斛米'로 되어 있음.
129) 向夜: 가, 나본에는 '向日夜'로 되어 있음.
130) 小: 저본에는 빠져 있으나 나본에 의거하여 보충함.

8-12. 製錦袍夫人善相

文谷金公, 諱壽恒, 夫人羅氏, 明村羅良佐之妹也. 有識鑑, 爲女擇婿, 使第三胤三淵, 往見閔氏諸少而定婿. 三淵往見而告曰: "閔家兒皆氣短, 且貌不颺, 無可合者." 夫人曰: "此是名家也, 後[131]進必不然矣." 其後, 三淵擇定於李氏兒, 而來言曰: "今日果得佳婿矣." 夫人問曰: "爲誰而風範如何?" 對曰: "風儀動盪, 才華發越, 眞大器也." 夫人曰: "若然則好矣!" 及迎婿合巹之日, 夫人見而嘆, 曰: "三兒有目而無珠矣." 三淵怪而問之, 則夫人曰: "新郎佳則佳矣, 壽限大不足, 遠不過三旬[132], 汝何所取而定婚也?" 已而, 熟視而[133]又嘆, 曰: "吾女先死矣! 亦復奈何云云." 而責三淵不已, 三淵終不以爲然. 一日, 閔趾齋鎭厚·閔丹巖鎭遠·諸從兄弟, 俱以弱冠, 適有事而來, 三淵入告曰: "母氏每以閔家之不得連婚, 故[134]爲恨矣, 今閔家少年來矣. 母氏可從窓隙窺見, 必下諒小子言之[135]不誣也." 夫人窺見, 而又責三淵曰: "汝眼果無珠矣. 此少年俱是名家[136]貴人, 名垂後世之大器也. 惜乎, 不得連婚[137]矣!" 其後, 果符其言, 閔公俱大達, 而李氏年纔過三十, 以參奉夭, 而夫人之女, 先一年而歿. 夫人常[138]織錦布三端[139], 而以一端造文谷之官服, 二端深藏, 而第二[140]胤農巖登第, 而不許造朝服[141]. 其後, 夢窩以蔭官登第,

---

131) 後: 저본에는 '往'으로 나와 있으나 이본에 의거하여 바로잡음.
132) 三旬: 가, 나본에는 '三十'으로 되어 있음.
133) 而: 나본에는 '之'로 되어 있음.
134) 故: 저본에는 빠져 있으나 바본에 의거하여 보충함.
135) 言之: 라, 마본에는 '之言'으로 되어 있음.
136) 名家: 저본에는 빠져 있으나 가, 나본에 의거하여 보충함.
137) 婚: 바본에는 '婿'로 되어 있음.
138) 常: 가, 나본에는 '嘗'으로 되어 있음.
139) 端: 라본에는 '段'으로 되어 있음.
140) 二: 저본에는 '三'으로 나와 있으나 이본에 의거하여 바로잡음.

仍使造朝服, 一端又藏之, 孫婿趙文命登第, 又使造朝服. 三人俱位至三公, 夫人之意, 以爲未至三公之人不可許故也. 農巖登科而入謁, 夫人嚬眉, 曰: "何爲而如山林處士樣也?" 其後, 夢窩登第而入謁, 則笑曰: "大臣云云矣."

8-13. 傳書封千里訪父親

車德鳳, 大興斗蓮里士人也. 隨同鄕文官, 往北靑任所, 爲衙客, 旅鎖無聊中, 偶與官妓楚岸, 有私懷孕. 數月, 其文官坐事罷歸, 德鳳亦同還, 臨行, 贈一扇爲[142]別, 題其扇, 曰: '生男則名以大興, 生女則名以斗蓮.' 所以志其自家所居地名, 以爲他日顧名思父[143]之意也. 及期生女, 名以斗蓮,[144] 而德鳳則無以知之. 北靑之距大興, 千有餘里, 聲息不相及者, 積有年矣, 幷與贈扇作名之事, 而忘却矣. 一日, 德鳳患痁, 濱危昏沴, 伏枕席, 殆無省覺. 忽有同里居士人某之奴, 自京下來, 投傳書封, 而謂自掌令安某家傳來者, 又有衣服裸·蔘茸等種. 德鳳大駭異之, 扶病開視, 則乃斗蓮手自修送者. 而書中辭語以, '生來不識父顔面, 聞人喚爺, 怛然懷戚[145], 無以自齒於人類. 若知父親之在世, 則當不遠千里, 而尋覲一識父顔, 則生無所恨, 死當瞑目.' 聯紙屢牘, 辭意懇惻. 德鳳於是, 怳然大覺, 乃知楚岸生女, 果以斗蓮爲名, 而至于長成也. 一喜一悲, 不能定情, 力疾作答, 且搆斗蓮詞一関付之. 德鳳之病, 則因服其女所送之藥, 差有起色. 是年秋, 斗蓮卽具由呈訴, 請得由暇往覲, 其倅憫其

---

141) 朝服: 이본에는 '朝衣'로 되어 있음. 이하의 경우도 동일함.
142) 爲: 나본에는 '而'로 되어 있음.
143) 父: 가, 나본에는 '義'로 되어 있음.
144) 名以斗蓮: 가, 나본에는 '以斗蓮爲名'으로 되어 있음.
145) 戚: 라, 마본에는 '感'으로 되어 있음.

情而感[146]其意, 特許之. 遂治裝騎馬, 間關千里, 來見其父於洪州
之金馬川, 蓋自大興移居也. 相持感泣, 留連侍娛, 因有刷還朝令
別去. 其後, 又討暇[147]來見, 至于再三來, 則必久留不忍去, 竟得
侍[148]終, 服喪而歸去云耳[149].

8-14. 覘天星深峽逢異人

京中一士人, 往北關歸時, 取山中捷徑而還[150]. 一日, 行至伊川
界, 日色向晚,[151] 山勢四圍, 大木參天, 虎豹晝嘷, 狐狸橫行. 徘徊
四顧, 寂無人踪[152], 政爾危怖. 行尋人烟, 忽見大石, 中開若石門
然, 有大川自其中流出, 菁葉時時隨流而下. 其人曰: "此間必有人
居, 除非武陵桃源, 必是天台隱居也!" 使其奴, 浮水而入, 良久, 其
奴乘小舟而來. 其士人遂乘船, 與其奴棹船而溯流, 至水盡處, 泊
船登岸. 尋至一處, 有人家數百戶居焉. 山高谷深, 塵埃不到, 村居
蕭洒, 政是別世界也. 有一老翁, 携筇而出, 衣冠古野, 儀表出俗,
來迎, 曰: "此地深[153]邃, 不與人世通烟者, 已百餘年矣, 世無知者,
子何以能入來耶?" 其士人, 告以山行失路之狀, 其老人延之入座,
饒[154]以夕飯, 山茱[155]野蔬[156], 決非世間之味. 仍與同宿, 相與從容

---

146) 感: 바본에는 '戀'으로 되어 있음.
147) 暇: 저본에는 '瞰'으로 나와 있으나 이본에 의거함.
148) 侍: 가본에는 '待'로 되어 있음.
149) 云耳: 저본에는 빠져 있으나 나본에 의거하여 보충함.
150) 還: 저본에는 '行'으로 나와 있으나 가, 나본을 따름.
151) 日色向晚: 나본에는 '日色晚矣'로 되어 있음.
152) 踪: 가, 나, 바본에는 '跡'으로 되어 있음.
153) 深: 저본에는 '甚'으로 나와 있으나 나, 다, 라, 마본을 따름.
154) 饒: 가, 나본에는 '體'로 되어 있음. 서로 통함.
155) 茱: 저본에는 '萊'로 나와 있으나 이본을 따름.
156) 蔬: 바본에는 '欷'으로 되어 있음.

談話, 仍言, "自幾代祖, 厭塵世囂俗[157], 携同志五六人, 卜居[158]于此, 今爲幾百年矣[159]. 踪跡一不出山, 生男生女, 相與婚娶, 今爲屢百戶大村. 而耕田而食, 織布而衣, 是非不到, 租稅不出, 只以葉落爲秋, 花開爲春云云." 夜深步庭中, 忽見一星隕, 遽驚曰: "平邱朴震憲死矣!" 仍嘆曰: "不久必有兵難[160], 此將奈何?" 其人心異之, 潛錄其日子于行中小冊, 問於老人曰: "兵難若起, 則何以避禍乎? 請指示可生之方." 老人曰: "若避于江陵·三陟等地, 則可以免禍矣." 其翌[161], 其人出石門, 歸家時, 徑至平邱村, 問此有朴震憲稱名人否, 村人曰: "已死矣!" 問其日子, 果[162]是星隕之夜矣. 及丙子冬, 金虜之難, 其人思老人之言, 遂挈妻子[163], 往三陟地, 終至全[164]家無事云[165].

8-15. 屈三弁善辯動宰相

古有一出身, 與兵判面熟, 一命之願, 非不切矣. 兵判之門, 有三出身切緊者, 其一李文德也, 其二魚必遂也, 其三鄭彦衡也. 三客逐日晤侍, 兵判亦娓娓容接也, 而此出身, 本以鄕曲無勢, 兼以彼輩在座[166], 不能乘隙從容陳情, 每日伺候[167]者, 厭惟久矣. 彼輩亦

---

157) 囂俗: 저본에는 '俗囂'로 나와 있으나 다. 라. 마본을 따름.
158) 卜居: 나본에는 '卜占'으로 되어 있음.
159) 矣: 저본에는 빠져 있으나 가. 나본에 의거하여 보충함.
160) 難: 가. 나본에는 '亂'으로 되어 있음.
161) 翌: 라. 마본에는 '翌日'로 되어 있음.
162) 果: 가. 나본에는 '乃'로 되어 있음.
163) 子: 저본에는 빠져 있으나 가. 나. 라. 바본에 의거하여 보충함.
164) 全: 저본에는 '金'으로 나와 있으나 이본에 의거하여 바로잡음.
165) 云: 저본에는 '云云'으로 나와 있으나 이본을 따름.
166) 座: 저본에는 '坐'로 나와 있으나 이본을 따름.
167) 伺候: 나본에는 '問候'로 되어 있음.

知其故, 相與完議, 一不先退, 此出身乞官[168]之請, 可謂無可奈何.
一日, 則大監早罷公衙, 無事端坐, 只與三客及此出身[169], 爛熳酬
酌, 曰:"君輩在射場時, 想多聞古談, 爲我呢喔, 以消今日之閑也."
三客未及開口, 鄕出身出座, 先語曰:"小人有一古談矣. 昔有一措
大李姓者, 與其妻自早失和, 不曾有袵席之樂, 是以, 年近四十, 未
有子女. 一日, 則措大有內房可覓之物, 升軒開窓, 則夫人適當獵
虱, 方解裙露膚, 丈夫猝入, 遂急遽揮掩. 而措大則已見其體膚, 肥
白滑澤, 溫潤柔軟, 情慾大動, 不可忍住, 卽其席有不時之會. 自
是, 有孕胎之慶, 琴瑟之友, 袵席之樂, 蔑以加矣. 二十年失和, 可
謂一場夢境. 於焉十朔遽過, 生得一明璋瑞鳳, 門戶之慶, 莫大於
此. 父母偏愛之, 顧之復之, 未嘗少須臾離膝. 遂與其妻, 將以命
名, 而夫忽呀呀發笑, 曰:'斯兒之得, 與他人和夫妻生産, 不可同
年而慶. 積年反目之人, 忽然牽情於捫虱時[170]解裙之際, 遂有同
枕[171]之歡, 致此奇男之生. 此兒之得, 都出[172]夫人虱吻之德也, 不
可以尋常壽福字命名, 期於顧名思義, 以表其奇遇.' 遂名之, 曰'文
德', 此出於捫虱時構會卽景, 著之於名音, 而竝其姓呼之, 則不外
乎李文德三字; 以釋音揆之, 則亦不外虱吻德三字. 是以, 戶籍之
上, 書札之次, 科榜之上, 皆書以李文德三字, 而當初獵虱時, 構犯
所由, 人皆知之於此名之上. 此雖出於顧名之思, 卽景之表, 而其
父之必以此三字名之, 不其過乎?"大監與魚·鄭二客, 不勝絶倒,
而就中眞箇李文德, 如恥如怒[173] 逡巡然不發一語, 謂以身上有病

---

168) 官: 라본에는 '一官'으로 되어 있음.
169) 出身: 이본에는 '先達'로 되어 있음. 이하의 경우도 동일함.
170) 時: 라본에는 빠져 있음.
171) 枕: 가, 나본에는 '寢'으로 되어 있음.
172) 出: 바본에는 '在'로 되어 있음.

告退而去. 兵判稱善不已, 又請他話, 鄕先達又曰: "古有窮貧家夫妻[174], 琴瑟甚調, 氣血最津, 未四十有六七子女, 可謂有會輒娠也. 見之甚恍恍, 而弊衣惡食, 頗亦可矜. 家無看兒之婢, 使一所生負二所生, 三所生負四所生, 次次抱負之. 無一時刻卸擔, 層層赤童, 以蓬頭龜膚, 勞碌負兒之役. 而或有一兒之不善背負, 而啼之呀然, 則所謂母夫人, 性暴過度, 亂打其大者, 小者之連疊生出, 實大者之一大憂患. 一夜則其丈夫, 適自遠方經[175]朔還家, 與妻及子女, 同宿於內房, 大者遠臥, 小者近臥, 尤小者尤[176]近臥, 最小者最[177]近臥. 夫與妻, 則同枕幷衾[178], 而房甚狹窄, 雖從容動靜, 有知覺者, 則必當揣摩. 夜深, 以琴瑟阻餘之情, 果有媾會之擧, 小輩俱爛宿, 稍大而有覺[179]者, 以冷垓之故, 適不[180]就睡. 默察其父母之所爲, 獨語曰: '背負手又出矣!' 以其平生負兒之役, 受母之打, 一片冤抑, 撑結于中, 而値此新弟又出之地, 則負兒之役, 宜倍於前. 而中心所悶, 自發於口,[181] 不知之中, 以'負手出'三字出口. 此說亦或近理也. '負手'二字, 以釋音揆之, 則宛然[182]爲'魚必遂'三字矣." 大監與鄭出身, 不勝絶倒, 而就中眞箇魚必遂, 憮然若癡, 又以家事辭退. 在座者, 只鄭彦衡一出身也. 大監又請之, 先達又續告曰: "畿內一幼學, 旣無閥閱, 又失[183]文學, 亦無財産可取, 又無交遊可

---

173) 怒: 저본에는 '奴'로 나와 있으나 이본에 의거하여 바로잡음.
174) 夫妻: 나, 바본에는 '夫婦'로 되어 있음.
175) 經: 저본에는 '徑'으로 되어 있음. 필사상 통용됨.
176) 尤: 가, 나본에는 '最'로 되어 있음.
177) 最: 가, 나본에는 '尤'로 되어 있음.
178) 幷衾: 가, 나본에는 '竝臥'로 되어 있음.
179) 覺: 라본에는 '知覺'으로 되어 있음.
180) 不: 라본에는 '不能'으로 되어 있음.
181) 自發於口: 가, 나본에는 '自發于中'으로 되어 있음.
182) 宛然: 가, 나본에는 '完然'으로 되어 있음. 서로 통함.

觀, 而所可誇矜者, 只有戚從一兄, 以前行[184]正言, 在於洛下而已. 性又卑賤, 素多見侮於常漢矣. 一日, 則見辱於洞內常漢之使酒者, 發憤恐喝, 曰: '吾見正言兄主, 告以此憤, 則當依法猛治!' 再三威脅, 誇矜非常. 彼醉漢, 素以冥頑[185]之人, 孰知厥班之無畏, 亦豈畏厥班之異姓從兄在洛下前行正言者乎? 又乘醉發憤, 揚臂肆惡, 曰: '汝正言兄何物? 汝正言兄如吾鳥? 汝正言兄如吾赤?' 甚至譏侮之多[186]端, 醜辱之無數. 今日如之, 明日又如之, 日復日口不可道之辱, 全及於正言兄之身, 所謂正言兄者, 公然見辱於鄕曲戚從之由, 豈非橫罪? 而彼漢所謂正言兄三字, 以字音聽之[187], 則與在座鄭彦衡姓名, 酷無參差." 大監又爲絶倒, 而就中眞箇鄭彦衡者, 如憤如愧, 又憮然而退, 座中遂空空無一人矣. 遂爛熳求仕, 大監嘉其善口辯, 特除初仕一窠云.

8-16. 問異形洛江逢圖隱

博川一砲手, 獵于妙香山, 香山[188]蓋大山, 多人跡所不到處也[189]. 砲手見一鹿, 幾捕未捕, 終日逐之, 畢竟[190]不得. 轉至於深山窮谷, 而日又黃昏, 不知所向. 恐惕危惶之際, 若有微路於絶壑[191]之中, 遂前行數里, 得[192]一草廬. 廬是十二間通長, 而一間則廚也, 餘皆

---

183) 失: 가, 나본에는 '無'로 되어 있음.
184) 行: 저본에는 '從'으로 나와 있으나 이본에 의거함.
185) 素以冥頑: 라본에는 '素頑'으로 되어 있음.
186) 多: 저본에는 빠져 있으나 이본에 의거하여 보충함.
187) 之: 저본에는 빠져 있으나 이본에 의거하여 보충함.
188) 山: 저본에는 빠져 있으나 가, 나, 라, 마본에 의거하여 보충함.
189) 也: 저본에는 빠져 있으나 가, 나본에 의거하여 보충함.
190) 畢竟: 가, 나본에는 '畢境'으로 되어 있음. 서로 통함.
191) 絶壑: 가, 나본에는 '絶壁'으로 되어 있음.
192) 得: 바본에는 '直得'으로 되어 있음.

無門窓戶壁藏[193]長通房也. 廚有一美艾, 方炊夕食[194], 見客不甚驚怪. 砲手告以深山失路, 美艾欣款[195]應之. 砲手[196]以少年風情, 試挑以春情, 亦無羞怍[197]之意, 遂容易[198]會之. 少頃, 進夕飯, 餐則純用熊掌·鹿脯·山猪肉等屬. 問男丁[199]有無, 則曰: "出獵云矣." 二更際, 有人跡聲, 女人忙出迎之, 只見巨人來立于庭, 稅[200]擔於地, 擔大如一間屋. 而其人也, 巨且長, 高過於屋宇上八九丈, 自房內不能見其面. 顧語其妻曰: "來客善待否?" 曰: "然矣." 遂入房, 而以其身之太長, 不能入於屋之中央, 自屋之長頭, 次次俯入, 卽長臥, 長亘[201]於十一間房矣. 蓋其入而卽[202]臥, 以其坐之高, 不能伸於屋樑之故也. 遂語砲手曰: "汝終日逐鹿而不獲否?" 曰: "然矣." 曰: "汝與彼艾會之否?" 砲手以爲, '彼之靈異若是, 長大若是, 吾之作罪, 渠旣料之[203] 亦不可以諱之.' 遂直告請死, 長人曰: "無傷也! 吾雖置彼, 不過隨從飮食, 初不犯近, 汝之相會, 實所不關, 小勿畏慮也." 顧其女曰: "備饋來也." 女承命而出, 裁殺俄者所負來一大麂, 盛之於大盆子, 進之於前. 蓋生肉而已, 無他供矣. 沒啗之, 當其就宿也, 更謂女曰: "與[204]彼客同寢." 女雖昵臥於客, 客雖並臥而[205]疑

---

193) 藏: 저본에는 '長'으로 나와 있으나 라, 마본을 따름.
194) 食: 가, 나, 바본에는 '飯'으로 되어 있음.
195) 欣款: 가, 나본에는 '欣悅'로 되어 있음.
196) 手: 저본에는 빠져 있으나 라본에 의거하여 보충함. 이하의 경우도 동일함.
197) 怍: 저본에는 '作'으로 나와 있으나 이본에 의거하여 바로잡음.
198) 易: 저본에는 '以'로 나와 있으나 이본에 의거함.
199) 丁: 저본에는 '庭'으로 나와 있으나 가, 나본에 의거함.
200) 稅: 가, 나본에는 '脫'로 되어 있음. 뜻은 서로 통함.
201) 亘: 라, 마본에는 '宜'로 되어 있음.
202) 卽: 가, 나본에는 '長'으로 되어 있음.
203) 渠旣料之: 라, 마본에는 '渠之旣料'로 되어 있음.
204) 與: 라, 마본에는 '與汝'로 되어 있음.
205) 而: 가, 나본에는 '也'로 되어 있음.

畏, 終夜各寢. 詰朝, 更見其長物, 則大抵類人, 而實非人也. 中心
疑怪, 無所不至. 平朝, 臥呼其女,[206] 曰: "客供我供, 一幷備來也."
女承順備進, 蓋客則飯而餐用熟, 彼則又以生肉[207]盛盆也. 吃罷,
其物也曳長, 而出於房外, 似若長螭之搖動. 直自向頭處, 匍匐出
來, 至外[208]庭, 遂坐, 曰: "吾觀客相, 實多福力, 汝之昨日入此, 亦
吾所引來也. 彼艾則在此不緊, 無畏率去也. 且吾之所集, 虎豹·獐
鹿·熊猪之皮, 積之無用, 欲以給汝, 而汝則力僝不能多負, 吾當盡
力輸之." 遂以大網, 充其石窟中山積之皮, 荷肩而出, 曰: "汝率彼
女, 先我而行, 無論某地, 從海口船泊處, 止也." 砲至安州浦口, 彼
長物負如山之皮, 亦到於此, 謂之曰: "負來之物, 論其價, 宜爲汝
一家産[209]矣. 吾亦有所請於汝者, 汝須於第五日, 殺二隻牛, 貿百
石鹽, 待我於此, 吾當復至." 遂告別而去. 砲貰舟, 載女與皮, 女[210]
則妻之, 皮則發賣[211], 得屢千金, 而長物之人與不人[212], 女亦不知.
至第五日, 殺牛載鹽, 往候信地, 長物果至, 而又如前負皮. 沒食二
牛, 鹽百石, 則收於盛皮之網而荷之, 全不費力. 又告曰: "後五日,
又備鹽如前數, 待我于此地也." 砲手如敎, 而牛則謂以[213]彼物之忘
未及也, 又殺二牛, 往待之矣. 長物又來, 而皮屬之負, 亦如前日.
收鹽盛網, 亦且如前, 及見殺牛, 則邁邁搖首, 曰: "如欲食之, 曷不
先托? 今番則理不當食." 掉掉然去, 砲手以實情挽執不捨, 曰: "旣

206) 詰朝 … 臥呼其女: 가, 나본에는 '詰朝, 更見其長物, 則臥呼其女'로 되어 있음.
207) 生肉: 라, 마본에는 '生物肉'으로 되어 있음.
208) 外: 나본에는 '於'로 되어 있음.
209) 汝一家産: 가, 나본에는 '汝家之産'으로 되어 있음.
210) 女: 나본에는 '彼女'로 되어 있음.
211) 發賣: 다, 라, 마본에는 '貨之'로 되어 있음.
212) 與不人: 가, 나본에는 '與否'로 되어 있음.
213) 以: 가, 나본에는 '之'로 되어 있음.

非同類, 且無宿誼, 而公然引我, 妻我以美女, 給我以三負皮[214], 價
則萬金. 今之殺牛, 雖不承敎, 實感恩德, 中心眡之, 何不一嘗?"再
三申懇, 長物忽籌思屈指, 曰: "雖退五日之限, 汝情可矜." 遂沒喫
而去, 曰: "今者一別, 遽作千古! 好在無他, 珍重自護[215]." 砲又前
跪遮路, 曰: "人之相知, 貴相知類, 況當永別, 不分其類, 此心抑
鬱, 不勝區區. 未知尊形, 人耶獸耶, 魍魎耶? 抑亦山靈耶?" 長物
曰: "法不可以自我喻之. 汝以明年端午日, 往候於洛東江津頭, 遇
草笠靑袍烏驢上美少年, 問之, 則可以知矣." 悠然而逝. 砲手一則
疑怪, 一則怊悵. 歸賣三負皮, 遂爲關西之陶朱. 而苦[216]待端午, 往
候於洛津, 果得[217]一行次, 所見與長物所言, 脗合矣. 馬頭作禮, 請
問以彼物之前後來歷, 一一仰質, 厥班愀然長嘆, 曰: "此是不好消
息也! 此禹也, 禹之爲物, 其存也幸, 其亡也不幸. 蓋以天地純陽正
氣化之[218], 爲英雄豪傑, 而主聖臣直·國泰民安則好, 大人才無足
爲濟世之功, 故其氣也, 不以爲英雄豪傑, 而捲而爲禹, 藏之於深
山窮谷. 及夫世道板蕩, 厄運將至, 則禹遂自盡, 而非鹽則不得也.
旣盡之後, 則散之宇宙, 鍾生許多英雄. 此輩之出, 豈徒然哉? 彼
之索鹽, 將以食鹽而就盡, 蓋其食鹽也, 五日一飽則衰, 又五日一
飽則盡矣. 而中間若食生肉, 則其盡之期[219], 退以五日, 其固辭再
度之牛者, 良以此也. 嗟呼! 不三十年後, 左海之英雄豪傑, 無異於
漢季, 麗國其殆矣哉! 然汝之福力可賀, 彼已知之, 又旣以德妻, 而

---

214) 三負皮: 다, 라, 마본에는 '重賄皮'로 되어 있음.
215) 自護: 라본에는 '護身'으로 되어 있음.
216) 苦: 저본에는 '若'으로 나와 있으나 이본에 의거함.
217) 得: 가, 나본에는 '逢'으로 되어 있음.
218) 之: 가, 나본에는 빠져 있음.
219) 期: 가, 나본에는 '氣'로 되어 있음.

彼之謂以不犯者, 亦實[220]也. 人之禀氣也, 男曰陽氣, 女曰陰氣, 而男非純陽, 女非純陰. 男有陽中之陰, 女有陰中之陽, 是以, 有男女交會之理, 而禹則都是陽氣, 苟是全陽則不能搆會, 亦理也. 汝妻則果精潔無他矣." 砲大異之, 更折腰作禮, 請問行次姓名, 曰: "吾鄭夢周也[221]!" 遂招船[222]渡江而去. 不三紀, 國內大亂, 而許多英雄接踵而出, 此豈非亡禹之所化耶? 生靈屠戮, 不啻魚肉, 而砲手則一門無事, 無死亡云.[223]

8-17. 坐草堂三老禳星

昔在宣廟甲申正月, 洛下士人李姓者, 適有事江陵地, 乘款段, 困頓作行. 至絶峽之境, 迷失道, 人困馬罷, 日暮店遠, 莫適所向.[224] 忽林樾間逢一牧童, 問路, 牧童指越崗, 曰: "踰此有某姓班家, 此外無他人家云." 士人依所言, 踰崗而視, 則有一草屋數三間而已, 無他村落. 直向其家, 叩之, 有一箇老人, 年可六十餘, 頭戴破毛冠, 傍有一箇童子侍立[225]. 主翁欣然迎接, 曰: "如此窮鄕, 客何以到哉[226]?" 某[227]士言其入山失路之狀, 主人許其留宿, 仍爲靜坐, 默無一言, 若有所思量憂慮者然. 某士亦不敢閑漫說話, 坐於一隅, 少焉, 侍童持夕飯而進之. 黃昏時, 主人忽語侍童曰: "今已

---

220) 實: 가, 나본에는 '實言'으로 되어 있음.
221) 也: 저본에는 빠져 있으나 가, 나본에 의거하여 보충함.
222) 船: 이본에는 '舟'로 되어 있음.
223) 一門無事, 無死亡云: 라본에는 '一門無死無亡云矣'로, 마본에는 '一門無死亡云'으로 되어 있음.
224) 莫適所向: 가, 나본에는 '所向莫適'으로 되어 있음.
225) 立: 저본에는 빠져 있으나 나본에 의거하여 보충함.
226) 到哉: 바본에는 '到此'로 되어 있음.
227) 某: 가, 나, 바본에는 '其'로 되어 있음.

日昏, 尙不來, 甚是疑怪, 汝須開戶瞭望也!" 侍童開戶遠望, 而告曰: "今方越前川而來耳." 主翁瞪目視士人, 曰: "必須含嘿而坐, 不必在傍開口也." 少焉, 二人來, 一則措大學究, 一則緇衣老禪也. 入房[228]寒暄, 畢更無雜言.[229] 命侍童, 汲井華水一器, 置于盤上, 蒸香於爐. 三人俱北面[230]跪坐, 呪語良久, 士人聽之, 不可解得. 如是者數食頃, 主翁呼童子曰: "汝須出門, 仰看天星." 彼童依敎出去, 少選,[231] 入告曰: "有星今自東方墜, 而光芒燭地矣." 主翁與二客, 瞪視良久, 一聲[232]長噓曰: "莫非天數, 爲之奈何?" 士人嘿視其樣, 疑怪莫定, 無妄[233]中, 忽問曰: "主人所嘆者, 何事也?" 主人曰: "叔獻將死, 故吾約此二人, 祈天誦經, 少延其壽, 大數[234]所關, 竟至無靈. 俄者星隕,[235] 叔獻已無救矣." 士人曰: "叔獻是[236]誰也?" 主人曰: "李某也." 士人曰: "吾於今月初, 自京離發, 伊時李某, 方帶騎判, 少無微[237]恙, 是何言也?" 主人曰: "七八年後, 倭寇將犯境, 叔獻在世, 則庶幾弭亂, 而今已死[238]矣, 一國蒼生, 將盡爲魚肉, 何以生活?" 少焉, 二人出門, 各帶悽慘之色. 士人仍問曰: "國運若此, 則如吾窮儒, 何以保存?" 主翁曰: "若向湖右唐·沔兩邑之地, 則庶

---

228) 房: 저본에는 '傍'으로 나와 있으나 이본에 의거하여 바로잡음.
229) 畢更無雜言: 가, 나본에는 '畢竟必雜言一無'로 되어 있음.
230) 面: 나본에는 '向'으로 되어 있음.
231) 少選: 가, 나본에는 '少焉'으로 되어 있음.
232) 一聲: 라본에는 '下聲'으로 되어 있음.
233) 無妄: 저본에는 '無忘'으로 나와 있으나 바본을 제외한 이본에 의거함. 바본에는 '無安'으로 되어 있음.
234) 大數: 가본에는 '天數'로 되어 있음.
235) 隕: 가본에는 '殞'으로, 나본에는 '墜'로 되어 있음.
236) 是: 가, 나본에는 '果'로 되어 있음.
237) 微: 가본에는 '徵'으로 되어 있음.
238) 死: 저본에는 빠져 있으나 가, 나본에 의거하여 보충함.

可得免矣." 又問: "二客是誰乎?" 曰: "其儒冠者, 不可語其姓名, 其緇衣者, 乃是黔丹大師也. 君於出山後, 勿爲向人宣播云云." 士人回京問之, 則栗谷先生果以某日下世, 計其日, 則卽三人祈星之夜也. 其士仍卽移住唐·沔之間, 當辰巳之變, 全家無事得保[239]云.

8-18. 會琳宮[240]四儒問相

崇禎丙子別試科, 春初爲初試,[241] 而會試則以朝家有故, 退定於明春. 伊時, 初試入格儒生四人, 出接于北漢寺[242]做會工. 一日, 僧來謂四人[243]曰: "此中有神僧, 書房主登科與否, 必問之也." 四人齊會, 呼僧問之, 僧曰: "小僧觀人之術, 未嘗稱中顯言, 必於幽室中, 一箇式[244]論相而出送矣." 四人依其言, 箇箇於僧室中, 聞其論[245]而出, 相與問之, 一則曰: "吾則當有百子千孫." 一則曰: "吾則爲賊將." 一則曰: "吾則爲神仙." 一則曰: "吾則登科, 必逢三人云矣." 一場笑譁[246], 歸之虛妄之僧矣. 不意其臘淸兵犯我國, 江都陷沒, 南漢被圍. 于斯時也, 四儒生各自奔散[247], 以爲圖生, 雖當平定之後, 未得相逢, 不聞消息者, 不知爲幾年. 其中一士, 後果登第, 爲嶺伯, 春巡至左道安東府. 臨發時, 門外有騎牛客, 通刺請謁,[248] 嶺伯莫知爲誰, 使之入來, 則乃素昧人, 而弊袍破笠, 蕭然一箇寒儒

---

239) 保: 가, 나본에는 '全'으로 되어 있음.
240) 宮: 저본에는 '官'으로 나와 있으나 이본에 의거함.
241) 別試科, 春初爲初試: 가, 나본에는 '別試春科爲初試'로 되어 있음.
242) 寺: 저본에는 빠져 있으나 가, 나본에 의거하여 보충함.
243) 四人: 가, 다, 바본에는 '四士'로, 라, 마본에는 '四儒'로 되어 있음.
244) 式: 저본에는 빠져 있으나 가, 나본에 의거하여 보충함.
245) 聞其論: 가, 나본에는 '論相'으로 되어 있음.
246) 譁: 라, 마본에는 '諍'으로 되어 있음.
247) 奔散: 나, 라, 마본에는 '分散'으로 되어 있음.
248) 門外有騎牛客, 通刺請謁: 가, 나본에는 '有騎牛客來, 門外請謁'로 되어 있음.

也. 敍寒暄後, 次次酬酢, 則乃昔日北漢同接人也. 一自滄桑, 各自逃竄, 不知死生, 意外相逢, 寧不欣倒? 詢其所住, 則在巡到所不遠, 客曰: "令監行次, 旣近吾居, 念其平生, 盍枉屈尊駕以生蓬蓽之色也?" 嶺伯乃除其威儀, 以平服單騎, 隨牛背客, 而到一壑, 則高樓傑閣[249], 充滿一谷, 依如好官府貌樣. 坐定後, 騎牛客改服藍天翼·朱絲笠, 儼然一大將, 而羅卒也軍校也, 不讓嶺伯威儀. 嶺伯乃大驚, 問曰: "觀子擧動, 得非賊魁乎?" 答曰: "然矣." 曰: "胡然而至此?" 答曰: "兄[250]記北漢論相之僧語乎? 當時笑以[251]虛妄, 世事誠不可料矣. 一自山寺分散之後, 家屬盡爲屠戮, 而吾獨[252]逃生, 東奔西竄, 轉至此山. 入於避亂人屯聚中, 則以吾稍解文字, 推爲領首, 其劫掠之物, 吾以公平分給, 大得人心. 雖平定之後, 依舊嘯聚, 奄成綠林軍, 以吾作元帥, 至於此境. 以今視之, 則[253]僧之論相, 其亦前定耶? 吾專據[254]一壑, 安享富貴, 不羨兄之朝除暮遞者也. 適聞兄行之過此地[255], 故吾故邀來, 使之一覽. 兄雖方伯, 器具似不及於吾, 歸後愼勿生追捕之念, 亦不必出此言於口矣. 若不然而妄生雜念, 以致後悔, 徒害無益也." 嶺伯不勝恐惻, 唯唯而還. 自此而右巡行, 到某郡[256], 發行時, 又有措大請謁, 卽爲延視, 則亦是向日北漢同接人也. 措大請曰: "令公旣到此, 吾之所住, 距此不遠, 請枉駕暫臨焉."[257] 嶺伯諾之, 而懲於向日之事, 大張威儀而往.

---

249) 傑閣: 가, 나, 라, 마본에는 '巨閣'으로 되어 있음.
250) 兄: 바본에는 '旣'로 되어 있음.
251) 以: 나본에는 '而'로, 라본에는 '以爲'로 되어 있음.
252) 而吾獨: 저본에는 '獨吾'로 나와 있으나 가, 나본을 따름.
253) 則: 저본에는 빠져 있으나 가, 나본에 의거하여 보충함.
254) 據: 라, 마본에는 '居'로 되어 있음.
255) 地: 저본에는 빠져 있으나 가, 나본에 의거하여 보충함.
256) 某郡: 라, 마본에는 '某官'으로 되어 있음.

到其家, 則門閭[258]高大, 附近村落, 幾乎數百, 奄成一郡. 多率下人之應接, 巡相支供[259]之凡節, 雖雄州巨邑, 不能當焉. 嶺伯驚問曰: "兄以鄕谷之居, 何以支接此許多所率, 而無所苟艱[260], 如是整齊耶?" 措大曰: "兄記昔北漢僧論相之言乎? 昔當丙子之亂, 棄家逃生, 流落嶺南, 適入一山谷, 則避亂婦女, 聚群成黨而居. 吾以一男子投入, 則衆女人大喜, 以我爲家長, 凡百事爲無不關由, 至若衣服飮食, 渠輩耕之織之[261], 極意奉養. 雖平亂之[262]後, 亦不各歸, 仍率與居, 爲幾許年, 所生男子, 頗近百數. 各自娶婦生子, 吾則如陸賈五子之分供, 安享晩福, 是非不聞, 榮辱不關, 少無羨於令公, 嶺伯之寵辱相半, 憂喜交至也." 嶺伯聞罷, 憮然自失. 自此而巡, 至河東境, 過智異山邊, 忽自空中有呼嶺伯字聲. 嶺伯甚訝, 自轎中, 捲簾回顧, 則聲自山上出矣. 一行詳視,[263] 則有一人坐層岩絶壁上, 呼之, 嶺伯停轎, 而問山上人, 答曰: "君尙不記吾乎? 吾乃某也." 嶺伯思之, 乃是[264]昔日北漢同接人也. 嶺伯擧手招, 曰: "下來也!" 曰: "君必上來." 少焉, 下送一雙靑衣童, 扶腋而上, 則履絶險[265]如平地. 與之握手, 相話曰: "君記北漢僧之論相乎? 其時以吾爲仙, 故當時笑以迂妄, 到今視之, 寧不神異哉? 向日胡亂, 擺脫家眷,

---

257) 又有措大請謁 … 請枉駕暫臨焉: 라, 마본에는 "又有措大請曰: '令公旣到此, 吾之所住, 距此不遠, 請枉駕暫臨焉.' 深深見之, 則亦是向日北漢同接之人也."로 되어 있음.

258) 門閭: 라, 마본에는 '門閻'으로 되어 있음.

259) 供: 저본에는 '公'으로 나와 있으나 이본에 의거하여 바로잡음.

260) 艱: 가, 나본에는 '難'으로 되어 있음.

261) 耕之織之: 가, 나본에는 '耕之食之, 織之衣之'로 되어 있음.

262) 之: 저본에는 빠져 있으나 바본을 제외한 이본에 의거하여 보충함.

263) 一行詳視: 가본에는 '一行相視'로, 바본에는 '一時詳視'로 되어 있음.

264) 是: 저본에는 빠져 있으나 가, 나본에 의거하여 보충함.

265) 絶險: 라, 마본에는 '絶峽'으로 되어 있음.

逃命山中, 屢日飢困, 終[266]糊口無策. 緣濱而上, 則澗邊有豐草[267], 腴色可堪食, 啖之則甘苦有味, 盡採而啖[268]矣. 伊後, 不食而飽, 不衣而溫, 山行露宿, 少無疾蟲, 行步如飛, 周遊名山大川. 時逢修道之仙, 談經終年, 吾一身閑適[269], 飢寒不憂, 利辱不驚, 疾病不侵. 吾之所樂, 少不讓於令公[270]之高牙大纛, 而其草乃是[271]金光草也, 亦豈比令公之食前方丈也?" 仍俟忽之頃, 騰坐[272]於鶴背, 靑童二人, 左右侍立, 向空飛騰而去. 嶺伯窅然自喪, 不知身之爲嶺伯也. 由是觀之, 莫非天定, 而過僧之言, 如合符節, 亦異人哉!

8-19. 遊浿營風流盛事

沈陝川鏞, 疎財好義, 風流自娛, 一時之歌姬·琴客·酒徒·詞朋, 輻湊幷臻[273], 歸之如市, 日日滿堂. 凡長安宴遊, 非請於公, 則莫可辦也. 時一都尉, 遊狎鷗亭, 不謀於沈公, 盡招歌琴[274], 大邀賓客, 跌宕恣遊. 名亭秋夜, 月色暎波, 興復不[275]淺. 忽聞江上簫聲寥亮, 遙見一小艇, 泛水而來, 老翁頭戴華陽巾, 身被鶴氅衣, 手持白羽扇, 皓髮飄飄. 有兩小童, 着靑衣, 左右侍, 橫吹玉簫, 舟載雙鶴, 翩翩而舞, 分明是神仙中人也. 笙歌自停, 諸人依欄簇立, 嘖嘖稱羨, 萬目注視江中, 而席上虛無人. 都尉憤其敗興, 乘小船[276]就之,

---

266) 終: 저본에는 빠져 있으나 라본에 의거하여 보충함.
267) 豐草: 저본에는 '草豐'으로 나와 있으나 가, 나본에 의거함.
268) 啖: 가, 나본에는 '食'으로 되어 있음.
269) 閑適: 가, 나본에는 '閑寂'으로 되어 있음.
270) 令公: 바본에는 '嶺伯'으로 되어 있음.
271) 是: 저본에는 빠져 있으나 가, 나본에 의거하여 보충함.
272) 騰坐: 가, 나본에는 '騰空而坐'로, 다, 라, 마본에는 '騰至'로 되어 있음.
273) 臻: 가, 나, 라본에는 '進'으로 되어 있음.
274) 歌琴: 라본에는 '琴歌'로 되어 있음.
275) 不: 가, 나본에는 '反'으로 되어 있음.

乃沈公也. 相與一笑, 都尉曰:"公壓倒勝遊矣."盡歡而罷. 時又一宰, 除箕伯啓行, 其仲兄爲首相, 設餞宴於弘濟橋上, 以送之. 都門外車數十輛, 人馬騈[277]闐路上, 皆噴噴稱其福力, 曰:"棠棣之華, 鄂[278]不韡韡." 忽見自松林間, 飛出一騎, 那人身着縷緋紫茸[279]裘, 頭戴漆色蜀猫皮耳掩, 手執一鞭, 據鞍顧眄, 風彩動人. 美娥三四人, 頭戴戰笠, 身着短袖襖子, 腰繫水綠藍纏帶, 足穿起花紅紋繡雲鞋, 雙隊作行而隨後. 復有童子六人, 青衫紫帶, 各執樂器, 於馬上奏之, 獵人臂[280]鷹呼狗, 走出林樾間. 觀者如堵, 咸曰:"是必沈陜川也!" 見之果然, 路人復咨嗟, 曰:"人生世間, 如白駒過隙, 固當窮心志之所樂. 俄者, 餞宴豈不盛哉? 然自古功名, 多敗而少[281]成, 與其憂讒畏忌, 氷炭胸中, 曷若快心適意, 豪爽自娛, 無憂於身外者哉!" 長安諸人, 遂相與戲, 曰:"餞乎獵乎? 寧獵無餞!" 其歆[282]艶可知. 一日, 沈公與歌客李世春, 琴客金哲石, 妓秋月·梅月·桂蟾輩, 會於草堂, 琴歌永夕. 公謂諸人曰:"汝輩欲觀[283]西京[284]乎?" 皆曰:"有志未就." 沈公曰:"平壤自檀箕以來, 五千年繁華之場也. 畵中江山, 鏡裡樓臺, 可謂國中第一, 而吾亦未之見焉. 吾聞箕伯設回甲宴於大同江上, 道內諸倅咸集, 且選名妓歌客, 肉山酒海, 先聲大播. 將於某日, 開宴云[285], 一擧足, 則非但大疎暢, 亦必多得

---

276) 船: 다, 라, 마본에는 '艇'으로 되어 있음.
277) 騈: 바본에는 '駢'으로 되어 있음.
278) 鄂: 라본에는 '萼'으로 되어 있음. 서로 통함.
279) 茸: 가, 나본에는 '葺'으로 되어 있음.
280) 臂: 바본에는 '飛'로 되어 있음.
281) 少: 저본에는 '小'로 나와 있으나 이본을 따름.
282) 歆: 저본에는 '韻'으로 나와 있으나 이본에 의거함.
283) 欲觀: 가, 나본에는 '遊'로 되어 있음.
284) 京: 저본에는 '亭'으로 나와 있으나 이본에 의거하여 바로잡음.
285) 云: 라본에는 '云云'으로 되어 있음.

纏頭之金帛, 豈非謂[286]楊州鶴乎?" 諸人雀躍相賀, 遂治裝啓行, 稱以往楓岳, 藏踪跡, 以迂路潛入箕城, 於外城靜僻處住着. 其翌日, 乃宴日也. 遂貰小艇一隻, 上[287]設靑布帳, 左右垂緗簾, 中藏妓客管絃, 隱舟於綾羅[288]·浮碧之際. 俄而, 鼓樂[289]喧天, 舟楫蔽江, 巡相高坐樓船上, 諸守宰畢集, 大張宴席, 淸歌妙舞, 影動水波, 城頭江岸, 人山人海. 沈公乃搖櫓前進, 停[290]舟於相望之地, 彼船劍舞, 則此船劍舞; 彼船唱歌, 則此船唱歌, 有若效嚬之狀. 彼船上諸人, 莫不怪之, 發送飛船, 使之捉來. 沈公促櫓而走, 不知去處, 飛船莫能追, 回去. 復搖櫓而進, 又如之, 如是者數三. 於是, 甚怪之, 曰: "吾遙見其船中, 則劍光閃電, 歌聲憂雲, 決非遐土尋常之人. 且緗簾中, 被鶴氅衣, 戴華陽巾, 手揮羽扇之一老翁, 兀然端坐, 喧笑自若, 豈非異人乎?" 遂暗令於船將, 以十餘小船, 一齊圍住, 捉曳而來. 泊至大船頭, 沈公捲簾大笑[291]. 巡相素有親誼, 見卽顚倒驚喜, 槩問其疎暢之意. 蓋船中諸宰幕賓及巡相子婿弟姪[292], 俱是洛陽人也, 見洛陽之妓樂, 莫不歡喜, 亦多知面之人, 相與握手敍懷. 於是, 歌妓[293]琴客, 盡其平生之技藝, 終日遊衍, 西路之歌舞粉黛, 頓無顏色. 當日[294]席上, 巡相以千金贈京妓, 諸宰又隨力贈之, 幾至萬金. 沈公逸宕一旬而還, 至今爲風流美譚. 及沈公之逝後, 葬於

---

286) 謂: 저본에는 빠져 있으나 다, 라, 마본에 의거하여 보충함.
287) 上: 저본에는 '小'로 나와 있으나 이본에 의거함.
288) 綾羅: 다, 라, 마본에는 '綏波'로 되어 있음.
289) 鼓樂: 바본에는 '鼓角'으로 되어 있음.
290) 停: 저본에는 '傍'으로 나와 있으나 이본에 의거함.
291) 大笑: 가, 나본에는 '笑之'로 되어 있음.
292) 弟姪: 가, 나본에는 '諸侄'로 되어 있음.
293) 歌妓: 저본에는 '妓歌'로 나와 있으나 가, 나, 바본에 의거함.
294) 日: 라본에는 '月'로 되어 있음.

坡州之柴谷, 歌琴[295])之伴, 相與泣下, 曰: "吾輩平生爲沈公風流中
人, 知己也, 知音也. 歌歇琴殘, 吾將何之?" 會葬于柴谷, 一場歌一
場琴, 遂痛哭于墳前, 各散其家. 惟桂蟾守墓不去, 白頭絲絲, 方瞳
黯黯, 向人說道如此.

8-20. 過錦江急難高義

江陵金氏一士人, 家貧親老, 乏菽水之供. 其老慈語子曰: "汝家
先世, 本以富稱, 奴婢之散在湖南島中者, 不知其數, 汝往推刷也."
仍出示篋中奴婢文券軸, 士人持券, 往島中, 百餘戶村落, 自占居
生, 皆奴婢子孫也. 見券羅拜, 收斂數千金贖之, 士人燒其券, 駄錢
而還, 路過錦江. 時月明寒甚, 見一翁一嫗[296])一少婦, 列坐江邊, 爭
欲投水, 而互相拯[297])出, 扶持痛哭. 士人怪問之, 老翁曰: "吾有獨
子, 吏役於錦營, 以逋欠近萬石, 滯囚屢[298])朔. 盡賣家庄, 徵族徵
隣, 而尙多餘數, 更以明日定限. 若過明日, 則當爲杖下之魂, 而分
錢粒米, 無可辦出. 不忍見獨子之被刑, 吾欲投水而死, 溘然無知,
而老妻少婦, 欲共死於此, 而不忍見其入水, 互相拯出, 仍與痛哭
矣." 士人曰: "有錢幾何, 則可以償[299])逋乎?" 曰: "數千金可句當[300])
矣." 士人曰: "吾有推奴錢幾駄, 恰[301])滿數千, 以此償之." 卽計給
之, 其三人又大聲哭, 曰: "吾輩四人[302])之命, 因此而得生, 將何以

---

295) 歌琴: 나본에는 '歌舞'로 되어 있음.
296) 嫗: 라본에는 '媼'로 되어 있음.
297) 拯: 저본에는 '極'으로 나와 있으나 이본에 의거함. 이하의 경우도 동일함.
298) 屢: 라본에는 '數'로 되어 있음.
299) 償: 저본에는 '賞'으로 나와 있으나 라, 바본을 따름.
300) 句當: 가, 나본에는 '苟當'으로 되어 있음.
301) 幾駄, 恰: 저본에는 '幾拾駄'로 나와 있으나 이본에 의거함.
302) 四人: 가, 나본에는 '死人'으로 되어 있음.

報恩? 願入吾家, 留宿而去." 士人曰: "日已暮矣, 歸路且急. 老親倚門久矣, 不可留連." 卽馳去之不顧, 其老人疾追, 高聲曰: "願聞行次居住姓名!" 答曰: "聞之何益?" 因爲走去. 三人遂以此物, 盡償宿逋, 當日其子放出獄門, 渾室感祝士人, 而其居住姓名, 亦莫之知[303]. 士人歸家, 其老慈喜其無恙而還, 又聞其推奴如意, 益喜之, 問其放良之物, 何以輸致[304], 士人對以錦江事. 其老慈拊其背, 曰: "是吾子也!" 後老慈以天年終, 家益剝落, 初終拮据, 萬不成樣. 金哀與地師一人, 步行尋山, 遍踏諸山, 到一處, 地師曰: "彼麓必有大地, 而其下村落甚盛, 又有大家舍, 不可議到矣." 生曰: "果是[305]大地, 則雖難占山, 一番往見, 何傷之有?" 遂與地師登其山, 尋其龍脈, 坐於一處, 泛鐵而觀之, 曰: "此名穴也. 功名顯達, 赫世無比, 子支繁衍, 與國偕存, 可謂無上吉地. 而係是大村後也, 言之何益?" 稱嘆不已, 生曰: "雖然旣已日暮[306], 留宿彼家而去, 亦何妨乎?" 遂與地師入其家, 有一少年, 迎接客室, 待以夕飯. 金哀對燈而坐, 悲懷弸中, 山地關心, 長吁而已. 忽自內室, 一少婦開戶突入, 扶金哀大哭, 氣急不能言. 其少年驚問其故, 少婦曰: "此是錦江所逢之恩人也." 少焉, 又抱而哭之. 老翁老媼, 聞此言, 又突出, 抱而哭之. 哭止, 羅拜於生之前, 曰: "生我者父母也, 活我者尊客也. 生我活我, 寧有間乎?" 生初不知本事, 惝怳怔忡[307]. 主人內外, 細言錦江活命之事, 鑿鑿不爽, 仍言曰: "微君吾其魚矣, 顧安得有今日? 感君高義, 銘鏤在心, 每於外室客來時, 從隙窺見, 或冀萬

---

303) 之知: 가, 나, 바본에는 '知之'로 되어 있음.
304) 輸致: 가, 나본에는 '輸此'로 되어 있음.
305) 是: 가, 나본에는 '有'로 되어 있음.
306) 旣已日暮: 가, 나본에는 '日已暮矣'로 되어 있음.
307) 怔忡: 가, 나본에는 '忙忡'으로 되어 있음.

一倖遇, 豈意今日得遇恩人乎? 吾輩自伊時生出獄門之後, 退吏居村, 極力治308)産, 今成富家. 家舍田庄, 排置二所, 一則吾主之, 一則以待君, 久矣. 今幸天借好便, 得以邂逅, 如欲營窆於此山, 則以此家仍作楸309)舍, 而君居之. 吾則當310)移居於越崗之家, 唯君意爲之." 生僕僕稱謝, 擇吉營窆, 仍居其舍. 有子有孫, 爲公爲卿, 雲仍寔繁, 富貴兼全311)云.

8-21. 作善事繡衣繫紅繩

昔有一繡衣, 行到某邑, 暗行於外村312). 時當八月望間, 潦雨快霽, 天氣不寒不熱. 寄食於村家, 乘着月色, 又復散步於閭里間, 至一家籬外, 少坐休憩. 忽聞籬內有人跡聲及笑語聲, 甚諠, 竊窺之, 乃壯健女子四五人, 相携嬉戲313). 其中一女子, 乃曰: "今夜闌月明, 政爾寂寥, 吾輩盍作太守之戲乎?" 衆女314)皆應曰: "諾." 其衆315)女子, 自相排定, 一則爲太守, 一則爲刑房, 一則爲吸唱316), 一則爲使令, 一則爲朴座首. 少焉, 其太守者, 分付刑房曰: "某村朴座首, 斯速拿入!" 刑房傳于吸唱, 吸唱傳于使令, 使令長聲高答, 捽曳朴座首者, 跪于其下, 曰: "拿入矣." 其太守者分付曰: "女子生而願爲之有家, 人之大倫, 不可或廢. 父母之心, 人皆有之, 汝則有女五人,

---

308) 治: 바본에는 '致'로 되어 있음.
309) 楸: 저본에는 '揪'로 나와 있으나 가, 나, 라본에 의거함.
310) 當: 바본에는 '正當'으로 되어 있음.
311) 全: 저본에는 '存'으로 나와 있으나 이본을 따름.
312) 外村: 가본에는 '某村'으로 되어 있음.
313) 嬉戲: 가, 나본에는 '遊嬉'로 되어 있음.
314) 衆女: 저본에는 '衆女子'로 나와 있으나 가, 나, 라, 마본을 따름.
315) 衆: 가본에는 '中'으로 되어 있음.
316) 吸唱: 라본에는 '伋唱'으로 되어 있음. 이하의 경우도 동일함.

幷皆過年³¹⁷⁾, 而尙無議婚³¹⁸⁾之事, 其將廢倫乎? 汝以家長, 不知慮此, 而無意於求婚, 安有爲人父³¹⁹⁾之道乎?" 刑房傳其語吸唱, 曰: "聽分付!" 其座首者, 跪而對曰: "民亦人也, 豈不知慮此乎? 心常憂悶, 而民家勢貧寒, 誰肯娶貧家之女乎? 且無可合之郞材, 尙未有定, 知罪知罪云云." 其太守曰: "某村李座首家, 有二十歲秀才; 某村金座首家, 有十九歲秀才; 某村徐別監家, 有二十歲秀才; 某村崔都監家, 有十七歲秀才; 某村姜別監家, 有十六歲秀才, 何謂無可合之處乎? 都是汝推託之辭, 更勿多言, 速速通婚, 以擇日成禮, 至可至可." 其座首者, 答曰: "分付誠至當矣, 謹當速圖之³²⁰⁾矣!" 太守者曰: "曳出之." 使令高聲奏曰: "出送矣!" 仍相與拍掌大笑, 一齊散走. 繡衣詳察首尾, 不勝駭笑, 而念其情事, 還切哀矜. 其翌, 廉探於洞內, 則其家果是朴座首家, 而有女五人, 長二十三歲, 其次雙女二十一歲, 其次十九歲, 最少者³²¹⁾爲十七歲. 而所謂朴座首者, 不但家計貧寒, 痴不解事, 雖五女過年已久, 而視若尋常, 不知爲悶. 其女子素無敎訓, 年雖長大, 而針線³²²⁾杵臼之役, 皆不通曉. 唯事遊戲度日, 故人無願之者云. 又探其有秀才處, 果如昨夜所聞, 無所差爽. 乃入其邑內, 出道後, 所謂朴座首者, 星火捉來, 拿入于庭, 數其罪, 如向夜處女之³²³⁾爲朴座首, 果以無可合郞材爲辭. 御史遂依處女所言郞材, 而歷數之, 曰: "以吾所知者³²⁴⁾,

---

317) 過年: 가, 나본에는 '年過'로 되어 있음.
318) 議婚: 다, 라, 마본에는 '婚議'로 되어 있음.
319) 爲人父: 라본에는 '人父母'로 되어 있음.
320) 之: 저본에는 빠져 있으나 라본에 의거하여 보충함.
321) 者: 저본에는 빠져 있으나 바본에 의거하여 보충함.
322) 線: 저본에는 '線'으로 나와 있으나 바본을 제외한 이본을 따름.
323) 處女之: 가, 나본에는 '處子'로 되어 있음.
324) 者: 저본에는 빠져 있으나 라, 마본에 의거하여 보충함.

有如許可合處, 何不議婚, 而一向以無可合處, 推諉[325]乎?" 朴座首
曰: "此亦非不知, 而貧家女子, 素無敎訓, 誰肯娶婦乎? 是以, 不
敢向人開口矣." 御史曰: "然則汝幼而不敎, 長而廢倫, 安在其爲人
父之道乎? 吾當於今日內, 定給矣." 遂傳令于各面, 所謂李座首·
徐別監·崔都監·金座首·姜別監等五人, 皆卽刻捉致, 使之當面定
婚, 又使之斯[326]速涓吉, 過行婚禮. 又囑於本官, 其過婚之需, 量
宜[327]助給, 自官亦爲督促過婚, 過婚後形止. 卽爲牒報之意, 亦爲
分付, 御史分付, 誰敢違拒? 遂不敢出一聲, 同日涓吉, 五處女幷
一時區處云.

8-22. 雪幽寃夫人識朱旂[328]

昔有密陽倅, 中年喪耦, 只有別室及子婦·未婚女子. 而女子則
生纔數月而失母, 鞠於乳母, 待之如母, 與乳母別處一堂, 而密陽
倅鍾愛逈別. 一日, 幷與乳母, 不知去處, 遍訪邑內村里, 影響遂
絶. 密陽倅心驚魂喪, 狂症大發, 胡叫亂嚷, 號慟奔走,[329] 不得已遞
職還京, 仍以致死. 伊後, 密陽新除者, 輒於到[330]任日身死, 歷三四
等, 每每如是. 人皆視以凶家, 而[331]多般規避, 雖卽其地定配, 人無
願者. 朝家大憂之, 將以某日, 出朝參, 令集文蔭武百官及前啣人
於闕內, 欲募自願人. 時有一武弁, 以禁軍久勤得武兼, 纔陞六, 而
遭故落職, 爲二十餘年. 年近六十, 飢寒到骨, 十年一衣, 三旬九

---

325) 諉: 가본에는 '誘'로 되어 있음.
326) 斯: 저본에는 '期'로 나와 있으나 이본을 따름.
327) 宜: 저본에는 '誼'로 나와 있으나 이본에 의거함.
328) 旂: 가, 나, 라본에는 '旗'로 되어 있음.
329) 胡叫亂嚷, 號慟奔走: 라본에는 '胡叫嚷號, 慟哭奔走'로 되어 있음.
330) 到: 가, 나본에는 '赴'로 되어 있음.
331) 而: 저본에는 빠져 있으나 바본에 의거하여 보충함.

食[332], 亦艱辛得之. 以是之故, 不得出門, 亦已久, 所謂名士宰相, 無一知面者. 卽聞密陽倅之事, 語其妻曰: "吾切欲自願, 而畏死不敢生意云云." 其妻曰: "死[333]等耳, 何畏之有? 雖卽日身死, 猶得太守之名, 僥倖不死, 則豈非萬幸[334]耶? 須勿趑趄, 必爲自願." 其武弁然其言, 趁朝參赴闕, 挺身出班, 奏曰: "小臣雖不才, 願自往焉." 上嘉之, 開政單付, 當日辭朝. 其弁歸家, 憂嘆曰: "雖依君言自願, 而知將必死! 吾則猶得太守之名, 死故無恨,[335] 而至若家眷, 有何意味乎? 從今永訣, 豈不傷痛乎?" 其妻曰: "前官之死, 皆是當者之命, 鬼魅[336]豈能死人乎? 我雖女子, 可以擔當, 赴任之路, 與我同行, 如何?" 遂率內眷治發, 到其邑界, 所謂官屬, 次次現身, 而觀其氣色[337], 則認以五日京兆, 全無敬謹之意, 顯有蹙頞[338]之色. 內行之下來, 尤視以頭痛. 入衙中, 內外衙舍, 全不修理, 破壁壞堗, 滿目愁亂. 至黃昏時, 通引·吸唱輩, 皆不告[339]而退, 衙中遂空無一人. 夫人曰: "今夜政是可畏, 夫子須入處于內衙. 吾當換着男子服, 坐於衙舍, 以觀動靜矣." 遂明燭獨坐, 至三更時分, 忽一陣陰風, 自何而[340]至, 燭火明滅, 寒氣逼骨. 少焉, 房門自啓, 有一處女, 滿身流血, 被髮裸體, 手持朱旂[341], 閃入房中. 其夫人不惶不驚, 語之曰: "汝必有冤莫伸, 欲爲呼訴而來也. 吾當爲汝報讐, 須靜以待之,

---

332) 食: 바본에는 '粟'으로 되어 있음.
333) 死: 라본에는 '死生'으로 되어 있음.
334) 萬幸: 다, 라, 마본에는 '爲幸'으로 되어 있음.
335) 死故無恨: 이본에는 '死固無恨'으로 되어 있음.
336) 鬼魅: 바본을 제외한 이본에는 '鬼魅'로 되어 있음.
337) 氣色: 다, 라, 마, 바본에는 '氣力'으로 되어 있음.
338) 蹙頞: 바본을 제외한 이본에는 '蹙額'으로 되어 있음. 뜻은 서로 통함.
339) 告: 라, 마본에는 '顧'로 되어 있음.
340) 而: 저본에는 '以'로 나와 있으나 이본을 따름.
341) 旂: 라본에는 '旗'로 되어 있음.

更勿來現也." 其處女拜辭而去. 其夫人乃入內衙, 謂其倅曰: "鬼魅俄已經過, 今無可畏, 須出寢于外!" 其倅雖甚畏怖, 見夫人擧動, 不得已牢着大膽, 出臥衙軒, 輾轉[342]不寐. 迨天將明, 門外人跡颯沓, 語聲洶洶, 穴窓窺視, 則乃校吏・奴[343]令・通房[344]輩也. 或持草席, 或抱空石, 相率偶語, 盈滿庭中. 互相推諉, 曰: "汝先上廳而開門也!" 面面相覷, 莫肯先登[345]. 其倅乃正衣冠, 推窓而坐, 曰: "有何事故, 而如是洶洶, 所抱持者何物耶?" 吏輩大驚, 以爲神人下降, 蒼黃趨避, 便同鳥獸之散, 恭行雁鶩之拜. 其倅遂治昨日闕番諸漢之罪, 首鄕・首吏, 皆幷除汰[346], 號令嚴明,[347] 治法井井, 官屬惴惴, 不敢出聲. 其夜, 入問夫人以昨夜所經之事,[348] 夫人將其曲折, 歷歷言之曰: "此必是某等內處女之魂, 必寃死於凶漢之手, 而世皆不知, 認以亡去者也. 須暗地廉探, 如有姓名朱旀者, 不須多言, 嚴刑取招也." 其倅點頭. 其翌朝仕後, 偶閱將校案, 則本廳執事, 有周基[349]姓名. 乃於坐衙後, 大張威儀, 多具刑杖, 卽令拿入周基, 不問皁白, 卽爲結縛, 鎖以大枷, 加之於刑機之上. 一邑上下, 莫不驚怪, 莫知其故. 其倅乃問曰: "某等內阿只氏之去處, 汝必知之, 須不待加刑, 一一直招!" 此倅以到任日免死之故, 畏之如神明, 誰[350]敢一毫欺蔽? 況厥漢身有重犯, 人雖莫知, 而心常憧憧! 卽聞拿入之命, 神魂遁喪, 面色如土, 不敢生隱諱之計, 乃將前後委折, 一一詳達. 蓋某等內行, 爲觀嶺南樓出來之時, 厥漢從隙窺見, 已十分生慾. 又聞其處女, 只有一乳母, 而與其乳母別處一室, 恃[351] 乳母如親母, 有言必從. 厥漢, 遂多用財物, 厚結其媼, 約以誘處女, 至于某處, 則當以千金厚報. 蓋某處卽內衙後園竹樓[352], 而地甚僻, 與內衙絶遠, 下有竹林十數頃, 自前內行時時消暢[353]之所也. 厥女利其財, 遂携處女[354], 玩月於竹樓之上, 厥漢隱身於竹林之中[355], 不意跳出, 直[356]抱其腰, 擅入竹林[357]深處, 欲爲强汚. 其處女且哭且號, 終不聽言, 厥漢以爲到此地頭, 死卽一般, 遂拔佩刀刺殺之. 又思不殺乳媼[358], 則事機易綻, 又將其媼刺殺之, 兩腋下各挾一屍, 踰垣而出, 暗埋于官家主山人跡不到處. 今至幾年, 而無人識得[359]者. 其倅具由報營, 卽日打殺之. 其處女死體[360], 掘[361]而視之, 則面色如生, 血痕狼藉[362]. 改其衣服·棺材[363]而斂之, 報于本家, 昇致其先山之傍而葬之, 毀其竹樓, 伐其竹林. 自是以後, 邑遂無事, 而太守神明之稱, 擧世喧傳. 自此, 屢遷邊地防禦兵[364]水使,

---

351) 恃: 바본에는 '待'로 되어 있음.
352) 樓: 저본에는 '藪'로 나와 있으나 이본을 따름.
353) 消暢: 다, 라, 마본에는 '疎暢'으로 되어 있음.
354) 處女: 바본에는 '處子'로 되어 있음.
355) 竹林之中: 가본에는 '竹林之下'로, 나본에는 '竹樓之下'로 되어 있음.
356) 直: 라본에는 '卽'으로 되어 있음.
357) 林: 저본에는 '樓'로 나와 있으나 이본에 의거함.
358) 乳媼: 가, 나, 라, 마본에는 '乳母'로 되어 있음.
359) 識得: 바본에는 '得識'으로 되어 있음.
360) 死體: 이본에는 '屍體'로 되어 있음.
361) 掘: 가, 나본에는 '出'로, 라본에는 '堀'로 되어 있음.
362) 狼藉: 가, 나본에는 '浪藉'로 되어 있음.
363) 棺材: 가, 나본에는 '棺槨'으로 되어 있음.
364) 兵: 가, 나본에는 '兵使'로 되어 있음.

至平統, 而所到之處, 先聲藉藉, 不令而行, 不威而嚴, 不敢欺隱, 到處善治云.

8-23. 營産業夫婦異房

尙州有金生[365]者, 年過二十, 早孤貧窶. 作雇於人, 積年畜雇價, 二十六七[366]歲, 始娶婦, 爲營産之計. 聘婦後一宿, 其妻語其夫曰: "自今日, 必塞上間房門也." 蓋三間屋子, 而其上房, 則有上下間相通門故也. 生曰: "何謂也?" 曰: "吾夫婦兩窮, 相合同寢, 則自然生産. 若今年生子, 明年生女, 子孫之樂, 好則好矣, 這間食口之添, 疾病之苦, 其所損財, 當何如[367]哉? 君處上房而捆[368]屨, 吾處下房而織紙, 以十年爲限, 日喫一器粥, 以成家業, 如何?" 生善其言, 遂塞其門, 夫婦各處, 而且於昏後, 夫與妻, 必鑿土坑於後園, 每夕以六七坑爲定. 又當窮臘, 製囊許多, 播及於大村雇奴, 以狗糞一石定價. 春初解氷時, 盡塡狗糞於所鑿土坑, 以種春牟, 當年大稔, 殆近百餘負. 仍繼種南草, 又得數十兩錢. 如是勤業, 至六七年, 錢穀充滿, 而食粥則如一. 至九年之終, 臘月之晦, 其夫請[369]其妻曰: "今爲十年矣, 願得喫飯." 其妻責曰:[370] "吾輩旣以十年喫粥爲限, 則不忍一宿之間, 經[371]先破戒, 可乎?" 生憮然而退. 十年以後, 果成大富, 甲於一道. 生久爲生鰥, 欲爲同寢, 則其妻曰: "吾輩旣已成家, 則薄陋之室, 不可同寢, 少俟之." 遂營大家舍而入處. 生之

---

365) 金生: 라본에는 '金姓'으로 되어 있음.
366) 六七: 라, 마본에는 '六'으로 되어 있음.
367) 何如: 저본에는 '如何'로 나와 있으나 이본을 따름.
368) 捆: 저본에는 '悃'으로 나와 있으나 나본을 제외한 이본에 의거하여 바로잡음.
369) 請: 바본에는 '謂'로 되어 있음.
370) 其夫請其妻曰 … 其妻責曰: 가, 나본에는 '其夫請喫飯, 其妻曰'로 되어 있음.
371) 經: 라, 마본에는 '輕'으로 되어 있음.

內外, 初已過時而逢, 又經十年, 生産已斷望矣. 生以是爲憂嘆, 其 妻曰: "吾之産業如此, 則必有主者. 君須周覽, 遠近宗人家, 擇其 稍可者, 以爲己子, 則得不愈於自己所生之子[372], 不合意者乎! 及 其托情撫育, 則與己出無間矣." 終得同姓子爲螟嗣, 乃是商山金 也. 其後裔昌大, 簪纓世出云.

8-24. 獲生金父子同宮

松京趙同知, 姓貫白川, 家貲累[373]巨萬, 差人遍於八路[374], 無處 無之. 第素是孤宗[375], 又無子姓[376], 至於螟蛉, 無處可得, 老夫妻以 是爲憂. 一日, 同知坐於堂上, 門外有乞飯小兒, 年纔十歲, 時當隆 冬雪寒, 而其容貌骨格, 頗有可取. 趙同知呼入房中, 問其姓貫, 則 曰: "白川趙氏也[377]." 同知喜之, 問其父母, 則曰: "只有老[378]母, 今 在城中乞食云." 同知卽爲率入, 以語其故, 與飯與衣, 而置之于家, 使其奴子, 訪其母來, 稱之以嫂, 而區處於近里一小屋. 其兒則仍 以爲己子, 及兒稍長, 托情于養父母, 無異己出. 十五六歲, 加冠娶 婦, 其家産出入, 一任渠手, 勤幹周密[379], 亦稱其意. 一日, 其子忽 言曰: "吾已長成, 不可空遊, 願得數三千金, 出商於兩西都會處, 如何?[380]" 同知曰: "吾松人, 必自少時, 以興利爲業, 自是例事, 汝

---

372) 子: 저본에는 빠져 있으나 가, 나본에 의거하여 보충함.
373) 累: 저본에는 '屢'로 나와 있으나 다, 라, 마, 바본을 따름. 통용되나 관습에 따름.
374) 八路: 나본에는 '八道'로 되어 있음.
375) 孤宗: 가, 나본에는 '孤種'으로 되어 있음.
376) 子姓: 가, 나본에는 '子'로, 마, 바본에는 '子姪'로 되어 있음.
377) 也: 저본에는 빠져 있으나 가, 나본에 의거하여 보충함.
378) 老: 저본에는 빠져 있으나 가, 나본에 의거하여 보충함.
379) 同密: 가, 나본에는 '同察'로 되어 있음.
380) 如何: 저본에는 빠져 있으나 가, 나본에 의거하여 보충함.

言不亦宜乎?" 遂給五千兩. 其子行到平壤, 爲妓女所惑, 數三年間, 五千兩錢, 雲散雪消, 無面歸家, 仍留妓家, 爲使喚差人. 趙同知已聞此奇, 不復視以己子, 其本生母與其妻, 盡爲逐之. 婦與姑, 出處于城外土幕, 依舊乞食之. 其子以弊衣破笠, 住接妓家, 終無歸期. 一日, 妓以官家宴會入去, 趙生守家矣. 其日大雨, 趙生徘徊見之, 則場中有金屑流布, 探採[381]其源, 則自後庭[382]連絡不絶, 卽房門砌石所自出也. 坐拾其屑, 頗爲數斤, 而觀其砌石, 則幾若砧石, 全塊都是生金也. 趙生待妓之出來, 言於妓曰: "吾以年少之致, 如干錢兩, 雖費於君, 君之這間接待之恩, 實亦難忘. 然吾今多年離親, 情理所在, 不得不歸矣." 妓聞言, 亦爲悵然曰: "趙書房久留吾家, 以吾之不瞻, 未能如意接待, 是吾所媿. 多年主客之餘, 今爲告歸, 在主人之道, 不可以徒步送之." 卽其地貰六足而給之, 趙生曰: "多感多感! 第有所願, 乃後房門前砌石也. 此石不足爲貴, 然以君之朝夕着足者也. 吾今歸去, 持此砌石, 如[383]見君面, 庶可慰懷." 妓曰: "趙書房之有情於吾, 可知, 吾何愛一塊石耶? 須持去也." 趙生卽馱而來. 時當歲末, 凡松人之出商者, 必盡歸家, 各其家眷, 亦備大饌, 而迎之于五里程. 伊時, 趙同知亦以候差人之故, 方出來于五里程矣[384]. 趙生弊袍草履[385], 亦會于其中, 未敢出現其父, 踽踽一隅. 其外許多差人, 主客莫不以喜色相迎, 而至於趙生, 則其父知而若不知, 其子亦知而不敢現, 間或有知者, 莫不揶揄而譏笑之. 日暮, 訪其外城土幕而歸, 則其母與妻之怨言深責, 政難

---

381) 探採: 나본에는 '採探'으로 되어 있음.
382) 後庭: 나본에는 '後園'으로 되어 있음.
383) 如: 가, 나본에는 '以'로 되어 있음.
384) 矣: 저본에는 빠져 있으나 가, 나본에 의거하여 보충함.
385) 草履: 라본에는 '草笠'으로 되어 있음.

堪聽, 趙生無一言半辭, 不敢開口, 鼾息穩宿. 後其明日, 裁書與金封重裹, 出給其妻, 使納于其父. 其父方與諸差人, 早起會計, 坐房中, 其婦不敢造次入門, 呼其奴子, 通知[386]于趙同知, 而先入金封. 趙同知受之, 開書見之, 云: "子之多年所得, 雖只此, 庶可當向日五千數, 而又有大於此者, 故先此伏達耳." 趙同知解見, 則盡是生金屑, 計其價, 則可當六七千金. 大喜, 未及發言于諸差人, 直起入內, 招其婦入室, 其妻大怒, 而叱逐之, 同知曰: "有不然者, 少俟之." 問其子婦曰: "汝之夫, 無病而入來, 善眠無他[387], 且得喫朝飯乎? 汝則姑留[388]勿去在此, 吾今出見汝夫矣." 仍卽出城, 見其子, 其子拜謁, 其父曰: "汝之所送金屑, 不少, 何以得之乎?" 其子曰: "此何足爲多也? 又有許大全塊金矣." 曰: "置之何處?" 其子披行橐中, 出而示之, 趙同知一見, 圓着眼大開口, 旣爲驚倒. 良久, 起而撫背, 曰: "相不可誣矣. 吾初見汝相, 有萬石君格, 故取以爲子, 今果得此金來. 若其鑄[389]出也, 十倍於吾家本產也, 此外復何望哉? 向者[390]一時外入, 亦是少年例事, 勿復云云, 卽卽入來也." 回頭, 語其生母曰: "嫂氏近日日寒, 得無饑凍[391]乎? 吾今備轎出送, 卽返舊室也." 歸家後, 盡爲率去, 復爲父子若初. 噫! 父子之親, 俄頃而解, 俄頃而合, 貨利所在, 可不愼[392]哉! 然其市井之類, 螟蛉之誼, 亦何足深誅乎?

---

386) 知: 저본에는 '之'로 나와 있으나 라본을 따름.
387) 無他: 가, 나본에는 '無病'으로 되어 있음.
388) 姑留: 저본에는 빠져 있으나 라, 마본에 의거하여 보충함.
389) 鑄: 라본에는 '做'로 되어 있음.
390) 向者: 나본에는 '向日'로 되어 있음.
391) 饑凍: 가, 나본에는 '饑寒'으로 되어 있음.
392) 愼: 이본에는 '懼'로 되어 있음.

8-25. 捷幸洲權元帥奇功

鄭錦南忠信, 宣廟朝中興名將[393]也. 初爲光州亞椽, 權都元帥慄, 爲本州牧使, 一見知其爲將材. 一日, 置水器於障子上, 昏夜使錦南急下障子, 錦南[394]以烟竹揮其上, 先下水器, 後下障子. 權公盆奇之, 自此, 契遇甚重. 壬辰倭亂, 道路梗塞, 大駕在龍灣, 朝廷消息不通之. 錦南自請往返, 持狀啓, 單身赴行在. 鰲城李相公, 權公之婿也, 見權公書, 仍薦于朝, 登武科, 樹立勳功, 後官至副元帥. 少時, 在鰲城家, 鰲城善詼諧, 每對錦南言, "岳丈權公, 別無智略, 幸而成功, 吾不足畏也. 使我易地, 辦得事業, 必多上矣." 錦南笑之. 一日, 鰲城如廁, 錦南猝地馳馬, 氣喘喘而突入, 曰: "大事生矣, 大事生矣!" 鰲城驚問之, 對曰: "倭兵十萬, 已踰鳥嶺, 警報俄至矣." 時新經倭亂[395], 瘡痍未起. 鰲城七年兵間, 備嘗勤苦, 及聞此言, 不覺失措, 蹲坐廁上, 錦南大笑曰: "大監每言權公不足畏, 今何其㤼也? 前言戲耳. 請說權公幸洲大捷時事, 試聽之. 接戰前日, 夜深後, 權公忽招入小人於帳中, 曰: '明將大戰, 而未諳地形, 暗行周視而來, 汝其隨我!' 單騎獨出, 巡江邊, 登高阜, 審察陣勢. 時月黑星稀, 大野莽蒼[396], 忽聞鐵騎奔馳, 刀鎗亂鳴, 倭兵已百匝圍矣. 小人仰視, 曰: '計將安出?' 權公神色自若, 曰: '吾已得破賊之術, 第毋恐!' 俄而, 大喝一聲曰: '明日約戰, 而縱騎圍之劫也, 非信也. 忠信汝往倭將處, 傳喝而回.' 小人唯唯, 而不敢移步, 又喝曰: '兩國交兵, 使在其間, 速往之!' 遂冒萬死, 往傳將令, 則倭將

---

393) 名將: 가, 나본에는 '功臣'으로 되어 있음.
394) 錦南: 저본에는 빠져 있으나 가, 나, 바본에 의거하여 보충함.
395) 倭亂: 마본에는 '壬亂'으로 되어 있음.
396) 莽蒼: 가, 나본에는 '蒼莽'으로 되어 있음.

沈吟良久, 傳令陣中, 使之開門出送, 夾陣開路, 劍戟逼人, 僅容一馬. 公緩轡徐行, 出陣門外, 又呼小人曰: '更往傳喝! 吾之藤鞭, 遺却而出, 必爲推送.' 小人纔出萬仞坑塹, 再入千尋海濤, 此時此行, 眞政難堪. 然不敢違令, 冒萬死, 又往傳語, 則倭將令下, 一陣如沸覓鞭也. 小人回告, 則始緩驅回陣, 見帳中, 藤鞭尙在. 小人問其故, 公曰: '兵不厭詐. 鞭在此[397]而索於彼, 使其陣中, 撩亂波蕩, 不暇[398]穩睡, 搖賊之術也. 汝其知之.' 仍解衣而臥, 鼻息如雷. 小人汗出沾背, 不覺驚服. 翌日, 大戰大捷, 其用兵之術, 神鬼莫測, 膽量英偉, 雖古之名將, 無以過矣. 今大監只聞倭報, 驚惶失措, 何以不畏權公乎?" 鰲城笑曰: "吾非中情之恸[399]也, 特試汝耳." 蓋三人皆是間氣人傑, 而權公之智略, 李公之詼諧, 鄭公之忠勇, 不世出之壯觀也.

8-26. 劫[400]倭僧柳居士明識

柳居士, 安東人也, 西厓[401]柳相[402]之叔也. 形貌疎拙, 行止迂闊, 平日不言不笑, 結搆一草幕, 閉戶看書, 西厓視以一癡叔. 一日, 居士謂西厓曰: "君與我圍棋消日乎?" 西厓高於碁手, 而未曾見癡叔之着棋, 答曰: "叔主亦知棋乎?" 與之棋, 西厓連輸三局, 驚異之.[403] 居士曰: "且停棋! 今夕有一僧, 必來君家, 須指送吾之草幕

---

397) 鞭在此: 가, 나본에는 '鞭回陣在此'로 되어 있음.
398) 不暇: 바본에는 '不可'로 되어 있음.
399) 恸: 라본에는 '急'으로 되어 있음.
400) 劫: 가, 나본에는 '㤼'으로 되어 있음. 서로 통함.
401) 西厓: 저본에는 '西崖'로 나와 있으나 이본에 의거함. 이하의 경우도 동일함.
402) 相: 나본에는 '相國'으로 되어 있음.
403) 居士謂西厓曰 … 驚異之: 나본에는 "居士以弊衣破冠, 欣然而來, 曰: '吾欲與君圍碁消日, 未知如何?' 西厓曰: '叔主平日未嘗着碁, 今忽對局, 恐非敵手也.' 蓋西

也." 西厓心怪其預知僧來, 佯應曰: "諾."^404) 其夕, 果有僧來, 自言, "住妙香山, 願止宿而去." 西厓異其癡叔之言有符, 饋以蔬飯, 送之草幕. 居士曰: "吾知禪師之來也!" 僧色動^405)曰: "何以知之?" 居士曰: "俄見入吾姪家, 故料必來宿靜舍也." 仍無酬酢鼾睡, 僧亦睡着. 居士潛開其鉢囊見之, 則中有東國地圖一部, 關防要害·鎭藩險夷及人物粮械, 細細成錄. 又有短劍一雙, 利刃也.^406) 居士把劍, 跨僧腹上, 呼清正曰: "汝知汝罪乎?" 僧驚視之, 明晃晃的利劍, 當頭而下^407). 僧曰: "小僧無罪,^408) 願活殘命!" 居士曰: "囊中地圖, 得非汝罪乎? 三入朝鮮, 亦非汝罪乎? 覰我國如無人, 豈非汝罪乎?" 僧口噤不能言, 末乃哀乞曰: "若活一縷之命, 卽當渡海而結草圖報矣^409)." 居士長吁而嘆, 曰: "東國有七年之厄, 天數也, 吾殺汝輩如孤雛腐鼠, 無盆也. 吾今饒汝性命, 日後倭人若入安東一步之地, 當殲盡^410)無類矣, 汝其急急渡海也!" 僧唯唯, 卽辭去. 壬辰倭亂, 八路蹂躪, 而安東獨免兵禍, 卽居士之功也.^411)

---

404) 今夕有一僧 … 佯應曰諾: 나본에는 "某夕有一僧, 必來君家而請宿, 切勿許之, 雖千萬哀乞, 終始牢拒, 須指送吾之草幕也. 西厓曰: '其僧何人, 請宿何意?' 叔曰: '後當知之, 須銘心不忘!'"으로 되어 있음.
405) 色動: 가본에는 '正色'으로 되어 있음.
406) 果有僧來 … 利刃也: 나본에는 "果一僧入來, 狀貌堂堂, 年可三四十許也. 問其居, 則曰: '在江陵五臺山, 而爲游覽嶺南山川而來. 今方復路, 竊伏聞大監淸德雅望爲當世第一云, 故暫來拜謁, 而日已暮矣, 願借一席而寄宿焉.' 西厓曰: '家間有故, 不可留宿矣, 此村後有菴子, 可宿於此.' 僧萬端懇乞, 而一向牢拒, 僧不得已向菴而去. 癡叔以婢子粧舍堂樣, 自家作居士樣, 出門拜而迎曰: '何來尊師乎?' 僧答禮而入, 居士先以一壺旨酒待之, 仍進夕飯, 極其精潔, 僧飽醉而昏倒矣. 夜深後"로 되어 있음.
407) 而下: 나본에는 '下來'로 되어 있음.
408) 小僧無罪: 라, 마본에는 '無罪小僧'으로 되어 있음.
409) 圖報矣: 가본에는 '報恩也'로 되어 있음.
410) 殲盡: 라본에는 '盡殲'으로 되어 있음.

8-27. 山海關都督塵虜兵

　大明末, 我國使臣入中原, 時都督袁崇煥, 鎭山海關以防建虜. 都督年纔二十餘, 迎接使臣, 與之碁, 其雍容閒雅, 談笑可掬.[412] 城中闃若無人, 日纔午, 軍校一人, 趨而前, 告曰: "奴兒哈赤率十萬兵來, 駐三十里外矣." 都督曰: "唯." 使臣曰: "今大敵[413]臨境, 公何不施備禦之策乎? 請停棋." 都督曰: "不怕! 已有措處矣." 圍棋如故, 俄而, 又告曰: "二十里矣!" 又告曰: "十里外矣!" 都督乃與使臣, 登樓而觀之, 一望平野, 虜騎如蟻[414], 黑雲慘憺, 朔風浙瀝. 使臣回顧城中, 則各堡樓上虛張旗幟, 兵且不滿三千云. 使臣大懼, 都督呼一校[415], 附耳語曰: "如是如是!" 校唯唯而退, 仍酌酒如故. 俄而, 城樓上砲聲一起, 霎時間, 忽聞天崩地塌[416]之聲, 烟焰漲野, 虜陣盡入於灰燼中, 腥臭塞鼻. 使臣始聞其地雷砲之預設, 誠天下之[417]壯觀也. 日已曛暮[418], 烟塵稍[419]息, 見野山邊, 一燈明滅而走. 都督嘆曰: "天也!" 呼一校, 謂曰: "彼燈影, 乃奴兒哈赤[420]也. 持壺

---

411) 僧口噤不能言 … 卽居士之功也: 나본에는 "僧曰: '果是日本人也! 關伯平秀吉, 欲發兵謀陷朝鮮, 而所忌者, 前家大監, 故使小僧以爲先圖之矣. 今已現露於先生神鑑之下, 不敢復作此等事矣.' 居士歎曰: '東國有七年之厄, 天數也, 容人力? 然日後, 倭人若入安東一步地, 當殲盡無類矣. 殺汝如孤雛腐鼠, 何足汚刀? 吾今饒汝禿頭, 急急渡海也!' 僧抱頭鼠竄而去, 歸見秀吉, 備傳其事, 秀吉大驚異. 壬辰之亂, 勅軍中, 渡海日, 無敢近安東一步地. 一境賴以安過, 卽居士之功也."로 되어 있음.
412) 其雍容閒雅, 談笑可掬: 가, 나본에는 '其雍容閑談, 笑語可掬'으로 되어 있음.
413) 敵: 바본에는 '賊'으로 되어 있음.
414) 蟻: 라본에는 '蟻屯'으로 되어 있음.
415) 校: 라본에는 '校尉'로 되어 있음.
416) 塌: 가, 나본에는 '坼'으로 되어 있음.
417) 之: 저본에는 빠져 있으나 가, 나본에 의거하여 보충함.
418) 暮: 저본에는 빠져 있으나 가, 나본에 의거하여 보충함.
419) 稍: 가, 나본에는 '消'로 되어 있음.
420) 奴兒哈赤: 가, 나본에는 '奴哈赤'으로 되어 있음.

酒, 走馬往遺之. 且傳吾語, 十年養兵, 一朝成灰, 吾以薄酒慰之云." 往傳, 則虜酋受其酒, 痛飮而走. 使臣收拾精神, 請聞[421]其顚末, 辭而去云.

8-28. 靑石洞天將鬪劍客

天將李提督如松, 壬辰倭亂,[422] 提五千兵, 東援朝鮮. 大捷於平壤, 倭酋平行長宵遁, 乘勝長驅, 至靑石洞, 洞險而傍多阻, 樹木參天, 溪澗[423]屈曲. 忽見前面, 白氣亘[424]天, 冷氣逼人, 提督曰: "是倭中劍客隊也." 遂駐軍一字兒擺開, 於馬上抽雙劍, 聳身騰空. 諸軍仰視, 則但聞刀環之聲, 錚錚然出於白氣之中, 俄而, 倭人身首, 紛紛墜下. 冷氣纔收, 提督嗒然下[425]在馬上, 鼓行出靑石[426]口. 及其碧蹄之敗, 退師開城府, 無意進攻. 西厓柳相成龍, 以接伴使, 進議軍務, 提督適梳頭而語, 遙見天邊, 一道白虹, 自遠而近. 提督急急結髻, 曰: "劍客來也!" 抽壁上雙劍, 避入洞房而不閉戶, 使西厓留觀動靜. 霎時間, 白虹之氣, 飛入洞房, 但聞錚錚之聲, 連續不絶, 而冷氣滿室. 西厓心魂慄悸, 不能自定, 忽見一足露出, 打戶而還入. 西厓意其提督之足, 又意其打戶而入者, 欲閉之意[427]也, 遂起閉戶. 須臾, 提督開戶而出, 提嬋娟美人頭, 擲於地. 西厓精神始稍定, 進賀不已, 提督曰: "倭中素多劍客, 而盡殱於靑石洞, 此美人倭中第一高手, 劍術通神, 天下無敵. 吾心常關念, 今幸斬之, 更無憂矣.

---

421) 聞: 다, 라, 마본에는 '問'으로 되어 있음.
422) 壬辰倭亂: 마본에는 '壬亂'으로 되어 있음.
423) 澗: 가, 나, 바본에는 '磵'으로 되어 있음. 서로 통함.
424) 亘: 저본에는 '竟'으로 나와 있으나 가, 나본을 따름.
425) 下: 저본에는 빠져 있으나 가, 나본에 의거하여 보충함.
426) 靑石: 가, 나본에는 '靑石洞'으로 되어 있음.
427) 意: 가, 나본에는 '故'로 되어 있음.

然君之閉戶, 何其警耶?" 西厓曰: "打戶還入, 其意可知也." 又曰: "君何以知吾之足而閉之[428]也?" 西厓曰: "倭人足小, 今見大足, 豈不知將軍之足耶?" 提督曰: "朝鮮亦有人矣!" 西厓曰: "敢問閉戶之意." 提督曰: "美人學劍術於海上空闊之處[429], 故吾入狹房, 使不得逞其能. 鬪劍數十合, 見美人稍稍失勢, 恐出戶遠遁, 故欲其閉也. 若一出戶[430], 碧海萬里, 何處可捕? 今日之事, 君之閉戶之功, 實多[431]也." 自此, 益敬重之.

8-29. 報重恩雲南致美娥

李提督如松, 東征[432]在平壤, 寵一金姓譯人. 金譯年纔二十, 丰茸[433]有美色, 晝宵相昵, 暫時不捨, 女子專房之愛, 無以加之. 有言必聽, 無願不從, 撥兵歸時, 仍爲率去. 到柵門, 以軍粮違限事, 提督大怒, 將行軍律[434]於遼東都統. 都統有子三人, 長則侍郎, 次則庶吉士, 季則以神異之僧, 皇帝待以神師, 起別院於大內, 而迎置之, 如唐肅宗之待李鄴侯. 伊時, 三人聞此言, 俱遑忙來會於遼東, 相議救父之策, 神僧曰: "吾聞朝鮮金姓譯人, 有寵於提督, 凡有所言, 無所不聽云, 盍求見而懇乞之?" 遂相率詣都督轅門外, 求見金譯, 金譯告于提督曰: "某官兄弟三人, 求見小人, 將何以爲之乎?" 提督曰: "必是爲其父請命之事也! 然彼乃上國尊重之人, 汝以外

---

428) 之: 가, 나본에는 '戶'로 되어 있음.
429) 處: 저본에는 빠져 있으나 다, 라, 마본에 의거하여 보충함. 가, 나, 바본에는 '地'로 되어 있음.
430) 戶: 라본에는 '戶外'로 되어 있음.
431) 多: 라, 마본에는 '大多'로 되어 있음.
432) 征: 라, 마본에는 '往'으로 되어 있음.
433) 丰茸: 바본에는 '年容'으로, 나머지 이본에는 '丰容'으로 되어 있음.
434) 軍律: 가, 나본에는 '軍法'으로 되어 있음.

國幺麽一譯, 何敢不一往[435]見?" 金譯出見, 三人合辭, 懇請曰:"家親不幸當變, 萬無生路. 惟望君爲吾輩善稟, 俾完[436]將死之命, 千萬幸甚." 金曰:"顧以外國幺麽之踪, 何敢干撓天將之軍律[437]乎? 然貴人之所懇, 若是勤摯, 何敢自我辭却? 謹當仰稟天將, 恭俟天將之處分也.[438]" 旋卽入去, 提督問曰:"彼之[439]所言, 果是都統之事乎?" 金曰:"然矣." 仍詳言其酬酢顚末, 提督沈思良久, 曰:"吾橫行戰陣, 未嘗以私人之懇而害公事矣. 今汝以幺麽之身, 有此貴人之懇乞, 則汝之緊切於吾, 可知. 且吾率汝來此, 無他可以生色於汝者, 師律雖至嚴, 當爲汝一番闊狹也." 金出見三人, 盡告提督所語, 則[440]三人幷稽首再拜, 曰:"賴君之德, 救父之命, 天地之大也, 河海之深也, 將何以報焉? 羽毛・齒革・金銀・玉帛請[441], 惟命是從." 金[442]曰:"家本淸儉, 寶貝玩好, 誠非所願也." 三人曰:"君是朝鮮一譯, 若自上國命, 君爲爾國之相, 何如?" 曰:"我國專尙名分, 而吾則乃中人, 若爲相, 則必以中人政丞指點之, 反不如不爲也." 三人曰:"然則以君爲上國高官崇秩, 仍作中原高門大家之族, 何如?" 曰:"吾父母俱存, 離闈[443]情迫, 惟願速還, 一日如三秋. 提督回軍之後, 卽令還歸, 則惠莫大焉." 三人曰:"雖然, 此恩不可不報, 惟君必言其所願也. 雖至貴之物, 難從之請, 必有以奉副也." 懇懇不

---

435) 一往: 저본에는 빠져 있으나 가, 나본에 의거하여 보충함.
436) 完: 라본에는 '究'로 되어 있음.
437) 軍律: 사본에는 '軍紀'로 되어 있음.
438) 謹當仰稟天將, 恭俟天將之處分也: 사본에는 '謹當仰稟, 而天將之俯聽, 何可必也'로 되어 있음.
439) 之: 가, 나본에는 '輩'로 되어 있음.
440) 則: 저본에는 빠져 있으나 바본에 의거하여 보충함.
441) 請: 가, 나본에는 빠져 있음.
442) 金: 저본에는 빠져 있으나 가, 나본에 의거하여 보충함.
443) 闈: 저본에는 '違'로 나와 있으나 사본을 따름.

已. 金卒乍之頃, 率爾發口曰: "吾無所願, 唯願則[444]一見天下一色矣." 三人聞之, 相顧默然良久, 神僧曰: "是不難矣!" 如是而散. 金譯入見提督, 提督曰: "彼輩必有所報恩于汝者, 汝以何願爲言[445]乎?" 金曰: "願一見天下一色爲言矣." 提督蹶起, 執手拊其背, 曰: "汝以小國人物, 何其言之大也? 彼輩皆許之乎?" 曰: "許之矣." 提督曰: "彼將從何處得來也? 此則雖皇帝之貴, 猝未易矣." 金驛[446]仍隨提督入皇城, 三人來邀金驛, 至一家, 乃新搆傑閣也. 制度宏敞[447], 金碧炫晃, 仍進茶啖, 曰: "勿歸, 以永今夕也." 少頃, 渾室香薰襲人, 內門開處, 有粉黛數十, 或擎香爐, 或捧紅帕箱[448], 兩兩排行而出, 立于堂前. 以金所見, 無非傾城[449]之色, 旣見之欲起, 三人曰: "胡起也?" 曰[450]: "吾旣見天下一色, 則不必更留矣." 三人笑曰: "此是侍娥, 豈得爲天下一色? 天下一色[451], 今方出來矣." 須臾, 內門大闢, 一朶蘭麝之薰, 濃濃郁郁, 侍女十餘, 擁護而出, 上堂而坐, 一箇凝粧脂粉一塊, 坐於椅子上. 三人與金驛, 亦排坐椅子上, 問金曰: "此眞君所願見天下一色也, 果何如也?" 金見之, 則滿身珠翠精采[452], 奪人目, 眩精[453]神, 迷茫無所見實, 不知爲何狀也. 三人曰: "今宵君必與之爲雲雨之會[454]." 金曰: "吾願一見而已, 實亦

---

444) 唯願則: 저본에는 '願'으로 나와 있으나 라, 마본에 의거함.
445) 爲言: 가, 나본에는 '言之'로 되어 있음.
446) 驛: 가, 나본에는 빠져 있고, 가, 나본을 제외한 이본에는 '譯'으로 되어 있음. 서로 통함. 이하의 경우도 동일함.
447) 宏敞: 가, 나본에는 '宏傑'로 되어 있음.
448) 箱: 라본에는 '扇'으로 되어 있음.
449) 傾城: 가, 나, 바본에는 '傾國'으로 되어 있음.
450) 曰: 저본에는 빠져 있으나 바본을 제외한 이본에 의거하여 보충함.
451) 天下一色: 저본에는 '一色'으로 나와 있으나 바, 사본을 제외한 이본에 의거함.
452) 采: 라, 마본에는 '彩'로 되어 있음. 서로 통함.
453) 精: 저본에는 빠져 있으나 라, 마본에 의거하여 보충함.

無他意也."三人曰: "此何言也? 吾輩感恩於君, 君旣願見一色, 吾輩雖磨[455]頂放踵, 豈可不聽乎? 第二三色, 不難得來, 至於第一色, 以天子之勢, 亦難得致. 年前, 雲南王有仇於人, 吾輩爲之報仇, 其王方欲酬恩, 凡吾有請, 無所不從, 而適王之[456]女乃天下一色也. 君旣願見, 則似不持難, 故自伊日與君相別之後, 卽走媒於雲南王, 王亦許之. 及君入京之日, 必欲率來, 故這間折千里馬三匹, 費數[457]萬銀子, 以其雲南距京, 爲三萬里路遠也. 今日相會, 君則男子, 彼則女子, 若止一見而散, 則彼姬以國王親女, 豈有無故見異國男子之理哉? 事理不應如是, 勿復爲辭. 今日良辰, 以成合巹之禮, 不亦宜乎?" 金不得已留宿, 共牢同醮. 仍設洞房, 蠟燭輝煌, 麝薰襲人, 眼彩朦朧[458], 心神慌忽[459], 所謂美人視而不見. 驚惶疑畏[460], 無狂蝶探花[461]之心, 寂元央[462]弄波之聲. 三人在外窺之, 揣知其如是沒風味, 乃呼金而出, 語曰: "合歡之樂, 何其寂寥也? 無乃君眼目甚局, 精神短少之致?" 乃出榛子置前, 曰: "試喫! 此乃蜀山紅蔘也." 喫了入房, 則眼明神爽, 彼姬之毛[463]髮顔色, 昭然可覩, 花容月態, 眞若天上神女也, 遂與之同寢. 朝來眠起, 三人已來待矣. 問金曰: "彼姬何以區處?" 曰: "顧以外國之踪, 猝當猥恩, 來頭之事, 不得預料." 三人曰: "君幸以奇遇, 得此天下一色, 一會而散,

---

454) 會: 가, 나본에는 '合'으로 되어 있음.
455) 磨: 가, 나본에는 '摩'로 되어 있음. 서로 통함.
456) 之: 저본에는 '之之'로 나와 있으나 이본에 의거함.
457) 數: 라본에는 '數十'으로, 마본에는 '數數'로 되어 있음.
458) 朦朧: 사본을 제외한 이본에는 '曚曨'으로 되어 있음. 서로 통함.
459) 慌忽: 라, 마본에는 '怳惚'로 되어 있음. 뜻은 서로 통함.
460) 畏: 라, 마본에는 '怪'로 되어 있음.
461) 探花: 가, 나, 사본에는 '貪花'로 되어 있음.
462) 元央: 라, 마, 사본에는 '鴛鴦'으로 되어 있음. 서로 통용됨.
463) 毛: 가, 나본에는 '髦'로 되어 있음.

是可忍乎? 君以外國之人, 難以率育, 亦以離違情私, 居此偕老, 義亦不可. 吾等三人, 旣蒙君之厚恩, 於君之事, 豈或泛忽[464]耶? 君旣有譯任, 每年正使之行, 必以隨行譯官入來, 一年一逢, 若牛女七夕之會, 不亦[465]美事乎? 吾輩當在此作主矣." 金驛果如其言. 自少至老, 以譯官每年一會[466], 行樂而來, 終有幾箇男子. 金驛後裔, 昌大于燕京云爾[467].

8-30. 餉山果渭城逢毛仙

正廟壬寅·癸卯間, 嶺南按察金某, 秋巡到於咸陽, 止宿於渭城館.[468] 知印·妓娥, 一幷退之[469], 獨宿於房. 夜半人靜之時, 寢門[470]乍開乍閉, 有啄啄[471]之聲. 金公睡覺, 問之曰: "汝是何物? 人耶鬼耶?" 曰: "非鬼也, 乃人也." 曰: "然則深夜無人之中, 行踪何如是殊常乎? 抑有所懷可言者乎?" 曰: "竊有可白之事矣." 金公乃起坐, 欲呼人明燭, 曰: "無然也! 行次若一見吾形, 則必驚懼, 昏夜坐談何妨[472]?" 金曰: "君以何許怪樣, 不欲明燭也?[473]" 曰: "全身是[474]毛故耳." 金公聞來, 尤極驚怪, 問曰: "爾果是人, 則緣何全身生毛耶?" 曰: "我本是尙州禹注書也. 中廟朝, 明經登科, 求仕於京, 執

---

464) 泛忽: 가, 나본에는 '泛然'으로 되어 있음.
465) 不亦: 사본에는 '不其爲'로 되어 있음.
466) 會: 사본에는 '逢'으로 되어 있음.
467) 爾: 저본에는 빠져 있으나 다, 라, 마본에 의거하여 보충함.
468) 止宿於渭城館: 가, 나본에는 '止於渭城館宿焉'으로 되어 있음.
469) 之: 가, 나본에는 '去'로 되어 있음.
470) 寢門: 가, 나본에는 '房門'으로 되어 있음.
471) 啄啄: 라본에는 '剝啄'으로 되어 있음.
472) 何妨: 가, 나본에는 '無妨'으로, 사본에는 '何妨否'로 되어 있음.
473) 不欲明燭也: 사본에는 '禁其明燭耶'로 되어 있음.
474) 是: 라, 마본에는 '生'으로 되어 있음.

贄于靜菴趙先生, 多年受業. 及當己卯士禍, 金淨·李長坤等諸生推捉時, 自京仍爲逃走, 若向鄕廬, 則必有自官譏捕之慮, 故直入智異山. 屢日飢困之餘, 初入深谷, 糊口無策. 澗邊或有嫩草[475], 則採[476]而啖之; 若有山果, 則摘而食之, 始若充腹療飢, 少焉, 放屎盡以水泄瀉下. 如是經過, 殆近五六朔. 伊後, 渾身漸漸生毛, 長數寸餘, 步捷如飛, 雖絶壁千仞, 無難超越, 殆同猿猱之屬. 每一自思[477], 則世人若一見之, 必以怪獸目之, 故[478]不敢生出山之計. 逢樵牧之輩, 必隱匿不見, 長在窮谷[479]層岩之間. 或當月明淸宵[480], 獨坐誦前日之[481]經書, 拊念身勢[482], 不覺寒心, 涕[483]泫泫下. 然而回想故鄕, 父母妻子, 盡爲作故, 更無還歸之心. 如是度年, 山中所畏者, 雖猛虎毒虺, 不足畏也,[484] 所可畏者, 砲手也. 晝伏夜行, 形雖已變, 心尙不灰, 每欲一逢世上人, 一聞[485]世間事, 而以此怪質, 不敢現形. 日前, 適聞行次到此, 故冒死來現, 別無他也. 但願聞靜菴先生宅子孫幾何, 先生伸寃, 終得昭晰否? 願得詳聞耳." 金公曰: "靜菴於仁廟某年伸寃, 以至從祀文廟, 賜額書院, 處處有之. 其子孫有如此如此之人, 而自朝家各別收用, 更無餘憾[486]矣." 仍問其己卯

---

475) 嫩草: 다, 마본에는 '軟草'로 되어 있음.
476) 採: 라, 마본에는 '抹'로 되어 있음.
477) 自思: 가, 나본에는 '思之'로 되어 있음.
478) 故: 가, 나본에는 '而'로 되어 있음.
479) 窮谷: 가, 나본에는 '空谷'으로 되어 있음.
480) 淸宵: 저본에는 빠져 있으나 사본에 의거하여 보충함.
481) 之: 저본에는 빠져 있으나 가, 나본에 의거하여 보충함.
482) 身勢: 가, 나본을 제외한 이본에는 '身世'로 되어 있음. 서로 통함.
483) 涕: 가, 나본에는 '涕淚'로 되어 있음.
484) 不足畏也: 저본에는 '不畏足也'로 나와 있으나 이본에 의거하여 바로잡음.
485) 聞: 저본에는 '間'으로 나와 있으나 사본을 따름.
486) 憾: 저본에는 '慽'으로 나와 있으나 이본을 따름.

黨禍之顚末, 則無一遺忘而一一詳言. 又問: "初逃時年紀幾何?"
曰: "三十五歲." 曰: "今距己卯, 幾爲三百餘年, 然則君之年紀, 似
是近四百矣." 曰: "中間日月, 送於深山, 吾亦不知其爲幾許矣." 金
曰: "君之所居窟, 距此必遠, 來之何速?" 曰: "方其作氣行之之時,
雖層岩絕壁, 走如飛猱[487], 超躍而行, 一瞬之間, 可行十許[488]里."
金公聞之, 深以爲奇, 欲以饋饌, 則曰: "不願也, 願多賜果實." 房
中適無所儲, 夜中徵納, 亦多難便, 謂之曰: "果實今適無儲! 來夜
君若復來, 則當備[489]置矣. 其能復來耶?" 曰: "如敎!" 卽爲作別, 倐
忽而去. 金公以有更來之約, 托以身恙, 仍留渭城舘. 其朝晝茶啖
床果楪, 盡爲留置以俟之. 果於深夜[490], 又來到, 金公起坐接之, 仍
給果楪[491], 大喜盡啖, 曰: "幸得一飽矣!" 金公曰: "智異山中, 聞[492]
多果實, 君能繼時而啖乎?" 曰: "每秋葉落時, 夜以拾聚者雜實, 爲
三四堆, 以是爲粮. 初[493]時啖草之苦, 今則免矣. 只食實, 氣力少無
減於食草時也, 雖猛虎當前, 手打足蹴, 庶可捕之矣." 己卯說話,
又一場[494]穩討而謝去. 金公平生, 未嘗向人說道, 及其臨終, 語其
子弟曰: "古有毛女[495], 不是異事." 遂命書識之.

---

487) 猱: 저본에는 '㺚'로 나와 있으나 이본에 의거하여 바로잡음.
488) 十許: 라, 마본에는 '十餘'로 되어 있음.
489) 備: 사본에는 '脩'로 되어 있음.
490) 深夜: 라본에는 '深頃'으로, 라본을 제외한 이본에는 '深更'으로 되어 있음.
491) 楪: 다, 라, 마본에는 '楪'으로 되어 있음.
492) 聞: 바본에는 '間'으로 되어 있음.
493) 初: 라본에는 '幼'로 되어 있음.
494) 場: 저본에는 '傷'으로 나와 있으나 이본에 의거하여 바로잡음.
495) 毛女: 가, 나본에는 '毛人'으로 되어 있음.

卷九

9-1. 試神術土亭聽夫人

土亭李之菡, 生而穎悟, 天文·地理及醫藥·卜筮術數之學, 無不通曉, 未來之事, 預先知之, 世皆稱以爲神人. 兩足繫[1]一圓瓢, 杖下又繫一圓瓢, 行于海水之上, 如踏平地, 無處不往, 如瀟湘洞庭之勝, 皆目見而來. 周行四海, 以爲, '海有五色, 分四方中央, 而隨其方位而同色云.' 家極貧寒, 朝夕無以供, 而不以介于心. 一日, 坐於內堂, 夫人曰: "人皆稱君子有[2]神異之術云, 見今乏粮, 將絕火矣, 何不試神術而救此急也?" 公笑曰: "夫人之言, 旣如此, 吾當少試之矣." 命婢子持一鍮器, 而諭之曰: "汝持此器, 往京營橋前, 則有一老嫗, 以百金願買[3]矣, 汝可賣來!" 婢子承命而往, 則果有老嫗之願買者, 如所指敎, 仍捧價而來. 又命曰: "汝持此, 而往西門外市上, 則有篛笠人, 以匙箸, 將欲急賣矣, 汝以此錢買來!" 婢子又往, 則果符其言, 持匙箸來納, 卽銀匙箸也. 又命曰: "汝持此, 而往畿營前, 下隸方失其銀箸而來求同色者矣. 示此, 則可以捧十五兩錢而無慮矣, 汝可賣來!" 婢子又往見, 則又符其言, 捧十五兩而來. 更以一兩錢給婢, 而言曰: "買器之老嫗, 初失食器, 而欲代之矣. 今焉, 得其所失之器而欲還退, 汝可還退而來!" 婢子又往見, 果然矣, 仍還退其器而來. 以其錢與器, 傳于夫人, 使作朝夕之費. 夫人更請加數, 則笑曰: "如斯足矣, 不必添加." 其神異之事, 類多如此.

---

1) 繫: 바본에는 '係'로 되어 있음.
2) 有: 저본에는 '之'로 나와 있으나 바본에 의거함.
3) 買: 바본에는 '買者'로 되어 있음.

9-2. 惑妖妓冊室逐知印

鄭判書民始[4]之爲箕伯也, 其姪注書尙愚在冊室, 嬖妓閔愛而沈惑, 須臾使不離側. 外城時有李座首者, 累萬金鉅[5]富也. 封錢一千兩而言, "若使閔愛, 一與我接言, 則當給此錢云云." 人有傳之者, 閔愛欲其錢, 而無計出外. 一日, 自外相約於李某, 而對注書進賜, 暗暗垂涕, 則注書怪而問之, 對曰: "小人早失生母, 就養於外祖母矣. 今日其亡日也, 而外家無人奉祀, 勢將闕祭, 故是以悲之." 注書聞其言而憐之, 自營庫備給祭需, 而使之出去行祀. 心猶疑之, 密送近侍之知印, 使之探之, 則祭是虛言, 而方與李某行樂矣. 入以所見白之, 注書勃然大怒, 急起向宣化堂, 叩門. 時夜已半, 使道驚覺而問之曰: "注書乎? 何爲不寐而來也?" 對曰: "閔愛欺我以有祭而出去, 方與外城李座首某行樂, 寧有如許切忿[6]之事乎? 願大人急撥[7]羅卒, 男女幷捉入, 嚴治之." 使道責曰: "此是胡大事, 而半夜三更, 如是作怪? 速爲還去安寢, 可也." 注書頓足, 曰: "大人若不聽小子之言, 則有死而已." 使道咄嗟曰: "下去矣!" 仍呼侍者, 招入入番捕校, 而分付曰: "汝率入番羅卒, 盡數出去, 環圍閔愛家, 而其男女一索縛來." 捕校承命而出, 以卒圍其家, 而校立其門前, 使之開門, 則時微雨. 李某在房而戰慄, 閔愛曰: "少[8]勿驚惻! 收拾衣冠, 自後抱妾之腰云." 而以裳蓋頭, 仍以覆李哥之身, 有若避雨者, 趨出, 而應於門內[9]曰: "不知何許人而夜來叩門?" 校曰: "不須

---

4) 民始: 저본에는 '始民'으로 나와 있으나 바본에 의거하여 바로잡음.
5) 鉅: 바본에는 '巨'로 되어 있음.
6) 忿: 바본에는 '憤'으로 되어 있음.
7) 撥: 바본에는 '發'로 되어 있음.
8) 少: 바본에는 '小'로 되어 있음.
9) 內: 바본에는 '乃'로 되어 있음.

問誰某, 速速開門!" 閔愛曰: "開門何爲?" 仍開門, 而潛使李哥隱身於門扇[10]之後, 校卒輩不顧而直入房內. 乘此時, 李乃出門, 而使避于其前家, 三和妓娘伊之家矣. 校卒遍搜于房內外, 無人, 閔愛問曰: "何爲而來?" 校卒答曰: "使道分付, 汝與外城李某同寢, 使吾輩一索縛來云, 故耳. 李哥何在?" 閔愛曰: "此處之無人, 君輩所目見也. 李非蠅蚊之微物, 豈可隱置乎? 曲曲搜見, 可也." 校乃遍索而不得矣, 不得已還, 告此由而置之矣. 其夜, 閔愛與李哥, 行樂於娘伊之家, 而翌日, 作書告訣曰: "小人侍進賜, 別無得罪, 而半夜動軍, 搜驗家內, 小人逆家乎? 何爲而欲籍沒也? 小人雖不得被上德於進賜, 何忍被隣里之嗤笑乎? 從今以後, 無更對之顔面矣. 願進賜更勿念如妾醜行之類[11], 更擇絶代人中潔行者, 薦枕焉. 妾亦人也, 何可於外祖母忌日而行淫乎云矣?" 注書怒而數日絶之, 終不能忘情, 以書招之, 則辭不入. 如是者, 又數三日矣. 注書終不能忘情, 一日之內往復, 至於五六次, 而終不肯, 仍問曰: "是誰之言也? 若指示其人, 則當入去矣." 注書不得已, 而以知印爲對, 則答曰: "此知印, 乘進賜之不在, 常執妾手, 故妾果批其頰矣. 以此嫌故,[12] 至有此誣告, 此知印若逐出而治罪, 則當入去云." 注書不得已分付首吏, 使之嚴治, 而除案黜之, 閔愛始入來矣. 其後, 李座首以爲, "吾初以千金許汝矣, 汝之奇謀, 令人可服, 使我得免伊時[13]之辱者, 尤可奇矣." 加以五百金, 以此錢, 買城內大屋, 而居住云矣.

---

10) 門扇: 바본에는 '門扉'로 되어 있음. 서로 통함.
11) 類: 바본에는 '流'로 되어 있음.
12) 以此嫌故: 바본에는 '以此之嫌'으로 되어 있음.
13) 時: 바본에는 '夜'로 되어 있음.

9-3. 矜朴童靈城主婚

朴文秀以繡衣[14], 轉行他[15]邑, 日晚不得食, 頗有饑色. 仍向一人之家, 則只有一童子, 而年近十五六矣. 向前乞一器[16]飯, 則對曰: "吾則偏親侍下, 而家計貧窮, 絶火已數日, 無飯與客." 文秀困憊少坐, 童子屢瞻見屋漏之紙囊, 微有慘然之色, 而解囊而[17]入內, 數間斗屋, 戶外[18]卽其內堂也. 在外聞之, 則童子呼母曰: "外有過客, 失時請飯, 人飢豈可不顧耶? 糧米絶乏, 無以供飯, 以此炊飯, 可矣." 其母曰: "如此而汝親之忌事, 將闕之乎!" 童子曰: "情理雖切迫, 而目見人饑, 何可不救乎?" 其母受而炊之. 文秀旣聞其言, 心甚惻然. 童子出來, 文秀問其由, 則答曰: "客子旣聞知[19], 不得欺矣. 吾之親忌不遠, 無以過祀, 故適有一升米, 作紙囊懸之, 雖闕食而不喫矣. 今客子飢餓, 而家無供飯之資, 不得已以此炊飯矣. 不幸爲客子所聞知, 不勝愍愧云云." 方與酬酢之際, 有一奴子來, 言曰: "朴都令[20]斯速出來!" 其童子哀乞曰: "今日則吾不得去矣." 文秀聞[21]其姓, 則乃是同宗也. 又問: "彼來者爲誰?" 曰: "此邑座首之奴也. 吾之年已長, 聞座首有女, 故通婚, 則座首以爲見辱云, 而每送奴子, 捉我而去, 捽曳侮辱, 無所不至, 今又推捉矣." 文秀乃對其奴, 而言曰: "吾乃此童之叔也, 吾可以代往." 飯後, 仍隨奴而往, 則座首者高坐, 而使之捉入云. 文秀卽[22]上廳坐[23], 而言曰: "吾侄

---

14) 繡衣: 가, 바본에는 '繡行'으로 되어 있음.
15) 他: 가, 나본에는 '一'로 되어 있음.
16) 一器: 가, 나본에는 '一盂'로 되어 있음.
17) 而: 저본에는 빠져 있으나 가, 나본에 의거하여 보충함.
18) 戶外: 가, 나본에는 '外戶'로 되어 있음.
19) 知: 가, 나본에는 '之'로 되어 있음.
20) 都令: 가, 나본에는 '道令'으로 되어 있음. 서로 통함.
21) 聞: 이본에는 '問'으로 되어 있음.

之班閥, 猶勝於[24]君, 而特以家貧之故, 通婚於君矣. 君如無意則置之, 可也, 何每每捉來示辱乎? 君以邑中首鄕, 有權力而然耶?" 座首大怒, 捉入其奴, 而叱之曰: "吾[25]使汝捉來朴童矣, 汝何爲捉此狂客而來, 使汝上典見辱乎? 汝罪當笞!" 文秀自袖中露示馬牌, 曰: "汝焉敢若是?" 座首一見, 而面如土色, 降于階下, 俯伏曰: "死罪死罪!" 文秀乃曰: "汝可結婚乎?" 對曰: "焉敢不婚[26]?" 又曰: "吾見曆, 三明卽吉日, 伊日吾當與新郞偕來矣, 汝可備婚具以待." 座首曰: "敬諾." 文秀仍出門, 直入邑內出道, 謂其本官曰: "吾有族姪在於某洞, 與此邑首鄕過婚, 而期在某日. 伊時, 外具及宴需, 自官備給爲好." 本官曰: "此是好事, 何不優助? 謹當如命, 又請隣邑守令." 當日, 文秀請新郞於自家下處, 具冠服, 而文秀備威儀隨後. 座首之家, 雲幕連天, 盃盤狼藉[27], 座上御史主壁, 諸守令皆列坐, 座首之家一層生光輝矣. 行禮後, 新郞出來, 御史命拿入座首, 座首叩頭曰: "小人依分付行婚禮矣." 御史曰: "汝田與畓, 幾何?" 曰: "幾石數矣." 曰: "分半給壻乎?" 曰: "焉敢不然?" "奴婢·牛馬幾何, 器皿·汁物, 亦幾何?" 答曰: "幾口幾正幾件幾箇矣." 曰: "分半給女壻乎?" 答曰: "焉敢不然?" 御史命書文記而證人, 首書'御史朴文秀', 次書'本官某'·'某邑倅某'列書, 而踏馬牌. 仍以轉向他處[28]云.

---

22) 卽: 바본에는 '直'으로 되어 있음.
23) 廳坐: 가, 나본에는 '廳上'으로 되어 있음.
24) 於: 저본에는 빠져 있으나 이본에 의거하여 보충함.
25) 吾: 바본에는 '俄者'로 되어 있음.
26) 婚: 가, 나본에는 '然'으로 되어 있음.
27) 狼藉: 바본에는 '浪藉'로 되어 있음.
28) 處: 나본에는 '邑'으로 되어 있음.

9-4. 擇孫壻申宰善相

申判書鉦, 號寒竹堂, 有知人之鑑. 喪獨子, 有遺腹女, 年及笄矣. 其孀婦每請于其舅, 曰: "此女之郎材, 尊舅必親自相之而擇之." 申公曰: "汝求何許郎材?" 對曰: "壽至八十, 位至大官, 家富[29]多男子之人, 則幸矣." 公笑曰: "世豈有如此兼備之人乎? 若副汝願, 猝難得矣." 伊後, 出門而歸, 則必問郎材之可合者, 每每如是矣. 一日, 申公乘軒[30], 而過壯洞, 群兒嬉戲叢中, 有一兒, 年可十餘歲, 而蓬頭突鬢, 騎竹而左右跳踉. 公停軺熟視, 則衣不掩身, 而河目海口, 骨格異凡. 仍命一隸, 使之招來, 則掉頭不肯. 公使諸隸, 扶持以來, 其兒號哭, 曰: "何許官員, 空然捉我? 我有何罪而如是耶?" 諸隸擁至[31]軺前, 公問曰: "汝之門閥何如人也?" 對曰: "門閥知之何爲? 吾是兩班也." 公又問: "汝年幾何, 而汝家何在, 汝姓云何?" 對曰: "欲捧疤軍丁乎? 何爲而問姓名年歲居住也? 吾姓兪氏也, 吾年十三也, 吾家在越洞矣. 何爲[32]問之? 速放我云[33]." 公放送而尋其家, 則不蔽風雨之斗屋也, 只有寡居之母夫人. 公招婢子, 傳喝曰: "我是某洞居申某也, 吾有一介孫女, 方求婚矣. 今日定婚於宅都令而去云云." 而仍飭下隸歸家愼勿言, 仍適他暮歸, 則孀婦又問郎材, 公笑曰: "汝求何許郎材?" 其孀婦對如初, 公又笑曰: "今日得之矣!" 孀婦欣然而問: "誰家之子, 家在何處?" 公曰: "不必知其家矣, 後當知之." 仍不言矣. 及到迎綵之時, 始乃言之. 自內急送解事一老婢, 往見其家計之貧富, 郎材之姸醜, 其婢子回告曰: "家

---

29) 富: 가, 나본에는 '富貴'로 되어 있음.
30) 軒: 바본에는 '軺'로 되어 있음. 서로 통함.
31) 擁至: 바본에는 '扶持擁至'로 되어 있음.
32) 爲: 나본에는 '以'로 되어 있음.
33) 云: 바본에는 '去'로 되어 있음.

是數間草屋, 而不蔽風雨, 竈下生苔, 鼎上有蛛絲, 而郎材則目大如筐, 髮亂如蓬, 無一可取,[34] 無一可見. 吾小姐入門之後, 則杵臼必當親執矣, 以吾小姐如花如玉, 生長綺紈之弱質, 何可送于如此之家乎?" 孀婦聞此言, 膽落魂飛, 而卽受綵之日也, 事到無奈何之境, 仍飮泣, 而治迎郎之具矣. 翌日, 新郎入來行禮, 孀婦審視, 果如婢言, 而卽一可憎之郎也. 心焉如碎, 而無奈何矣. 過三日後, 送郎矣, 夕時新郎又來, 申公問: "汝何爲更來也?" 新郎曰: "歸家則夕飯無期, 且有順歸人馬, 故還來矣." 公笑而[35]留之. 自此, 每每留在, 而連日內寢, 新婦以弱質之女子, 見惱於丈夫, 幾至生病之境矣. 公憂之, 諭曰: "汝何爲連日內寢也? 今日可出外, 與吾同寢可也." 新郎曰: "敬受敎矣!" 及夜公就寢, 而新郎[36]寢具, 鋪之於前矣. 乍合眼[37], 則兪郎以手, 搥公之胸, 公驚曰: "此何爲也?" 新郎對曰: "小壻果不安其寢, 昏夢之中, 每有此等事矣." 公曰: "後勿如是!" 對曰: "諾." 未幾, 又以足擲之, 公又驚覺而責之. 少頃, 又以手足, 或打或擲, 公不堪其苦, 乃曰: "汝可入[38]而宿, 吾則不可與同寢矣." 新郎仍捲其寢具, 荷而入內, 則時其家族黨婦女之來者, 適留宿於新房. 中夜三更, 驚起而避, 新郎高聲而言曰: "諸婦女皆急避, 而獨留[39]兪書房宅, 可也云云." 如是之故, 妻家上下, 皆厭苦之. 申公按海藩也, 內行將率去, 而使兪郞陪來,[40] 孀婦請曰: "兪郞不可率去, 姑留之, 使吾女暫時休息, 可也." 公不許而率去矣. 及墨進上

---

34) 無一可取: 바본에는 빠져 있음.
35) 而: 가, 나본에는 '日'로 되어 있음.
36) 新郎: 가, 나본에는 '郎之'로 되어 있음.
37) 合眼: 이본에는 '闔眼'으로 되어 있음. 뜻은 서로 통함.
38) 入: 바본에는 '入內'로 되어 있음.
39) 留: 바본에는 '宿'으로 되어 있음.
40) 陪來: 가본에는 '倍行'으로, 나본에는 '陪行'으로 되어 있음.

時, 公呼兪郎而問曰: "汝欲墨乎?" 對曰: "好矣." 公指示[41]而言曰:
"任自擇去." 兪郎躬自擇之, 大折墨百同別置, 該監裨將前奏曰:
"若如此, 則進上恐有闕封之慮矣." 公曰: "使之急急更造!" 兪郎還
至書室, 幷分給下隷, 無一餘者云. 兪郎卽兪相國拓基也, 享年八
十而偕老, 位至領相, 子有四人, 家又富, 果符申公之言. 其後, 兪
公爲海伯, 率女壻洪南原羲三而去矣. 又當墨進上時, 呼洪郎, 而
使之任自擇去, 則洪郎擇其大折二同·中折三同·小折五同而別置.
公曰: "何不加擇之?" 洪郎曰: "凡物皆有限, 小壻若盡數擇之, 則
進上何以爲之, 洛下知舊, 何以問之乎? 小壻則十同, 優可用矣."
公睨視而笑, 曰: "緊莫緊矣, 可作蔭官之材云矣." 果如其言.

9-5. 進米泔柳璫[42]聽街言[43]

柳璫者, 肅廟朝名醫也, 尤精於痘疫方, 人家小兒之救活者, 甚
多. 有一中村家[44], 甚富饒, 兩世寡居, 只有遺腹子一人, 年纔十六
七歲, 而未經疫者也. 其母買舍於柳醫之門前, 托兒於柳醫, 饌品
之新出, 酒肴之豊潔, 逐日饋之. 如是者數年, 朝夕不怠, 柳亦憐其
心而感其意, 率置其兒而訓之矣. 一日, 其兒患痘, 而初出之日, 已
是不治之症也. 柳醫矢于心, 曰: "吾若不得救出此兒, 不敢復以醫
術自處矣." 藥罐五六箇, 羅于前, 分溫涼·熱冷·補瀉之劑, 而別煎
之, 隨症之變而用矣. 一日, 似夢非夢間, 一人來呼柳醫之名, 曰:
"汝何爲而必救此兒之病也?" 柳曰: "此兒家情景[45]可矜, 必救活

---

41) 示: 저본에는 빠져 있으나 가, 나본에 의거하여 보충함.
42) 柳璫: 이본에는 '柳常'으로 되어 있음. 이하의 경우도 동일함.
43) 言: 이본에는 '語'로 되어 있음.
44) 中村家: 바본에는 '村中家'로 되어 있음.
45) 情景: 가, 나본에는 '情境'으로 되어 있음.

矣." 其人曰: "汝必欲活乎? 吾則必殺之矣!" 柳醫曰: "汝何爲而必欲殺之?" 其人曰: "此是與我有宿怨故也, 汝不必用藥云云." 柳醫曰: "技窮則未知其如何, 而吾技不窮矣, 汝雖欲殺之, 吾則必欲活之." 其人曰: "汝第觀之." 其人有怨氣而出門. 柳醫連用藥餌, 艱辛至二十日, 其人又來而問曰: "從今以後, 汝其可活此兒乎? 汝第觀之." 仍出門而去矣. 少焉, 門外喧擾, 內局吏隸及政院下人, 喘息而來言, "上候以痘症不平, 斯速入侍!" 連忙催促, 疾馳而去. 入闕之後, 仍更不得出來矣, 數日間, 其兒仍不救云矣. 肅廟痘候極重, 柳醫欲用猪尾膏, 以此, 稟于明聖大妃[46]殿, 大妃大驚曰: "如此峻劑, 何可進御乎? 此則大不可矣." 柳醫時伏于簾外, 大妃在簾內, 下敎, "汝欲用此藥耶?" 柳醫曰: "不可不用." 大妃殿頓足, 曰: "汝有兩頭乎?" 柳醫俯伏而奏曰: "小臣之頭雖可斷, 此藥進御後, 可以責效矣." 大妃終不許進, 柳醫乃袖其器而入診, 潛自進之. 食頃之後, 諸症差勝, 而聖候平復. 雖賴天地神明之佑, 而柳醫之術, 亦可謂神矣. 其後, 以此勞除豊德府使, 赴任矣. 一日, 肅廟進御軟泡湯, 而仍成關格, 以撥馬召柳醫入診. 柳醫罔夜上來[47], 到新門, 門姑未開, 自門內告于兵曹, 使之稟而開門, 往來之際, 稍遲延. 柳醫見城底一草堂[48], 燈火熒然, 乃[49]暫憩于其家矣. 一老嫗問于房內之女兒曰: "俄者米泔水, 置之何處? 恐滴於太泡上矣." 柳醫怪而問之, 則對曰: "米泔水滴於太泡, 則卽時消融故也." 已而, 門鑰出來, 城門開矣. 柳乃赴闕, 而問症候, 則以軟泡而滯也. 卽使內局入

---

46) 大妃: 가, 나본에는 '王大妃'로 되어 있음.
47) 上來: 나본에는 '上京'으로 되어 있음.
48) 草堂: 나본에는 '草屋'으로 되어 있음.
49) 乃: 이본에는 '仍'으로 되어 있음.

米泔水一器, 微溫而進御矣, 滯氣乃降. 事亦異矣.

9-6. 度大厄朴曄授神方

朴曄之按關西, 有親知宰相, 送其[50]子而托之, 曰: "此兒姑未冠, 而使卜者推數, 則今年有大厄, 若置之將軍之側, 則無事云. 故茲送之, 乞賜留置, 俾得度厄." 曄許使留之. 一日, 此兒晝寢, 曄使之攪睡, 而言曰: "今夜汝有大厄, 汝若依吾言, 則可免矣, 不然則不可免矣." 其兒曰: "敢不如命!" 曄曰: "第姑俟之." 日暮黃昏後, 牽出自家所騎之騾, 備鞍[51]而使其兒騎之, 而戒之曰: "汝騎此, 而任其所之. 此騾行幾里, 到一處當立, 汝始可下鞍, 尋逕而行幾里, 必有一巨刹, 而年久廢寺也. 入其上房, 則有一大虎皮, 汝試可蒙其皮而臥, 有一老僧來, 索其皮矣. 切勿給, 若至見奪之境, 則以刀欲割, 彼不敢奪. 如是相持[52], 至鷄鳴後, 則無事矣. 鷄鳴後, 許給其皮, 可也. 汝能行此乎?" 對曰: "謹受[53]敎矣!" 仍騎騾而出門, 則其行如飛, 兩耳但聞風聲, 不知向何處. 度山踰嶺, 至一山谷之口, 而乃立. 仍下鞍, 帶微月之光, 尋草路而行, 行幾里, 果有一廢寺. 入其寺, 開上房之戶, 則塵埃堆積, 房之下堗, 有大虎皮一張, 仍依其言, 蒙皮而臥矣. 數食頃後, 忽有剝啄之聲, 果一老僧狀貌兇獰者, 入門而言曰: "此兒來矣." 仍近前, 曰: "此皮何爲蒙而臥乎? 速還我!" 其兒不答而臥自如矣. 其僧欲[54]奪之, 則擧刀作欲割之狀, 其僧退坐. 如是五六次, 相持之際, 遠村之鷄聲喔喔. 其僧微笑, 曰:

---

50) 其: 바본에는 '二'로 되어 있음.
51) 備鞍: 이본에는 '韉鞍'으로 되어 있음.
52) 持: 바본에는 '待'로 되어 있음.
53) 受: 저본에는 '授'로 나와 있으나 이본을 따름.
54) 欲: 바본에는 '故'로 되어 있음.

"此是朴曄之所爲, 亦復奈何?" 仍呼起其兒, 曰: "今則還皮於我, 固無妨, 可起坐." 其兒旣聞朴曄之言, 故仍給其皮而起坐, 其僧又曰: "汝可脫上下衣給我, 切勿開戶而見之也." 其兒依其言, 解衣給之, 其僧持其衣與皮, 出門外. 其兒從牕穴[55]窺見, 則其僧擧皮蒙之, 變爲一大虎, 大聲咆哮, 仍向前啣衣, 幅幅裂之. 仍還脫皮, 又爲老僧, 入戶而開一弊箱, 出僧之上下衣, 使[56]服之. 又出一周紙軸, 搜[57]而見之, 以朱筆, 點其兒之名字, 仍言曰: "汝可出去語朴曄云: '不可泄天機也.' 汝從今以後, 雖入虎群之中, 決無傷害之慮矣." 又給一片油紙, 曰: "持此而[58]出, 如有攔于路者, 出示此紙." 其兒依其言出門, 曲曲有虎而遮路, 每每示此紙, 則低頭而去. 未及洞口, 又有一虎遮前[59], 故出示此紙, 則不顧而將噬, 其兒曰: "汝若如此, 則與我偕至寺中, 決訟于老僧之前, 可也." 虎乃點頭, 與之偕至寺中, 老僧尙在. 道其狀, 僧叱曰: "汝何違令?" 其虎曰: "非不知令, 而餓已三日, 見肉而何可放送乎? 雖違令, 而此則不可放送矣." 老僧曰: "然則給代, 可乎?" 曰: "然則幸矣." 僧曰: "從東行半里許, 則有一人, 着氈笠而來, 可作汝療飢之資也." 其虎依其言出門, 數食頃後, 忽有砲聲之遠出, 僧笑曰: "厥漢死矣!" 其兒問其故, 僧曰: "渠是我之卒徒, 不從令, 故俄使往東給砲手矣." 蓋着氈笠云者, 卽砲手故也. 其兒辭而出洞, 則天曉[60]而驟虀草矣. 仍騎而還, 見朴曄而言其狀, 曄點頭[61]而治送其家. 其後此兒, 果大達云爾.

55) 穴: 바본에는 '隙'으로 되어 있음.
56) 使: 바본에는 '使之'로 되어 있음.
57) 搜: 가, 나본에는 '披'로 되어 있음.
58) 而: 저본에는 '以'로 나와 있으나 이본을 따름.
59) 前: 바본에는 '前路'로 되어 있음.
60) 曉: 나본에는 '欲曉'로 되어 있음.
61) 頭: 저본에는 빠져 있으나 이본에 의거하여 보충함.

9-7. 樂溪村李宰逢鄉儒

壬戌歲[62], 李參判泰永, 因[63]其子義甲之居謫, 棄官而卜居于樂溪新舍, 以耕稼漁獵自娛. 九月之日, 秋潦新收, 稼禾登場, 政是楓菊佳節. 李台與六七冠童, 釣魚於前溪, 以篛笠携漁竿, 混於野老之班. 忽有一儒生, 荷青袱, 曳竹杖而來, 坐溪邊, 問曰: "君在何處?" 答曰: "在於此藪內之村矣." 其人又曰: "觀君金圈, 無乃納粟同知乎?" 曰: "然矣." 其人曰: "旣納粟, 則家必富名矣." 曰: "略有富名矣. 願問生員何處人氏, 而緣何過此?" 其人曰: "吾在湖中某地矣, 聞京都之繁華, 方欲一玩而來矣. 過此時, 聞此藪內京中李參判令監, 遞箕伯而來留云, 然否?" 曰: "然矣." 其人曰: "此令監, 以厚德君子今世福人, 有名於京鄉, 欲一承顏而無其路矣. 君亦知此令監乎?" 曰: "旣居其籬下, 寧有不知之理耶?" 其人曰: "若然則能使我通刺, 而使得一拜乎?" 答曰: "如我鄉居之人, 何敢薦人於宰相宅乎? 此則無奈何矣." 其人又曰: "君有子幾人?" 答曰: "有七八人矣." 其人曰: "有福之人矣, 福乃與李參判相同矣." 仍請烟茶, 以草盒置之於[64]前, 其人開盒而驚, 曰: "此三登草也! 何處得來?" 曰: "旣在李參判宅洞內之故, 得於其宅矣." 其人曰: "好矣! 如此之草, 吾所初見, 幸許如干乎?" 李台笑而許之, 以其半給之, 其人稱謝曰: "回下, 當更訪於此處云." 而去. 座中人莫不絶倒, 曰: "此人有眼而無珠矣, 雖以儀表[65]見之, 豈或彷佛於野老乎!" 李台笑曰: "鄉曲年淺無知之輩, 無或怪矣. 吾因此而半日消遣矣." 大笑而罷.

---

(62) 歲: 저본에는 빠져 있으나 나본에 의거하여 보충함.
(63) 因: 저본에는 '仍'으로 나와 있으나 바본을 따름.
(64) 於: 저본에는 빠져 있으나 가, 나본에 의거하여 보충함.
(65) 儀表: 나, 바본에는 '衣表'로 되어 있음.

9-8. 鏡浦湖巡相認仙緣

江陵有鏡浦臺, 臺在湖上, 湖卽鏡湖也. 十里平湖, 流穩而不深, 自古以來, 曾無溺死之患, 一名稱以君子湖. 湖之外有海, 與天同大, 隔一沙堤[66], 而駭浪日打, 未嘗潰決, 各成一區, 亦一異事. 俗傳, 湖之基, 卽古富人居, 而性吝, 積穀萬包, 一粒不以與人. 一日, 門外有一老僧乞粮, 主人答以爲無, 僧正色曰: "旣有前後積峙, 而以無爲言, 何也?" 主人怒曰: "胡僧焉敢乃爾?" 仍以器盛人屎[67]而給之, 僧乃開橐拜受而去. 未幾, 雷雨大作, 地忽瀸陷而爲湖, 一門之人, 無一免者. 包穀散而入水, 皆化爲蛤, 名曰'齊穀'. 江之男女, 朝暮採拾, 以作歉歲救荒之資云. 湖之中有紅嬌巖, 紅嬌古之名妓也. 巡使某巡到時, 甚嬖之, 不能忘情, 每逢本倅, 娓娓言之. 本倅卽其切友也, 欲詑之, 佯言, "月前已死云爾." 則巡使茫然[68]盡傷. 其後巡到, 悵然如失, 忽忽不樂, 本倅以爲, "今夜月色正好, 盍遊鏡湖乎? 湖是仙區, 每於風淸月白之時, 往往有笙簫鸞鶴之聲. 紅嬌名娼也, 安知不爲仙而隨伴來遊乎? 若爾則庶幾一遇[69]." 巡使欣然從之, 泛舟溯月, 凝神瞻望. 于時, 山月[70]如畵, 水天一色, 蒼葭白露, 煙消風淸. 夜三鼓, 忽有玉簫一聲, 自遠而來, 嗚嗚咽咽, 若近若遠. 巡相側耳而聽, 整襟[71]而問曰: "此何聲也?" 本倅曰: "此必是海上仙女之遊也, 使道必有仙緣而得聞此聲矣. 且尋聲, 則似向此船而來, 事亦異矣." 巡使意欣然庶遇, 爇香而待. 良久, 一葉小

---

66) 堤: 바본에는 '隄'로 되어 있음. 서로 통함.
67) 屎: 바본에는 '矢'로 되어 있음. 뜻은 서로 통함.
68) 茫然: 바본에는 '忙然'으로 되어 있음. 서로 통함.
69) 一遇: 바본에는 '遇之'로 되어 있음.
70) 月: 저본에는 빠져 있으나 바본에 의거하여 보충함.
71) 襟: 바본에는 '衿'으로 되어 있음.

船, 隨風而過, 有一鶴髮叟, 星冠羽衣, 端坐船上. 前有靑衣雙童, 橫吹玉簫, 傍有一小娥, 翠袖紅裳, 捧盃而侍立, 飄飄有凌雲步虛 之態. 巡使如癡如醉, 注目而視[72], 則船近處, 宛是紅嬌. 仍起身, 而超上船頭, 稽首而拜, 曰: "下界俗骨, 不知眞仙之降臨, 有失迎 候, 願眞仙赦罪." 老仙笑曰: "君是上界仙侶, 謫降人間已久矣. 今 夜之遇, 亦一段仙緣也." 仍笑指在傍之佳人, 曰: "君知此娘乎? 此 亦玉帝香案前侍兒, 謫降塵世矣, 今則限滿而歸矣." 巡使擧目而視 之, 則果是前日之紅嬌也[73]. 靑山乍嚬[74], 秋波微動, 如怨如愁, 殆 不能定情. 巡使乃執手而泣, 曰: "汝何忍捨我而歸乎?" 紅嬌亦掩 涙而對曰: "塵緣已盡, 亦已焉哉! 紫皇以相公戀妾之情誠, 格于 天, 給妾一宵之暇, 隨君而來, 以爲一會之期耳." 巡使對老仙曰: "旣承玉帝之詔, 倘許紅嬌之暇否?" 老仙笑而答曰: "旣聞命矣, 姑 與之偕行. 老夫厭[75]烟火之氣, 不得近城, 君須與紅嬌, 同舟而歸." 仍戒紅娘曰: "此亦上界已定之緣, 須與此人, 偕入城中, 未明時出 來, 則吾當艤船待矣." 紅嬌斂衽而言曰: "謹奉敎矣!" 老仙起送巡 使及紅嬌于船上, 一陣淸風, 回棹而去. 巡使與紅嬌, 同輿而來, 携 入寢室, 其繾綣之情, 雲雨之夢, 無異常時. 睡到日出, 忽爾驚覺, 意謂紅嬌已去矣, 擧眼視之, 紅嬌宛然在傍而理粧矣. 怪而問之, 則笑而不答. 俄而, 本倅入來, 笑而問曰: "陽臺之夢, 洛浦之緣, 其 樂何如? 下官不可無月姥之功矣." 巡使始知見欺, 相與大笑. 蓋本 倅已前期粧出老仙及仙童, 而欺之故也. 其所遇, 宛然如少遊之於

---

72) 而視: 바본에는 '視之'로 되어 있음.
73) 也: 저본에는 '而'로 나와 있으나 바본을 따름.
74) 嚬: 저본에는 '頻'으로 나와 있으나 바본을 따름. 뜻은 서로 통함.
75) 厭: 바본에는 '未壓'으로 되어 있음.

春娘之事也. 其處有巖, 名以紅嬙. 此事載於邑誌云.

9-9. 金醫視[76]形投良劑

　金應立者, 嶺右常賤也. 目不識丁, 而以神醫, 名于嶺外. 其術, 不診脉而不論症, 但觀形察色, 而知其病祟, 所命之藥, 不是恒用之藥料者. 李銘[77]之爲金山倅時[78], 其子婦自入門之初, 咳嗽苦劇. 李亦曉醫理, 雜試藥餌, 而終[79]無動靜, 至於委臥垂盡之境. 乃邀應立而問之, 對曰: "一瞻顔色而後, 可議藥, 此則不敢請之事."[80] 李銘曰: "今至死境, 一見何傷?" 使坐于廳, 招使見之, 應立入門而熟視, 曰: "此是至易之病, 腸胃有生物之滯而然也." 使買[81]飴糖數箇, 和水鎔化而服之, 曰: "必吐出云矣." 服之未幾, 吐出一塊痰[82], 剖而視之, 則中有一小茄子一枚, 而小[83]不傷敗. 問于病人, 則以爲, '十餘歲時, 摘食茄子一箇, 誤呑下, 必是此物也云.' 自其後, 病根遂差. 李銘之姪壻, 積年沈痼, 馱病而來. 又使應立診視, 則見而笑曰: "不必服他藥, 今當秋節葉落, 無論某葉, 擇其不傷朽者數駄, 以大釜五六箇[84]煎之, 次次煎至一椀後, 無時服, 可也.[85]" 如其言, 果得效. 又有一人病, 如角弓反張, 應立見之[86], 而使作紙針刺鼻

---

76) 視: 나, 바본에는 '觀'으로 되어 있음.
77) 銘: 나, 바본에는 '銘'으로 되어 있음. 이하의 경우도 동일함.
78) 時: 저본에는 빠져 있으나 나본에 의거하여 보충함.
79) 而終: 저본에는 '少'로 나와 있으나 나본을 따름.
80) 一瞻顔色而後, 可議藥, 此則不敢請之事: 나본에는 '一瞻顔色, 則可議藥, 此何敢請也'로 되어 있음.
81) 使買: 나본에는 '以買'로 되어 있음.
82) 一塊痰: 나, 바본에는 '一痰塊'로 되어 있음.
83) 小: 나본에는 '少'로 되어 있음.
84) 五六箇: 나본에는 '四五箇'로 되어 있음.
85) 可也: 나본에는 '則可差也'로 되어 있음.

孔, 作咳逆狀, 如是終日而病愈. 其所命藥, 皆如是, 亦可異矣.

9-10. 禹兵使赴防得賢女

　禹兵使夏亨[87], 平山人也, 家甚貧窮. 初登武科, 赴防于關西江邊之邑, 見一水汲婢之免役者, 貌頗免醜, 夏亨嬖之, 與之同處. 一日, 厥女謂夏亨曰: "先達旣以我爲妾, 將以何物爲衣食之資乎?" 對曰: "吾本家貧, 而況此[88]千里客中手無所持乎! 吾旣與汝同室, 則所望不過澣濯垢衣, 補綻弊襪而已, 其何物之波及於汝乎?" 其女曰: "妾亦知之熟矣. 吾旣許身而爲妾, 則先達之衣資, 吾自當之, 須勿慮也." 夏亨曰: "此則非所望也." 厥女自其後, 勤於針線紡績, 衣服飮食, 未嘗闕焉. 及赴防限滿, 夏亨將還歸, 厥女問曰: "先達從此還歸之後, 其將留洛而求仕否?" 夏亨曰: "吾以赤手之勢, 京中亦[89]無親知之友[90], 以何粮資留京乎? 此則無可望矣, 欲從此還鄕, 老死於先山之下, 爲計耳." 女曰: "吾見先達氣像容儀[91], 非草草之人也. 前程優可至閫帥, 男子旣有可爲之機, 何可坐於無財而埋沒於草野乎? 甚可歎惜! 吾有積年所聚銀貨, 可至六百[92]兩, 以此賑之, 可備鞍馬及行資, 幸勿歸鄕, 直向落下, 而求仕焉. 十年爲限, 則可以有爲矣. 吾賤人也, 爲先達, 何可守節? 當托身於某處, 聞先達作宰本道之報, 則卽日當進謁, 以是爲期焉[93]. 願先達保重

---

86) 之: 저본에는 빠져 있으나 나본에 의거하여 보충함.
87) 亨: 저본에는 '享'으로 나와 있으나 이본에 의거하여 바로잡음. 이하의 경우도 동일함.
88) 此: 나본에는 '又'로 되어 있음.
89) 亦: 저본에는 빠져 있으나 나본에 의거하여 보충함.
90) 友: 나본에는 '人'으로 되어 있음.
91) 氣像容儀: 나, 바본에는 '容儀氣像'으로 되어 있음.
92) 六百: 나본에는 '五六百'으로 되어 있음.
93) 焉: 저본에는 빠져 있으나 나본에 의거하여 보충함.

保重!" 夏亨意外得重財, 心竊感幸, 遂與其女, 灑[94]淚作別而行. 其
女送夏亨之後, 轉托於邑底鰥居之校家, 其校見其人物之伶俐, 與
之作配而處. 家頗不貧, 其女謂校曰: "前人用餘之財, 爲幾許? 凡
事不可不明白, 爲之穀數爲幾許, 錢帛布木爲幾許, 器皿雜物爲幾
許, 皆列書名色及數爻, 而作長件記." 校曰: "夫婦之間, 有則用之,
無則措備, 可也, 何嫌何疑, 而有此擧也?" 女曰: "不然." 懇請不已,
校乃依其言, 書而給之. 女受而藏之衣笥, 勤於治産, 日漸富饒. 女
謂其校曰: "吾粗解文字, 好看洛中之朝報政事, 君盍爲我每每借示
於衙中乎?" 校如其言, 借而示之, 數年之間政事, 宣傳官禹夏亨,
主簿禹夏亨,[95] 由經歷而陞副正, 乃除關西腴邑矣. 其女自其後, 只
見朝報'某月日某邑[96]倅禹夏亨辭朝'矣. 女乃謂校曰: "吾之來此, 非
久留計矣, 從此可以永別矣." 其校愕然, 問其故, 女曰: "不必問事
之本末, 吾自有去處, 君勿留戀." 乃出向日物種長件記, 以示之,
曰: "吾於七年之間, 爲人之妻, 理家産, 萬一有一箇之減於前者,
則去人之心, 豈能安乎? 以今較前, 幸而無減, 或有一二三四倍之
加數者, 吾心可以快活矣." 仍與校作別, 使一雇奴負卜, 而作男子
粧, 着蔽陽子, 徒步而往夏亨之郡. 時夏亨莅任, 纔一日矣, 托以訟
民而入庭, 曰: "有所白之事, 願升階而白活." 太守怪之, 初則不許,
末乃許之. 又請近窓前, 太守尤怪而許之, 其人曰: "官司主[97]倘識
小人乎?" 太守曰: "吾新到之初, 此邑之民, 何由知之?" 其人曰:
"獨不念某年某地赴防時同處之人乎?" 太守熟視而大驚, 急起把

---

94) 灑: 나본에는 '揮'로 되어 있음.
95) 主簿禹夏亨: 나본에는 '爲主簿'로 되어 있음.
96) 邑: 저본에는 빠져 있으나 가, 나본에 의거하여 보충함.
97) 主: 저본에는 빠져 있으나 나본에 의거하여 보충함.

手, 而入于房, 問之曰: "汝何作此樣而來也? 吾之赴任之[98]翌日, 汝又來此, 誠一奇[99]會!" 彼此不勝其喜, 共敍中間阻懷. 時夏亨喪配矣, 因以其女, 入處內衙正堂, 而摠家政. 其女撫育其嫡子, 指使其婢僕, 俱有法度, 恩威並行, 衙內洽然稱之. 每勸夏亨, 托于備局吏, 給錢兩, 而得見每朔朝報, 女見之而揣度世事, 時宰之未及爲銓官而未久可爲者, 必使厚餽. 如是之故, 其宰相秉軸[100], 則極力吹噓, 歷三四腴邑, 家計漸饒, 而餽問尤厚. 次次陞遷, 位至節度使, 而年近八十, 以壽終于[101]鄕第. 其女治喪如禮, 過成服, 謂其嫡子喪人曰: "令監以鄕谷武弁, 位至亞將, 位已極矣; 壽過稀年, 壽已極矣, 有何[102]餘憾? 且以我言之, 爲婦事夫, 自是當然底道理, 何必自矜, 而積年費盡誠力, 贊助求仕之方, 得至于今, 吾之責, 已盡矣. 吾以遐方賤人, 得備小室於武宰, 享厚祿於列邑, 吾之榮, 亦極矣, 有何痛寃之懷? 令監在世時, 使吾主家政, 此則不得不然. 而今喪主, 如是長成, 可幹家事, 嫡子婦, 當主家政, 自今日, 請還家政." 嫡子與婦, 泣而辭曰: "吾家之得至于今, 皆庶母之功也. 吾輩只可依賴而仰成, 今何爲而遽出此言也?" 女曰: "不可! 不如是, 家道亂矣." 乃以多少物件·器皿·錢穀等屬, 成件記, 一幷付之. 嫡子婦使處正堂, 而自家退處越邊一間房, 曰: "自今日一入, 不可復出." 仍闔門而絶粒, 數日而死, 嫡子輩皆哀痛, 曰: "吾之庶母, 非尋常人, 何可以庶母待之? 初終後葬事, 待三月將行, 立別廟而祀之." 及兵使之襄期已迫, 將遷柩, 擔軍輩不得擧, 雖十百人, 無以

---

98) 之: 저본에는 빠져 있으나 가, 나본에 의거하여 보충함.
99) 奇: 저본에는 '期'로 나와 있으나 이본에 의거함.
100) 軸: 바본에는 '銓'으로 되어 있음.
101) 于: 저본에는 빠져 있으나 이본에 의거하여 보충함.
102) 有何: 바본에는 '何有'로 되어 있음.

動, 諸人皆曰: "無或係戀於小室而然耶?" 仍治其小室之靷行, 與之同發, 則兵使之柩, 卽輕擧而行, 人皆異之. 葬于平山地大路邊, 西向而葬者, 兵使之墳也, 其右十餘步地, 東向而葬者, 其小室之墳云耳.

9-11. 免大禍巫女賽神

柳參判誼, 以繡衣行嶺南, 到晉州, 聞首鄕連四五等仍任, 而行不法之事, 期於出道日打殺. 方向邑底, 未及十餘里地, 日勢已晚, 又有路憊, 偶入一家, 家頗精潔. 升堂, 有一十三四歲童子, 延之上座. 其作人聰慧, 區處奴馬, 使之喂之, 呼奴備夕飯, 人事凡百儼若成人. 問其年, 而且問是誰之家, 則答曰: "時座首之家也." 問: "汝是座首之子乎?" 曰: "然矣." 曰:[103] "汝翁何處去?" 曰: "方在邑內任所矣." 其應接極[104]詳而敬謹, 柳奇愛之[105], 獨語于心曰: "奸鄕有此[106]寧馨兒云矣!" 至夜就寢, 忽有攪之者, 驚覺, 則燈火熒然, 前置[107]大卓, 魚肉・餠餌・酒果之屬, 皆高排矣. 起而訝之, 問: "此何飮食?" 其兒曰: "今年家翁之身數不吉, 必有官災云, 故招巫而禳之, 此其所設也. 玆敢接待客主, 願少下箸." 柳忍笑而啗之, 久飢之餘, 腹果而氣蘇. 其翌日, 辭而入邑底, 出道拿入其座首, 數其前後罪惡, 而仍言曰: "吾之行此[108], 欲打殺如汝者矣, 昨宿汝家, 見汝子, 大勝於汝矣. 旣宿汝家, 飽汝之酒食而殺之, 非人情." 仍嚴

---

103) 曰: 저본에는 빠져 있으나 나본에 의거하여 보충함.
104) 極: 저본에는 빠져 있으나 가, 나본에 의거하여 보충함.
105) 之: 저본에는 빠져 있으나 가, 나본에 의거하여 보충함.
106) 此: 저본에는 빠져 있으나 나본에 의거하여 보충함.
107) 置: 이본에는 '有'로 되어 있음.
108) 行此: 이본에는 '此行'으로 되어 있음.

刑遠配而歸. 柳台每向人道其事, 曰:"巫女禱神[109], 亦不虛. 殺座首之神, 卽我也, 以酒肉禱之於我, 而免禍." 儘覺絶倒云爾.

9-12. 訴輦路忠僕鳴冤

榮川儒生閔鳳朝, 有一子, 過婚未一年而身死. 其孀婦朴氏女, 而亦有班閥之家也, 執喪以禮, 而孝奉舅姑, 隣里稱之. 來時, 率童奴一人, 而名則萬石者. 閔家素貧窮, 朴氏躬自紡績, 使奴樵汲, 朝夕之供, 未嘗闕焉. 隣居有金祖述者, 亦有班名, 家計累萬金富者也. 從籬間, 偶見朴氏之妍美, 心欲之矣. 一日, 閔生欲出他, 借着揮項於祖述之家矣. 祖述乘其不在家時[110], 使人探知朴氏之寢房, 帶月着驄冠而入其家. 時朴氏獨在其寢房, 房與其姑之房, 隔一壁, 而間有小戶矣. 朴氏睡覺, 聞窓外履聲, 又見窓間月色下人影, 心竊疑惻, 潛起開戶, 而入其姑之房. 姑怪而問之, 密語其由, 姑婦相對而坐. 萬石者, 爲祖述之婢夫, 宿於其家, 寂無一人矣. 忽於戶外有人厲聲, 曰:"朴寡女[111]與吾有私, 亦已久矣, 斯速出送云云." 其姑疾聲, 呼洞人謂曰:"有賊人來云." 隣家之人, 擧火而來, 祖述仍還歸其家, 朴氏姑婦, 知其爲祖述也. 閔生歸來, 聞其言而憤不自[112]勝, 欲呈訴于官, 而恐致所聞之不好, 仍姑忍之. 其後祖述, 又揚言于洞中曰:"朴氏與吾相通, 孕已三四朔矣云云." 傳說藉藉, 朴氏聞之, 曰:"今則可以呈官而雪恥矣." 以裳掩面而入官庭, 明言祖述之罪惡, 又言自家受誣之狀. 時祖述, 行貨於官屬, 且一邑官屬,

---

109) 禱神: 나본에는 '賽神'으로 되어 있음.
110) 時: 저본에는 빠져 있으나 나본에 의거하여 보충함.
111) 寡女: 가, 나본에는 '寡婦'로 되어 있음.
112) 自: 저본에는 빠져 있으나 가, 나본에 의거하여 보충함.

俱是祖述之奴屬也. 刑吏輩皆言, "此女自來行淫, 所聞之出, 亦已久矣云." 本倅尹彝鉉, 信聽官屬之言, 以爲, "汝若有貞節, 則雖被誣於人, 久則自脫, 何乃親入官庭而自明乎? 退去可也." 朴氏曰: "自官若不下白而嚴處金哥之罪, 則妾當自刎於此庭下矣." 仍援所佩小刀, 而辭氣慷慨. 本倅怒而叱曰: "汝欲[113]以此而恐動吾乎? 汝若欲死, 則以大刀自刎於汝家, 可也, 何乃以小刀爲也? 斯速出去!" 仍使官婢, 推背而逐出官門之外, 朴氏出門, 放聲大哭, 以其小刀, 刎其頸而死. 見者無不錯愕, 本倅始乃驚動, 使之運屍而去. 閔生不勝其忿, 入庭而語多侵逼, 本倅以'土民之肆惡官庭·侵偪[114]土主', 報營, 閔生移囚于安東府矣. 其奴萬石者, 以其狀上京, 鳴金于駕前, 有下該道查啓之. 判府行査, 則祖述以累千金, 行賂於洞人及營邑之下屬[115], 至於朴氏之死, 非自刎而羞愧於孕胎之說, 服藥[116]致死云. 而貿藥之媼, 賣藥之商, 皆立證, 此亦祖述給賂於老媼及商人而然也. 獄久不決, 拖至四年之久. 閔家以朴氏之屍, 不斂而入棺, 不覆蓋, 曰: "復此讐之後, 可改斂而葬云." 而置越房者四年, 而身體少無傷敗, 而如生時, 入其門, 少無穢惡臭, 而蠅蚋亦不近, 亦可異矣. 奉化倅朴時源, 卽其再從娚妹間也, 往哭其靈筵, 啓棺蓋而見之, 則與[117]生時無異云矣. 萬石爲金家婢夫, 生一男一女矣. 當此時, 逐其妻而訣, 曰: "汝主殺吾主, 卽讐家也. 夫婦之義雖重, 而奴主之分, 亦不輕, 汝自還歸汝主, 吾則爲吾主而[118]

---

113) 汝欲: 저본에는 빠져 있으나 가, 나본에 의거하여 보충함.
114) 偪: 가, 나, 바본에는 '逼'으로 되어 있음. 서로 통함.
115) 下屬: 나본에는 '下隷'로 되어 있음.
116) 服藥: 가, 나본에는 '服毒'으로 되어 있음.
117) 與: 저본에는 '如'로 나와 있으나 바본을 따름.
118) 而: 바본에는 빠져 있음.

死也云." 而絶之, 奔走京鄕, 必欲復讐乃已. 及金判書相休之按節時, 萬石又上京鳴金. 啓下本道, 更定査官而窮覈, 則閔家擔來朴氏之柩於査庭, 而中有裂帛之聲. 閔家人擧按[119]蓋, 而欲示[120]之, 査官使官婢驗視, 則面色如生, 兩頰有紅暈. 頸下尙有劒刺之血痕, 腹帖于背, 而肌[121]膚堅如石, 小無腐傷之意. 藥物賣買之商及老嫗, 嚴鞫問之, 則始吐實曰: "祖述各給二佰[122]兩錢, 故如是爲言云." 自營門以此狀聞, 祖述始伏法. 朴氏旌閭, 萬石給復. 嶺之士, 立石[123]記萬石之忠.

9-13. 畏嚴舅悍[124]婦出矢言

安東權進士某者, 家計富饒, 性嚴峻, 治家有法. 有獨子而娶婦, 婦性行妬悍難制, 而以其舅之嚴, 不敢使氣. 權如有怒氣, 則必鋪席於大廳而坐, 或打殺婢僕, 若不至傷命, 則必見血而止. 以此, 如鋪席於大廳, 則家人惴惴, 知其有必死之人也. 其子之妻家, 在於隣邑, 其子爲見其妻父母而行, 歸路遭雨, 避入於店舍. 先見一少年人, 坐於廳上, 而庭有五六匹駿馬, 婢僕又多, 若率內眷之行. 見權少年, 與之寒暄, 而以酒肴饌盒勸之, 酒甚淸洌, 肴又豊旨. 相問其姓氏與居處, 權少年則[125]對以實先來, 少年則只道姓氏, 而不肯言所在處, 曰: "偶爾過此, 避雨入此店, 幸逢年輩佳朋, 豈不樂乎?" 仍與之酬酌, 以醉爲期, 權少年醉倒先睡, 夜後始覺, 擧眼[126]

---

119) 按: 바본에는 '棺'으로 되어 있음.
120) 示: 저본에는 '視'로 나와 있으나 이본을 따름.
121) 肌: 저본에는 '肥'로 나와 있으나 가, 나본에 의거함.
122) 佰: 이본에는 '百'으로 되어 있음. 서로 통함.
123) 石: 저본에는 빠져 있으나 가, 나본에 의거하여 보충함.
124) 悍: 이본에는 '婢'으로 되어 있음.
125) 則: 저본에는 빠져 있으나 가, 나본에 의거하여 보충함.

審見, 則同盃之少年, 已無形影. 而自家則臥於內室, 而傍有素服佳娥, 年可十八九, 容儀端麗, 知其非常賤, 而的是洛下卿相家婦女也. 權生大驚訝, 問曰: "吾何以臥於此處, 而君是誰家何許婦女, 在於此處乎?" 其女子羞澁而不答, 叩之再三, 終不開口, 最後過數食頃, 始低聲而言[127]曰: "吾是洛下門地繁盛之仕宦家女子, 十四出嫁, 十五喪夫, 而嚴親又早世, 男兄主家矣. 兄之性執滯, 不欲從俗而執禮, 使幼妹寡居也. 欲求改適之處, 則宗黨之是非大起, 皆以污辱門戶, 峻辭嚴斥, 兄不得已罷議. 仍具轎馬, 駄我而出門, 無去向處而作行, 轉而至此. 其意以爲若遇合意之男子, 則欲委而托之, 自家因以避之, 以遮諸宗之耳目者也. 昨夜乘君之醉, 而使奴子負, 而入臥於此處[128], 而家兄則必也遠走." 因指在傍之一箱, 曰: "此中有五六百銀子, 以此使作妾衣食之資云耳." 權生異之, 出外視之, 則其少年及許多人馬, 並不知去處, 只有蒙駿[129]之童婢二人在傍. 生還入內, 與其女[130]同寢. 已而思量, 則嚴父之下, 私自卜妾, 必有大擧措, 且其妻悍妬[131]之性, 必不相容, 此將奈何? 千思萬量, 實無好箇計策, 反以奇遇之佳人, 爲一大頭痛. 待朝使婢子, 謹守門戶, 而言于其女曰: "家有嚴親, 歸當奉稟而率去, 姑少竢之." 申飭店主而出門, 直向親朋中有智慮者之家, 以實告之, 願爲[132]劃策. 其友沈吟良久, 曰: "大難大難! 實無好策, 而第有一計, 君於歸家之數日, 吾當設酒席而請之矣. 君於翌日, 又設酒筵[133]而

---

126) 眼: 바본에는 '目'으로 되어 있음.
127) 而言: 저본에는 빠져 있으나 가, 나본에 의거하여 보충함.
128) 於此處: 나본에는 '內'로 되어 있음.
129) 駿: 저본에는 '孩'로 나와 있으나 나본을 따름.
130) 女: 나본에는 '處女'로 되어 있음.
131) 悍妬: 저본에는 '婢妬'로 나와 있으나 가, 나본에 의거함.
132) 爲: 나본에는 '爲之'로 되어 있음.

請我, 我當[134]自有方便之計矣." 權生依其言, 歸家之數日, 其友人送伻, 懇請以適有酒肴, 諸益畢會, 此席不可無兄, 兄須賁臨云云. 權生稟于其父而赴席. 翌日, 權生稟于其父曰: "某友昨日, 置酒有邀, 而酬答之禮, 不可闕也. 今日略具酒饌, 而請邀諸友, 則似好矣." 其父許之, 爲設酒席, 而邀其人, 且邀洞中諸少年, 諸人皆來, 先拜見於權生之父, 老權曰: "少年輩迭相酒會, 而一不請老我, 此何道理?" 其少年對[135]曰: "尊丈若主席, 則年少侍生, 坐臥起居, 不得任意爲之, 且尊丈性度嚴峻, 侍生輩暫時拜謁, 十分操心, 或恐其見過, 何可終日侍坐於酒席? 尊丈若降臨, 則可謂殺風景矣." 老權笑曰: "酒席[136]豈有長幼之序乎? 今日之酒, 我自爲主矣. 擺脫拘束之儀, 終日湛樂, 君輩雖百番失儀於我, 我不汝責矣, 盡歡而罷, 以慰老夫一日孤寂之懷也." 諸少年一時敬諾. 長幼雜坐而擧觴, 酒至半酣, 其多智之少年, 近前, 曰: "侍生有一奇談古事[137], 請一言之, 以供一噱." 老權曰: "古談極好, 君試爲我言之." 其人乃以權少年之客店奇遇, 作古談而言之, 老權節節稱奇, 曰: "異哉異哉! 古則或有此等奇緣, 而今則未得聞也." 其人曰: "若使尊丈當之, 則當何以處之? 中夜無人之際, 絶代佳人在傍, 則其將近之乎, 否乎? 旣近之, 則其將率畜乎, 抑棄之乎?" 老權曰: "旣非宮刑之人, 則逢佳人於黃昏, 豈有虛度之理也? 旣同寢席, 則不可不率畜, 何可等棄而積惡[138]乎?" 其人曰: "尊丈性本方嚴, 雖當如此之時, 而[139]必

---
133) 酒筵: 나본에는 '酒席'으로 되어 있음.
134) 當: 저본에는 빠져 있으나 나본에 의거하여 보충함.
135) 對: 바본에는 '答'으로 되어 있음.
136) 酒席: 나본에는 '酒會'로 되어 있음.
137) 奇談古事: 나본에는 '古談之奇事'로 되어 있음.
138) 惡: 바본에는 '怨'으로 되어 있음.
139) 而: 저본에는 빠져 있으나 나본에 의거하여 보충함.

不毁節矣." 老權掉頭, 曰: "不然不然! 使吾當之, 則[140]不得不毁節矣. 彼之入內, 非故爲也, 爲人所欺, 此則非吾之故犯也. 年少之人, 見美色而心動, 自是常事, 彼女旣以士族, 行此事, 則其情慽矣, 其地窮矣. 如或一見而棄之, 則彼必含羞含寃而死矣, 此[141]豈非積惡乎? 士夫之處事, 不可如是齷齪矣." 其人又問曰: "人情事理, 果如是乎?" 老權曰: "豈有他意? 當但[142]不作薄倖人, 可也." 其人笑曰: "此非古談, 卽胤友日前事也. 尊丈旣以事理當然, 再三質言而有敎, 今則胤友庶免罪責矣." 老權聽罷, 半晌無語, 仍正色厲聲曰: "君輩皆罷去, 吾有處置之事矣!" 諸人皆[143]驚愕而散[144], 老權仍高聲曰: "斯速設席於大廳!" 家中人皆悚然, 不知將治何罪何許人矣. 老權座於席上, 又[145]高聲曰: "急持斫刀以來!" 奴子惶忙承命, 置斫刀及板[146]於庭下, 老權又高聲曰: "捉下書房主, 伏之斫刀板!" 奴子捉下權少年, 以其項置之刀板, 老權大叱曰: "悖子以口尙乳臭之兒, 不告父母, 而私畜少妾者, 此是亡家之行也. 吾之在世, 猶尙如此, 況吾之身後乎! 此等悖子, 留之無益, 不如吾在世之時, 斷頭以杜後弊, 可也." 言罷號令奴子, 使之擧趾而斫之. 此時, 上下遑遑[147]面無人色, 其妻與子婦, 皆下堂[148]而哀乞, 曰: "彼罪雖云可殺, 何忍於目前斫獨子[149]乎?" 泣諫不已, 老權高聲而叱使退去,

---

140) 則: 저본에는 빠져 있으나 나본에 의거하여 보충함.
141) 此: 저본에는 빠져 있으나 가본에 의거하여 보충함.
142) 當但: 가, 바본에는 '斷當'으로 되어 있음.
143) 皆: 저본에는 빠져 있으나 가, 나본에 의거하여 보충함.
144) 散: 나본에는 '去'로 되어 있음.
145) 又: 저본에는 빠져 있으나 나본에 의거하여 보충함.
146) 板: 나본에는 '木板'으로 되어 있음.
147) 遑遑: 나본에는 '惶惶'으로 되어 있음. 서로 통함.
148) 堂: 바본에는 '庭'으로 되어 있음.
149) 斫獨子: 나본에는 '斷獨子之頭'로 되어 있음.

其妻驚愕而避, 其子婦泥首[150]叩地, 血流被面, 而告曰:"年少之人, 設有放恣, 自擅之罪, 尊舅血屬, 只此而已, 尊舅何忍行此殘酷之事, 使累世奉祀一朝[151]絶嗣乎? 請以子婦之身代其死." 老權曰:"家有悖子, 而亡家之時, 辱及先祖矣, 吾寧殺之目前, 更求螟嗣, 可也. 以此以彼, 亡則一也, 不如亡之乾淨之爲愈也." 因號令而使斫之, 奴子口雖應諾, 而不忍加足. 其子婦泣諫益苦, 老權曰:"此子亡家之事, 非一矣. 以侍下之人, 而擅自畜妾, 其亡兆一也, 以汝之悍妬, 必不相容, 如此則家道[152]日亂, 其亡兆二也. 有此二亡兆, 不如早爲除去之爲好也." 子婦曰:"妾亦是具人面人心者矣, 目見此等光景, 何可念及於妬之一字乎? 若蒙尊舅一番容恕, 則子婦謹當與之同處, 小無[153]失和矣. 願尊舅勿以此爲慮, 而特施[154]廣盪之恩." 老權曰:"汝雖迫於今日擧措, 而有此言, 必也面諾, 而心則不然矣." 婦曰:"寧有是理? 如或有近似此等之言, 則天必殛之, 鬼必誅之矣." 老權曰:"汝於吾之生前, 無或然矣, 而吾死之後, 汝必復肆其惡矣. 此時則吾已不在, 悖子不敢制, 此非亡家之事乎? 不如斷頭, 而絶禍根." 婦曰:"焉敢如是? 尊舅下世之後, 如或有一分非心, 則犬豚不若, 謹當以矢言而[155]納侤矣." 老權曰:"若然則汝以矢言, 書紙以納." 其子婦書禽獸之盟, 且曰:"一有違背之事, 子婦父母之肉, 可以生啗矣. 矢言至此, 而尊舅終不信聽, 有死而已." 老權乃赦而出之, 仍命呼首奴, 分付曰:"汝可率轎馬人夫, 往某店舍,

---

150) 泥首: 나본에는 '以頭'로 되어 있음.
151) 一朝: 나본에는 '一時'로 되어 있음.
152) 家道: 나본에는 '家政'으로 되어 있음.
153) 小無: 가본에는 '少無'로, 나본에는 '少不'로 되어 있음.
154) 而特施: 나본에는 '特下'로 되어 있음.
155) 而: 저본에는 빠져 있으나 나, 바본에 의거하여 보충함.

迎書房主小室而來[156]." 奴承命而率來, 行現舅姑之禮, 又禮[157]拜於
正配, 而使之同處. 其子婦不敢出一聲, 到老和同, 人無間言矣[158].

9-14. 入吏籍窮儒成家業

古有一宰相, 有同硯[159]之人, 文華贍敏, 而屢屈科場, 家計貧寒,
窮不能自存. 宰相適出補安東倅, 其友來見, 乘間而言曰: "令監今
爲安東倅, 今則吾可以得聊賴之資, 非但聊賴, 可以足過平生矣."
宰相曰: "吾之作宰, 助君衣食之資, 可也, 何以足過平生也? 此則
妄想也." 其人曰: "非爲令監之多[160]給錢財也. 安東都書員, 所食夥
多, 以此給我, 則好矣." 宰相曰: "安東鄕吏之邑也, 都書員吏役之
優窠, 豈可空然許給於京中之儒生耶? 此則雖官威, 恐無以得成
矣." 其人曰: "非爲令監之奪而給之也. 吾先下去, 當付吏案, 旣付
吏案之後, 有何不可之理耶?" 宰相曰: "君雖下去, 吏案其可容易
付之耶?" 其人曰: "令監到任後, 民訴題辭, 順口呼之, 刑吏如不得
書之, 則罪之汰之. 又以此等刑吏之隨廳, 治首吏, 每每如此, 則自
有可爲之道. 凡干公牒文字, 如出吾手, 則必稱善, 如是過幾日, 出
令以刑吏試取. 無論時仕[161]及閑散, 文筆可堪者, 并許赴而試之,
則吾可自然居首, 而得爲刑吏矣. 爲刑吏後, 都書員一窠, 分付則
好矣. 若然則外間事, 吾當隨錄[162]而進矣, 令監可得神異之名矣."
宰相[163]曰: "然[164]則第爲之也." 其人先期下去, 稱隣邑之遞吏, 寄食

---

156) 而來: 저본에는 빠져 있으나 나본에 의거하여 보충함.
157) 又禮: 저본에는 빠져 있으나 가, 나본에 의거하여 보충함.
158) 矣: 가본에는 '云了'로, 나본에는 '云爾'로, 바본에는 '云'으로 되어 있음.
159) 同硯: 나, 바본에는 '同研'으로 되어 있음. 뜻은 서로 통함.
160) 多: 나본에는 '多助'로 되어 있음.
161) 時仕: 나본에는 '時任'으로 되어 있음. 이하의 경우도 동일함.
162) 隨錄: 나본에는 '隨聞隨錄'으로 되어 있음.

旅舍, 往來吏廳, 或代書役, 或代看檢文書. 人旣詳明, 文筆又優如, 諸吏皆待之, 使之寄食於吏廳庫直, 而宿於吏廳, 諸般文字, 與之相議. 新官到任後, 盈庭民訴, 口呼題辭, 刑吏未及受書, 則必捉下猛棍. 一日之間, 受罪者不知其數. 至如報狀及傳令, 必執頉而嚴治, 又拿入首吏, 以刑吏之不擇, 每日治之. 以是之故, 吏廳如逢亂離, 刑吏無敢近前. 凡文案[165]去來, 此人之筆迹, 如入去, 則必也無事. 以是之故, 一廳諸吏, 唯恐此人之去也. 一日, 本倅分付首吏曰: "吾於在洛時, 聞本邑素稱文鄕, 以今所見, 可謂寒心, 刑吏無一人可合者. 自汝廳, 會時仕吏及邑底人之[166]有文筆者, 試才以入." 首吏承命而出題, 試之以諸吏文筆, 入覽, 則此人居然爲魁矣. 仍問曰: "此是何許吏?" 對曰: "此非本邑之吏, 卽隣邑退吏, 來寓於小人之廳者也." 乃曰: "此人之文筆最勝, 聞是隣邑吏役之人, 亦自無妨,[167] 其付案[168]而差刑吏也." 首吏依其言而爲之. 自是日, 此吏獨爲擧行. 自其吏之爲刑吏[169], 一未有致責治罪之擧, 自首吏以下, 始乃放心, 廳中無事. 及到差任之時, 特兼都書員而擧行, 無一人敢有是非者. 其吏畜一妓而爲妾, 買家而居. 每於文牒擧行之際, 必錄外間所聞, 密置席底[170]而出, 本倅暗出見之. 以是之故, 民隱吏奸, 燭之如神, 民吏皆慴伏. 明年, 又使兼帶都書員, 兩年所得, 殆至萬餘金, 暗暗換遷送京第. 本倅瓜遞之前一日夜, 因棄家

---

163) 宰相: 저본에는 빠져 있으나 나본에 의거하여 보충함.
164) 然: 나본에는 '若然'으로 되어 있음.
165) 文案: 이본에는 '文狀'으로 되어 있음.
166) 之: 바본에는 '中'으로 되어 있음.
167) 亦自無妨: 나본에는 '則無妨於吏役'으로 되어 있음.
168) 案: 나본에는 '吏案'으로 되어 있음.
169) 刑吏: 나본에는 '刑房'으로 되어 있음.
170) 密置席底: 나본에는 '置之方席'으로 되어 있음.

逃[171]), 吏廳擧皆遑遑. 首吏入告, 則曰: "與其妾[172])偕逃乎?" 對曰: "棄家棄妾, 單身逃走矣." 曰: "或有所遣乎?" 曰: "無矣." 曰: "然則亦是怪事, 自是浮雲蹤跡, 任之可也云矣." 其人還家, 買宅買土, 家計甚饒. 其[173])後登科, 累典州邑[174])云云.

9-15. 江陽民共立淸白祠

李副學秉泰, 初除嶺伯, 辭不赴. 上怒之, 特補陜川[175])郡, 邸人來見, 則絶火已數日[176])矣. 所見悶迫, 以一斗粟·一級靑魚·數束蔬, 入送于內矣. 公下直而出, 見白飯魚湯, 問家人以此從何得, 家人以實對, 公正色曰: "何可受下隷無名之物乎?" 仍以其飯羹, 出給邸人. 及到郡, 無一毫所取[177]) 治民以誠. 時値大旱, 一道皆祈雨而無驗. 公行祀後, 仍伏於壇下, 暴陽之中, 矢于心曰: "不得雨, 則以死爲期!" 只進米飮而數日心禱矣. 第三日之朝, 一朶黑雲, 出於所禱之山上, 暫時[178])大雨注下, 一境周洽, 接界之他邑, 無一點雨之過境者. 一道之內, 陜川一境, 獨占大登. 吁! 亦異矣. 海印寺有紙役, 寺僧每以此爲痼弊矣. 自公上官之後, 一張紙曾不責出矣. 一日, 適有修簡事, 以簡紙三幅覓納之意, 分付寺僧矣. 各房僧齊會, 每人一次擣砧, 以十幅來納之, 則公命捉入寺僧之來者, 分付曰: "自官旣有三幅之分付, 一幅加減, 俱罪也, 汝何敢加數來納乎?" 仍

---

171) 逃: 나본에는 '逃走'로 되어 있음.
172) 妾: 저본에는 '妻'로 나와 있으나 나본을 따름.
173) 其: 저본에는 빠져 있으나 나본에 의거하여 보충함.
174) 邑: 나본에는 '郡'으로 되어 있음.
175) 陜川: 바본에는 '陜州'로 되어 있음. 이하의 경우도 동일함.
176) 數日: 나본에는 '屢日'로 되어 있음.
177) 無一毫所取: 나본에는 '一毫不取'로 되어 있음.
178) 暫時: 나본에는 '少焉'으로 되어 있음.

拔置三幅, 而還給七幅, 其僧受簡, 而出給官隷, 則俱不受, 不得已掛之外三門楣上而去. 伊後, 公適出門, 見而怪之, 問知之, 笑而使置案上矣. 及[179]遞歸時, 見之, 則加[180]用一幅, 餘六幅, 置簿於重記. 公於暇日, 遊海印寺, 見題名之多, 指龍湫上特立之巖, 曰: "此石面題名, 則好矣, 而石立於水深處, 無接足處, 似無以刻之云矣.[181]" 諸僧徒聞此言, 七日齋戒而禱于山神, 時當五月, 潭水氷合, 仍伐木作梯而刻之.[182] 遞歸時, 邑中大小民遮路, 曰: "願留一物, 以爲永世不忘之資云云." 公曰: "吾於汝邑, 一無襯身之物, 而製一道袍矣." 以此[183]出給, 卽麤布[184]也. 民人輩以此立祠, 而號曰 '淸白祠', 至今春秋享以俎豆焉.

9-16. 興元士從遊靑鶴洞

金進士錡, 參判銑之弟也. 家在原州興元倉下, 有獨子, 年過二十, 有才藝. 一日晝坐, 有一健夫牽白馬赤鬣者, 備鞍[185]而來, 言曰: "主人奉邀, 須卽騎此而行, 可也." 金生獨見, 而家人則皆不見. 乃騎而出門, 其行如飛, 度山踰嶺, 行至一洞口, 則奇花異草, 珍禽異獸, 卽一別界[186]也. 有一白髮老仙, 迎笑曰: "汝於我有緣, 故使邀來, 可從我而學道, 可也." 仍留在同學者十餘人, 而其中高弟[187]

---

179) 及: 저본에는 빠져 있으나 나본에 의거하여 보충함.
180) 加: 나본에는 '只'로 되어 있음.
181) 無接足處, 似無以刻之云矣: 나본에는 '惜無可接足可刻之道云矣'로 되어 있음.
182) 仍伐木作梯而刻之: 나본에는 이어서 '此是傳來之事'라는 내용이 첨부되어 있음.
183) 以此: 나본에는 '仍爲'로 되어 있음.
184) 麤布: 나본에는 '麁布'로 되어 있음. 뜻은 서로 통함.
185) 備鞍: 이본에는 '鞴鞍'으로 되어 있음.
186) 別界: 가, 나본에는 '別世界'로 되어 있음.
187) 高弟: 이본에는 '高第'로 되어 있음. 뜻은 서로 통함.

之可傳道者三人, 一則自家也[188], 一則江南人也, 一則日本大坂城
人也, 洞名卽靑鶴洞. 留幾月[189], 傳其道, 仍辭歸其家. 自此以後,
瞑目會神而坐, 則人馬已待令矣, 往來無常. 方其時, 則閉門闔目
而坐如睡, 或至三四日・六七八日之[190]後, 始醒[191], 家人皆怪之. 一
日, 往靑鶴洞, 與其師逍遙於山上, 其師曰: "欲見汝輩之術, 可變
幻而供一笑也." 江南人化一[192]白鶴而飛, 倭人化一大虎而蹲坐, 自
家則化秋風落葉, 飄飄而下, 其師大笑云. 一日, 告辭于兩親, 曰:
"吾非久於塵世之人也. 今將永歸, 願父母小勿掛念也." 又與其妻
告訣, 無病而坐化, 事近虛誕矣. 其翁, 初則知以爲心病矣, 其後,
偶搜其子之箱篋, 則有'靑鶴洞日記', 而多有酬唱及神異之事矣. 收
而藏之, 不煩之眼目云.

9-17. 率內行甕遷逢雷雨

軍資正李山重之苙杆城也, 其子泰永之婦, 有娠朔幾滿, 是甲申
五月日也. 將欲解娩于本第, 發京行而泰永護行矣. 至甕遷, 暴雨
大注, 電光雷聲, 亂人[193]耳目, 轎馬頻驚. 泰永戒從者, 解轎繩, 而
將以人夫作行轎. 未及於人肩, 霹靂一聲, 過馬頭而擊碎近地之檜
木, 馬驚逸而跳躍, 轉于[194]岩石之上, 沒入于海, 而轎則已擔矣. 泰
永驚而急下轎於路左, 捲簾而見之, 時其婦適睡, 昏而不省, 卒無
事. 而至七月, 判書義甲乃生, 貴人之生, 必有神佑而然也. 年纔四

---

188) 也: 저본에는 빠져 있으나 가, 나본에 의거하여 보충함.
189) 幾月: 가, 나본에는 '幾日'로 되어 있음.
190) 之: 저본에는 빠져 있으나 가, 나본에 의거하여 보충함.
191) 醒: 이본에는 '惺'으로 되어 있음.
192) 一: 저본에는 빠져 있으나 이본에 의거하여 보충함.
193) 人: 바본에는 '入'으로 되어 있음.
194) 于: 바본에는 '入'으로 되어 있음.

歲, 隨其大夫人, 往留水橋外宅矣. 時外宅內舍遭火災, 將謀改建, 棟樑·橡木之材, 積置後庭. 判書遊於其下, 仍橡木而上, 所積之木材, 一時潰下, 判書仍[195)]在其亂木之中. 家人驚遑, 皆以爲必無幸矣. 其外祖亦錯愕, 不知所爲. 少間, 使家僮移木, 而[196)]置之於地, 則三木相交, 而中如覆盆樣. 判書俯伏於其中, 心驚而面如土色, 一無損傷[197)]處. 其外祖常言, "此兒必大達云云."

9-18. 救處女花潭試神術

徐花潭敬德, 博學多聞, 天文地理, 術數之學, 無不通曉. 卜居于長湍花潭之上, 仍[198)]以爲號. 一日, 會學徒講論, 忽有一老僧, 來拜而去. 花潭送僧之後, 忽爾嗟歎不已, 學徒問其故, 花潭曰: "汝知其僧乎?" 曰: "不知矣." 花潭曰: "此是某山之神虎也. 某處人之女, 方迎壻, 而將爲其害矣, 可憐矣." 一學徒問曰: "先生旣爲知之, 則有何可救之道乎?" 花潭曰: "有之, 而但無可送之人矣." 學徒曰: "弟子願往矣." 花潭曰: "若然則好矣." 仍授一書, 曰: "此是佛經也. 其家在百里之地某村, 汝持此經, 往其家, 勿先泄, 而但使之具床卓, 燭火於廳上, 使其處女, 處之房中, 而鎖四面門. 又使健婢五六人, 堅執勿放. 汝於廳上, 讀此書, 而勿誤句讀, 則挨過鷄鳴之時, 自可無事矣. 戒之愼之!" 某人承敎, 而馳往其家, 則擧家紛紜. 問之, 則以爲, '明將迎壻, 今方受綵.' 其人入見主人, 寒暄罷後, 仍言曰: "今夜主家有大厄, 吾爲此而來, 欲使免焉, 可如斯如斯!" 主人

---

195) 仍: 저본에는 '乃'로 나와 있으나 가, 나본을 따름.
196) 而: 저본에는 빠져 있으나 이본에 의거하여 보충함.
197) 損傷: 이본에는 '傷損'으로 되어 있음.
198) 仍: 나본에는 '因'으로 되어 있음. 이하의 경우도 동일함.

不信, 曰: "何處過客作此病風之言也?" 其人曰: "無論吾言之病風
與否, 過今夜, 則自有可知之道矣. 過後吾言如無靈, 則伊時毆逐,
無所不可, 第須依吾言爲之, 可也." 主人心甚訝然, 第依其言, 鋪
設而俟之, 其女亦如其人之言, 處之房內. 其人端坐廳上, 燭影之
下而讀經矣. 三更時候, 忽有霹靂聲, 家人皆戰慄走避, 見一大虎,
蹲坐庭下而咆哮. 其人顏色不變, 讀經不輟. 此時, 其家處女, 稱以
放矢, 限死欲出, 諸婢左右執挽, 則處女跳踉不可堪. 其虎忽爾大
吼, 而噬破廳前木, 如是者三矣, 仍忽不見, 而處女昏絶矣. 家人始
收拾精神, 以溫水灌之口, 須臾得甦[199]. 其人讀罷出外, 則擧家稱
謝, 皆以爲神人, 以數百金, 欲酬其恩. 其人謝[200]曰: "吾非貪財而
來者." 仍拂衣告辭, 還拜花潭而復命, 則花潭笑曰: "汝何爲誤讀三
處?" 其人曰: "無誤讀處矣." 花潭曰: "俄者, 其僧又過去, 而謝我活
人之功, 又曰: '經書誤讀三處, 故噬破廳木.' 以識之云矣." 其人思
之, 果是誤讀時也.

9-19. 隨京鄕靈鵲知恩

朴綾州右源, 在南中某邑時[201], 其婦人見樹上鵲雛之落下者, 朝
夕飼之以飯而馴之. 漸至羽毛之成, 而在於房闥之間不去, 或飛向
樹林, 而時時來翔于夫人之肩上. 及移長城, 將發行之日, 忽不知
去處[202], 內行到長城衙門, 則其鵲自樑上噪而飛下, 翺翔于夫人之
前. 夫人如前飼之飯, 巢于庭樹, 而卵育之, 去來如常. 其後移綾

---

199) 甦: 나본에는 '生'으로 되어 있음.
200) 謝: 가, 나본에는 '辭'로 되어 있음.
201) 時: 저본에는 빠져 있으나 가, 나본에 의거하여 보충함.
202) 去處: 바본에는 '去向'으로 되어 있음.

州, 又復如前隨來, 遞歸京第, 亦又隨來. 及夫人之喪, 上下啼呼, 不離殯所. 及葬而行喪, 坐於柩上, 到山下, 又坐墓閣上, 而噪之不已. 及下棺時, 飛向柩上, 啼呼不已, 仍飛去不知去處. 雖是微物, 蓋亦知恩矣. 時人作「靈鵲傳」.

9-20. 行胸臆尹弁背義

　尹某, 卽有地閥之武弁也. 性悍毒而又妄率, 薄有文藝, 出入於時宰相之門, 宰相多許可者. 其在湖中也, 適居憂, 窮不能自存, 隣里適有親知之人, 與松商以錢貨相去來者. 尹弁請於其人, 欲貸用錢兩, 其人以八十兩, 書標以給, 使之推用松人處矣. 尹弁乃潛改十字書以百字, 而全州公納錢之上京者換用矣, 換錢失期, 自完營查實, 知其爲尹弁之所爲. 朴崙壽之爲完伯, 發送鎭營校卒, 以結縛尹弁某以來之意嚴飭, 而校卒來矣, 尹弁方在罔措之中. 其人來言曰: "君之當初行事, 雖不美矣, 事已至此. 君則前啣, 以前啣一入鎭營, 則豈不敗亡身名乎? 吾則布衣, 吾當代行, 定限以來矣, 趁卽備送好矣." 尹弁[203]感泣而代送矣, 其人受棍而被囚於獄中, 使之備納[204]後放送. 其人無奈何, 盡賣自家之田土家産而充報, 閱幾箇月, 得放還家, 又以杖毒幾死僅生. 家仍[205]蕩敗, 而目見尹弁之無出處, 姑俟日後, 而一不開口矣. 其後, 尹弁爲端川府使, 其人始乃貰騎, 而訪於千里之外, 意謂執手致款, 阻閽而不得入, 留月餘, 行資已罄[206], 負債於店主者, 亦多. 其人計無所出, 進退維谷. 一

---

203) 弁: 저본에는 '伻'로 나와 있으나 가, 나본에 의거함. 이하의 경우도 동일함.
204) 納: 저본에는 '給'으로 나와 있으나 이본을 따름.
205) 仍: 나본에는 '因'으로 되어 있음.
206) 罄: 나본에는 '盡'으로 되어 있음.

日, 聞本倅出他, 要於路, 直前而呼, 曰: "吾來久矣!" 尹倅回顧, 而言于下隷曰: "可率入內衙[207]云." 而去. 未幾還來, 敍寒暄後, 別無他語, 其人仍語曰: "吾之貧窮, 君所知也. 以舊日之誼, 不遠千里而委來矣, 阻閽而留月餘, 食債又多. 君幸憐而濟之, 吾不言向來債矣." 尹倅聞而嚬[208]蹙, 曰: "公債如山, 無暇救君." 仍定下處於外, 而接待極其冷落. 留數日, 給病脚馬一匹, 曰: "此馬價過數百, 君可牽去賣用云." 而又以五十兩贐之, 其人[209]懇請曰: "馬是病脚, 錢又如此, 其小[210]食債, 及回粮亦云不足, 此將奈何? 君其更思之." 尹倅作色, 曰: "以君之故, 積債之中, 有此贈也. 如非君, 則可空手而見逐, 勿多言." 仍使之出去, 其人大怒, 散其錢於庭下, 而叱辱曰: "汝乃偸公貨喫之[211], 將入於鎭營, 而吾以義氣, 代[212]汝而行, 幾死獄中, 蕩敗家産而報其債矣. 汝乃今爲萬金太守, 而吾不遠千里而來, 則汝旣不邀見, 又爲冷待, 乃以五十兩贈我, 此猶不足於來往之需. 古今天下, 寧有如許非人情之賊漢乎?" 仍放聲大哭而出門, 呼冤於通衢[213]之上, 對往來之人, 而皆言其狀. 尹倅聞而憾之, 又忿其揚渠之惡, 使將校搜驗其行具, 則有宗簿郎廳帖二張矣. 尹倅囚其人, 卽日發營行, 對監司言曰: "下官之邑, 捉得御寶僞造罪人, 將何以治之?" 監司曰: "自本邑治罪, 可也." 尹倅曰: "若然則下官可處置乎?" 曰: "諾." 仍還官而打殺之. 世豈有如許殘忍非人情之人乎? 吁! 亦慘毒矣.

---

207) 內衙: 이본에는 '衙內'로 되어 있음.
208) 嚬: 저본에는 '頻'으로 나와 있으나 이본에 의거함.
209) 人: 저본에는 빠져 있으나 이본에 의거하여 보충함.
210) 小: 나본에는 '所'로 되어 있음.
211) 偸公貨喫之: 가, 나본에는 '偸喫公貨'로 되어 있음.
212) 代: 저본에는 '待'로 나와 있으나 가, 나, 바본을 따름.
213) 衢: 나본에는 '街'로 되어 있음.

9-21. 鄭謙齋中國擅畫名

鄭謙齋敾, 字元伯, 善繪畫, 而尤妙山水, 世稱, '三百年來丹青絶品.' 求者如麻, 而酬應不倦. 時北里同閈居士人,[214] 得其山水三十餘張, 常珍愛之. 一日, 其士人[215]詣槎川李公, 見其架上, 堆積唐板書帙,[216] 環在四壁上, 問曰: "唐板書, 何如是多也?" 李公笑曰: "此爲一千五百卷, 皆吾自辦者也." 已而, 又曰: "人誰知皆出於鄭元伯? 北京畫肆,[217] 甚重元伯之畫, 雖掌大片紙, 莫不易以重價, 吾與元伯最親, 故得其畫最多. 每於燕使之行, 無論多少, 卽付之, 以買可觀之書, 故能致如此之多." 始知中原之人, 眞知畫, 不如我人徒取名也. 又有一中路家, 錦裳適來謙齋家, 爲肉汁所汚, 自內甚憂之. 謙齋使之持來, 所汚頗廣, 卽令去其襞積, 而洗其所汚, 莊之外舍. 一日, 日氣淸爽, 畫興大發,[218] 乃開彩硯, 展錦幅, 大繪楓岳於其中, 燦爛纖悉, 精彩流動. 而餘存者有二幅, 更畫金剛山, 極奇妙, 眞絶寶也. 其後, 錦裳之主來, 謙齋曰: "吾適畫興發動, 而恨無佳本, 聞君家錦裳來在, 取作畫本, 移來萬二千峰於其中. 君家婦女, 必大驚駭, 奈何?" 其人亦知畫格, 不勝忭喜, 致謝僕僕歸, 治珍羞一大具而進之. 莊其大者, 以爲家寶, 以其二幅, 隨使行入燕, 持詣畫肆. 適有蜀僧從靑城山來者, 見之大加嗟賞, 稱以絶寶, 乃曰: "方成新刹, 欲以此供佛, 願以銀百兩買之." 其人許之, 將論價之際, 又有南京一士, 見之, 曰: "吾當增價二十兩, 請以歸我!" 僧大怒曰: "吾已論價, 賣買[219]已決, 豈有士子見利忘義如此者乎? 吾

---

214) 時北里同閈居士人: 사본에는 '余亦以北里同閈'으로 되어 있음.
215) 其士人: 사본에는 '余'로 되어 있음.
216) 唐板書帙: 사본에는 '唐板與籤'으로 되어 있음.
217) 肆: 저본에는 '師'로 나와 있으나 이본에 의거함.
218) 大發: 사본에는 '大作'으로 되어 있음.

亦添價三十兩." 取其畫, 投之火中, 曰:"世道人心, 一至於此,[220] 吾若貪此, 與此人何異?" 乃拂衣而起, 畫主亦不取百兩價, 只以五十兩歸云. 一日, 比曉睡覺, 忽有人來叩門, 延之入, 乃一所親舌人也. 持一佳箋進, 曰:"今將赴燕, 玆來告別, 願公暫加揮灑, 以贐鄙行, 幸甚!" 時東牕已白, 朝氣甚爽. 謙齋乃作海水, 飛波怒沫, 洶湧澎湃, 而着一小船於波面一邊, 風帆半亞, 視之杳然. 舌人謝之而去, 及入燕肆, 肆主把玩不已, 曰:"此必晨朝[221]所作也, 精神多在風帆上." 以扇香一樻, 易之. 舌人取而計香, 得五十枚, 長皆數寸. 以此, 譯官輩得謙齋之畫, 皆視以奇貨矣.

9-22. 孟監司東岳聞奇事

孟監司冑瑞, 愛山水遊. 少時, 嘗入楓岳, 窮探至幽深處, 有一庵極淨潔. 老僧一人, 年百餘歲, 容貌古健, 執禮虔恭. 孟公異之, 仍留宿, 將叩其所得, 僧忽召其沙彌, 謂曰:"明日卽吾師之忌日也, 可設需供." 沙彌曰:"唯." 明曉, 設蔬食, 老僧哭之甚哀. 孟公問曰:"上人之師何名, 而道之高何如? 願聞之." 老僧悽然久之[222], 曰:"公有問之,[223] 何用隱諱? 吾非朝鮮人也, 來自日本, 師亦非僧, 卽士也. 始吾之出來也, 在壬辰之前, 本國選吾等八人, 皆深於計慮驍勇絶倫者. 使分掌朝鮮八道, 凡朝鮮之山川險夷[224], 道里遠近, 關阨衝要, 務要誌記[225], 凡朝鮮人之以智略才勇名者, 皆殺之後, 始

---

219) 賣買: 가, 바, 사본에는 '買賣'로 되어 있음.
220) 一至於此: 사본에는 '至於如此'로 되어 있음.
221) 晨朝: 나본에는 '晨早'로 되어 있음.
222) 之: 저본에는 빠져 있으나 가, 나, 사본에 의거하여 보충함.
223) 公有問之: 사본에는 '公乃聞之'로 되어 있음.
224) 險夷: 사본에는 '窮險'으로 되어 있음.
225) 誌記: 사본에는 '遊歷諸記'로 되어 있음.

許復命. 八人共習鮮語, 旣熟, 出來東萊倭館, 變作朝鮮僧之服, 將發之際, 相議曰: '朝鮮金剛, 靈山也. 必先入此山, 祈禱然後, 可分散也.' 遂同行十餘日, 始到淮陽地, 見一士, 着木履[226], 跨黃牛, 出自山谷. 同行一人曰: '吾輩連日尋寺, 不見食, 又不喫肉, 氣力甚微, 不如殺此人而屠食其牛[227]然後, 前進似好.' 皆曰: '善.' 遂同進士人, 士人曰: '汝輩何敢乃爾? 汝輩倭國間諜, 吾豈不知? 當盡殺之.' 八人大驚, 拔劍齊進, 士人騰躍超忽, 奮拳飛脚, 疾捷如神, 頭破肢折, 死者五人, 只餘三人. 遂皆伏地乞生, 士人曰: '汝果誠心歸服[228], 能死生相隨否?' 三人稽顙輸誠, 指天爲誓. 士人領歸其家, 謂三人曰: '汝輩雖爲倭所使, 欲覘我國, 智慮淺短, 技術甚踈, 其何能爲? 今旣盟天歸伏, 心之誠僞, 吾可以[229]洞知. 吾當敎以劍術, 若倭兵來, 則吾可領汝輩起兵, 往守馬島, 足遏賊兵, 異國樹勳, 汝亦何厭?' 三人拜謝, 遂共受劍術, 旣盡其能, 服事甚勤, 士人甚信愛. 一日, 三人同宿於一[230]孤菴, 朝起, 士人忽爲人所害, 流血滿室. 小僧[231]大驚, 問兩人曰: '此何事也[232]?' 兩人曰: '吾輩[233]雖服事此人, 盡其劍術, 同來八人, 義同兄弟, 今皆爲其所殺, 今只餘兩人, 此大讐也. 其可暫時忘耶? 久欲報之, 顧無可乘之隙, 今幸得間, 何爲不殺?' 小僧大責曰: '吾輩旣受再生之恩[234], 盟爲兄弟, 恩

---

226) 履: 나본에는 '屐'으로 되어 있음.
227) 牛: 이본에는 '肉'으로 되어 있음.
228) 服: 이본에는 '伏'으로 되어 있음.
229) 可以: 사본에는 '足'으로 되어 있음.
230) 一: 저본에는 빠져 있으나 가, 나, 사본에 의거하여 보충함.
231) 小僧: 저본에는 '老僧'으로 나와 있으나 가, 나본에 의거함. 이하의 경우도 동일함.
232) 也: 저본에는 빠져 있으나 가, 나, 사본에 의거하여 보충함.
233) 吾輩: 저본에는 빠져 있으나 사본에 의거하여 보충함.
234) 之恩: 저본에는 빠져 있으나 사본에 의거하여 보충함.

義旣[235]深, 情同父子, 豈可執[236]仇怨作此事耶?' 痛哭頓仆, 遂前刺
兩人, 皆殺之. 乃於此山爲僧, 得一沙彌, 孤坐此菴, 齒過百歲. 每
想吾師才智之高, 意氣之深, 情義之篤, 愛惜無窮, 至痛在心. 是
以, 當師忌日哀痛, 輒不自抑, 久而不衰." 孟公聽畢, 不勝感歎,
曰: "以尊師之明識神勇, 乃不知兩人者懷不利之心, 而終至見害,
何也?" 僧曰: "吾師豈不知兩人之非吉人, 而愛其才, 欲以深恩, 得
其死力, 且其智足以制伏也. 師謂我才識出類, 愛之尤甚, 我之所
以遺親戚忘故土而服勤不怠者, 爲此也." 孟公仍請曰: "上人之劍
術, 可得見乎?" 僧曰: "吾今甚老, 廢而不試已久, 卒難爲之. 公姑
留數日, 俟吾稍有氣力, 試爲之耳." 翌日, 邀孟公至一處, 有十栢
樹, 大可十圍, 上干雲霄. 僧袖出兩物, 團圓如毬, 用繩堅縛. 去繩
訖, 見兩箇鐵塊, 卷帖如拳, 以手平展, 則數尺霜刃, 光如秋水, 而
卷舒如紙. 僧把兩劍起舞, 始也, 轉動[237]低仰頗遲, 俄而, 漸見迅
疾, 揮霍風生. 久之, 騰踊飄浮, 立於空中, 盤旋去來, 已而[238], 只見
一箇銀甕, 出沒於栢樹層葉之間. 掣電閃爍, 倏長倏短, 襲暎巖壑,
遍是霜刃, 栢葉紛紛, 飛落如雨. 孟公神慄魄悚, 不能正視, 其栢葉
多寸斷, 而樹枝半童矣. 良久, 僧方投下, 立樹下, 咄氣數口, 曰:
"氣衰矣! 非復少年時也. 始吾壯時, 舞劍此樹之下, 葉多中破如細
絲, 今則不然, 全葉者多矣." 孟公大異之, 謂僧曰: "上人神人也."
僧曰: "吾非久死矣, 亦不忍吾跡之永泯, 故爲公言如此."

---

235) 旣: 바본에는 '幷'으로 되어 있음.
236) 執: 이본에는 '論'으로 되어 있음.
237) 轉動: 이본에는 '顚動'으로 되어 있음.
238) 已而: 저본에는 '而已'로 나와 있으나 이본을 따름.

9-23. 種陰德尹公食報

尹公忭,[239] 爲刑曹正郎, 時金安老當國, 恣行威福, 認良民爲奴僕. 一人子孫數十口, 皆被秋曹拘囚, 判書許沆, 受安老風旨, 刑訊狼藉, 冤苦[240]切酷, 勢將誣服. 尹公獨疑之, 將彼此文案, 反覆參考, 知其冤枉, 作一查卞之文, 將欲卞白. 而適當歲末啓覆之時, 公持此入達榻前, 上一覽而卽斥金家, 盡釋其囚數十蟠結之冤, 一朝快伸[241]矣. 公年已衰, 後娶無子, 甚憂歎. 翌年, 拜肅川府使, 歷辭朝紳, 夕過廣通[242]橋. 時日暮微雨, 忽有一老翁, 拜於馬前, 公不能記識. 其人曰: "小人良人也! 嘗爲一勢家迫脅, 將壓良爲賤, 無所告訴. 賴公之德, 子孫數十人, 皆獲全保, 此恩刻在心肺, 常思報效, 而不可得. 然此後癸巳年, 公當生男子, 但年命福祿, 不甚延長, 有一事可救得者." 仍袖出一張紙, 雙手奉呈. 公看之, 紙上書'某年某月日時[243]生男子', 其左則書'壽富貴多男子'六字, 每行書一字, 而獨多男子爲三字. 其右有祝願之文, 而虛其姓名之位, 公曰: "此何爲?" 翁曰: "兒生後, 公以此紙, 卽往江原道金剛山楡岾寺, 備黃燭五百雙, 供佛祝願, 則必有慶祥隆厚, 此足爲小人之[244]報也." 申囑重複. 公方欲問所從來, 而翁遽拜謝, 仍[245]忽不見. 公大驚異, 歸家深藏. 及至癸巳, 果生男奇俊, 公卽躬往楡岾寺, 依翁之言, 厚設供佛, 而塡書姓名於祝文所虛之處, 薦于佛前. 祝願畢, 取看其

---

239) 尹公忭: 나본에는 이어서 '仁廟朝文科, 官至軍資正, 歲丁亥'라는 내용이 첨부되어 있음.
240) 苦: 저본에는 '告'로 나와 있으나 이본에 의거함.
241) 伸: 이본에는 '申'으로 되어 있음. 서로 통함.
242) 通: 저본에는 '統'으로 나와 있으나 이본에 의거하여 바로잡음.
243) 某年某月日時: 사본에는 '癸巳年酉時'로 되어 있음.
244) 之: 저본에는 빠져 있으나 가, 나, 사본에 의거하여 보충함.
245) 仍: 나본에는 '因'으로 되어 있음.

紙, 則壽字下[246]有'可耋[247]'二字, 富字下有'自足'二字, 貴字下有'無比'二字, 多男子下有'皆貴'二字. 凡八字皆深靑, 細如毛髮, 而皆楷正, 莫知其所以然. 公尤驚異之, 歸而造樻深藏. 其後兒長, 是爲梧陰公斗壽也. 壽至七十八, 官至領相, 富自裕足, 五子皆貴顯, 昉領相, 昕·暉·暄皆判書, 旰知事. 勳業赫然, 耀當世而垂後代, 孫曾繁昌, 貂犀相襲, 蔚爲大家.

9-24. 往南京鄭商行貨

古有鄭姓一大賈, 常行廢著[248]於北京, 而豪縱浪費, 負西關巡營銀七萬兩. 自營或囚或釋, 艱辛營辦, 堇償五萬兩, 而尙餘二萬兩. 其時按使, 牢囚督促, 而家計蕩盡, 更難用力, 賈從獄中上言, "身旣係囚, 徒死而已. 公私無益, 請更貸二萬兩銀, 三年內, 當盡[249]償四萬兩, 無絲毫欺." 按使壯其志, 奇其言, 給銀如數. 賈卽往沿海諸邑, 自義州始, 而訪問富室, 就其隣近而買屋. 往來留住, 盡結富人, 具美饌旨酒, 共與飮食, 富人莫不傾心愛重. 因以辯[250]辭誘說, 貸出銀錢, 多者百金, 少者數十金, 刻期約還, 及至期, 卽償無或遲滯. 凡西關錢銀子母家百數, 而賈[251]循環貸償者, 幾一年而無一欺誤, 諸富人益大信, 仍大出債銀, 又六七萬兩, 盡買人蔘·貂皮. 仍以其餘, 多貿健馬盡載之, 復赴北京, 其主人舊日大商而好誼[252]者也. 賈說之, 曰: "若以此貨, 往南京, 則當獲百倍之利矣. 男兒作

---

[246] 下: 저본에는 '可'로 나와 있으나 이본에 의거하여 바로잡음.
[247] 耋: 나본에는 '耂'로 되어 있음.
[248] 著: 이본에는 '着'으로 되어 있음. 서로 통함.
[249] 盡: 저본에는 빠져 있으나 바본을 제외한 이본에 의거하여 보충함.
[250] 辯: 저본에는 '辨'으로 나와 있으나 이본에 의거함.
[251] 賈: 저본에는 빠져 있으나 가, 사본에 의거하여 보충함.
[252] 誼: 바본을 제외한 이본에는 '義'로 되어 있음.

事, 成則昇天, 敗則入地耳, 爾我知心, 能從我乎?" 主人然之, 快許. 遂與主人, 雇一完固船載貨, 自通州發船, 得順風, 未滿十日, 達楊州. 江遇一唐人, 棹小船而過, 賈卽與格軍健者數人, 乘舟[253]追之, 入小船中, 縛其人. 載還解之, 備問水程所從入及市貨貴賤, 人心眞僞, 國禁輕重, 寇賊有無, 旣詳悉. 又厚給其人物產, 以結其心, 其人大感謝. 賈又許以成事後, 當重報, 其人指天爲誓, 願爲之死. 遂自楊州江, 隨潮而入, 直至石頭城下. 唐人之家, 多在江邊, 遂泊下岸. 翌日, 賈率船夫之有心計者數人, 皆以唐製衣服, 隨唐人入南京城內. 十里樓臺, 簾幙掩映, 皆是寶肆, 寶貨山積. 唐人引賈, 就一藥舖, 細陳此朝鮮人挾重貨, 可潛市勿洩. 舖翁大喜, 邀來同契富翁, 約期交貨. 賈歸取人蔘・貂皮, 羅列舖上, 一一精新. 南京藥舖, 素重羅蔘, 舖翁輸價, 比本國可數十倍. 賈大獲財, 厚給唐人, 歸至燕京, 以數千[254]金與主人, 又分給十餘棹夫各千金. 遂還本國, 不過數月之間, 償納巡營銀四萬兩, 而又償沿海富翁家, 兼利息無所遺, 自享餘財[255]屢巨萬. 遂詣按[256]使, 告其故, 餉南貨精貴者五駄. 按使大異之, 歎曰: "此眞大英雄也! 吾不失人矣." 薦之宰執, 累經鎭將云.

9-25. 問名卜中路遇舊僕

仁同士人趙陽來者, 善占筮, 多奇驗. 同鄉有武人赴擧, 詣趙卜吉凶, 趙作卦訖, 咄曰: "君行當被虎噬矣! 然又當捷科, 死而得科,

---

253) 乘舟: 바본을 제외한 이본에는 '乘耳船'으로 되어 있음.
254) 數千: 사본에는 '數十'으로 되어 있음.
255) 財: 저본에는 빠져 있으나 바본을 제외한 이본에 의거하여 보충함.
256) 按: 저본에는 '案'으로 나와 있으나 이본을 따름. 이하의 경우도 동일함.

世亦有之乎?"因題占辭, 曰: '月明山路, 虎狼可畏.' 武人聞之大怖, 欲止行, 趙生曰: "得科無疑, 且可發行, 虎咥果難避, 雖在家, 烏可免乎?" 武人然之, 遂發行. 行兩日, 至一無人之地, 適日暮月上[257], 忽有一賊, 蹦後猝然直前, 曳下武人於馬上, 搤其吭, 踏其胸, 拔劍[258]擬之者數次. 武人曰: "汝之所欲, 財也. 吾之行具·衣服及馬, 任汝所取, 何必殺我? 我非汝父母之讐, 何至於是?" 賊曰: "吾豈欲汝財者耶? 非我父母之讐, 吾豈有此擧哉?" 武人曰: "吾一生未嘗殺人, 豈有與汝作讐之理乎?" 賊曰: "試思之." 武人曰: "吾年少時, 嘗怒一婢子, 杖之而忽死. 此外, 未嘗有由我死者." 賊曰: "吾卽婢之子也! 吾自母死後, 爲人收養, 至於長成, 志未嘗一日忘汝. 汝雖未知有吾, 吾之伺間, 久矣, 今幸得遇於此, 吾豈捨汝?" 武人[259]曰: "然則任汝所爲." 其奴躊躇良久, 擲劍伏地, 曰: "今茲相釋矣, 主可以行矣." 武人曰: "汝旣以我爲讐, 何不遂殺?" 奴曰: "吾聞之, 主雖殺吾母, 旋卽悔之, 每至死日, 設食以祭, 此恩亦不可忘也. 主殺奴婢, 爲奴者, 何敢報也? 顧此結在心曲, 思欲一洗, 今旣扼[260]主之項, 擬以白刃, 雖未相[261]害, 志可以少伸矣. 以奴凌主, 至於此地, 罪亦難赦, 小人今死於主前." 武人曰: "眞義士也, 何可死也? 可與我同上京, 吾當善視, 豈可復懷此事?" 仍問其名, 奴曰: "小人名虎狼, 但奴扼主吭, 而豈復爲奴也?" 遽[262]引劍自決, 仆于地. 武人大驚錯愕, 不覺兩淚之泉湧也. 至近村, 言其故, 一村皆

---

257) 月上: 사본에는 '月出'로 되어 있음.
258) 劍: 사본에는 '長劍'으로 되어 있음.
259) 武人: 이본에는 '武士'로 되어 있음.
260) 扼: 이본에는 '搤'으로 되어 있음. 서로 통용됨.
261) 相: 사본에는 '嘗'으로 되어 있음.
262) 遽: 저본에는 '劇'으로 나와 있으나 가, 나, 바본을 따름. 서로 통함.

驚, 出力收瘗. 武人上京, 果捷嵬科.

9-26. 還金橐强盜化良民

許察訪烶, 風儀魁梧, 氣義卓犖, 名公巨卿, 莫不折節下之. 嘗有事於西關, 歸時, 早晨發行, 至前店不遠, 忽見路上有鹿皮囊. 公命僕取來, 見其中, 卽銀封可數百兩. 掛之鞍[263]上, 至店飯訖, 仍留不發, 使僕候於門外察人有求覓者. 日過午, 有一人, 長身魁[264]健, 而衣服鮮[265]華, 騎肥馬, 馳突而至, 歷問: "店中有得鹿皮大囊者乎? 當厚報矣!" 氣色[266]極蒼荒. 公聞[267]之, 召入問其所由失, 其人曰: "囊有銀三百兩, 縛在卜鞍上, 而馬甚悍驚, 橫逸奔走, 不得已下馬, 控而馳之, 囊忽墮地, 不知失之何處. 然而過我去者, 得之, 而當止於此店. 故試爲歷問, 而恐未可得." 公出囊授之, 且曰: "三百兩銀, 非細貨也. 故吾不發而待求者, 果得汝, 幸矣." 其人爲之大感動, 叩謝無數, 且請曰: "行次非世間人也! 此本已失之物, 願分半獻之." 公笑曰: "吾若利此, 自可持去, 何必待汝還之? 士夫志行, 本不如此, 勿[268]復言." 其人懇請獻之者, 甚苦, 公不得已叱退之. 其人坐而視囊, 默然良久, 忽發聲大哭, 叫叩號慟, 哀動傍人. 公大怪之, 問其故, 久之, 其人止哭, 而對曰: "嗟乎! 生員是何人, 我何人? 耳目口鼻同也, 言動起居同也, 此心胡爲不同? 公獨爲善如彼, 我乃爲惡如此, 思之至此, 豈不大可慟乎? 我本强人也. 此去

---

263) 鞍: 저본에는 '案'으로 나와 있으나 이본에 의거함.
264) 魁: 저본에는 '槐'로 나와 있으나 이본에 의거하여 바로잡음.
265) 鮮: 저본에는 '鱗'으로 나와 있으나 이본에 의거함.
266) 氣色: 사본에는 '意色'으로 되어 있음.
267) 聞: 저본에는 '問'으로 나와 있으나 이본을 따름.
268) 勿: 저본에는 '無'로 나와 있으나 나본을 따름.

數十里之地, 有富室, 我乘夜入室, 偸出此銀, 而恐其追蹤, 駄之此馬, 從山谷小路, 蒼荒疾驅, 未暇緊縛此囊[269]. 及出大路, 馬又橫走, 遂牽轡馳走, 而不覺墜失. 當此之時, 吾心之愿惡, 當如何哉? 今觀行次之僕馬行裝, 亦太酸寒, 而視此若糞土, 且求其主而還之, 以我視公, 其愧慚恨痛, 又當如何? 此所以不覺聲淚之俱發. 自今, 此心大改矣, 願爲公僕以沒此身耳." 公曰: "汝之改過, 誠大善, 又何可爲僕?" 其人曰: "小人常民也, 此心旣改, 非公之從, 而誰當[270]從也? 願勿拒之." 仍問公誰氏及其鄕里, 且曰: "小人當還本主銀[271], 與妻兒共來執役, 以觀公之行事, 改做人是圖矣." 仍拜起, 招公之僕, 至店肆買酒肉而饋之, 卽去, 公亦發去. 數日, 至松都板門店, 其人與妻及一子, 載家産於兩馬, 已追及矣. 公大奇之, 問處銀之由, 曰: "直抵其家, 招其主還之矣." 仍隨公至廣州雙橋村, 置屋廊底, 執役甚勤, 出入常隨, 其忠篤無與爲比者, 公甚愛之. 遂老死於其家.

9-27. 報喜信羸馬長鳴

錦陽尉朴[272]瀰, 善知馬. 一日, 適出路, 遇一駄糞馬, 令從人携, 至家見之, 背曲如山, 瘦骨稜層, 卽[273]是一玄黃駑駘耳. 仍問曰: "汝當賣此否?" 其人曰: "我以人奴驅馬而已, 不敢知買賣[274]耳." 公令給如屋㹸馬, 又令擇一健馬以給, 其人驚曰: "此一㹸馬, 亦足以

---

[269] 此囊: 저본에는 빠져 있으나 사본에 의거하여 보충함.
[270] 誰當: 가, 나, 사본에는 '當誰'로 되어 있음.
[271] 主銀: 나본에는 '銀主'로 되어 있음.
[272] 朴: 저본에는 '村'으로 나와 있으나 이본에 의거하여 바로잡음.
[273] 卽: 가, 바, 사본에는 '直'으로, 나본에는 '眞'으로 되어 있음.
[274] 買賣: 사본에는 '賣買'로 되어 있음.

當倍, 而健馬又何爲也?" 公笑曰: "雖此兩馬, 未足以當半價, 汝何
知? 須取去!" 俄而, 有禁軍踵門, 告曰: "小人是村巷賤品也. 公有
非常之賜, 而奴人迷甚受來. 故不敢留置[275], 來謁奉納云云." 公召
見之, 具言, "此馬卽曠世逸足, 汝不自知故耳. 汝若知之, 則今此
所給不足, 當其價千百之一耳." 其人答曰: "前頭成材後事, 所不敢
知. 初有所買價, 卽此一健馬, 足以倍蓰其價, 猰馬死不敢受." 公
嚴敎曰: "無論價之[276]多少, 貴人所賜, 汝何敢辭?" 迫令持去, 令厩
人善養之. 居數月, 馬肥大如象, 雋逸神彩, 駭動人目. 公每朝, 請
捨輿乘馬, 滿路生輝, 錦陽家曲背馬, 名滿一時. 光海朝, 公竄靈
光, 馬沒入官, 光海甚愛之, 每騁於闕中, 喜其馳驟. 一日, 命屛去
御者, 自騎馳突於後苑, 馬忽橫逸, 光海墜地重傷. 馬遂奔迸[277]突
出, 疾如飛電, 人不敢近. 歷盡闕中千門, 奮迅咆哮, 飄瞥如箭, 已
失其去處. 追者千百[278]爲群, 至江上, 馬已泅[279]水渡去, 莫知其所
向矣. 汾西在謫中, 一日, 昏時閑坐, 舍後竹林中, 忽有馬嘶聲, 使
人出[280]見之, 卽曲背馬也. 背有御鞍, 而鞊鞦纓絡皆盡, 而只有木
韉在耳. 公大驚曰: "此馬入禁中已久[281], 今忽逸來, 逞裔遼敻,
牽[282]納無路. 若或中路更逸, 則邈難尋蹤, 聲聞一播, 必添罪案."
遂令一隷, 掘地藏馬, 公親加敎諭曰: "汝能一日千里, 來尋舊主,
畜物之神者. 我有言, 汝豈不聞? 汝旣脫身奔逸, 已有罪, 又還我

---

275) 置: 사본에는 '住'로 되어 있음.
276) 之: 저본에는 빠져 있으나 가, 나, 사본에 의거하여 보충함.
277) 迸: 저본에는 '逸'로 나와 있으나 이본을 따름.
278) 千百: 사본에는 '十百'으로 되어 있음.
279) 泅: 사본에는 '先流'로 되어 있음.
280) 出: 사본에는 '取'로 되어 있음.
281) 已久: 나본에는 '久矣'로 되어 있음.
282) 牽: 저본에는 '牢'로 나와 있으나 가, 나, 바본에 의거함.

青邱野談 卷九 505

家, 將增我罪. 今無他計, 欲[283]沒汝蹤跡, 藏汝軀, 養汝命以終[284]. 汝若有知, 其勿喊嘶使外人知之也." 令知其事者一人飼之, 馬遂寂然無一聲. 居歲餘, 忽一日, 擧首長鳴, 聲振山岳, 播聞數里. 公大驚曰: "此馬不鳴久矣, 忽然大聲, 必有事也!" 俄而, 仁祖反正之報至, 卽其日也. 公遂蒙放還朝, 乘之如前. 其後, 又有一使臣往瀋陽者, 發程旣久, 渡江日期, 只隔一日, 而朝廷始覺咨文中有可改文字, 諸議皆以爲非此馬不可及. 事甚緊重, 仁廟[285]召公問之, 公對曰: "國家重務, 臣子性命, 亦不敢惜, 馬何足言乎?" 仍言於騎去人, 曰: "此馬到灣上後, 愼勿喂, 切勿與水草, 直懸之數晝夜, 待其休息氣定, 饋之可活. 不然, 馬必死矣." 其人領之而去. 翌日未暮, 到義州, 直入納公牒, 遂昏倒氣塞, 不能言. 急令灌藥救活之際, 人見其所乘馬, 皆以爲錦陽宮曲背馬至矣, 遂喂以菽豆如常, 馬卽死云.

9-28. 聞科聲夢蝶可徵

郭天擧, 槐山校生. 夜與妻同寢[286], 其妻睡中忽泣, 問之, 妻曰: "夢有黃龍從天降, 啣君析屋而去, 是以泣." 天擧曰: "吾聞夢龍者得第, 奈我不文何?" 朝起, 爲灌溝洫, 出田間, 在路傍, 有披襟急行者. 問之, 云: "朝廷[287]新定別試, 方急告於嶺南某邑守令之子云云." 天擧歸, 語其妻曰: "夜來君有異夢, 今日忽聞科報, 而吾不識字, 亦奈何?" 妻勸令入京, 天擧再三力辭, 而妻力勸, 備盤纏以給. 天擧至京, 足未到王城, 莫適所向, 入崇禮門, 至最初巷口, 卽倉

---

283) 欲: 저본에는 빠져 있으나 가, 나, 사본에 의거하여 보충함.
284) 以終: 저본에는 빠져 있으나 사본에 의거하여 보충함.
285) 仁廟: 나본에는 '仁祖'로 되어 있음.
286) 寢: 사본에는 '室'로 되어 있음.
287) 朝廷: 가, 나, 사본에는 '朝家'로 되어 있음.

谷. 窮其洞, 止下擔, 息憩於一舍門外, 其家人再三出見而去. 已而[288], 來言, "主人上舍邀之." 天擧入見主人, 具告赴擧, 而初到京, 無投足之處意[289]. 主人遂令留住, 與之同入. 蓋[290] 主人李上舍, 以宿儒老於場屋. 科具中, 私草[291] 積成卷軸, 入場時, 令天擧負而入, 使之歷考其冊中, 與科題同者. 天擧以校儒, 僅識其字, 遂逐卷考之. 李旣製呈, 始搜得[292], 題同者數篇[293], 相似者亦多. 遂裁折寫呈一篇, 竝參解額. 天擧大喜, 遂請歸, 曰: "吾優免軍役, 與及第何異?" 李挽留之, 同入會試. 又用前法, 李見落, 郭登第. 天擧質朴, 不隱其跡, 每自言其本末. 以此推[294], 官止奉常正.

9-29. 鬧官門痘兒昇堂

靈光邑里, 有李生者, 鄕品也. 其子纔學語, 患痘疫[295]症, 且危㞃[296]. 一日, 兒忽蹶然起坐, 大呼其父姓名, 曰: "某來某來!" 父怪而應之, 兒曰: "汝須負我[297], 隨所指而往!" 父曰: "痘病不可以風, 汝將安適?" 兒大哭, 自爬其痘, 父懼而負之, 兒指官門, 曰: "可往這裡!" 父不聽, 兒又哭, 父不得已到衙下. 兒欲入黃堂, 父沮之, 閽吏又攔之, 兒頓足大呼, 聲達于內. 太守詰之, 閽吏道其詳[298], 太守

---

288) 已而: 저본에는 '而已'로 나와 있으나 가, 바, 사본을 따름.
289) 意: 저본에는 빠져 있으나 사본에 의거하여 보충함.
290) 蓋: 사본에는 '大抵'로 되어 있음.
291) 科具中, 私草: 사본에는 '科具, 東人所製'로 되어 있음.
292) 得: 사본에는 '之'로 되어 있음.
293) 篇: 저본에는 '編'으로 나와 있으나 이본을 따름.
294) 以此推: 저본에는 빠져 있으나 사본에 의거하여 보충함.
295) 疫: 저본에는 '役'으로 나와 있으나 이본에 의거함.
296) 㞃: 바, 사본에는 '㞃'으로 되어 있음. 서로 통함.
297) 我: 저본에는 '兒'로 나와 있으나 이본을 따름.
298) 詳: 바본에는 '言'으로 되어 있음.

命聽其自入. 父負兒, 到堂級, 兒忽躍下, 大步入太守上座, 兀然隱几而坐, 怒呼太守小字, 曰: "汝何無禮? 吾乃汝亡父. 自吾屬[299]纊之時, 病瘖不能言, 家事未得盡囑, 泉臺之下, 遺恨難夷; 陽界之上, 會面無階. 近得疫鬼, 在邑下李生家, 幸因密通, 得成奇遇. 從此, 遊魂永謝塵意[300]矣." 太守惝慌[301]無措, 半信半疑.[302] 兒曰: "如我不信, 當說[303]家裡事狀, 以驗眞僞." 因道地閥·子孫·田宅, 一動一事以詔之, 果無差爽. 太守請罪, 兒曰: "汝妹零丁孤苦, 命道畸薄[304], 我每擬以某處負郭田十畞, 以充嫁資. 因病猝劇, 有意未卒, 而汝妹一寒到骨, 矜惻轉甚. 汝家饒世業, 官有豊廩, 而汲汲於妻子之計, 罔念同氣之至情. 此吾所以纏恨抱愁, 特來相戒也." 太守泣曰: "緣子不肖, 憂貽幽途, 當式悛[305]前愆, 亟分資業." 兒曰: "李生之家, 甁無儲粟, 未辦供神, 飢餒且甚, 汝須周貧!" 言訖而僵倒. 左右急救, 良久回甦, 則兒呱呱而泣, 渾不記俄者動息也. 仍輿送于李生家, 且以米錢厚賚. 其夕, 兒病忽痊云.

9-30. 擅場屋秀才對策

李公日躋, 當時盛名之士也. 長於騈驪之文, 眼高一世, 未有許借者. 一日, 赴科圍, 因狼狽失侶, 棲遑於頒題板下, 有雨傘五六箇, 團成一隊, 燈竿帷帳, 極其靚麗, 珍味妙羞, 廚傳狼藉. 李乃披帷而入, 有一少年秀才, 隱几坐重氈上, 十數書生, 各持試卷, 環坐

---

299) 屬: 저본에는 '束'으로 나와 있으나 이본에 의거함.
300) 塵意: 가, 나, 사본에는 '塵慮'로 되어 있음.
301) 惝慌: 나본에는 '怳惚'로, 사본에는 '慌慌'으로 되어 있음.
302) 半信半疑: 사본에는 '疑信交薦於中'으로 되어 있음.
303) 當說: 사본에는 '當我自說'로 되어 있음.
304) 畸薄: 바본에는 '崎薄'으로 되어 있음. 뜻은 서로 통함.
305) 悛: 사본에는 '慘'으로 되어 있음.

其傍, 皆聽秀才之口呼, 繕寫如飛. 秀才左酬右應, 略無難色. 李從傍竊觀, 則排敍[306]中窾, 對耦精緻, 箇箇成警策矣. 李大驚曰: "此世焉有此人?" 請問姓名, 秀才頷然一笑而已. 篇俱完, 秀才使一卒呈之, 卒良久, 復曰: "券[307]已黜[308]矣." 秀才又給一券, 曰: "第又繼呈." 卒又告見落. 秀才又呈一券, 如是者, 凡五六遭, 丹墀日未斜矣. 秀才大笑而起, 曰: "幾篇佳作, 未被一選, 天也, 何容更呈也?" 因捲傘而出. 李詰于從者, 乃知其爲北軒金公也.

9-31. 輸官租[309]富民買兩班

杆城有一兩班, 賢而好讀書, 每郡守新到, 必親造其廬而禮之. 其家貧, 歲食[310]官糶, 積至千包, 郡守則知其貧, 無以爲償, 不之督焉. 一日, 觀察使巡到于此, 閱糶簿, 大怒曰: "何許班民, 乃乏軍餉?" 命囚而嚴督之, 郡守意甚哀之, 而亦無奈何. 兩班日夜號泣, 計無所出, 其妻罵之, 曰: "平生好讀書, 無益縣官租[311], 咄咄兩班, 咄咄兩班![312] 不直一錢." 其里之富人, 私相議曰: "兩班雖貧, 常尊榮; 我雖富, 常卑賤. 見兩班, 則蹋踖屛營, 匍匐拜庭, 曳鼻膝行. 我常如此其僇辱, 今兩班貧不能償糶, 方大窘, 其勢誠不能保其兩班, 我且買而[313]有之." 遂踵門而請償其糶, 兩班大喜而許之. 於是, 富人立輸其糶於官. 郡守大驚異之, 自往勞于兩班, 且問償糶狀,

---

306) 敍: 바본에는 '舒'로 되어 있음.
307) 券: 저본에는 '卷'으로 나와 있으나 가, 나. 사본에 의거함. 이하의 경우도 동일함.
308) 黜: 바본에는 '出'로, 사본에는 '點'으로 되어 있음.
309) 租: 사본에는 '穀'으로 되어 있음.
310) 歲食: 바본에는 '歲寒'으로 되어 있음.
311) 官租: 가, 나, 바, 사본에는 '官糶'로 되어 있음.
312) 咄咄兩班: 나, 바본에는 빠져 있음.
313) 而: 가, 나본에는 '以'로 되어 있음.

其兩班氈笠短衣, 伏道謁, 口[314]稱'小人'. 郡守大驚下扶, 曰: "何自貶辱如是乎?" 兩班益恐懼, 頓首俯伏, 曰: "惶悚小人非敢自辱, 已鬻其兩班以償糶, 里之富人, 乃兩班也. 小人復安敢冒其舊號乎?" 郡守歎曰: "君子哉[315], 富人也! 兩班哉, 富人也! 富而不吝, 義也; 急人之難, 仁也; 惡卑而慕尊, 智也, 此眞兩班. 然私相交易而不立券, 訟之端也. 我與汝約, 郡人而證之, 立券而信之, 郡守當自署之." 於是, 歸府, 悉召郡中之士族及農商工賈, 悉至于庭. 富人坐鄕所之右, 兩班立公兄之下, 乃爲立券, 曰: "某年月日[316] 爲明文事段, 斥賣兩班, 爲償官穀, 其直千斛. 維厥兩班, 名謂多端, 讀書曰'士', 從宦曰'士夫',[317] 有德爲'君子', 武階列西, 文階[318]序東, 是爲兩班.[319] 絶棄鄙事, 希古尙志,[320] 目視鼻端, 會踵支尻. 『東萊博議』, 誦如氷瓠; 『古文眞寶』, 細寫如荏. 忍饑耐寒, 口不說貧, 長聲喚奴, 緩步曳履. 手毋[321]執錢, 不問米價, 暑無跣足, 飯毋徒髻. 忿無搏妻, 怒毋踢器, 病毋招巫, 祭毋齋僧. 毋屠牛, 毋賭錢.[322] 凡此百行[323], 有違兩班, 持此文記, 卞正于官. 城主杆城郡守押, 座

---

314) 口: 저본에는 '日'로 나와 있으나 이본을 따름.
315) 哉: 저본에는 '也'로 나와 있으나 바본을 따름.
316) 月日: 사본에는 '某月某日'로 되어 있음.
317) 從宦曰士夫: 바본에는 '從政爲大夫'로 되어 있음.
318) 文階: 바본에는 '文秩'로 되어 있음.
319) 是爲兩班: 바본에는 '是爲兩班, 仕爾之所從'으로 되어 있음.
320) 希古尙志: 바본에는 이어서 '五更常起, 點硫燃脂'라는 내용이 첨부되어 있음.
321) 毋: 이본에 따라서 '毋'와 '無'가 혼용되고 있음. 이하의 경우도 동일함.
322) 東萊博議 … 毋賭錢: 바본에는 "『東萊博議』, 誦如氷瓠. 忍飢耐寒, 口不說貧, 叩齒彈腦, 細漱呑津, 袖必刷毛, 冠亦拂塵. 盥於生波, 勿爲擦拳漱, 口無惡臭, 長聲喚婢, 緩步曳履. 『古文眞寶』, 『唐詩品彙』, 抄寫如荏, 一行百字式. 手無執錢, 不問米價, 暑毋跣襪, 飯毋徒髻, 勿餌生葱, 飮酒勿粘鬚, 吸烟勿輔孔. 忿毋毆妻, 怒毋破器, 無拳打女兒, 勿死罵奴僕. 叱牛馬勿辱鬻主, 病毋招巫, 祭毋齋僧, 擧爐勿煮手接, 語勿齒唾. 毋屠犬豕, 毋賭鬪錢."으로 되어 있음.
323) 百行: 가, 나본에는 '百事'로 되어 있음.

首・別監證署." 通引踏印³²⁴⁾, 戶長讀畢, 富人愣然久之, 曰:"兩班只此而已耶? 吾聞兩班如神仙, 審³²⁵⁾如是太乾沒, 願改爲可利於己³²⁶⁾." 乃改作券, 曰:"維天生民, 其民維四, 四民之中, 最貴者士, 稱以兩班, 利其³²⁷⁾大矣. 不畊不商, 粗涉文史, 大決文科, 小成進士.³²⁸⁾ 文科紅牌, 不過二尺, 百物具備, 維錢之橐³²⁹⁾. 進士三十, 乃筮初仕, 猶爲名蔭, 善事雄南, 耳白傘風, 腹皤³³⁰⁾鈴諾, 室珥冶妓, 庭馴³³¹⁾鳴鶴. 窮士居鄕, 猶能武斷, 先畊隣牛, 借耘里氓, 孰敢慢我? 灰灌汝鼻, 暈髻汰鬢, 無敢怨咨." 富人奉券而吐舌, 曰:"已之已之, 孟狼³³²⁾哉! 將使我爲盜耶?" 掉頭而去, 終身不敢復言兩班事.

9-32. 逢奇緣貧士得二娘

古有一上舍生, 家在東小門外, 家計至貧, 蔬糲不繼. 日詣太學, 參朝夕食堂, 以其餘, 輒歸遺細君, 日以爲常. 一日乘昏, 袖飯而歸, 中路遇一美女, 隨後而來, 生顧謂曰:"何許女子, 隨我而來乎?" 女曰:"欲與君偕往, 以奉箕帚³³³⁾." 生曰:"吾家窶甚, 一妻尙患啼飢, 況可畜妾乎? 娘若從我, 必作翳桑之鬼, 愼勿生意." 女曰:"死生有命, 貧富在天, 否極則泰來, 時至則風送. 釣渭呂叟, 八旬載西伯之後車; 弊貂蘇季, 一朝佩六國之相印, 豈可以一時窮困,

---

324) 踏印: 바본에는 '踏印錯落'으로 되어 있음.
325) 審: 바본에는 '誠'으로 되어 있음.
326) 於己: 이본에는 '於是'로 되어 있음.
327) 其: 바본에는 '莫'으로 되어 있음.
328) 大決文科, 小成進士: 사본에는 '大則文科, 小或進士'로 되어 있음.
329) 橐: 바본에는 '庫'로 되어 있음.
330) 皤: 나본에는 '膰'으로 되어 있음.
331) 馴: 저본에는 '訓'으로 나와 있으나 가, 나, 바본을 따름.
332) 孟狼: 이본에는 '孟浪'으로 되어 있음. 서로 통함.
333) 帚: 이본에는 '箒'로 되어 있음. 동자임.

自斷其平生乎?" 麾之不去, 跟到其家, 生不得已留置, 與之同裯. 翌日, 女以所持錢緡, 貿粮沽柴, 以供朝晡, 明日又如此. 自是, 夫婦能免飢餓, 錢盡則女又得繼, 度了四五朔, 女謂生曰: "此地太窮僻, 不可居生, 入處城內, 未知如何?" 生曰: "無家可住奈何?" 女曰: "如欲入城, 何患無家?" 一日, 蒼頭七八人, 持二轎二馬, 青衣一小童, 牽一驢[334]而至. 女開籠, 出男女新衣服, 一件納于女君, 一件自着之, 一件使生着之. 妻妾各乘一轎, 生騎驢陪後, 須臾至一宅. 妻妾直入內舍, 生彷徨外庭, 軒宇宏傑, 花卉森列. 俄而, 小奚延生入內, 妻在內房, 妾在越房, 日用器皿, 無不畢具, 在前奴僕[335], 足於使令. 生曰: "是誰之家?" 女笑曰: "看竹何須問主? 居之者, 卽主人也." 自此, 衣食裕足, 居處廣大, 屋中之瘦面復光, 江南之富翁不羨矣. 時有李同知稱號者, 往往來見其妾, 而云是近族, 此外無他來往者矣. 一日, 女謂生曰: "郞君又欲得一美妾乎?" 生驚曰: "吾與娘相逢之後, 賴娘之力, 一身安富, 萬事皆足, 豈有望蜀之意乎?" 女曰: "非我求童蒙, 童蒙求我, 天與不取, 反受其殃." 遂力勸之, 生曰: "第與內子, 相議處之." 妻曰: "如此之妾, 雖家畜十人, 顧何妨也." 生諾之. 一夕, 有一妙年婦人, 乘月步來, 二叉鬟前導, 容色絶佳[336], 擧止端潔, 滿帶羞澁之態, 決非常賤之流. 生一見驚喜, 遂成雲雨之歡[337]. 女曰: "此人卽士族婦女也, 非妾之比也, 待之以齊體之禮, 可也." 生依其言, 敬待之. 三女同室, 閨門雍睦. 一日, 李同知者來, 謂生曰: "今日政眼, 君首擬寢郞矣." 生曰: "吾

---

334) 驢: 이본에는 '衛'로 되어 있음.
335) 奴僕: 이본에는 '婢僕'으로 되어 있음.
336) 佳: 바본에는 '妙'로 되어 있음.
337) 歡: 사본에는 '樂'으로 되어 있음.

之姓名, 世無知者, 又無相親知, 孰能擧擬? 傳者妄也." 李曰: "吾目擊政眼, 君之姓名, 吾豈不知?" 已而, 陵隷持政望, 叩門曰: "是某宅乎?" 生員見其姓名, 果不誤也. 心雖驚訝, 身卽出仕, 其後節次推遷, 歷典州牧. 一日, 生謂女曰: "吾與娘同居, 已過數十年, 而今將老且死矣. 尙不知娘之來歷, 前雖秘諱, 今日宜詳言之." 女歔欷曰: "李同知, 卽妾父也. 妾靑年早寡, 不識陰陽之理, 父母憐之, 一日謂妾曰: '今夕汝須出門, 隨往衣冠男子之初逢者而事之.' 妾顚倒而出, 與郞君先逢, 莫非天緣, 家舍之買賣[338], 産業之經紀, 皆妾父之指揮也. 彼女卽今某宰相[339]之女, 而亦合宮前寡婦也. 妾父與某宰相親切, 雖家間細鎖, 皆議之, 兩家俱有靑孀, 心常矜惻, 討論情懷. 一日, 妾父告以妾區處之由, 某宰愀然良久, 曰: '吾亦有此意.' 遂以其女病沒, 傳訃舅家, 虛葬山下, 送適郞君. 向者初仕, 首擬之銓官, 亦某也." 生聞罷, 始歎其奇遇矣. 生與妻妾三人, 白首偕老, 多産子女, 屢享全[340]城之奉, 多見膝下之榮云.

9-33. 伏園中舊妻授計

丙子胡亂, 松都商賈之妻有被擄者, 商賈失其妻, 號呼[341]喪性, 聚銀入瀋. 其妻爲馬將軍所畜, 商賈持銀, 盤問東人之隣居被擄者, 答云: "汝妻爲馬所絶愛, 萬無贖還之理, 汝徒死耳, 急歸!" 其人猶不能忘, 願見其面, 其隣人曰: "深藏不出, 此事至難. 但將軍每飮子夜水, 信其女, 夜半, 必令其女取水, 潛伏其園, 或見之, 是

---

338) 賣: 이본에는 '置'로 되어 있음.
339) 宰相: 가, 바, 사본에는 '宰某'로 되어 있음.
340) 全: 가, 나, 바본에는 '專'으로 되어 있음.
341) 號呼: 바본에는 '號泣'으로 되어 있음.

甚危道也." 其人不勝情, 夜往伏園中, 其妻夜半果至, 就執其手, 其妻無言, 卽入去. 少焉復出, 以小包授之, 曰:"我雖無狀失身胡虜, 亦有一端心情[342] 人旣戀我, 以至於此, 心豈恝然? 然萬無脫身之路, 若欲歸, 則禍必及. 君須持此歸國, 買妾當得勝我者[343], 千萬保重. 歸國勿遲, 恐有追騎, 急往炊飯, 伏於村舍, 可喫三日者賫往." 仍手指越邊山程, 曰:"彼頂[344]有石窟, 潛伏其處三日而出去, 則可以免矣." 商賈如其言, 急急炊飯, 往伏石窟中矣.[345] 翌朝, 其妻自經於園中所分之處, 馬大驚以爲朝鮮人來, 發卒搜索, 三日乃止. 其人始出來[346]云.

9-34. 尋古墓牧隱現夢

李監司泰淵, 卽牧隱小子提學種學之裔也. 少時, 夢一老人, 自言,"我乃汝之牧隱先祖! 吾嘗愛小子種學, 今子孫失其墓, 樵牧不禁, 吾甚傷之. 汝是種學之裔[347], 須求訪其墓, 可也." 李公夢中, 不覺拜手致敬, 曰:"雖欲求之, 其道何由?" 老人曰:"汝求吾文, 可知." 遂驚覺, 怳然莫知其所謂, 考諸牧隱文集, 亦無可徵. 每逢嶺南人, 輒問牧隱逸文, 有士子言,"嶺南某邑人家, 有若干遺文云." 而無緣取覽, 適出爲公山縣監, 委送人求來詳閱, 其中提學公墓表云:'在兎山地某里.' 始信其夢之不虛. 還朝之後, 以玉堂言事坐罷, 乘閑亟往兎山, 彷徨境內村閭, 茫然無涯. 暮宿一村, 盤問其主

---

342) 心情: 사본에는 '心傷'으로 되어 있음.
343) 當得勝我者: 사본에는 '當勝我者三十人'으로 되어 있음.
344) 頂: 저본에는 '程'으로 나와 있으나 이본을 따름.
345) 往伏石窟中矣: 사본에는 '石窟中往伏矣'로 되어 있음.
346) 出來: 사본에는 '出去'로 되어 있음.
347) 裔: 이본에는 '後'로 되어 있음.

人曰:"此近地, 亦或有古塚, 流傳古[348]宰相墳墓形址者否?"其人
曰:"吾家後麓, 亦曾有古塚."公遂留宿, 採問于村氓, '其墓初有表
石, 以陰記中多錄墓田所在, 故村人拔而埋之, 盜其田云.'遂訪其
埋處, 掘出於墓前尋丈下水田中, 字畫宛然可考. 遂置墓奴而守,
修其香火.

9-35. 洪斯文東岳遊別界

　洪僬, 牙山大同村人也. 嘗遊金剛山, 於外山遇一僧, 獨行甚忙,
問其所向, 答曰:"所居甚遠矣."洪欲從之, 僧曰:"此非脚力甚
捷[349], 不能至也."洪固請, 僧上下看良久, 曰:"足行矣."遂與同行,
從僻路升降, 不知爲幾里. 有一峻嶺, 抵一沙峰下, 僧曰:"此沙軟
甚, 移足稍緩, 則沒至膝, 但學我運步數數, 可免此患."生促膝隨
僧, 行至上頭, 路繞山腰, 至一處路斷, 下臨絶壁[350], 怡然神悸. 對
岸相距, 可丈許, 僧超然跳[351]過, 無難也. 生無計從之, 僧於其半
岸, 懸身仰臥, 令生躍過, 投於其懷中. 生依其言一跳, 僧便抱住,
遂從此進, 盤回崎嶇, 到一處, 卽一別界也. 景物奇絶, 田疇肥沃,
有人居數十家, 皆僧徒也. 豊屋相接, 泉石回匝, 而滿洞皆梨樹, 家
家積梨, 人人殷實. 以生外客能至, 甚貴愛, 互相延去, 循環供饋.
可一月餘, 生欲歸, 將尋舊路, 則可來不可去, 僧曰:"此自有路可
出."卽編藁作兩薦, 導出洞行數里, 涉一峻嶺, 其下卽一盤石, 側
臥淨滑, 不見其所極. 僧將一薦與生, 而自將其一, 各負於背, 臥於

---

348) 古: 바본에는 '言'으로 되어 있음.
349) 捷: 이본에는 '健'으로 되어 있음.
350) 絶壁: 이본에는 '絶壑'으로 되어 있음.
351) 跳: 나본에는 '躍'으로 되어 있음.

盤石上, 動搖流下. 良久, 始下至地, 前有一峰, 雪色嵯峨, 峰上有 圓石, 其上有對峙如兩角者. 僧曰: "生員欲見奇事否?" 卽上走峰 頭, 將一石子, 叩其如角者, 久之, 如角者漸屈罄折, 俄而縮入, 復 叩其一, 屈縮又如前者. 生問: "此何物?" 僧曰: "此爲大螺, 俗名鼓 角, 素在高山絶頂上, 我國取作軍[352]吹器云." 自此, 幾行三十里, 出於高城地. 僧曰: "此洞名'梨花洞', 花開時, 滿洞晃朗如雪朝云."

9-36. 成虛白南路遇仙客

成虛白俔, 曾在玉署, 受由南歸. 其還也, 適炎夏時,[353] 傍溪有樹 蔭甚美, 下馬憩焉. 忽有一客, 騎驢而至, 一小童執鞭而隨之. 客下 驢, 亦就樹蔭息之, 成與語. 良久覺飢, 將命食物, 客亦命小童, 取 來一柳盒, 盒開, 有一小兒, 蒸之爛熟. 小童又進一瓢, 有酒若血, 蟲蛆滿盈, 又泛數花草. 客分裂兒肢體, 擧而啖之, 若珍果. 虛白大 駭, 問: "此何物?" 客曰: "靈藥也." 虛白嚬蹙睨視, 不敢直視. 客忽 以一肢, 勸虛白食, 虛白曰: "如此之物, 素不能食." 客又擧瓢, 曰: "此則可飮否?" 又辭如前, 客笑而引飮盡, 取草細嚼, 以兒餘者, 與 小童, 小童坐林下食之. 坐處稍間, 虛白托以便旋[354], 問童曰: "汝 主人何人, 而住在何處?" 童曰: "不知也." 虛白曰: "豈有奴不知主 者?" 答曰: "吾隨行已數百年, 尙不知爲誰某也." 虛白益驚, 固問 之, 童曰: "疑是純陽." 曰: "俄者所食, 何物也?" 曰: "千歲童蔘也." "酒中草, 何名?" 曰: "靈芝也." 虛白驚悔, 就拜客前, 曰: "俗眼矇 昧[355], 不識大仙之降臨, 禮節頗簡, 死罪死罪! 然今玆之奉緣, 亦非

---

352) 軍: 가, 나본에는 '軍中'으로 되어 있음.
353) 適炎夏時: 가, 나본에는 '時適炎夏'로 되어 있음.
354) 旋: 저본에는 빠져 있으나 가, 나, 바본에 의거하여 보충함.

偶, 童蔘·靈芝, 猶可得嘗否?" 客笑謂童曰: "俄物尙有存者乎?" 童曰: "纔已盡食矣." 虛白刳心懊恨, 而莫如之何. 客起揖將行, 童問所向, 客曰: "今向獜川." 時日已西矣, 僕緊束馬腹. 客驢瘦小, 而行亦不甚駛, 轉眼之間, 已杳然矣. 虛白縱馬追之, 纔踰一峴, 已不見矣.

---

355) 眛: 나본에는 '昧'로 되어 있음. 서로 통함.

卷十

10-1. 偸隣釀四儒詠詩

古有一老宰相, 退老田園, 以詩酒自娛, 常置家釀數瓮. 一日, 新酒初熟, 山下一牛鳴之地, 有齋宮, 而其近處書生四人, 來住做業. 夜間, 忽相謀醉, 暗入老宰家, 開瓮爛飮, 酒氣淋漓, 豪興大發. 一人曰: "吾輩飮好酒[1], 不可無詩, 四人各作七言絶句一首, 書之瓮間而去, 如何?" 皆曰: "諾." 一人先唱曰: '晉代疎狂畢吏部.' 又一人續曰: '風流千載屬吾儕.' 又一人曰: '偸來半夜無人縛.' 又一人曰: '帶醉還山月欲低.' 書畢, 踉蹌而步, 歸宿齋宮. 翌朝, 掌酒小婢, 開瓮驚叫曰: "夜有盜酒者, 盡瓮偸飮, 書文字於瓮間而去, 大是異事!" 老宰聞之, 親往見之, 其文字, 乃偸酒詩一絶也. 意其齋居儒生之所爲, 卽日盛備酒肴, 邀齋宮四儒而飮之. 四儒佯若不知夜間事者然, 飮酒談詩, 言笑自若. 酒酣, 老宰忽整襟而言曰: "君輩讀書之士也, 胡乃夜入人家, 作盜酒之詩也?" 四人惶恐摧謝, 老宰各問其做詩之次第[2], 乃怡然和顔, 曰: "無愧也! 古人亦有此等風致也." 仍曰: "老夫於此, 興復不淺, 然詩出性情, 吾試言其前程窮達矣. 晉代疎狂, 終必爲司馬; 風流千[3]載, 終必建節; 帶醉還山, 終必至於老夫之位矣." 仍不言第三隻之如何. 其人不勝燥[4]悶, 欲聞[5]其前程, 敢請之, 老宰曰: "君勿以爲如何![6] 君之氣象[7], 恐未免

---

[1] 飮好酒: 저본에는 '好飮酒'로 나와 있으나 이본을 따름.
[2] 次第: 이본에는 '第次'로 되어 있음.
[3] 千: 저본에는 '十'으로 나와 있으나 이본에 의거함.
[4] 燥: 다, 라, 마본에는 '躁'로 되어 있음. 뜻은 서로 통함.
[5] 聞: 라본에는 '問'으로 되어 있음.
[6] 君勿以爲如何: 라본에는 빠져 있음.
[7] 氣象: 마본에는 '氣像'으로 되어 있음.

坮城之患, 諸君須銘念, 救恤此人也." 仍大笑而散. 後四人, 皆如老宰之言, 無一差爽. 其三人, 思老宰之言, 救恤其人云.

10-2. 檢岩屍匹婦解冤

　　金相公某, 少時, 與親友數三人, 讀書於白蓮峯下暎月庵. 一日, 親友皆有故還家, 夜深獨坐, 明燭看書. 忽有女人哭聲, 如怨如訴, 從暎月庵[8]後, 自遠而近, 至於窓外而止. 公怪之, 端坐不動, 問曰: "鬼乎人乎?" 女人長吁[9]而答曰: "鬼也." 公曰: "然則幽明有殊, 安敢相糅?" 女人曰: "吾有[10]前生解冤事, 而非公莫可解, 欲訴冤而來." 公開戶視之, 不見其處, 有嘯於空中, 曰: "現形則恐致公驚." 公曰: "第現之." 言罷, 一少婦披髮流血, 而立[11]於前, 公曰: "訴何冤乎?" 曰: "吾乃朝官之女也. 嫁于某人家, 新婚未幾, 家夫[12]惑於淫婦, 罵我毆我. 末乃信其淫婦之讒, 謂我有鶉奔之行, 夜半以劍刺我, 棄之于暎月庵絶壑之間, 人無知者. 紿吾父母曰:'淫奔而去云.' 吾誤死於非命, 固冤也. 又蒙不潔之名, 千古泉壤, 此冤難洗." 公曰: "冤魂雖可矜惻, 吾以一書生, 何以解之?" 女人曰: "公某年必登科, 某年爲某職, 某年當爲秋曹參議, 秋曹刑獄之官也, 解冤豈不易哉?" 仍辭去. 翌朝, 潛視絶壑間, 則果有一女屍, 乃昨夜所見者也, 鮮血淋漓, 有若新死者然. 返而讀書, 秘之不發說. 後果登科, 歷職至秋議. 公記冤女之訴, 卽赴衙設座[13], 捉來其夫, 訊問

---

8) 庵: 바본에는 '巖'으로 되어 있음.
9) 吁: 다. 마본에는 '呼'로 되어 있음.
10) 有: 다. 라. 마본에는 '生'으로 되어 있음.
11) 立: 라본에는 '泣'으로 되어 있음.
12) 家夫: 라본에는 '新郎'으로 되어 있음.
13) 座: 저본에는 '坐'로 나와 있으나 다. 라. 마본을 따름.

曰: "汝知暎月岩[14]寃死之人乎?" 其人抵賴[15], 遂與之共往暎月岩[16], 檢驗其屍, 其人語塞卽服. 遂招寃女之父母, 使之埋葬, 其夫置之辟. 當夜, 公又入暎月岩, 秉燭獨坐, 其女人泣謝於窓外, 整其鬢髻, 衣服楚楚, 非復舊時之[17]容也. 公使之近前, 更問其前程, 女人曰: "公某年某官, 某時某事, 位至大官, 而某年爲國辦死然後, 令名無窮, 子孫大昌矣." 仍辭去. 公默記之, 果如合符節, 於某年, 終死於國事, 而永垂令名云.

10-3. 博川郡知印效忠

李基榮者, 博川知印也, 爲人外似醇謹, 而內有膽畧. 當辛未西賊之時, 郡守任聖皐, 抗賊[18]不屈, 被拘囚, 朝夕且死. 基榮奮不顧身, 乘夜往見, 說以討賊之計, 任公疑其賊諜, 不應之, 曰: "吾死在須臾, 安有討賊之策? 且汝在知印之列, 平日吾未之信使矣, 而何不畏賊而來見我乎?" 基榮慨然曰: "爲國討賊, 人之秉彛, 平日信使與否, 何可較論乎?" 且進以飮食, 涕泣慷慨. 任倅知其眞情, 欲書報安州兵營以求援, 基榮取囊中筆墨以獻, 曰: "願割衣衿書之, 以爲表蹟, 書中辭意, 則急送砲手四五十名, 可以殲此邑賊云云." 任倅如其言, 書付之, 基榮藏書衣綿間, 單身赴安營. 時戒嚴甚備, 內應盤據, 城不可入, 而事機易洩[19]. 基榮從東北土城, 依山而入, 達夜急走[20], 時已五更餘, 直入兵營, 燈燭熒煌, 鈴閣[21]寂然. 遂大

---

14) 岩: 다, 라, 마본에는 '菴'으로 되어 있음.
15) 抵賴: 라본에는 '低頭'로 되어 있음.
16) 岩: 라본에는 '菴'으로 되어 있음. 이하의 경우도 동일함.
17) 之: 저본에는 빠져 있으나 라, 마본에 의거하여 보충함.
18) 賊: 이본에는 '敵'으로 되어 있음. 라본은 이하의 경우도 동일함.
19) 洩: 다, 라, 마본에는 '泄'로 되어 있음.
20) 走: 마본에는 '赴'로 되어 있음.

呼曰: "有時急稟白事矣!" 兵相大驚, 以爲賊, 執問之, 願辟左右, 至前納書. 兵相按長劍, 招使近前, 基榮始出獻衣綿間書, 乃博川倅借砲書也. 乃詳詰眞僞[22], 卽曉發送善砲手五十名, 使一校領之. 博距安爲五十里, 但知爲陷沒, 不聞消息動靜. 遂厚賞基榮, 基榮辭不受, 討答書, 間行先還見任倅. 日未午, 砲聲大起, 賊軍不意猝當, 未暇應接, 鳥駭獸竄. 博邑還復, 遂解任倅之拘. 後任倅以陷賊時, '稱小人'·'見奪印符'等事, 被拿. 蓋任倅被執時, 向賊言曰: "吾爲守土之臣, 不能保邑, 有老母而不能安保. 不忠不孝, 實家國[23]之罪人也, 生何爲? 速殺我, 願活老母." 賊夐聞任倅治蹟, 故不忍殺之云. 蓋罪人與小人, 聲[24]相近, 故有陪持一人, 被執在近地, 誤聽而傳之. 印符則力屈被奪, 雖愧嘉山倅鄭公罵賊而死, 以此搆罪, 豈不冤哉? 天日孔昭[25], 畢竟昭晣, 特爲放送. 其被逮也, 基榮始終跟隨, 須臾不離, 訓將聞之, 特差都監敎鍊官, 欲爲信任之計. 及任倅脫放後, 仍辭還本土, 平日, 口不言平賊時事. 嗟夫遫矣! 遇土貌爾官僮, 慷慨涕泣, 矢死討賊, 何其忠也? 傳尺書, 借援兵, 掃群寇於一朝, 何其智也? 主倅被逮, 忠逆未[26]判, 平日親信之人, 擧皆避之, 而獨守不去, 何其義也? 斂功不言, 避遠功名, 何其偉也?

10-4. 晉陽城義妓[27]捨生

論介者, 晉陽妓也. 壬辰倭攻晉陽城, 上洛君金時敏, 嬰城自守,

---

21) 鈴閣: 마본에는 '鈴閤'으로 되어 있음.
22) 眞僞: 라본에는 '其僞眞'으로, 마본에는 '其僞'로 되어 있음.
23) 家國: 바본에는 '國家'로 되어 있음.
24) 聲: 라본에는 '都'로 되어 있음.
25) 孔昭: 라, 마본에는 '孔照'로 되어 있음.
26) 未: 저본에는 '不'로 나와 있으나 이본을 따름.
27) 義妓: 라, 마본에는 '妓義氣'로 되어 있음.

屢戰屢敗之, 殺倭數萬, 賊終不敢窺湖南而歸. 翌年癸巳六月, 倭
酋淸正, 承秀吉之旨, 必欲雪晉陽之恥, 率兵十萬來圍. 時本道兵
使崔慶會, 忠淸兵使黃進, 倡義使金千鎰, 金海府使李宗仁, 復讐
將高從厚, 泗川縣監張潤諸公, 入守之, 獨紅衣將軍郭再祐曰: "此
城倭賊必爭之地也, 爲湖嶺要衝關隘[28]之所, 而孤軍遇强賊, 必敗
乃已云." 而終不入城. 諸公會矗石樓, 誓同生死[29], 慷慨論事. 倭下
令曰: "昨年敗衄之報, 政在今日, 不滅此城, 誓不旋踵!" 百道攻城,
第十餘日城陷, 城中六萬人, 同日殲之, 諸公皆赴南江而死. 時論
介凝粧盛飾, 往見倭將之最桀驁者, 假意獻媚, 倭將悅之, 欲劫之.
妓不從以婉辭, 誘引倭將, 步出江邊岩石上, 與之對舞. 此岩揷在
江岸, 三面皆深潭也. 遂抱倭將之腰, 墜入江中, 倭陣大驚. 亂平
後, 旌論介曰'義妓', 立祠江上祭之, 名其石曰[30]'義妓岩', 刻'一帶長
江千秋義烈'八字. 其岩亦名'落花岩', 蓋以妓之沉江, 譬之落花云.

10-5. 李節度麥場逢神僧

李兵使源, 唐將李提督後裔也. 流落于春川, 親執鋤耰之役, 渾[31]
於農夫. 適値夏節, 打麥而困, 宿於場邊樹陰, 有攪睡者, 李開眼見
之, 則有一白衲少年在傍矣. 李起, 曰: "汝攪予眠乎?" 曰: "然矣."
仍曰: "書房主, 勿爲困汨於打麥場中, 卽今發行上京也." 李曰: "吾
於京洛, 無一親知, 又無所看事, 而空然上京, 得非虛浪乎?" 僧曰:
"不過四五日, 書房主必爲入仕, 自上且訪書房主, 今速上京也." 再

---

[28] 關隘: 이본에는 '關阨'으로 되어 있음. 서로 통함.
[29] 生死: 라본에는 '死生'으로 되어 있음.
[30] 曰: 라, 마본에는 빠져 있음.
[31] 渾: 바본에는 '混'으로 되어 있음.

三丁寧. 李異其言, 卽發京行, 住於東門內旅邸. 翌日, 躬往鄭判書昌順家, 本時³²⁾素昧, 而時方騎判故也. 門外通刺, 卽爲速見, 李自言某之後孫云云. 鄭判書曰: "日前筵中, 自上提問提督後孫於蔡判書, 君須往謁蔡判書也." 李卽其地往見蔡, 蔡接見詳問, 且曰: "數數來也!" 蔡於後日入侍時, 卽爲稟告, 自上特除南行宣傳官, 使之除許參隨行. 又命入侍, 大蒙恩褒, 非久登武科, 屢典雄邑. 心中每想厥僧之神異, 而無由得見矣. 戊申, 以湖南水使, 方渡銅津, 船中有一乞僧, 時時擧眼, 有意而看. 李亦心動, 命人邀來, 乃向者春川樹下僧也. 不覺欣倒, 從³³⁾行槖中優數行下, 更問前程, 僧洗洗不受, 且曰: "令監主³⁴⁾前程未盡也." 李曰: "吾其爲亞將乎?" 曰: "似矣." 少頃, 船泊津頭, 下船而散. 壬子年間, 李以蔚山兵使遞歸, 後以都監別將, 監董³⁵⁾於彰義門城役. 方坐幕中, 時幕外數步許, 有僧逗留³⁶⁾顧眄, 李又心動, 遣卒招來, 乃銅津所逢僧也. 賜酒親款後, 更問來頭, 僧笑曰: "令監主, 何不想昔日打麥場事乎? 今旣經閫帥, 且隔亞將一等, 復何所望乎?" 終不復言, 李亦一笑而罷. 李終以兵使, 卒於明年云.

10-6. 金丞相瓜³⁷⁾田見異人

淸沙金相, 以繡衣出嶺南, 時當五六月, 天氣甚熱. 行到太白山中, 喉渴甚急, 峽中無人家, 亦無井泉, 與傔從³⁸⁾彷徨路次³⁹⁾, 萬無

---

32) 時: 이본에는 '是'로 되어 있음.
33) 從: 바본에는 '旋'으로 되어 있음.
34) 主: 저본에는 빠져 있으나 다, 라, 마본에 의거하여 보충함.
35) 監董: 라본에는 '董役'으로 되어 있음.
36) 逗留: 마본에는 '逗遛'로 되어 있음.
37) 瓜: 라, 마본에는 '苽'로 되어 있음. 이하의 경우도 동일함.
38) 傔從: 저본에는 '從傔'으로 나와 있으나 마본을 따름.

解渴之道. 適過一峴, 則路邊有瓜田而無幕, 見靑瓜爛熟, 渴症甚緊, 豈顧納履之嫌! 使其從傔, 持二分錢, 掛于田中豆葉, 入送摘來. 傔人擧足入畝, 纔擧[40]數步, 仍卽昏窒, 仆于田中, 口裏纔出一聲, 曰: "進賜主活我!" 仍又無聲. 金相大怪之, 不敢造次入去, 彷徨田隴[41], 方甚罔措. 忽有一田翁, 頭戴篛笠[42], 自山上下來, 呼謂之[43]曰: "豈可唐突偸入耶?" 觀其行步徐緩, 言辭雍容, 少無驚怪之樣. 金相告以喉渴[44]之故, 懸錢入送之意, 田翁曰: "此田雖無幕無人, 君不見田邊白麻之種乎? 此足禦偸人之行色[45]矣." 笑而入田, 抱傔人之手, 從某方而出. 俄者, 昏仆不省之人, 今則如常無恙, 又得食數瓜. 金相更爲詳看, 則瓜田四面, 環植白麻, 其種之之法, 或疎或密, 宛成八門貌樣, 意以爲, '此是八陣法也!' 仍問傔人以俄者光景, 傔人以爲, "纔移數步, 五內撓亂, 七情迷昏, 目無所見, 咫尺不辨, 仍爲昏沉矣. 俄者, 老人携手指路, 始目有所見, 精神惺惺[46]矣." 金相大以爲異. 於是, 田翁更無一言, 飄然向山厓[47]而去. 金相以爲異人, 傔人則送于近處村舍, 而潛追其踪, 踰越數岡[48], 隨田翁, 入其所居之室, 乃是數間草屋, 而房則一間房而已. 金相乃萬端乞宿, 田翁笑而入內, 與老妻[49]從容談話後, 手持一椀黍粟飯, 邀

---

39) 路次: 라, 마본에는 '路中'으로 되어 있음.
40) 纔擧: 라, 마본에는 '擧趾'로 되어 있음.
41) 隴: 라본에는 '壟'으로 되어 있음. 서로 통함.
42) 篛笠: 라, 바본에는 '篛笠'으로 되어 있음.
43) 之: 저본에는 빠져 있으나 이본에 의거하여 보충함.
44) 渴: 저본에는 '喝'로 나와 있으나 다, 라, 마본에 의거함.
45) 行色: 이본에는 '行'으로 되어 있음.
46) 惺惺: 라본에는 '爽然'으로, 마본에는 '爽爽'으로 되어 있음.
47) 山厓: 라, 마본에는 '山崖'로 되어 있음.
48) 岡: 이본에는 '崗'으로 되어 있음.
49) 老妻: 다, 라, 마본에는 '老翁'으로 되어 있음.

坐于廚中, 食之. 布一立藁席, 請坐, 曰:"山居人事太無禮, 休咎休咎.[50]" 仍與同宿, 金相方欲叩其平生, 而田翁鼻息如雷, 無以接話. 少焉, 東方欲曙, 金相攪田翁, 曰:"主人[51]何睡之困耶?" 老翁拭眼起坐, 曰:"老昏所致, 接客人事, 如是泛忽, 知罪知罪." 金相曰:"吾方有所營事, 今向某地, 未知其事可得諧乎?" 翁笑曰:"吾已知繡衣之臨吾門也, 勿相欺也." 金相驚曰:"惡是何言也? 鄕曲窮士, 何視以繡衣也? 主翁眞妄矣." 田翁手指檐角之星, 曰:"此星, 乃主繡衣者也. 以是知之, 何用藏踪爲也?" 金相聞此言, 勢無以隱諱, 告以實細, 叩其平生, 官跡[52]之如何, 子孫之如何, 田翁一一詳告曰: "某年爲某官, 某年陞某資, 某年按節, 某年登閣, 畢竟位至上相, 貴極[53]人臣, 廟配[54]血食. 有子三人, 而仲子又當繼爲領相." 至於黃猴之亂, 亦歷歷言之, 金相默記于中. 後來除官陞資, 無不符合云.

10-7. 識丹邱劉郞漂海

江原道高城郡, 有劉同知者. 少時, 與同里二十四人, 將船採藿, 泊於一島. 採盡回船之際, 忽西北風大起, 莫可回棹, 漸入大洋. 舟中人目眩神慄, 盡仆篷[55]窓, 只俟溺死, 不得運動. 但聞波濤洶湧之聲, 勢若山崩, 相與枕藉, 開口瞪目, 屢日不得飮勺水. 一日, 忽泊一處, 風靜船止, 劉卽起而視之, 同行二十四人, 只五人僅保性命, 欲死欲死, 其餘十九人, 則死已久矣. 劉以爲,'死者已矣, 旣有知

---

50) 休咎休咎: 라본에는 '休咎'로 되어 있음.
51) 主人: 다, 라, 마본에는 '主翁'으로 되어 있음.
52) 官跡: 다, 라, 마본에는 '宦跡'으로 되어 있음.
53) 貴極: 라, 마본에는 '極貴'로 되어 있음.
54) 配: 이본에는 '享'으로 되어 있음.
55) 篷: 바본에는 '蓬'으로 되어 있음

覺, 則不可⁵⁶⁾不圖生.' 乃聚會精神, 强爲起身, 跳下沙場. 其餘不死者四人, 隨劉跳下, 二人則跳時落水死, 只存三人, 幷爲氣盡, 僵臥⁵⁷⁾沙場, 相與瞠目默視而已. 朦朧中見之, 則忽有白樣二童子, 自沙中緩緩而來, 當前而語曰:"何處人來臥於沙場耶? 必是漂海之人也." 劉艱辛作氣, 口不能言, 擧手指口, 童子自腰間解羽壺, 以羽觴酌以飮之, 曰:"吾之先生, 已知君輩之在此, 故送余救之矣." 三人一飮, 精神頓生, 氣力如常, 腹亦充然, 卽起坐, 曰:"汝之先生是何人, 而見在何處?" 曰:"先生言與俱來矣." 三人卽起, 行步隨童子, 至先生處, 則所謂先生, 頭無所着, 身衣破綿, 坐一草幕, 面如黑炭, 一老翁也. 三人施禮畢, 老翁曰:"君輩居在何郡, 而緣何漂到?" 劉曰:"吾輩俱是高城人, 因採藿漂海矣." 老翁曰:"吾亦高城人, 爲風所漂, 來住於此." 三人聞是高城人, 其欣然⁵⁸⁾之心, 奚啻他鄕逢故人而已? 卽問曰⁵⁹⁾:"長者旣⁶⁰⁾是高城人, 則不審何面何村居住乎?" 曰:"某面某村之人, 某也之父, 某也之叔. 漂到旣久, 不知吾家近作何狀也." 聞其村名, 則卽三人之隣里, 而所云某也某也者, 皆三人者祖曾之友人⁶¹⁾, 作故已過五六十年. 以見今生存者, 計之, 則恰爲老翁之玄孫‧五代孫也. 仍語其事, 老人凄然⁶²⁾良久. 自是以後, 日陪老人, 談古說今, 以度時日⁶³⁾. 大抵此島, 晴沙碧松, 而間有金莎草, 一望平夷, 間間有人家, 而不農不桑, 只飮水衣草

---

56) 可: 라본에는 '覺'으로 되어 있음.
57) 僵臥: 라본에는 '僵仆'로 되어 있음.
58) 欣然: 다, 라, 마본에는 '欣喜'로 되어 있음.
59) 曰: 저본에는 빠져 있으나 라본에 의거하여 보충함.
60) 旣: 바본에는 '卽'으로 되어 있음.
61) 人: 바본에는 빠져 있음.
62) 凄然: 바본에는 '悽然'으로 되어 있음. 서로 통함.
63) 時日: 바본에는 '日時'로 되어 있음.

而已. 二童子或往或來, 而其所衣, 則全身乃白羽衣也. 三人問曰: "此島之名云何?" 老人曰: "東海之丹邱也." 三人久居島中, 每見日出之壯大, 非比世間, 問于老人曰: "日出處, 距此爲幾許里?" 曰: "三萬餘里矣." 曰: "高城距此, 爲幾何?" 曰: "亦三萬餘里矣." 仍請願見日出處, 老人每每防遮, 三人屢次苦懇. 一日, 命二童子曰: "汝與此人去, 看日出處." 少[64]頃, 二童子泊舟, 曰: "上此船去, 看日出也." 三人卽上船, 船乃白羽編織, 一箇漁艇也. 二童子持棹, 立船兩頭而撓之, 曰: "勿坐而盡臥, 只飮一勺羽觴水." 蓋自初入至今, 島中所食, 只此水而已. 水色如沉醢[65]甚濁渾, 味則淸爽矣. 問童子曰: "此飮何名?" 曰: "瓊液也." 於船中三服瓊液, 而船已泊岸. 童子曰: "起而視之!" 乃起開窓視之, 則波濤萬頃, 溯泓洶湧,[66] 中有銀山, 萬丈接天而立, 其巓日方上矣. 雲海相盪, 紅光射目, 其廣大也, 其光輝也, 不可以俗眼目所可盡形. 日上時, 氣甚寒凜, 令人戰慄, 殆不能定矣. 其銀山如水晶削立, 其外似[67]可以洞觀矣. 問童子曰: "越彼巓[68], 則可見日出之本矣." 童子曰: "此山之外, 吾先生亦不得往觀, 勿復說也." 仍卽回棹, 歸見老人, 老人曰: "君看日出乎?" 曰: "幸蒙老人之德, 得視世人所未見之壯觀, 而彼山之外, 恨不得觀矣." 老人曰: "彼山之外, 雖天上神翁, 不得造次到矣." 其三人者, 留連多日, 實無況味, 不勝父母妻子之戀, 每願歸鄕, 老人曰: "君輩不必還鄕, 此處留連, 亦自無妨. 此中一日, 卽人間一歲也. 自君之漂海, 今已爲五十年, 雖歸家, 無非生疎, 渾眷盡爲零

---

[64] 少: 저본에는 '小'로 나와 있으나 라본을 따름.
[65] 醢: 라본에는 '鹽'으로 되어 있음.
[66] 溯泓洶湧: 마본에는 '溯洶泓湧'으로 되어 있음.
[67] 似: 다, 라, 마본에는 '不'로 되어 있음.
[68] 巓: 바본에는 '嶺'으로 되어 있음.

落, 此島中好送餘年, 不亦可乎?" 三人自以爲不過三朔矣, 今聞此言, 不覺悄悗, 將信將疑, 尤欲急急歸家, 悲辭苦語, 日夕懇乞. 老人曰: "已矣! 君輩俗緣未盡, 爲之奈何?" 卽命二童子曰: "載送此輩於本鄕也." 三人大喜, 與老人作別, 登船, 船卽向日觀日出時所乘者也. 發船時, 老人出給指南鐵於二童子, 曰: "向某方而去, 某處[69]乃高城也." 劉曰: "老人[70]此中緣何有此鐵乎?" 曰: "吾漂海時所持來者也." 上船後, 其所飮者, 亦如前, 而船中所存者, 二十餘壺, 劉也偸取數三壺, 藏於衣中. 至第幾日, 船泊于一處, 童子曰: "船已迫矣." 起坐視之, 乃高城地也. 童子曰: "下船!" 下船登岸, 則船與童子, 頃刻不知去處矣. 三人者, 各歸家視之, 村落面目, 比前大異, 逢人皆是生面, 訪至其家, 亦無一人識面者. 遂講其世派, 其父母作故, 已四十餘年, 妻亦老死, 漂海時所生子, 亦已死, 卽今主家者, 其人之孫, 而亦皆老蒼. 其三人, 則各其家以衣服虛葬, 祭用乘船之日云. 其二人則火食, 不過數年而死, 劉則幸偸二壺瓊液, 日以勻飮, 不尙火食, 故平生無疾恙[71], 身亦康健, 計其年甲, 殆過二百. 每高城倅新莅任, 則必招問漂海消息, 或隣邑官及一時過去客, 亦必招問. 故官家出入, 不勝頻數, 以是頗難堪云[72].

10-8. 訪桃源權生尋眞

白門外權進士, 早年上庠, 而無意於大科, 專以遊覽爲事. 自許以有子長之風, 周廻八路, 跡無不[73]到, 至若名山大川, 靈境名區,

---

[69] 某處: 이본에는 '某方'으로 되어 있음.
[70] 老人: 다, 라, 마본에는 빠져 있음.
[71] 恙: 다, 라, 마본에는 '羔'으로 되어 있음. 서로 통함.
[72] 云: 라, 마본에는 '云云'으로 되어 있음.
[73] 無不: 저본에는 '不無'로 나와 있으나 바본을 제외한 이본을 따름.

無不冥搜, 或再至三至. 適到春川麒麟倉, 其日乃開市日也. 坐店舍, 有一人戴箬[74]笠騎角者而來. 問店小二曰: "彼房客子, 何許兩班乎?" 店小二曰: "乃是京居權進士主, 周遊八道, 坊坊曲曲, 無所不覽, 於吾亦三次住接, 親熟久矣." 曰: "彼班有所知乎?" 曰: "頗熟堪輿術也." 曰: "或可邀去否?" 曰: "易矣." 少焉, 店小二入告曰: "某村某僉知, 聞進士主有所抱才, 今願請去. 進士主勿疑, 暫爲行次, 似好矣." 權方多日留店, 政爾無聊, 答曰: "距此不遠, 則一次往遊, 亦何妨乎?" 於是, 某僉知者來見, 曰: "聞進士主盛名[75], 久矣. 今吾騎牛而來, 暫往鄙所, 如何?" 權曰: "僉知所居, 距此幾里?" 曰: "此場下三十里矣." 卽日騎牛而行. 僉知執靶在後, 時方午時, 所騎角者, 不疾不徐, 約行三四十里, 權問僉知曰: "令監所居之村, 似不遠矣." 曰: "吾之所居, 尙遠矣." 曰: "然則今來幾里?" 曰: "八十里矣." 權乃大怪之, 曰: "今此近百里來, 而村尙遠, 則初言三十里者, 何其虛浪乎? 令監欺我而來, 欲何爲乎?" 曰: "此自有妙理, 店主只知吾住三十里許村, 而未嘗知吾之村住矣[76]." 權心雖疑怪, 而旣已到此, 不可回靶, 遂一向趲程而行. 蓋自場下來三十里外, 盡是深山窮谷, 巖石叢薄, 落葉沒脛, 只有一微路. 至晡時, 僉知止牛, 曰: "請暫下療飢而去." 權乃下牛, 則澗邊埋置簞食, 掬水而飮. 又騎牛而行, 日已西沒, 時向黃昏. 少焉, 遠遠地有人呼聲, 僉知亦應呼曰: "來矣!" 權從牛背見之, 則有數十把火炬, 越嶺而來, 皆是少年村氓, 以炬前導, 踰嶺而下. 依微之中, 有一大村, 專占一壑, 雞狗之聲, 砧杵之響, 起於四隣. 卽當一家, 下牛入門,

---

74) 箬: 저본에는 '若'으로 나와 있으나 다. 마본에 의거하여 바로잡음. 라본에는 '篛'으로, 바본에는 '簀'로 되어 있음.

75) 盛名: 이본에는 '聲名'으로 되어 있음.

76) 村住矣: 이본에는 '所住里也'로 되어 있음.

房櫳精灑, 棟宇豁敞, 不似山中峽氓之所居. 其翌, 開戶周視, 則洞中人戶, 恰爲二百餘數, 前坪一望平鋪, 無非良田美土. 問其周廻, 則爲二十餘里, 隱然是世外桃源也. 又隔壁數間房內, 夜夜有讀書聲, 問之, 則以爲洞中年少, 不可浪遊, 每當秋冬, 晝耕夜讀, 必會此而課業云. 權周覽八域, 一見桃源之願, 耿耿于中, 今此邂逅到此, 不覺欣然. 與俄者僉知, 忽爲致敬, 跪而問之曰: "主人仙乎鬼乎? 此村爲何村乎?" 僉知驚怪, 曰: "進士主何爲忽地敬待乎? 吾非別人也. 先世本居高陽, 吾之曾祖, 適得此處, 撤家入來. 時同姓堂內至親, 外家妻家堂內之族, 或姻婭之願從者, 合三十[77)]餘家, 與之偕入. 相議以一入之後, 勿爲往來於世, 只持如干經書·鹽醬而來, 一邊起墾, 作畓而食. 至於婚嫁, 則此中諸族, 代代爲瓜[78)]葛, 便成朱陳之村, 伊後子孫繁盛[79)], 同井之室, 殆近二百餘家矣." 曰: "衣食則此中耕織, 似無不足, 而至於鹽事, 得無艱哉?" 曰: "進士主昨日所騎之牛, 日行二百餘里, 曾祖入此時所携來之牛所産. 如是善步者, 每生一匹, 麟場往來, 必以此牛, 貿鹽而來, 故一洞鹽政, 專賴於此牛. 至於山肉, 則有獐鹿·猪羊之屬, 蜜筒數三百箇, 列置于山底, 一洞別無主者, 互相推用矣." 一日, 僉知語少年曰: "今日日氣溫和, 須與權進士主, 爲打魚之戲也." 其少年, 或持糠粃, 或持棒哨, 而齊會[80)]一猪澤[81)], 解糠於水中, 待其沉下後, 少年一時持杖, 而游泳打波. 少頃, 盈尺之鱗, 盡浮于水上. 問之, 曰: "木覓魚, 似鱸魚, 而有白鱗也." 權留連一朔餘, 盡覽其洞人之先山. 及當出

---

77) 三十: 라본에는 '二十'으로 되어 있음.
78) 瓜: 라, 마본에는 '苽'로 되어 있음.
79) 繁盛: 바본에는 '繁華'로 되어 있음.
80) 齊會: 라, 마본에는 '會于'로 되어 있음.
81) 猪澤: 다, 라, 마본에는 '瀦澤'으로, 바본에는 '瀦渚'로 되어 있음. 뜻은 서로 통함.

來之時, 僉知申托曰: "此洞非春川, 亦非狼川, 此坪前頭, 不知爲幾許里, 人所不到, 世所無知者. 進士主之到此, 亦有緣也, 出山後, 幸勿煩人說道." 權曰: "吾亦歸家, 率眷而來也." 僉知曰: "不易不易!" 權出來後, 老而居家, 每嘆, '吾平生得入眞箇桃源, 而都緣未得擺脫俗務, 不得携家而去云.'

10-9. 據北山錦南成大功

鄭錦南忠信, 爲安州牧使[82]. 時仁廟甲子春, 适賊以平安兵使, 率三千騎, 以間路, 直犯京城, 大駕播遷, 駐公州. 都元帥張玉城[83]晩, 開府平壤, 初聞叛報, 急招錦南問計, 錦南曰: "此賊有上中下三策, 若據淸川江以北, 締結建虜[84], 幷力長驅, 則莫可抗也, 上策也. 若全[85]據一道, 擁兵自衛, 則未可以歲月破也, 中策也. 若直走京城, 急於僭號, 則易敗也, 下策也." 問: "出於何策?" 錦南曰: "适賊勇而無謀, 見利忘義, 必出於下策矣." 諜知, 則果出於下策, 卽與張晩, 率勤王之師, 馳赴之. 張玉城欲布陣於玉泉岩·裳岩等處, 錦南曰: "兵法, 先據北山者, 勝力爭之." 遂陣於鞍峴. 适在京城, 望見之, 自率衆出來, 仰攻之. 適西北風大起, 錦南乘風下攻, 大捷之. 遂斬适賊[86], 獻馘於雙樹山城. 大駕還都, 諸將皆迎拜於鷺梁津頭, 獨錦南以無功, 卽還安州任所. 上賜書招之, 始上來, 上問: "何爲獨先還任乎?" 對曰: "身爲命吏, 不能守土, 縱賊入京, 致君上蒙塵, 臣子之罪也; 起兵討賊, 臣子之職也. 罪固難貰, 功於何有? 且賴君

---

82) 牧使: 라본에는 '兵使'로 되어 있음.
83) 玉城: 다, 라, 마본에는 '玉成'으로 되어 있음. 이하의 경우도 동일함.
84) 建虜: 라, 마본에는 '達虜'로 되어 있음.
85) 全: 다, 라, 마본에는 '專'으로 되어 있음.
86) 賊: 저본에는 빠져 있으나 다, 라, 마본에 의거하여 보충함.

之靈, 賊旣就滅, 當還職次待罪, 豈敢唐突迎駕邀功望賞耶?" 上尤重之. 噫! 料賊也神, 用兵也智, 處義也明, 雖古之名將, 罕有其儔也.

10-10. 得至寶賈胡買奇病

江南有沈孝子, 家貧親老, 性至孝, 鄕里稱之. 一日, 大雨暴注, 一小魚落於庭中, 沈孝子以供其父. 其父因以得病, 專廢食飮, 但索淸泡湯. 幾半年未瘳, 浮漲大發, 軀殼甚巨, 勺水粒穀, 不入其口, 所喫者, 唯淸泡而已. 孝子勞心焦思, 訪醫試藥, 皆不奏效, 禱天祈神, 亦無靈驗. 一日, 西蜀賈胡, 踵門而至, 見病人, 孝子願求良醫, 賈胡曰: "病可瘳矣, 吾欲買[87]其病, 可乎?" 孝子曰: "若醫親病, 結草報恩, 豈可賣乎?[88]" 賈胡曰: "雖然不可虛疎, 寫出賣買文券." 齋宿三日, 乃於淸晨, 入其病室, 啓一銀小盒, 出紅色散藥少許, 以百沸湯一盃, 調服之. 須臾, 五內飜覆, 吐出一虫, 賈胡以銀箸挾之, 而入於銀盒中蓋之, 裹以錦袱, 藏之橐中. 病人飮啖如故, 病卽瘳矣. 賈胡以奇錦異緞·明珠寶貝, 一車贈之而去, 請與沈孝子, 俱至南海之濱, 設席而坐, 若有所俟. 已而, 有靑衣一童, 乘蓬葉舟, 自波中出來, 捧一箱於前, 曰: "吾王以此物表誠, 願蒙大恩." 啓之, 皆[89]珊瑚寶珠也. 賈胡喝曰: "物微而望大, 何其妄也? 非如願不可得也." 靑童還入波中. 俄而, 白髮老翁, 自水宮出來, 百拜致敬, 乞以他寶易之. 賈胡又喝之, 老翁搔首良久, 入送靑童于水中. 少焉, 一箇嬋娟[90]美娥, 凌波而出. 賈胡始啓銀盒, 放出其虫於

---

[87] 買: 라본에는 '賈'로 되어 있음.
[88] 豈可賣乎: 라본에는 '豈可報恩'으로 되어 있음.
[89] 皆: 바본에는 '乃'로 되어 있음.
[90] 嬋娟: 다. 라. 마본에는 '嬋姸'으로 되어 있음. 서로 통함.

水上, 奮迅踊騰[91], 化爲小龍而去. 賈胡遂馱美人而還, 沈孝子怪問其故, 賈胡曰: "彼虫乃龍子也! 學行雲施雨之術, 誤落於君家, 失其術, 爲人所呑, 化爲虫, 變化無路, 此所以病中但喫淸泡者也. 吾以此美人易之, 此美人名如願. 凡世間所欲爲者, 無不如願而至, 此乃天地間至寶也, 龍王所以靳惜者也." 沈孝子歸家, 以其寶財致巨富, 人以爲孝感所格云.

10-11. 降大賢仙娥定産室

退溪先生之外祖, 居於咸昌而家富, 其爲人有厚德, 多緩急之風, 鄕中以嶺南夫子稱之. 時當嚴冬, 風雪大作, 門外忽有癩瘡一婦女, 衣[92]襤褸乞宿. 其容貌擧止, 無比[93]凶醜, 人皆掩鼻回面, 渾室上下, 皆揮手驅逐, 不使近門外一步地. 其老人曰: "勿逐也! 彼雖有惡疾, 當此日暮雪寒, 何忍逐之? 若不容於吾家, 則他人又誰肯容之乎?" 又當夜深, 其婦女呼寒欲死, 老人又不忍, 招入房中, 使宿于上堗. 其女人乘老人之睡, 轉輾于下堗, 或以其足, 納于老人衾中, 老人覺之, 必[94]兩手擧而出之, 如是者數四[95]次矣. 及其明曉, 不告而直去, 間數日又來, 老人少無苦色, 如前接宿, 擧室深以爲悶. 一日, 婦人忽作嬋娟美娥樣而來, 向日癩瘡及襤褸衣服, 殆同蛻殼[96]. 老人亦甚疑訝, 從容問之, 女人曰: "吾非人也, 乃是上天仙娥, 暫現生員主宅, 以試生員[97]之心德而已, 此外別無他也." 老

---

91) 踊騰: 다, 라, 마, 바본에는 '騰躍'으로 되어 있음.
92) 衣: 라, 마본에는 '衣服'으로 되어 있음.
93) 無比: 이본에는 '無非'로 되어 있음.
94) 必: 바본에는 '以'로 되어 있음.
95) 數四: 라, 마본에는 '數三'으로 되어 있음.
96) 蛻殼: 다, 라, 마본에는 '脫殼'으로 되어 있음.
97) 生員: 라본에는 '生員主'로 되어 있음.

人不覺尊敬逡巡, 有不敢仰視之意, 女人曰: "向者數宵衾中, 旣親吾之手足, 則更有何男女之別哉? 吾旣與生員主, 自有前緣, 少勿疑怪." 仍與同寢, 將至旬餘[98]. 一家人皆以爲怪, 或以魍魎邪怪, 目之, 老人少不動念, 一向待之誠信. 一日, 女人曰: "今日吾與生員[99]作別矣!" 老人曰: "是何說耶? 人間謫限已滿乎, 吾之誠禮漸隳乎?" 女人曰: "皆非矣. 然些少曲折, 不可煩說, 第有一言, 生員必從而無違也." 仍曰: "內庭以某坐向, 作室一間, 精潔塗褙, 緊鎖之, 勿爲汗漫用之, 必待主人宅同姓有産婦, 當解娩[100]之期, 須入處以爲生産之室也." 語畢出門, 仍忽不見. 老人異之, 一從其言, 內庭中依坐向, 精搆一屋[101], 雖有緊切之事, 不爲入處. 子孫中有受胎當産者, 使之入處, 則必苦痛, 不得解娩, 移居[102]他房而後, 始娩. 老人怪其言之不中, 而猶不敢汗漫用之. 老人之婿, 卽禮安人也, 爲其妻初産將娩, 率其妻以[103]來, 老人迎置于家中. 當其産期[104], 忽以身羔大痛, 百方治療, 萬無一效, 擧家惶惶[105]. 一日, 其病人, 請於老父曰: "曾聞家中仙娥降臨之時, 有産室新搆之擧云. 見今産月當朔, 偶然得疾[106], 萬無回甦[107]之望, 若得處彼房, 則庶或有生道, 伏望移我于彼房云云." 老人尋思[108], '仙娥旣言主人同姓[109], 則

---

98) 旬餘: 라, 마본에는 '旬後'로 되어 있음.
99) 生員: 라본에는 '生員主'로 되어 있음.
100) 娩: 저본에는 '腕'으로 나와 있으나 다, 라, 마본을 따름.
101) 一屋: 바본에는 '一室'로 되어 있음.
102) 居: 저본에는 빠져 있으나 라본에 의거하여 보충함.
103) 以: 바본에는 '而'로 되어 있음.
104) 産期: 다, 라, 마본에는 '産朔'으로 되어 있음.
105) 惶惶: 다, 마본에는 '遑遑'으로, 라본에는 '遑惶'으로 되어 있음.
106) 疾: 이본에는 '病'으로 되어 있음.
107) 回甦: 라본에는 '更甦'로 되어 있음.
108) 尋思: 라본에는 '深思'로 되어 있음.

前此産婦, 雖是吾家子婦與孫婦, 俱是他姓, 故移處而無靈. 今此女息, 雖爲出嫁, 而本是同姓, 似應有效. 仙娥之言, 莫非指此女之謂乎?' 遂使之入處. 入處數日, 身病快愈, 又得順産弄璋[110]. 是爲退溪先生, 爲東方大儒, 從祀文廟. 大賢之降生, 自異於凡人矣.

10-12. 感主恩奴僧占名穴

韓安東光近, 世居[111]西郊, 自其祖父生時, 家産稍饒, 婢僕之盛, 甲於一邑矣. 有一悍奴, 於其子婦禮聘之日, 侵辱其上典. 上典大生憤怒, 方欲打殺之際, 厥僕[112]逃走, 移怒於厥僕之婦, 囚之於內庫之中, 以聘禮吉日, 不得用刑, 姑俟三日後打殺矣. 新婦夜將深, 因廁間往來, 聞涕泣哽咽之聲. 數夜如是, 竊疑訝之, 追尋厥聲, 聲自庫中出, 而牢鎖緊[113]閉, 不可以入. 乃親拔鎖鑰, 開門入見, 則厥婢大驚畏縮, 曰: "小人不知畏死而暫泣, 知罪知罪!" 新婦曰: "汝是何人, 連夜悲泣於庫中耶?" 答曰: "小人之夫某也, 日前大辱生員主[114], 卽地逃躱. 故老生員主, 無地洩憤[115], 囚小人於庫中, 待新阿只氏新禮後, 卽爲打殺, 姑此保因在此. 小人則朝夕將死之命, 已矣已矣, 第所不忍者, 所抱孩兒, 生纔二七, 若小人死, 可憐人生, 亦隨以死. 是以冤痛, 不覺哽咽之聲, 自然而出矣." 新婦聞之, 藹然之心, 隨現而發, 乃謂厥女曰: "吾卽昨日新來之新婦也. 吾今出送汝, 汝須遠逃保生也." 厥婢曰: "小人則生出好矣, 其於阿只氏,

---

109) 同姓: 라본에는 '同姓婦'로 되어 있음.
110) 弄璋: 다, 라, 마본에는 '得璋'으로 되어 있음.
111) 居: 저본에는 '京'으로 나와 있으나 이본에 의거함.
112) 厥僕: 다, 라, 마본에는 '厥漢'으로 되어 있음.
113) 緊: 바본에는 '堅'으로 되어 있음.
114) 生員主: 이본에는 '老生員'으로 되어 있음.
115) 洩憤: 라본에는 '雪憤'으로 되어 있음.

罪責不少, 何哉? 不敢不敢!" 新婦曰: "吾自有防塞之道, 汝勿爲[116)]
多言, 卽爲出去也." 厥女於是, 乘夜遠遁. 及過三日後, 老生員出
坐外廳, 使多少健奴, 捉出庫中所囚之婢, 鎖鑰如故, 而婢則無形
影. 老生員大鬧一場, 將大段生事, 擧室惝惝. 新婦於是, 不慌[117)]不
忙, 唐突[118)]出來, 具言開鎖出送之意. 老生員雖甚憤恨, 新婦所爲,
亦復奈何,[119)] 仍爲置之. 伊後幾年[120)], 家計漸消[121)], 老人已下世, 新
婦有子二人, 俱有才華, 而家計貧甚[122)]. 向日新婦, 今焉老死, 方招
魂·發喪之際, 忽有一箇僧漢, 號哭奔來, 直入內庭, 伏地哀哭良
久. 擧室皆以爲唐荒[123)], 厥僧哭盡後, 二喪人問[124)]: "汝是何處僧人,
敢於班家內喪唐突來哭也?" 厥僧拭涕而言曰: "小人某奴某婢之子
也. 小人幸蒙大夫人抹樓下主如天之德, 得以再生, 銘感之心, 何
日敢忘? 今聞喪事, 敢不奔哭乎?" 喪主二人, 自幼飽聞其事顚末,
始知厥僧卽某婢庫中所抱之兒也, 相顧嗟嘆矣. 後厥僧數日逗留
廊下, 過成服後, 又稟曰: "喪制主, 當此巨創成服, 已過襄禮[125)], 當
次第經紀, 果有山地之素定者乎?" 喪人曰: "宅之舊山, 已無餘麓,
家且貧窘, 新占亦未易用, 是虞慮也." 厥僧曰: "小人自庫中出來
後, 小人之母, 每抱哺撫育, 曰: '汝之得有今日, 莫非抹樓下[126)]之

---

116) 爲: 저본에는 빠져 있으나 바본에 의거하여 보충함.
117) 慌: 라본에는 '惶'으로 되어 있음.
118) 突: 저본에는 '揆'로 나와 있으나 이본에 의거함.
119) 亦復奈何: 라본에는 '亦無復奈何'로 되어 있음.
120) 年: 바본에는 '年間'으로 되어 있음.
121) 消: 다, 라, 마본에는 '疎'로 되어 있음.
122) 貧甚: 라, 마본에는 '甚貧'으로 되어 있음.
123) 唐荒: 다, 라본에는 '唐突'로 되어 있음.
124) 問: 라본에는 '曰'로 되어 있음.
125) 襄禮: 마본에는 '哀禮'로 되어 있음.
126) 抹樓下: 다, 라, 마본에는 '抹樓阿'로 되어 있음.

德澤也. 天地河海, 不足以喩其高深. 汝於他日, 必圖報效.' 今母死已久, 遺托尙在于耳, 圖報一念, 耿結于中. 小人卽落髮爲僧, 幸得神師, 風水之術, 略識糟粕, 留意於今日. 二十年求山, 占得於此近三十里地某坐某向之原, 勿聽他師之言, 決意營窆, 則宅之日後福蔭, 有不可言矣. 小人之債, 亦可以了矣." 喪主曰: "汝旣至誠, 何用他求? 果在何處耶?" 曰: "自此渡一江, 則卽仁川地, 願與喪制主親往看審焉." 其翌日, 二喪人與厥僧往見, 厥僧指一蓬科, 曰: "此是此是!" 喪人曰: "此則古塚也, 豈可用之乎?" 僧曰: "此是古人置塚也, 非眞葬也. 卽今毀而見之, 則可知之矣." 遂毀之[127], 乃麗朝埋標者也. 喪人大喜, 乃卜日營窆之後, 僧告歸曰: "小人之事, 已畢矣, 抹樓下主得入福地, 幸莫大焉. 過三霜後, 宅家計稍勝, 過十餘年後, 小喪制主登科, 其後無限大昌矣." 小喪主[128], 乃光近也, 果闡癸巳文科, 累經淸秩, 子孫繁衍. 壬子年間, 以安東倅, 忽逢嶺南地師, 見其親山, 是非紛紜[129], 訾毁多端. 光近惑[130]之, 將行緬禮, 欲爲破壙之, 時自山上有一老禿僧, 手持白衲, 急走下山, 大聲曰: "勿毁勿毁! 少俟[131]之." 韓安東怪之, 止役而待, 及其近前而見之, 則乃向日占山僧也. 問安後, 急問曰: "此山所何故而緬禮乎?" 安東曰: "有災害云耳." 僧曰: "地中若安穩, 則令監可放心乎?" 曰: "然." 厥僧卽於[132]左傍鑿穴, 令令監入手, 曰: "何如?" 安東曰: "果有暖氣, 似無災害矣." 厥僧曰: "必速完封, 永爲放心, 更勿思營緬

---

127) 之: 저본에는 빠져 있으나 이본에 의거하여 보충함.
128) 喪主: 바본에는 '喪制'로 되어 있음. 뜻은 서로 통함.
129) 紛紜: 이본에는 '紛然'으로 되어 있음.
130) 惑: 마. 바본에는 '感'으로 되어 있음.
131) 俟: 바본에는 '候'로 되어 있음.
132) 於: 라. 마본에는 '在'로 되어 있음.

之計." 仍卽辭去, 曰: "今春夏間, 令監必有眼疾, 此後則更無望矣. 此山所若不破毁, 穩過一紀, 則其爲發蔭, 不知至於何境矣, 今竟如此, 莫非宅之門運矣." 仍去. 安東果於壬子秋, 運氣之後, 竟以眼疾, 終爲蔽明, 不久而死. 厥僧之言, 果如左契矣.

10-13. 饋酒石良醫奏功

紫霞洞鄭上舍, 高尙人也. 夙抱奇才, 琴棋·書畵·醫藥·卜筮, 無不通曉. 善飮酒, 家貧好奇計, 蕭然一室, 圖書自娛. 一日, 淸早睡覺, 有一美少年, 啓戶而入, 自言, "居在金浦, 姓白名華, 飽聞先生高名, 願一瞻顔而來." 鄭君見其風儀爽朗, 言語條理, 頗疑其非鄕人也. 白生出袖中一小甁, 酌酒以獻, 曰: "初謁, 以此薄味, 聊以表忱." 鄭君受以飮之, 酒氣爽冽, 平生初味也. 連兩盞而止, 其小甁董容兩盞, 上蓋作盞, 下低有盒, 盒中有肴, 珍羞也. 益復疑之, 遂辭去. 明朝又來, 如之連十日不止. 鄭君第觀動靜, 問曰: "有所欲言乎?" 白生曰: "小生有至切之情理, 不敢仰請矣." 問: "何情理?" 答曰: "小生有親病, 積年沉苦, 願一次枉臨診視, 則感結無比." 鄭君旣得十日之飮, 且欲知根脈, 遂許之. 白生大喜, 曰: "已備驢於門外." 遂聯轡[133]而行, 至楊花渡, 有艤小艇而待者. 纔乘船, 船行如飛, 莫知其所向. 於焉之頃, 出大洋外, 鄭君心語曰: "此必異人也." 不問其所以然, 飮酒自若. 忽見海上一大舶, 錦帆高掛, 梢工喧嘩[134]曰: "來來!" 白生請鄭君移上大舶, 船非我國製樣. 船中設屋, 窓欄閤, 皆以沈香飾之, 中有筆筒·茶爐, 舖錦茵, 垂絳帳. 坐定, 進酒饌, 皆異味也. 白生侍坐, 不敢少懈. 凡二[135]晝夜, 始泊一

---

133) 聯轡: 바본에는 '連轡'로 되어 있음.
134) 喧嘩: 바본에는 '喧譁'로 되어 있음. 서로 통함.

岸中間, 但見雲海接天而已. 白生請下船, 岸邊連開錦幕, 車馬雲集, 遂各乘輿而行, 其人物衣服, 城闕市肆, 皆是[136]異樣也. 入處一宮, 供帳之華麗, 不可勝言. 鄭君乃言曰: "此是何處?" 白生曰: "小生瞞告之罪, 無以丐也. 此是'白華國', 小生白華太子也. 父王有疾, 遍求天下良醫, 不可得, 今天賜枉臨, 明日診視試藥, 千萬祈懇." 鄭君默然, 不問其病症之如何, 止宿一夜. 明朝, 太子來候請入, 鄭君隨往, 至一殿, 大書'太華殿'三字, 壯麗無比. 入其中, 則國王設座, 宮女數百人, 侍衛左右. 鄭君入拜, 國王背負一盤松而坐. 鄭生見之駭然, 第問候, 則國王答曰: "遠來良苦, 豈勝感謝?" 使之診脈後, 自說病情曰: "寡人自幼時, 食性嗜松, 凡松筍・松葉・松根[137] 無不烹煮而食之. 燥火漸盛, 一日背上, 搔癢難堪, 忽一松生出, 轉爲茁長, 作盤松形. 其松枝葉觸物, 則痛不堪忍, 此何病也?" 鄭生自謂博覽醫書, 此則所未聞所未見之怪症也. 答曰: "當退思然後試藥[138]." 仍退所館, 太子之供奉愈恭, 然晝夜硏究, 莫審其症. 焚香默坐, 三日三夜, 心生一計, 乃謂太子曰: "斧子百柄, 大釜一座, 柴木百束, 冷水一瓮, 今日備來." 來卽置斧子於釜中, 注水而煎之, 以文武火, 至三日, 以鐵器盛其水, 入太華殿, 盤松下以手細細點灑之. 未半晌, 松葉稍稍枯黃自消, 日暮時, 只餘根如小指大, 連洗之, 盡消無餘痕. 仍使之飮其水一椀, 痛勢雲捲天晴, 國[139]王父子, 歡天喜地, 大赦一國, 感謝鄭君, 無以爲報. 國王仍問其症源, 鄭生曰: "松毒聚中, 木生火, 因毒而生樹. 今斧者斫也, 又金也, 金克木, 消此毒氣, 則痛自止, 乃所以用斧鼎水也." 問: "出於何書?" 鄭生曰: "病無出處, 藥無出處, 但醫者意也. 世之庸醫, 但依本方裁作之故, 膠固不通, 或錯誤[140]害人. 至於古之兪扁之術, 皆以意解之, 盡其精妙, 非有得於方書也." 於是, 三日小宴, 五日大宴, 奉之如神明. 鄭君告歸, 國王曰: "人生世間, 如白駒過隙, 適於意, 則何處不可住? 願同樂富貴, 以終餘年, 如何?" 鄭君曰: "富貴非吾願, 吾自愛吾廬, 不如早還家." 雖高官大爵, 瑤臺華屋, 黃金白璧, 無可以動其心, 父子力挽, 不能得. 太子曰: "先生之恩, 河海莫量, 而圖報無路, 更留一兩日, 設祖筵以送之. 將行, 贈以酒石, 先生肯受之否? 此石出於海中至寶也, 向日先生所飮之酒, 皆此石所出也. 置之器, 則美酒自生, 千年不渴矣." 鄭君好酒人也, 答曰: "行者有贐, 古之禮也, 安可不受?" 遂盛酒石於銀盒而奉之. 數日後啓行, 一如來時光景, 還泊楊花岸, 仍歸家[141], 家人苦待一望餘矣. 因敍其事, 而秘之以酒石, 終娛平生云.

10-14. 還玉童宰相償債

李相公某, 少時磊犖[142]不羈, 蘊抱才器, 鬪鷄走馬, 名聞一世. 一日, 出東郊外, 見一僕牽駿馬, 習步於長堤, 其馬色白, 鹿脛凫膺, 眼如垂鈴, 銀鞍繡勒, 動人眼目. 公喜之, 願一乘而馳之, 僕快許之. 一據鞍, 疾如飄風, 莫知所向, 日晚, 抵深山巨谷中草幕. 下馬, 見數百好漢, 羅拜於前, 曰: "吾輩皆是良民, 爲饑寒所驅, 結爲綠林之黨, 而願各得資生之財, 還作良民, 智慮淺短, 尙無生財之道.

---

140) 錯誤: 바본에는 '錯落'으로 되어 있음.
141) 歸家: 바본에는 '還家'로 되어 있음.
142) 磊犖: 다, 마본에는 '磊落'으로, 라본에는 '牢落'으로 되어 있음.

今郎君來臨, 發謀出慮, 以副衆願." 公曰: "吾儒生也, 但知詩書, 不知此等事, 不幾近於緣木求魚·却步求前耶?" 百般苦辭, 終不可得, 乃晝夜思量[143], 乃許之, 衆人曰: "京中巨富洪同知家, 只有孤兒·寡婦, 而貲屢巨萬, 何以則盡搜其貨?" 公不得已, 出一計, 曰: "汝輩持數百金入京, 詳探洪同知家丹骨盲人巫女及近處巫盲, 啖之以利, 深爲[144]締結後, 托以洪同知家, 若有變怪, 來問吉凶之事, 須以'宅神發動, 大禍將至, 某日卽極凶之日. 其日, 一家男女老少, 盡爲出避圖命, 家中雖有怪變, 不顧也云云', 諸巫諸盲, 皆使之同然一辭然後, 汝輩潛身四伏, 夜中投瓦礫沙石於其家, 連三夜如是, 則洪家必問卜出避, 遂於其夜, 盡括其寶貨而來." 衆人如其計, 得財屢巨萬. 於是, 屢百人均分其財, 而於公倍與之, 公笑曰: "吾何以財爲? 欲一時圖生之計也." 其寶貨中, 有一玉童, 裹以錦繡, 公取之, 曰: "持此足矣." 遂騎駿馬而還, 諸人各散, 公秘不發說. 後登科, 除箕伯, 招洪同知子, 其子年尙少, 以幕裨率去, 凡營廩之用餘, 一幷委之. 臨歸時, 洪裨稟其區處, 公曰: "置之君家." 還第後, 又稟之, 公[145]曰: "君家老母, 使之來見吾也." 果來見於內室, 公遂出玉童子一坐, 示之, 曰: "老媼知此物乎?" 媼見卽泣下如雨, 公問: "何以泣也?" 答曰: "此吾家長, 以舌官入燕, 得來之物也. 家有獨子, 而玉童酷似吾兒之貌, 燕人授之以補兒命, 蓋異事也. 某年有家怪, 又被偸竊之患, 家貲[146]盡失, 此物亦入於其中矣. 大監何以得此也?" 公笑曰: "吾亦有異事, 明知媼家之物, 故還之. 且吾

---

143) 晝夜思量: 라, 마본에는 '晝思夜量'으로 되어 있음.
144) 爲: 이본에는 '得'으로 되어 있음.
145) 公: 저본에는 '又'로 나와 있으나 이본을 따름.
146) 貲: 라, 마본에는 '貨'로 되어 있음.

青邱野談 卷十 541

之箕營廩餘之物, 已付之媼子, 足當見失之貨矣." 媼固辭不得, 以其財, 復得巨[147]富云.

10-15. 矜草商高義讓財

英廟戊寅年間, 洛下南草翔貴, 一撮價至三分. 伊時, 漆原人, 盡賣家庄, 貿草爲三駄, 本價爲五百兩, 渡江暮抵於石隅, 路逢宕氅老者, 問曰: "此是南草駄乎?" 曰: "然矣." 曰: "今方絶乏之時, 三駄可得三千兩, 君可謂善觀時矣." 草商曰: "吾是初入京, 四顧無親, 其接主等節, 令公或可指揮否?" 其人曰: "然則君之初行, 持此重貨, 若不遇吾, 則幾乎狼貝, 必隨我而來也." 遂同與入城, 透迤城內, 犯鍾時, 牽入渠家, 善爲區處. 及曉鍾後, 忽自內出, 言曰: "君之不少之物, 不可一二日盡賣, 而君之鬚者, 閑立無事, 我於龍山湖, 有柴駄輸來者, 君須早飯, 牽馬駄來, 何如?" 草商曰: "如是則好矣, 第不知龍山路程, 似是難矣." 主人曰: "吾以家奴, 眼同而去也." 遂喂馬後, 與其家奴出送, 時則曉漏纔撤, 遠人未分時也. 至靑瀬, 其奴中間逃避, 草商訪之, 不知去處, 更欲回來, 則昏夜一宿之家, 何以記之乎? 日色已高, 進退惟難, 只把馬轡, 彷徨道路, 大聲痛哭. 來人去客, 爭問其由, 莫不憐[148]其情狀. 俄有, 氈笠豪健人, 半醉長歌, 緩緩而來, 問其緣何以哭, 草商擧其顚末, 細細言之. 氈笠客聞之, 一笑曰: "君之所失, 吾盡推給, 君之南草價, 能分半乎?" 草商踴躍, 曰: "若盡推尋, 則雖全價盡納, 固無惜矣." 厥客敎南[149]草商, 以如是如是. 卽擇三匹中老馬, 放轡先駈, 草商與厥客,

---

147) 巨: 저본에는 빠져 있으나 바본을 제외한 이본에 의거하여 보충함.
148) 憐: 바본에는 '矜'으로 되어 있음.
149) 南: 저본에는 빠져 있으나 바본에 의거하여 보충함.

從三馬而來, 周廻城中, 馬忽立於一家門前, 氈笠客問曰: "此是其家乎?" 草商熟視良久, 曰: "果是矣!" 氈笠客, 卽蹴破大門岸, 氈笠客聲呼主人, 主人自內出, 氈笠客顧草商, 曰: "此是汝之所宿主乎?" 曰: "是矣." 主人見草商, 語曰: "君何處去而今始來乎? 吾家奴子俄者先來, 謂以路黑相失云, 故吾方慮之矣. 今得回來, 幸甚幸甚." 氈笠客叱主人曰: "汝是何人, 某宮所輸來南草, 汝中間盜奪, 誘逐馬夫耶? 爲先草同盡數出來, 可也." 是時, 氈笠客氣勢堂堂, 言辭切切, 主人聞之, 呆了半晌, 無一辭稱頉. 六隻草盡爲負出, 氈笠客[150]先自解束, 曰: "此中有三百兩錢, 何去乎?" 主人顧草商, 曰: "君之草同初入時, 未嘗有錢說, 且初不解束, 今始出來, 則錢說云云, 太孟浪矣." 草商曰: "昨日吾固不言, 而吾是某宮舍音, 宮庄所納南草, 與三百兩備來矣. 今此無錢云, 則主人所爲, 吾未可知矣." 氈笠客大言曰: "吾是某宮奴子, 久待草駄不來, 故適出門企待, 遇此舍音而來. 若主人不出錢, 則自宮當有處置之道, 主人能堪之乎?" 攘臂瞋目, 氣勢可怖. 主人乃是閭閻常賤也, 錢之說, 雖是白地做慌, 旣執所贓, 發明無路, 若又發惡, 則又不知來頭橫逆之如何, 乃備三百數而出給. 氈笠客使草商, 盡束于草同而駄去, 歸置渠家, 俟其踊貴而盡賣, 得錢三千餘矣. 草商以半數與之, 氈笠客笑曰: "吾以詭術, 得三百兩錢, 已極多[151]矣, 又何望君之可憐物乎? 必盡輸去, 勿復此言也." 終不受之, 當時聞之者, 莫不稱快嘆賞.

10-16. 隨使行薄相得貨

古宰相門下, 一中人多年出入, 爲其容貌甚薄, 渾室以窮薄之[152]

---

150) 客: 저본에는 빠져 있으나 바본에 의거하여 보충함.
151) 多: 바본에는 '太多'로 되어 있음.

狀指之. 宰相則以其親知之故, 不忍謝遣之矣. 時當航海朝天之
際, 其宰相以正使發行, 門客無願從者, 其中人自願隨行. 至大洋,
風濤大起, 將有顚覆之患, 一行盡爲失色, 死在呼吸之頃, 都梢工
白曰:"行次中, 必有不利之人, 當此大厄, 無論上下, 盡脫下一件
衣也." 行中遂依其言盡脫[153], 梢工乃以衣, 次次投水中, 至於中人
之衣, 乃沈焉. 梢工曰:"此行次, 不利於行中, 願急急投水也. 若拘
於顏情, 渾船幾許人命, 盡至淪沒, 急急捉投, 可也." 宰相良久默
諒, 曰:"此處有近島否?" 梢工曰:"某島不遠矣." 卽回船泊島, 下其
中人于島邊, 備給粮饌·釜甑之屬, 以回路同去, 爲約而下送. 俄
而, 風浪頓息, 卽回櫂[154]而去. 中人下島止處, 島中無他樹木, 只有
竹林而已. 處於岩穴, 燃竹而饌, 時於月明夜靜, 聽則或[155]有風吹
披林之聲. 一夜, 隱身而察之, 有一奇怪蜿蜒物, 自岩穴向海水下
去. 少焉, 復上來, 其目光爍爍, 可畏. 翌日, 盡斬其物所往來之竹
林, 尖其梢而通其路. 其夜, 厥物下去, 仍斃焉. 明日往見, 則乃許
大異蟒也. 其下有眞珠散布, 乃盡收之, 以至碎骨節而收合, 殆近
十斛. 大抵積年老蛇, 與水中老龍交媾往來, 爲梢竹[156]所刺, 而斃
矣. 無人孤島, 獨居無聊, 一日, 登陟歷覽, 至一岩下, 有孔雀數百
首, 驚飛散去. 乃入岩底, 則有羽累積成堆, 又盡收拾, 而束之, 幾
爲五六同, 論其價, 則無慮一家產. 不過半年許, 使行來泊, 仍運珠
斛羽束, 而載來辦賣, 至累千金[157], 財奄成富家翁. 未久, 其宰相爲

---

152) 之: 저본에는 빠져 있으나 바본에 의거하여 보충함.
153) 脫: 바본에는 '脫衣'로 되어 있음.
154) 櫂: 바본에는 '棹'로 되어 있음.
155) 則或: 바본에는 '種種'으로 되어 있음.
156) 梢竹: 바본에는 '竹梢'로 되어 있음.
157) 千金: 바본에는 '萬金'으로 되어 있음.

當路所擯斥[158], 老境失勢無依, 中人竟爲之救濟, 不失平日之誼, 終宰相之身, 升米斗穀, 皆籍中人之力云.

10-17. 入虎穴老翁抱孫

尙州士人金某, 初居關東峽中, 父子相依, 又遇喪明之痛, 只有遺腹孫兒. 兒之初生, 祝天曰: "使吾之宗不滅, 願得保養一孫." 又悶其子婦之治産中饋之中[159], 幼兒失乳, 抱置外舍, 晝夜保護, 兒啼則呼子婦而乳之, 不能須臾離也. 暑月, 開戶納涼, 夜深睡着[160], 睡覺撫兒, 則無之[161]. 擧燭遍求, 至於子婦之房, 則兒又不在, 欲問之於子婦, 則女子之性, 驚號罔措, 反有害於推尋. 遂潛身還出, 遍搜家中, 心內自語曰: "失此兒, 則吾宗滅矣, 吾命亦難保矣! 近聞, 後山岩窟中, 虎生雛, 而夜中有虎來之跡, 無乃爲此虎所噉而去乎? 第往見之." 黑夜中抵[162]窟前, 有稚兒嬉笑聲, 乃其孫兒也. 暗察其動靜, 虎則出他, 只有其三雛虎, 見兒而弄之, 兒不知虎之可畏, 作笑聲. 金老直入虎穴, 抱其孫兒於懷中, 兒固無恙. 仍[163]撞斃其三雛, 急急還家, 置之故處, 呼其子婦, 曰: "幼兒啼飢, 吮乳之." 子婦來乳之, 漠然不知虎穴之事矣. 俄而, 虎來籬外, 大吼之, 超躍騰空, 聲裂蒼崖. 金翁按劍, 出坐窓外, 大聲據理而責之, 虎對坐不敢攫. 如是三日, 近洞人設砲捉虎. 金翁曰: "此非養子孫之所[164],

---

158) 斥: 저본에는 빠져 있으나 바본에 의거하여 보충함.
159) 之中: 라, 마본에는 '中之'로 되어 있음.
160) 睡着: 바본에는 '着睡'로 되어 있음.
161) 無之: 저본에는 '無入'으로 나와 있으나 다, 라본을 따름. 바본에는 '忽無'로 되어 있음.
162) 抵: 라본에는 '至'로 되어 있음.
163) 仍: 라본에는 '乃'로 되어 있음.
164) 所: 바본에는 '地'로 되어 있음.

可以去矣." 遂移舍于尙州, 敎誨孫兒, 文翰夙成, 人器不草草. 其兒娶[165]婦新禮之日, 翁始言其夜光景, 滿座追驚. 蓋不問子婦, 周密也; 直入虎穴, 膽勇也; 據理責虎, 勁悍也; 成就孫兒, 誠勤也. 有此四者然後, 可以做事矣.

10-18. 墜龍淵異童拯人

趙尙書某, 有知人之鑑. 一日閑坐, 一小童爲賣筆而來, 容止端雅, 頭髮鬔鬆, 頗可愛. 尙書問: "汝是何許人乎?" 答曰: "早孤無依, 賣筆資生云." 尙書曰: "旣云無依, 則住吾家使喚, 如何?" 童不辭而許之. 任使數月, 童之爲人, 詳敏穎悟, 尙書鍾愛之, 一室之人, 無論上下內外, 皆愛重之. 尙書之長胤, 方作楓岳之行, 請於家親曰: "行中不可無某童, 願與之偕焉." 尙書熟視, 曰: "不緊哉!" 屢請之, 不得已許之. 遂偕入山中, 至九龍淵, 行中一人, 失足誤墜於淵中, 童顧謂曰: "無可奈何, 無可奈何!" 遂脫衣入淵中, 霎時間拯出, 還復着衣而坐, 擧止雍容, 不喘不息, 顔色泰然. 一行諸人, 驚惶罔措之餘, 見此童擧措, 莫不神異之擧, 以神童稱之, 尤益敬重之. 遍看內外山, 回路到惠化門外, 有一獐走過前路, 諸人逐之, 童逐獐入麥田中, 久不還. 一行苦待之, 遍尋杳無踪跡, 但見四野, 黃雲漠漠, 蒼烟藹藹. 迫曛還家, 告其事於尙書, 尙書復熟視良久, 曰: "吾向日, 固以爲不緊矣, 不聽吾言, 今果失之矣." 後尙書捐館, 厥童來哭之, 一家異之, 哭畢, 不與家人接一言, 仍忽復去. 小朞·大朞, 又復來哭, 而又不與主人接談而去. 伊後, 仍無消息云云.

---

165) 娶: 저본에는 '取'로 나와 있으나 이본을 따름.

10-19. 白頭翁指敎一書生

中原有一書生, 家貲頗饒, 爲燕京甲富, 而襟期浩蕩, 平生以仗義疎財, 有名一鄕, 皆以聖佛子指之. 竟至家産蕩敗無餘, 妻孥呼寒啼飢. 生撫念, 昔日豪富, 今不免[166]寒乞樣, 不覺寒心落淚. 夕陽時, 獨立普通門側, 忽有在旁胡盧[167]之笑者, 顧視之, 則乃頎然老人也[168]. 生曰: "先生胡哂人之甚也?" 老人曰: "子之凄嘆, 政不滿一笑也." 生曰: "子非我也, 安知我之悽歎[169]也?" 曰: "吾已知之! 凡人貧富, 如磨蟻旋斡, 不可以力圖, 莫嘆子之疎濶而致此貧窘也." 生曰: "吾亦知貧富之若此, 第念目下光景, 不得不如是悔嘆也." 老人曰: "子若深悔, 則吾當指示一處, 能念昔日之迂, 其節用乎?" 生曰: "敢不如敎?" 卽隨老人, 至一處, 則乃大府庫也. 老人手指壁間一穴, 曰: "此中所儲, 是子之貨財, 唯子輸去也." 仍卽去. 生自穴入手探攫, 無非珍寶也. 盡意輸來, 辦賣波斯肆[170], 得屢萬金, 排舖如前日樣. 以吝之一字爲元符, 不敢以分錢粒米, 推移於親知, 周急於貧窮者. 將至半歲, 忽覩門外乞子呼飢, 善端復萌, 自伊後, 周窮恤貧, 不惜千金. 强及三載, 奄若前日之困乏. 鶉衣鵠形, 踽凉[171]街路, 忽到[172]普通門側, 又遇昔日之老人. 生滿面羞慚, 縮首逡巡, 老人曰: "子何歉乎?" 生曰: "先生所敎, 不能信守, 今又如此, 安得不愧忸乎?" 老人曰: "無傷也. 固有如是者矣, 又隨我來." 至一處, 指儲庄, 曰: "唯意輸去也." 生依敎盡輸後, 復如前豪

---

166) 不免: 라본에는 '不克'으로 되어 있음.
167) 胡盧: 라본에는 '胡蘆'로 되어 있음. 서로 통함.
168) 也: 저본에는 빠져 있으나 이본에 의거하여 보충함.
169) 悽歎: 다, 라, 마본에는 '凄歎'으로 되어 있음.
170) 肆: 라, 마본에는 '市'로 되어 있음.
171) 踽凉: 라본에는 '踽踪'으로 되어 있음.
172) 到: 라, 마본에는 '達'로 되어 있음.

富, 不下陶朱·猗頓. 懲前日之艱困, 守神翁之申托, 未曾一分虛費, 專尙鄙吝[173]. 一日忽念, '天下萬事, 都是悠悠. 自古, 未有久遠之富, 人生富貴, 摠是如乘傳之遞易, 人生又如朝露之晞陽, 則不必爲守錢虜, 不如從吾所好.' 乃普濟貧窮, 有踰於前, 不過數年, 窮寒之態, 憔悴之形, 有甚於前. 以至行乞於市, 而恐遇神翁, 不敢復由普通門路, 不意過普通門, 老人忽揖于路, 曰: "近來[174]無恙否?" 生謹避之餘, 不覺羞愧, 掩面而過, 老人莞爾曰: "不必如是! 子之所爲, 似或然矣." 又引生至一處, 指一大庚, 有金帛許多貨, 使任意輸去. 生少不謙讓, 如自家物一般, 隨意爛用, 不過三四年, 又如前消散. 凡遇老人三[175]次得貨, 而畢竟以迂濶之致, 還爲寒乞, 生漸[176]益羞恥, 不敢向普通門路. 一日, 過欽天監路上, 適逢老人, 生捧頭而走, 老人曰: "無媿也." 生於是, 回面寒暄, 老人曰: "隨我而來也!" 生隨之, 則路入深峽豊草之間, 上㐲叢山頂, 命生靜坐, 曰: "雖有百端可驚可慘之事, 無爲動心而忍坐, 且勿言也. 愼旃愼旃!" 俄而, 老人不知所在, 生卽依敎塊坐. 俄有, 獰風大起[177], 猛虎及毒虺·大蟒, 自林樾間, 咆哮而出, 蜿蜒而來, 或開口向生, 爲噬囓之狀; 或繞生之身, 欲爲吞噬之形. 生少不懼㤼, 泰然獨坐, 不動毫髮. 少頃, 天上雷電大作, 驟雨急注, 神將·夜叉十餘, 從天而下, 立於[178]生之前, 曰: "汝是些少之物, 敢以妖怪之說[179], 終不言笑者, 萬萬痛惡. 故吾等方欲勳除, 奉天命而下來矣." 以劍戟諸般兵器亂

---

173) 鄙吝: 라본에는 '吝嗇'으로 되어 있음.
174) 來: 저본에는 빠져 있으나 라본에 의거하여 보충함.
175) 三: 바본에는 '三四'로 되어 있음.
176) 漸: 마본에는 '慚'으로 되어 있음.
177) 大起: 다, 마, 바본에는 '大吹'로, 라본에는 '大作'으로 되어 있음.
178) 於: 저본에는 빠져 있으나 다, 라, 마본에 의거하여 보충함.
179) 說: 다, 라, 마본에는 '術'로, 바본에는 '言'으로 되어 있음.

刺, 生又終不開口. 如是食頃, 神將曰: "此怪件, 非吾輩之所可除也!" 卽去. 不久, 天門忽開, 自空有辟易[180]聲, 鬼卒翳翳而下[181], 捉生上去庭鞫[182]. 上帝御廣寒殿訊, "以汝是下界妖怪之物, 敢自守默不言不笑者, 罪惡甚重. 故吾今設鞫, 將欲破汝之不言不笑." 分付羅卒, 杖之撲之, 生一如土木偶, 終不開口. 上帝大怒, 曰: "如彼妖物, 不可以輕刑!" 命一神將, 押送于地府, 嚴勅冥王, 嚴法峻治. 卽押生到地府. 冥王亦設嚴鞫, 生終不開口. 冥王亦以爲難治之物, 使付劍樹·刀山·拔舌獄, 諸般惡刑, 無所不經, 生終不開口. 竟付轉輪獄, 挫之揑之, 磨之揚之, 而生之一片精神, 未嘗[183]渝矣. 有官員禀于冥王, 冥王問諸員[184]曰: "人間最難堪者, 有何?" 官員奏曰: "人間之窮儒寒士妻, 乃是人所不堪者矣." 於是, 冥王命付生還度人世, 乃生台州盧處士家. 蓋處士少時, 入于丹學, 不得成術, 老境窮居陋巷, 以學究爲業. 且無嗣續, 每以是爲恨, 夫人忽有[185]娠, 處士晝宵專望生男[186], 盈朔而解娩, 乃女也. 處士夫婦, 雖甚悵然, 亦勝於無, 洗置襁褓而乳之, 則生後許多日, 兒竟無呱呱, 終自嘿嘿, 不過渾沌[187]一肉塊也. 隣里以天啞指之, 處士謂其妻曰: "吾家無子女, 今得此兒, 雖不言語, 亦是人生, 須善鞫養也." 是兒自落地後, 至十五六歲, 嬰孩百病, 無所不痛, 終無一聲之叫楚, 人皆爲異焉.

---

180) 辟易: 라본에는 '霹靂'으로 되어 있음.
181) 下: 다, 라, 마본에는 '來'로 되어 있음.
182) 鞫: 저본에는 '鞠'으로 나와 있으나 이본에 의거함. 서로 통용됨. 이하의 경우도 동일함.
183) 嘗: 저본에는 '常'으로 나와 있으나 이본에 의거함.
184) 諸員: 라본에는 '諸官員'으로 되어 있음.
185) 有: 저본에는 '見'으로 나와 있으나 이본을 따름.
186) 生男: 라, 마본에는 '男子'로 되어 있음.
187) 渾沌: 마본에는 '渾沌'으로, 바본에는 '混沌'으로 되어 있음.

年已過笄, 鄕里皆以嘿痴傳說, 無媒妁之往來者. 歙縣有謝生者, 以晉相後裔, 高尙志操, 未嘗出現于世, 守貧獨居, 尙未有室, 聞盧處士嘿啞娘, 送媒結婚. 人皆譏之, 生曰: "武侯得黃髮而養精, 齊后得無鹽而成美, 則吾之必娶嘿痴, 得不愈於傾城之哲婦哉?" 遂贄雁而聘. 盧女入室以後, 治家整齊, 閨庭嚴明, 其淑德懿行, 爲鄕里所稱道, 乃不言而化, 不笑而成. 於焉而娠, 乃生男子, 謝生以爲喜悅, 鞠育數年, 學語學步, 無非可愛, 而其妻終不開口. 一日, 謝生語其妻曰: "與君結髮而爲夫婦, 許多歲月, 經過艱苦, 閱歷飢餓, 未嘗一言譎謫. 又生此兒, 髧髮丰容[188], 人孰不愛? 雖他人之愚蠢者, 必盡抱哺, 而君則[189]以慈母之情, 自孩提今至呼爺學語, 未聞一語慈愛之聲, 必是君於吾有所不滿之意也." 遂勃然作怒, 卽提兒碎砌石而殺之, 其妻見之, 不知不覺, 出阿阿之聲. 俄而, 沸湯之聲大起, 生回顧, 則依然坐山上矣. 向者所經, 乃一場夢境矣. 老人在旁, 嘆曰: "已矣已矣! 今者鍊汞[190]方成, 竟潰於愛之一字, 數也, 奈何?" 生憮然[191]曰: "敢問其故." 老人曰: "吾見君有仙家氣味, 故三次以不些財貨試之, 君未嘗易心於貨物. 故吾以此仙家妙訣, 試之, 竟以愛之一字毁破, 莫非數也. 此藥若成, 則將與君服之, 同歸羽化, 而君惡欲二關, 則能打破; 愛之一關, 未能擺脫, 以至鍊丹之未成也." 仍命生下去, 而老人乃乘雲而去. 生乃悵然歸家, 學導氣·辟穀之術, 周遊五嶽, 不知所終.

---

188) 丰容: 바본에는 '丰茸'으로 되어 있음.
189) 則: 저본에는 빠져 있으나 이본에 의거하여 보충함.
190) 汞: 저본에는 '求'로 나와 있으나 다, 라, 마본을 따름.
191) 憮然: 바본에는 '撫然'으로 되어 있음. 서로 통함.

10-20. 綠林客誘致沈上舍

　中古, 有沈進士者, 簪紳名閥也. 築室于彰義洞, 豪放自負, 不拘節行[192]. 早得進士第, 更不屑科臼業[193], 亦不求蔭階進取, 人或詰其由, 則但頹然一笑而已. 性好乘快馬, 當時貴戚宰樞, 凡廐有肥馬者, 生必使人傳語, 願得一乘, 諸公亦飽悉其名, 欣然借之. 生乃橫馳大路, 無所止窮, 俟其步品少衰, 輒飜身而下, 曰: "馬已不堪更乘矣." 仍困步而還, 亦無造訪久要. 一日平朝, 有一僕牽嘶風逸足, 習步於門屛之前, 生招之, 曰: "望馱我一馳." 僕諾之, 生據鞍執轡, 山腰樹嘴, 過眼閃忽, 過都越郡, 歷如一塊. 日亭午, 而馬少倦, 生至于旗亭, 問其地方, 則乃海西金川界也. 僕策馬先回, 生隻身殊鄕, 歸路夐修, 忽有一僕, 又步馬于官道. 生復請一乘, 僕曰: "須速上馬." 生纔乘, 而馬一躍飛走, 僕跟後鞭策, 五內盡蕩, 一身飄擧, 與傳命郵騎一般. 生欲乞哀, 而恐傷於勇, 欲跳下, 而恐傷於身, 一聽所爲, 忍耐做去. 俄而, 驟入深谷絶峽, 轉過萬壑千峯, 路忽闢若馳道. 道左有朱衣一隊, 雁鶩而進, 請換乘便輿. 生疑眩不能自解, 只做痴蠢樣子, 下馬乘轎, 轎駕八人, 施文豹大皮. 轎前砲鼓一動, 器仗旗纛, 左右簇立, 戎衣已加身矣. 生無如之何, 凝重自持, 恬若固有. 行到一崗, 崗後大野曠漠, 萬騎留札, 隊伍井井, 壘柵堂堂, 帷幕連雲, 劒戟如星. 轎下令箭乍傳, 喊聲相應, 大吹大擂, 有若敵在呼吸者然. 俄而, 生馳入其壁, 將領椽吏, 禮謁旣畢, 復請生乘轎. 行五里許, 有金湯周遭, 雉堞如粉. 入城而舍屋櫛比, 市肆連亘, 度朱門三重, 敞畫堂數百楹, 制度宏麗, 金碧耀煌, 名姝環侍, 翼生而升. 生毅然坐寶榻上, 召一頭領, 曰: "此局果何等地,

---
192) 節行: 바본에는 '小節'로 되어 있음.
193) 臼業: 바본에는 '舊業'으로 되어 있음.

若曹又何樣人, 而賺我措大, 仍作傀儡一戲?" 頭領對曰: "弊府旣漏於版籍, 是任又外於官志. 僕等以東西南北之人, 爲飽暖放縱之計, 鳩合蟻附, 萃成一軍, 攫取不仁富之財, 招納窮無告之人, 日以爲常耳." 生曰: "然則若曹都是綠林豪客也, 不有邦憲, 盜弄兵器, 戕殺無辜, 尙不自戢, 而乃推我爲帥, 何也?" 頭領曰: "此柵自洪主師吉同于今百有餘年, 繼以爲將者, 擧皆智慮絶倫, 軍民遂以安堵, 迨至昨歲, 故將云亡, 軍務無統. 僕等遍跡率土, 密求將材, 而莫出老爺右者, 敢以一駿驄, 誘致尊駕于金川, 又以一駿驄, 奉邀至此. 萬望老爺, 特憐一寨性命, 權留忠義大將軍印綬." 生沈吟良久, 以鐵如意, 打破几案, 曰: "我欲一試才智, 久矣, 特從汝請!" 衆大喜設宴爲賀. 自是, 生爲籠烏盆魚, 安坐飮食者且數日, 乃召頭領, 曰: "此中人額幾何, 粮儲幾何?" 頭領對之悉, 生怒曰: "計口較粮, 博有數月之資, 何不早稟停當?" 頭領旰衡而告曰: "故將有經天緯地之才, 神鬼不測之機, 環東土數千里, 富家巨郡, 無不盡掠. 惟餘陜川海印寺, 壺谷李進士家, 咸興城內, 而此則不可窺覘. 其他州鎭之稍雄者, 村里之頗饒者, 指不勝屈, 而勞苦掠來, 未必補一月之粮. 百爾籌思, 實無好階[194], 致此奏告之稽緩耳." 生怒曰: "籌畫在我, 率職在爾, 爾何敢自相疑難, 多費辭[195]說? 我當於某日, 往擊海印寺, 知委諸軍, 切勿遠洩." 頭領大驚曰: "本寺僧徒數千, 錢帛如山, 防護甚密, 弓劍悉備, 雖以故將軍之神籌, 亦不敢生意. 今動軍於千里之遠, 驅入於危亡之地, 是老爺姑借將令, 盡劉[196]萬命也." 生大怒, 命出斬頭領, 左右無有應者, 生乃手劍亂斫,

---

194) 階: 바본에는 '計'로 되어 있음.
195) 辭: 바본에는 '醉'로 되어 있음.
196) 盡劉: 바본에는 '劉盡'으로 되어 있음.

一軍爲之肅然. 生乃召頭領, 曰:"汝可選[197]軍徒[198]之面目白晳伶俐曉事者三十人, 其衣服, 都做官奴樣子, 各騎駿馬一匹, 又馱緡錢二千, 先到該寺. 傳言,'某大君求嗣續, 親來祝佛, 更設香飯, 周饋觀光之人, 爲辭.'以此錢鈔, 先辦香燭, 只等吾行, 決勿有誤."又召一頭領, 曰:"汝少俟旬日後, 齎此路文, 馳往該寺只道,'大君連被主上挽止, 且恐外朝論劾, 暗地下來, 勿令郡縣有知, 本寺供億, 一切革除.'以示優恤爲辭. 亦等吾行, 決勿有誤."又召一頭領, 曰:"汝與數十頭領, 侈其衣袍, 各騎駿馬, 一模傔客樣子. 又選軍徒之身長面悍者數十人, 領大君品服及雙馬轎·青羅蓋, 潛伏于距該寺五十里之地, 俟我親到, 以便換乘."諸頭領皆領命而去. 生漫浪十許日, 身着幅巾道服, 策一隻千里駒, 下山而到陜川之界, 騶從皆隱藏于信地. 生乃自乘雙轎, 盡下幨帷, 用夜半到本寺, 緇徒迎生而入, 生踞坐禪房, 屛帳甚麗. 乃召頭僧及幹辦諸人, 約以明夜設齋, 指畫供費, 悉從厚優[199], 諸僧環聽嘖嘖曰:"好大君, 必受佛力!"生屛人安寢, 陰使一頭領, 暗地破毀便輿之上椅, 因舊補綴, 令觀者不知其傷缺. 因頹然而睡, 睡到五更[200]乃覺, 見山月滿窓, 泉音撼枕, 暗興勃勃, 開室命酌, 且召僧曰:"寺外有水石會心處否?"對曰:"某處甚佳."生乃攝衣而出, 曰:"汝須導余!"僧忙以便輿進, 生知爲破輿, 小心踞坐. 衆僧擔之而行, 行到數十步, 生故憑身於椅上, 破椅自墮, 生翻身倒落於路旁, 衆僧急救, 則生昏僵不省【詐也】, 衣袍盡濕. 諸頭領擔之, 而到房櫳, 亟灌良藥, 且晒其衣. 良

---

197) 選: 저본에는 '撰'으로 나와 있으나 바본에 의거하여 바로잡음.
198) 徒: 바본에는 '從'으로 되어 있음.
199) 厚優: 바본에는 '優厚'로 되어 있음.
200) 五更: 바본에는 '五鼓'로 되어 있음.

久, 生兀然起坐, 大喝大怒曰: "吾無品貴人, 在外位在觀察使上, 量汝富寺, 使星陸續, 豈無一箇完輿? 而必以破件待令, 俾余墮傷至此. 幸而不死, 天也, 然頭顱盡碎, 肩脚俱折, 豈意禮佛之行, 反得一生貞痼也?" 諸僧伏于庭下, 無以自辨. 生乃一逐僧案, 拿致於庭, 沒一箇不得竄漏, 以大麻索, 自相綁縛, 違者當立殺, 諸僧懍慄[201]如律令. 生見懸鶉乞丐, 四隅擁觀, 無慮數千計, 乃令左右詰問曰: "汝們緣何相聚?" 諸丐齊告曰: "聞大爺誠行檀越, 復設無遮大會, 普饋衆生, 不遠百里, 相携至此耳." 生惻怛曰: "我今人鬼未判, 如何供佛? 行當還駕耳. 但汝們遠來求飽, 狼狽而回, 咎實在我, 我聊以供佛錢二千緡給汝, 汝須均領也." 因洒錢于庭, 諸丐爭拾立盡, 齊道, "大爺無彊壽!" 生又[202]曰: "我又有令甲, 汝曹愼勿疑難." 諸丐曰: "雖湯火鼎鑊, 當唯令是從." 生曰: "我欲報此恨, 無由盡殺諸僧, 聽汝們都入大小梵宇, 其錢貨器物, 盡力負去, 毋使一物遺落. 使頑者知戢, 窮者少饒, 我當厚受陰報, 豈不優於頂禮枯佛也?" 衆丐大喜曰: "敢不如敎?" 因爛入禪房, 廣搜盡掠, 生又令諸丐曰: "汝曹乘我未發, 快走快走, 少緩則患在禿驢[203]之追攫耳." 衆丐一時雲散. 生故爲遷延, 坐到數十刻, 朝暾已射東牖, 乃趣駕啓程, 疾馳百餘里, 下轎跨馬, 亟回山寨. 蓋衆丐乃生之軍而扮作此狀者也, 次第回寨, 各獻所掠, 得百萬計, 而兵不血刃, 諸頭領乃服. 居數日, 頭領告軍令當指何處, 生曰: "某日當擊壺谷." 頭領憚之, 曰: "此谷安東地也, 三面皆巉岩, 峭壁削立千仞, 飛禽莫能施羽翮, 前面只有一線路, 僅容人不容馬. 其洞口咽呃, 又設石門, 夜

---

201) 懍慄: 바본에는 '憭憭'으로 되어 있음.
202) 又: 저본에는 빠져 있으나 바본에 의거하여 보충함.
203) 驢: 의미상 '顱'가 되어야 함.

關晝開, 緄以鐵鎖. 石門之外, 微徑[204]又陷下, 欹岸斷落, 馬必扶攝而出, 人必攀挊而登. 谷中李上舍, 積粟十萬石, 錢帛稱是, 蒼頭數百人, 帶鎧甲, 持弓矢, 達夜巡更. 雖以鄧士載入綿竹之才, 韓襄毅破藤峽之功, 無所施也." 生聞言愕爾, 叱退將領, 密遣[205]心腹, 偵探李庄動靜, 探子回報, 曰: "李上舍身外無育, 五旬而得一子, 纔離襁褓, 羸弱善病, 上舍近住蕭寺, 爲其子修齋誦經. 家人之防護益密, 屋後盡布蒺藜, 男女俱佩信標, 無者以賊論云." 生大喜曰: "事有濟矣!" 卽穿峨冠道服, 袖中儲囊炷香·牙扇·珠履, 跨千里騾子, 不許一人跟隨, 一鞭下山. 不日到壺谷, 局勢險阻, 實無可攻之路也. 賴名騾之逸步, 超塹躍岩, 如履平陸, 直入李庄. 故問上舍在家否, 僕對曰: "遠出矣." 生悵悧且久, 徘徊堂上, 使赤脚傳語于內堂, 曰: "吾卽上舍之膠漆也, 專訪到此, 竟題凡鳥. 願得小郎君一面, 少敍此懷." 居無何, 赤脚抱兒而出, 生卽置膝上, 撫摩眷戀, 曰: "兒乎兒乎! 聰達特秀, 吾友無憂矣." 卽以袖裡香囊諸品, 滿佩于兒之裾下, 乃令赤脚, 携兒而入. 赤脚以其狀, 備告內堂, 內堂大喜, 益信生之爲上舍切友也. 以盛饌饋生, 生啗已, 移晷悄坐[206], 乃跨騾而出. 出到洞外, 忽旋駕而入, 駐馬于門首, 又傳語于內堂曰: "我纔出洞門, 步步回首, 戀結不能定情, 願更見小郎君." 赤脚感生眷眷, 更携兒而進, 生於馬上, 緊抱合口吮頰, 若不勝情, 且召赤脚, 曰: "汝可煩稟于夫人, 兒面目少覺黃瘦, 近日有何嬰疾." 赤脚領諾而去, 生乃策騾一馳, 倐忽杳然[207]踪跡, 赤脚復命而出, 則客

---

204) 徑: 바본에는 '經'으로 되어 있음.
205) 遣: 바본에는 '令'으로 되어 있음.
206) 悄坐: 바본에는 '悄然坐矣'로 되어 있음.
207) 杳然: 바본에는 '杳無'로 되어 있음.

與兒俱無有矣. 一家號哭, 促召上舍還[208], 上舍莫知端倪, 憂悶廢食. 一日, 蒼頭早開石門, 有一緘書落于地, 乃呈[209]上舍, 上舍披覩, 則有云: "忠義大將軍, 貽書于李生座下. 凡地之生財, 必有其用, 天之生人, 各有其食. 君積穀萬箱, 而未得救一民之窮; 營田千畝, 而不能延百年之壽, 竟使辛苦粒粒爛腐土壤. 君之一子, 理當受厄, 我故與神爲謀, 奪攫至此. 君能悲駒隙短景, 且念舐犢大倫, 亟回鄙吝之心, 欲效普濟之德, 則將君之資産, 分半積于某江之邊. 俾使運去, 則余當奉還郎君, 惟君自裁." 上舍讀畢, 泣曰: "家貲所以長子孫也, 無兒則黃金萬籝, 亦安用哉?" 乃以長腰二萬石, 鵝眼十萬貫, 潛積于信地, 翌日往視, 則已盡輸去矣. 上舍猶是矛盾, 疑信不定, 耐度五六日. 蒼頭晨出石門, 則有一畵轎宛在地上, 錦帷周匝, 畵氈重疊, 兒在其中, 衣服新鮮. 上舍驚喜泣抱, 曰: "吾兒也!" 且問兒曰: "汝往何處?" 兒曰: "曩日, 伊人於馬上抱余, 疾馳幾里, 納余於安車之中, 又以一婦人乳余, 行到五六晝夜, 到一山寨. 遇余甚厚, 其帷帳玩好之盛, 殆勝於在慈母之側. 及至日昨, 又以數十騎, 護余至此, 乘夜擔置于石門之外, 因各走散云." 上舍深感生之高義, 而生不勞一軍, 掠得巨財, 一寨歡聲如雷. 生又申令曰: "某日當擊咸興." 諸將領入告曰: "咸興城郭峻高, 山海險阻, 巡使擁三千鐵騎, 土府簇數萬實戶, 重以中軍都事綜錯之. 非可侔於海印, 亦難擬於壺谷, 願無造次." 生叱曰: "將令惟行, 不唯反, 如更有亂言, 疑眩軍心者, 當殺無赦!" 衆皆退, 生乃分付一頭領曰: "汝可選軍徒[210]之愚駿者五十人, 分爲五隊, 扮作樵叟, 往樵于

---

208) 還: 바본에는 '還家'로 되어 있음.
209) 呈: 바본에는 '拾呈'으로 되어 있음.
210) 軍徒: 바본에는 '軍從'으로 되어 있음.

咸興城外朝家莫重禁養之地五處, 待某夜初昏時, 分一齊放火. 迨火未熾, 竄走逃回, 違者斬之." 又分付一頭領曰:"汝選軍徒之幹事者五十人, 將大船二十隻, 扮作海商[211]. 自山後海濱, 溯于嶺南關東, 趁某日泊舟咸興城外, 決勿有洩." 分撥旣定, 生選三千精銳, 或做官人狀, 或做賈客狀, 或做引喪[212]狀, 或做乞丐狀, 陸續起程, 並指日, 約會于咸興城外深山靜僻處. 打聽消耗, 果於二鼓下, 城外火光焰天, 一府震盪, 衆官畏罪, 急忙往救, 城裡人丁, 奔走皆赴, 只有婦孺. 生密使四箇頭領, 各率數十軍徒, 把守四門, 權托按使秘令, 不許擅人出入. 自己率衆徒擧帶兵器, 潛入城內, 將公私儲峙, 都數掠奪, 幷運于海, 海船已遵約艤待矣. 揚帆中流, 晝宵[213]催程, 泊于山寨, 又得累鉅萬計, 生乃擊牛設宴. 其翌曉, 沈進士與其信任者一人, 擇駿馬而逃還其家. 對人輒曰:"周流八方, 歷覽山川而歸云."

10-21. 貸萬金許生行貨

許生居墨積洞, 直抵南山下, 井上有古杏樹, 柴扉向樹而開, 草屋數間, 不蔽風雨. 然許生好讀書, 妻爲人縫刺以[214]糊口. 一日, 妻甚饑, 泣曰:"子平生不赴擧, 讀書何爲?" 許生笑曰:"吾讀書未熟." 妻曰:"不有工乎?" 生曰:"工未素學, 奈何?" 妻曰:"不有商乎?" 生曰:"商無錢本, 奈何?" 其妻恚且罵, 曰:"晝夜讀書, 只學奈何? 不工不商, 何不盜賊?" 許生掩卷起, 曰:"惜乎! 吾讀書本期十年, 今

---

211) 海商: 바본에는 '海賈'로 되어 있음.
212) 引喪: 바본에는 '喪靷'으로 되어 있음.
213) 宵: 바본에는 '夜'로 되어 있음.
214) 以: 바본에는 '而'로 되어 있음.

七年矣." 出門而去, 無相識者, 直至雲從街[215], 問市中人曰: "漢陽中誰最富?" 有道卞氏者, 遂訪其家, 許氏[216]長揖, 曰: "吾家貧, 欲有所小試, 願從君借萬金." 卞氏曰: "諾." 立與萬金, 客竟不謝而去. 子弟賓客, 視許生, 丐者也, 絲條穗拔[217], 革履跟顚, 笠挫袍煤, 鼻流淸涕. 客旣去, 皆大驚曰: "大人知客乎?" 曰: "不知也." "今一朝, 浪空擲萬金於生平所不知何人, 而不問其姓名, 何也?" 卞氏曰: "此非爾所知. 凡有求於人者, 必廣張志意, 先耀信義, 然顔色愧屈, 言辭重複. 彼客衣履雖弊, 辭簡而視傲, 容無怍色, 不待物而自足者也. 彼其所試術不小, 吾亦有所試於客, 不與則已, 旣與之萬金, 問姓名何爲?" 於是, 許生旣得萬金, 不復還家, 以爲安城, 畿湖之交, 三南之綰口, 遂止居焉. 棗栗·柹梨·柑橘·柚榴之屬, 皆以倍直居之. 許生榷菓, 而國中無以讌祀. 居頃之, 諸賈之獲倍直於許生者, 返輸十倍. 許生喟然歎曰: "以萬金傾之, 知國淺深[218]矣." 以刀·鎛·布·帛·綿, 入濟州, 悉收馬鬉鬣, 曰: "居數年, 國人不裹頭矣." 居頃之, 網巾價至十倍. 許生問老篙師曰: "海外豈有空島可以居者乎?" 篙師曰: "有之. 常漂風, 直西行三日夜, 泊一空島, 計在沙門·長崎之間. 花木自開, 果[219]蓏自熟, 麋鹿成群, 游魚不驚." 許生大喜曰: "爾能導我, 富貴共之." 篙師從之, 遂御風東南入其島, 許生登高而望, 悵然曰: "地不滿千里, 惡能有爲? 土肥泉甘, 只可作富家翁." 篙師曰: "島空無人, 尙誰與居?" 許生曰: "德者, 人所歸也. 尙恐不德, 何患無人?" 是時, 邊山群盜數千, 州郡發卒逐捕, 不

---

215) 街: 저본에는 '衙'로 나와 있으나 바본을 따름.
216) 許氏: 바본에는 '許生'으로 되어 있음.
217) 拔: 바본에는 '秡'로 되어 있음.
218) 淺深: 바본에는 '深淺'으로 되어 있음.
219) 果: 바본에는 '菓'로 되어 있음.

能得. 然群盜亦不敢出剽掠, 方饑困. 許生入賊中, 說其魁帥曰: "千人掠千金, 所分幾何?" 曰: "人一兩耳." 許生曰: "爾有妻乎?" 群盜曰: "無." 曰: "爾有田乎?" 群盜笑曰: "有田有妻, 何苦爲盜?" 許生曰: "審若是也, 何不娶妻樹屋·買牛耕田? 生無盜賊之名, 而居有妻室之樂; 行無捕盜²²⁰⁾之患, 而長享衣食之饒乎!" 群盜曰: "豈不願如此? 但無錢耳." 許生笑曰: "爾爲盜, 何患無錢? 吾能爲汝辦之. 明日, 視海上風旗紅者, 皆錢船也, 恣汝取去." 許生約群盜, 旣去, 群盜皆笑其狂. 及明日, 至海上, 許生載錢三十萬, 皆大驚羅拜, 曰: "惟將軍令." 許生曰: "惟力負去." 於是, 群盜爭負錢, 人不過百金. 許生²²¹⁾曰: "爾等力不足以擧百金, 何能爲盜? 今爾等, 雖欲爲平民, 名在賊簿, 無可往矣. 吾在此俟汝, 各持百金而去, 人一婦一牛來!" 群盜曰: "諾." 皆散去. 許生自具二千人一歲之食, 以待之. 及群盜至, 無後者, 遂俱載入其空島, 許生権盜, 而國中無警矣. 於是, 伐樹爲屋, 編竹爲籬, 地氣旣全, 百種碩茂, 不菑不畬, 一莖九穗. 留三年之儲, 餘悉舟載, 往糶長崎島. 長崎者, 日本屬州, 戶三十一萬, 方大饑, 遂賑之. 獲銀百萬. 許生歎曰: "今吾已小試矣." 於是, 悉召男女二千人, 令之曰: "吾始與汝等入此島, 先富之然後, 別造文字, 刱製衣冠, 地小德薄, 吾今去矣. 兒生執匙, 敎以右手, 一日之長, 讓之先食." 悉焚他船, 曰: "莫往則莫來." 投銀五十萬於海中, 曰: "海枯有得者! 百萬無所容於國中, 況小島乎!" 有知書者, 載與俱出, 曰: "爲絶禍於此島." 於是, 遍行國中, 賑施與貧無告者, 銀尙餘十萬, 曰: "此可以報卞氏." 往見卞氏, 曰: "君記我乎?" 卞氏驚曰: "子之容色, 不少瘳, 得無敗萬金乎?" 許生笑

---

220) 捕盜: 바본에는 '逐捕'로 되어 있음.
221) 生: 저본에는 빠져 있으나 바본에 의거하여 보충함.

曰:"以財粹面, 君輩事耳, 萬金何肥於道哉?"於是, 以銀十萬付卞氏, 曰:"吾不耐一朝之飢, 未竟讀書, 慙君萬金." 卞氏大驚, 起拜辭謝, 願受什一之利, 許生大怒曰:"君何賈竪視我也?"拂衣而去. 卞氏潛踵之, 望見客向南山下入小屋, 有老嫗, 井上澣衣[222]. 卞氏問曰:"彼小屋誰家?"[223] 嫗曰:"許生員宅, 貧而好讀書, 一朝出門, 不返者已五年, 獨有妻在, 祭其去日." 卞氏始知客乃姓許, 歎息而歸. 明日, 悉持其銀, 往遺之, 許生謝[224]曰:"我欲富也, 棄百萬[225]而取十萬乎? 吾從今得君而活矣. 君數視我, 計口送糧, 度身授布, 一生如此足矣, 孰肯以財勞神?" 卞氏說許生百端, 竟不可奈何. 卞氏自是, 度許生匱乏, 輒身自往遺之, 許生欣然受之, 或有加, 則不悅, 曰:"君奈何遺我災也?"以酒往, 則益大喜, 相與酌至醉. 旣數歲, 情好日篤[226]. 嘗從容言, "五歲中何以致百萬?"許生曰:"此易知耳. 朝鮮舟不通外國, 車不行域中, 故百物生于其中, 消于其中矣[227]. 夫千金小財也, 未足以盡物. 然析而十之, 百金十, 亦足以致十物, 物輕則易轉, 故一貨雖絀, 九貨伸之, 此常理之道, 小人之賈也. 夫萬金, 足以盡物, 故在車專車, 在船專船, 在邑專邑, 如網之有罟, 括而數之. 陸之産萬, 潛停其一; 水之族萬, 潛停其一; 醫之材萬, 潛停其一, 一貨潛藏, 萬賈皆涸, 此賊民之道也. 後世有司者, 如有用我道, 必病其國." 卞氏曰:"子初何以知吾出萬金而來吾求也?"許生曰:"不必君與我也, 能有萬金者, 莫不與也. 吾自料吾

---

[222] 衣: 저본에는 빠져 있으나 바본에 의거하여 보충함.
[223] 彼小屋誰家: 바본에는 '彼小屋云誰之家'로 되어 있음.
[224] 謝: 바본에는 '辭'로 되어 있음.
[225] 百萬: 바본에는 '萬金'으로 되어 있음.
[226] 篤: 바본에는 '密'로 되어 있음.
[227] 矣: 저본에는 빠져 있으나 바본에 의거하여 보충함.

才, 足以致百萬, 然命則在天, 吾何能知之? 故能用我者, 有福者
也, 必富益富, 天所命也, 安得不與? 旣得萬金, 憑其福而行, 故動
輒有成. 若吾私自與, 則成敗亦未可知也." 卞氏曰: "方今士大夫,
欲雪南漢之恥, 此志士扼腕奮志之秋也. 以子之才, 何自苦沈冥以
沒世耶?" 許生曰: "古來沈冥者, 何限? 趙聖期【拙修[228]齋】可使敵
國, 而老死布褐; 柳馨遠【磻溪居士】足繼軍食, 而逍遙海曲, 今之謀
國政者, 可知已. 吾善賈者也, 其銀足以市九王之頭, 然投之海中
而來者, 無所可用故耳." 卞氏喟然太息而去. 卞氏本與李政丞浣
善, 李公時爲御營大將, 嘗與言, "委巷閭閻之中, 亦有奇才可與共
大事者乎?" 卞氏爲言許生, 李公大驚曰: "奇哉! 眞有是否? 其名
云何?" 卞氏曰: "小人與居三年, 竟不識其名." 李公曰: "此異人, 與
君[229]俱往." 夜公屛騶從, 獨與卞氏, 俱步至許生家[230]. 卞氏止公立
門外, 獨先入見許生, 具道李公所以來者, 許生若不聞者, 曰: "趣
解君所佩壺!" 相與歡飮, 卞氏悶公久露立, 數言之, 許生不應. 旣
夜深, 許生曰: "可召客." 李公入, 許生安坐不起. 李公無所措躬,
乃敍述國家所以求賢之意, 許生揮手, 曰: "夜短話長, 聽之太遲,
汝今何官?" 曰: "大將." 許生曰: "然則汝乃國之信臣, 我當薦臥龍
先生, 汝能請于朝三顧草廬乎?" 公低頭良久, 曰: "難矣! 願得其
次." 許生曰: "我未學第二義." 固問之, 許生曰: "明將士, 以朝鮮有
舊恩, 其子孫, 多脫身東來, 流離惸鰥. 汝能請于朝, 出宗室女, 遍
嫁之, 奪勳戚權貴家, 以處之乎?" 公低頭良久, 曰: "難矣!" 許生
曰: "此亦難, 彼亦難, 何事可能? 有最易者, 汝能之乎?" 李公曰:

---

228) 修: 저본에는 '守'로 나와 있으나 바본에 의거함.
229) 君: 바본에는 '之'로 되어 있음.
230) 家: 저본에는 빠져 있으나 바본에 의거하여 보충함.

"願聞之." 許生曰: "夫欲聲大義於天下, 而不先交結天下之豪傑者, 未之有也; 欲伐人之國, 而不先用諜, 未有能成者也. 今滿州, 遽而主天下, 自以不親於中國, 而朝鮮率先他國而服, 彼所信也. 誠能請遣子弟, 入學遊宦, 如唐·元故事, 商賈出入不禁, 彼必喜其見親而許之. 妙選國中之子弟, 薙髮胡服, 其君子往赴賓擧, 其小人遠商江南, 覘其虛實, 結其豪傑, 天下可圖, 而國恥可雪. 若求朱氏而不得, 率天下諸侯, 薦人於天, 進可爲大國師, 退不失伯舅之國矣." 李公憮然曰: "士大夫, 皆謹守禮法, 誰肯薙髮胡服乎?" 許生大叱曰: "所謂士大夫, 是何等也? 産於彜貊[231]之地, 自稱曰士大夫, 豈非駭乎? 衣袴純素, 是有喪之服; 會撮如錐, 是南蠻之椎結也, 何謂禮法? 樊於期欲報私怨, 而不惜其頭; 武靈王欲强其國, 而不恥胡服. 乃今欲爲大明復讐, 而猶惜其一髮, 乃今將馳馬·擊劍·刺鎗·弽弓·飛石, 而不變其廣袖, 自以爲禮法乎? 吾始三言, 汝無一可得而能者, 自謂信臣, 信臣固如是乎? 是可斬也!" 左右顧索劍, 欲刺之, 公大驚而起, 躍出後牖, 疾走歸. 明日復往, 已空室而去矣.

10-22. 送美酒沈相憐才

沈齊賢·安應溪·鄭壽俊·韓舜錫, 出接於長興洞[232], 同做儷文. 聞南隣沈判府事家, 迎婦設燕[233], 四人共論, 作乞酒啓, 獻于沈相, 沈相覽而歎賞, 優送美酒佳肴. 其文曰: "惟酒無量, 卽先聖之徽言; 以飮爲名, 亦古人之能事. 是以, 嵇叔夜之養性, 何忍獨[234]醒; 李謫

---

231) 彜貊: 바본에는 '蠻貊'으로 되어 있음.
232) 長興洞: 바본에는 '長樂洞'으로 되어 있음.
233) 燕: 이본에는 '宴'으로 되어 있음.
234) 獨: 마본에는 '稀'로 되어 있음.

仙之耽盃, 但願長醉. 長安市上, 解金龜於賀監; 習家池邊, 倒接䍦
於山簡. 隣家盜飮, 何害吏部之風流; 里舍酣歌, 不妨丞相之視務,
況詩人愛之如渴! 唯君子不以爲非. 伏念小生, 酒人之流[235], 醇儒
者類, 平生性癖, 不媿愛酒之天[236]; 痛飮形骸, 尙阻置醴之地. 藏名
酒肆, 虛[237]度三十春光陰; 通籍金門, 竊期一千歲[238]際會. 近與二
三子同榻, 自喜九四朋盍簪[239]. 少時尙奇, 鄕貢進士韓愈; 中年游
藝, 太學書生何蕃, 一飮則三百有餘, 薄技則四六最長. 涼生書幌,
不堪潘岳之愁; 雨灑文園, 玆有相如之渴. 荷花無語, 商颷傳十里
之香; 梧葉初凋, 佳節屬三秋之序. 杜陵囊裏, 歎靑錢之無儲; 彭
澤門前, 嗟白衣之不至. 是以, 一飽之有數, 聊得半晌之偸閑. 伏唯
相公, 憂國細傾, 居家最樂. 芝蘭薰室, 鄭當時之延賓; 蓼朮盈籠,
狄梁公之愛士. 雛皆好於鳳穴, 白眉最良; 人如登於龍門, 靑眼相
對, 適當百兩之御, 欣睹九十其儀. 酒肉如山, 釀洞庭之春色; 車馬
塡巷, 鬪華筵於秋風. 彩帳飛騰, 方設南隣之高會; 緇帷寂寞, 自憐
西河之苦[240]吟. 月白風淸, 良夜何謾, 羨蘇子瞻之有肴有酒; 天朗
氣淸, 是日也虛, 負[241]王逸少之一詠一觴. 傷哉, 貧賤之堪羞! 或
者[242]高明之垂察, 呼兒將出美酒, 一擧手間吹水, 願添金盃, 再拜
足下."

---

235) 流: 저본에는 '遊'로 나와 있으나 다. 라. 마본을 따름.
236) 天: 라본에는 '泉'으로 되어 있음.
237) 虛: 마본에는 '孟'으로 되어 있음.
238) 歲: 이본에는 '載'로 되어 있음.
239) 簪: 저본에는 '箸'로 나와 있으나 이본에 의거함.
240) 苦: 이본에는 '孤'로 되어 있음.
241) 虛負: 마본에는 '應貞'으로 되어 있음.
242) 者: 라. 마본에는 '有'로 되어 있음.

집필진 소개

- 연구책임자

  정환국 성균관대학교에서 박사학위를 받았으며, 현재 동국대학교 국어국문문예창작학부 교수로 있다. 한문학과 고전서사를 연구하고 있으며, 저역서로 『초기소설사의 형성 과정과 그 저변』, 『주생전·운영전·최척전·상사동기』, 『조선의 단편 1·2』, 『역주 신단공안』 등이 있다.

- 공동연구원

  이강옥 서울대학교에서 박사학위를 받았으며, 현재 영남대학교 명예교수로 있다. 고전산문을 연구하고 있으며, 저역서로 『죽음서사와 죽음명상』, 『한국야담의 서사세계』, 『구운몽과 꿈 활용 우울증 수행치료』, 『일화의 형성원리와 서술미학』, 『청구야담』 등이 있다.

  오수창 서울대학교에서 박사학위를 받았으며, 현재 서울대학교 명예교수로 있다. 문학작품을 포함한 넓은 시야에서 조선시대 정치사를 연구하고 있으며, 저역서로 『조선후기 평안도 사회발전 연구』, 『춘향전, 역사학자의 토론과 해석』, 『서수일기-200년 전 암행어사가 밟은 5천리 평안도 길』 등이 있다.

  이채경 성균관대학교에서 박사학위를 받았으며, 현재 성균관대학교 한문학과 초빙교수로 있다. 조선후기 야담을 주로 연구하고 있으며, 저역서로 『철로 위에 선 근대지식인(공역)』과 논문으로 「『어우야담』에 담긴 지적경험과 서사장치」, 「『금계필담』에 기록된 신라 이야기 연구」 등이 있다.

  심혜경 동국대학교에서 박사학위를 받았으며, 현재 동국대학교 국어국문문예창작학부 강사를 맡고 있다. 고전소설을 연구하고 있으며, 논문 「조선후기 소설에 나타나는 여성과 불교 공간」, 「윤회에 나타나는 정체성 바꾸기의 의미」, 「〈삼생록〉에 나타나는 애정문제와 남녀교환 환생의 의미」가 있다.

  하성란 동국대학교에서 박사학위를 받았으며, 현재 동국대학교 국어국문문예창작학부 강사를 맡고 있다. 고전소설을 연구하고 있으며, 저역서로 『포의교집(역서)』, 『절화기담(역서)』, 『한국문화와 콘텐츠(공저)』 등이 있다.

  김일환 동국대학교에서 박사학위를 받았으며, 현재 동국대학교 국어국문문예창작학부 교수로 있다. 조선후기 실기문학을 연구하고 있으며, 저역서로 『연행의 사회사(공저)』, 『조선의 지식인들과 함께 문명의 연행길을 가다(공저)』, 『삼검루수필(공역)』 등이 있다.

교감표점 정본 한국야담전집 7
청구야담 靑邱野談

2025년 06월 10일 초판1쇄 펴냄

책임교열 정환국
펴낸이 김흥국
펴낸곳 보고사
등록 1990년 12월 13일 제6-0429호
주소 경기도 파주시 회동길 337-15
전화 031-955-9797(대표)
전송 02-922-6990
메일 bogosabooks@naver.com
http://www.bogosabooks.co.kr

ISBN 979-11-6587-827-6 94810
　　　 979-11-6587-820-7 (set)
ⓒ 정환국, 2025

정가 32,000원
사전 동의 없는 무단 전재 및 복제를 금합니다.
잘못 만들어진 책은 바꾸어 드립니다.